반계 유형원의 [행정사상]

磻溪 柳馨遠 行政思想

나중식 저

서울경제경영

머리말

책을 펴면서...

사상과 학문은 시대적 산물인 동시에, 그 시대의 변화를 견인하는 원동력이다. 이 연구는 조선시대 후기의 시대변화를 견인해 온 '실학의 제1조(祖)' 반계 유형원(1622~1673)의 행정학 평전이다.

반계선생은 평생을 농촌에 살면서 민(民)의 입장에서 국정운영 및 행정의 근본원리와 이치를 궁구한 원리주의 및 실리주의 행정학자이다. 그의 저서『반계수록』은 당시의 국정운영 및 행정현실을 치밀하게 분석하고 과거의 역사를 고증하면서 자신의 이상국가를 기획한 우리나라 최초의 행정개혁론이자 국가개혁론이다. 뿐만 아니라, 그는 자신의 국가개혁안을 타인에게 제시하고 설득 · 공유하는 일을 수행함으로써 국가의 정책과정에 대한 새로운 개입방식으로서 '경세학'이라는 학문장르를 개척한 인물이다. 현대 행정학적 관점에서 볼 때 반계선생은 국가목표달성을 위하여 사람과 조직, 그리고 예산과 정책을 어떻게 관리 · 운용하는 것이 가장 바람직한가에 대하여 제도주의 접근방법을 통하여 학문적으로 연구한 우리나라 최초의 행정학자이다.

그럼에도 불구하고 현대 행정학을 공부하는 사람들이나 실제 국정운영의 일선에서 일하는 관료들조차도 그의 위대함을 알지 못한다. 실학과 다산에 대해서는 비교적 잘 알면서도 정작 이를 있게 한 반계선생에 대해서는 크게 관심이 없다. 초상화 하나 변변한 게 없다. 아마도 무관(無官)의 선비이자 농촌의 이름 없는 재야학자였기 때문이었을 것이다. 최근에 와서 『반계수록』이 태어난 곳인 부안군과 전북도청이 합세하여 그의 위대함을 재조명하고 〈호남실학원〉 건립에 박차를 가하고 있다고 한다. 반가운 일이다. 이 연구는 그의 저서 『반계수록』과 『반계잡고』에 대한 해석학적 접근을 통하여 현대 행정학적 관점에서 그의 실리행정사상의 위대함을 밝히고자 했다.

만남과 인연

저자와 『반계수록』과의 만남은 그 인연이 깊다. 재무행정학을 전공하는 저자에게 『반계수록』과의 만남은 일종의 숙명이었다. 대학원시절 처음 부여받은 과제가 바로 "한국예산제도의 변천사"였다. 이 과제를 수행하면서 조선후기 실학자들 중에는 실제로 세입 · 세출예산제도를 통하여 국가재정을 계획적으로 운영할 것을 주장한 학자가 있었다는 사실을 알게 되면서부터이다. 그때 접한 것이 '법과 제도'를 중심으로 조선왕조의 국정운영의 틀을 전면적으로 개조하고자 했던 반계 유형원의 저서 『반계수록』의 국역본(1962~1968)이었다. 그 속에는 예산편성 및 예산운영방법을 포함하여 근대성의 원형적 요소가 함축된 자신의 예산제도개혁안이 포함되어 있었다. 그러나 국역본임에도 불구하고 그 이해가 여간 어려운 것이 아니어서 도무지 이해가 되지 않았다. 점점 나의 관심에서 멀어져갔다. 그 후 저자는 우리 선현들의 행정사상과 우리 고유의 예산제도에 대한 관심을 숙제로 남긴 채, 과학성과 객관성을 강조하는 미국식 행정학연구에 매달렸다. 『국역반계수록』은 수십 년을 서재 한구석에서 먼지를 뒤집어 쓴 채 나의 손길만을 기다려야만 했다.

경험과 현실, 그리고 도전

정년을 눈앞에 둔 시점에서야 먼지 덮인 『반계수록』을 다시 꺼냈다. 학창시절 플라톤의 국가론을 접할 때의 호기심 어린 초학자의 심정으로……. 행정은 사상과 철학으로 무장되고 체계화된 것이어야 한다. 평소 저자는 사상과 철학이 없이 몰가치적으로 이루어지는 행정, 기술(수단)과 기법(방법)만을 중요시하고 강조하는 미시적인 행정, 그리고 우리의 혼이 담겨있지 않은 배양되지 않은 외래행정으로는 천하의 도(道)가 무너진 오늘의 난제(難題)를 극복할 수 없다고 생각해 왔다. 안타깝게도 우리의 행정학연구와 교육의 현실은 학문의 본질추구와는 거리가 먼 몰가치적이고 미시적이며, 눈앞의 처방안 작성에만 몰두하는 소위 '관변학문적인 범주'를 크게 벗어나지 못했으며, 게다가 자주성까지 상실한 지 오래되었다. 반계선생을 포함하여 우리 선현들의 행정사상과 철학에 관한 연구는 이러한 현실의 불만과 회의에서 비롯됐다.

한국의 행정학은 우리의 전통과 가치에 바탕을 둔 우리의 학문이어야 한다. 그러나 행정학교과서 그 어디에도 우리 선현들의 '행정아이디어와 가치'에 대한 언급이 없다. '사회적 형평성(social equity)'에 대한 외국학자의 이론은 자세히 소개되어 있어도 '손상익하(損上益下)'에 대한 율곡선생의 이론은 한 줄도 없다. 용어조차도 소개되어 있지 않다. 절약과 능률, 분업과 전문화, 계층적 통제와 협치(governance) 등이 모두 서구식 근대화의 산물로만 인식하고 있다. 또한 일찍이 반계선생이 주장한 바 있는 감축관리와 구조조정은 석유파동이후 등장한 미국학자의 독창적 이론으로만 알고 있다. 국정운영의 근본원리와 이치가 모두 서구의 이론에서 도출된 것으로 착각하고 있다. 최근에는 미국에서 공부한 한글세대의 학자들이 학문공동체를 채우면서 미국일변도의 이론과 서구의 역사만이 이상적이고 발전적이라고 생각하는 '식민지적 연구풍토'가 점점 더 심화되고 있다.

이러한 상황에서 저자는 그동안 한국의 행정학연구에서 놓쳐버린(missing) 우리 민족 고유의 자생적 행정이론과 행정사상의 뿌리를 찾아 미국의 행정이론과 사상만이 판을 치는 우리의 행정학연구와 교육풍토에 경종을 울리고 싶었다. 나아가 한국행정이 안고 있는 역사성과 특수성에 대한 논의 없이 이루어지는 행정학교육에 외연(外延)의 확대를 통하여 그 정체성과 국적을 찾아주는 데 보탬이 되고 싶었다.

좌절, 감사와 희망

이 책을 저술하는 지난 몇 년 동안은 온전히 반계선생과 함께 생활했다. 그의 삶을 추적하고 추체험(nacherleben)하면서, 그의 행정사상과 철학을 이해하려고 노력했다. 게을러 질 때마다 선생이 평생을 농민과 한께 생활하면서『반계수록』을 저술하였던 변산반도의 반곡을 돌아보면서, 그리고 영조 임금의 명을 받아(1770년) 교정청을 설치하고『반계수록』의 최초 교정본을 완료했던 대구도호부 백불암(百弗庵) 최흥원(崔興遠) 선생의 보본당(報本堂)을 찾아 선생의 사상을 체화하려고 노력했다.

이 연구는 그동안 실학을 연구한 많은 인문학자들의 선행연구와『반계수록』의 번역본이 있었기에 가능했다. 그들의 학문적 성과에 경의를 표한다. 옛말에 '두레박줄이 길어야 깊은 우물을 길을 수 있다'고 했는데 평생을 서양식 행정학 연구에만 매달려온 저자의 짧은 두레박줄로는 성리학에서부터 천문지리 · 병법 · 역사 · 노자 · 선가 · 도교 · 고증학에 이르기까지의 광범위한 학문적 지식과 3,000년 동안의 중국과 조선의 제도변천사를 고증하면서 얻어낸 통찰과 경험적 지식으로 빚어진 반계 선생의 깊은 경세사상을 퍼 올리기에는 턱없이 모자랐다. 솔직히 우물을 긷는 흉내만 낸 것이 아닌지 조심스럽다.

한 인간의 국정운영사상과 철학에 관한 연구는 인간의 삶과 정신을 대상으로 한 것이기에 연구자의 시각과 관점에 따라 많은 오류를 범할 수 있다. 이 연구 또한 저자의 의욕이 지나쳐 문장이나 논리의 전개에 무리가 있을 수도 있고, 또 저자의 편향된 시각과 관점으로 인하여 선생의 행정사상의 이해나 해석이 독자들의 견해와 다를 수도 있을 것이다. 이는 저자의 능력부족과 가치에 기인하는 것이니 전적으로 저자의 몫이다. 잘못되었거나 이견이 있는 부분에 대해서는 독자들의 충고와 조언을 기대한다. 이 연구의 평가는 전적으로 독자의 몫이다.

끝으로 이 연구가 한낱 옛날에 살았던 한 선비의 국정운영 및 행정사상을 이해하는 지적욕구의 충족에 그치지 않고, 오늘의 국정운영과 행정을 운영하는 관료들에게 그리고 치인을 꿈꾸는 현대인들에게 국정운영과 행정의 근본이치를 되돌아보고 이를 실천하는데 마음의 양식이 되기를 희망한다. '때에 따라 치란(治亂)은 있으나 도(道)는 고금(古今)이 없다'는 그의 국정운영사상과, '실리(實理)의 관점에서 실사(實事)에 대처해야'한다는 그의 실리행정사상을 항상 되새겼으면 한다. 이 책을 읽으면서 '고을은 바뀌어도 우물은 바뀌지 않는다(改邑不改井)'는 주역(周易)의 경구를 새삼 되돌아보기를 권한다.

도진산방에서

저자 씀

차례

도표차례

제 1 편

연구의 설계

제1장

연구의 목적

제1절 왜 반계인가?

행정은 일종의 가치의 선택이다. 바람직한 가치와 규범에 대한 기초 없이는 올바른 행정은 불가능하다. 사상과 철학이 없는 행정은 브레이크 없는 권력이 되고 때로는 백성들에게 폭력이 된다. 올바른 행정이란 과학과 기술의 차원을 뛰어 넘어 궁극적으로는 인간의 존엄성 확보에 도움이 되는 사상과 철학으로 무장되고 체계화되어진 것이어야 한다(Dimock, 1965 : 1–6).

현실적으로 유용한 행정지식이란 가치와 철학의 뒷받침 없이 이루어진 과학적 지식이나 행정기술이 아니라, 옳고 바른 법 · 제도를 만들고 집행하는데 초석이 되고 바탕이 되는 행정사상과 철학이다. 그럼에도 불구하고, 지금까지 행정학분야에서는 행정사상이나 가치 그리고 행정철학에 대해서는 크게 관심을 기울이지 않았다. 특히 한국의 행정사(行政史)나 우리 선현들의 행정사상(行政思想)에 관한 연구는 거의 경시되어 왔다.

한국의 국정운영과 행정현상을 연구하는 학문공동체가 우리 선현들의 행정사상과 철학에 대하여 관심을 두지 않았던 이유는 다음 두 가지로 설명할 수 있다. 그 첫 번째의 이유는 한국의 근대화과정에서 우리의 전통적인 '행정아이디어와 가치'는 하루빨리 버려야 할 후진형 가치라고 생각하여 한국행정이 안고 있는 역사성과 특수성에 대한 이해보다는 서구형의 발전만을 이상적인 가치로 추구해온 결과로 볼 수 있다.[1] 그러나 그보다도 더 근본적인 또 다른 이유는 행정현상에 대한 독자적 연구가 강조된 이후 대부분의 행정학자들이 행정학의 정체성을 규정해 가는 과정에서, '행정의 영역은 과학이 적용되어야 하는 영역'이며 '행정학은 과학'이라는 강한 신념으로 '행정의 본질'보다는 '행정의 과학화'만을 지속적으로 강조해왔기 때문이다. 이러한 연유로 인해 객관성과 과학성을 강조하는 실증주의(positivism)와 행태주의(behaviorism)가 학계를 지배했고, 그로 인해 행정사상과 철학에 관한 관심은 더욱 멀어져 왔다고 볼 수 있다.

어떠한 학문이든 학문은 기본적으로 처방성과 과학성 그리고 규범성을 모두 내포한다(이종범, 1986). 행정은 당연히 실천적이기 때문에 규범적인 측면과 사실적인 측면, 그리고 논리적인 측면까지를 모두 함축하고 있다. 행정현상을 연구하는 우리의 학문공동체는 행정학을 처방과학으로 규정하고 있으면서도 '사실에 관한 정보'만 중시했을 뿐 무엇이 바람직한 행정인가를 판단하는데 이용될 수 있는 '규범적이고 가치적인 정보'에는 별로 관심을 기울이지 않았다.

지난 2006년도 한국행정학회의 창립 50주년을 기념하면서 한국행정학회가 스스로 평가해본 바에 의하면, 한국행정학의 연구경향은 행정현상에 대한 거시적, 본질적, 철학적, 역사비교론적 연구보다는 실증적이고 미시적이며 가치

1. 한국의 근대화과정에서 우리의 전통적인 행정사상과 가치는 '연구의 대상'이라기보다는 발전을 저해하는 '극복의 대상'으로 보았으며, 특히 우리 선현들의 행정사상에 대한 연구는 '현실적 유용성'이 없을 뿐만 아니라 단지 개인의 학문적(學問的)·호고적(好古的) 관심에 불과한 것으로 치부한 결과이다(나중식, 2012b: 3). 최근 한국행정학회내의 〈행정사상 및 방법론 연구회〉를 중심으로 다소 활발한 연구 활동을 보이고는 있으나, 현실적으로 볼 때 행정사 및 행정사상사 연구의 전망은 그리 밝지만은 않다. 박병련(2006: 92) 교수는 우리의 학문공동체가 스스로 학문을 정당화하는 근거나 권위의 원천을 타자(他者)에게 의존하는 '식민지적 학문상황'이 근절되지 않는 한 그리고 미국 일변도의 '학문 권력자'들의 인식이 바뀌지 않는 한 한국의 행정사 및 행정사상에 관한 연구가 각광을 받기는 힘들 것이라고 예측하고 있다.

판단이 없는 처방적인 연구행태들이 그 주를 이루고 있다고 회고하고 있다. 다시 말하면 연구영역이 다양화되고 연구방법도 실천위주로 정교해졌지만, 학문의 본질추구보다는 임기응변적인 처방전 작성에 몰두하면서 관변학문적인 틀을 크게 벗어나지 못했다는 것이다(이종범, 2006. 안병영, 2006). 행정현상을 인식하는 데에는 목적론적 설명과 인과론적인 설명(teleological and causal explanation)이 모두 필요함에도 불구하고 그동안 가치를 제외한 사실의 측면에 한정하여 행정현상을 연구해 오다 보니, 인간행위가 결부된 행정현상을 설명함에 있어서 인간행위의 의도(intention)나 지향성, 그리고 규범성의 중요성을 간과했던 것이다.

따라서 균형 있는 한국행정학 연구가 되기 위해서는 지나치게 미시적이고 실증적이며 가치판단이 없는 처방적인 연구문화에서 벗어나, 행정의 본질과 가치에 대한 연구가 더 깊이 이루어져야 한다. 사실위주의 과학적인 행정연구도 중요하지만 그에 앞서 가치판단에 필요한 규범적인 연구가 더 필요하다는 말이다. 행정은 항상 가치판단을 전제로 한다. 행정철학이 없는 행정과학만으로는 현실의 행정현상을 참된 모습에서 파악하지 못하기 때문에 행정을 바람직하게 수행해 나갈 수가 없다. 따라서 좋은 행정이 되기 위해서는 행정이 추구하고 실현하려는 궁극적인 가치가 무엇이며, 행정인들은 어떤 가치에 기초하여 행정행위를 하여야 바람직한가에 대한 연구가 보다 깊이 있게 이루어져야 한다. 다시 말하면, 행정행위의 내면에 담겨져 있는 규범과 가치 그리고 행정인의 신념 · 사상 · 가치관 등 행정사상과 철학에 관한 연구를 토대로 하여 사실위주의 과학적인 연구가 이루어져야 균형 있는 한국행정학연구가 가능하다.

한국행정의 뿌리와 본질에 관한 연구는 우리 선현들의 행정아이디어와 가치에 대한 연구로부터 시작해야 한다. 그들의 행정사상과 가치가 우리의 행정문화 속에 어떻게 녹아있으며, 또 그것이 어떻게 우리의 행정 DNA를 형성하고 있는지를 알아야 이를 바탕으로 보다 바람직한 미래의 발전적인 행정가치를 발견할 수 있기 때문이다. 그동안 우리의 행정학 연구는 해방이후 서구에서 수입한 근대행정사상과 현실 행정현상에 관한 과학적 지식연구에만 매달려온 나머지 우리 전통시대의 훌륭한 선현들의 행정사상과 철학에는 거의 관심을 기울이지 않았다. 한국행정학의 토착화문제가 제기된 지 오래되었지만 아직도 우리의 토양에 대한 연구가 부족한 실정이다. 앞으로 국적 있는 한국행정학이 되기 위해서는 우리의 토양에서 싹트고 자란 행정사상과 철학에 대한 연구가 보다 깊이 이루어지고, 이를 토대로 외국의 행정규범과 가치를 접목시키려는 노력이 있어야 한다.

이 연구는 우리 선현들의 행정사상과 철학을 현대행정학적 관점에서 이해하고 해석하기 위한 시리즈의 일환으로 이루어진 것이다. 우리의 여러 선현들 중에서 반계 유형원의 행정사상에 관한 연구를 제일 먼저 선택한 이유는, 비록 전통시대이지만 그는 우리나라의 국정운영과 행정에 대해 종합적이고 체계적으로 그리고 학문적으로 연구한 최초의 인물이기 때문이다. 350년 전 전통시대에 이미 그는 오늘날의 현대행정학의 연구대상인 인사, 조직, 예산, 정책과 제도 등에 관해 깊이 문제점을 분석하고 그 개선방안을 제시하고 있다. 반계 이전의 국정운영 및 행정에 관한 연구는 단순한 사회개혁의 구호에 그치거나 목전 현실에 대한 고식적인 관찰연구에 그치거나 유교적 정론과 밀착된 추상적 시책에 그친데 반해, 반계는 자신의 농촌생활의 구체적 경험을 토대로 당시의 국정운영의 근본이 무너진 근원을 밝혀내고 그 구폐의 대책을 중국과 조선의 역사적 문헌적 자료에 근거한 실증적 연구태도를 견지하면서 국가전체를 근본적으로 재검토하는 종본적인 개혁안을 제시하고 있다. 현대행정학적 관점에서 볼 때 반계 유형원은 국가목표달성을 위하여 조직과 사람, 그리고 재정과 정책을 어떻게 관리 · 운용하는 것이 바람직한가에 대해 제도주의적 접근방법(institutional approach)을 통하여 학문적으로 연구한 우리나라 최초의 행정학자이다.

유형원은 평생을 관직에 나아가지 않았다. 당시에는 직접 관직에 나아가 상소(上疏), 장계(狀啓), 차자(箚子) 등을 통하여 정책과정에 참여하는 것이 일반적인 관인지배체제였다. 이러한 시대에 그는 선비와 군자로서 자신의 책무를 가슴깊이 새기면서 관직에의 진출보다는 학문연구를 통하여 국가의 정책과정에 참여하고 또 소통하고자 했다. 그의 저서 『반계수록』은 자신의 농촌생활의 경험을 바탕으로 민(民)의 입장에서 국정운영과 행정의 불합리한 근원을 밝혀내고, 조선과 중국의 제도사에 대한 실증적 분석을 통하여 그 바람직한 대안을 제시한 우리나라 최초의 국가개혁론이자 행정개혁론이다. 따라서 『반계수록』은 직접 임금에게 드리는 소(疏), 계(啓), 차(箚)의 형태의 개선안이 아니라 학자의 입장에서 자유롭게 주제를 선정하고 치밀한 고증과 분석을 통하여 자신의 개혁안을 제시한 연구서이다. 특히 이 과정에서 그는 자신의 개혁안을 타인에게 설득시키고 공유하기 위하여 스스로 묻고 답하는 플라톤식의 다양한 형태의 문답과 설득의 소통과정을 거치면서, 분석적이고 실증적인 학문태도를 견지했다. 이러한 점에서 역사는 그를 실학 또는 경세치용학의 제1조(祖)로 평가하고 있다. 그는 우리나라에서 경세학(오늘날의 국정운영학)을 학문장르로 개척한 최초의 인물이다.

그가 오늘날의 현대행정학의 원조 격인 경세학이라는 학문 방법론과 학문관습을 새롭게 창시했음에도 불구하고, 지금까지 유형원의 『반계수록』에 관한 연구는 주로 사학자들의 배타적인 연구영역이었을 뿐, 정작 국정운영현상을 연구대상으로 하고 있는 행정학분야에서는 거의 이루어지지 않았다. 우리 선현들의 행정사상에 관한 연구는 그동안 한국행정학에서 놓쳐버린(missing) 중요한 부분이다. 반계 유형원의 행정사상을 모르고서 어떻게 한국행정학의 뿌리를 논할 수 있겠는가? 이 연구는 한국행정학의 외연을 넓히기 위하여 실학의 제1조(祖) 반계 유형원의 국정운영 및 행정사상을 현대행정학의 관점에서 해석하고 평가한 것이다.

제2절 연구의 목적과 필요성

21세기를 살아가는 우리들에게 17세기 왕정시대에 살았던 한 관념적 성리학자였던 반계의 행정사상이 무슨 '현실적 유용성'이 있겠는가 하고 반문할지 모른다? 그러나 현실적 유용성이란 당장 이용가능한 지식이나 기술을 의미하는 협의의 개념이 아니라 현재의 행정문제해결에 도움이 될 수 있는 규범적이고 바람직한 일련의 사상체계를 의미한다. 근대 사학사의 새 기원을 이룩한 이태리의 정신적 지주 크로체(Benedetto Croce : 1866~1952)는 모든 역사는 현대사(contemporary history)라고 했다. 즉 모든 역사는 나의 존재의 영역을 벗어나지 않으며 현재의 나의 상황과 요구 속에서 구성되는 것이기 때문에 반드시 "현재"라는 가치체계를 함유한다는 것이다. 이 말은 곧 모든 역사적 사실은 나의 오늘 여기에서의 관심과 궁극적으로 유리될 수 없다는 말이다(김용옥, 1989 : 136).

반계의 행정사상에 관한 연구는 조선 중기에 살았던 한 인간에 대한 물리적 사실의 연쇄를 탐구하는 것이 아니라 그의 생각을 나의 마음속에 재현하고, 또 이를 통하여 현재의 문제점을 발견하고 새로운 미래를 창조하는 계기로 삼기 위한 것이다. 반계의 행정사상과 철학은 시대를 초월하여 오늘의 우리들을 깨치는 진리가 들어있다. '때에 따라 치란(治亂)은 있으나 도(道)는 고금(古今)이 없다'는 그의 국정운영사상과, '실리(實理)의 관점에서 실사(實事)에 대처해야 한다'는 그의 실리행정사상은 오늘날 우리들이 배워야 할 '현실적 유용성'이다. 모든 역사는 생각 또는 사상의 역사(history of thought)이기에 역사는 오늘의 거울이다. 우리 선현들의 행정사상과 그 영향으로 이루어진 우리의 역사는 오늘의 우리들의 모습이기에 이를 모르고서는 오늘 우리들의 모습을 제대로 알지 못하며, 동시에 미래를 설계할 수 없다. 반계의 국정운영사상과 행정사상을 오늘에 다시 되새겨야 할 이유는 한두 가지가 아니다. 다음은 이 연구의 필요성과 목적이다.

첫 번째는 반계의 행정사상을 통하여 우리가 살고 있는 오늘의 행정을 역사적 관점에서 객관적으로 들여다 볼 수 있는 지혜를 얻고자 하였다. 오늘날 우리는 보이는 질서인 법 · 제도뿐만 아니라 보이지 않는 질서인 윤리 도덕까지 무너진, 다시 말하면 천하의 도(道)가 땅에 떨어진 세도지강(世道之降)의 시대를 살고 있다. 제도와 사람이 모두 병든 시대에 살고 있다. 이럴 때일수록 근본으로 되돌아가 오늘의 국정운영 및 행정이 그 본래의 원리와 이치에 충실하게 운영되고 있는지를 되돌아보아야 한다. 반계 유형원은 평생을 농민과 함께 살면서 국정운영의 바람직한 원리와 이치가 무엇인지를 탐구하고 그 이치, 즉 실리(實理)를 제도에 담으려고 노력했다. 그 노력의 결과가 조선 후기 실학의 기반을 놓았을 뿐 아니라, 조선시대에서 오늘에 이르기까지 경세학에 대한 저서 중 가장 탁월한 불후의 명저로 지목받고 있는『반계수록』이다.

일반적으로 다산의『목민심서』·『경세유표』·『흠흠신서』등 일표이서를 전통시대의 경세학에 대한 대표적 저서로 다루고 있지만, 다산의 업적은『반계수록』이라는 선행연구가 있었기에 가능했다. 조선시대의 경세대문자(經世大文字)는 당연히『반계수록』이라 할 수 있다. 그 속에는 국정운영의 목적과 이념에서부터 구체적인 절목(節目)에 이르기까지 그 시대에 적합한 제도뿐만 아니라, 고금(古今)을 초월하여 지켜야 할 국정운영의 원리(原理)와 실리(實理)가 함축되어 있다. 이 연구는 그의 국정운영사상과 철학을 통하여 '바람직한 행정은 무엇이며, 현재를 극복할 수 있는 미래가치는 무엇이어야'하는가에 대한 지혜를 얻고자 하였다.

둘째로는 그의 국가개혁 및 행정사상을 통하여 국정운영과 행정의 균형감각을 배우고자 함이다. 그는 국정운영은 '인간과 제도의 상호작용'에 의하여 이루어진다고 보고, 바람직한 정부개혁 또는 국가개혁을 위해서는 '인간'과 '제도'를 동시에 변화시켜야 효과가 있다고 보았다. 그는 '도덕과 교화' 중심의 편향된 성리학적 국정운영방식만으로는 국정운영목표인 '민의 생활안정'을 달성할 수 없다고 보고 객관적이고 규범적인 준거 틀(frame of governance)인 법제도를 통하여 인간을 변화시키고자 했다. 그는 모든 기(氣)는 리(理)라는 준칙을 떠나 따로 전개될 수 없듯이, 모든 행정활동도 실리(實理)를 떠나 따로 존재할 수 없다는 이기합일(理氣合一) 또는 도기일체(道器一體)의 균형된 시각으로[2] 행정을 바라본 합리적인 제도주의론자였다.

문명은 행정의 산물이다. 역사가 시작된 이래 '집단(국가)의 공동목표를 달성하기 위한 인간의 협동적 활동'인 행정은 항상 존재해 왔고, 그 부단한 행정활동과 행정행위로 인하여 오늘의 찬란한 산업사회의 문명을 이룩할 수 있었다. 문명의 역사 뒤에는 무엇을 이룩하려는 인간의 의지와 그 의지를 이루기 위한 인간의 작위적이고 합리적인 행정이 있었다고 볼 수 있다. 더구나 독립된 국가가 형성되어 지배집단에 의하여 작위적인 행정활동을 수행하면서, 국가의 행정은 인간생활에 지대한 영향을 미치면서 문화와 문명을 이루어 놓았다. 그러나 그 작위적인 국정운영활동은 인간과 제도가 서로 순기능적으로 상호작용해야 효과가 있다. 인간이 도(道)를 잃어버리면 도덕적 해이(moral hazard)로 이어지고 그들이 만든 법과 제도는 도(道)를 벗어나 사욕(私慾)으로 채워진다. 또한 제도가 그 본래의 존재 이치를 벗어나면 사회와 인간을 병들게 한다. 특히 군주의 일심(一心)이 흩뜨려지면 나라가 위태롭기에 성리학에서는 군주의 일심(一心)이나 지도자의 내면적 도덕성을 강조하는 수기(修己)와 정덕(正德)으로 국가의 질서를 유지하고자 했다.

반계는 인간의 마음을 다스리는 교화행정도 중요하지만 잘못된 법제도가 통치자나 백성을 더 병들게 한다고 보고 제도개혁에 초점을 맞추어 국가개혁을 시도했다. 그는 도덕(理)과 정제(氣), 인간과 제도 중에서 어느 한쪽에만 편

---

2. 이(理)와 기(氣)의 합일을 강조하는 사상 이외에도, 예컨대 동(문)·서(무)반의 구분의 폐지, '균형 있는 지식교육'을 위한 공립학교 교육과정의 개편, 변방과 지방행정의 중시, 공직선발기준으로서 '덕행과 능력'을 동시에 강조하는 인사행정 등은 그의 편향되지 않은 균형행정관을 말해 준다.

향된 행정으로는 국정운영목표인 민생안정을 달성할 수 없다고 보고, '인간과 제도의 상호작용'을 중시하는 균형적인 행정을 지향했다. 그는 바람직한 행정은 '인간의 활심(活心: 분별력과 인식력을 가진 살아있는 마음)을 최대한 이용하여 실리(實理)에 어긋나지 않는 합리적인 법과 제도를 만들어내고 이를 공정하게 집행하는 것'이며, 이러한 실리에 합당한 법과 제도는 지속적으로 인간의 행태를 변화시키고 인간과 사회를 진화시킨다고 보았다. 이 과정에서 기존의 도덕과 교화를 강조하는 행정은 인간의 활심을 더욱 밝히는 데 기여하는 것이므로 제도중심의 행정을 보완하고 강화하는 기제라고 보았다.

그는 국가의 모든 정책과 제도는 그 존재이유가 있으며, 시대와 환경이 변함에 따라 그 모양은 다를지 모르나 그 제도를 구속하고 제어하는 근본적인 이치와 원리는 고금(古今)을 통하여 변하지 않는다고 보았다. 그는 3000년 동안의 중국과 조선의 제도변천사를 분석하면서 각 제도의 실리(實理)를 발견하고 그 실리를 자신이 기획하고 있는 각 제도에 담고자 노력했다. '때에 따라 치란(治亂)은 있지만 도(道)는 고금(古今)이 없다'는 그의 경세사상과 '실리(實理)의 입장에서 실사(實事)에 대처' 한다는 그의 실리행정사상과 철학은 오늘을 사는 우리들에게 바람직한 행정은 어떠해야 되는가에 대한 지표를 제시해준다.

셋째로는 민(民)의 입장에서 국정운영과 행정을 바라보는 그의 시각과 관점, 즉 그의 민본사상과 위민행정관을 배우고자 함이다. 그는 평생을 농민과 함께 생활하면서, 민(民)의 입장에서 국정운영과 행정의 근본이치를 파악하고 이를 제도개혁에 담고자 노력한 학자이다. 오늘날에는 행정기술자는 많아도 정책과 행정의 존재근거와 바람직한 방향에 대하여 민(民)의 입장에서 깊이 있게 사유하고 철학하는 관료는 드물다. 수없이 많은 법과 제도가 만들어지고 시행되지만 진정으로 그 존재이치를 민(民)의 입장에서 궁구하려는 철학이 부족하다. 항상 정부나 관료의 입장에서 효율성과 효과성을 따질 뿐이다. 또한 한 번 만들어 놓고 나면 다시는 그 근본에 대해서는 접근하려 하지 않는다.

개혁은 일상적인 행정과정에서 이루어져야 한다. 위민사상과 철학이 담겨 있지 않은 법제도는 생명력이 없다. 반계 유형원은 정책과 제도의 근본이치를 민(民)의 입장에서 철저하게 궁구한 행정 철학자이다. 우리는 그에게서 국가에 대한 충성심과 애국심, 백성을 위한 철저한 애민정신과 위민행정관, 그리고 국정운영의 근본이치를 추구하려는 그의 실리행정사상을 배워야 한다. 고금을 통하여 변하지 않는 국정운영의 도(道)가 무엇인지를 궁구하려는 그의 자세부터 배워야 한다.

'제도'와 '사람'은 우리 사회의 문화, 가치, 규범, 신념, 이념 등에 의하여 진화한다. 반계는 제도를 고치고 사람의 변화를 강조하는 경장론 수준의 단순한 정부개혁의 차원을 넘어, 민(民)의 입장에서 국가의 통치기재와 사회구조를 근본적으로 개조하여 당시 사회의 문화, 가치, 규범, 신념, 이념 등을 바꾸고자 했다. 그는 이상사회의 전형을 삼대의 왕정에 두고 그것을 법과 제도의 개혁을 통해서 달성하려고 하면서, 그 변혁의 객관적 논리를 역사적 고증분석과 고경(古經)에서 찾고 있다.[3] 따라서 우리는 그가 주장한 당시(과거)의 정책과 제도의 내용을 배우려는 것이 아니라, 그러한 법과 제도를 만들기 위하여 치열하게 역사를 분석 · 고증하면서, 철저하게 백성(농민)의 입장에서 제도의 실리(實理)를 발견하고 그 이치를 제도에 담고자 노력한 그의 행정사상을 배워야 한다. 그가 찾아낸 각종 제도의 근본이치와 실리는 오늘날의 제도에도 변하지 않고 살아있다.

유형원은 한국사는 물론 3천년 동안 중국의 역사에서 나타난 여러 제도의 기원과 발전을 상세하게 고증하고, 여러 선배 학자들이 주장하고 제기한 문제점(논의)를 선행연구의 분석차원에서 생생하게 비교 · 전달하면서 자신의 의견을 피력하고 있다. 그의 개혁안에 동의하든 동의하지 않던 그는 자신이 살던 시

3. 이러한 접근은 우리나라 학술사상 처음으로 그리고 자생적으로 제기한 국가체제변혁론으로서 새로운 학풍을 탄생시키는데 기여했다(김태영, 1998: 233). 행정학적 관점에서 본다면 제도주의 접근방법에 의하여 이루어진 우리나라 최초의 정부개혁론 또는 국가개혁론이라 할 수 있다.

대의 제도들에 대하여 참으로 획기적이고 선구적인 연구를 했다(Palais, 2008: 18). 우리는 이 연구를 통하여 행정을 담당하는 자는 정책과 지침이 지시하는 대로 움직이는 단순한 노동자가 아니라, 고금을 초월한 도(道)와 근본이치를 민(民)의 입장에서 법과 제도에 담아내고 이를 공정하게 시행하는 행정사상가여야 한다는 그의 사상을 배우고자 했다.

제2장

연구의 기본 틀

제1절 선행연구와 분석대상

반계 유형원의 개혁사상에 관한 선행연구는 매우 많다. 비록 연구의 범위나 초점은 각각 다르지만 거의 모든 연구가 『반계수록』에 나타난 개혁정책의 실학적 성격을 규명하는 것이었다. 반계의 국가개조론이 주로 사회현상 전반을 대상으로 한 정책결정과 행정에 관한 연구들이었기 때문에 그의 사상을 연구한 학자들의 학문적 배경도 매우 다양하다. 사학자나 철학자들은 1950년대 야기된 실학개념의 논쟁과 관련하여 그의 경세론을 뒷받침하고 있는 사상의 철학적 배경이 어디에서 연원하고 있는가? 즉 반계의 실학사상의 역사적 입장과 그 본질을 규명하는데 노력하였고(천관우, 1952 · 1953. 금장태, 1987. 신용하, 1981. 유정동, 1980. 이우성, 1988. 추제협, 2011), 그리고 정치, 경제, 사회현상을 연구하는 사회과학자들은 각각의 전공영역에서 반계의 정치 · 경제 · 사회개혁사상을 연구해 왔다 (정구복, 1970. 송주영, 1979, 박충석, 1982. 송복, 1982. 이헌창, 1999. 김준석, 2003. 김선경, 2004). 반면에 정작 국정운영현상을 연구대상으로 하고 있는 행정학자들의 연구는 그의 제도개혁내용을 소개하는 정도의 서설적 연구들이 대부분이고, 그의 행정사상의 기본논리와 철학을 현대

행정학적 관점에서 밀도있게 해석하고 평가한 연구는 찾아보기 힘들다(최창집, 1993. 김권집, 1987).

최근에 성리학의 재조명을 통하여 역사적으로 성리학에 일정한 가치를 부여하려는 시도와 함께 『반계수록』의 사상적 배경을 밝힐 수 있는 그의 철학적 논술의 서간문이 발견됨에 따라 다시 반계실학의 뿌리에 관한 논쟁이 뜨겁다. 이 연구는 이러한 시대적 논쟁과 관련하여 이루어진 것이다. 반계 유형원의 행정사상이나 제도개혁사상을 보다 체계적으로 이해하려면 그 철학적 바탕을 이루고 있는 그의 도덕의 학, 즉 이기론과 경학을 먼저 알아야 한다. 『반계수록』의 서문을 지은 오광운이 「반계행장」에서 『반계수록』을 설명하면서, 그리고 근래 발견된 『반계잡고』에서 반계 스스로 이를 분명히 하고 있다.

> "그 규모가 방대하고 조례가 치밀하고 전현(前賢)이 미발(未發)한 것을 새로 펼친 우리 동방에서 일찍이 보지 못했던 책이다. 그러나 공(公)의 「이기총론」「논학물리」「경설」등의 책을 읽은 뒤라야 『반계수록』이라는 책이 본(本)이 있고 천덕(天德)과 왕도(王道)가 두 가지가 아님을 알게 될 것이다."(『반계수록』 반계행장)

> "성왕이 법제를 마련하고 교화(敎化)를 행하는 것이 모두 하늘의 뜻을 체득하여, 하늘을 대신해 실시하는 것이니, 그 도(道)는 육경(六經)에 비재되어 있다. 그 실은 일개 인(仁)일 뿐이다."(『반계잡고』 정교)

여기서 천덕(도덕)과 왕도(정교)가 두 가지가 아니라는 말은 도덕의 학문과 국정운영의 학문은 떼어서 생각될 성질이 아니라는 말이다. 즉 『반계수록』에 담겨있는 법제 · 교화는 용(用)이고 체(體)는 육경이니, 『반계수록』의 사상적 배경을 알려면 그 본(本)인 「이기총론」「논학물리」「경설」 등을 먼저 알아야 한다는 것이다. 그러나 그 본(本)과 체(體)가 지금껏 세상에 나타나지 않았으니 『반계수록』만으로는 그의 사상적 배경을 온전히 밝히는데 한계가 있었다.[1] 그러던 중 1990년에 반계선생연보를 찬한 바 있는 순암 안정복이 친필로 초존(抄存)한 반계의 시문 잔편과 철학적 논술의 서간문이 발견되어 『반계잡고』란 이름으로 간행되었고,[2] 2006년에는 시문집인 『반계집』 필사본 일부가 다시 발견되어 반계의 사상연구에 깊이를 더할 수 있게 되었다.[3] 비록 완전한 본(本)과 체(體)는 아니지만 이를 통해 그의 국정운영 및 행정사상의 일단을 이전보다는 깊이 이해할 수 있게 되었다.

이 연구는 『반계수록』에 나타난 그의 국가개혁론이 어떠한 사상적 배경에 의하여 완성되었으며, 그 개혁안 속에 흐르는 실리행정사상은 어떤 것인가를 행정학자의 입장에서 이해하고 해석하고자 하였다. 따라서 본 연구의 분석대상은 『반계수록』과 『반계잡고』 이며 분석의 범위는 그의 국정운영사상과 행정사상으로 한정하였다.[4]

『반계수록』 이 조선시대 경세학에 관한 연구 중 최고봉을 차지하는 이유는 그 책이 조선후기의 시대변화와 새로운 학풍을 탄생시키는데 기여했을 뿐만

---

1. 유형원은 『반계수록』 26권 이외에도 「이기통론」 1권, 「논학물리」 2권, 「경설」 1권, 「주자찬요」 15권 등 경학에 관한 논저를 비롯하여 성리학, 역사, 지리, 병법, 음운, 선술, 문학 등에 관한 20여종에 가까운 저서와 문집이 있었으나(천관우, 1971: 306-307), 현재는 『반계수록』 만이 온전하게 남아있다.

2. 이 『반계잡고』에는 동사강목범례(東史綱目凡例) 동사괴설변((東史怪說辯) 등 역사 지지(地志)에 관한 것과 친구인 정동직 · 배상유에게 보낸 리(理)와 기(氣), 인심과 도심 등에 관한 자기 의견을 밝힌 서간문 등이 들어 있다(유형원, 1990).

3. 46장으로 묶여진 상태로 임형택 교수에 의하여 발견되어 『반계일고』란 명칭을 붙인 이 필사본에는 마음과 몸을 가다듬기 위한 경구들, 169수의 시, 그리고 화귀거래사(和歸去來辭), 서수록후(書隨錄後), 동국문후서(東國文後序) 등 3편의 산문으로 구성되어 있다(경향신문 2006년 12월 12일). 이 발견을 계기로 반계의 문학적 소양은 물론 실학파 문학의 원류를 찾아볼 수 있게 되었다.

4. 이 연구에서 사용한 텍스트는 『반계수록』 부록보유(1958) 영인본을 기본으로 사용하였으며, 아울러 『증보 반계수록』 6권(1974)도 함께 참고했다. 한글 번역본은 한창경 옮김과 평양 고전연구실 옮김을 함께 사용하였다. 인용은 구체적인 페이지를 인용하는 경우도 있고, 부제까지만 기록한 경우도 있다.

아니라, 그 내용이 고금을 초월한 국정운영 및 행정의 원리를 담고 있으며, 무엇보다도 지배자의 시각이 아닌 백성들의 시각과 관점에서 상향적으로 행정사상을 재구성하고 있다는 점 때문이다. 『반계수록』은 전통시대에 이루어진 최초의 정부개혁론이자 국가개혁론이다. 그렇다면 조선 후기 당파를 초월하여 광범위하게 읽혀지고 또 후세에 영향을 미친 이 『반계수록』은 어떻게 세상에 알려지게 되었을까? 『반계수록』이 세상의 빛을 보게 되기까지의 과정을 살펴보자.

『반계수록』은 유형원이 죽은 후 먼저 재야 학자들에 의하여 널리 유포되기 시작했다. 반계가 죽은 지 6년이 지난 1678년(숙종 4) 그와 교분이 깊었던 배상유(裵尙瑜: 1610~1686)가 상소문을 올려 『반계수록』에서 제시한 정책들은 경국의 대본(經國之大本)이요 치민의 양규(治民之養規)이므로 이를 시행할 것을 청하였으나 숙종은 관심을 보이지 않았다. 그의 사후 20년이 된 1694년(숙종 20) 부안현의 선비들은 그를 향사하는 동림서원을 건립하고 그 이듬해 유생 노사효(盧思孝) 등이 『반계수록』을 왕에게 바치면서 사액(賜額)해 줄 것을 상소하였으나, 이번에도 국왕의 주목을 끌지 못했다. 반계 유형원과 동시대의 인물로 『반계수록』을 읽고 그 진가를 알아 본 재야 원로학자로는 소론계의 대학자 명재(明齋) 윤증(尹拯: 1629~1714)이다. 윤증은 송시열의 주자학적 조화론과 의리론만으로는 변모하는 정국을 바로잡을 수 없다고 대립한 재야 학자인 동시에 후일 영조에게 『반계수록』을 추천한 승지 양득중(梁得中: 1665~1742)의 스승이기도 하다. 그는 반계보다 7세 연하로, 83세이던 1711년에 『반계수록』을 읽고 크게 감동받아 다음과 같은 책의 발문을 쓰고 있다. 반계가 타계한 38년 뒤의 일이었다.

> "『수록』이라는 책은 고 처사(處士) 유형원이 지은 책이다. 그 글을 읽어보면 그 규모의 큼과 재식(才識)의 높음을 상상할 수 있다. …… 세상을 경륜할 업무에 뜻이 있는 사람이 채택하여 실행할 수만 있다면

선생이 이 책을 저술했던 공로는 그때에야 제대로 나타날 것이다. 그것이 어떻게 사라져버릴 이치가 있겠는가?"

윤증은 그 당시 이미 수록이 불멸의 저서가 될 것을 예언하면서, 활용할 임자만 만나면 그 책은 천하국가를 다스릴 훌륭한 저서라고 평가를 내린 것이다. 그 후에도『반계수록』은 꾸준히 재야학자들에 의하여 탐독되면서 18세기의 경세학자인 성호(星湖) 이익(李瀷: 1681∼1763)과 그의 제자 안정복(安鼎福: 1712∼1791) 등에 의하여 보다 널리 세상에 알려지고 또 높은 평가를 받게 된다.

성호 이익은 유형원의 사상에 대해 "그 규제가 우리나라의 고루한 유학자로서는 감히 입을 열 수 없을 정도로 광대하고 깊다"(宏遠)고 하면서, "국조 이래 시무(時務)를 알았던 분은 오직 율곡과 반계 두 분이 있을 뿐"이라고 높이 평가하고 있다. 그는 "율곡의 주장(정책)은 태반이 시행할 만하고, 반계의 주장은 그 근원을 궁구하고 일체를 새롭게 하여 왕정(王政)의 시초를 삼으려고 했으므로 그 뜻이 진실로 컸다"라고 평가하면서 반계의 학문과 개혁정신을 높이 사고 있다(『성호사설』 11:399.「인사문」 변법).『반계수록』이 간행되기 이전임에도 불구하고 당파를 초월하여 많은 사람들이 탐독하고 있었음을 안정복의 다음기록에서도 알 수 있다.

"이 책은 세상에 나온 지 오래 되었고, 또 이처럼 당론이 엇갈리는 때에도 피차를 막론하고 한결같이 칭송하여, 초연히 당론(黨論)의 국외(局外)에 서 있는 완인(完人)으로 대접받고 있으니, 이 역시 기이한 일이라 할 것이다."(『순암잡록』「여사빈서」 참조)

1741년(영조 17) 승지 양득중(梁得中)은 상소문에서 수록의 내용, 즉 전제(田制)로부터 시작하여 교육문제, 관리등용문제, 관직 · 봉급 · 군사제도에 이르기까지 세세한 것을 모두 거론한 후, "이 책은 고금의 시세를 참작하여 시행하는데 충분히 정당하다"고 평가하면서 "경연에서 『주자어록』대신에 『반계수록』을 강론할 것"을 청하였다. 이러한 주청이 주효하여 이 책을 몸소 을람(乙覽)[5] 한 영조는 1746년(영조 22) 홍계희(洪啓禧)에게 명하여 유형원의 전기(傳記)를 짓도록 하고, 1750년(영조 26)에는 그 책의 필사본 3부를 만들어 남한산성의 사고에 보관하라는 지시를 내린다. 또한 1753년에는 전라감사 이성중(李成中)의 증직장계를 받아들여 반계 유형원에게 통훈대부 · 사헌부집의 겸 세자시강원 진선(進善)을 증직한다. 마침내 1770년(영조 46) 영조는 경상도 관찰사 겸 대구도호부사 이미(李彌)에게 목판본을 인쇄하라는 명령을 내리고, 인쇄본은 다섯 사고(史庫)와 홍문관에 나누어 보관하도록 했다. 그해 영조는 또 다시 유형원에게 통정대부 · 호조참의 겸 세자시강원 찬선(贊善)을 추증했다. 이러한 인쇄과정을 거쳐 마침내 『반계수록』 26권 13책이 출판된다.[6] 수록을 탈고한지 100년, 반계가 죽은지 꼭 97년이 되는 해였다. 최종인쇄본이 출판된 1770년 이전에는 중국과 우리나라의 역사적 고찰을 다룬 고설(攷說) 부분이 빠진 13권의 축약본이 보다 널리 유행했다.[7]

영조를 이어 등극한 정조는 누구보다도 『반계수록』을 좋아했다. 정조는 수원에 화성(華城)을 건설하면서 역대 학자들의 성제(城制)에 관한 이론과 『반계수록』병제를 많이 참고했다. 특히 유형원이 수원에 성지(城池)를 건설하여야

---

5. 임금이 2경(二更) 무렵에 글을 보는 것을 말함

6. 이 수록은 1958년 동국문화사에서 영인되었고, 이 영인본에 부록자료를 추가해 1974년 경인문화사에서 다시 영인되었다. 『반계수록』의 역사에 대해서는 『증보반계수록』(한국학기본총서 10), (서울: 경인문화사, 1974, 620-623) 참조.

7. 『반계수록』은 권1~8은 전제(田制), 권9~12는 교선(敎選), 권13~14는 임관(任官), 권15~18은 직관(職官), 권19~20은 녹제(祿制), 권21~24는 병제(兵制), 권25~26는 속편(續篇)으로 구성되었다. 각 주제별로 절반은 중국 · 한국의 사례를 모아 저자의 주장을 뒷받침한 〈고설(攷說)〉이므로, 현실 개혁안은 13권으로 이루어졌다. 실록 등에서 이 책을 13권이라고 설명한 것은 그러한 이유에서이다. 말미에는 군현제(郡縣制)에 대한 내용이 보유(補遺)로 붙어 있으며, 그 밖에 이미(李彌) · 오광운(吳光運) 등의 서문 · 발문과 저자의 간단한 발문이 붙어 있다.

한다는 주장에 대하여, "일백년 전에 마치 오늘의 역사를 본 것처럼 논설하였다"면서 그를 높이 평가하였다. 영조시대 홍봉한이 편찬한 문물과 제도에 대한 백과사전인 『동국문헌비고』에 유형원의 저작이 참고문헌에 들어있지 않음을 불만스럽게 여긴 정조는 유형원 자신과 그의 책을 읽은 것으로 알려진 사람들의 견해를 포함한 『동국문헌비고』 증보판을 다시 간행할 것을 이만운(李萬運)에게 지시했다. 이 증보판은 1790년(정조 14)에 완성됐지만 1908년(순종 2)까지 인쇄되지 못했다. 증보판 인쇄의 지연으로 인하여 그의 사상이 유포되는데 많은 장애가 되었음에도 불구하고, 조정의 영향력 있는 대신들에게는 『반계수록』이 거의 필독서가 되어 널리 알려지게 되었다. 1860년 대원군이 개혁을 단행할 때 그의 사상은 많은 정책에 반영되어 실현된다.

반계의 국정운영사상은 당파를 초월하여 수많은 사람에게 영향을 미쳤을 뿐 아니라, 조선 후기의 시대를 근대로 변화시키는 사상적 초석을 마련하였다는 점에서 큰 의의가 있다. 고금을 초월한 그의 원리 및 실리행정사상을 재조명하는 것은 그 자체만으로도 가치가 있겠지만, 오늘날의 행정이 과연 그가 주장한 실리를 지키고 있는지를 평가해 볼 수 있다는 점에서 현실적 유용성이 있다고 본다.

제2절 접근방법과 연구의 틀

1. 해석학적 접근방법

반계의 국가개혁사상 또는 행정사상을 이해하기 위한 접근방법을 논하기 전에 먼저 한 인간의 경세사상은 어떠한 과정을 거쳐 형성되는가를 먼저 이해하여야 한다. 일반적으로 어떠한 사상이든 사상의 창조는 한 인간 또는 여러 인간의 심리적 생산이요, 역사적 또는 사회적 산물이다. 한 인간의 사상과 가치는 개인과 독립해서 존재하는 것이 아니라, 자신에게 내재된 삶의 모든 경험과 고뇌, 그리고 이성이 하나로 용해되면서 의식 밑바탕에서 구성되고, 또 자신이 스스로 부여하는 의미에 의하여 점점 강화된다. 즉 한 인간의 삶과 사상은 그 개인과 환경과의 상호교섭, 즉 정신 생활적 구조연관(Strukturzusammenhang) 또는 심적 상호연관에 의하여 의식 내에서 구성되고 형성된다(Dilthey, 손승남(역), 2008. 이한우(역), 2002).

한 인간의 행정사상, 즉 행정현상을 보는 관점(perspectives)과 사고체계(thought system)는 의식적으로 내면에서 형성되고 구성되는 것이기 때문에 사람마다 상대적이다. 따라서 사상에 관한 연구는 구성주의(constructivism) [8] 인식이론을 그 바탕으로 하고 있다. 자극(S)−반응(R) 이론에 의하여 좀 더 구체적으로 설명하면, 유기체인 한 인간(O)의 국가개혁 및 행정사상은 그 시대의 국정운영현상(S)에 대한 시대인식이라는 심리적이고 의식적인 사유과정을 거치면서 의도적이고 자율적인 행위나 주장(R)의 형태로 나타난다. 시대인식은 인간의 의식 속에서 국정운영현상을 경험하면서 그 의미를 부여하는 문제인식 및 평가과정이다. 이 과정에 영향을 미치는 요인은 인식주체인 인간의 삶과 체험 등의 경험적요인과, 그리고 교육과 학문 등의 이성적 요인 등이다. 따라서 한 인간의 국정운영사상은 이러한 그 시대의 정치 · 경제 · 사회적 환경(대상)에 대한 문제인식과정과 의식적 의미구성과정(conscious formation)을 거치면서[9] 형성되는 '국가경영에 대한 아이디어와 가치'를 말한다.

---

8. 구성주의(constructivism)는 상대주의적 인식론으로서 심리학과 철학의 영역을 넘어 사회학적 영역에까지 세계이해를 위한 새로운 담론으로 각광을 받고 있다. 구성주의 입장에서 보면, 절대적 지식 절대적 진리는 존재하지 않으며, 의미 있는 지식은 개인의 사회적 경험에 의거하여 구축되어지는 인지적 작용의 결과로 본다. 이 연구에서 사용하는 해석학적 접근방법에 대한 설명은 필자의 저서 한국행정사상사(2012b)에서 그대로 인용하였다.

9. 해석학적 현상학에서는 모든 객관적 실체는 의식적 형성(conscious formation), 즉 구성(constitution)의 산물이며, 따라서 구성에 대한 이해 없이는 객관적 존재를 이해할 수 없다고 본다. 여기서 구성이란 의식이 대상을 경험하는 상황이다. 의식에 주어진 대상(현

한 인간의 국가개혁사상이나 행정사상을 보다 잘 이해하기 위해서는, 그가 살았던 당시의 시대로 되돌아가 그가 겪고 체험한 그 시대의 국정운영상황을 내면적으로 공감하고 추체험(nacherleben: 원체험을 재현하는 것)하면서 그 시대를 성찰하고 비판할 수 있어야 한다. 즉 내면적으로 그와 동일시 또는 일체화되는 가상적 삶을 통하여 진정으로 그가 '의식 속에서 형성하고 구성하고자 했던 국가개혁 및 행정아이디어와 가치'는 무엇이었는가를 밝혀야 한다. 다시 말하면 그가 의도적으로 행한 저술과 행위(action)의 본래적 의미를 이해하고 해석해 내어야 한다. 이렇게 의도된 인간행위의 본래적 의미를 이해하고 해석해 내는 연구방법이 곧 해석학적 접근방법이다.

해석학적 접근방법(hermeneutics approach)이란 언어나 문장으로 표현된 인간정신의 산물인 텍스트(학문, 예술, 풍속 등 문화라 칭할 수 있는 것들)는 물론이고, 나아가 하나의 텍스트로 취급될 수 있는 인간의 행동, 표현 및 제도에 담겨져 있는 본래적 의미를 내면적 심리적으로 명료하게 이해하고 해석하려는 접근방법을 말한다. 이 접근방법은 주로 역사학, 문헌학, 인류학, 사회학, 문화비평 등의 연구방법론으로 활용되며, 이해와 해석의 기능을 특히 강조한다. 해석학(hermeneutics)은 원래 중세 독일의 서지학(書誌學)에서 유래한 것으로, 고대 문서를 정리하고 이해하는 문헌학의 한 방법으로서 인간정신의 소산인 문헌을 정확하게 이해하는 기술론을 말한다.[10] 처음에는 위서(僞書)와 진서(眞

상: appearances)의 경험은 의식이 대상의 의미를 의식 속에서 구성하면서(대상자체와 구별 됨) 인식하는 과정으로 전개된다. 바로 그 의미를 통하여 대상을 경험하게 된다(김홍우, 1983: 29). 슈츠(Schutz,1973)에 의하면 현실을 구성하는 것은 〈대상의 존재〉가 아니라, 우리의 〈경험의 의미〉 라고 하면서 현실은 하나가 아니라 상이한 인식태도에 따라 여러 개의 현실로 구분된다는 복수적 현실론을 주장한다. 우리가 사는 매일 매일의 생활세계인 모든 현실은 '제한된 의미의 영역' 내에서의 현실이다. 따라서 시대인식은 사람마다 상대적이다.

10. 해석학(hermeneutics)이라는 말은 그리스어의 「해석하다」의 뜻에 상당하는 말에서 온 것이며, 이 말은 제우스의 의지를 지상의 인간들에게 해석해 주기 위하여 올림포스 산에서 내려온 사자인 「Hermes」에서 유래한 것이다. 그리스인들은 신들에 관한 전설을 해석하기 위한 기법을 개발하여 「해석」이라고 하였다. 기독교 신학자들도 성경을 해석할 때 이 기법

書)의 구분에만 활용하다가 나중에는 성서(聖書)의 시대적 의미를 탐구하는 방법으로 전용하였다. 그 후 해석학은 베크(J. T. Beck) · 랑케(L. V. Ranke) 등 역사학파의 영향을 받은 딜타이(W. Dilthey)가 그의 정신과학의 기초로 생각한 이래 현대 철학에서 주목을 끌게 되었다. 그는 해석학의 궁극적인 목적은 '저자가 자기를 이해하는 것보다 그 저자를 더 잘 이해하는데 있다'고 했다.[11]

딜타이(W. Dilthey)를 비롯한 19세기의 독일 철학자들은 해석학적 기법을 더욱 발전시켜 인간의 행위와 제도를 포함한 사물의 이해에 적용하여 새로운 해석학을 발전시켰다. 그들은 사물을 이해한다는 것은 바로 그것을 해석하는 것이라고 보았다. 우리가 무엇을 이해한다는 것은 마치 교재를 읽고 해석하는 것과 같다는 것이다. 무엇을 이해한다는 것은 그것의 의미 혹은 의의를 파악하는 것이며, 어떤 관점이나 상황에 비추어 그것이 의미하는 바를 터득하는 것이다. 이해하거나 해석하는 사람은 이미 자신이 가지고 있는 선입견(혹은 전이해)에 근거하여 자신의 마음의 눈으로 대상에 접근한다. 이러한 과정을 딜타이는 「공감적 이해」(Verstehen)이라고 하였으며, 특히 인간 과학의 참된 방법이라고 하였다. 인간의 행위, 제도, 혹은 산물은 내면적 삶의 표현이므로 그것을 관찰하는 것보다 그 의미를 해석하는 것이 그것을 보다 잘 이해하는 옳은 방법이라고 여긴 것이다. 해석은 사회행위의 의미와 그 사회행위를 규제하는 규칙,

---

을 사용한 것으로 알려져 있다.

11. 딜타이(W. Dilthey : 1833~1911)는 학문에는 설명(erklären)을 중심으로 하는 자연과학과 이해(verstehen)를 중심으로 하는 정신과학이 있다고 본다. 그가 말하는 정신과학이란 인간, 사회, 역사에 관한 학문, 즉 인문사회과학을 말한다. 해석학은 삶(life)을 이해하는 방법이자 이론으로서 정신과학(인문사회과학)의 기초적 연구방법이다. 역사학이나 사상사에 관한 연구는 문헌(넓은 의미의 텍스트)을 통하여 타인의 삶이나 체험을 총체적으로 이해하는 학문으로 규정한다. 딜타이는 인간의 삶이 전통철학에서 말하는 이성(vernunft)에 의해서만 활성화되는 것이 아니라는 점을 분명히 하고 있다. 감성, 기분, 정서와 같은 요소들이 오히려 '원하고, 느끼는' 인간 존재의 본질 규명에 더 부합하다는 것이다. 딜타이의 창작활동이 이성적 학문인 철학에 국한되지 않고, 예술, 시학, 음악에까지 두루 미치고 있는 점은, 인간의 삶을 총체적으로 파악해야 한다는 그의 철학적 신념에서 비롯된 것이다.

규범, 가치에 부여된 의미를 이해하는 것으로서, 인간행태의 인과적 설명보다는 행위동기와 개인적 의도의 내면탐구에 몰두한다. 해석학은 행위자의 관점에서 세상을 해석함으로 행위자를 둘러싼 특정의 상황맥락과 행위자의 불가피한 행위동기를 이해하는데 매우 유익하다.

해석학은 사회생활 속에서 인간의 주관적 의식을 중시하는 사회과학의 방법론, 특히 현상학에 크게 영향을 미쳤다. 예컨대, 후설(H. Husserl: 1859~1938)의 현상학(現象學)의 영향을 이어받아 독자적인 존재론을 구축한 하이데거(Heidegger: 1889~1976)는 이 해석학의 생각을 실존주의에 도입하여 해석학적 현상학이라는 철학을 발전시켰다.[12] 실존주의를 포함한 현상학은 사실의 세계에 집착하지 아니하고 가치의 세계를 중시하며, 겉으로 나타난 것만을 보고 본질(그의 사상)은 알 수 없으며, 속에 숨겨져 있는 것을 보아야 그의 진면목을 알 수 있다고 생각한다. 즉 외부로 나타난 현상 너머에 있는 근본적인 것, 본질적인 것을 꿰뚫어 보기 위한 학문적 태도라 할 수 있다. 해석학은 역사주의(historicism)를 지탱하는 인식론적 기반을 이루고 있으며(이종수, 2009), 사회현상은 이해에 의하여 해석되어야 한다는 오늘날 유럽의 사회과학방법론의 주류를 이루고 있다(김광웅, 1983: 34). 특히 행정학에서는 조직 내의 규범, 가치, 신념체계의 이해에 적극적으로 이용되고 있다.

---

12. 현대 해석학의 흐름(사조)은 ① Schleiermacher · Dilthey · Betti로 대표되는 방법론으로서의 해석학, ② Heidegger · Gadamer등 현상학과 해석학의 결부를 통하여 인간의 자각적 존재현상을 밝히는 존재론(철학)으로서의 해석학, ③ Habermas · Apel 등으로 대표되는 비판의식을 통하여 해석학에서 보편성의 문제를 추구하는 비판해석학으로 나누어진다(Bleicher, 1975. 신일철, 1991: 187, 백승균 외, 1996). 해석학의 적용분야를 연대순에 따라 유형화해 보면, ①성서의 주석분야, ② 문헌학에서의 방법론분야(문헌학), ③ 모든 언어의 과학적 이해분야(Schleiermacher) ④ 정신과학의 방법론적 기초(Dilthey), ⑤ 실존과 실존론적 이해와 관련된 현상학분야(Heidegger · Gadamer). ⑥ 신화나 상징의 배후에 있는 의미에 도달하기 위한 문화적 해석학 분야(Ricoeur) 등으로 유형화할 수 있다(Palmer,1995: 63-64) 이렇게 해석학은 광범위한 학문영역에서 활용되고 있다. 이 연구에서는 딜타이의 방법론으로서의 해석학을 사용하였다.

2. 연구의 틀

이 연구는 반계 유형원이 남긴 정신적 산물인 『반계수록』과 『반계잡고』를 텍스트로 하여, 그 텍스트에 담겨있는 그의 국가개혁 및 행정사상을 해석학적 접근방법(hermeneutics approach)에 의하여 이해하고 해석하는 것이 목적이다. 반계의 국가개혁 및 행정사상을 보다 의미 있게 해석하기 위하여 구체적으로 다음 세 가지의 독서기법을 사용하였다.

첫 번째는 텍스트를 만들어 낸 심리적 및 사회적 환경을 밝혀보려는 기획적(projection) 독서기법을 사용했다. 이 기법은 저자가 그러한 주장과 글을 쓸 수밖에 없었던 심리적 · 환경적 요인과 그 동기(motives)를 밝힘으로서 그가 살았던 시대의 인식결과로서의 그의 국정운영사상과 철학에 접근하는 방법이다.

둘째로는 독서의 가장 기본적인 기법이라 할 수 있는 주석적(commentaire) 접근기법을 사용하였다. 이 접근은 텍스트의 의미를 그 텍스트 안에서 찾아보려는 독서기법으로서, 텍스트를 구성하고 있는 낱말과 문장의 뜻을 풀이하고, 나아가 상징(symbol), 은유(metaphor), 언어분석 등의 중층기술(thick description)을 찾아내거나 활용하여 보다 정확하게 텍스트의 의미를 이해하고 해석하려는 방법이다. 예컨대 프랑스 대학에서 전통적으로 철저히 적용하고 있는 일종의 작품 〈풀어내기〉가 이에 해당된다(박이문, 1980: 17-19). 가장 대표적인 예로는 〈텍스트 주해〉라는 것이다.

마지막으로는 텍스트가 어떤 내재적 원칙에 의해서 구성되어 있는가를 찾아내고자 하는 시학적(poetique) 접근으로서 넓은 의미에서의 구조주의적 해석방법을 사용하였다.[13] 이 독서방법은 한 텍스트를 유기적인 체계(system)로

---

13. 구조주의(structuralism)는 언어와 기호에 대한 탐구를 중심으로 하는 언어학에서 출발하여 1960년대에 이르러 문학, 인류학, 철학, 정신분석학 등 모든 인문 사회학 분야에 폭넓게 확산되며 큰 영향을 끼쳤다. 구조주의는 단순히 철학의 한 유파라기보다는 하나의 세계관이자 그로부터 비롯된 학문적 방법론으로서의 특징을 지닌다. 구조주의는 사물의 참된 의미는 사물 자체의 속성과 기능에 있는 것이 아니라, 사물들 간의 관계에 따라 결정된다

보고 텍스트의 의미생성을 가능케 하는 체계와 관계의 형식, 즉 구조에 주목하여 보다 분석적이고 과학적으로 그 작품을 이해하고 해석하려는 방법이다. 텍스트를 구조적으로 접근하는 이유는 미시적인 낱말이나 문장의 이해에만 매달리는 주석적 해석이나 작품동기에 초점을 맞추는 심리학 또는 사회학적 해석만으로는 그 텍스트의 본래적 참다운 의미를 이해하는데 충분하지 못하기 때문이다. 즉 전체적이고 유기적인 구조적 체계의 색안경(wide and systematic angle)을 통해서만 개별적인 의미가 밝혀지고 전체적인 이해가 가능하기 때문이다.

이 방법은 텍스트에 숨겨져 있는 본질적 · 내재적 의미를 부분적으로 드러내기보다는 의미생성을 가능케 하는 규칙이나 구속, 즉 텍스트의 의미가 생성되는 구조와 과정에 대한 체계적인 설명을 통하여 궁극적으로 그 텍스트의 의미를 이해하려고 한다. 예를 들면, 『노자』와 『장자』를 텍스트로 하여 그들의 사상을 이해하고자 할 때 그 텍스트를 구성하고 있는 중심개념으로 그들의 철학을 대변하고 있는 '도(道)', 종교적 측면을 대변하고 있는 '무위(無爲)', 그리고 이념적 측면을 나타내주는 '소요(逍遙)'라는 개념을 찾아내고, 이들의 유기적 관계해석을 통하여 노장사상을 종합적으로 이해하고자 하는 사례가 여기에 해당된다(박이문, 1980).

『반계수록』을 텍스트로 한 본 연구에서는 반계의 행정사상을 대변하는 중심

는 인식을 전제로 한다. 세계 안에서 사물은 언제나 다른 사물들과 유기적인 관계를 맺으며 존재한다. 그 관계망 안에서 사물이 지니는 위치에 따라 사물의 의미는 규정되며 변화한다. 따라서 사물의 의미는 개별적으로 인식될 수 있거나 고정되어 있는 것이 아니다. 그것을 부분으로 삼고 있는 전체 체계와 구조 안에서 사물의 의미는 비로소 인식될 수 있으며, 체계의 변화에 따라 사물의 의미도 변화한다. 따라서 구조주의는 전체 체계 안에서 사물들의 관계를 기술하고, 그 의미를 이해하려 시도한다. 그리고 개개인의 행위나 인식 등을 포괄하고 그것들의 최종적인 성격을 규정하는 구조와 체계의 원리를 밝히려 한다. 따라서 구조주의는 개인의 행위나 인식 등을 궁극적으로 규정하는 총체적인 구조와 체계에 대한 탐구를 지향한다. 이러한 구조주의는 인간 주체에 앞선 '구조'를 강조함으로써 실존주의 등의 인간중심적인 사유와 대립하며 20세기의 가장 영향력 있는 사상 가운데 하나로 자리 잡았다.

그림 2-1 • 연구의 기본 틀

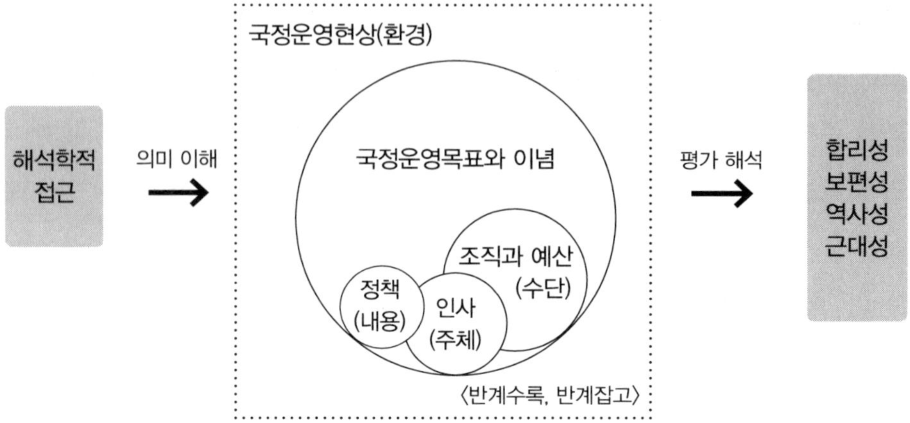

개념으로 '인간(理)'과 '제도(氣)', '도(道)'와 '기(器)', 그리고 '활심(活心)'과 '실리(實理)'로 파악하고, 이들의 유기적 관련성을 통하여 그의 국가개혁 및 행정사상을 종합적으로 이해하고자 하였다. 즉 실리에 합당한 '제도'가 활심을 가진 '인간'을 변화시키고, 반대로 '활심'을 가진 인간은 제도가 '실리'에 합당한지를 인식함으로서 상호 진화한다는 논리구조이다.

사상의 창조는 한 인간의 심리적 생산이요, 역사적 또는 사회적 산물이다. 따라서 본 연구에서 사용하는 해석학적 접근방법은 이러한 세 가지의 독서기법을 종합적으로 활용하고 있다. 다음 〈그림 2-1〉은 반계의 저술에 함축되어 있는 국가개혁 및 행정사상을 현대행정학적 관점에서 이해하고 해석하기 위한 연구의 기본 틀이다. 〈그림 2-1〉의 분석 틀에서 〈의미이해〉와 〈평가해석〉은 해석학적 접근방법의 핵심으로, 텍스트(반계수록, 반계잡고)의 저술의도와 그 내용의 의미를 저자의 입장에서 이해하고 해석한다는 것을 나타낸 것이다. 〈평가해석〉은 반계의 국가개혁 및 행정아이디어와 가치에 대한 현대행정학적 해석, 즉 국정운영사상의 합리성과 보편성, 그리고 역사성과 근대성을 밝히는데 초점을 두었다. 특히 조선시대의 통치이념이었던 민본 · 위민행정사상을 어떻게 이해하고 구체화하려고 하였는가를 보고자 하였다.

이 분석 틀에서 국정운영현상에 대한 반응으로 나온 반계의 정신적 산물인 저술 및 행위(행정사상이 내포된)는 환경의 자극에 대한 단순한 반응으로서의 행태가 아니라, 의도적이고 의식적인 행위로 본다. 해석학이나 현상학에서는 자극과 반응의 결과로서 나타나는 단순한 행태(behavior)의 규칙성을 관찰자의 입장에서 설명하는 것이 아니라, 행위자의 입장에서 '의도된 행위(action)나 주장'의 의미를 이해하고 해석하는 것을 특징으로 한다. 즉 사상가(텍스트의 저자)가 '의도성을 가지고 행하는 행위나 주장'을 그 사상가(저자)의 입장에서 그 의미를 이해하고 해석하는 것을 말한다. 즉 '무슨 동기로 그러한 행위를 하였는가?' 하는 저자의 본래적 의도(intention)와 그 의미(meaning)를 밝혀내는 것이다. 따라서 해석학적 접근방법은 딜타이가 말한바와 같이 저자가 자기를 이해하는 것보다 그 저자를 더 잘 이해하는데 있다고 할 수 있는 접근방법이다.[14]

다음으로 이 분석 틀에서 중점적으로 이해하고 해석하고자 한 국가개혁 및 행정사상의 대상과 범위는 국정운영활동을 결정짓는 중요변수인 〈국정운영목표와 이념〉〈정책〉〈조직과 예산〉〈인사〉에 대한 사유체계(thought system)로 한정시켰다. 행정을 구성하는 요인은 무수히 많고 따라서 행정아이디어와 가치도 그 범위가 매우 넓다. 국정운영활동 또는 행정현상을 유발시키는 요인은 무수히 많기 때문에, 연구자의 입장(perspective)과 선호(preference) 등에 따라 분석 및 설명단위를 다양하게 선정할 수 있다. 그러나 여기서는 행정은 이념(목표), 구조(수단), 인간(주체), 환경(생태)의 상호작용에 의하여 이루어진다는 현대행정학의 일반적인 견해에 따라, 국가경영의 방향 및 가치변수인 〈국

---

14. 해석학 또는 현상학은 관찰자의 입장에서 행태(behavior)의 규칙성을 설명하는 것이 아니라 행위자의 입장에서 의도된 행위(action)를 이해하고 해석하려고 한다(Burrell and Morgan, 1982, 윤재풍(역), 1990 : 268), 따라서 개인의 사상이나 사회현상에 대한 연구는 자연현상을 설명하는 자연과학적 방법론의 적용을 거부하며, 해석적 설명을 중시한다(김항규, 2010 : 244). 해석학 또는 현상학에서 가정하고 있는 인간은 "사회적 세계에 수동적으로 반응하여 행동하는 객체(behaving object)가 아니고, 사회적 세계 속에 능동적으로 행위하는 주체(acting subject)로 본다.

그림 2-2 • 반계 행정사상의 분석 및 해석의 틀

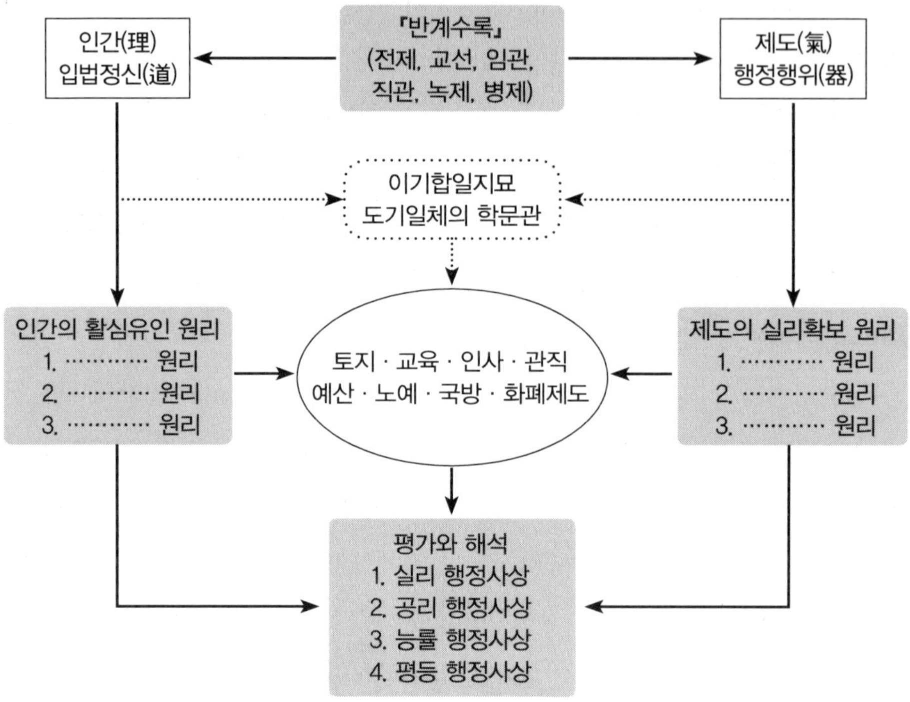

정운영이념과 목표〉, 국정운영의 주요 내용변수인 〈정책〉, 이를 달성하기 위한 수단변수인 〈조직과 예산〉, 마지막으로 국정운영의 주체인 〈인사(관료)〉을 설명변수로 삼아 이에 대해 반계는 어떠한 사유체계를 가졌는가를 보고자 하였다. 동시에 그러한 사유체계가 어디에서 연원하였으며, 오늘의 현대적 행정에 비추어 어떤 의미를 부여할 수 있는지를 해석하고자 하였다.

〈그림 2-2〉는 반계의 행정사상의 기본논리와 철학이 어디에서 연원하였으며, 어떠한 가치와 철학으로 제도중심의 행정을 주창하였는지를 알기 위한 구조적 분석 틀이다. 반계는 도(道)는 기(器)를 떠나 홀로 존재할 수 없다는 이기합일 또는 도기일체의 입장에서, 기존의 주자학적 국정운영 패러다임을 비판하고 또 180도 전환하여 올바른 기(법제도)를 통하여 도를 회복하고 현실의 사회문제를 해결하고자 하였다. 〈그림 2-2〉의 분석 틀은『반계수록』을 구성하고

있는 중심개념인 '이(理: 인간)'와 '기(氣: 제도)', 도(道: 입법정신)와 기(器: 행정행위), 그리고 '인간의 활심'과 '제도의 실리'가 어떻게 구조화되면서 그의 실리행정사상을 형성하고 있는가를 보고자 하였다. 〈그림 2-2〉는 반계가 주장한 각종 제도 속에 어떠한 원리와 이치(실리)를 담으려고 했으며, 궁극적으로 그가 지향한 행정의 특징은 무엇인가를 현대행정학적 관점에서 평가하고자 한 것이다. 즉 반계의 실리행정사상, 공리행정사상, 능률행정사상 그리고 평등행정사상이 어떻게 각 제도 속에 녹아있는가를 밝히고자 하였다. 이 분석 틀의 시각은 각 장마다 일관되게 적용하였다.

제 2 편

생애와 학문, 그리고 세계관

제3장 생애와 학문, 그리고 시대적 배경

제4장 반계의 인간관, 국가관, 사회관

제3장

생애와 학문, 그리고 시대적 배경

제1절 반계의 생애

반계 유형원의 행정사상을 보다 정확하게 이해하기 위해서는 우선 그의 삶에 대한 정확한 기록과 또 그가 남긴 정신적 산물인 저서와 연구물 등이 현존하여야 한다. 반계 유형원은 죽을 때까지 많은 저서를 남겼지만 현재 온전하게 남아 있는 것은『반계수록』뿐이다. 따라서 이 수록만으로는 그의 행정사상을 깊이 이해하는데 한계가 있다. 그러나 근래에 들어와 그의 사상과 철학을 들여다볼 수 있는 다수의 기록물이 발견됨에 따라 그의 사상과 철학에 대하여 좀 더 깊은 연구가 가능하게 되었다.

1974년『반계수록』의 영인본을 출간하면서 순암 안정복(安鼎福: 1712~1791)이 편찬한「반계선생연보」를 발견하게 되었고, 1980년대 후반에는 이우성(李佑成) 교수에 의하여 반계의 역사 · 지리 및 심성(心性) · 이기(理氣)에 관한 논설 일부분이 순암의 친필 초록으로 발견되었으며, 여기에다 반계의 재종제(再從弟)인 유재원이 편찬한「반곡선생언행록」까지 발견되어 연구에 활력을 더 할 수 있게 되었다. 이때 새롭게 발견된 연보와 언행록, 그리고 심성 · 이기에 관한 논설을 모아 1990년『반계잡고』란 이름으로 출간하였다.[1] 또한 2006년

1. 『반계잡고(1990; 여강출판사)』에는「반곡선생언행록」을「반계선생언행록」으로 표기하고

에는 반계의 문학적 특징을 들여다 볼 수 있는 시문집인『반계집』일부가 발견되어『반계일고』란 명칭을 얻게 되었다.

유재원(柳載遠)은 반계의 육촌 동생이자, 반계를 직접 사사한 제자이기도 하다. 유재원이 편찬한「언행록」과 순암이 편찬한「연보」는 그 내용이 거의 일치하고 있고, 또「연보」가 본래 반계의 증손인 유발(柳發: 1683~1775)이 초록한 것임을 감안한다면,[2]「연보」와「언행록」의 뿌리는 같다고 볼 수 있다. 유재원은「언행록」에서 반계 유형원과의 관계를 다음과 같이 회고하고 있다.

> "나의 선친께서는 항상 그를 아끼시고, 그의 언행과 동정을 열거하며 우리 불초한 형제들에게 칭찬하여 마지않았다. 일찍이 그에게 나아가 배우라고 하시면서, 조상이 덕을 많이 쌓은 까닭에 이런 큰 인물을 나게 했다고 말씀하셨다."(「반계선생언행록」『반계잡고』: 291)

이「언행록」과「연보」의 내용이 일치하는 것으로 보아, 순암의 친필 사본도 모두 반계의 것이라고 보는데 의심이 없다. 따라서『반계잡고』에 실려 있는 그의 이기(理氣) 및 심성(心性)에 관한 논설을 통하여 그의 변법론적 실학의 근원이 어디에서 나왔는가를 밝힐 수 있게 되어, 과거보다는 반계의 철학과 사상에 대한 깊이 있는 연구가 가능하게 되었다. 이 장에서는『반계수록』『연보』『언행록』을 토대로 반계의 삶과 학문을 재조명하기로 한다.[3]

있다.「언행록」은『반계잡고』에만 실려 있고(285~292),「반계연보」는 영인본(565~579)과『반계잡고』(293~307) 두 책에 모두 실려 있다. 이후부터는「언행록」과「연보」로 표기한다.

2. 순암이 편찬한「반계연보」의 발문에는「연보」의 편찬 동기가 기술되어 있다. 순암은 반계의 증손인 유발(柳發)과 교류하면서 반계의 수록과 유집(遺集)을 빌려보고, 진실로 천리를 운용하여 만세에 태평을 열어주는 책이라고 감탄했었는데, 공(公)이 돌아간 후 상중(喪中)의 여막에서 맏아들 명위(明渭)가 공이 초안한 선생의 연보를 보이면서 그것을 바로 잡아달라고 하고, 또 발문을 청하므로, 연보를 편찬하고 발문을 짓게 되었다고 밝히고 있다(『반계잡고』: 307).

3. 주로 연보에 따라 그의 삶을 정리하였으며, 안재순(2009), 김태영(2011)을 많이 참고하였다.

1. 총명했던 유년기(1622~1635)

실학의 비조, 반계 유형원은 임진왜란이 끝난 지 24년이 되던 해인 광해 14년(1622) 1월 21일 서울 정릉 외삼촌 이원진의 집에서 태어났다. 세종 때 우의정을 지낸 청백리 유관(柳寬)이 그의 9대조이고, 그의 증조부는 현령, 조부는 정랑, 부친은 28세의 젊은 나이로 별세할 때 예문관 검열의 요직에 있었다. 그리고 외조부는 여주 이씨로 우참찬이었다.

유형원이 태어날 당시 외갓집의 분위기는 밝지 못했다. 훗날 반계에게 학문적으로 가장 많은 영향을 미친 외삼촌 태호(太湖) 이원진(李元鎭: 1594~1665, 우참찬 역임)이, 이제 갓 약관을 넘긴 나이로 당시 집권 세력의 '인목대비 폐모론'에 반대하는 상소를 여러 차례 올린 까닭에, 화를 당해 벼슬길이 아예 차단되어 있었기 때문이다. 이러한 침울한 환경이었지만, 유형원은 여러 사람들의 축복과 사랑 속에서 태어나고 자랐다.

그러나 유형원이 태어난 그 이듬해, 즉 그가 2살이 되었을 때 그의 평생의 인생행로를 결정짓는데 가장 크게 영향을 미친 사건이 발생했다. 이미 과거에 합격하여 예문관 검열로 근무하면서 전도가 유망했던 아버지 유흠(1596~1623)이 역모사건에 연루되었다는 억울한 누명을 쓰고 감옥에서 옥사하는 사건이 일어난 것이다. 소위 '유몽인의 역옥(逆獄)'이라는 사건에 연루되어 역적이라는 누명을 쓰고 감옥에서 희생된 참화였다. 유몽인(1559~1623)은 일찍이 문과에 장원급제하고 도승지 · 대사간 · 이조참판 등의 요직을 지낸 관인으로서, 광해군 당시 폐모론에 가담하지 않았기 때문에 인조반정에서도 화를 면할 수 있었다. 인조반정이 일어난 이후 그는 조용히 은둔생활을 하고 있었다. 그러던 중 '유몽인이 광해군의 복위를 꿈꾸고 있다'는 고발을 받게 되고, 그 고발사건으로 인하여 역옥에 걸려 억울하게 처형되었다. 유형원의 아버지 유흠도 이 무고사건에 연루되어 화를 당해야 했다. 그러나 이 역옥은 북인인 유몽인이 서인이 주도하는 인조정권에 협력하지 않았다는 이유로, 서인들의 무고로 일어난 사건이었다(김태영, 2011: 25). 그래서 뒷날 관작이 회복되고 유몽인은 의정(義貞)이라는 시호까지 받게 된다.[4] 당시 인조반정 이후에는 정권의 기반이 약했기 때문에 반정의 공신들은 백성들의 인심이 복종하지 않을까봐 지나치게 염려하여 널리 기찰(譏察)을 벌여 밀고하는 문을 크게 열어놓고 있었다. 그 결과 기찰과 무고가 판을 치면서 역옥이라는 옥사가 빈번히 일어났다.[5]

아버지가 역옥에 연루되어 억울하게 희생되었다는 사실은 그가 점차 성장하면서 그의 조부로부터 듣고 알게 되었지만, 이 사건은 어린 반계에게는 크나큰 충격이었다. 이 사건을 계기로 죄 없는 아버지를 역옥으로 처리한 조정의 정치형태나 당쟁으로 점철된 당시의 국정운영상황에 대하여 깊은 회의와 비판적 시대인식을 갖게 된다. 이 사건은 반계로 하여금 '가정은 무엇이고 국가는 무엇이며 정치는 무엇인가'에 대하여 근본적인 회의를 하게 만들었다(김태영, 2011: 25-27). 뿐만 아니라, 벼슬에 대한 꿈을 버리고 학문에 대한 성찰과 저술, 그것도 경세론의 연구에 인생을 바치기로 결심하는데 크게 영향을 미쳤다고 볼 수 있다.

아버지의 역옥 사건이 있었는지도 모른 채 반계는 무럭무럭 자랐다. 특히 다른 아이들에 비해서 사물을 접해서 그 본말을 캐는 지적 호기심이 남달랐다. 사물에 대한 애틋한 마음도 남달랐다. 다섯 살이 되면서 공부를 시작했다. 책을 몇 번 읽지 않고서도 문득 외우고 잊어버리지 않았으며, 다섯 살에 이미 산수(算數)에 통달했으며, 바둑이나 잡다한 놀이까지 또한 깨쳐 알았다고 전한다. 그

4. 『정조실록』정조 18년 5월 무술, 9월 갑인, 20년 4월 계미 참조. 유몽인의 정치적 행적에 관한 연구로는 한명기(1992) 참조.

5. 당쟁이 일어난 이후로 역옥(逆獄)이라는 옥사가 빈번히 일어났으나, 실제 이 역옥은 모두 무고로 인한 것이다. 반계와 같은 시대의 인물로서 당시 문장과 학식으로 송시열과 쌍벽을 이루었던 노서(魯西) 윤선거(尹宣擧: 1610~1669)는 그의 유고에서, "우리나라에는 본래 역적모의로 인해서 일어난 옥사는 없다. 이른바 역적이라고 일컫는 것은 무고가 아닌 것이 없다(노서유고 14-37, 석실어록)"라고 적고 있다. 이 노서유고(魯西遺稿)는 송시열, 송준길, 김집 등 당시 명사들과 주고받은 서신이 많이 실려 있으며 당시 정계의 의식구조와 동향을 이해하는데 많은 도움을 준다.

의 스승인 이원진과 김세렴은 그의 그릇됨을 알고 몹시 아꼈다. 그의 외숙인 태호 이원진은 후에 감사와 우참찬을 지낸 사람으로 하멜 표류사건 당시 제주목사이었고, 그의 고모부인 동명(東溟) 김세렴(1593~1646)은 후에 호조판서를 지낸 사람으로 일본에 사신으로 왕래한 일이 있고 청나라와의 국교(國交)에 밝은 사람이었다.

외숙과 고모부로부터 교육을 받은 반계는 7세에 서경을, 9세에는 『주역(周易)』을 읽었으며, 10세에는 경사학(經史學)뿐만 아니라 제자백가(諸子百家)에 이르기까지 그의 눈을 거치지 아니한 서적이 없을 정도였다고 하니 그의 재질의 특출함을 짐작할 수 있다(송주영, 1979: 8). 그의 스승인 이원진과 김세렴 두 공은 어린 반계와 토론을 하다가 감탄하여, "옛날에 혹 이와 같은 사람이 있었을까? 유씨에게 이런 후손이 있도다."하고 감탄하였다(반계선생연보). 반계의 학풍을 이어받은 이익(1681~1763)은 그의 『성호사설』에서 반계의 학문은 태허선생 이원진의 영향을 가장 많이 받았다고 주장하고 있다.

일곱 살 때의 일이었다. 『서경』을 읽다가 우공(禹貢)·기주(冀州) 두 낱말에 이르러서는 날듯이 일어나 춤을 추었다. 스승인 외삼촌 이원진이 그 까닭을 물었다.

> "왜 그러느냐?"
>
> "예, 모든 일에는 근본이 중요하고, 그래서 근본을 높여야 한다고 알고 있는데, 이 두 낱말이 그에 대한 아주 적절한 예인 것 같아서 나도 모르게 그만 이리도 기뻤습니다." (『반계잡고』: 294)

여기서 「우공(禹貢)」은 『서경』의 한편이고, '기주(冀州)'는 「우공」편의 한 장이다. 하나라의 시조인 우임금은 전국을 9주로 나누어 다스렸는데, 「우공」은 그 9주의 모든 것, 즉 나라의 근본적인 것, 예컨대 각 주의 산천, 토양, 공부, 물산 등을 자세히 기록한 일종의 지리지이다. 반면에 기주는 9주의 중심 지방으로 왕이 머무는 곳이다. 그런데 기주 이외의 나머지 8주는 각 주의 강계(疆界)를 자세히 기록하고 있으나, 기주에 대해서만은 그 땅의 경계를 8주처럼 자세하게 기록하지 않고 있다. 이는 왕이 거주하고 있는 서울을 높이고, 왕의 땅은 경계가 없이 천하가 모두 왕토임을 의미하는 것이다. 요컨대, 정치의 근본은 「우공」에 있고, 우공의 근본은 '기주'에 있다는 것을 의미한다.

이렇게 은밀한 의미를 일곱 살의 나이에 깨치고 기뻐했던 것이다. 정치는 단순히 사람이 하는 것이 아니라 일정한 틀에 의하여 시행되어야 함을 이미 이때부터 깨친 것이다. 국정운영의 근본은 무엇인지, 또 국정운영을 위해서는 어떠한 제도와 틀이 바르게 정해져 있어야 하는지를 이때부터 깨쳤다고 볼 수 있다. 비록 어린 나이지만 이러한 깨우침이 후일 『반계수록』의 편찬으로 이어졌을 것이다.

13세가 되면서 반계는 분연히 성현을 사모하는 뜻이 있어 위기지학에 힘쓰기 시작했다. 공부는 누구에게 보여주기 위해서 하는 것이 아니라 성현이 되기 위해서, 자기의 마음의 수양을 위해서 하는 것이라는 신념을 가지고 열심히 도학 공부에 매달렸다. 그는 공부를 시험의 도구로 삼는 과거시험에 대해서는 달가워하지 않았다.

2. 병자호란의 소년기(1636~1643)

위기지학(爲己之學)에 열중하고 있던 때 그에게 또 다른 위기가 닥쳤다. 반계가 15세가 되던 해 그의 인생의 진로를 바꾸어 놓은 두 번째의 사건인 병자호란이 일어난 것이다. 병자년(1636) 12월, 청나라는 10만 대군을 이끌고 기존의 '형제의 의리'가 아니라 '군신의 의리'를 강요하면서 북방기마민족답게 파죽지세로 한양을 침입한 것이다. 강화도가 함락되고 임금은 남한산성으로 피신했다. 나라의 온 백성은 안전한 곳을 찾아 피난가기 바빴다.

15살의 소년 유형원도 조부모님과 어머님 그리고 두 분의 고모를 모시고 원주로 향하는 피난길에 올랐다. 당시 조부모는 연로하셨고, 고모부 김세렴은 일본에 사신으로 가 있었기 때문에 세 집안의 가속은 모두 유형원을 믿고 의지할 수밖에 없었다. 피난길에 수십 명의 강도들이 몽둥이를 들고 그들의 길을 막아섰다. 일행은 놀라 사색이 되었으나 소년 반계는 몸을 바로 세우고 앞으로 나아가 의(義)를 들어 그들을 깨우쳤다.

> "사람이라면 누군들 부모가 없겠는가? 짐 꾸러미는 당신들 마음대로 가지고 가도 좋소. 그러나 우리 부모님들을 놀라게 하지는 마시오."
> (「반계선생연보」『반계잡고』: 294)

당당한 소년의 태도와 효성이 지극한 그의 말에 감동이 되어 도둑들은 흩어져 버렸다. 전쟁은 치욕스럽게 끝이 났다. 결국 인조는 남한산성에서 삼전도로 내려와 청 태종에게 무릎을 꿇고 항복하는(세 번 절하고 아홉 번 머리를 조아리는 삼배구고두(三拜九叩頭)의 예) 치욕을 당했고 홍익한, 오달제, 윤집 등 젊은 언관들은 속죄양으로 청에 잡혀갔다. 전쟁의 결과 이제는 명나라 대신 청나라를 천자국으로 모셔야 했다. 이어서 청은 명을 멸망시키고 천하의 주인자리를 차지했다. 세계의 질서가 거꾸로 뒤바뀐 것이다. 관(冠)이 신발이 되고 신발이 관(冠)이 되는 충격적인 사건이었다. 이 화란으로 인하여 반계는 현실 정치와 역사에 대하여 근본적인 회의와 갈등을 하게 된다. 조부로부터 전해들었던 아버지의 옥사사건과 이 병자호란으로 인한 충격은 도대체 '가정이란 무엇이며 국가란 무엇인가'에 대하여 근본적인 질문을 하게 되는 계기가 되었다고 볼 수 있다. 외적의 침입에 속수무책 치욕을 당하는 보잘 것 없는 국력, 소인배가 판을 치는 세상, 인욕에 의해 만들어진 폐법이 국정운영의 기본이 되고 있는 현실, 그리고 공리공담만 일삼는 지배관료들의 국정운영방식에 대한 실망이 보태어 지면서, 다시 그런 일을 당하지 않으려면 어떻게 해야 할 것인가? 국정운영의 근본은 무엇이 되어야 하는가? 등에 대하여 깊이 생각하게 된다. 이러한 시대인식과 갈망이 국가개혁론인 『반계수록』의 집필동기가 되었다고 이해된다.

뒷날『반계수록』의 집필동기를 묻는 친구 정동직의 형 정동익에게[6] 답한 글을 보면, 그와 같은 사유가 잘 들어난다.

> "폐단스런 습속을 가지고 폐단스런 습속을 이어받은 유래가 오래되었습니다. 군자(君子)는 항시 무용지물이 되고 소인(小人)은 길이 뜻을 얻고 펴왔으니, 그 화는 마침내 천리(天理)가 사라지고 사욕(私欲)이 넘쳐나며, 생민(生民)은 썩어 문드러지고 오랑캐가 주인이 되고 말았습니다. 이는 무슨 까닭입니까? 거기에는 반드시 그렇게 된 사유가 있을 것입니다."(『반계선생연보』 현종 12년 신해, 선생 50세)

열여덟 살, 반계는 풍산 심씨와 결혼을 하고 어른이 된다. 이 때 덕부(德夫)라는 자(字)를 받았다.[7] 부인은 철산부사 심항의 따님이고, 우의정 심수경의 증손녀이다. 결혼 이후 반계 유형원은 덕부라는 관명에 부끄럽지 않게 덕(德)이 있는 사람으로 살기위해 노력했다.

3. 세파의 경험과 유람, 그리고 귀거래사(1643~1652)

덕(德)을 지닌 사나이, 유형원은 부지런히 덕을 쌓아나갔다. 이 시기는 덕과 도를 몸에 익히는 시기인 동시에 전국을 소요하고 유람하면서 세상을 경험하고, 시골로 낙향하기를 결심했던 기간으로서, 결혼이후부터 우반동으로 이거하기 이전까지의 시기(1643~1652)이다.

반계는 철저하게 도(道)를 익히고 실천해 나갔다. 스물한 살에는 사잠(四箴)

---

6. 정동직의 형으로서 역시 선생과 도의지교로 지내는 사이였다.

7. 본래 스무 살이 되어야 어른이 되는 관례를 치르고 관명(冠名)인 자(字)를 받아야 하지만, 스무 살 이전에 혼례를 치르면 혼례에 앞서 관례를 치르는 것이 통상적이었다. 반계는 이때 덕부(德夫)라는 자를 받았다.

을 지어놓고, 스스로 다짐한 이 맹세를 일생동안 지켜 나갔다. 「연보」에서는 이 잠(箴)이 문집에 소개되어 있다고 하고 있으나, 지금 그 문집은 전해지지 않는다. 그러나 「연보」에서는 그 서문을 다음과 같이 소개하고 있다.

> "도(道)에 뜻을 두고도 서지 못하는 것은 뜻이 기(氣) 때문에 나태해진 탓이다. 아침 일찍 일어나고 밤늦게 자는 것을 할 수 없고, 의관을 바르게 하거나 사물 바라보는 일을 존경스럽게 하지 못하고, 부모를 섬길 때 안색을 고르게 하지 못하고, 집에 거처할 때 상대를 공경하지 못한다. 이 네 가지는 몸이 게을러 마음을 황폐하게 하는 것이니, 마땅히 무섭게 반성해서 반드시 할 수 있어야 할 터이다. 이로 인하여 잠(箴)을 지어 스스로를 경계한다."(『반계잡고』: 294-295)

반계는 이렇게 자신을 경계하고 검속하는 데는 매우 엄격했다. 또한 권세 있는 집안에 아부하거나 도를 넘어 행동을 하지 않았다. 반계가 20세 되던 해, 그의 명성이 자자해지자 전창위(全昌尉) 유정량(柳廷亮: 1591~1663)이 한번 만나보기를 원하여 말을 전해 왔다. "우리 집에 당나라 판본의 서적이 서가에 가득한데 한번 와서 훑어보는 것이 어찌 해가 되겠는가?" 그러나 선생은 끝까지 가지 않았다. 선생은 어려서부터 발걸음을 한 번도 권세가의 대문을 넘지 않았다.

반계가 23세가 되던 해, 드디어 명나라가 망했다. 또 그해 아버지가 없는 손자를 사랑과 정성으로 돌보아 주시던 할머니 이부인(李夫人)이 세상을 떠났다. 아버지가 없는 반계로서는 상주노릇을 해야 했다. 그러나 미처 삼년상을 마치기도 전에 스승이자 아버지와도 같았던 고모부 김세렴의 부음이 들려왔다. 게다가 절친한 친구이자 고무부의 사위이기도 했던 이가우(李嘉雨)마저 스물다섯의 나이로 요절했다. 반계 유형원에게는 세상사가 모두 허무했다.

스물여섯이 되자, 선조 묘소에 바치는 기문(先世墓所記)을 짓고 난 후, 잠시 숨을 돌려 금천(衿川) 안양동(安養洞)을 여행했으며, 이듬해 봄에는 영남지방으로 훌훌 유람을 떠났다. 당시 외형(外兄)인 조송년(趙松年)이 금산의 수령으로 있어 한번 다녀오려는 것이었다. 그러나 내심으로는 산천을 두루 살펴보면서 심신을 휴식하고 어디 좋은 곳에 은거라도 할 곳이 없는가를 보기 위함이었다. 봄 여행에서 돌아오자마자 다시 어머니가 돌아가셨다. 어머니의 상을 치른 후, 반계가 스물아홉이 되던 해, 연로하신 할아버지의 엄명으로 과거시험(감시)에 응시한다. 결과는 좋지 않았다. 그 해 가을 다시 경기남부와 호서지역을 유람하고, 이어 원주, 지평까지 돌아보고 온다. 이제 서른 살이 되었다. 다시 조부의 염원에 따라 감시(監試)와 정시(庭試)에 나아가, 정시(庭試)에는 합격을 하였으나 자격위반으로 명단에서 빠지게 된다. 그 이유가 무엇이었는지는 연보에서 찾을 수 없다. 그해 오월 할아버지 참판공이 돌아가셨다. 할아버지의 죽음은 반계에게는 크나 큰 충격이었다. 아버지 없이 자란 반계에게는 단순한 할아버지가 아니었다. 왜 할아버지의 소원대로 과거를 일찍 치루지 않았던가? 왜 자주 찾아뵙고 효(孝)를 다하지 못했는가? 회한이 사무쳤다. 슬픔과 회한이 가슴에 사무쳐 끝내 그로 인해 병을 얻게 되었다.

할아버지의 복상(服喪)기간이 끝나고 반계가 32세가 되던 해, 귀거래사를 읊으며 할아버지가 병자호란 이후부터 터를 잡고 사셨던 부안현 우반동으로 이거한다. 이듬해 할아버지의 염원대로 진사시에 나아가 2등 제3인으로 합격한다. 그러나 사림으로서 행세할 수 있는 기초자격만을 공인받기를 원했을 뿐, 관직에는 전혀 관심이 없었다. 그 이후로는 다시는 과거시험에 나아가지 않았다. 반계는 이미 성현들이 남긴 경전들의 원리를 독자적으로 탐구하고, 잘못된 역사적 현 실태를 근본적으로 개혁할 수 있는 방안을 탐구하고자 계획을 세운 상태였다. 할아버지의 상중이었던 31세에 이미 『반계수록』의 초고를 시작한 상태였다. 과거시험에의 응시는 오직 할아버지의 유명을 받들기 위한 것에 불과했다.

아버지의 죽음과 병자호란의 충격을 지켜보면서, 오래 전부터 매번 멀리 은

거할 생각을 가지고 있었으나, 손자가 관리로서 성공하기를 바라고 계시는 할아버지의 염원으로 인하여 미루고 있던 터였다. 할아버지의 죽음은 자기의 뜻을 실천에 옮기는 계기가 되었다. 32세에 그가 지은 도연명의 귀거래사에 화답하는 글인 「화도정절귀거래사(和陶靖節歸去來辭)」의 내용에는 그러한 자신의 의지와 심경이 잘 표현되어 있다.

돌아가자
해가 저문데 어찌 아니 돌아가랴
진실로 자득하여 성실하면, 어찌 외물 때문에 슬퍼할까.
옛날 내 처음 앎이 있을 때, 오직 성인만을 기약했지.
경수(涇水) 위수(渭水)로 맑고 흐림 살피고,[8]
조금이라도 혹시 잘못할까 두려워,
늘 바둥 바둥 해 보내며, 아침밥 겨울옷도 잊었지.
어지러이 많고 많은 사물
드러나건 숨어있건 이치는 매한가지,
그 사이 밝게 들어나면, 나는 것도 있고 달리는 것도 있지
경(敬)과 의(義) 붙잡는 건
덕으로 들어가는 문이라네.
은밀한 곳에 물러나 숨어 있지만 어둡지 않은 것 있으니,
그 본성 잃지 말고, 저 술병 경계할 지어다.
리(理)를 구하려니 옛날이나 지금이나 어지러워
증거는 곧바로 안자 맹자에서 찾았지.
뭇사람 시끌벅적 이리저리 치달아

---

8. 경수는 감숙성에서 발원하여 섬서성 서안 부근에서 위수와 합류한다. 경수는 흐리고 위수는 맑기 때문에 경위(涇渭)는 사물의 청탁을 지칭하는 뜻이 되었다.

아, 제 편안한 곳 알지 못하네.

권세 믿고 어지러이 이(利)를 다투는데

고향 떠난들 무슨 상관이랴

흐느끼다 탄식하다 의기가 북받쳐서

홀로 한숨 길게 쉬고 그윽하게 살펴보니,

하늘의 운행만이 머무는 일 없어

봄가을 홀연히 서로 돌아온다.

어찌 생각 짧았단 핑계로

머뭇머뭇 어슬렁거리며 슬퍼하랴

돌아가자.

멀리 떠나 한가롭게 지내기를 청하자.

간 것은 미칠 수 없고, 오는 것은 구할 수 없으니,

속세를 초월하여 오래 살기만을 바랄 뿐.

내게 마음 때문에 근심하는 일은

이제는 벗어 내던진 신발, 매미의 허물일지니

또 옛일을 어찌 생각하리오.

사내종이 수레와 배를 갖추었음을 고하거늘

약수(弱手)를 건너고 낭풍(閬風)을 따라가니

곧 단구(丹丘)구의 신선이로다.[9]

머리 쬐니 아침 햇볕이요, 갓끈 씻으니 맑은 물이로다.

이곳저곳 틈내 즐기는 일 극진히 하며,

날마다 멀리 무리에서 벗어남을 느낀다.

무리를 떠나 또 어디로 가리오,

9. 약수(弱水)는 선경(仙境)이 있는 강이며, 낭풍(閬風)은 곤륜산 위에 있는 신선이 사는 산을 말하며, 단구(丹丘)는 신선이 사는 곳을 말한다.

내 마음 지극히 중요한데로 되돌려, 백세를 기다려 기약하리.
오로지 분전(墳典)을[10] 깊이 공부하며
또 김매고 북돋는 일 힘써 하리라.
정절(靖節)에[11] 의탁하여 운(韻)을 다스리고
요순을 우러러 시를 짓는다.
부지런하여
늙어 장차 죽음에 이르는 것도 모른다면
내가 하는 일 어찌 의심하리.

이 시를 통해 반계는 "권세를 믿고 이(利)를 다투는 혼탁한 세상을 떠나 한적한 곳에서 고전을 탐구하며 세상의 이치를 궁구하리라"는 자신의 의지를 잘 표현하고 있다.

4. 반계수록 집필기(1653~1673)

32세가 되던 해, 귀거래사를 읊으며 낙향한 유형원은 이제는 우반동에서 새로운 삶을 시작한다. 반곡(磻谷)이라고도 부르는 이 곳 우반동은 바닷가에 연하고 있으면서 숲과 골짜기의 경치가 뛰어났다.[12] 골짜기에는 시냇물 하나가

10. 삼분(三墳)과 오전(五典), 즉 삼황(三皇)오제(五帝)의 전적, 고전을 의미한다.

11. 원문은 용문이다. 여기서는 정절 도연명을 가리킨다.

12. 유형원의 할아버지 조부 유성민이 후일 우반동 김씨의 시조인 김홍원(金弘遠)에게 준 매매문서에 우반동의 경치가 생생하게 묘사되어 있다. "대저 이곳은 사방이 산으로 둘러싸여 있으나 앞은 탁 트여있고 조수(潮水)가 흘러들어 포(浦)를 이룬다. …… 기암괴석이 좌우로 늘어서 있는데 마치 두 손을 공손히 마주잡고 있거나 혹은 고개를 숙여 절하는 모양을 하고 있으며 혹은 나오고 혹은 물러나 그 모습이 변화무쌍하다. 아침의 구름과 저녁의 노을이 자태를 드러내면 진실로 선인(仙人)만이 살 곳이요 속객(俗客)이 와서 머물 곳은 아니다. 마을 한가운데 있는 장천(長川)이 북에서 흘러나와 남으로 향하니 이로 말미암아 동서가 자연히 나뉘는데 이 장천이 또 하나의 절경을 이루고 있다."

흐르고 있고 이를 반계(磻溪)라고 불렀다. 소나무와 대나무 사이에 초가집을 짓고, 세상의 일을 멀리하면서 책을 저술하는 것을 업으로 삼았다. 유형원은 새로운 삶에 대한 소회를, "세상 피해 남쪽나라에 와서, 물가에서 몸소 밭을 간다(避地來南國 躬耕傍水垠)"라고 읊고 있다(안재순, 2009: 33).

유형원은 이곳에서 밤낮으로 학문에 정밀하게 전념하였으며 마음속에 신묘한 깨달음이 있으면 반드시 밤중에도 일어나 기록해 두었다. 그러면서도 오히려 스스로 부족하다고 느껴 날마다 날이 저물면 반드시, "오늘도 헛되이 하루를 보내었구나. 의리는 무한하고 세월은 유한한 것인데, 옛사람들은 무슨 정력으로 저와 같이 크게 성취할 수 있었는가"라고 반성하였다.

매일 새벽 동이 틀 무렵이면 세수하고 의관을 정제하고는 가묘(家廟)에 참배한 후 서실로 물러나 공부하였다. 서가에는 만권이 책이 꽉 차 있고, 대나무로 만든 사립문은 항상 닫혀 있었다. 낮에도 사슴무리가 나타났다. 유형원은 이를 돌아보고 즐기면서, 옛 사람이 이르기를, "고요한 후에야 능히 안정도 되고 능히 생각할 수도 있다고 했으니, 그 말씀이 참으로 맞구나."라고 했다.

35세에는 박자진(朴自振)과 더불어 『동국지지』를 논하고, 그 해 『동국여지지(東國輿地志)』를 완성했다. 그는 우리나라 지리가 사군(四君), 삼한(三韓), 대방(帶方), 국내(國內), 환도(丸都), 졸본(卒本), 대산(大山)으로부터 삼국(三國)의 지계(地界)에 이르기까지 아직 정설이 없다고 여겼다. 따라서 반계는 중국 역대의 여러 역사책 및 지리지와 우리나라 문헌 중에 고찰해 볼 만한 것을 두루 섭렵하여 각각 땅을 나누어 이 책을 만들었다. 그는 우리나라의 지리지는 참고하여 의거할 만한 것이 없다고 여겼다.[13]

37세 때는, 친구 정동직(鄭東稷)과 편지로 이 · 기, 인심 · 도심에 관해 논한다. 이 당시의 서신이 『반계잡고』에 수재되어 있는데, 이 서신에는 이기론 등 유

13. 비록 『여지승람』이 있으나, 여기서는 오로지 시문(詩文)만을 취했고 또 승람(勝覽)이라는 이름도 옛사람이 지리지(地理志)를 만든 뜻을 이미 잃어버린 까닭에 취하지 않았다.

형원의 존재론, 심성론을 포함한 기본 세계관과 가치론이 전개되어 있다. 이 서신 속에서 우리는 그의 국가개혁론인『반계수록』의 기본 논리와 철학을 발견할 수 있다. 그 사상과 철학에 대해서는 뒤에서 설명한다. 정동직의 자(字)는 문옹(文翁), 호는 청천(聽泉)이라 하는데 학문이 깊고, 유형원과는 서로 사돈이 되기로까지 약속한 절친한 친구였다. 이렇게 도의(道義)로써 사귀는 절친한 친구가 그 해 세상을 떠났다. 반계는 그를 애도하여, "봉황새 가 버리자 붉은 하늘 저물고, 용 사라지니 큰 연못 없어졌네(鳳去丹霄暮/龍亡大澤湮)" 라고 표현하고 있다.

41세가 되던 해 11월, 반계 유형원은 서울 정릉동(정동)에 머물면서『중흥위략(中興偉略)』의 초고를 시작했다. 반계는 명이 멸망하고 나라의 치욕이 아직 설욕되지 못한 것을 매우 한스럽게 생각했다. 부안에 있을 때 매번 달밤에는 한음(漢音)으로 거문고를 잡고 연주하니 소리가 아름다웠다. 매번 집뒤 산꼭대기에 올라가 북쪽을 바라보며 눈물을 닦으니 사람들은 그 까닭을 알지 못했다. 늘 청나라에 대한 복수와 계책을 강구했다. 집에서 준마를 기르고 집안의 노복들과 마을 사람들에게 활과 조총을 가르치고 연습을 시켰다. 그 때에 이르러 부국강병을 이루기 위한『중흥위략』의 초고를 시작하였으나, 책을 완성하지 못하고 반계는 생을 마감한다. 이 책 역시 전해지지 않는다. 부국강병(국력신장)은 반계가 추구한 국정운영목표이자 행정목표이었다.

40대에 들어와서는 반계는 왕성한 저술활동을 펼친다. 43세에는『동방문(東方文)』을 편찬했고, 44세에는『동국사강목조례(東國史綱目條例)』『동사괴설변(東史怪說變)』『역사동국가고(歷史東國可考)』『속통감강목의보(續通鑑綱目擬補)』등 주로 우리나라 역사에 관계되는 저술에 지속적으로 몰두했다. 반계가 역사에 매달렸던 이유는 폐단스런 습속이 이어지는 이유는 어디에 있으며, 천리가 사라지고 사욕이 넘쳐나며, 생민은 썩어 문드러지고 오랑캐가 주인이 되는 이 세상, 그렇게 된 사유를 밝혀보려는 목적이었다고 볼 수 있다.

44세 여름, 당시 전라감사 민유중(閔維重, 1630~1687)이[14] 민생을 논하는 글을 보내온데 대한 답장에서 반계는 농민들과의 실제 경험을 바탕으로 조세 부담의 경감과 재방 축조를 통한 생산증가방안을 다음과 같이 조언하고 있다.

> "흉년에 허덕이는 백성을 구제하는 일(救荒)은 옛날부터 좋은 방책이 없었습니다. 옛날의 이른바 재물을 나누어 주는 일(散財), 조세를 가볍게 해주는 일(薄征), 부역을 줄여주는 일(弛力) 등의 일이 제일 급하게 힘써야 할 일인데, 세금과 부역을 줄여주는 일이 더욱 중요합니다. 대개 쌀 한 말을 구휼해주는 것이 납부해야 할 쌀 한 되를 덜어주는 것만 못합니다. 이것은 제가 백성들과 함께하면서 친히 경험했기에 하는 말입니다."(『반계잡고』: 301)

> "우리나라는 압록강 동쪽은 대체로 모두 산이기 때문에, 큰 가뭄이 들어도 연달아 성 수십 개가 초목이 나지 않는 처참한 일은 없지만, 오직 호남의 우도일대는 평평한 땅이 바다와 인접해 있어서 냇물이 모두 바다 조류의 짠 맛을 받기 때문에 농토에 물을 댈 수가 없습니다. 그래서 제방이 호남에 유독 많습니다. 그 중에 벽골(碧骨) · 눌지(訥池) · 황등(黃登) 등의 제방은 백성들에게 가장 널리 이로운 것이었는데 폐기된지 이미 오래 되었습니다. 만약 이 제방을 수리하여 복구한다면 노령(蘆嶺) 위의 7~8개 군은 흉년 때문에 백성들이 떠돌아다니는 근심거리가 없어지고, 곡식을 덜어 빌려주는 폐단도 끊을 수 있을 것입니다. 비단 백성에게 이로울 뿐만 아니라, 나라도 세금을 거둘 수 있으니 어찌 만세의 원대한 계책이 되지 않겠습니까? 반드시 장정을 징발할 필요

14. 후일 숙종(1674~1720년 재위)의 계비가 된 인현왕후의 아버지이며, 당시 전라도 관찰사였다. 당색은 노론이다.

도 없고, 흉년에 백성에게 곡식을 나누어주면, 구황(救)과 흥리(興利)를 한꺼번에 얻을 수 있습니다."(『반계잡고』: 301)

이렇게 반계의 학문이 깊어지고 또 효성과 우애가 뛰어나다는 소문이 자자하자, 묘당(의정부)에 천거되었다. 그러나 반계는 "내가 지금의 재상을 모르는데, 지금의 재상이 나를 어찌 아는가?"하고 거절하였다. 이처럼 반계는 벼슬과 명리에는 초연하였다. 그해(44세) 9월 그에게 글을 깨쳐 준 스승이자, 외삼촌인 태호 이원진이 사망했다. 외삼촌의 장례를 치른 후 10월 연상(지금의 연천)으로 가 미수 허목(許穆, 1595~1682) 선생을 뵙고 돌아왔다. 그로부터 3년 후 고모부인 동명 선생의 비문을 청하기 위해 고종사촌 아우 김준상(金儁相)과 함께 또 다시 허목을 방문하고 며칠을 머물면서 도리를 강론하고 고금에 대해 토론했다. 허목은 반계를 평하기를, "유 아무개는 왕을 보필할 인재이다. 노년에 이와 같은 인물을 얻게 될 줄은 생각도 못했다"면서 감탄했다(안재순, 2009: 38).[15] 46세에 이르러서는 주자의 시문을 가려 뽑아『주자찬요』를 편찬하였으며, 48세에는『도정절집(陶靖節集)』을 편찬하고, 영남에 살고 있는 배상유(裵尙瑜, 1610~1686)와 학문을 논하는 글을 주고받았다. 반계가 죽은 후 배상유는 수록을 묘당에 추천하지만 받아들여지지 않았다. 이 글은『반계잡고』에 수재되어 있으며, 그의 성리학 사상을 아는데 많은 도움이 된다.

유형원의 나이 49세에 이르러 드디어『반계수록』13권을 완성했다. 수록을 편찬할 때 지방행정제도개혁론인『군현제』도 1권 지었다. 도의로서 사귀고 있던 정동익(鄭東益)이[16]『반계수록』의 완성여부를 묻자, 그 답서에서 수록의 내용을 다음과 같이 간단히 설명하고 있다.

---

15. 당시 미수는 74세의 고령이었고, 반계는 47세였다.

16. 정동직의 형으로써 역시 반계와는 도의지교로 사귀는 사이이다. 자는 백우(佰虞)이다.

> "선왕이 나라를 다스리는 제도는 전기(傳記)마다 그 큰 강령은 전해지지만, 그 구체적 절목은 후세에는 고증할 수가 없다. 한 두 가지 살펴보자면, 경계(境界), 공부(貢賦), 학교(學校), 공거(貢擧), 군제(軍制)와 같은 일은 후세의 학자들이 논한 큰 강령이 매우 탁월한 듯하지만, 진실로 그 일을 거행할라치면 막연하지 않은 것이 거의 없다. …… 삼대의 법제는 모두 천리(天理)를 따라 제도를 만들었지만, 후세의 법제는 모두 인욕(人欲)을 따라 제도를 만들었다. 인욕을 따라 제도를 시행하면서 국가의 치세를 실현하고자 하니, 천하에 어찌 그렇게 될 이치가 있겠는가? …… 폐단스런 습속(제도)을 가지고 폐단스런 습속(제도)을 이어받은 유래가 오래되었다. 군자(君子)는 항시 무용지물이 되고 소인(小人)은 길이 뜻을 얻고 펴왔으니, 그 화는 마침내 천리(天理)가 사라지고 사욕(私欲)이 넘쳐나며, 생민(生民)은 썩어 문드러지고 오랑캐가 주인이 되고 말았다. 이는 무슨 까닭인가? 거기에는 반드시 그렇게 된 사유가 있을 것이다."(『반계선생연보』 선생 50세)

『반계수록』은 31세에 시작하여 49세에 완성한, 무려 18년이란 세월에 걸쳐 저술한 반계의 필생의 업적이다. 이 책은 일생동안 재야의 사림으로 학문에 전념한 그가, 변법(變法)을 통해 이 땅에다 '왕정'을 실현할 수 있으리라는 기대를 가지고 쓴 미증유의 국가개혁론이다. 그것은 성리학적 시무론과는 성격을 달리하는, 새 시대를 간구하는 변혁론이라는 점에서 그 의의가 있다. 물론 그의 국가개혁론은 당시의 시속에서는 실현되지 못하였지만, 이후 많은 실학자들에게 영향을 미쳤다.

1673년 3월 19일 인시(寅時), 향년 52세의 나이로 반계는 우반동 정침에서 숨을 거두었다. 평생 관직을 멀리하고 산수를 즐기고 학문을 좋아했다. 그는 나라의 근본인 농민들이 편안하게 잘 살 수 있는 부국강병한 나라, 백성들의 삶을 진심으로 위해주는 공정한 위민행정이 제도화되어 있는 나라, 그러한 농업 국가를 꿈꾸며 조선에 적합한 '바람직한 국정운영의 원리'는 무엇인가를 탐구하는 데 평생을 보냈다. 학문과 행동이 일치하는 지행합일(知行合一)의 삶을 살면서, 조선건국이래 최초의 〈국가개혁론〉을 집필한 반계는 그렇게 조용히 숨을 거두었다. 그해 5월 죽산(竹山) 용천(湧泉) 정배산(鼎排山) 선영아래 안장(安葬)되었다. 그의 죽음과 안장에 즈음하여 일어났던 몇 가지 일들이 「연보」에 기록되어 있다. 그 중에서 두 가지를 소개한다.

> "선생이 돌아가신 날, 밤이 깊은 뒤에 흰 빛 무리가 밝고 맑게 침실을 두르고 밤새도록 옮어지지 않았는데, 원근의 마을사람들과 승려들은 모두 그를 바라보면서 기이하게 여겼다. 곡(哭)에 모여든 자가 천여 명이었다."

> "임시로 초빈(草殯)한 곳을 열어 발인하려 하자 홀연히 붉은 빛이 나며 맹렬한 불꽃같더니, 서남쪽으로부터는 소리가 우레를 토해내듯 하다가 동쪽으로 옮겨갈 때에야 흩어졌다. 널을 받들고 죽산(竹山)에 오자 때맞추어 흰 기운이 영연(靈筵) 위에서 일어나 곧바로 공중에 이르렀는데 연일 그치지 않았다."

제2절 시대적 배경

1. 농업생산체제의 붕괴

반계(1622~1673)가 살았던 17세기는 조선왕조가 개국한 이후 300년이 다 되어가는 시점이었다. 율곡(1536~1584)은 개국 후 200년이 되어가던 당시의 조선왕조가 건국 초기의 왕성했던 기(氣)가 쇠하고 있는 이른바 중쇠기(中衰期)

에 접어들었다고 하였는데, 반계의 시대는 그 중쇠기를 넘어 임진왜란과 병자호란을 겪고 토붕와해의 위기를 겨우 넘긴 시기였다. 조선은 잇따른 두 차례의 전쟁으로 인하여 거의 반세기동안 혼란 속에 빠져 있었다.

전쟁과정에서 거듭된 패배로 인하여 각종 패해가 발생하였고 이는 일차적으로 생산자 농민에게 전가되었다. 농지는 황폐화되었고 농업노동력은 급격히 감소하였다. 농업노동력의 감소는 농업노동력인 장정(壯丁)들이 군(軍)과 요역(徭役)에 징발되고, 질병과 기아 그리고 전쟁의 화(禍)로 사망하거나 유랑민이 된 인구가 급격히 증가하였기 때문이다.[17] 농지의 황폐화는 더욱 심각하여 농업생산체계를 붕괴시켰다. 임진왜란 직전의 농지 총결수는 151만 5,500여 결이었으나,[18] 전쟁 직후 경작지면적은 30여만 결에 불과했던 것으로 나타난다.[19] 경작지의 황폐화는 곡창지역인 전라도와 경상도에서 더욱 심했다. 1611년 광해군 3년 호조판서 추포 황신(黃愼: 1560~1617)의 계(啓)에 의하면, 전라도의 경우는 기존 경작면적인 44만 결 가운데 약 4분의 1인 11만 결만이 경작되고 있었고, 임진왜란 당시 최대 격전지였던 경상도 지역은 종전 43만 결의 토지 가운데 6분의 1인 7만결로 감소되어 있는 실정이었다.[20]

17. 임란이후 『선조실록』에 실려 있는 도체찰사 이원익의 계(啓)에 의하면, "유민(流民)들은 이미 본업을 잃고 뿔뿔이 흩으져 산골짜기로 들어 온 처지인데, 수령이 비록 쇄환하려고 하나 상사아문의 령이라도 시행되지 않는다. … 유민들 몫의 역(役)이 본읍의 남은 백성에게 부과되므로 민원이 더욱 심해진다."라고 지적하고 있다(『선조실록』 권81, 선조 29년 10월 5일 무진). 또 정묘호란 이후의 『인조실록』에 의하면, "난을 치른 후 백성의 수가 평시의 6분의1 이나 7분의 1에도 미치지 못하여" 민호감소로 인한 군정운영이 어렵다는 기록에서도 나타난다. (『인조실록』 권13, 인조 4년 윤6월 정미 34-113)

18. 『증보문헌비고』 권141, 전부고1, 경계1: 620. 『반계수록』 전제 고설 하 : 125-126. 이 시기 농지의 감소실태와 향촌사정에 대해서는 김용섭(2002) 참조.,

19. 『선조수정실록』 권142, 선조 34년 8월, 병인, 25-682. 이는 토지결수 자체보다는 당년에 실제 경작한 토지결수인 시기결수(時起結數)의 감소를 칭하는 것으로 볼 수 있다.

20. 『추포집』 권2, 啓, 地部獻言啓 六條別單 改量田條. 이는 전후 농토의 황폐화된 실정을 반영한 시기결수(時起結數)의 추정으로 보인다.

북부지역인 함경 · 평안 · 황해도 지방은 그래도 전란의 피해가 적어서 감축된 농지결수가 많지 않았으나, 남부지역인 경상 · 전라 · 충청 3도와 중부지역인 경기 · 강원의 2도는 전란의 피해가 커서 농지의 황폐화가 매우 심했다. 당시 삼남지역은 전국 농지의 3분의 2를 차지하였고, 국가재정의 중심이 되는 수전농업(水田農業)이 발달하고 있었던 점을 감안하면 전란의 피해가 어느 정도 심각했는가를 알 수 있다. 전쟁이 끝난 후, 전쟁당시에 황폐화된 농지를 복구하기 위하여 벌인 농지개발사업이 얼마나 큰 규모로 전개되었는지 보면, 전쟁 당시의 토지황폐화가 얼마나 컸는지를 짐작할 수 있다. 즉 병자호란 이후, 인조(仁祖)년간 호조의 계(啓)에 따르면, 양전이후 삼남지방의 전결수가 51만 4,976결이며, 삼남지방의 경우 양전이후 10만결이나 늘어났음을 보고하고 있다.

이와 같이 반계 유형원이 활동하던 시기의 조선은 반세기 동안의 전쟁으로 인하여 농토는 극도로 황폐화되고 백성들의 생활은 피폐하기 그지없어, 무엇보다도 파괴된 농업생산을 재건하지 않으면 안 되는 시기였다. 황폐화된 농지와 오랫동안 묵혀 놓았던 진전(陳田)을 개발하고, 또 새로운 토지를 개간하여 종전의 토지결수를 되찾고, 아울러 수세지(收稅地)를 늘려나가는 정책을 추진해야만 했다. 동시에 전쟁으로 인한 민호(民戶)의 감소 등 급격한 인구변동으로 인하여 기존의 향촌사회가 붕괴되고 촌락구조가 변동되었다.[2121] 조선왕조의 기반인 군현제와 수령제가 일대 위기에 봉착하면서, 향촌편제에 대한 정비가 절대적으로 필요하게 된 시점이었다.

2. 당쟁과 예(禮)의 신앙시대

반계가 살았던 시대의 정치적 상황은 왕권(王權)이 약화되고 신권(臣權)이

---

21. 강원도 관찰사인 인재 최현(崔晛: 1563~1640)은 민호의 격감으로 인한 향촌사회의 붕괴 상황에서 수령(守令)의 파견만으로는 통치가 이루어질 수 없음을 지적하고 있다.(『인재집』 권2)

강화되면서 당파들간 정치권력을 둘러싸고 당쟁(黨爭)이 확대되어 가는 시기였다. 연산군(1475~1506)의 폭정은 왕권의 권위를 실추시켰으며, 신하에 의하여 새로운 왕이 옹립되었던 중종반정은 정치권력을 둘러싼 당시 관인귀족의 권력을 더욱 강화시키는 결과를 가져왔다. 또한 인종(1545), 명종(1547~1567)과 같은 연이은 어린 임금의 등장과 그 후 계속된 인조반정(1623)은 사실상 왕권을 극도로 약화시켰다. 따라서 왕권은 점점 정치권력에서 제외되어 갔다. 반면에 정치권력을 둘러싸고 응집된 관인귀족들의 권력다툼은 점차 당파싸움으로까지 확대되어 갔다.

반계가 살던 시기는 당쟁에서 승리한 서인세력들이 자기들의 영구집권을 합리적으로 옹호하기 위하여 성리학의 권위주의적 통치를 더욱 강화시켜 나갔던 시대였다. 그 결과 사상과 언론의 자유는 철저히 통제되었고, 행정을 담당하고 있는 관료들은 집권세력의 권력유지에 급급한 나머지 양란으로 피폐화되고 도탄에 빠진 민생의 안정에는 별로 관심을 기울이지 않았다.

반계가 생존하던 당시는 유교의 윤리가 사대부의 행동을 규제했을 뿐 아니라 정치행정행위도 그것에 의하여 좌우되었던 시대였다. 때문에 당시의 집권층의 정치세력은「윤리규범에 대한 견해의 대립」이른바 예송(禮訟)에 의하여 변동되었다.

여기서 예송이란 간단히 말하면 임금이 죽었을 때 그 어머니가 상복을 몇 년간 입어야 하는가에 대한 상복사건(喪服事件)을 말한다. 즉 효종(1649~1659)이 사망했을 때 그의 모후(母后) 조대비(趙大妃)의 복상문제와 관련하여 남인과 서인 간에 벌어진 궁중의례의 적용논쟁을 말한다. 윤휴 등 남인일파는 효종이 비록 차자(次子)이지만 장자(長子)대신 대(代)를 이었음으로 장자경우에 해당하는「3년복」을 해야 한다고 주장하였고, 송시열 등 서인일파는 효종이 비록 장자의 역할을 하였다 하더라도 차자(次子)인만큼 중자(衆子)의 경우에 해당하는「기년복」을 하는 것이 옳다고 주장하면서 서로 대립한 정쟁이다. 결국

서인의 의견이 채택되고 권력은 서인이 계속 유지하였다.[22]

이렇게 반계가 살았던 시대는 예를 존중하는 정도와 해박한 지식이 집권의 도구로 이용될 만큼 명분을 중시하는「예(禮)에의 신앙시대」였다. 유학사에서는 이 시대를 가리켜 예학(禮學)의 시대라 하면서 송준길 · 박세채 등을 위시한 학자들을 예학파(禮學派)의 학자로 지목하고 있다(현상윤, 1952 : 173). 이렇게 반계의 시대는 명분과 형식이 실리와 내용에 선행하는 풍조가 만연되어 있었던 때였다. 이러한 시대적 환경에 대하여 예리한 통찰과 비판의식을 가졌던 반계는 명분과 형식 그리고 의리를 중시하는 주자학적 통치방식에서 탈피해야 한다고 생각했다. 반계는 전통적인 주자학의 교육을 받고 성장했지만, 지나치게 사변적이고 명분에만 집착하는 것에는 만족하지 않았다. 학문은 익히고 깨치는 것에만 의의가 있는 것이 아니라, 현실에 적용해서 보다 살기 좋은 국가사회를 이루는데 그 뜻이 있다고 믿었다. 이른바 경세치용을 목적으로 하고 있었다.

3. 농촌사회의 분화

17세기 후반으로 들어가면서 농업은 기술적으로 크게 발전하였다. 벼의 이앙법(移秧法)이 발달함에 따라 벼와 보리의 이모작이 전국적으로 널리 보급되었다. 벼의 이앙은 양묘에 있어서나 이식에 있어서 물이 절대로 필요하기 때문에 과거보다 수리문제가 더 절실해졌다. 이를 위해 현종 3년(1662)에 제언사(堤堰司)를 설치하여 저수지의 축조공사와 관리를 담당하였다. 그러나 제언의 축조공사에는 농민이 동원되었지만, 정작 물의 이용은 토호와 부농층에 집중되어 농민들의 불만은 이루 말할 수 없었다.

농업기술의 발달과 함께 인삼, 담배 등과 같은 상업적 농업생산이 크게 발달

22. 반계가 죽은 후 얼마 되지 않아, 효종의 비(妃) 인선왕후(仁宣王后)의 상(喪)에 역시 조대비의 복문제가 거론되어 서인은「대공설(9개월)」을, 남인은「기년설」을 주장하게 되고, 이번에는 남인이 승리하여 권력을 잡게 된다.

하였다. 상업적으로 생산된 농산물은 거의 전부가 시장에서 판매되었기 때문에 시장을 활성화시키는데 크게 기여하였다. 이와 같이 농업기술의 발달에 따르는 생산고의 증대, 상업적 농업생산의 발달, 소작지의 차경 등으로 부농(富農)이 등장하기 시작하였다. 이들은 축적된 부를 이용하여 납속(納粟) 등의 방법으로 양반신분을 얻기도 하였다. 그 반면에 많은 농민들은 점점 영세소작농으로 전락해갔다. 뿐만 아니라 양반으로서 소작농으로 전락하는 경우도 생겨났다. 이러한 농촌의 분화현상은 조선사회의 신분질서에 큰 변화를 일으키는 동력으로 작용하기 시작하였다.

4. 대동법의 부분실시와 상업자본의 발달

반계가 생존했던 시기는 전통적 농경사회가 급격하게 붕괴해가는 시기였다. 양대 전란을 거치면서 농토는 황폐해져서 경작면적은 점점 줄어들었으며, 게다가 토지대장이 불타거나 산실(散失)되었으므로 이를 기회로 하여 토지대장에서 빠지는 토지가 늘어났다. 그 결과 임진왜란 이전에는 170만결에 달하던 토지 면적이 전란이후 광해군 시대에는 겨우 54만결에 불과했다(이기백, 1973: 261). 3분의 1 이하로 줄어든 것이다. 토지면적의 감소는 조세수입의 감소로 이어졌고 국가재정은 점점 궁핍해졌다.

재정의 궁핍이 심해지고 공물방납에 대한 폐해가 극심해지자 정부는 공물을 미곡으로 대납하는 새로운 조세납입제도를 단계적으로 도입하기 시작했다. 이 제도는 임진왜란 이전 율곡(1536~1584)이 주장했던 제도로써 공물이 방납(防納)되는 관행을 고쳐 조세수입의 상실과 공납자들의 폐해를 줄여야 한다는 제도이다.[23] 즉 조세행정체계를 개선하여 재정의 궁핍과 농민들의 괴로움을 덜

23. 조선시대의 공물의 종류와 수량은 국가에서 소요되는 것을 기준으로 책정하기 때문에 천재(天災)를 입었다 하더라도 감면되기 어려웠다. 더욱이 그 지방에서 생산되지 않는 토산물까지 부과하여 백성은 현물을 외지(外地)에 가서 사와서 납부하기도 하였다. 이러한 어

게 하자는 것이 바로 이 대동법(大同法)이다. 이 제도는 광해군 즉위년(1608)에 이원익의 주장에 따라서 우선 경기도에 시행되었으며, 그 후 인조 원년(1623)에는 김육의 주도로 강원도에, 효종(1649~1659) 때에는 충청도와 전라도에 실시되었다. 반계가 생존했을 당시에는 이 제도가 전국적으로 실시되지 않아 여전히 방납의 폐해가 존재했었다.[24]

이 대동법의 실시는 조선사회에 많은 변화를 가져왔다. 먼저 공물제도가 원칙적으로 폐지되어 공물로 인한 방납이 없어짐에 따라 농민들의 부담이 줄어들게 되어 농민들의 담세력도 향상되었다. 무엇보다도 큰 변화는 공인(貢人)이란 어용상인을 중심으로 상업자본(商業資本)을 발전시키는 계기가 되었다. 대동법이 실시된 이후 공납이 없어졌으므로 정부조직에서 필요로 하는 물품은 공인을 통해 조달해야 했다. 공인은 물품을 조달하는 대신에 농민들로부터 받아들인 대동미를 대가로 받았던 것이다. 이와 같이 공인은 비록 관부와 밀접한 관계를 가진 어용상인이었으나, 과거의 방납자와는 다른 순수한 상인이었다. 이들은 서울에서는 육의전, 지방에서는 시장의 객주나 여각(旅閣)과 관계를 가지고 상거래를 하였다. 도시상업계에서는 정부가 한정하였던 시전(市廛)의 상권이 점점 새롭게 생겨나는 사상인층(私商人層)에 의하여 무너져 갔고, 지방에서는 정부의 금지에도 불구하고 장시(場市)가 다시 활발하게 발전해가고 있었다.

려움 속에 상인 · 관원이 끼어들어 백성 대신 공물을 대납해주고 그 대가로 막대한 이(利)를 붙여 착취하였다. 또 직접 공납하려 하여도 방납자와 악덕 관원이 결탁하여 관청에서 물품을 수납할 때 그 규격을 검사하면서 불합격품으로 처리한 후 이를 되돌려 다시 바치게 하는 점퇴(點退)가 성행하였다. 백성은 이러한 점퇴의 위협 때문에 이후의 막대한 손실을 무릅쓰고서라도 방납자들에게 대납을 맡길 수밖에 없었다. 또한 지방에서 직접 공납이 가능한 물품이라도 국가의 수요(需要)와 공납 시기가 맞지 않을 때가 많고, 거리가 먼 지방에서는 수송에도 어려움이 많아 방납이 성행하였다. 1574년 율곡은 ① 공물 배정의 원칙을 전결(田結)과 민호(民戸)의 다소(多少)에 의거하여 정하고, ② 공물은 지방관이 직접 중앙에 납입할 것 등을 주장하는 방납금지책을 강력히 주장하였으나 실현되지 못한 채 임진왜란이 일어났다.

24. 이 제도는 반계가 죽은 지 35년 후인 숙종 34년(1708)에 이르러 전국에 실시되었다. 대동법을 관장하는 기관으로 중앙에는 선혜청(宣惠廳)을, 지방에는 대동청(大同廳)을 두었다.

대동법의 실시는 수공업의 발전에도 큰 영향을 미쳤다. 수공업자들은 공인으로부터 주문을 받고 그들에게 판매할 물품을 생산했다 수공업자들은 그 대가로 화폐를 지불받아 자본을 축적할 수 있었으며, 이 자본을 토대로 일반 시장을 상대로 상품을 생산하게 되었다. 공인(貢人)으로부터 주문받아 생산하는 독립적인 수공업(手工業)이 발전하면서 관이 직접 경영하는 관영수공업은 점점 쇠퇴해 갔다.

5. 신분제도의 변화

반계가 살았던 시대는 임진왜란과 병자호란의 여파로 사회신분계층에 많은 변화가 온 시기였다. 16세기 말과 17세기 초에 걸친 임진왜란과 병자호란은 비록 왕조의 교체는 가져오지는 못하였지만 지배계층으로서의 양반의 권위를 떨어뜨리는 계기가 되었다. 임진왜란은 정부군도 양반군도 아닌 의병, 즉 농민군이 주로 승리했고, 병자호란은 농민군이 미처 참여하기도 전에 패배하여 왕(인조)이 직접 오랑캐에게 무조건 항복하는 굴욕을 당해야 했다.

임진왜란과 병자호란 이후의 17세기 조선사회는 대외적으로는 명나라와 청나라의 교체로 국제질서가 변하였고, 안으로는 전란으로 인한 사회경제적인 급격한 혼란과 동요가 가중되는 시기였다. 특히 조선사회를 지탱해온 신분질서가 서서히 무너져가는 시기였다. 왕조 초기에 성립된 서얼금고법(庶孽禁錮法)은 양반층의 수적 증가를 억제하여 양반 또는 관인지배체제를 강화하기 위한 제도였다.[25] 그러나 16세기부터 이러한 규제는 서서히 풀리기 시작하였고, 특히 임진왜란과 병자호란을 겪으면서 신분제도가 느슨해지면서 양반인구는 현저히 증가하였다. 농업기술의 발달로 부농(富農)이 된 자들은 납속(納粟)을 통

25. 서얼금고법은 양반의 자손이라도 첩의 소생은 관직에 나갈 수 없게 일정한 제한을 두었던 조선시대의 신분차별제도를 말한다. 유교적 관념과 양반중심의 신분사회에서 양반의 특권을 독점적으로 강화 유지하려는 신분제도를 말한다.

하여 양반의 신분으로 상승하기도 하고, 가난한 양반은 소작농으로 전락하기도 하였다.

노비제도도 양란을 거치면서 변화하기 시작했다. 노비제도의 역사를 간단히 요약하면, 전쟁포로를 통한 노비의 공급이 원활했던 신라의 삼국통일 이전까지는 노비신분의 세습제가 그다지 철저하지 않았지만, 신라통일 이후부터 노비의 공급로가 좁아지면서 일종의 노비노동력의 재생산이라고 할 수 있는 신분세습제가 점차 강화되었다. 고려시대에 들어와 지배계급이 그들의 노비 소유량을 증가하기 위하여 시행한 종모종부법(從母從父法)은 고려시대를 거쳐 조선시대에도 그대로 적용되었다.[26] 그러나 이러한 종모종부법은 전체 인구 중 노비가 차지하는 비율을 증가시켜 피라미드 형태의 인구구조를 형성하기는 하였으나, 양인의 수를 감소시켜 군역분담의 인구를 줄이는 결과를 가져왔다.[27]

반계가 생존하던 17세기에 들어와서 송시열, 조익 등에 의해 종모종부법을 폐지하고 종모법(從母法)을 실시하려는 움직임이 일어났고, 반계가 죽기 4년

---

26. 한국에서 노비제도의 합법화 또는 세습화에 영향을 미친 인물은 고려 태조이다. 그는 고려건국 후 건국과정에서 강제로 노비가 된 노비들을 일부 면천시키기도 하였으나, 그 전쟁포로 및 노비를 그의 정적들에게 재산의 형식으로 분배하였으며, 노비제도를 폐지하려 하지 않았다. 오히려 이것이 후대들에게 합법적인 세습적 노비제도로 정당화 하는 게기가 되었다. 고려시대에는 부모 한명만 노비면 그 자녀는 모두 노비가 되었고, 면천된 노비의 자녀들은 양인이 된 부모의 신분을 물려받지 못하고 계속 노비로 남았으며, 주인 가족이 모두 죽어도 노비는 면천되지 못하고 같은 가문의 친족에게 할당되었다(고려사, 85: 43b-44a, 홍승기, 1983: 142). 1039년(정종 5년) 노비인 노(奴)가 양인의 여자와 결혼하여 낳은 자식은 어머니의 신분을 따른다는 종모법이 반포됐지만, 제대로 시행되지는 않았다(Palais, 2008: 310). 그러나 공식적, 법적으로는 이 모계주의의 종모법이 이후 우리나라의 기본법이 된다.

27. 조선의 기본적인 병역 원칙은 노비를 제외한 16세 이상 60세 이하에 이르는 양인의 정남(正男 : 장정)은 누구에게나 병역의무가 부과되는 양인개병(良人皆兵)과 병농일치제(兵農一致制)였다. 이 경우 정남은 정병(正兵 : 현역 군인)으로서 실역을 마치거나, 보인(保人 : 보충역)으로서 실역 복무에 소요되는 경비를 부담해야 했다. 두 가지 중의 한 가지로 구분되었다. 종모종부법의 철저한 시행은 양인의 수를 감소시켜 군역을 어렵게 하는 폐단이 있었다.

전인 1669년에는 종모법이 실시되었다(강만길, 1985: 114−126).[28] 반계는 이러한 조선의 신분제도의 문제점, 특히 노비제도의 불합리성과 폐단에 관심이 많았으며, 조선시대의 사상가 중에서 처음으로 노비제도 자체를 폐지하고 고공제도(雇工制度)로 대체하여야 한다는 주장을 하게 된다.

제3절 반계의 학문과 학문적 태도

1. 성리학과 도학의 삶

조선시대의 다른 선현들과 같이 반계는 어렸을 때부터 유학을 접했다. 반계는 다섯 살에 공부를 시작하여 일곱 살에 『서경』을 읽고 깨쳤으며, 아홉 살에 『주역』의 「계사전」을 읽었고, 열 살이 되어서는 유가경전 이외에 제자백가를 섭렵하여 모두 깨달았다. 가르치는 외삼촌 이원진과 고모부 김세렴은 늘 아이와 토론을 하다가 놀라곤 하였다고 전한다. 반계의 일생은 그의 생애에서 살펴본 바와 같이 성(誠)과 경(敬)으로 점철된 철저한 자기수양의 삶이었다. 그러면서도 그는 항상 학문에 대하여 겸손했다. 「언행록」의 기록에 의하면 그는 늘 자신의 글이 남보다 못하다고 자평하고, 또 문장은 여가 때 하는 일이라고 했다. 『연보』와 『언행록』에서 유추할 수 있는 그의 학문적 목표와 학문에 대한 태도는 이 땅에 도를 실현해야 한다는 도학의 삶과 명리와 세속을 초탈한 삶을 추구한 것으로 해석할 수 있다.

---

28. 1669년의 종모법의 채택과 1730년(정조)의 종모법의 채택의 논거는 노비가 너무 많음으로 양인을 늘리는 조처를 취해야 한다는 것이었다. 그러나 반계는 "모든 인간은 동일하다"는 평등사상과 인도주의 사상에서 노비제도는 폐지되어야 한다고 주장했다. 그 방법론적인 차원에서 반계는 노비제도를 지금 바로 폐지할 수 있는 여건에 되지 않으니, 점진적으로 먼저 종모법을 철저히 실시하면서, 점차 폐지의 길을 가야 한다고 주장했다.

반계 유형원이 얼마나 도학을 추구했는가는 다음 세 가지의 사례에서 유추할 수 있다. 첫째는「언행록」에 나타난 그의 지행합일의 학문태도와 그가 항상 존경하고 따르고자 했던 인물평전을 통해서다. 반계는 주자성리학을 출발로 하여 철저하게 성리학으로 무장된 유학자였으며, 그의 인물평전에 의하면 특히 조광조, 정몽주, 이황 등을 존경하고 공자의 삶을 실천하고자 한 인물이었다. 둘째는, 사잠(四箴)을 지어 철저하게 경(敬)의 삶을 살고자 한 그의 생활태도를 통해서이며, 셋째로는「언행록」에 소개된 그의 시문(詩文) 속에 나타난 그의 학문관을 통해서다.

1) 지행합일의 학문태도

반계는 학문의 목적은 지식의 획득에 있는 것이 아니라 반드시 실천에 있음을 강조했다. 말로만 하는 학문, 공리공담만이 이루어지는 학문이 아닌 '만백성의 현실적인 삶'에 도움이 되는 실천적이고 실용적인 학문을 지향했다. 학문은 쓰기 위함이고 쓰기 위해 반드시 관직에 나아가야 한다고 했던 율곡과는 달리, 반계는 굳이 관직에의 진출은 하지 않았지만 학문은 실천을 위한 학문이어야 한다고 보았다.

> "학(學)은 반드시 리(理)를 밝혀 실천하는 것을 귀하게 여겨야 한다. 말로만 하는 학문은 무익하다."(「언행록」『반계잡고』: 287)

> "지(知)와 행(行)은 어느 한쪽을 그만 둘 수 없다. 알면서도 행하지 않으면 앎은 내 것이 아니며, 행하면서도 모르면, 행함이 혹 사사로운 뜻에서 나온 것이다."(「언행록」『반계잡고』: 287)

지행합일(知行合一)의 강조는 도학(道學)의 특성이다. 반계는 선배 도학자들을 존경하고 따르려고 노력했다. 문묘에 배향된 선배 학자들의 인물평을 분석해 보면, 그가 따르려고 한 학문적 태도와 삶을 알 수 있다. 반계는 최치원, 정몽주, 이황 등에 대한 인물평을 하면서 주로 학문의 깊이와 내용 그리고 지행합일의 학문적 태도가 어떠했는가를 기준으로 평가하고 있다. 최치원(857~?)에 대해서는 유학을 제창하고 도학의 문을 연 공이 크다고 평가했으며, 정몽주(1337~1392)에 대해서는 신라 고려 이래로 도(道)를 자임한 인물은 오직 포은(圃隱)밖에 없다고 존경을 나타내고 있다. 반계는 포은의 유적을 답사하기 위하여 일부러 개성을 방문하였고, 왕조의 운명과 도학의 생명을 강하게 대비시킨 시(詩)를 남기기도 하였다.[29]

송악산 왕의 기운 연기처럼 사라지고
쓸쓸한 만월대엔 지는 해 붉다.
가을바람 속, 말 세우고 지난일 물으니
나무꾼은 여전히 정문충공 이야기

또한 정암 조광조(1482~1519)에 대해서는 그의 타고난 품성과 도학 정신을 높이 평가하고, 끝내 도(道)를 시행하지 못하고 사화(士禍)를 당한데 대하여 무척 아쉬움을 표시하고 있다. 정암 조광조를 아쉬워하며 시 한수를 남기고 있다.[30]

바다 밖 후미진 곳 우리나라
한쪽 폭이 몇 천리
단군이 나라 열고
기자는 제사 전했네
삼국은 심하게 다투었고
사나운 몽고 고려를 비웃었지

29. '송도를 지나며 포은선생을 생각하다(過松都有懷鄭圃隱先生)'라는 제목으로 「반계선생언행록」에 실려 있다.

30. 제목은 '기묘사화를 탄식하다(歎己卯士禍)'이며, 「언행록」에 실려 있다.

조선이 문운을 열어
어진이들 무리지어 나왔네
뛰어 나도다 문정공이여!
강하고 또 강직하였네
경의(敬義) 공부 돈독히 하고
요순의 도리 일으켰지만,
한밤 북쪽 문 열리더니
나라 기어이 없애 버렸네
하늘 뜻 끝내 알기 어려우니
지사의 탄식 언제나 그칠까?(「언행록」『반계잡고』: 290)

조선이 문운을 열어 유학을 숭상함으로써 많은 인재를 배출했는데 그 중 정암이 경(敬) · 의(義) 공부를 돈독히 하여 삼대의 요순지치를 지향했다는 점에서 특출하게 뛰어났다고 평하고 있다. 특이한 것은 병자호란이 정암의 도학 정치의 실패에서 연유하였다고 진단하고 있다는 점이다. 이러한 관점에서 볼 때 반계는 성리학적 통치이념 또는 삼대의 도를 꿈꾸면서 국가개혁론을 집필하였음을 알 수 있다.

다음으로 반계는 퇴계 이황(1501～1570)을 가장 존경하는 인물로 평가하고 있다. 그는 퇴계의 일상적인 행동 어느 하나 도에 어긋남이 없다고 높이 평가하고, 아들이나 조카들에게 항상 퇴계의 성학십도를 가르치면서, 아침저녁으로 이를 외우게 하고 또 그 소리를 듣기도 하였다. 반계의 학문적 입장은 이러한 인물평에 잘 나타나 있듯이, 도학의 삶 및 지행합일의 삶을 추구하는데 초점을 두고, 포은, 정암, 퇴계의 학문적 태도를 본받고자 하였다.[31]

31. 『반계수록』의 인용빈도를 분석한 천관우(1979)의 조사에 의하면 수록은 고려사지(高麗史志)나 대전(大典) 등을 제외하면, 이이 26, 조헌 15, 유성룡 5, 한백겸 4, 조광조 3, 이황 2, 이수광 2 등의 빈도를 보이고 있다. 이렇게 반계가 율곡으로부터 받은 영향은 지대하지

이러한 지행합일의 학문태도를 통하여 축적된 그의 학문관을 정리해 보면, 실사구시의 입장에서 물리(物理: 지식의 영역)를 추구하되 그 지적 물리는 참된 도리(道理: 행동의 영역)를 바탕으로 이루어져야 한다는 것이다.[32] 물리와 도리 중 어느 한 쪽만 강조하면 허학(虛學)이 되어 버린다는 것이다, 따라서 반계는 허(虛)에서 벗어나 실(實)을 얻으려는 반드시 어느 한쪽에 치우치지 않고 이를 함께 아우르는 공부가 필요하다고 주장한다. 그러면서 지(知)와 행(行)중에서 행(行)을 더 중시한다. 그 이유는 실천이 돈독한 사람은 그 앎도 또한 진실하고 돈독하지만, 실천이 돈독하지 못한 사람은 그 앎도 독실하지 못할 수밖에 없다는 것이다. 반계는 지행합일을 이루려면 행함이 보다 더 중요하다고 보는 입장이다.

2) 경(敬)의 삶

반계의 품성과 가치관, 그리고 학문적 태도는 그의 경(敬)의 삶에서 잘 나타난다. 그는 일찍이 스물한 살 때 사잠(四箴)을 지어 자신을 단속한 바 있으며, 평생의 삶은 이 사잠을 철저하게 실천하는 삶이었다. 반계는 항상 공손했다. 사람을 만나면, 비록 그가 비천한 사람일지라도 언제나 허리를 굽혀 상대를 공경했다. 모든 인간은 동일하며 모두가 존중받아야 한다는 인도주의적 사상이 철저했다. 사람을 소나 말처럼 부리는 노비제도를 신랄하게 비판했으며, 아이들까지도 어른처럼 대해 주었다.(『반계잡고』: 285－286)

만「언행록」의 인물평에 들어가지 않은 이유는 아마도 문묘에 배향된 인물만을 대상으로 한 것이었기 때문으로 볼 수 있다(안재순, 2009: 52). 퇴계의 문묘종사가 1609년이고 율곡은 1681년이었으니까 반계 생전(1622～1673)에 율곡은 아직 문묘에 배향되지 않았다.

32. 반계는 선유들의 학문적 태도는 본받으려 했으나, 그들의 이론은 분석 평가를 통하여 선별적으로 받아들인다. 반계의 실리는 사리와 물리이다. 사리는 당위(當爲)의 가치론이고 물리는 소이(所以)의 존재론이다. 그는 가치론의 영역에서는 포은과 퇴계의 이론을, 그리고 존재론의 영역에서는 화담과 율곡의 견해를 더 참조하고 수용했다.

반계는 학문하는 자세와 태도에서도 항상 경(敬)의 생활을 강조했다. 공부는 마땅히 소홀해 지는 곳을 먼저 삼가야 한다고 주장한다. 즉 옷매무새가 바르지 못하면 마음이 바르지 못하며, 청소를 말끔히 하지 않는 것은 마음이 성실하지 않기 때문이라고 하면서, 평소의 작은 생활태도 하나하나가 마음을 다스리는 공부라고 지적한다(「언행록」『반계잡고』: 297). 실제로 반계는 언제나 세금을 이웃보다 먼저 냈으며, 국가의 금법(禁法)을 반드시 지킬 것을 노복들에게 훈계하곤 했다(「언행록」『반계잡고』: 286). 그는 스스로를 속이지 않고 성실한 몸가짐을 갖는 일은 아주 작은 일에서부터 실천해야 하고, 그러한 습관이 몸에 배여야 한다고 보았다. 반계는 일상의 모든 일에 경건함과 공경의 태도로 일관했다. 삶의 일상이 그에게는 일종의 수양(修養)이요 수기(修己)였다. 반계는 항상 주위 사람들에게 이렇게 말하였다.

> "옷이 아름답고 먹는 것이 많으면 혈기에 진(塵)이 생기고, 마음이 안일하면 덕성이 어그러지게 되니, 진실로 두려워해야 한다. 교만하고 제멋대로면 패가망신하고, 부지런하고 검소하면 덕이 이루어지고 명예가 선다."(「언행록」『반계잡고』: 287)

3) 시문에 나타난 도학의 삶

반계는 젊은 시절, 그리고 우반동에서 『반계수록』을 저술하는 동안, 전국을 수차례 유람하면서 빼어난 경치와 그에 대한 감회를 시로 표현했다. 최근 2006년에 발견된 「반계일고」의 시를 통하여 실학문학의 원류는 어떠한 것인가를 알 수 있게 되었다. 「반계일고」를 발견한 임형택 교수는 반계의 시는 '시인의 시'가 아니라 '학자의 시'라고 평가하면서, "형식이나 기교보다는 삶에서 겪은 감흥을 실학적 의미를 담아 소박하게 표현하고 있다"고 말했다(경향신문, 2006. 12월 12일자).

안재순(2009: 42-47)은 반계의 「언행록」에 소개된 두 편의 시에서 그가 얼마나 '도학의 삶'과 '명리와 세속을 초탈한 삶'을 추구해 왔는가를 알 수 있다고 분석하고 있다. 「남쪽바다에 배를 띄우고」라는 시와 「변산에 올라」라는 두 개의 작품은 구절 전체가 아닌 일부구절만이 소개되어 있다. 「언행록」에서는 이 두 작품에서 "그의 천길 깊은 기상을 엿볼 수 있다"고만 했으나. 그 내용을 살펴보면 그의 도학에 대한, 공자학에 대한 열망이 담겨져 있음을 볼 수 있다.

> 莽蕩張軒樂(망탕장헌락: 드넓은 벌판, 수레 타는 즐거움 펼치고)
> 蒼茫泛魯桴(창망범로부: 망망한 바다, 노나라의 뗏목 띄웠네)

여기서 헌(軒: 수레)과 부(桴: 뗏목)가 서로 대칭이 되어 있다. 시 구절을 단순히 해석하면 육지에서 수레 타는 즐거움, 바다에서는 배타는 즐거움을 노래한 시로 보인다. 그러나 선택된 시어의 내용을 보면 보다 심오한 그의 의지를 읽을 수 있다. 노나라의 뗏목(魯桴)이라는 시어는 『논어』의 「공야장(公冶長)」에 나오는 공자의 승부부해(乘浮浮海)를 염두에 둔 표현이다.[33] 즉 도가 행해지지 않음을 탄식하면서 뗏목을 타고 바다나 건너야겠다는 공자의 넋두리를 반계가 빌려온 것이라는 것이다. 따라서 로부(魯桴)란 공자의 뗏목을 말한다. 그렇다면 헌락(軒樂)이란 중국을 통일해 국가를 세운 최초의 군주 헌원(軒轅)이 만들어 놓은 문명의 즐거움을 의미한다.[34] '수레 타는 즐거움을 펼치며 노나라의 뗏목을 띄웠다'는 그의 표현에서 도학의 삶을 살겠다는 반계의 열망을 읽을 수 있다. 공자가 천하의 도가 행해지지 않음을 한탄 하면서도 끝까지 이 땅에 도를

33. 『논어(論語)』「공야장」, 子曰, 道不行, 乘浮, 浮于海,, 從我者, 其由與.

34. 헌(軒) 또는 헌원(軒轅)이란 수레와 수레의 끌채라는 뜻이다. 『한서』에 의하면, 황제가 배와 수레를 만들어 백성들이 천하를 돌아다니게 하였다. 이 황제의 이름이 헌원(軒轅)이다. 황제 헌원은 중국을 통일해 국가를 세운 최초의 군주이자 문자, 의복, 수레, 거울, 육십갑자 등의 문물을 만들어 중국문명을 창시한 인물로 숭배를 받아 왔다(안재순, 2009: 44).

실현하기 위해 노력한 것처럼, 자신도 공자처럼 이 땅에 삼대(三代)와 공자의 도(道)를 끝까지 펼치겠다는 당찬 의지를 나타내고 있음을 볼 수 있다.

2. 독학자성(獨學自成)의 학문태도

반계가 생존하던 당시의 학문동향은 학연, 문지, 지연 등에 의하여 학맥이 형성되고, 그 학맥 속에서 학술연구 활동을 하는 것이 일반적이었다. 모든 관인이나 선비들은 학연이나 당색에서 자유롭지 못했다. 그러나 반계는 특별한 사승관계나 학맥, 그리고 당색을 띠지 않았다. 그의 학문적 태도는 스스로 독학하고 깨우치는 독학자성의 태도라고 할 수 있다. 반계 스스로 "나는 어릴 때 현명한 스승을 얻지 못했고, 또 비용을 들이지도 않았다. 오직 독서를 통하여 점차 알게 되었다"라고 회고 하고 있다(『반계수록』 부록 전). 또 자제들에게 "비록 명문의 스승에게서 수업전도하지 못해도, 도(道)가 내 몸에 있고 성현(聖賢)의 경전(經傳)이 갖추어져 있으니 진실로 스스로 구하면 그 이치를 깨닫지 못할 것이 없음" 을 강조하고 있다(『반계수록』 부록, 행장).

반계의 당색을 굳이 구분하자면, 과거의 북인에 연결되는 남인계통이었으므로 학풍 역시 서울 중심의 남인 실학자라 할 수 있겠다. 그러나 그의 『반계수록』에서 가장 많이 인용한 선행연구는 남인계가 아니라, 오히려 서인으로 분류되는 이이(李珥)와 조헌(趙憲) 등의 견해이다. 그러면서도 그의 사상의 핵심을 이루는 공전론의 기본구상은 남인계 서경덕(徐敬德), 한백겸(韓百謙)의 견해에서 시사 받은 것이 많다. 또한 이기론에서도 한백겸의 견해를 따르고 있다. 기호남인인 반계는 서경덕 · 이황의 학문을 흡수하고, 특히 서경덕 계열의 학자인 한백겸의 영향을 받았다는 것은 이미 잘 알려진 사실이다. 그런데 한백겸은 '사단칠정론(四端七情論)'에서 율곡의 기발이승일도설(氣發理乘一途說)을 맹공하고 퇴계의 이발기발설(理發氣發說)을 적극 지지하였다.

반계의 성리설은 한백겸의 논리와 너무나 상통함을 보여주고 있지만, 한백겸의 이론을 무조건 수용하지도 않는다. 37세 때 친구인 정동직(鄭東稷)에게 보낸 편지에서, 반계는 주자의 대한 불만, 화담의 주기론에 대한 불만, 그리고 정암의 주장에 대한 불만도 아울러 토로하면서, "도는 기를 떠나 존재할 수 없다"는『반계수록』의 이론적 근거가 되는 이기합일지묘와 실리개념을 강력하게 주장하게 된다.

그는 적어도 특정한 학맥의 이론과 주장을 묵수하거나 추종하지 않았으며, 자기의 경험과 증험에 의하여 타당하다고 생각되는 이론이라면, 학맥과 당색을 떠나 모두 섭렵했다. 이러한 학문 태도는 당시 학맥을 절대시하고 학맥과 다른 이설(異說)이나 신론(新論)을 이단시하고 단죄하기를 주저하지 않았던 그 당시의 정통주자학의 학문자세와는 매우 다르다.

이렇게 학문의 독자성(independence)을 유지하게 된 것은 귀거래사를 읊으며 부안으로 낙향하면서 중앙의 정계 · 학계로부터 인연을 단절하였기 때문이다. 즉 연구 환경의 변화로 인해 당시 모든 관인 · 유자들이 결코 자유로울 수 없었던 학연과 당색에도 구애되지 않았던 것으로 보인다. 부안으로 이주하기 1년 전인 31세에 이미 수록의 집필을 시작했고, 32세에 부안으로 오면서 문을 걸어 잠그고 본격적으로 저술활동을 시작한 것으로 미루어 볼 때, 스스로 연구 환경을 정리한 것으로 보인다. 학맥이나 당색 등 정치적 이해관계는 올바른 판단을 그르쳐, 자신의 국가개혁론 구상에 방해가 된다고 보았던 것이다. 그의 학문은 자기 스스로의 확고한 판단이 없는 한 선현들의 주장과 견해를 받아들이지 않았다.

이러한 반계의 독학자성의 학문태도는 그의 이기론과 심성론에 그대로 나타난다. 반계는 어느 누구의 이론에 구속되지 않았다. 자신의 증험과 사고에 적합하면 그 누구의 이론이라도 섭렵했다. 이기론과 심성론에서도 특별한 학맥의 이론을 따르지 않았다. 당시 조선 유학계의 양대 산맥이었던 퇴계와 율곡의 견해와는 다른 제3의 독자적인 이론을 주장했다. 자세히 말하면, 사실의 세계 즉 자연관에서는 이기불상리를 강조하는 율곡의 입장을, 당위의 가치론에서는 이기불상잡을 강조하는 퇴계의 입장을 따르고 지지하고 있다. 반계의 이기론의 핵심은 이기불상리와 기외무리(氣外無理: 기를 떠나서는 리는 존재할 수 없다)였는데, 이는 율곡의 기발이승일도설(氣發理乘一途說)과 맥을 같이하고 있다. 오히려 한걸음 더 나아가 반계는 이기불상리의 차원에서 이기동체(理氣同體)의 사물을 강조함으로써, 율곡보다 더 실사(實事)와 실물(實物)을 중시하는 입장에 선다. 그것이 개물(個物)의 리(理)를 강조하는 리지시기지리(理只是氣之理: 리는 단지 기의 리) 이론이다.

그러나 가치관의 영역에서는 이기불상잡으로 논리를 전개한다. 이때의 리(理)는 물(物)의 리(理)로 표현한다. 반계는 심성을 논할 때 기지리(氣之理)보다는 물지리(物之理)가 더 적합하다고 본다. 사람이라는 물의 리는 기에 섞이지 않은 성명지리(性命之理)라는 것이다. 반계에게 있어서 심성을 논할 때, 리(理)라는 말 자체는 태극이나 도에 비하여 조리(條理: 곁가지의 리)를 지칭하는 것으로서, 물지리라는 표현이 더 적합하다는 것이다. 즉 물은 만물이라는 말에서 알 수 있듯이, 물의 리는 만 가지이다. 말하자면 분수지리(分殊之理)라는 것이다. 그러나 반계는 심성론 및 가치론에서는 리(理)인 도심을 보다 더 강조한다.

3. 폭넓고 개방적인 학문태도

반계의 학문의 스펙트럼은 매우 넓다. 그는 어려서부터 문학, 군사, 음양설 등은 물론 심지어 도교와 불교에 이르기까지 다방면에 걸쳐 지식을 쌓아나갔다. 이를 바탕으로 그는 우반동에서 20여 년간 은거하면서 왕성한 탐구욕으로 연구 · 저술 작업에 몰두 했다. 그의 학문 범위를 보면, 정치, 경제, 군사, 교육, 사회 등 당면문제는 물론 역사, 지리, 언어, 철학 등 각 방면에 걸쳐 섭렵하지 않은바가 없을 정도로 광범위하여 그야말로 백가사전적인 박학자라 하기에 알맞다. 그 결과 『반계수록』 이외에 성리학, 역사, 지리, 병법, 음운, 문학, 기행 등 각 분야의 20여 종에 가까운 저술 및 문집을 남길 수 있었다.

그의 개방적인 학문태도는 서경덕 학파로부터 많은 영향을 받은 것으로 이해된다. 초기 성리학의 견해를 살펴보면, "기 밖에는 이가 없다(氣外無理)". 또는 "이는 단지 기의 리다(理只是氣之理)" 라고 한데서 알 수 있듯이 주기론적 경향을 띠고 있다. 그 후 『반계수록』의 완성단계에 이르러서는 주리론자로서의 사상적 전환을 하고 있지만, 반계는 온전히 어느 한 학맥, 또는 한 학자의 견해를 추종하지 않았다. 이러한 자유로운 학문태도는 서경덕과 그(화담)의 학맥을 잇고 있는 한백겸으로부터 많은 영향을 받은 것으로 보인다. 『반계수록』에 나타난 선인들의 인용빈도를 볼 때, 이이, 조헌 다음으로 한백겸에 대한 인용빈도가 높다. 원래 서경덕 학파의 학풍은 『주역』을 중요시하였고, 성리설은 개방적이고 절충적이었다. 또한 예(禮)에 밝았으며, 도가사상 및 양명학에도 개방적이었고, 상공업에도 관심을 가지는 등 다종다양한 모습을 지녔다(신병주, 1996). 서경덕의 문인들은 중앙관료, 왕족, 서출에 이르기까지 신분에서도 고하가 망라되어 있고, 이들의 학문적 관심도 이기설, 심성론 등 성리학에서부터 역, 역법, 의학, 점술에 이르기까지 다양하다. 개방적이고 다양성을 중시하는 화담의 학풍이 한백겸에게 이어지고, 한백겸의 학문적 태도를 반계가 이어받았다고 볼 수 있다.

그의 「언행록」에 의하면, 다른 사람들에게는 유학공부를 철저히 해야 한다고 권고하면서 정작 자신은 다방면에 걸쳐 공부를 했다. 예컨대 다른 이들이 유학 이외의 책을 공부하려고 하면, "어찌 콩과 조를 먹지 않고 쓸모없는 지스러기를 먹으려 하는가? 반드시 『소학』『대학』『근사록』을 기본으로 삼고, 다음으로 『논어』『맹자』『중용』을 구(句)를 떼어서 읽으면서 정밀하게 익혀서 의리(義理)를 끝까지 캐야 한다. 그러고 나서 삼경(三經)을 읽어야 한다." 고 권고하고 있다(「언행록」『반계잡고』: 286).

실제로 반계 유현원은 주렴계, 정명도, 정이천, 주희 등의 성리학을 산가지를 놓고 세어가며 독파했다. 특히 사서이외에 『서경』『시경』『예기』『주역』『주례』『춘추』등의 6경을 열심히 읽었다. 특히 『시경』은 그의 문장에 많은 영향을 미쳤고, 『예기』와 『주례』는 『반계수록』의 체제와 절목을 찾는데 많은 영향을 미쳤으며, "도는 기를 떠나 홀로 행해질 수 없다"는 도기불상리(道器不相離)의 철학을 깨우치는데 많은 영향을 주었다.

유형원은 사서 육경 이외에도 예(禮), 악(樂), 사(射), 서(書), 어(御), 수(數)를 의미하는 6예를 열심히 익혔다. 이러한 6예의 지식과 실습은 그의 국가개혁론 구상에 많은 영향을 미쳤다. 예컨대 어(御)와 수(數)는 『반계수록』에서 각종 제도를 논하고, 토지측량의 10진 단위법을 고안하는데 많은 영향을 미쳤다. 또한 15세의 어린 나이에 병자호란의 아픈 추억을 경험했던 유형원은 병법, 역사, 천문지리는 물론이고 점술과 오랑캐의 언어에 이르기까지 국토방위를 위하여 필요하다고 생각되는 분야의 학문은 모두 관심을 가지고 섭렵했다. 지금은 전하지 않지만, 홍계희(1703~1773)가 남긴 『반계선생전』에 기록된 저술 목록을 보면, 병법분야에서는 『무경사서초』『기효신서절요』를 남기고 있고, 지리분야에서는 『여지지』『지리군서』『중흥위략』을 저술하였고, 역사분야에서는 『동국사강목조례』『역사동국가고』『속강목의보』 등을 남기고 있다.

그 외에도 반계는 성리학에만 몰두하지 않고, 성리학과는 정 반대의 불교와 노자, 묵자, 도교, 그리고 율려(律呂)에 이르기까지 모두 섭렵했다. 자연을 좋아하고 여행을 즐기며, 시와 음악을 즐기는 그의 자연선호사상은 노자와 율려에서 영향을 받았을 것이고, 인정(仁政)보다는 천하에 이익을 가져다주는 의정(義政)을 더 강조하는 그의 공리주의 행정사상은 묵자에서 영향을 받았을 것이며, 그리고 북을 치고 거문고를 타면서 시말로 노래를 주고받는, 선(仙)의 경지에 가까운 그의 풍류는 성리학 이외의 다른 학문에서 영향을 받았음을 짐작하게 한다.

특히 반계는 16세기말 17세기 초 양명 왕수인(1472~1592)에 의하여 주자학의 지평을 넓힌 연구경향인 양명학으로부터 많은 영향을 받은 것으로 보인다. 양명학은 송나라 때 주자(朱子)에 의해 확립된 성리학(性理學)의 사상과는 서로 대립된 성격을 가지고 있으며 세상의 이치를 직접 궁구하기보다 먼저 자신의 마음을 성찰하고 바로잡음으로써 그곳에서 이치를 밝혀내는 방식을 선호하여 심학(心學)으로도 불린다. 양명학의 주된 내용은 주자의 성즉리(性卽理)와 격물치지설(格物致知說)을 비판하고, 육상산(陸象山, 1139~1192: 남송시대 주자의 객관적 유심론에 반하여 주관적 유심론을 주장한)의 설을 이어 심즉리(心卽理) · 치양지(致良知) · 지행합일설(知行合一說)을 강조한다. 왕수인은 인간의 마음에는 원래 선악이 없으며 오직 선악을 분별하고 선택할 지(知)가 있다고 하면서, 인간은 이 지(知)를 이용하여 행동을 결정하기 때문에 인간의 지(知: 분별력)를 지렛대로 하여 국정운영을 해야 한다고 보았다. 반계도 인간은 선악을 인식하고 대상을 분별할 수 있는 살아있는 마음인 활심(活心)을 가지고 있다고 주장하면서 그 활심을 자극하고 만족시킬 수 있는 법과 제도의 근본이치, 즉 실리(實理)를 찾아내고 이를 각종 법과 제도에 담고자 노력했다. 양명학은 이러한 반계의 실리행정사상에 크게 영향을 미친 것으로 볼 수 있다.

4. 고증, 실증, 경험, 실사구시의 학문태도

1) 실사구시(實事求是)의 학문태도

반계 유형원은 화담(花潭) 서경덕(1489~1546)의 학문을 높이 평가했으며, 그로부터 많은 영향을 받았다. 반계가 화담을 높이 평가한 이유는 '사물의 관찰을 통하여 물리(物理)와 도리(道理)를 깨친다'는 그의 연구방법론에 있다. 이렇게 경험과 관찰, 그리고 고증과 실사를 통하여 지식을 얻으려는 연구방법론은 반계의 일관된 학문적 방법론이기도 하다. 반계는 항상 "도(道)는 먼 곳에 있지 않고, 날마다 쓰는 사물(事物) 사이에 있는데도, 사람들은 그것을 탐구하지 않는다"고 지적한다. 성리학의 형이상학적 과제에서 비롯된 사변 철학적 경향을 벗어나 객관적인 현실문제로 전환할 때 경험적이고 실증적인 연구방법이 필요하다. 반계는 모든 연구에서 고증, 실증, 경험, 관찰을 통하여 지식을 얻으려고 했다. 이러한 점이 반계를 '실사구시의 학'인 실학의 비조라 평가 받게 만든 원인이라 볼 수 있다.[35]

『한서』의 주석에 의하면, 실사구시(實事求是)란 무득사실(務得事實), 매구진시(每求眞是)라고 하고 있어 넓은 의미를 가진다(『한서』「하간헌왕전」). 즉 '실질적인 일에 나아가 옳음을 구한다.' 또는 '사실을 얻는 것을 힘쓰고 항상 참 옳음을 구한다.'로 풀이할 수 있다. 그러나 이 말이 학문방법론으로 제기된 것은 청대 고증학자들에 의해서이다. 고증학의 학풍은 경전의 일자일구(一字一句)에 대해 정확한 훈고(訓詁)를 하는 것으로서 한 · 당대(漢唐代)의 훈고학풍과 비슷한 경향을 지닌다. 이것은 송 · 명대(宋明代)에 한당유학에 결여되어 있던 철학의 이론 체계를 확립시킨 성리학에 대한 반동이라고 볼 수 있다.

반계가 사용한 이 고증적 또는 실증적 방법은 청조 고증학풍의 영향을 받은 것으로, 경서에 대한 고증뿐 아니라 역사 · 지리 · 언어 등 박물학적 연구나 정치 · 경제 · 사회 등에 대한 경세학적 연구에서도 활발하게 나타난다. 반계는 모든 연구에서 이 실증적 · 고증적 연구방법을 사용했다.[36]

---

35. 조선 후기 실학이라 불리는 학풍이 가지고 있는 학문적 이념적 특성을 요약하면, (1) 종래 권위적인 주자학의 세계에 매몰되지 아니하고 자유로운 학문탐구의 기풍을 추구한 비판정신, (2) 실용에 대한 관심, (3) 실증적인 연구방법, (4) 자기 반성적이고 자기 발전적인 노력과 주체적인 태도 및 의식을 들 수 있다. 이러한 실학 학풍의 영향으로, 정치 · 경제는 물론 역사 · 지리 · 언어 · 풍속 등 각 방면에 걸쳐 연구의 열기를 고조시켰으며, 민족주체의식 내지 독립적 자존의식이 구체화될 수 있는 계기가 마련되었다고 본다(한국철학사연구회, 2008 : 28-30).

36. 조선 후기 실학파의 한사람인 추사 김정희는 실사구시를 다음과 같이 정의한다. "실사구시라는 말은 학문을 하는 데 가장 요긴한 방법이다. 만약 실사(實事)를 일삼지 않고 공소(空疎)한 학술만을 편하다고 여기고, 그 옳음은 구하지 아니하고 선인(先人)의 말만을 위주로 하면 그것은 성현의 도에 배치된다. 한유(漢儒)들은 경전을 훈고함에 실사구시하지 않음이 없었으나, 진(晉) 이후로 노장(老莊)과 불교가 극성함에 학술이 일변해 실사구시와는

반계 유형원은 자기 스스로 공부는 귀납적이고 경험적인 것이어야 한다는 신념을 여러 곳에서 밝히고 있다. 즉 형체의 근거(形據)가 있는 것으로부터 공부를 해야 하며, 미발(未發)이 아닌 이발(已發)에서 성정(性情)의 묘함을 구해야 한다고 주장한다. 그는 다음과 같이 말한다.

> "대저 학문을 함에는 모름지기 형체의 근거가 있는 것으로부터 공부를 해야 합니다. (저번에 말한 거처공(居處恭)·집사경(執事敬)·언충신(言忠信)·행독경(行篤敬)·비례물시청언동(非禮勿視聽言動)의 류는 모두 때에 형체의 근거가 있습니다) 그 정미한 곳은 다만 여기에서 얻습니다. 왜냐하면, 이른바 도(道)라는 것은 모두 사물이 마땅히 행해야 할 리(理)이기 때문에, 사물의 밖에서 리(理)를 구할 수 없습니다. 미발(未發)·이발(已發)에 이르러서는, 사람의 마음이 적연부동(寂然不動)하고 감이수통(感而遂通)하는 묘함은 비록 매우 정미하고 은밀하기는 하지만, 그 성과 정, 동과 정의 다름은 실로 나뉨이 있습니다. 그 적연(寂然) 미발(未發)할 때에 다시 어떻게 구할 수 있겠습니까?" (『반계잡고』: 113)

이처럼 반계는 지식의 획득을 위한 공부는 모두 구체적인 사물을 통한 인식과 경험을 통하여 귀납적으로 해야 한다는 것을 강조하고 있다. 이러한 맥락에서 그는 다음과 같이 첨언한다.

상반되었다. …… 학자는 한유들이 정밀하게 훈고하는 것을 높이 본받아야만 한다. ……대저 성현의 도는 실천궁행(實踐躬行)하는 데 있으니, 공허한 이론은 숭상하지 말아야 하며, 실한 것은 마땅히 탐구하고 허한 것은 버려야 한다. 그러므로 학문하는 길은 반드시 한학(漢學)·송학(宋學)으로 나눌 것도 아니고 정현(鄭玄)·왕충(王充)의 훈고학과 정주(程朱) 성리학의 장단점을 비교할 것도 아니며, 주자학과 상산학(象山學) 등의 문호를 다툴 것도 아니다. 다만, 널리 배우고 힘써 행하되, 오로지 실사구시 한마디 말을 주로 하여 실천하면 된다."(김정희, 『완당집』)

> "옛사람의 뜻이 다만 이와 같았기에, 궁리(窮理)라 말하지 아니하고, 격물(格物)이라고 하고 집의(執義)라고 했으며, 복리(復理)라고 말하지 않고 복례(復禮)라고 하며, 거경궁리(居敬窮理)라고 말하지 않고 박문약례(博文約禮)라고 했습니다. 모두 형체의 근거가 있는 것으로부터 공부를 하는 것이니, 그 지극히 정미하고 지극히 묘함을 볼 수 있습니다."(『반계잡고』: 114)

그는『대학』의 격물(格物),『맹자』의 집의(執義),『논어』의 복례(復禮) 등을 사례로 들면서, 옛 성인들의 공부론도 실제와 현실에서 그 지식을 구했다고 주장한다. 즉『대학』에서는 궁리라는 관념적인 표현보다는 구체적이고 실제적인 표현인 격물(格物)을 사용했고,『맹자』는 마음에서의 실천을 강조하는 집의(執義)라는 용어를 사용했고,『논어』에서는 예(禮)는 리(理)를 담아 놓는 그릇이라는 관점에서 복례니 박문약례라는 용어를 사용했다는 것이다. 이처럼 반계의 학문론은 구체적이고 실제적인 것으로부터 그 이면에 있는 도리를 깨쳐 가는 것을 중요하게 여긴다. 즉 도(道)와 리(理)를 담는 그릇으로서의 사(事)와 물(物)을 중시했다. 이러한 반계의 사유체계는 필연적으로『반계수록』의 사상적 바탕이 된 "도(道)는 기(器)를 떠나 존재할 수 없다"는 논리로 연결되고, 동시에 '제도중심의 국정운영사상'으로 싹텄다고 볼 수 있다.

2) 실증적이고 고증적인 저술활동

유형원의 주된 학문태도와 연구경향은 중국의 명(明)말 · 청(淸)초에 일어난 실증적(實證的) 고전 연구의 학풍 또는 방법으로부터 많은 영향을 받았다. 그는 철저하게 과거의 사실에 대한 역사적 경험, 즉 역사적 · 경험적 증거(historical and empirical evidence)를 바탕으로 국가개혁안을 작성하고 있다. 그가 주로 사용한 역사적 증거는 고경을 통한 문헌적 증거, 구전의 증거 그리고 사상체계상(speculative system)의 증거를 사용하였다. 특히 그는 농민과 함께 생활하면서 그리고 8도를 유람하면서 직접 감관에 의하여 경험한 국정운영현실을 비판하고, 과거 역사적 사실에 대한 고증으로부터 얻은 이성적 추론(reasoning)에 근거하여 자신의 이상국가를 설계하고 있다. 반계의 저술은 정책을 제시하고 있는『반계수록』만이 실증적이고 실사구시적인 연구방법을 사용하고 있는 것은 아니다. 그의 저술은 역사이든, 지리이든, 언어이든 모든 영역에서 정확한 논거와 고증을 바탕으로 이루어졌다. 그는 항상 역사에 바탕을 둔 고증적 접근방법을 사용하였다. 반계의 이러한 실사구시적이고 고증적인 연구경향에 대하여 홍계희는[37] 다음과 같이 표현하고 있다.

> "책에 대해서는 예전 사람들의 말을 그대로 받아들여 사수하는 것이 아니라, 반드시 현재에 맞는지 헤아려 보고 옛날에는 그러한 것이 있었는지 고증(考證)해 보며, 마음으로 깨달은 다음에는 실제의 일에 적용해 보고, 생각하고 또 생각하여 최후의 세밀한 것까지 연구하였다."
> (홍계희「전(傳)」: 영인본 520)

홍계희에 주장에 의하면 반계의 모든 저술은 이러한 고증적이고 실사구시적인 접근방법을 이용하여 탄생한 것이다. 그는 언어, 문학, 역사, 지리, 철학, 경세 등 다방면에 걸쳐 많은 저술을 남겼지만, 안타깝게도 현재까지 온전하게 남아있는 것은『반계수록』밖에 없다. 그나마 순암 안정복(1712~1791)의 친필사본으로 남아 있는 몇 개의 단편적인 자료와「연보」가 전하고 있어 그를 연구하는데 많은 도움을 준다. 만약「언행록」에서 언급하고 있는『이기총론』이나『경

---

37. 영조 때 이 · 호 · 형 · 병조판서를 지낸 인물. 젊을 때『반계수록』을 읽고 유형원의 개혁사상에 많은 영향을 받은 개혁실천주의자. 영조 때 양득중 · 원경하 등과 함께『반계수록』을 영조와 세자에게 추천하여 관심을 끌게 했다. 1746년 영조의 명을 받아 반계선생의 전기(傳記)를 지었다. 또한 1768년 10월, 반계의 업적을 기념하여 죽산부사 유언지(俞彦摯)에 의해 반계묘비가 세워질 때 반계묘비의 비문을 찬한 인물이다.

설』등 그의 역사 · 지리 · 경세 등에 관한 저서가 온전하게 남아 있었더라면 지금의 그에 대한 평가보다 훨씬 더 높은 평가를 받았을 것으로 생각된다.

3) 주유산수와 경험에 의한 행정인식

유형원은 인간에게 유익한 지식이란 항상 이성과 경험적 관찰을 통하여 검증된 객관적인 지식이어야 한다고 보았다. 그는 지식을 얻는 방법으로 경험을 매우 중시했다. 지식이란 현실을 정확히 설명하는 것이어야 하고 실제로 이용함에 도움이 되는 것이어야 한다고 확신했다. 특히 지리와 역사, 그리고 음운 등을 실제에 적합하게 그리고 실생활에 유익하게 하는 것을 가장 중요한 목적으로 했다. 반계의 일생에서 빼어 놓을 수 없는 부분이 여행과 유람이다. 이 여행과 유람도 단순한 여행이 아니라, 실제경험을 통한 현실적 삶이 무엇인가를 정확히 알려는 연구의 일환이었다. 반계는 실제로 농민과 함께 생활하면서 밭을 갈고 농사를 지었으나, 다른 지방의 산수와 지리뿐만 아니라, 다른 지방 농민들의 생활상과 수준도 정확히 알고자 했다.

반계는 전국을 유람하며 병자호란이후 피폐해진 농촌의 실상을 답사했다. 천성이 산수를 좋아해서이기도 하지만, 그 보다는 실사구시의 목적이 더 컸다. 연보에 나타나 있는 그의 여행기록을 보면 22세에서부터 42세에 이르기까지 함경도에서부터 호남지역에 이르기까지 전국을 답사하고 있다.

반계의 전국유람과 답사는『반계수록』의 초고를 쓰기 시작하기 이전의 답사와 우반동으로 이거한 이후『반계수록』을 집필하면서 실증과 현장 확인을 위한 답사로 나누어 설명할 수 있다.『반계수록』의 초고를 쓰기 이전의 전국유람은 국가개혁론인 수록을 쓰기 위한 결심의 여행이었다면, 우반동에서 수록을 쓰면서 행한 여행은 경험과 관찰, 그리고 아이디어를 얻기 위한 연구차원의 답사였다고 볼 수 있다. 전반기의 답사는 주로 관서, 관북, 강원, 경기, 영남북부 등 주로 한반도의 위쪽이었다. 반면에 후반기의 여행은 주로 영남과 호남지방의 농업중심지에 대한 답사인 것이 그 특징이다.

유형원은 21세 되던 해 겨울 아들 하(昰)를 얻고 난 후, 그 이듬해 여주 백양동으로 이사했다. 그해 겨울 반계는 처음으로 한양에서 가장 먼 변방지역인 함경도지방을 둘러보러 여행길에 올랐다. 마침 고모부이자 스승이었던 동명 김세렴이 함경도관찰사로 재임하고 있어 인사도 할 겸 북녘의 산수도 구경하고 싶어서였다. 함경도를 돌아보는 도중, 동명선생이 평안도관찰사를 제수 받아 평양으로 부임하였기 때문에 관서지방까지 두루 돌아볼 수 있었다. 이 여행을 시작으로 하여 반계는 평생 동안 전국을 많이 유람했다. 26세 겨울, 금천 안양동을 유람하였고, 이듬해 봄에는 영남지방을 유람했으며, 29세 가을, 경기남부와 호서지방을 유람하고 이어 원주 지평까지 돌아보았다. 30세에는 금강산을 둘러보았다. 21세에 시작하여, 함경도, 평안도, 경기도, 강원도, 영남, 호남, 호서지방을 두로 여행하고 돌아온 반계는 드디어 31세 『반계수록』의 초고를 시작하기에 이른다.

이러한 일련의 그의 여행과 유람의 행적을 통해 보면, 반계의 유람은 단순한 여행이 아니었다. 나라의 근본인 농민들의 현실적 삶은 어떠한지? 그들의 어려움과 애환은 얼마나 깊은지? 부강하고 잘사는 나라를 만들기 위해서는 무엇을 먼저 해야 하는지에 대한 사색의 여행이자, 자신은 나라와 백성을 위해 무엇을 할 수 있는지에 대해 성찰하는 일종의 진로탐색의 여행이었다. 이 여행을 통하여 그는 양란이후 극도로 피폐한 농촌의 현실을 직접 목도할 수 있었고, 국정운영의 현 실태를 근본적으로 개혁할 수 있는 방안이 무엇인가에 대하여 깊이 사유하는 계기가 되었다. 아버지의 억울한 죽음에 대한 이야기를 듣고 이미 관직에는 관심을 두지 않았지만, 양란이후 극도로 피폐한 농촌의 현실을 보면서, 그는 비록 관직에의 꿈은 접었지만 '오늘의 조선이 왜 그렇게 되었는가?' 에 대하여 깊이 연구하고 그 처방안을 제시해야 하겠다는 결심을 하게 된 계기가 되었다고 할 수 있다. 반계의 눈에 비친 당시 중앙정부의 정치 및 국정운영은 백성들의 배고픔을 해결해 주지도 못했고, 국방을 튼튼히 하여 외세의 침범도 막지 못했고, 각종 민폐로 인하여 백성들의 믿음도 얻지 못했다. 즉 나라 다스림의 3대 기본이라고 설파했던 공자의 족식, 족병, 민신 중 어느 하나도 충족시키지 못했다. 반계는 이렇게 된 데에는 반드시 이유가 있을 것이라고 생각했다.[38] 반계는 여행과 유람을 통하여 자신이 해야 할 일을 깊이 생각했으리라 짐작된다. 한 인간의 국정운영사상은 그의 경험과 학문, 그리고 현실에 대한 시대인식를 통하여 마음속에서 구성되고 강화된다. 반계는 여행을 통하여 농민들의 실상과 '만백성의 삶의 현실'을 직접 목도할 수 있었다. 여러 지방의 답사여행에서 직접 보면서 느낀 시대인식은 종국적으로 '만백성의 현실적인 삶'을 충족시키는 것이 국가가 해야 할 가장 기본적인 국정운영목표이자 위민행정이라는 사상으로 연결되고, 그 사상은 나중에 『반계수록』의 제도개혁론에 고스란히 담기게 된다.

반계 유형원은 우반동으로 이거하여 『반계수록』을 쓰면서도, 각 지방을 유람한다. 이 후반기의 여행과 유람은 자신의 사고와 생각을 현장에서 확인하고 검증하기 위한 답사의 성격이 강하다. 36세 가을에 호남지역을 두루 유람하고 남쪽 연변을 둘러본다. 37세 8월에는 남방을 유람하여 담양의 추월산 등을 관람하고 돌아온다. 38세 다시 호남지역의 여러 지역을 돌아보고 다음 달에 돌아온다. 40세 정월에는 영남을 돌아 호남지역의 산천을 두루 관람하고 돌아온다. 이렇게 남부지방을 여러 번 유람한 이유는 병자호란 이후 가장 피폐한 지역이었기 때문이다. 반계는 직접 농촌생활의 애환과 민폐를 눈으로 보고 인식하기

---

38. 『반계수록』의 완성여부를 묻는 정동익의 질문에 대하여 반계는 다음과 같이 답한다. "폐단스런 습속(제도)를 가지고 폐단스런 습속(제도)를 이어받은 유래가 오래되었다. 군자(君子)는 항시 무용지물이 되고 소인(小人)은 길이 뜻을 얻고 펴왔으니, 그 화는 마침내 천리(天理)가 사라지고 사욕(私欲)이 넘쳐나며, 생민(生民)은 썩어 문드러지고 오랑캐가 주인이 되고 말았다. 이는 무슨 까닭인가? 거기에는 반드시 그렇게 된 사유가 있을 것이다."(『반계선생연보』 선생 50세). 이러한 생각은 수록의 초고를 쓰기 전 청년기의 경험과 현실인식 과정에서 이미 가지고 있었던 생각이라고 할 수 있다.

를 원했다. 경험에 의하여 현상을 인식하고 아는 것이 진정한 지식이라고 믿었다. 이는 동 시대에 살았던 영국의 존 로크(John Locke: 1632~1704)의 경험주의 인식과 그 맥을 같이 한다. 반계의 연구경향은 실사를 통하여 실리를 추구하는 학문경향, 그리고 철저한 고증을 통하여 현실에 대한 개선대안을 제시하려는 접근을 강조했다.

반계 유형원은 특히 우리나라의 역사와 지세, 그리고 민생의 실태에 관심이 많았다. 한양을 오가면서, 또는 전국 각지를 두루 여행하면서 항상 이전에 갔던 길과는 다른 길을 택하여 그 산천의 지세를 세밀히 관찰하고, 그 도로의 원근(遠近), 관방의 평탄함, 산세의 험난함, 유사시 방비가능성 그리고 농민들의 생활상 등을 정확히 기록했다.[39] 반계는 틈만 나면 전국곳곳을 유람했다. 가는 곳마다 그곳의 지세 등을 꼼꼼히 기록했다. 반계의 주유산수는 단순히 행락이 아니라, 실지 답사를 통한 실증(實證)으로 그곳에 맞는 올바른 이치를 강구하기 위한 것이었다. 그는 이러한 경험과 관찰에 의한 객관적이고 실증적인 지식을 바탕으로 『반계수록』에 담긴 제도개혁안을 구상했다. 『반계수록』의 완성이 18년이나 걸린 것도 그의 실증적이고 실사구시적인 학문방법론의 결과였다고 볼 수 있다.

전국을 유람하면서 산세와 지세에 관한 관찰과 기록이 얼마나 세밀하고 주도면밀하였는가는 먼 훗날 정조가 화성(華城)을 건설할 때 『반계수록』을 보고 감탄한 다음 글에서 잘 증명된다. 이 글은 정조가 유형원에게 성균관좨주로 증직하면서 내린 교서이다.

---

39. 이러한 습관은 아마도 그의 스승인 이원진과 김세렴으로부터 영향을 받은 것으로 보인다. 외삼촌 이원진은 1653년 제주목사 재임 시 제주도의 풍속 지리 등을 종합적으로 기록하여 『탐라지(耽羅志)』를 편수한 바 있고, 고모부 김세렴은 1636년 일본 사신으로 갔을 때 사행(使行)의 모든 일정을 자세히 기록하여 『해사록(海槎錄)』을 남겼다. 반계는 『기행일록』을 남겼으나 전해지지 않는다.

"고(故) 처사 증(贈) 집의(執義) 겸 진선(眞善) 유형원은 그가 지은『반계수록』의 보유편에서, '수원도호부에 광주 아래 지역인 일용면(一用面) 등을 더해 주고 치소(治所)를 평야로 옮겨 내를 끼고 지세를 따르도록 하면 읍성(邑城)을 지을 수 있다. 거기에다 읍치의 규모와 평야의 대승(大勝)을 더하면 진실로 대번진(大藩鎭)의 기상을 가진 땅이 될 것이니 안팎으로 1만호를 수용할 수 있을 것이다' 라고 하고, 또 말하기를 '성을 쌓는 부역은 향군(鄕軍)이 정번(停番)하면서 내는 재물로 충당해야한다'고 하였다."

"대개 그는 유용한 학문으로 경제(經濟)에 관한 글을 지었다. 기이하도다. 그가 수원의 형편(形便)을 논함에 있어 읍치를 옮기자고 한 계획과 성을 쌓자고 한 방책은 100년 전에 살았으면서도 오늘날의 일을 환히 알았던 것이니, 면을 합치고 정번에서 나오는 재물을 쓰자고 하는 등의 세세한 절목과 일에 있어서도 모두 병부(兵符)처럼 딱 들어맞았다. 그의 글을 직접 읽고 그의 말을 응용하였다 해도 오히려 대단한 감회가 있다고 할 것이다. 그런데 그의 글을 보지 못했는데도 본 것과 같고 그의 말을 듣지 못했는데도 이미 응용하였으니, 그 사람이 품고 있던 바가 실로 풍부하였던 것이다. 곧 이 화성 한 가지 일은 나에게 있어서는 아침저녁으로 만나게 된 것이라 할 만하다." (『홍재전서』 권34, 교5. 고처사유형원가증좨주교(故處士柳馨遠加贈祭酒敎)[40]

이 글에서 정조는 100년 전 유형원이 기술하고 있는 수원주변의 지세와 방위계획을 보고 감탄을 금치 못하고 있다. 정조는 화성건설을 위해 많은 공을 들였든 군주이다. 자신이 그린 계획과 유형원의 구상이 부절에 이르기까지 정확

40. 안재순(2009)이 한국고전번역원 번역서에서 인용한 것을 재인용함

하게 들어맞는 것을 보고 그의 지식과 능력에 감탄하고 있다. 이 글에서 반계는 얼마나 정밀하고 세밀하게 수원일대의 지세를 파악하고 있었는지를, 그리고 그 지세와 형세에 대한 활용방안이 얼마나 실사에 적합한지를 알 수 있다.

그렇다면 이러한 반계의 학문태도는 유교적 경세론에서 완전히 벗어난 것이었을까? 반계는 후대 학자들에 의하여 실학의 비조 또는 실사구시의 학문을 연 선구자로 평가받고는 있지만, 실제로 그의 학문은 유교적 경세론을 완전히 벗어나지는 않았다. 그의 학문태도는 분명히 주자학적 세계관에서 벗어나 있었으나, 반주자학적이지는 않았다고 볼 수 있다. 즉 그는 "어떤 서적을 볼 때에는 예전 사람의 말을 그대로 받아들여 고집하는 것이 아니라 반드시 현재와 비교하여 옛날의 것을 확증하며 마음에서 해득한 다음에 사실과 대조해보며 생각하고 또 생각하여 최후의 세밀한 것까지를 연구하였다"라는 『반계수록』 서문의 진술에서 보듯이, 그의 학문태도는 기존의 주자학적 세계관에 구속되지 않았음은 분명하다. 그러나 그가 추구한 이상사회의 모델이 주례의 질서였고, 이를 달성하기 위해 참고로 한 지혜는 하(夏) · 은(殷) · 주(周) 삼대(三代)라는 고대 중국에 살았던 성인들이 만든 제도나 이론이었다는 점에서 유교적 국가경영론을 벗어나지 않는다.

유형원이 『반계수록』을 쓰면서 객관적인 경험과 실증, 즉 이성에 의한 객관적 지식을 토대로 현실상황을 객관적으로 파악은 하였지만, 그의 주요정책과 제도개선안이 이성과 경험에 의한 지식만을 바탕으로 독창적인 이론을 만들어 낸 것은 아니었다. 대부분의 유학자들과 마찬가지로 그 또한 극정운영의 아이디어를 대부분 고경(古經)에서 구했으며, 고대에 시행된 정치이론과 체제운영의 기본원리를 밝히고 추론하여 그것을 역사적 · 사회적 환경이 다른 17세기 조선에 맞도록 조정하는 것을 주 임무로 했다. 그의 경험과 실증에 의한 지식은 과거 성인들의 지혜를 현대에 적합하게 조정하는데 필요한 지식이었다.

평생 동안 한국학을 연구해온 미국 하버드대학의 제임스 팔레(James B.

Palais)교수의 주장에 따르면, 실학이 이성과 경험적 관찰을 통하여 한국의 독특함과 민족적 정체성을 인식함으로써 전 세계적인 유교문화에 반발하는 태도를 취했다고 일반화하는 것은 문제가 있다고 주장한다(Palais, 2008: 19). 이는 유교적 경세론의 핵심을 서구의 실증과학으로 잘못 해석한 시대착오적 판단의 결과라고 하면서, 유교의 합리성과 경험주의는 엄격한 인식론에 바탕을 둔 것이 아니라고 주장한다. 유학자들은 자신이 살고 있는 사회의 폐단을 경험과 실사를 바탕으로 객관적으로 비판은 하였으나, 고대 중국의 경전을 맹목적이고 교조적으로 믿던 상태로부터 벗어나지는 못하였다고 평가한다. 즉 고전에서 전수된 지식을 보다 더 중시함으로써 지식의 척도로서 이성을 존중하는 태도는 결여되어 있다는 것이다. 유형원의 저작에서도 감각과 경험을 통해 인식된 자료만이 믿을만한 정보나 지식이라는 생각은 전혀 발견되지 않는다고 하면서, 반계는 감각을 통해 경험한 사실을 유교적 도덕적 진실과 분리시키지 못했으며, 인간사회의 실상을 우주에 내재된 보편적 원칙과 분리시키지 못했다고 주장한다. 반계는 언제나 윤리적 진실과 경험적 지식을 전체적으로 결합시켰다는 것이다. 이러한 점에서 반계의 경험, 실증, 실사구시의 학문경향을 유교문화에 반발하는 연구경향이라고 일반화하는 것은 서구의 실증과학을 잘못 해석한 결과라는 것이다.

그러나 유형원은 중국의 고전을 신뢰하고 이상적 모형으로 생각했지만 맹목적이고 교조적으로 믿고 따르지는 않았다. 그는 철저한 고증과 분석, 그리고 경험과 이성적인 판단에 의하여 실리에 맞지 않는 제도와 정책은 때로는 배척하고 때로는 현실에 적합하도록 조정하고 있으며, 또한 기존의 성리학적 학문태도와는 전혀 다른 경험에 의한 지식과 이성적 판단을 매우 중요시하는 탈성리학적 학문태도를 보여주고 있다. 이렇게 국정운영과 행정에 대한 지식을 얻는 방법과 원천을 기존의 고경(古經) 중심에서 벗어나 철저한 현실인식을 바탕으로 한 경험과 이성 그리고 고경을 종합하였다는 점에서, 또 기존의 도(道)중심의 성리학적 국정운영방식을 기(氣)중심의 국정운영방식으로 전환시키면서 성리학의 내재적 변화와 발전(internal variation)을 추구하였다는 점에서 유럽의 합리주의와 경험주의의 원형을 함축하고 있다고 볼 수 있다.[41] 그가 개혁하고자 한 대상은 주자학적 세계관에 매몰되어 현실의 사회문제에 무력한 통치기제와 이념을 현실문제해결에 유용하고 민이 신뢰할 수 있는 통치기재와 이념으로 회복시키는 것이었으며, 주자와 주자학에 대한 무조건적이고 직접적인 비판은 아니었다.

5. 도기일체(道器一體)의 학문태도

유형원이 국정운영 및 행정현상을 바라보는 태도와 학문관을 한마디로 요약하면, 도기일체(道器一體)의 학문관이라고 표현할 수 있다. 이는 이기합일지묘를 강조하는 그의 존재론과 심성론에서 발전된 것으로 '도(道)는 기(器)를 떠나 홀로 존재할 수 없다'는 일관된 학문태도에서 나타난다. 여기서 도기일체의 학문태도는 정신(도)과 행동(기)은 하나가 되어야 한다는 지행합일사상과 모든 법제도는 그 법과 제도가 존재하는 근본원리인 실리에 어긋나지 않아야 한다는 실리행정사상으로 구체화된다. 그는 나라를 다스리는 것은 인간이 하는 일이고, 국가의 모든 제도와 정책은 만백성들에게 이익을 가져다 줄 수 있는, 그리고 천리에 어긋나지 않는 근본원리와 이치를 담은 그릇이어야 한다는 것이

41. 현실적 경험에 의하여 행정을 정의하고, 법과 제도를 중심으로 상향적 애민을 주장한 반계의 행정사상은 17세기 그와 동 시대에 살았던 영국의 유명한 철학자 존 로크(John Locke: 1632~1704)와 토마스 홉스(Thomas Hobbes: 1588~1679)의 국정운영사상과 그 맥을 같이 하고 있다. 존 로크와는 행정현상에 대한 지식과 개선안을 얻는 방법론이 비슷하다. 즉 존 로크는 "모든 지식은 경험에서 나온다."라고 주장한 경험주의 인식론의 창시자이다. 반계의 국가개조론과 그 개혁이론은 상당부분 그의 경험에서 도출된 것이라는 점에서 행정인식론이 동일하다고 볼 수 있다. 홉스와는 절대군주 또는 절대왕정을 이상적인 국가로 보고 법과 제도의 권위를 중시하면서 법제도 중심의 행정을 지향하여야 한다고 본 점이 유사하다.

다. 법제도의 입법정신이자 행정행위의 근본이치인 실리(理)와 그 행위의 표출 형식으로서의 법과 제도(器)는 서로 분리할 수 없는(道器不相離) 것으로 한 몸이 되어야 한다는 시각이다.

이처럼 반계의 학문론은 구체적이고 실제적인 것으로부터 그 이면에 있는 도리를 깨쳐 가는 것을 중요하게 여겼다. 즉 국정운영에 있어서도 도(道)와 리(理)를 담는 그릇으로서의 법과 제도를 중시했다. 이러한 반계의 사유체계는 필연적으로 『반계수록』의 사상적 바탕이 된 "도(道)는 기(器)를 떠나 존재할 수 없다"는 논리로 연결되고, 동시에 도에 어긋나거나 그리고 입법정신에 어긋나는 폐법을 실리에 충실한 법제도로 만들어 그 법제도를 국정운영의 기본 틀로 하여 국정운영을 해야 한다는 '법제도중심의 행정사상'으로 구체화되었다고 볼 수 있다.

그는 입법정신에 해당하는 도(道)가 기(器)인 법에 반영되지 않으면 그것은 곧 폐법이 된다고 보았다. 즉 지배자들의 사익이 담긴 법과 제도는 폐법인 것이며, 이 폐법은 실리와 입법정신을 제대로 담아 시대에 적합하게 고쳐야 한다는 것이다. 그는 국정운영의 규범기준인 법과 제도에 담아야 할 근본원리와 이치는 고금이 없기 때문에 그 실리를 밝혀내는 작업은 고경을 참고로 해야 한다는 일관된 학문태도를 유지했다. 유형원은 『주역』「계사상전(繫辭上傳)」의 천지건곤(天地乾坤)의 원리를 학문의 세계에 응용하였으며, 국정운영 및 행정에 있어서도 하늘의 도와 땅의 기의 이치가 동일하게 통한 것으로 인식하고 있다. 그는 군자의 삶을 살면서도 학문의 세계는 민(民)의 관점에서 민(民)을 위하여 형이상 · 형이하가 분리되지 않은 도기(道器)의 제도개혁을 완성하고자 했다. 영조 17년(1741) 경연에서 『반계수록』을 강론할 것을 처음으로 청한 승지 양득중의 상소문에서도 "이 책은 고금의 시세를 참작하여 시행하는데 충분히 정당하다"고 하면서, 반계의 글을 이론과 실제가 괴리되지 않은 건곤(乾坤)의 이치로 파악하고 있다(『반계수록』 1 : 36). 그는 자신의 학문하는 자세를 도(道)와 기(器)가 일체화되는 천지조화의 이치와 동일하게 보았다.

이러한 학문태도는 오늘날의 행정학에서도 유효하다. 그의 도기일체의 행정사상, 실리행정사상, 도기불상리(道器不相離)의 행정사상은 많은 의미를 담고 있다. 즉 법과 제도는 그 법과 제도의 존재이유이자 근본이치인 입법정신, 즉 실리에 어긋나지 않아야 하며, 법제도는 실행을 전제로 만들어져야 하며, 법제도는 만백성을 이롭게 하는 것이어야 한다는 명제를 담고 있어야 한다는 사상이다. 현대 행정학의 입장에서 해석하면, 국정운영이념과 행정이념에 적합한 정책과 제도를 만들어 공정하게 시행하여야 한다는 의미이다.

제4장

반계의 인간관, 국가관, 사회관

제1절 실리(實理)와 활심(活心)

반계의 인간관, 국가관, 사회관을 분리하여 살펴보기 전에 먼저 존재론에 대한 그의 기본적인 생각을 살펴볼 필요가 있다. 성리학에서는 인간과 자연을 모두 포함하여 세상만물의 존재에 대하여 리(理)와 기(氣)로서 설명한다. 유형원은 초기에는 우주의 존재를 설명하는데 주기론의 관점에 서 있었다. 그는 '천지의 사이에 가득 찬 것 치고 기(氣) 아닌 것이 없다'고 보았다. 따라서 "기(氣) 밖의 리(理)는 따로 없으니, 리(理)는 단지 '기(氣)의 리(理)'일 뿐"이라고 생각했다. 그러나 이러한 견해를 오래 간직하고 있으면서도 인간현상을 설명하는데 항상 불만이 있었다고 스스로 고백하고 있다. 반계는 '천지에 가득 찬 기(氣)'의 작용에 따라 세상에 악이 들끓고 있는데, 리(理)는 '단지 기(氣)의 리(理)일 뿐'이라고 한다면, 리(理)는 단순히 기(氣)를 정당화시키는 역할밖에 할 수 없는 것이 아닌가에 대한 회의와 불만이었다. 만약 기(氣)의 작용이 더 우선적이고, 리(理)는 기(氣)의 작용에 구부려 복무하는 또는 기(氣)의 작용을 정당화하는 것에 불과하다면 이 세상은 탐욕과 비리와 악이 범람하는 현재의 모습으로 영구히 지속할 것이 아닌가하는 의문이었다.

이와 같은 회의와 불만 속에서 각고의 노력과 탐구 끝에 실리(實理)라는 개념을 개발한다. '리(理)는 단지 기(氣)의 리(理)'라는 생각을 바꾸어, 리(理)는 기(氣)에 우선할 뿐 아니라 '기(氣)의 작용을 강력히 규제하는' 속성을 원천적으로 가진 실리(實理)라는 것이다. 즉 리(理)는 단지 기(氣)의 작용에 아무런 영향을 미치지 않고 순응하기만 하는 것이 아니라, 오히려 '기(氣)의 작용을 원천적으로 규제하는' 살아있는 속성을 가진 리(理)라는 것이다. 반계의 국가개혁론은 법과 제도의 작용을 강력히 규제하는 근본이치인 실리를 찾아내고 이를 법과 제도에 담는 학문적 노력이었다고 볼 수 있다.

반계의 심성론도 이기론과 같은 논리로 설명한다. 인간의 마음은 하나이지만 본래 리 · 기를 다 갖추고 있기 때문에 사물과 그 법칙을 다 지각할 수 있다고 본다. 도심(道心)은 리(理)인 동시에 그 법칙이요, 인심(人心)은 기(氣)인 동시에 사물에 해당된다.

> "인간의 마음(心)은 본래 리(理) · 기(氣)를 다 갖추고 있기 때문에 사물과 그 법칙을 다 지각할 수 있다. 심(心)이 바야흐로 발할 때를 살펴보면, 가령 밥을 먹고 싶어 하는 마음이 발할 때에, 그것을 먹어도 정당한 밥인지 혹은 부당한 밥인지의 판별은 심(心)이 스스로 지각한다. … 그러므로 도심(道心)이 주가 되면 인심(人心)은 스스로 그 명령을 듣게 되는 것이다. 결코 도심이 하나 있고 인심이 따로 하나 있어서, 도심은 여기서 주가 되어 있고 인심은 저기에 있다가 달려와 명령을 듣는 것이 아니다.(『반계잡고』 : 98)

인간의 마음은 리 · 기를 모두 다 갖추고 있기 때문에 기(氣)가 형성해 내는 사 · 물과 그 이면의 원리나 법칙을 다 지각할 수 있다는 것이다. 인간의 마음은 허령(虛靈)하여 지각하지 못하는 것이 없다. 인간의 마음은 천명을 타고난 성(性) 및 성(性)의 발현형태인 정(情)을 통괄하여 중화의 덕(德)을 이룰 수 있는 지극한 것이라고 보았다. 이렇게 인간의 마음은 탁월한 지각능력을 가지고 있기 때문에 악으로 흐르는 인심을 제어할 수 있는 살아있는 마음, 즉 활심(活心)이라고 보았다. 이 활심은 실리와 함께 반계의 독창적인 개념이다(김태영, 2011: 47). 이 실리와 활심은 그의 경세사상을 뒷받침하고 있는 가장 기본적인 개념이다.

유형원은 "대체로 천하만사는 단지 두 가지 뿐이니 천리와 인욕이 곧 그것"이라고 주장하면서(『반계수록』 2. 전제 하), 인간은 천리(규범과 도덕)를 추구하는 속성과 현실적인 이익을 추구하려는 인욕의 속성을 동시에 가지고 있다고 전제한다. 따라서 그는 천리와 인욕의 양면성을 동시에 충족시킬 수 있는 실리에 적합한 법과 제도를 만들어 이를 공정하게 시행하는 것이 (활심자극을 통하여) 인간의 마음을 얻고 신뢰를 확보할 수 있는 최선의 방법이라 생각했다. 유형원의 『반계수록』은 이 실리(實理)와 활심(活心)의 개념을 이용한 법제도중심의 국가개혁론이다. 다음은 이 실리와 활심의 개념이 그의 세계관에 어떻게 녹아 있는가를 세부적으로 살펴본 것이다.

제2절 인간관

국가와 사회를 구성하고 있는 인간은 도대체 어떠한 존재인가? 즉 '인간이란 무엇인가'에 대한 '인간에 대한 가정'은 치인(治人) 또는 경세(經世)에 있어서 가장 근본적이고 기본적인 전제이다. 인간을 어떠한 존재로 보느냐에 따라 인간관리 전략이 달라지고 나아가 국정운영방안이 달라지기 때문이다. 군주주의국가이든 민주주의국가이든 국정운영의 주체와 객체는 존재한다. 누가 주(主)이고 객(客)인가에 대한 강조점이 다를 뿐이지, 실질적으로 의사결정을 행하는 주체와 그 결정에 따라야 하는 객체는 존재하기 때문이다. 그렇다면 반계 유형원은 기본적으로 인간을 어떠한 존재로 보았을까? 반계의 인간관은 기본적으로 성리학의 인간존재론과 인간가치론에서 형성되고 발전되었지만, 기존의 주자학적 인간가정과는 그 강조점이나 본말론에서 많은 차이점을 보인다. 국가개혁론인『반계수록』을 보다 잘 이해하기 위해서는 반계의 인간관을 먼저 알아야 한다. 그가 남긴 이기론(理氣論)과 성정론(性情論)에 근거하여 그의 인간관을 해석해 보기로 한다.

1. 인의예지의 본성을 타고 난 선한 존재

반계 유형원은 17세기 당시 조선시대의 일반 사림의 경우와 마찬가지로 '인간은 기본적으로 선하다'는 맹자의 성선설(性善說)을 믿는다. 다시 말하면 인간은 천명에 의하여 인의예지(仁義禮智)의 본성을 타고 났다는 것이다. 반계는 "대저 인심(人心)이란 보통 말하는 사람의 마음이고, 도심(道心)이란 남의 불행을 차마 보지 못하여 아파하고(측은지심), 나의 선하지 못한 행동을 부끄러워하고 남의 악함을 미워하는 부류의 마음(수오지심)"이라고 정의한다(『반계잡고』: 88). 보다 자세히 말하면, 춥고 배고프고 슬프고 아픈 것을 아는 마음, 배고프면 먹으려하고, 목마르면 마시려고 하는 마음, 이러한 마음이 인심이고, 측은(惻隱), 수오(羞惡), 사양(辭讓), 시비(是非)의 마음은 도심이라는 것이다. 이러한 견해는 반계의 독창적인 견해가 아니고 주자의 견해를 수용한 것이다(『반계잡고』: 99). 반계도 다른 성리학자들과 마찬가지로 인간은 기본적으로 선한 마음, 즉 인의예지의 본성을 타고 났으며, 이러한 도심을 매우 중시하고 있다. 그는 기본적으로 인간은 선(善)하고 올곧은 성(性)을 가지고 있다고 보고 있다.

> "선(善)한 인간에는 선의 리(理)가, 악(惡)한 인간에는 악의 리(理)가 있다고 하는 수도 있지만, 리(理)는 본래 그러한 것이 아니다. 물(物)의 리(理)는 반드시 순류(順流)하는 것이요, 인간의 리(理)는 반드시 올곧은(直) 것이다. 물을 끌어다 높은 곳에 있게 하거나 인간이 악을 행하는 것은 리에 반하는 현상이다. 물이 끌어올려져 산에 있음은 형

세가 그렇게 해 둔 것이다. 바야흐로 그것이 끌어올려져 산 위에 있다 하더라도 물의 성(性)은 항상 아래로 흘러내리는 것이다. 이에서 물의 리를 볼 수 있다. 인간인들 어찌 다름이 있겠는가? 인간이 불선을 행하는 것은 욕심으로 인해서 그렇게 되는 것이다. 그 불선(不善)한 짓을 남이 볼까봐 감추듯 얼른 숨기는 것을 보면, 인간의 타고 난 리(理)가 올곧은 것임을 알 수 있다."(『반계잡고』: 85)

성리학에서는 인간행동을 선(善)과 악(惡), 또는 리(理)와 기(氣)로서 설명한다. 인간세상의 선(善)은 모두 리(理)에서 연원하는 것이요, 악(惡)은 모두 기(氣)의 작용으로 일어난다는 것이 성리학의 기본 견해이다. 그러나 반계 유형원에 의하면, 인간의 마음은 하나인데 인심이니 도심이니 하고 구별하는 것은 이기(理氣)의 구별 때문이라고 한다. 그는 인심과 도심이 각각 리(理)와 기(氣)를 갖추고 있는 것이 아니라, 인간의 마음은 하나인데 단지 인간의 지각에 의하여 리(理)인 도심과 기(氣)인 인심으로 나타난다고 본다. 유형원에 의하면, 인간이 저지르는 악은 어디까지나 인간이 원래 타고 난 리(理)에 반하는 현상으로 빚어지는 것이라고 본다. 원래 인간은 선하고 올곧은 성을 가지고 있는데, 이것이 후천적 욕구와 유혹에 의하여 욕심과 탐욕으로 흐를 때 악(惡)으로 나타나는 것이라고 설명한다. 그는 악으로 넘치지 않게 제어하고 통제하는 본래의 리(理)인 도심의 준칙성(準則性)을 매우 강조하고 있다.

2. 이익을 추구하는 존재

반계는 인간을 단지 도덕적 가치만을 추구하는 선한 존재로만 보지는 않았다. 그는 "세상의 모든 사람은 태곳적부터 이익을 추구하고 해로움을 멀리하는 감정을 공유해왔다"고 주장한다. 그는 '이익을 따르고 손해를 피하는 것은 만고천하의 같은 인정(人情)'이라고 하면서 인간이란 '이익을 추구하는 존재'인 동시에 '인식능력과 분별능력을 가진 이성적 존재'로 가정하고 있다. 그는 인간의 행동변화는 개인의 타고 난 도덕적 능력에 의해서 이루어진다는 유학적 교리와는 달리, 외부적 환경이 인간의 이익을 추구하는 감정에 호소함으로써 행동변화가 이루어진다고 보았다. 따라서 국가와 정부는 만백성에게 이익을 가져다 줄 수 있는 또는 만백성이 옳다고 지각할 수 있는 실리가 잘 반영된 법제도를 만들어 인간의 분별심과 인식심을 움직이는 행정이 가장 바람직한 행정이라고 판단했다. 즉 인간은 활심을 가진 존재이기 때문에 국가의 법과 제도 그리고 행정행위가 실리에 어긋나지 않아야 민신을 얻고 나아가 사회질서를 유지할 수 있다고 본 것이다. 반계는 군주와 국가는 '만백성의 현실적인 삶을 위하여 설치한 것'이기에, 만백성이 기본적으로 가지고 있는 본성인 '이해계산의 본성'을 충족시킬 수 있는 법과 제도를 만들고, 그 법과 제도를 공정하게 집행하여야 한다고 확신했다. 그는 인간의 경제적 욕구를 매우 중시했다.

반계는 시대가 변하면 시대에 맞게 법과 제도를 바꾸어야 한다고 보고 제도개혁을 통하여 국정운영을 전면 개혁할 것을 주장했다. 전통적인 주자학적 국정운영사상이 윤리적 · 도덕적 가치의 실현을 통하여 사회질서를 유지하고자 했다면, 반계가 추구한 국정운영사상은 만백성들이 가지고 있는 본성인 유형적이고 물질적이며 경제적인 가치의 충족을 통하여 사회질서를 유지하는 것이 보다 더 현실적인 삶을 윤택하게 하는 위민행정이라고 생각했다. 반계에 이르러 인간의 경제적 욕구(economic needs) 등 이기심(interest)을 보다 적극적으로 정책과 행정의 대상으로 삼기 시작했다고 볼 수 있다. 인간의 욕망을 단순히 수기(修己)를 통한 알인욕(遏人慾: 욕구억제)의 대상으로만 본 것이 아니라, 행동변화를 유도할 수 있는 유인변수(정책대상)로 보기 시작하였다는 점에서 큰 의의가 있다. 그러나 개개인의 이해계산이 자유롭게 이루어지고 또 자유롭게 교환거래가 이루어지는 시장경제에는 매우 제한적이었다. 토지의 사유화와 거래를 인정하지 않았고, 통화의 유통과 물품거래는 농본주의를 해치지 않는 범위 내에서만 인정해 주는 것에 불과했다. 그는 인간은 이익을 추구하는 존재이기에 모든 백성이 항산을 가질 수 있도록 경제적 이익을 추구할 수 있는 제도와 정책을 마련하는 일도 중요하지만 동시에 그 이익추구 본성이 인욕으로 과도하게 흐르지 못하게 하는 제도적 장치를 마련하는 것도 정부가 해야 할 일이라고 보았다. 이러한 점에서 그는 성리학 범위 내에서의 균형적 인간관을 가지고 있었다고 볼 수 있다.

인간은 '이익을 추구하고 이해를 계산하는 존재'라는 가정을 정책에 도입한 대표적인 사례가 바로 고용노동정책이다. 반계는 조선시대의 가장 고루한 폐법 또는 인습중의 하나인 노비제도를 폐지하고 노비를 고공제도로 대체할 것을 주장했다. 그 논거가 바로 "모든 인간은 동일하다"는 평등사상과 인도주의 사상, 그리고 "모든 인간은 이해를 계산하는 존재'라는 데서 찾았다. 즉 노비제도가 폐지되면 노비들은 자유로운 노동자가 되어 그들 스스로 자신들이 일할 고용주를 선택하며, 고용주들도 고공(雇工)을 선택한다는 논리이다. 그는 비록 노동시장과 그 운영에 관한 근대적 개념은 없었지만, 고공과 고용주는 모두 서로가 자신의 이익을 계산하여 자유롭게 선택하고, 또 상대방을 존중하게 된다는 확신을 가지고 있었다. 그는 근대자본주의자에게 적합한 어조인 '선택의 자유(freedom of choice)'라는 논거에 입각하여 임금노동의 이익을 격찬하고 있다.

3. 지각과 분별심이 있는 존재

반계는 인간의 마음(心)에는 사물을 인식하고 분별하며, 선과 악을 판단하는 지각능력이 있다고 보았다. 반계는 인간의 마음은 하나이며 그 하나의 마음속에서 인심과 도심이 나오는데, 그것을 구별하는 것이 바로 지각이라는 것이다. 그는 인간의 지각능력을 매우 중시하여 이 인간의 지각과 인식 그리고 분별심을 국정운영과 행정의 매개체로 활용하고자 했다.『반계수록』은 인간의 심리를 이용한 국가개혁방안이라 할 수 있다. 다시 말하면, 반계는 이 지각능력의 발현을 통해, 인간의 마음은 천명으로 타고 난 성(性) 및 성(性)의 발현 형태인 정(情)을 통괄하여 중화(中和)의 지극한 덕(德)을 이룰 것으로 확신하고 있다(김태영, 2011 : 46). 그가 고안한 정책과 제도는 모두 인간의 인식과 지각에 영향을 미치고자 하는 준칙 또는 규범 틀이다. 즉 실리에 적합하게 법과 제도를 잘 만들어 공정하게 시행해야, (이것이 인간의 지각과 분별심에 영향을 미쳐) 백성들의 불만을 줄이고 신뢰를 확보할 수 있게 되어 궁극적으로 이상사회를 달성할 있다고 보았다. 반계는 인간의 지각과 인식을 움직일 수 있는 객관적이고 규범적인 준거 틀(frame of reference)을 잘 만들어 백성을 다스리는 것이 가장 현실적이고 바람직하다고 본 것이다.

> "심(心)은 신(身)의 주(主)가 되어 지각능력을 가진 것이다. 성(性)은 리(理)가 심(心)에 갖추어져 있는 것이다. 정(情)은 성이 발현하여 외부에 작용하는 것이다. 성(性)은 스스로 발현할 수가 없고 심이 지각함에 따라 발현하는 것이다. 성이 아직 발현하지 않았을 때는 성리(性理)가 혼연(渾然)하니 심이 그 체(體)가 되기 때문이요, 성이 이미 발현하여 정으로 되면서 만 가지 변화에 응하는데 심이 그 용(用)이 되기 때문이다. 그러므로 심(心)은 성(性)과 정(情)을 통괄한다고 본다. 중(中) · 화(和)는 성 · 정의 덕(德)인데, 그 중 · 화를 이룩하는 것도 심(心)이 이룩하는 것이다."(『반계잡고』 : 105)

『중용』에서는 희 · 노 · 애 · 락의 감정이 아직 발동하지 않은 상태를 중(中)이라 하고, 이미 발동하여 마디마디 모두 절도에 맞게 된 상태를 화(和)라고 한다. 중이란 것은 천하의 큰 근본(大本)이요, 화라는 것은 천하의 도에 이른 상태(達道)이다. 중 · 화를 이룩하게 되면 천지가 제 위상에 있게 되고 만물이 생육하게 된다고 한다. 반계는 이 중 · 화를 이룩하도록 본체가 되고 작용으로 되는 것이 곧 심의 능력이라고 확신하고 있다. 그는 인간의 심은 그만큼 큰 능력을 발휘할 수 있는 활심(活心)이라는 것이다. 반계는 인간의 마음(심)은 만사 만물의 리(理)를 환히 꿰뚫어 깨칠 수 있고 또 그 리(理)에 따라 당면 과제의 해결을 위해 적절히 대처할 수 있는 능력을 갖추고 있다고 보았다. 그는 인간의 심(心)이야말로 사사 물물의 모든 리(理)를 지각하고 또 거기에 적절히 대처할 수 있는 주체적이며 능동적인 것이라는 확신을 가지고 있다. 조선 성리학의 특징의 하나가 심학을 중시하는데 있었듯이, 반계 유형원의 경우도 특히 심(心)의 활성(活性)을 강조하고 있다.

반계 유형원에 따르면, 우주 자연의 조화가 「실리」라는 준칙을 따라 자연으로 전개되듯, 예 · 악 · 형 · 정 같은 정치행정현상도 모두가 실리 즉 천리를 떠나 따로 전개될 수 없다. 즉 기는 리라는 준칙을 떠나 따로 전개될 수 없다. 그런데 인간의 심은 이러한 실리를 체득하고 깨칠 수 있는 능동적인 마음을 가지고 있다는 것이다. 특히 실리를 갖춘 인간의 심(心)이야말로 실사에 대처할 수 있다는 것이다. 그는 인간의 정신능력과 그 실천적 결단력을 매우 강조하고 있다.

> "리(理)는 천지 · 풍운과 같은 먼 곳에서 구할 필요가 없다. 단지 나의 신심(身心)위에 만 가지 리(理)가 다 갖추어져 있으니 그 미묘함이 무궁하다. …… 내가 실리를 체득하면, 천하의 사(事) · 물(物)은 별다른 조치를 기다리지 않고도 (내 마음이) 부딪치는 대로 그 만사 만물의 리(理)를 환히 꿰뚫어 알 수가 있다. 그래서 즐거운 까닭을 모르게 즐거워진다. '물이 차오르면 배가 뜨는 것이지' 또 무슨 밀고 움직일 필요가 있겠는가?"(『반계잡고』 74-75)

객관적 만사 만물은 모두 각각 리(理)를 갖추고 있지만, 실상 허령한 지각능력을 가지고 있는 인간의 마음 또한 이미 모든 리(理)를 다 갖추고 있다. 여기서 실리를 체득한다는 것은 만사 만물의 리(理)와 나의 심(心)이 갖추고 있는 리(理)가 상호 관통하여 일체성을 체득한다는 의미이다. 실리를 체득하게 되면, 부딪치는 만사 만물마다 그 리(理)를 통연히 깨달을 수 있을 뿐 아니라, 당면한 과제를 해결할 수 있는 능력도 나온다는 소신이다.

반계는 인간의 지각능력과 분별능력을 매우 중요시했다. 그는 인간이 활심(活心)을 가지고 이성적으로 깨어 있으면 악이나 비리에 물들지 아니하고 그만큼 사회적 능력을 발휘할 수 있다고 본 것이다. 이러한 활심과 분별능력이 있는 존재라는 인간가정을 국정운영에 반영한 것이 바로 그의 국가개혁론이다. 즉 국정운영과 행정에 있어서도 법제도라는 객관적인 규범 틀을 통하여 인간의 활심을 자극하는 것이, 도덕과 교화중심의 행정보다는 더 근본이 되어야 한다고 본 것이다. 반계는 기본적으로 인간의 지각과 인식을 통한 사회적 능력을 매우 중시했다.

4. 도심(道心)으로 인심(人心)을 제어할 수 있는 존재

반계의 심성론은 그의 이기론과 상호 정합적으로 구성되어 있다. 즉 인간의 마음은 리(理)와 기(氣)를 다 갖추고 있어서 기(氣)가 형성해 내는 사(事) · 물(物)과 그 이면의 원리와 법칙을 다 지각할 수 있다. 인간의 마음(心)은 원래 하나일 뿐이며, 그 마음은 스스로 이 · 기의 분별이 있어 도심(道心)과 인심(人心)으로 나누어진다. 그러나 도심은 인심가운에서 발현되며, 도심은 항상 인심의 준칙을 이루고 있다. 인심은 악(惡)이라든가 욕심으로 흐를 수 있는 것인데, 그같이 흘러가려는 기미 자체를 도심이 자각하여 제어할 수도 있다. 즉 인간은 인심을 제어하는 준칙으로서의 도심을 선천적으로 그 내부에 타고 난 존재라는 것이 반계의 주장이다. 그러므로 인심(人心)을 곧 욕심으로 보아서는 안 되며, 도심(道心)을 벗어나는 경우에만 욕심이 된다.

> "인심(人心)과 도심(道心)은 다만 리(理) · 기(氣)인 것이다. 다만 인신(人身) 상에서 말하는 것이므로 인심 · 도심이라 한다. 그것은 이른바 사물이 있으면 곧 그 법칙이 있다는 한마디로 요약할 수 있다. 심(心)

> 은 본래 하나일 뿐이지만 그 지각에는 차이가 있으니, 인심이 사물이면 도심은 그 법칙이다."(『반계잡고』: 88)

> "인심(人心)을 원래부터 욕심(欲心)이라 해서는 안 되며, 도심의 명령을 듣지 않으면 곧 욕심으로 흐르는 것이다. 인심의 선(善)한 면은 곧 도심의 소위(所爲)이다."(『반계잡고』: 98)

반계는 인간의 마음(心)은 하나인데 도심이니 인심이니 구별하는 것은 이기의 구별 때문이라고 말한다. 인간의 마음에는 도심과 인심, 즉 두 개의 마음이 있는 것이 아니라, 한 개의 마음인데 도심은 리(理)이고 인심은 기(氣)라는 것이다. 반계는 도심은 리에 인심은 기에 배속시키고 있다. 즉 인심과 도심이 각각 리(理)와 기(氣)를 갖추는 것이 아니라, 도심=리이고, 인심=기라는 것이다. 이것이 주자 및 기존의 주자학자들과 차별되는 견해이다.

반계의 심성설, 즉 인심 · 도심은 그의 이기설과 불가분의 관계에 있다. 반계 이기설의 특징은 존재론과 인식론의 영역에서는 철저하게 이기불상리(理氣不相離)의 입장을 견지하고, 가치론의 영역에서는 이기불상잡(理氣不相雜)의 논리를 펴고 있는 것이 특징이다. 반계의 인심도심설의 논리적 구조도 이 이기론의 연장선상에 있다. 반계가 주장하는 인심도심설의 우선적인 특징은, 인심=기이고 도심=리라는 구조 속에서 이기불상리(理氣不相離)에 상응하여 인심도심불상리(人心道心不相離)를 주장하는 대목이다. 그는 물(物)이 있으면 그 물 안에는 리(理)가 있다. 그것이 유물유칙(有物有則)이다. 사람이라는 물이 있으면 그 인물의 리(칙)가 있어야 하는데, 그것이 도심이라는 것이다. 요컨대 도심인심을 이기로 대응시킬 때, 이 논리 속에서 리(理)는 기지리(氣之理)인 것처럼, 칙은 물지리(物之理)이고, 도심은 인심지리(人心之理)인 것이다(안재순, 2011: 123-124). 인심은 기이고, 도심은 리라고 가정한다면, 당연히 도심과 인심은 떨어질 수 없는 관계가 된다. 반계는 개물(個物)에서의 이기불상리를 물칙동체

(物則同體)로, 사람에게 있어서 인심도심불상리를 인도동행(人道同行)이라는 말로 표현하고 있다. 다만 물에서는 물칙동체(物則同體)의 사례를 쉽게 볼 수 있지만, 사람에게는 지각의 다름 때문에 인도동행(人道同行)의 실을 보기 어렵다고 말한다. 여기서 이른바 동체는 합하여 한 몸이 된다는 말이며, 이른바 동행도 또한 같은 뜻이다.

> "이기(理氣)에서는 스스로 그러한 까닭에 물(物)과 칙(則)이 한 몸을 이루는 실지는 쉽게 볼 수가 있다. 그러나 사람에게는 마음의 지각이 다르고, 지각에 의하여 발하는 것이 같지 않기 때문에, 인심과 도심이 함께 행해지는 실지는 쉽게 보지 못한다." (『반계잡고』 : 88)

반계는 인간의 마음을 어떻게 다스리느냐가 국정운영의 근본이라고 보고 있다. 성리학의 일반이론은 천명으로 타고 난 성(性)이야말로 인간의 본질이라고 보고 있으나, 반계는 오히려 리(理)와 기(氣)를 다 갖춘 심(心)이야말로 성(性)의 발현과 정(情)의 응변(應變)을 두루 자각하고 거기에 본체가 되어주기도 하고 활용으로 되어주기도 하는 활심(活心)인 것임을 강조한다. 이 활심(活心)이야말로 "천지를 제 위상에 있게 하고 만물을 생육하게 하는" 중 · 화를 이룩할 수도 있는 지극한 것이라고 생각했다. 즉 이 활심(活心)은, 성정의 미발의 상태와 이발의 상태를 두루 지각하고 통괄하는, 그 자체의 운행의 능력을 갖추어 살아 움직이는 것이라고 그는 확신했다. 인간의 심은 곧 활심(活心)이라는 아이디어는 복잡한 인간의 심리를 매우 잘 설명하고 있는 개념이다. 이「활심(活心)」은「실리(實理)」와 함께 반계의 독자적인 개념이다(김태영, 2011 : 47). 『반계수록』에 흐르고 있는 그의 국가개혁론의 기본 논리는, 이「활심」과「실리」의 개념을 활용하여 백성들에게 믿음을 주는 국정운영, 즉 실리에 합당한 변법을 통하여 이상사회를 구현하자는 것이었다. 현대 행정학적으로 보면, 인간의 심리를 변법에 적용시켜 국민의 믿음과 신뢰를 회복하고자 한 고도의 심리적 접근방법이라고 볼 수 있다.

반계의 인심도심(人心道心) 이론은 주자, 퇴계, 율곡 등 어느 누구의 이론보다도 그 구도가 간명하다. 즉 리(理)와 기(氣)는 서로 떨어질 수 없는 동시에 섞일 수도 없다는 「이기불상리」와 「이기불상잡」의 원리를 한 층 더 강조한다. 특히 인간의 심은 하나인 것이므로 인심을 떠난 도심이 따로 있을 수 없으며, 도심은 항상 인심 가운데서 발현하면서 인심의 준칙(準則)을 이루고 있다는 점을 특히 강조하는 구도이다. 이러한 구도와 논리를 국정운영과 행정에 반영하여, 실리에 어긋나지 않는 법제도를 통하여 인간의 분별심을 자극하고, 나아가 사회질서를 유지하고자 했다. 즉 '인간의 지각능력과 분별능력을 최대로 활용하는 법제도중심의 행정'이 가장 바람직한 국정운영이라고 주장했던 것이다. 『반계수록』은 바로 객관적 규범 틀(준칙 또는 법제도)을 통하여 인간의 분별심과 인식심을 최대한 활용하고자 한 국가개혁론이다. 그렇다면 반계의 심성관은 조선 성리학설을 정립한 퇴계와 율곡 등 다른 선유들의 견해와는 어떠한 차이가 나는가?

1) 주자의 견해

반계는 주자(1130~1200)의 이기론과 심성론에 대하여 매우 비판적인 입장을 취한다. 우주만물은 원리로서의 이(理)와 형체로서의 기(氣)로 이루어져 있다고 설명하는 것이 이기론이며, 이를 인간의 심성에 대입한 이론이 심성론이다. 인간의 마음이 무엇인가를 아는 것이 인간을 관리하고 다스릴 수 있는 근본이기 때문에 국정운영에서 인간의 심성론의 연구가 반드시 필요하다. 주자는 인간의 마음은 발하기 이전의 마음의 본체(인 · 의 · 예 · 지가 포함됨)인 성(性)과 발하고 난 후의 구체적인 마음의 작용인 정(情)으로 구성되어 있다고 본다. 또한 성차원에서도 이(理)에 해당하는 〈본연지성〉과 기(氣)에 해당하는 〈기질지성〉이 있고, 정(情)차원에서도 이와 기에 해당하는 4단 7정이 있다고 본다.

반계의 존재론과 인식론의 핵심은 '기외무리(氣外無理)'와 '이지시기지리

(理只是氣之理)'로 요약할 수 있다. 즉 "리(理)는 기(氣)를 떠나 존재할 수 없고", "리(理)는 단지 기(氣)의 리(理)"라는 것이다. 또한 인간의 심성론에 대한 견해도 이와 같은 논리로 "도심은 인심을 떠나서 따로 존재하는 것이 아니며, 도심은 인심을 통해서만 인식이 가능하다"는 주장이다. 그는 인심과 도심은 하나의 마음(一心)인데, 지각의 차이 때문에 인심 · 도심의 구별이 있게 된다고 본다. 반계는 철저하게 이기불상리와 이기불상잡의 원리를 고수한다. 이러한 관점은 주자의 견해와는 기본적으로 달리한다. 그는 다음과 같이 주자의 설에 많은 의문을 제시한다.

> "주자의 설에 이르러서는 바로 의심스러운 것이 많아서 반복해서 그를 생각해 보았는데, (이기를) 하나의 물건(一物)이라 생각하니 분명히 하나가 아니고, 두 개의 물건(二物)이라 생각하니 둘로 될 수가 없습니다. 그러나 그를 하나라고 하면 합일의 묘를 볼 수가 있지만, 둘이라고 하면 사실적으로 둘이 됨을 볼 수가 없습니다."(『반계잡고』: 72-73)

> "어떤 사람이 주자에게 '리(理)가 있으면 곧 기(氣)가 있다.'고 하는데 아마도 선후로 나눠서는 안 될 것 같다.'라고 물었습니다. 주자는 '요컨대 역시 먼저 이(理)가 있는 것이다. 다만 오늘 이 리(理)가 있고 내일이 기(氣)가 있다고 말해서는 안 되지만, 또한 모름지기 선후가 있다.'고 말했습니다. 이제 생각해 보니 이는 근본을 추국하고 본원을 궁구하는 뜻이기는 하지만, 성인의 말은 이와 같지 않습니다. 다만 일음일영지위도(一陰一陽之謂道)와 형이상(形而上), 형이하(形而下)만을 말했을 따름입니다." (『반계잡고』 여정문옹동직론이기서 · 별지)

반계의 입장에서 본 주자의 이기론과 심성론은 리(理)와 기(氣)의 관계가 불분명하다는 것이다. 인간세상의 모든 운동, 작용, 변화는 일반인의 눈에는 기

(氣)의 작용으로 비치지만 그 안에는 리(理)의 작용이 있다는 것을 알아야 하고, 그 리(理)와 기(氣)는 항상 불상리(不相離)하면서 불상잡(不相雜)하고 있음을 알아야 한다고 주장한다. 반계는 이기(理氣)를 선후의 관계로 파악하거나 또는 리(理)와 기(氣)를 서로 나누어 본다거나 혹은 합쳐서 파악해 보려는 방법에 대해 항상 의구심을 갖는다. 반계는 주자와는 달리 리(理)와 기(氣)를 철저하게 떨어질 수 없고, 섞일 수 없는 관계로 파악한다.

2) 퇴계 이황의 견해

퇴계(1501~1570)는 가치론적 관점에서 인간의 심성을 설명했다. 즉 사단과 칠정은 비록 같은 인간의 감정이지만, 그 존재형식은 다르다고 표현했다. 사단은 순수한 도덕 감정으로 마음속의 도덕적 이성이 발동한 것인데, 이때 리가 주도적 역할을 하고, 기는 아무런 영향을 미치지 못하고 리를 따르므로 순선한 감정이 된다는 것이다. 반면에 칠정은 기에 근거한 감정으로 리의 주재를 받는 감정도 있고 그렇지 않은 경우도 있어 선할 수도 있고 악할 수도 있다는 설명이다. 퇴계는 사단과 칠정을 확실히 구별하여, 사단은 리(理)에서 발하고 칠정은 기(氣)에서 발한다고 하면서 사단의 우위를 강조한다. 반계는 퇴계의 이기설과 심성설에 대하여 아마도 순임금의 본지를 깨달은 것 같다고 수긍하면서도, 다만 "리가 발하면 기가 그것을 따르고(理發而氣隨之), 기가 발하면 리가 거기에 탄다(氣發而理乘之)"라고 한 것은 인심 도심이 두 가지 심(心)이어서 각각 리 · 기를 갖춘 것으로 여겨지게 됨을 면하기 어렵다"고 비판한다(『반계잡고』: 108).

퇴계는 사단을 이발이기수지(理發而氣隨之: 리가 발함에 기가 그를 따른다)라고 표현하여 리(理)인 사단에 쓸데없이 기(氣)를 하나 더 첨가해서 마치 사단도 이기동체(理氣同體)의 일물(一物)처럼 되고, 칠정을 기발이이승지(氣發而理乘之: 기가 발함에 리가 거기에 탄다)라고 하여 기(氣)인 칠정에 리(理)를 하나 더 보태어 칠정 역시 이기동체의 일물이 되게 해서, 사단과 칠정이 두 개의 정(情)으로 병립쌍행(竝立雙行)하는 결과를 초래했다고 비판한다. 퇴계와 율곡의 심성관이 서로 같지는 않지만, 결과적으로 사단과 칠정이 두 개의 정(情)으로 병립쌍행(竝立雙行)하는 결과를 초래하였다는 것이다.

반계의 해석에 의하면, 퇴계의 심성관은 인간의 마음은 도심과 인심, 이심(二心)이 있는데 도심과 인심이 각각 리(理)와 기(氣)를 모두 가지고 있다고 본다는 것이다. 그러나 반계는 인간의 마음은 하나인데, 도심은 리(理)요 인심은 기(氣)라고 보면서, 지각에 따라 도심과 인심이 나누어진다고 본다.

3) 율곡 이이의 견해

앞에서 설명한 바와 같이 퇴계는 가치론적 관점에서 인간의 마음, 즉 사단과 칠정을 엄격하게 구별하고자 했다. 즉 사단이라는 도덕적 특수감정과 칠정이라는 일반감정을 리와 기로서 각각 설명하고자 했다. 그러나 율곡(1536~1584)은 존재론적 시각에서 사단과 칠정을 이기론적 형식으로 일원화한다. 즉 이 세상의 모든 존재는 그것이 자연현상이든 사물세계든 인간의 심성이든 관계없이 모두 '기발이승', 즉 '기가 발(작용)함에 리가 올라타 있는' 존재형식을 띤다는 것이다. 여기서 발하는 것은 기이고, 기 스스로 발하게 하는 것은 리이다. 따라서 기가 아니면 발할 수 없고, 리가 아니면 기의 발용 자체가 불가능하다는 것이다. 율곡은 "도심을 발하는 것은 기(氣)이고, 인심에 근원한 것은 리(理)이다. 따라서 발하는 것은 기(氣)이고 발하는 소이(所以)는 리(理)이다."라고 주장한다.[1]

이에 대하여 반계는 도심은 리(理)이고 인심은 기(氣)일 따름인데, 율곡처럼

---

1. 율곡의 철학을 대표하는 개념은 이기지묘(理氣之妙), 기발이승(氣發理乘), 이통기국(理通氣局)으로 요약할 수 있다. '이기지묘'는 세계의 만사만물은 모두 리와 기가 오묘하게 합해 있다고 보는 존재론이다. '기발이승'은 이 세상에 존재하는 모든 것의 주체는 기이며, 리는 그 기의 작용을 주재하는 근본이라고 보는 존재론이다. 이 주장은 퇴계를 비롯한 주리론 철학자들이 강조한 리의 절대성에 대한 반성이자 기의 위상에 대한 새로운 모색이라는 점에서 그 의미가 있다. '이통기국'은 리의 보편성과 기의 국한성을 표현한 것이다. 특히 율곡의 이기지묘의 철학은 반계의 '인간과 제도의 상호작용'을 강조하는 제도중심의 국정운영사상에 많은 영향을 미쳤다. 『반계수록』에서는 율곡의 주장을 가장 많이 인용하고 있다.

도심을 발하는 것이 기라고 한다면 리(理)인 도심에 기(氣)가 첨가되어 도심에 리(理)와 기(氣)가 있는 것이 되고, 마찬가지로 인심에 근원한 것이 리(理)라고 한다면, 기(氣)인 인심에도 리(理)가 있게 되어 인심에도 리(理)와 기(氣)가 있는 것이 된다. 반계에 의하면 리와 기가 같이 있으면 이기동체(理氣同體)가 되어 하나의 물체가 되는데, 율곡의 주장에 따르면 도심과 인심 모두 하나의 물체가 되어, 인심과 도심은 두 개의 마음이 된다는 것이다. 즉 인심과 도심이 병립쌍행(竝立雙行)한다는 것이다. 결과적으로 퇴계의 주장과 같이 된다. 반계는 율곡의 인심 · 도심설에 대하여 인식이 투철하지 못하다고 하면서 다음과 같이 지적한다.

> "리(理)와 기(氣)는 원래 떨어질 수 없는 것이므로 인심 · 도심도 서로 떨어짐이 없으며, 도심은 인심가운데서 발현하는데, 다만 양자 사이에 스스로 분별이 있는 것이다. 그러므로 동행이정(同行異情)이라 한다. 그런데 율곡은 인심도심을 매양 두 가지 물건인양 판별하여 각립쌍행(各立雙行)하는 것으로 인식하였다. 그래서 인심에 대해서도 리와 기로써 말하고, 도심에 대해서도 역시 리와 기로써 말하였으니, 특히 인심에 선이 있음은 곧 도심에서 나온 것이며 도심이 발하는 것 역시 인심가운데서 떠나지 않는 것임을 살피지 못하였다. 그런즉 인심을 이기(理氣)로 본 것은 하나의 리가 더 있고, 도심을 이기(理氣)로 본 것은 하나의 기가 더 있다."(『반계잡고』 : 93-94)

4) 구암 한백겸의 견해

반계의 인심도심에 관한 견해는 구암(九庵) 한백겸(韓百謙: 1552~1615)의 견해와 매우 비슷하다. 반계는 스스로 "구암 한백겸의 이론이 가장 명백하여 성인의 본지를 얻었다"고 평가한다(『반계잡고』: 94). 한백겸의 견해를 요약하면 다음과 같다.

"인심과 도심은 다만 리(理)와 기(氣)이다. 형기(形氣)에서 발하는 것을 일러 칠정(七情)이라 하고, 의리에서 발하는 것을 사단(四端)이라 한다. 사단은 곧 도심이요 칠정은 곧 인심이다. 인간의 일신이 외부의 온갖 변화에 대응하는 데에는 다만 칠정이 있으니, 칠정이외에 별도로 사단이 있는 것은 아니다. 단지 칠정가운데 형기와 뒤섞이지 않은 것을 가리켜 사단이라고 한다."(『구암유고』 사단칠정설).

구암의 논리구조는 반계의 논리구조와 거의 동일하다. 즉 구암의 논리구조를 보면, 의리=사단=도심, 형기=칠정=인심이라는 구조이고, 반계의 논리구조는 리=사단=도심, 기=칠정=인심이라는 논리구조이기 때문이다. 또한 사단과 칠정이 별개의 정(情)이 아니라, 칠정 가운데의 한 부분이며 칠정 중에 형기와 섞이지 않고, 의리에서 발하는 것이라고 한 견해도 반계의 견해와 동일한 것이다. 예컨대, "사단 중의 하나인 측은(惻隱)은 칠정 중의 하나인 애(愛)에서 분리되어 행하는 것이 아니라 애(愛) 속에서 발휘된다."고 하였고, "손으로 잡고 발로 걷는 것은 인심이나, 손발의 모습을 공손히 하고 조심하는 것은 도심이며, 물을 긷고 땔나무를 나르는 것은 인심이나, 그 긷고 나르는 것이 옳음을 얻으면 도심이다"라고 하여 도심은 인심 상에서 발현되는 것임을 말하고 있다(『구암유고』 사단칠정설). 이러한 주장은 반계의 "사단은 칠정 중에서 발현된다"는 논리와 일치한다. 반계는 한백겸으로부터 많은 영향을 받았다고 볼 수 있다.

제3절 국가관

반계 유형원이 그린 이상적인 국가상은 어떤 것이었을까? 그가 그린 이상적인 국가는 '상 · 하가 공경(恭敬)으로 일관하는 예속(禮俗)이 지배하는 국가', 즉 "온 천하가 모두 예(禮)를 가지고 일을 수행할 줄을 알아서, 그렇게 좇아가지 못할까봐 부끄러워하는 세상"이 실현되기를 원했다(『반계잡고』: 131). 그는 당시 비리와 인습으로 누적되어 온 지리멸렬한 현 실태를 개혁하여 상 · 하 모두가 '천(天)을 받들고 백성을 위하는 일'에 자기의 분(分)을 다하는 예속국가가 실현되기를 간구했다. 즉 지배집단의 사욕을 위해 폐법(弊法)들을 만들고 강제 집행하면서 만백성의 삶을 억압하고 수탈해 온 근원을 밝혀내고, 이를 '천리(天理)의 공도(公道)'에 적합하게 구조적으로 그리고 근본적으로 개혁하여, 궁극적으로는 삼대의 이상사회를 건설하고자 했다. 그러한 이상적인 사회와 국가를 이룩하기 위해서 참고로 해야 할 경전은 『주례』와 『의례』라고 확신했다. 『반계잡고』에 나오는 다음의 말은 『주례』를 조선이 취해야 할 이상적인 법제도의 원형으로 삼고 있음을 증명해 준다.

> "옛 성왕(聖王)들이 법제(法制)를 세우고 교령(敎令)을 실시한 것은 모두가 천(天)을 체현(體現)하여 제작하고 천(天)을 대신하여 시행한 것이 아님이 없었다. 그 도(道)는 육경(六經)에 갖추어져 있다."(『반계잡고』: 125).
>
> "육경이란 『시(詩)』 · 『서(書)』 · 『역(易)』 · 『춘추(春秋)』 · 『주례(周禮)』 · 『의례(儀禮)(예기를 덧붙임)』를 이른다."(『반계수록』 10: 4)
>
> "뒷날의 군주가 제도를 세우고자 한다면, 마땅히 고례(古禮)를 가져다 그 뜻을 탐구해 터득한 다음, 현재에 맞는 의례를 참작하여 한 시대의 제도를 새로 정립해야 할 것이다."(『반계수록』 25: 15, 「연례」)

위 글을 종합적으로 해석하면, 옛 성왕의 법제는 천리에 반하지 않은 좋은 법제이므로, 이를 현실에 맞게 조정하여 실시하는 것이 이상적인 사회인 예속국가를 건설하는 지름길이며, 그 근거와 기준이 되는 경전은 『주례』라는 것이다. 반계는 고대 성왕들의 법제야말로 천(天)에 반(反)하지 않는 법제이고, 이 법제의 도(道)는 6경에 있다고 하면서, 그는 육경을『시(詩)』『서(書)』『역(易)』『춘추(春秋)』에다가『주례』와『의례』를 포함시키고 있다. 주자학에서는 제왕의 도(道)를 싣고 있는 육경으로서 지치(至治)를 이룩할 성법이 되는 것은『시』『서』『역』『춘추』『예』『악』을 제시하고 있는데 반하여(『주자대전』73-39), 반계는『주례』와『의례』를 들고 있음을 볼 때 그는 '군주의 일심의 함양'보다는 '폐법의 변혁'을 추구하는 근거 경전으로서『주례』를 특히 중시하고 있음을 말해 준다.『주례』는 주나라의 예제(禮制)가 아니라 곧 성인(聖人)인 주공(周公)이 천리(天理)를 따라 제정하여, 그것을 가지고 태평성대를 이루었다는 구체적인 통치-행정법제를 말한다(김태영, 2011: 90).[2] 그는『주례』를 이상사회 건설을 위한 통치법제의 기준으로 삼아야 한다는 확고한 신념을 가지고 있었다. 그렇다면 반계가 그리고 있는 예속국가의 본질은 어떠한 것이어야 한다고 보았을까? 그의 국가관을 세부적으로 살펴본다.

1. 위민설관(爲民設官)의 국가관

— 국가는 백성을 위해 설치되었다 —

흔히『반계수록』을 국가재조론 또는 국가개혁론이라고 한다.[3] 그렇다면, 반

---

2. 『주례』는 중국의 경서 〈의례〉 〈예기〉와 함께 삼례(三禮)의 일서로서, 원명은『주관(周官)』이었다.『주관』이란 주나라의 관료제도를 의미한다. 그러나 여기서 주나라라는 것은 특정한 구체적 대상이 없기 때문에, 실제적으로는 이상적인 관료체제(ideal bureaucracy)라는 말이다. 주공(周公:BC 12세기)이 찬(撰)한 것이라고 하는데, 이는 주공이 예(禮)를 제정했다는 설에 갖다 맞춘 것이라 하여, 옛날부터 그 진위(眞僞)는 논쟁의 대상이었다. 주례의 저자는 정설이 없다. 신(新)나라를 개창한 왕망(王莽, BC 45-AD 23)이 지은 혁명구상도라는 주장도 있다(김용옥, 2009: 30-31).

3. 『반계수록』에 담겨져 있는 변법론의 본질을 〈국가재조론〉으로 인식하고 있는 연구(김준석, 1992, 2003)와 조선 후기의 현실을 근본적으로 개혁함으로써 삼대의 왕정(王政)을 구현하는데 목표를 둔 〈국가개혁론〉으로 인식하는 연구(김태영, 1998)로 나눌 수 있다. 반계의 이론이 성리학에서 완전히 벗어난 것이 아니라 성리학의 내재적 변용이라는 점(박충석, 1882)을 감안할 때, 필자는 〈국가개혁론〉이라 보는 것이 보다 타당하다고 본다.

계는 국가를 무엇이라고 보았으며, 그가 이룩하고자 한 이상적인 국가는 어떤 것이었을까? 반계는 어떠한 유형의 국가이든 국가와 정부는 기본적으로 '만백성을 위해 설치한 것'으로 보고 있다. 그의 국가개혁론의 시작은 바로 여기서부터 시작된다. 즉 국가는 '만백성의 일상적 삶의 현실'을 위해 존재한다는 것이다.

> "조정(朝廷)이란 것은 본래 백성을 위해 설치한 것이다. 외방의 군현들을 제외하고 나면 조정에 다시 무슨 백성이 있단 말인가?"(『반계수록』 19 : 17)

> "선왕의 법제는 모두 아래(下)를 본(本)으로 삼아, 먼저 그 본(本)을 가지런히 함으로써 말(末)을 바로잡았다. 그 본(本)을 헤아리지 않고서 말(末)을 가지런히 한 경우는 없었다. 이는 천리(天理)로도 의당하고 인사(人事)로 보아서도 그래야 하는 것이다. 대저 군주(君主)는 백성을 위해 설치한 것이다."(『반계수록보유』 1 : 9)

여기서 외방의 군현들이란 곧 '외방의 군현들에 사는 백성'을 가리키는 말이다. 즉 중앙정부인 조정이나 지방정부인 군현이 원천적으로는 모두 '백성을 잘 살게 하기 위해 설치한 것'이라는 것이다. 군주와 조정이 모두 백성을 위해 설치된 것이라면, 당연히 국가는 백성을 위해 존재하는 것이 된다. 따라서 국정운영의 본(本)은 주자학에서 말하는 '군주의 일심'이 아니라, 어디까지나 '만백성의 일반적 삶의 현실'이라고 본다. 위의 인용문에서 선왕이 본(本)으로 삼았다는 아래(下)란 말할 것도 없이 백성이라는 실제적 존재를 말한다. 민유방본(民惟邦本)이라 하여 민(民)이 본(本)이라는 민본주의는 이미 『서경』에서 주장된 통치이념이었으나, 일종의 선언적인 의미에 불과하고 실제적인 국정운영은 국왕을 중심으로 운영되면서 근본인 백성을 배려하는 행정이었다. 즉 하늘의 명을 받은 군주가 하늘을 대신하여 백성들에게 인정을 베푸는 정치, 달리 말하면 군왕의 일심(一心)을 중시하는 왕도정치가 그 당시의 이상적인 통치행태였다. 그러나 '군주는 백성을 위해 설치된 것'이라는 사유의 맥락에서 백성이 본(本)이라고 생각한 것은 반계의 독창적인 국가관이다. 이는 곧 백성이 군주보다 존재론적으로 앞선다는 인식이다. 그는 이 관점을 '천리(天理)로도 의당(宜當)하고 인사(人事)로도 그래야 하는 것'이라는 확신을 가지고 있었다.

반계의 국가개혁론은 그의 국가관, 즉 국가는 '만백성을 위해 설치한 것'이라는 시각에서 출발한 것이다. 이러한 시각에서 본다면, 지배층이 사리사욕을 충족하기 위하여 제정하고 강제해 온 폐법(弊法)들은 만백성을 위한 것이 아니기 때문에 당연히 개혁의 대상이 될 수밖에 없다. 그는 '만백성의 일상생활의 삶'을 국정운영의 본(本)이라 생각하는 것이 '천지의 원리'와 '성인의 도'를 실현하는 이치라고 보았다. '천지의 원리'와 '성인의 도'는 곧 인간이 생각해 낼 수 있는 가장 이상적인 경지이기 때문에, 만사 만물의 현상이 전개되는 이 세상 현실을 떠난 다른 원리(原理)나 도(道)는 아무 의미가 없다는 것이다. 따라서 그는 '만백성의 현실적 삶'을 안정시키는 일과 거리가 먼 법제도는 폐법이므로 고쳐야 한다는 것이다. 지배층의 사리사욕을 위하여 만들어진 조종의 법제뿐만 아니라, 주자학적 통치론조차도 만백성의 현실적 삶과 괴리된다면 예외가 아니라는 것이다. 그래서 '왕도가 폐색된 이후의' 통치이념이나 법제를 가지고서는 결코 지치(至治)를 회복할 수 없다는 역사관을 가지게 된다.

> "왕도(王道)가 폐색(廢塞)된 이후로는 만사가 기강을 잃게 되었다. 처음에는 사욕을 가지고 법제를 만들어 쓰더니 마침내는 융적(戎狄)이 중국을 멸망시키기에 이르렀다. 우리나라로 말하면, 고루한 습속을 그대로 좇아 고치지 못한 것이 많은데 더구나 쇠약해 질 일만 저질러 오다가 마침내 크나 큰 치욕을 당하고 말았다. 대체 천하 국가가 이 지경에까지 이르게 되었으니, 폐법(廢法)을 변혁하지 않고서는 지치(至治)를 회복할 길이 없다."(『반계수록』 26 : 26. 서수록후)

반계는 폐법의 시행이 누적적으로 시행되면서 객관적 사리(事理)에 반하는 비리와 인습이 만연된 이 사회를 근본적으로 변혁시키지 않고서는 이상적인 사회를 건설할 수 없다고 인식했다. 이 변법은 단순히 현실적 폐단을 개선하는데 힘써야 한다는 율곡의 시무론(時務論)적 구폐책(求弊策)이 아니라, 보다 더 근원적으로 돌아가 사회구조 및 사회제도를 근본적으로 변혁하지 않으면 안 된다는 변법론이다. 이러한 잘못된 현 실태의 통치체제를 전면적으로 변혁하고자 한 변법론적 인식이 그의 실학의 기본관점을 이루고 있다고 볼 수 있다.[4] 이렇게 국가는 만백성을 위하여 설치된 기구라면, 만백성을 위하여 어떻게 하는 것이 보다 근본이고 바람직한가에 대해서 반계는 다음과 같은 견해를 나타내고 있다.

1) 왕도정치와 중농정책을 중시하는 국가관

반계 유형원이 달성하고자 했던 이상적인 국가는 옛 성인들이 구현했다는 삼대의 이상적인 왕정, 다시 말하면 하 · 은 · 주 삼대라는 고대 중국에 살았던 성인들이 만들었다는 이상적인 농업국가였다. 그는 국정운영에 대한 가장 위대한 지혜는 고대 중국에 살았던 성인들이 만들었다는 확고한 믿음이 있었다. 그가 만들고자 했던 최선의 사회는 늘 중국 고대의 이상사회였지만, 현실적으로는 그것이 불가능하다고 믿는 현실주의자였다.[5] 그는 스스로 옛 성인들의 지혜

---

4. 통치체제의 근본적 개혁을 통해 '국가와 민생의 현실적 과제'를 해결하고, 그 바탕 위에서 옛 성인들이 구현했다는 이상적인 왕정을 회복하고자 하는 새로운 학풍을 체계화하였다는 점에서 그를 실학의 아버지라 부른다. 물론 반계 유형원 이전에도 한백겸, 이수광, 허목 등 실학적 사유를 전개한 학자들이 많이 있었지만, 반계는 이들의 선구적 학술풍조를 이어받으면서 자신의 창의적 깨달음을 통해서 조선 후기의 실학을 독자적으로 체계화하였다(김태영, 2011 : 19).

5. 반계는 중국 고대 이상국가의 상징인 『주례』를 근본으로 하여 삼대지치(三代之治)의 이상을 본받으려 한 것은 사실이다. 그러나 반계는 복고주의자는 아니었다. '백폐(百弊)를 단번에 씻어버리고 고제(古制)로 돌아가자고 했다'는 이익의 논평(「반계연보발」『순암집』 18), 그리고 "삼대의 제도를 지금 세상에 실현하기 위해 수록을 저술하였다"는 「서수록 후」의 기록에 비추어, 반계는 복고주의자라고 주장하는 사람도 있으나, 복고 또는 상고를 내세워 현

를 뛰어 넘어 더 발전시키는 것이 가능하다고 생각하지도 않았으며, 성인들의 창조적 천재성을 얻을 수 있다고 가정하지도 않았다. 그의 임무는 고대에 시행된 국정운영이론과 체제운영의 기본원리를 밝히고 추론하여, 그것을 역사적 사회적 환경이 사뭇 다른 17세기의 조선에 맞도록 조정하는 것이라고 생각했다(Palais, 2008 : 20).

그는 고대 성인들을 숭배했지만, 그렇다고 복고주의자는 아니었으며 당시의 상황에 맞게 원칙을 조정할 필요성을 인정한 현실주의자였다. 반계는 주나라가 멸망한 뒤인 '후세'의 거의 모든 제도들은 조선전기의 법전인 『경국대전』을 포함해서 비도덕적이고 부패했으며, 따라서 폐기는 아니더라도 개혁할 필요성이 있다고 보았다(김준석, 1992 : 83-89). 결과적으로 『반계수록』은 그 이상과 현실을 절충해 도출해 낸 국가개혁론이다.

반계는 철저하게 중국 고대국가의 왕도정치를 신봉하면서 이의 실현을 위해 국가가 주도적으로 국가운영의 틀인 법제도를 개혁할 것을 주문했다. 그는 옛 성왕들이 구현한 왕도 · 왕정을 이 세상에 다시 회복하기 위해 저술하였다고 스스로 밝히고 있다. 여기서 '옛 도(道)'라는 것은 천리와 천도에 합치한다고 인식되는 것을 말한다. 그는 과거의 왕정으로 되돌아가려는 복고주의적인 사고가 아니라, 천리와 천도에 합치하는 왕정의 구현은 시대를 초월하여 바람직한 것이기 때문에, 이를 위한 과업은 결코 "사양하거나 피할 수 없는" 천리라고 본 것이다.

그렇다면 반계가 추구한 왕정과 주자(朱子)가 추구한 왕도정치는 어떻게 다른가? 성리학을 집대성한 주자도 물론 삼대 이후로는 왕정이 시행되지 못했다고 인정하고 왕정회복의 지름길은, 군주의 일심(一心)이 천하의 대본(大本)이므로, 심성의 함양을 통해 그 일심을 바로잡는 일이야말로 왕정을 회복하고 치세를 실현하는 지름길이라고 보았다. 이러한 주자의 성리학을 숭상해온 당시

실의 개혁을 주장하였고, 현실의 문제분석을 중심으로 고제의 변형을 제시하였다는 점에서 복고주의자가 아닌 철저한 현실주의자라 할 수 있다. 즉 본(本)이 복고가 아니라 현실의 개혁이었기 때문이다.

조선의 국정운영기조는 현실의 폐단을 개혁하기보다는 군주의 일심만을 강조하는 분위기였다. 현실의 폐단을 바로 잡는 구폐책이 있다하더라도 모두 시무(時務)를 변통한다는 경장론으로 일관했다. 그러나 반계의 경우는 이와는 정반대로, 삼대 이후 폐법(弊法)으로 인하여 인습된 현 실태는 그 병근(病根)이 깊으므로 결코 시무적(時務的) 경장론이라는 대증책(對症策)으로는 해결할 수 없다고 확신했다. 주자학의 심법(心法)만을 가지고는 결코 지치(至治)도 왕정(王政)도 이룩하지 못하였다는 역사적 사실을 그는 직시했다. 그는 도(道)는 기(器)를 떠나 존재할 수 없으니, 법제도의 개혁을 통하여 도덕국가의 이상을 달성하기를 원했다.

그는 기존의 주자학적 통치이념과는 정반대의 시각으로 국정운영을 접근했다. 그렇다고 해서 삼대의 제도를 그대로 조선시대에 적용하려고 하지는 않았다. 반계가 염원한 국가는 주나라 이전의 고대국가의 이상사회였지만, 고대 성인들이 만든 세계를 완전히 재현하는 것은 불가능하다는 것을 깨닫고 이상과 현실을 절충한 실용적인 타협안을 찾으려고 노력했다. 그러나 그 개혁안들이 전면적인 사회변화를 추구하는 진보적인 내용을 담고 있고, 또 실현성이 의문시되는 이상적인 성향을 띠고 있었기 때문에 집권층에 의해 수용되지 못해 당세에 실현을 보지는 못했다.

> "옛 도(道)를 참으로 다시는 이 세상에다 시행할 수 없을 것 같은지라, … 내가 이를 두려워하여 참월(僭越)함을 무릅쓰면서도 옛 법제의 본뜻을 탐구하고 지금의 사정을 참작하여 그것을 시행할 절목(節目)까지 상세히 놓았다. 대개 옛 경전(經傳)이 어떻게 활용되었는지를 미루어 헤아림으로써 이 도가 세상에 반드시 시행할 수 있는 것임을 밝히고자 한 것이다."(『반계수록』 26 : 28)

왕도정치와 왕정을 꿈꾼 반계는 농업만이 영구적인 주산업(主産業)이며,

상공업이나 수공업은 말업(末業)이기 때문에 농업에 해를 끼치지 않을 정도까지만 허용해야 한다고 주장한 철저한 중농주의자였다. 반계는 상공업 등 당시의 신흥 산업에 대해서는 제한적이었으며 보수적이었다. 한 나라의 경제의 흐름은 가족관계나 공동체내 유대관계의 형성 · 유지를 목적으로 하는 호혜(benefit)와 시장의 교환(exchange), 그리고 지배기구인 국가에 의한 재분배(redistribution)에 의하여 이루어진다. 당시 조선의 경제는 기본적으로 가정의 호혜와 국가의 재분배를 유지 · 발전시키기 위한 이데올로기였기 때문에 시장의 기능은 중시하지 않았다. 그는 농업의 쇠퇴를 무엇보다 우려했다. 농업을 버리고 다른 산업으로 전업하는 사람, 과도한 세금과 전쟁으로 농촌을 떠나는 사람들을 보면서 중농을 위한 각종 진흥정책을 제안했다. 이 과정에서 반계는 시장의 기능을 적극 활용하려고 했다.

2) 법 · 제도를 중시하는 공리적 국가관

반계의 행정사상 중에서 가장 근대성을 보여주는 것이 그의 법제도 중심의 행정사상이다. 그는 국가는 '만백성들의 현실적 삶'을 위해 존재하기 때문에 그들의 기본적 욕구와 삶을 충족시킬 수 있는 법과 제도를 국정운영의 객관적인 규범기준으로 삼아야 한다고 보았다. 그는 만백성에 이익이 되고, 실리에 어긋나지 않는 법제도를 확립하여 만백성들의 현실적 삶을 충족시키는 것이 국가의 고유한 역할과 기능으로 보았다. 그에게 있어 국가란 민에 군림하고 지배하는 조직이 아니라, 만백성에 골고루 이익에 되는 법과 제도를 만들어 백성들에게 도움을 주는 공리적 조직이어야 한다고 보았다. 국가는 "백성을 위해 설치한 것"이라는 의미는 곧 정부는 지배자의 이익을 위한 조직이 아니라 만백성들의 이익을 위하여 존재하는 공리적 조직이므로 그들의 현실적 삶을 충족시키는데 합당한 법과 제도를 만들고 그 법과 제도를 공정하게 시행하는 기구여야 한다는 것이다. 『반계수록』은 교육, 국방, 토지, 경제 등에서부터 재정, 인사, 관직,

인구관리, 노비제도 등에 이르기까지 만백성의 현실적 삶에 도움이 되는 법과 제도, 특히 그 법과 제도에 담겨있는 근본원리와 이치에 관한 연구라 할 수 있다. 그는 법과 제도가 그 존재원리인 천리와 실리에 어긋나지 않는다면, 백성들의 신뢰를 얻어 국정운영목표인 민생안정과 국력신장을 달성할 수 있다고 보았다.

이러한 점에서 볼 때 반계는 지배자의 입장에서 하향적으로 덕을 베푸는 『인정(仁政)』보다는 만백성에 이익이 되는 올바른 기(器; 법제도)를 통하여 덕을 찾아야 한다는 『의정(義政)』을 보다 중시하였다는 것이 그 특징이다.[6] 반계의 경세론이 우수한 점은 오늘날의 근대적 정치행정이론과 다르지 않다는 점이며, 현대 제도경제학에서 강조하는 사항들이 모두 들어 있다는 점이다.

반계는 제도가 인간행동을 유인하며, 잘못된 법제는 잘못된 행동을 누적적으로 인습화하여 사회를 병들게 한다고 주장하고 있다. 이와 동일한 관점에서 그는 법제도가 그릇되면 수령과 백성들은 엉뚱한 행동을 하게 되고, 그로 인해 부조리 부정부패가 만연하게 된다고 분석하고 있다. 『반계수록』은 26권 전편이 모두 법제도를 중심으로 국정운영의 방향을 제시하고 있는 개혁서이다.

2. 지방중시의 유기체적 국가관

— 울타리가 튼튼해야 민의 생활안정이 있다 —

반계 유형원이 15세 때 겪은 병자호란의 경험은 현실 정치와 역사에 대한 근본적인 회의와 갈등을 하게 만든다. 흔히 '관(冠)과 신발이 거꾸로 된' 것으로 비유하는 이 화란은 반계로 하여금 '국가는 무엇이며 천하는 무엇인가'에 대한 근본적인 회의를 하게 만들었다. 병자호란은 반계에게 많은 상처를 남겼다. 강

---

6. 반계의 행정사상은 공자의 국정운영사상인 인정(仁政), 왕정(王政), 또는 왕도정치사상에다 묵자의 의정(義政)사상을 가미하여 자신의 철학인 이기합일지묘를 완성하고 있다고 볼 수 있다. 묵자의 의정행정사상에 대한 더 자세한 설명은 제10장을 참조할 것.

화도가 함락되고, 그곳에 피신해 있던 대군, 비빈, 원손이 청에 잡혀가고, 결국 인조는 남한산성에서 삼전도로 내려와 청 태종에게 무릎을 꿇고 항복하는 치욕을 당했다, 외적의 침입에 속수무책 치욕을 당하는 보잘 것 없는 국력을 보면서 그동안 나라를 다스리는 임금과 지배관료들은 무엇을 했단 말인가? 소인배들이 판을 치고, 인욕에 의해 만들어진 폐법(弊法)이 국정운영의 기본이 되어 있고, 그리고 백성들의 일상생활의 삶은 어찌되던 공리공담(空理空談)만 일삼고 있는 지배관료들의 국정운영방식에 대한 실망이 보태어 지면서, 다시 그런 일을 당하지 않으려면 어떻게 해야 할 것인가? 국정운영의 근본은 무엇이 되어야 하는가? 등에 대하여 깊이 사유하게 된다.

그 결과 반계는 '서울은 복심이요 사방은 그 울타리인데, 울타리가 튼튼한 후에야 복심인 나라가 안정된다는 국가관'을 가지게 된다. 국가는 백성의 삶을 위해 설치된 것이고, 국가의 본(本)은 '만백성의 현실적 삶'이라는 사상이다. 이 울타리(변방) 강조사상은 율곡이 임진왜란 이전에 누누이 강조한 국정운영사상인 동시에, 병자호란의 충격을 겪고 전국을 유람하면서 민막이 극에 달한 백성들의 삶을 경험하면서 반계가 가지게 된 유기체적 국가관이다. 반계는 토지제도개혁, 관료제개혁, 인재등용개혁, 지방제도개혁 등 도처에서 이 울타리를 강조하고 있다. 균전제로의 토지제도개혁도 농민의 수를 증가시키고 놀고먹는 사람을 없게 하여 궁극적으로는 병농일치(兵農一致) 징병제를 통하여 울타리(변방)인 국방력을 강화시키고자 한 조치였다. 또 지방관제의 개혁이나 지방인재의 등용, 그리고 지방관직의 중시도 울타리를 강화하여 나라의 복심을 튼튼하게 하고자 한 생각에서 나온 것이다. 이러한 주장은 『반계수록』 도처에서 발견된다.

> "백성들의 생활이 안정되고 안 되는 것은 수령에 달려있고 군액(軍額)의 허실은 변장(邊將)에 관계된다. … 밝은 임금과 현명한 재상이 옳은 정치의 길을 날마다 강론하여도 …(울타리가 부실하면) 그 혜택은

백성에게 미치지 못하고 지방에서는 교화를 입지 못한다. …군수와 현령을 가볍게 여기는 것은 곧 백성을 가볍게 여기는 것이며, 백성이 가벼워지면 국가도 가벼워지는 것이다.”(『반계수록』 13. 임관지제)

『반계수록』에서 반계가 일관되게 추구한 국정운영목표이자 행정목표는 생활안정이었다. 이는 조선왕조의 이념적 틀을 설계한 삼봉 정도전(1342~1398)이 주장한 민생안정과 같은 개념이었으며, 그 구체적인 실현방법은 무너진 근본을 세우는 일이라고 주장하면서 현실적인 인간의 욕구와 욕망을 정책의 대상으로 삼을 것을 주장하고 있다.[7] 주자학에서 추구하는 통치이념은 인간의 내면적 도덕성, 즉 도(道)의 추구와 수기(修己)와 정덕(正德)을 바탕으로 하여 정치적 · 사회적 질서를 확립하려고 하는 것이었다. 그러나 반계는 “도(道)를 밝히면 기(器)는 저절로 회복된다”는 가정 하에 인간의 내면적인 도덕성을 밝히는데 초점을 둔 주자학적 행정관에서 벗어나, “도(道)가 어찌 일찍이 기(器)를 떠나서 홀로 행하여지겠는가?” 라고 반문하면서 기(제도)의 중요성을 강조한다. 즉 공정하지 못한 제도를 개선하여 민의 생활안정을 달성하는 것이 국가의 행정목표가 되어야 한다고 주장했던 것이다. 그리고 생활안정은 근본적으로 울타리, 즉 변방이 튼튼해야 된다는 확고한 신념을 가지고 있었다.

---

7. 삼봉과 반계는 맹자가 주장한 바와 같이 항산과 항업을 중시하면서, 각종 법과 제도의 확립과 개선을 통하여 민의 생활안정을 도모하는 것이 국가의 행정목표가 되어야 한다고 주장하였다는 점에서 매우 비슷한 행정관을 가지고 있다. 삼봉이 제거된 이후 조선의 행정은 인간의 내면적 도덕성에 의거한 도(道)의 추구가 통치의 기본이라고 보는 주자학적 통치사상으로만 흘러 지나치게 수기와 정덕만을 강조했다. 그 결과 당쟁이 심화되고 농민들의 생활고는 극에 달했다. 이 시점에서 반계는 기(器)의 중요성을 강조하면서 제도중심의 행정을 통하여 나라의 근본을 세우고자 했던 것이다.

제4절 사회관 : 인권존중과 평등사상

유형원은 현실사회의 인간들은 왜 천차만별로 다양한 차등을 이루고 있으며, 또 지배-복종의 관계로 얽혀 있는가에 대하여 깊이 사유했다. 어느 날 그는 〈리일분수(理一分殊)〉라는 명제를 통하여 문득 그 본(本)과 말(末)을 깨쳐보는 깨달음을 얻게 된다. 여기서 〈리일분수(理一分殊)〉란 리의 관점에서 그 보편성과 특수성을 하나로 통일해 표현한 말이다. 즉 리는 본래 하나지만 그것은 어떠한 기를 만나느냐에 따라 나뉘어 다양하게 들어난다는 말이다. 이러한 개념은 성리학 형성기의 송나라 선유들이, 하늘과 땅을 부모로 하고 태어난 이 세상 모든 생명체들은 각기 어느 누구와도 다른 독자의 분(分)을 타고나는 존재이지만, 또한 모두가 함께 더불어 조화로운 세계를 이루어 살아가는 존재라고 하는, 사회조화론의 이념을 제시한 명제이다(김태영, 2011: 55). 주자(朱子)는 이 명제야 말로 이 세상 인간사 모든 것을 설명해주는 도리라고까지 해석하였다.

반계 유형원은 이 〈리일분수〉의 명제를 통하여 인간들의 사회관계를 설명하고 있지만, 그 강조점과 해석은 분수(分殊)에 초점을 둔 송나라 선유들이 가진 견해와는 다르다. 그는 분수에 중점을 두는 것이 아니라 리일(理一)에 초점을 두고 이해한다. 즉 어떤 강대한 왕권이라도 혹은 어떠한 권위를 기진 선유일지라도 천리 앞에서는 모두 자기 '분수'의 리(理)를 지닌 상대적 존재일 뿐이라는 믿음이다. 원래 유형원의 이기론은 주자, 퇴계, 율곡 등의 선유들의 경우보다는 리(理)의 실리성(實理性)과 근원성을 더 크게 강조하고, 인심 · 도심이론에서는 도심의 준칙성(準則性)을 더 강조한다. 마찬가지로 반계는 사회관계론에서도 개별 인간의 분수지리(分殊之理)가 원천적으로 천리와 하나인 것임을 매우 중시한다. 더구나 분수를 규정하는 것도 곧 자연의 리(理)에 따른 것으로 이해한다.

"인간과 사물이 생겨나면서 기(氣)를 받는 시초에는 그 리(理)가 오직 하나이지만, 형체를 이룬 후에는 그 분(分)이 달라진다. 그 분(分)이 달라지는 것도 인간의 리(理)에 따르지 않음이 없다. 달라진 분(分) 가운데서도 원래 하나인 그 리(理)는 항상 있으니, 이것이 성명(性命)의 오묘한 까닭이다. 리(理)가 하나인 까닭에 사람은 누구나 다 요(堯)·순(舜)이 될 수 있다. 분(分)을 달리 타고 난 까닭에 상지(上智)와 하우(下愚)는 변화하지 못한다."(『반계잡고』: 120-121)

유형원의 〈리일분수〉에 대한 깨달음은 사회구성원의 평등관에 크게 영향을 미친다. 이 세상에 존재하는 모든 인간들의 분(分)은 원천적으로 모두 존중되지 않으면 안 된다는 것이다. 왜냐하면 리(理)는 하나인데 그 리(理)가 실리(實理)이고 천리(天理)인 이상 '분수의 리' 모두가 원천적으로 실리요 천리이기 때문이다. 이러한 반계의 분수지리 이론은 반계의 사회관계론을 구성하는 확고한 이론적 기반이 된다.

이상과 같은 시각에서 반계 유형원은 다음과 같은 사회구성원의 평등관을 견지한다. 즉 사회구성원 각각은 모두 제자리를 차지하며, 각자 자기의 분(分)이 있으니, 모두가 존중받아야 한다는 것이다. 따라서 군왕이든 노예이든 각자 자기의 분(分)을 타고 났으나 그 리는 하나이고 동등하니 모두 존중받아야 하고 평등하다는 것이다. 인간은 각자의 분(分)을 타고 난 존재이므로 각자 존중받아야 하며, 모두 평등하다는 논리를 보다 구체적으로 세분화하여 설명하며 다음과 같다.

1. 사민(士民)이 각기 제자리를 얻는 평등사회

유형원이 꿈 꾼 이상사회의 모습은 '상하 귀천의 사회구성원들이 그 직분을 얻어서 인심이 안정되고 풍속이 넉넉한 사회'였다. 그는 이를 '사민(四民)이 각기 제자리를 얻은 사회'라고 표현하고 있다(『반계수록』 8: 2. 전제후록 고설). 사민이란 사농공상을 말하는데 그는 이 사농공상 가운데 사(士)와 농공상의 민

(民)을 구별하는 사민이원론으로 논리를 전개하고 있다. 즉 머리(마음)를 쓰는 자와 몸(노동)을 쓰는 자, 다스리는 자와 다스림을 받는 자, 도를 배우고 직분을 수행하여 조세를 받아먹는 자와 농사를 지어 조세를 제공하는 자, 군자와 소인, 귀한 자와 천한 자, 윗사람과 아랫사람이라는 위계관계를 설정하여 논의를 전개한다(『반계수록』 1: 7-8, 19: 2, 26: 8. 김선경, 2004: 181).

그는 사민(士民)으로 구성된 이 사회는 원래 평등한 것이 천리라고 주장한다. 유형원은 〈리일분수〉이론을 통하여 사회에 대한 새로운 깨달음을 얻는다. 그는 최정상에 있는 군주에서부터 맨 아래의 노예계층에 이르기까지 사회구성원은 "각자가 모두 제 자리를 차지하며(各得其所), 또 각자가 모두 자기 분수를 얻는다(各得其分)"고 설명하면서, 이것이 천하의 원리라고 확신한다. 즉 모든 구성원이 각기 제 자리를 차지하여 각기 제 몫을 수행하는 경지에 이르러야만 제대로 된 건전한 사회가 이루어진다는 것이다. 당시의 국정운영 실태는 지배계층만이 영구히 지배층으로 군림하면서 '만백성의 현실적 삶'을 위해 만들어진 국가가 백성을 '억압하고 수탈하는 지배기구'로 전락하였기 때문에, "각기 모두 제자리를 차지하여 자기 분수를 얻는" 이상적인 국가사회가 아니라는 것이다. 다시 말하면 사민이 모두 제자리를 얻고 있지 않다는 비판이다.

그의 주장에 의하면, 사(士)가 제자리를 얻기 위해서는 학교제도와 공거제도를 통하여 현능(賢能)한 자들이 선발되어 그들이 학문과 정치를 담당하여야 하며, 기존의 혈통과 신분에 의하여 세습된 권력을 누리는 사(士)는 제자리를 얻은 존재가 아니기 때문에 이를 혁파하여 제자리를 얻게 해야 한다는 것이다. 따라서 민(民)이 제자리를 얻기 위해서는 우선 민이 안정된 생업을 유지할 수 있도록 제도와 정책을 개선해야 하고, 모든 민이 인심과 풍속이 도타운 삶을 살 수 있도록 국정운영의 기본 틀인 법과 제도를 천리에 어긋나지 않도록 고쳐야 한다는 것이다. 민은 다스림을 받는 자이긴 하지만 남의 재물일 수는 없으며, 왕이나 선비나 노예나 모두 천리를 타고 난 동등한 인간이기 때문에 평등한 존재라는 것이다. 그는 민이 제자리를 얻게 하기 위해서는 그 생업의 기반을 보장하고, 민을 노예로 취급하는 노비제를 철폐해야 한다고 확신했다.

유형원이 주장한 이 사민론(士民論), 즉 각득기소 각득기분의 이론은 현실의 사회신분관계를 강화하는 것이 아니라 현실의 사회신분관계를 비판하고 사회신분범주를 새롭게 재구성하는 근거로 삼았다. 그는 신분과 혈통에 의하여 세습화된 현재(당시)의 계층사회가 아니라 능력과 덕행에 의하여 사회가 재편되어, 사민이 제자리를 얻는 성취형의 평등한 계층사회를 지향했다. 이러한 이상사회를 만들기 위하여 국가는 민을 기르고(養民), 선비를 기르는 일(養士)을 통해서 사민(士民)이 제자리를 얻도록 해야 한다고 보았다.

이렇게 유형원은 모든 구성원이 각기 제 자리를 차지하여 각기 제 몫을 수행하면서 서로 조화롭게 살아가는 사회가 가장 이상적인 사회이며, 그것이 곧 천리라고 보았다. 그의 이론에 의하면, 각자 타고 난 분(分)이라고 할 수 있는 신분의 등급, 즉 신분의 귀(貴)·천(賤)은 원천적으로 차이를 인정하는 것이 아니라, 하나의 리(理)에 의해 각자의 분(分)을 타고났기 때문에 인간의 본질적인 차이란 원천적으로 있을 수 없다고 본다. 반계가 주장한 '리(理)는 하나(理一)'라는 명제는 인간을 포함한 모든 천지만물의 본체론적 대명제에 해당된다.

그렇다면, 이 세상 인간들은 모두 천리로부터 각자의 분수지리(分殊之理)를 타고 났는데 어찌하여 인간사회는 비리와 탐욕, 그리고 악(惡)이 창궐하고 있는가? 이 문제에 대하여 반계는, 인간이 저지르는 비리와 탐욕, 그리고 악은 어디까지나 그가 원래 타고 난 리(理)에 반(反)하는 현상이라는 것이다. 인간의 비리와 악은 인간의 본연과는 상반된 것이요, 후천적 욕구의 유혹에 이끌리는 형세에 따라, 인심이 도심의 통제에서 벗어나 욕심으로 치닫기 때문에 일어나는 현상이라는 해석이다. 반계는 당시 치세(治世)보다는 난세(亂世)가 지속되고 있는 이유를 지배계층의 인심이 도심의 통제를 벗어났기 때문에 벌어지는 현상으로 인식했다.

그는 비리와 탐욕, 그리고 악이 창궐하고 있는 당시의 사회문제를 일반 인간들의 소위 치심(治心)이라든가 수기(修己)의 문제로 이해하지 않고, 지배층의 사욕에 따라 만들어진 폐법(弊法)이 인습적으로 덧쌓여 시행되어 온 까닭이라고 역사적 구조적인 문제로 해석한다. 따라서 이 구조적 문제를 근본적으로 해결하지 않고 성리학의 시무론의 입장에 의한 단편적인 경장에 의존해서는 근본적인 문제해결은 어렵다고 보고 변법에 의한 국가개혁이론을 전개했다고 해석된다.

> "폐법(弊法)이 일어나게 된 원인을 살펴보면, 애초에 어둡고 탐욕스러운 군주와 아첨하여 잘 보이려는 신하가 우선 목전의 사욕(私欲)으로 인하여 '옛 법'을 변란(變亂)시킨 데에서 발단한 것이다. 뒤 이은 자들은 그대로 따라한 것이 오래되니, 그것이 마치 '옛 법'인 것처럼 여기게 되었다. 그런즉 아름다운 성품의 군주가 나오더라도 이미 옛날의 훌륭한 왕들처럼 심득한 학문과 고전에 통달한 공력(功力)이 없는지라, 매양 소인들의 저지를 받아 또한 폐법을 고치지 못하니, 그 본말(本末)이 전도되어 이같이 고착되기에 이르렀다."(『반계수록』 12 : 49)

반계는 모든 사회구성원이 각자 제자리를 차지하고, 각자 자기의 분(分)을 다하는 평등한 사회를 지향했다. 지배계층이 사욕을 극대화하기 위해 폐법(弊法)을 만들고 강제로 시행하는 일은 곧 천리(天理)를 배반하는 일이므로, 천리에 어긋나지 않는 사회를 만들기 위해서는 지금까지 폐법에 의하여 인습적으로 행해진 통치체제를 전면적으로 국정운영구조를 개혁해야 한다고 보았던 것이다.

2. 직분을 지키는 평등사회

— 군왕의 리(理)와 개인의 리(理)는 동등하다 —

유형원은 군왕의 리와 개인의 리는 동등하기 때문에 사회구성원 개개인이 자신의 직분을 지키는 한 차별대우를 받지 않는 평등사회를 지향했다. 유형원은 앞에서 설명한 리일(理一)에 중점을 둔 리일분수(理一分殊)의 개념에 입각하여, 왕이 타고 난 리(理)나 노예가 타고 나는 리(理)는 원천적으로 일리(一理)인 것이라고 주장하면서, 그 일리는 비로 실리(實理)이자 천리(天理)라고 확신한다. 그는 현실에서 아무리 강대한 권력을 행사하는 강력한 왕권이라 할지라도 천리 즉 실리 앞에서는 기껏 왕의 분(分)이라고 하는 제한적인 리(理)의 몫밖에 타고나지 못하는 존재라고 본 것이다. 여기에서 나오는 이론이 바로 초법적인 왕권과 탈법적인 지배체제를 지속적으로 유지하는 것은 '만백성의 현실적 삶'을 위하여 구성된 국가와 군주의 분(分)에 적합하지 않을 뿐 아니라 천리에 반하는 일이니 근본적으로 개혁하여야 한다는 신념이다.

1) 초법적 왕권과 군왕의 분(分)

반계의 눈에 비친 조선왕조의 대표적인 폐법과 폐습은 왕권유지를 위하여 지나치게 국력을 소모하는 현상이었다. '만백성의 현실적 삶'을 위한 조직편재보다는 왕실유지를 위한 어공(御供)에 관련된 기관이 중앙관서의 태반을 차지하고(『반계수록』 16：3), 뿐만 아니라, 그 많은 기관들이 동원되어 자행하는 진상(進上)이라는 고루한 폐습은 예(禮)와 의(義)를 찾아볼 수 없었다. 원래 군주주의시대의 공헌(貢獻)이란 아랫사람이 의(義)로써 바치면 윗사람이 예(禮)로써 받는 것인데, 당시의 진상은 예와 의가 모두 사라져버려 사리에 합당하지 않을 뿐 아니라 만백성의 참담한 괴로움은 도를 넘었다. 반계는 이 진상의 폐단을 다음과 같이 분석하고 있다.

> "지금 각 도(道)에서 바치는 진상(進上)은 대체로 국왕의 식선(食膳)에 속하는 것들인데 그 명색이 심히 번거로워 잘디 작은 것들까지 빠짐없이 다 들어 있다. 매 달 바치기도 하고 혹은 한 달에 2~3번 바치기도 한다. 경기(京畿)에서는 매일 바치는데, 이는 국초로부터 시행된 일이

> 아니라 중엽부터 시작되었다고 한다. 진상은 모두가 경상의 부세 이외에 받는 것으로서, 감사가 각 군현에다 배정하면 각 군현에서는 또 민간에다 분정(分定)하여 거두는데, 그 사이에 층절마다 많이 받아내고 굽이마다 폐단이 늘어나는 것이 이미 이루 다 말할 수가 없다. ……… 임금의 눈앞에 한 번 오르지도 못하는 아무 맛없는 한 개 물품이 천가(天家)를 파산시키고 만인에 폐해를 끼치면서 이 같은 일이 자행되는 것이다. ……… 우리나라는 경상의 세입 중에서 임금의 수용비(需用費)를 지출하는 법이 없고 임금에 대한 공궤 또한 그것을 전담하는 기관이 없다. 중앙에서는 각 기관이 날마다 마련해 올리고, 밖에서는 각 도(道)로 하여금 매월 진상하도록 하고 있다." (『반계수록』 3: 23-24)

왕권을 유지하는 일도 국가적 현실임에 틀림이 없다. 그럼에도 불구하고 객관적인 규정이나 법도는 고사하고 오직 인습에 따른 맹목적 운용만이 존재했다. 물론 『경국대전』에 의하면, 나라의 국정운영은 공안(貢案)과 횡간(橫看)을 사용한 세입세출계획을 통하여 운영한다고 되어 있지만, 국왕에게는 결코 적용되지 않았다. 그 당시의 왕권은 일정 기준이나 법도에 구애받지 않고 용도(用度)가 있으면 한없이 끌어다 쓰는 인습이 지속적으로 지켜져 오고 있었다. 그야말로 왕권은 법위에 초월적으로 존재하는 형세였다.

그러나 유형원의 국정운영이론은 왕권조차도 천리가 부여한 '왕의 분(分)'을 고유하게 갖추어야 한다고 주장한다. 이미 살핀바와 같이 왕이든 백성이든 모든 인간은 각기 인간으로 부여받은 리(理)에서 파생된 현재의 분(分)을 지켜야 하며, 이를 초월하면 천리에 반한다는 것이다. 아무리 왕권이라도 '만백성의 현실적인 삶'에 반하는 초법적인 권력행사는 왕의 분(分)을 벗어난 행태이며 동시에 천리(天理)에 어긋난다는 것이다. 따라서 이러한 국정운영행태를 지속적으로 유지해 온 고루한 폐습은 변법(變法)을 통하여 구조적으로 개혁해야 한다고 본 것이다.

2) 탈법적인 지배체제와 천리(天理)

반계는 진상(進上)이라는 고루한 인습이외에도 공직사회에 만연되어 있는 관리들의 탈법성도 천리에 반하는 행태이므로 전면적으로 개혁해야 한다고 주장한다. 그는 왕이 '구복(口腹)을 채우는 인습의 정상'에 앉아 있으니 그 인습은 당연히 관인지배층에 영향을 미치지 않을 수 없다고 분석한다. 실제로 조선시대의 국왕은 초법적인 왕권을 통하여 자신의 용도를 충당해 왔지만, 반면에 관인들과 그 하수인들은 현실생활을 정상적으로 영위할 수 있는 늠록(廩祿)이 책정되어 있지 않았다. 공직사회를 구성하는 관인과 이 · 예들에게 공직업무수행에 대한 대가로 봉록(俸祿)을 지급하지 않으니 그들의 탈법적인 소행은 구조적으로 만연되지 않을 수 없었다.

> "지금 백관의 녹봉은 극히 박하여 1품의 녹이 1년에 60석이요 9품의 경우는 겨우 12석에 불과하다. 그러므로 생활을 지탱할 수가 없어 으레 외방으로부터 뇌물을 받는데, 이를 진봉(進奉)이라 한다. 그나마 청요직(清要職)에 있는 자라야 진봉을 얻을 수 있으며 나머지는 얻을 수가 없다. 또 각 관서에서 쓰다 남은 물건을 여러 관원들이 사사로이 나누어 먹는데, 이를 분아(分兒)라고 한다. 이서(吏胥)들은 혹 녹봉이 있기도 하고 없기도 하여 기관마다 제 각기 다르다. …… 그 아래 복예(僕隷)들은 거의 다 녹봉이 없기 때문에 모두가 남을 뜯어 먹고서 사는 도리밖에 없다. 시세가 그렇게 되어 있음으로 그 폐해는 이루 다 말할 수 없는데 까지 뻗어가기 마련이다."(『반계수록』 3 : 25)

조선시대의 공직자 부정부패의 근본적인 원인은 공직을 담당하는 자들에게 봉록을 주지 않거나, 명목에 불과 할 정도로 적게 주었기 때문이다. 따라서 청렴한 관원일수록 더 궁핍해지고, 탐욕스러운 자일수록 더 부유해지는 현상을 낳았다. 또한 대관에서부터 이 · 예에 이르기까지 모두가 부정부패에 의존하여 살아가다 보니, 공직수행과정에서의 농단과 토색질, 그리고 수탈행태는 당연한 것으로 받아들여지고, 오히려 지배층끼리 상호보험적인 굳은 연대가 형성되어 버렸다. 국가 지배체제가 연대하여 조직적으로 만백성을 침탈하는 당시의 국정 운영행태는 단순한 개개 사안에 대한 대증적인 개혁안으로는 그 근본을 바꿀 수 없다고 보았다.

그는 인간을 포함한 모든 사물들이 제 자리를 얻고 자기의 분(分)을 지키고 발휘할 수 있게끔 객관적인 기준이며 법도가 필요하다고 보았다. 즉 천리에 합당한 준거틀인 법제도를 통하여 국정운영이 이루어져야 만백성의 생활이 안정되고 조화로운 세상을 이룩할 수 있다고 보았다. 그는 천리에 맞는 정치와 예속을 펴야 폐법과 고루한 인습으로 인하여 구조화된 행정행태를 근본적으로 해결할 수 있다고 보고, 폐법을 변혁하는 것이야 말로 피할 수 없는 절박한 과제로 판단했다.

3. 인권이 존중되는 평등사회

— 노비도 천리의 분(分)을 타고난 인간이다 —

인간은 각각 자기의 분(分)을 타고 났기 때문에 모두가 존중받아야 하고 평등하다는 것이 반계의 신념이다. 비록 가장 하찮은 신분인 노예인 인간일지라도 그 역시 자신의 분(分), 즉 천리 또는 실리는 받고서 태어난 존재로 보고 있다. 그는 조선왕조에서 제정한 악법과 폐습 중에서 가장 비리로 가득 찬 것 중의 하나로 노비법(奴婢法)을 든다.

노비제도 또는 노예제도는 동서양을 막론하고 그 연원이 매우 오래 된다. 서양의 경우, 노예제도가 가장 융성했던 시기는 로마시대였다. B. C. 300년경 아테네(Athens)의 인구분포를 보면, 자유시민이 3만에 대하여 공노비와 사노비를 합한 노예의 수가 40만이었다고 전한다. 사노비는 주로 생산에 사역되는 노예(familia urstica)와 주로 가정 내에서 잡역에 사역되는 사치적 노예(familia urbana)등 두 종류의 노예가 있었다(송주영, 1979 : 14).

우리나라의 노비제도는 언제부터 시작하였는지는 명확하지 않다. 혹자는 신라문화가 노예문화이었다고도 하고, 또 혹자는 고구려시대부터 있었다고 주장한다. 가장 오래된 기록은, 주나라 성인인 기자(箕子)가 고조선에 분봉되어 만든 8조 법금의 한 조문, 즉 “도둑은 물건을 훔친 자의 노비로 삼는다.”라는 데서 찾을 수 있다.

당시의 노비제도는 인간을 격하시키고, 노비신분을 세습하도록 만드는 제도라기보다는 서로 도덕적 의무를 진다는 원칙에서 도입된 것이었다(이상백, 1964: 175).[8] 당시 기자(箕子)는 교활하고 비행을 좋아하는 인간의 성향은 좀 더 엄격한 방법으로 다스려야 한다고 판단하고, 야만적인 인간을 문명화시키는 도구로서 노비제도를 도입했다. 그 결과 사회전체의 절도를 방지하는데 성공했다. 반계 유형원은 노예제도의 역사를 분석하면서, 그 연원은 미상이나 고려 초에 성행하였으며 조선시대의 노비제도는 그 어느 때보다 그 해독이 극심하다고 분석하고 있다(『반계수록』 속편 하).[9]

원래 노비란 남(男)을 노(奴)라 칭하고 여(女)를 비(婢)라 칭하는데, 조선시대의 기본적인 노비관리제도는 모계주의(母系主義)를 따르는 종모역지법(從母役之法)이었다. 이를 종모법이라고도 하는 데 노비는 그 모의 신분에 따라 결정된다는 것이다. 즉 모(母)가 비(婢)이면 그 자녀는 노비요, 노(奴)가 양녀와 결혼하여 자식을 얻으면 그 자녀는 면천하여 양인이 된다는 원칙이다. 이 법은 고려 정종(靖宗) 5년(1039)때부터 시작된 것으로 조선시대에도 형식상으로는 이 제도를 유지하고 있었다. 그러나 실제에 있어서는 부 · 모 한쪽이 노비이면 그

---

8. 1689년(숙종 15년) 정탁(鄭拓)은 노비제도는 기자가 처음 도입하였으나, 인간을 격하시킨 것이 아니라 서로 도덕을 진다는 원칙에서 도입한 것이며, 노비와 주인은 국왕과 신민의 관계와 같으며 노비는 주인에게 불충하거나 국가에 반란을 일으켜서는 안 된다고 주장하고 있다.(숙종실록 21: 49, 숙종 15. 12 울해)

9. 반계는 우리나라의 세습적 노비제도는 고려 태조가 많은 정적들을 노비로 만들어 공신들에게 사노비로 나누어 주었던 고려의 개창 무렵을 그 시원으로 잡고 있다

자자손손 모두가 노비신분에서 벗어나지 못하게 하는 종천법(從賤法)을 적용했고, 또 그 자손들을 대대로 사역하는 세역법(世役法)을 적용했다.[10] 이 법을 '이세지법(以世之法)'이라 한다. 한걸음 더 나아가 도망간 사노비를 잡는 데에도 국가 공권력이 뒷받침해주는 추쇄법(推刷法)을 운용하기도 했다. 이러한 폐법들은 양반 세력가들이 노비의 노동력을 이용하여 자손대대로 자신들의 재산을 증식하기 위한 사욕에서 나온 것이다. 반계는 이 이세지법에 대하여 맹렬히 공격하고 있다. 노비도 면천할 길을 터놓고 있는 종모역지법이 있는데 이를 적용하지 아니하고, 모가 양녀인 경우까지 '이세지법(以世之法)'을 적용하여 자자손손 면천의 길을 막는 것은 대표적인 고루한 인습이며, 악법 중의 악법이라는 것이다(『반계수록』 26. 속편 하).

이러한 '이세지법(以世之法)'에 의하여 운영된 노비제도는 조선시대의 국정운영에 많은 영향을 미쳤다. 종천법에 따라 노비로 떨어지기는 쉬어도 면천은 어렵기 때문에 조선왕조 16～17세기쯤에는 양민의 수가 급격하게 줄어들었다. 반면에 국가 공역을 면제받는 노비는 급격하게 늘어나 국가존립의 기반을 흔들어 놓았다. 예컨대, 노비관련 소송이 전국에 걸쳐 만연하였고, 국토방위를 담당하는 인력의 부족현상은 심각했다. 당시 군역의 고통은 백성들의 고통 중에서 가장 큰 고통이었다. 육체적 고통보다는 물질적 고통이 더 컸다. 즉 자식을 가진 자는 군포전(軍布錢) 또는 역가전(役價錢)이라는 명목의 부담을 견뎌야 했다. 이러한 부담을 면하기 위하여 자식을 가진 백성은 자진하여 노비들과 통혼하는 사례가 속출했다. 광해군 1년(1609)에 작성된 울산의 6개 군 · 면의 호적에는 총인구 2,009명 중 48.6%가 노비였다(이수건, 1979 : 175).[11] 반계는 그

---

10. 조선시대의 노비제도, 즉 종천법과 세역법은 세조와 그 당시의 훈신들의 합작에 의하여 만들어진 것이다(『세조신록』 세조 14년, 6월, 임인). 그 이후 이 폐법은 "조종의 법제는 바꿀 수 없다"는 관습으로 인하여 그대로 유지되어 왔다.

11. 동일한 지역의 호적을 연구한 또 다른 연구에 의하면(한영국, 1977 : 185-186), 호수별 신분분포로 보면 10%가 양반, 62%가 양인, 28%가 노비였다. 그러나 이 통계는 양반집

러한 현상을 다음과 같이 표현하고 있다.

"본조의 법제는 사람을 몰아서 천인을 만들고, 한번 천인이 되면 다시 빠져 나올 길은 없고, 사람 10명이 사는 곳에 8～9명은 천자(賤子)요 양인(良人)은 불과 1～2명 뿐이다."(『반계수록』 26, 속편 하)[12]

실리와 활심을 강조하는 반계 유형원은, 노비도 "마찬가지 하늘이 낸 백성"이며, 천리의 분(分)을 타고 난 인간임을 강조한다. 그리고 현(賢), 우(愚), 귀(貴), 천(賤)이 각기 그 분(分)을 차지하는 일이야말로 이 세상의 기본질서임을 강조한다. 성리학에서는 노비제도가 귀, 천의 명분을 유지하는데 필수적인 제도라고 보지만, 반계는 노비도 천리의 분(分)을 타고 난 똑같은 인간이기 때문에 다 같이 존중되어야 하고 차별이 있어서는 안 된다는 점을 강조한다. 노비제도는 천리에 어긋날 뿐 아니라, 인간의 실정에도 반(反)하며, 국가적으로도 더할 나위 없이 해독을 끼치는 악법이라는 주장이다. 반계는 "그 사리(事理)와 시비(是非)는 본래 알기 어려운 것이 아닌데, 사람들이 각기 목전의 사의(私意)에 가려" 사리사욕을 도모하는 폐법(弊法)을 아무런 문제의식과 수정 없이 인습적으로 운행하는 것에 불과하다고 진단한다.

> "지금 우리나라는 노비를 가지고 재물을 삼는다. 대체 인간은 동류(同類)인데 어찌 인간이 인간을 재물로 삼는 도리가 있는 것인가? 옛날

에 거주하는 솔거노비와 양인들은 포함되지 않았으며 자녀는 기재되지 않는 경향이 있다는 점을 감안하여, 양반은 3%, 양인은 57%, 노비는 40%로 수정했다. 이 조사에 의하면, 솔거노비의 10%와 외거노비의 45%는 양인여성과 결혼했으며, 그런 교혼의 소생은 대부분 비의 주인(개인은 물론 국가도)에 의해서 소유권이 행사됐다고 지적하고 있다. 연구자는 당시 주인들은 노예에게 양인의 여성과 결혼하도록 강요했다고 믿고 있다.

12. 16～17세기에는 노비의 수가 전체 주민의 압도적 비중을 차지한다는 기록이 있지만, 반계의 이 기록은 다소 과장된 표현으로 볼 수 있다. 조선시대에는 호구조사를 제대로 실시한 적은 한 번도 없다. 인조 때 호란에 대비하기 위해 조사한 것이 비교적 정확하다. "전 판서(병조판서 겸 도원수) 김시양(金時讓)이 차자(箚子)를 올려 말하였다. 우리나라 사천제도는 천하 만국에 없는 것입니다. 호패를 시행할 때에 군역으로 배정된 자는 겨우 15만여 명인데, 사천은 40만 명이나 되었습니다."(『인조실록』 인조 14년, 4월, 갑오)

> 중국은 국가의 부(富)를 물으면 말(馬)의 수로 답하였다. 이는 비록 천자, 제후일지라도 다만 인간을 다스리는 소임을 맡을 뿐이요, 일찍이 인간을 가지고 자기의 재물로 삼지 않았기 때문이다. 지금 우리나라 습속으로는 남의 부(富)를 물으면 반드시 노비(奴婢)와 전지(田地)를 들어 말하니, 이에서 그 법제의 잘못과 습속의 고루함을 알 수 있다." (『반계수록』 26 : 8)

실리와 인간의 활심을 강조하는 반계 유형원은 노비도 군왕 및 양반 등과 마찬가지로 "하늘이 낸 백성이며, 천리의 분을 타고 난 인간"이라는 주장을 편다. 지배층의 사욕에 의하여 제정된 폐법(弊法)이 천리에 어긋남에도 불구하고, 고루하게 인습적으로 유지됨으로서 나타나는 각종 폐단을 제거하기 위해서는 노비법(奴婢法)을 반드시 혁파해야 한다고 주장한다. 즉 단기적으로는 종모법을 잘 지켜 노비로 하여금 면천의 길을 열어주어야 하며, 더 나아가서는 노예제도 자체를 폐지하야야 한다고 주장한다.

> "백대를 가도 노예를 면키 어려우니, 설혹 노예 중에서 현재(賢才)가 나타날 지라도 아무 용처가 없고 노예가 되니 이 어찌 천리(天理)라 할 것이며, … 사람의 임금된 자는 하늘을 대신하여 사람을 다스리는 것인데, 국가도 내 국가요, 백성도 내 백성이거늘 어찌 그 사이에 노비라는 계급을 따로 만들어 내 백성을 해치고 국가를 괴롭히고 그 해독을 사회에 끼치고 국가를 병들게 할 수 있다는 말인가."(『반계수록』 26, 속편 하)

반계는 중국고대의 선례를 들어, 고대 중국에서는 범죄자만이 노비가 되었으며 그런 경우에도 후손까지 노비가 되지 않았으며, 당나라의 노비제도에서도 자신은 노비가 되도록 처벌을 받았어도 그 후손은 영향을 받지 않았다고 주장

하면서 우리나라의 세습적 노비제도를 강력하게 비판했다.[13]

유형원은 특히 노비제도가 사회전체에 미치는 비인간적인 효과에 주목했다. 마치 노비를 재물과 같이 취급하면서 매질로 다룰 뿐만 아니라, 노비 소유주까지 잔인하게 만들었다고 주장한다. 그 결과 학대를 받은 노비들은 충성의 감정과 근면한 노동의 기쁨을 잃고 무리를 지어 유망에 나서기도 한다. 그는 사람은 모두 동일한데 어찌 사람을 재산으로 여기고 인간을 학대할 수 있는가라고 주장하면서 인간에 대한 평등원칙을 분명하게 밝힌다. 반계는 '모든 인간은 동일하다'는 원칙을 세워, '사람이 다른 사람을 소유할 수 없다'고 주장한다. 오늘날의 모든 사람(남여포함)은 법률 앞에 평등하고 사회적 협약에 차별 없이 참가하며 정치단체에 균등한 권리를 가진다는 현대적 평등의 개념은 아닐지라도, 기본적으로 인간은 동등하며 통치자가 인위적인 신분을 만들어 차별하는 것은 부당하다는 인도주의적 평등사상을 분명히 한다. 이러한 사상은 조선사회의 일반적인 명분과는 완전히 반대되는 주장이었다. 이러한 반계의 주장은 이익 등 이후의 실학자들에게 크게 영향을 미쳤고, 많은 시간이 흐른 이후의 일이지만 결국 1801년(순조 1년) 공노비를 폐지한다는 순조의 법령으로 결실을 맺게 된다.

반계 유형원의 이러한 인도주의적 평등사상은 노비제도를 폐지하고, 그 대신 인력고용제도를 통하여 노동력을 보완하고 나아가 생산력을 증진시키는 시장제도로 발전하게 된다. 즉 노비를 합법적으로 대체하는 수단으로서 고용노동의 도입을 주장했던 것이다. 유형원은 조선시대 노비제도의 야만성을 처음으로 집요하게 비판한 인물 중의 하나이다. 그는 모든 인간은 '같은 종류'이고, 평등하므로 누구나 존중받아야 된다고 보고, 노비제도의 폐지를 진심으로 바랐다. 그러나 그는 급진적인 접근을 통하여 노비제도를 폐지하고 평등한 사회를 건설하려고 하지는 않았다. 즉 노비소유주의 신경을 건드리거나 자신이 소중하

13. 노비제도에 대한 유형원의 논의와 사상은 유형원의 사상을 최초로 연구한 천관우(1952)의 논문에서 간단히 언급되었을 뿐이다. 최초의 포괄적이고 학문적인 접근은 정구복(1970 : 31－38)에 의하여 이루어졌다.

게 여긴 사회질서를 혼란스럽게 하는 방법을 찬성하지는 않았다. 그는 먼저 종모법을 전면적으로 확대 실시하여 노비의 수를 줄이고, 고용노동을 단계적으로 도입하는 점진적인 접근방법을 선택했다. 아울러 고용노동으로 전환되면서 나타날 수 있는 사회적 위계질서의 파괴를 막기 위하여, 사회적 기본질서를 파괴하는 자에게는 법률을 통하여 처벌할 수 있도록 했다. 즉 그는 유교적 사회질서 유지를 위하여 물리력과 처벌을 동원하는 보조적 정책집행수단을 사용하고자 했다. 17세기 조선사회를 가장 날카롭게 비판한 인물인 그도 사회질서 유지를 위하여 강압적인 방법을 기꺼이 사용하려고 하였다. 반계의 목적은 사회질서 자체를 파괴하는 것이 아니라, 고전(古典)과 주대(周代)에서 원용한 좀 더 타당한 원칙에 기초하여 사회질서를 재건하는 것이었기 때문이다.

4. 지역 · 직역 간 차별이 없는 성취형 평등사회

조선시대에는 사회적 신분계층 간의 불평등 이외에도 지역(地域) 및 직역(職役) 간 차별이 극심한 불평등 사회였다. 유형원은 신분차별이 없는 평등한 사회를 넘어서 지역 간 또는 직역 간 차별대우를 받지 않고 오직 자기 자신의 능력과 세력에 의하여 사회적 지위가 정해지는 성취형(Achievement pattern)의 평등사회를 기획했다.[14] 그는 사회 각 영역에 존재하는 사회적 불평등 요인을 개혁하고자 했다. 여기서 지역 간 차별이란 중앙인 수도와 지방간, 지방과 지방간 그리고 특수지역에 대한 차별 등을 말한다. 이러한 차별은 의도적으로 또는 의도적은 아니더라도 제도상의 미비로 또는 사회인습에 의하여 교육, 인

---

14. 정구복(1970: 51)은 유형원의 개혁이념과 목표는 신분 및 지역 간의 불평등 및 편중을 개혁하는 것이라고 정의한다. 유형원은 세습적인 신분제도와 지역적인 차별을 혁파하여 능력이 있어도 혈통(血統)과 지벌(地閥)에 억제되어 그 능력을 발휘할 수 없던 세습형(Ascription Pattern)의 사회에서 오직 자기 자신의 능력과 세력으로 사회적 지위를 획득할 수 있는 성취형(Achievement pattern)의 사회로의 개혁을 추구했다고 보고 있다. 유형원이 지향한 사회는 성취형의 평등사회였다.

재등용, 조세부과, 관제정책 등 모든 영역에서 존재했다. 그렇다면 당시의 지역 및 직역 간의 차별실태는 어떠하였으며, 유형원은 이러한 불평등 현상을 혁파하기 위하여 어떠한 제도를 제시했고, 궁극적으로는 어떠한 사회를 만들려고 했는지를 살펴본다.

첫째로, 유형원은 교육과 인재등용에서의 지역차별부터 개혁하고자 했다. 그는 당시의 교육과 인재등용정책이 지나치게 수도중심으로 이루어져 지방에 대한 차별과 경시풍조가 만연되어 있다고 진단했다. 그는 지방관직을 가볍게 여기는 것은 백성과 국가를 가볍게 여기는 것이며, 서울은 복심이요 사방은 울타리인데 울타리가 튼튼한 후에야 복심인 나라가 안정되고 민의 생활안정이 있다고 하면서(『반계수록』 13. 임관지제), 지방을 경시하는 행정풍토를 강력히 비판했다(나중식, 2012a : 7). 『반계수록』에 실려 있는 그의 모든 정책은 이러한 사회적 불평등을 혁파하는 것이었다.

일반적으로 서울과 지방간의 교육 및 인재등용정책에서의 편중현상은 자연스러운 현상이다. 정치, 경제, 문화의 중심지인 수도에 대한 중앙 집중화 현상은 봉건국가에 있어서는 어디에서나 나타나는 현상이다. 특히 수도는 왕의 권위와 직결되기 때문에 관직과 인재의 등용에서부터 재정정책에 이르기까지 중앙에 집중되기 마련이다. 그러나 유형원은 그러한 현상이 지나치면 민부와 균분이 불가능하다고 판단하고 제도개혁을 통하여 그 불균형 현상을 타파하고자 하였다.

당시의 인재등용은 지역할당제가 채택되어 문과, 생원 · 진사과, 무과의 초시의 합격자 수가 각 지역별로 별도로 정해져 있었다. 그러나 각 도의 크기와 인구수에 비례하여 할당수가 정해졌다기보다는, 지나치게 서울편중의 인재등용제도였다. 〈표 4-1〉은 당시의 각 지역별 과거시험 합격자 정원과 유형원이 제시한 인재등용계획이다. 이 표에서 보는 바와 같이 서울에 배정된 생원과와 진사과의 배정인원은 각각 200명으로 전체 인원수의 30%에 달하고 있고, 문과

표 4-1 • 과거시험 합격자 지역별 배정과 유형원의 개혁안

시험종류 / 도별할당인원	생원·진사 초시	문과초시	유형원의 천거할당 선사(選士)
서울(중학)	각 200명	관시 50명 한성시 40명	8명
경기(영학)	각 60명	20명	18명
충청(〃)	각 90명	25명	20명
전라(〃)	각 90명	25명	22명
경상(〃)	각 100명	30명	28~29명
강원(〃)	각 45명	15명	13~14명
평안(〃)	각 45명	15명	16명
황해(〃)	각 35명	10명	12명
함경(〃)	각 35명	10명	12명
계	각 700명	240명	150명

자료: ① 경국대전 예전(禮典) 제과조(諸科條)
② 『반계수록』 10. 교선지제 하. 선사란 각 도별 영·중학에서 태학에 뽑아 올린(추천된) 사람을 말한다. 유형원은 각 중·영학의 학생정원은 150명의 1.5배인 225명 정도를 제안했다.

초시도 인구수에 비하여 서울은 지방보다 훨씬 많은 수를 차지하고 있고, 관시(館試)까지 고려한다면 서울에의 편중현상은 무려 40%에 달하고 있다. 법적인 정원은 이렇게 배정되어 있음에도 불구하고 때때로 서울에 더 많은 인원수를 할당하기도 하여,[15] 실제로는 서울과 지방 간 인재등용의 불평등은 더욱 심했다. 더구나 응시기회의 불평등까지 고려한다면 서울중심의 인재등용 편중현상은 매우 심각했다. 그 이유는 특별한 경축일에 왕명으로 시행되는 부정기의 과거시험이 빈번히 시행되면서 교통이 불편하고 정보전달이 늦은 지방인은 응시기회조차 얻을 수 없었기 때문이다.

15. 인조실록 권19, 6년 7월 병자조. 정구복(1970: 42)에서 재인용. 비변사등록 인조 25년 5월 20일조.

유형원은 교육 및 인재등용에서의 수도편중현상을 방지하고 서울과 지방간의 인재등용의 불균형을 혁파하기 위하여 모든 과거시험을 폐지하고 학제와 연계한 추천임용제를 실시할 것을 제안했다. 그는 과거시험의 초시합격자에 해당하는 태학의 입학생인 선사(選士)의 할당인원을 서울(8)에는 황해도(12)나 함경도(12)보다도 훨씬 적게 배정하고 있다. 이에 대하여 유형원은 당시의 인재등용이 사방(四方)의 현인을 공평히 쓰지 못하고 서울 사람만 씀으로써 이를 시정하기 위하여 인위적으로 이처럼 정해야 한다고 주장하고 있다(『반계수록』 10. 교선지제 하). 그러나 자신이 구상하고 있는 공전제로의 토지제도 개혁과 교육제도개혁이 이루어져 각 지방에서 균등한 교육이 실시되기 이전에는 서울의 인구비중이 훨씬 무거우므로 임시조치로서 당분간 5~6년 동안은 양계지방에서 2인씩을 줄이고 이를 서울에 첨가 할당하여도 좋다는 단서를 달고 있다.

그는 지역 간의 인재의 우월은 국가에서 교육제도로 균등히 교화하면 큰 차이가 생길 리 없고, 현재의 차이는 중앙과 지방간의 자유로운 이거(移居)를 허용하고 교육과 인재등용의 기회를 균등하게 하면 곧 시정될 것이므로 그리 큰 문제는 되지 않는다고 하였다. 유형원은 모든 국민은 어디에 살든 교육과 인재등용의 기회를 골고루 향유할 수 있어야 하고 국가는 이를 위해 존재한다고 보았다. 이와 같이 유형원은 서울과 지방, 그리고 각 지방간의 교육 및 인재등용의 편중현상을 그 인구에 비례하여 대표성 있게 운영함으로써 지역 간 차별이 없는 성취형의 평등사회를 만들려고 노력했다.

둘째로, 유형원은 중앙의 재정집중화 현상을 예산제도를 통하여 지방재정을 확대하고, 이를 통하여 민부와 균분을 달성하고자 했다. 당시 국가 조세수입의 중앙편중현상은 인재등용부문보다 훨씬 심했다. 조세수입은 거의 모두 중앙에서 지출했으며, 지방관서에는 거의 재정이 배당되지 않았다. 심지어 각도의 감사, 병사, 지방수령 및 기타 외관의 상록마저도 지방관아에서 상세이외의 잡징(雜徵)에 의하여 경비를 조달하게 했다(『반계수록』 2, 전제하, 13, 임관지제,

19, 녹제). 당시에는 서울의 이예(吏隸)에게는 녹을 지급하였으나 지방관아의 이예는 보포(保布)와 역(役), 조세의 면세형태로 보상을 받는 경우는 있지만 일정한 녹봉이 전혀 없었다(『반계수록』 19, 녹제, 수록보유 1, 군현제).

공물과 진상 및 기타 수령이 거두어들이는 잡징의 부과도 군현에 따라 지역 간의 편차가 심했다. 당시 그 불평등의 정도를 분석한 비변사자료에 의하면[16], 공주를 기준 현으로 하여 그 부담률을 분석한 결과 당진은 6.6, 영진은 7.2로 나타나고 있어 부담을 많이 하는 지방은 기준 현에 비하여 6.6~7.2배의 무거운 부담을 지고 있다(정구복, 1970: 44). 특히 서북지역에 대한 인재등용의 차별은 매우 심했다. 이 지방에 대한 인재등용의 차별은 법제적이라기보다는 인습적인 것에 기인한 것으로, 17세기에 와서는 그 차별의 정도가 극심했다.

유형원은 이러한 지역 간 조세부담의 불평등을 제거하기 위하여 모든 조세를 전세로 일원화하여 부과하도록 했고, 지방관원과 이예에 대하여 녹봉을 책정하여 예산에 반영했으며, 세율을 수확량의 1/20(실질적 세율은 1/10세)로 고정했으며, 지방재정을 넉넉히 책정하여 중앙과 지방에의 예산배정비율을 일정하게 정하도록 했다. 그가 편성한 예산안에 의하면, 총 조세수입 455만곡 중에서 중앙에는 70만곡을 배정하고 지방에는 그 보다 훨씬 많은 385만곡을 배정하고 있다(『반계수록』 2, 전제 하). 그는 중앙 편향의 불평등한 행정을 중앙과 지방의 예산액 배정을 통하여 바로 잡고자 했다.

셋째로, 유형원은 직역(職役)에 따른 차별대우를 개혁하여, 어떠한 직역에 근무하든 그 직역에 합당한 대우를 받고, 또 능력에 따라 자유롭게 자신이 선호하는 직역을 선택하고 종사할 수 있는 성취형의 평등한 사회를 만들고자 했다. 당시에는 관품이외의 모든 관직, 즉 이서, 조예, 소사 등과 일반사역은 모두 국가에 대한 신역부담의 형태로 근무하였고, 그 공직근무에 대한 대가도 일정한 녹봉을 지급한 것이 아니라 그 업무를 수행하는데 필요한 경비를 보조하도록

16. 비변사등록 인조 25년 5월 20일조.

보인(保人)를 정하여 주었을 뿐이다. 이러한 보부(保夫)의 급여는 점차 법대로 시행되지 못하여 중기에는 실질적으로 시행되지 않았다. 흔히 말하는 향리에게는 전연 녹이 없었다는 것은 이를 말하는 것이다.

이러한 직역은 대대로 세습되었으며 그 직역이 그의 신분을 규정하기도 했다. 따라서 그 직역을 담당하는 자들은 사회적으로 천시되어 사람들은 그 업무를 담당하는 것을 기피했다. 이에 대하여 유형원은 서리, 조예, 소사 등의 업무를 맡은 자에 대하여는 그의 출신성분 여하와는 관계없이 넉넉한 일정의 녹봉을 지급함으로써 그 생활을 보장시켜주고 또한 노비법 개혁이전에도 양인과 천인을 구별하지 말고 능력있는 자를 선발하여 고용할 것을 주장하였다. 무엇보다도 그 직역의 세습제를 폐지하여 직업에 따른 차별대우를 혁파하고자 했다.

유형원은 직역에 따라 불평등한 대우를 받는 직역세습제를 개혁하여 각 직역에 종사하고자 하는 모든 사람들은 자신의 자유의사와 능력에 따라 그 직업을 선택하고, 그 직역에 상응한 대가를 보장받으면서 차별받지 아니하고 동등한 대우를 받는 성취형의 평등한 사회를 염원했다.

이러한 사상은 여성의 노동문제와 대우문제에 대한 그의 주장에서도 잘 나타난다. 그는 여성에게 국역(國役)을 감당시키는 것은 적절치 않지만 이미 그렇게 하고 있으므로 그들의 녹봉은 남성과 동일해야 한다고 언급했다(『반계수록』 19). 반계의 이 주장은 비록 공노비의 대우에 한정되어 있지만, 그 당시에 이미 "동일노동에 대한 동일보상의 원칙(equal pay for equal work)"을 제안했다는 점에서 그리고 체력적인 열세에 있는 여성에 대한 추가적인 보상을 주장하였다는 점에서 매우 근대적인 인권존중 및 평등사상을 엿볼 수 있다.

제3편

시대인식과 국정운영 목표

제5장

시대인식

제1절 서론

한 인간의 국가개혁사상이나 행정사상의 형성은 그 시대의 상황인식에서 시작된다. 반계 유형원은 기본적으로 '인간(백성)은 분별력과 지각력을 함께 소유하고 있는 살아있는 마음', 즉 활심(活心)을 가지고 있는 존재이기 때문에 천리(天理)와 실리(實理)에 반하는 예악형정(禮樂刑政: 정치행정)으로는 인간(백성)의 신뢰를 얻지 못한다고 확신했다. 이와 같이 실리(實理)와 활심(活心)으로 무장된 반계 유형원은 당시의 국정운영현상과 통치체제, 즉『경국대전』에 의하여 운영되어 온 조선왕조의 통치구조 및 국정운영행태를 어떻게 인식하고 있었을까?

반계 유형원은 어릴 때 정치적 모략으로 인해 돌이킬 수 없는 상태가 되어 버린 아버지의 참화도 경험했고, 거듭되는 외침(外侵) 앞에서 조선의 국왕(인조)이 오랑캐의 국왕(태종)앞에 무릎을 꿇고 항복하는 치욕도 경험했다. 또 세계의 중심으로 군림해 온 중화(명)조차 이민족(청)의 침략 앞에 몰락하고 마는 세계사의 변화도 경험했다. 이러한 경험과 일생동안의 학술탐구를 통하여 반계는 이전의 어떤 성리학자보다도 국가라는 지배기구를 객관적 시각으로 바라볼 수 있는 안목을 갖추었다.

반계 유형원에게 있어서, 국가는 '만백성의 현실적 삶'을 위하여 설치된 것이며, 군왕에서부터 말단 최하위 관리에 이르기까지 상하 모두가 "천(天)을 받들고 백성을 위하는 일에 자기의 분(分)을 다하는 예속국가(禮俗國家)"여야 한다는 강한 신념을 가지고 있었다. 그러나 당시의 국가는 '만백성들의 현실적 삶'을 개선하기 위한 기구가 아니라 백성위에 군림하는 '억압과 수탈의 지배기구'로 전락하였다고 인식하고 있다. 그 이유는 권력을 독점적으로 행사하는 지배층이 '사욕의 추구'를 위해 폐법(弊法)을 만들고 이를 강제 집행하면서 만백성의 삶을 억압하고 수탈해왔기 때문이라고 보았다. 지배집단의 인욕을 채우기 위해 만들어진 법제도가 온갖 폐습을 자행하고 있는데도 불구하고, '조종의 법제는 변화할 수 없다'는 명분만 중요하게 여기면서, 위정자들이 구차하게 세월만 보냈기 때문에, 천하의 대체가 그 근본(根本)을 잃었다고 진단했던 것이다. 더구나 온갖 폐습을 자행하는 인습적 통치체제와 국정운영행태를 합리적인 제도개선과 변법을 통하여 경장하려는 생각은 하지 아니하고 오히려 적극적으로 지원하는 이데올로기로 변한 성리학적 통치이념에 근본적인 의문을 제기했다. 유형원은 나라의 근본이 무너진 이유를 개별정책의 문제가 아니라 종합적이고 구조적인 문제라고 진단했다. 이러한 시대인식은 훗날 『반계수록』의 저술 경과를 묻는 친구 정동익에게 답한 글속에 잘 들어나고 있다.

> "폐단스런 습속을 가지고 폐단스런 습속을 이어받은 유래가 오래되었습니다. 군자는 항시 무용지물이 되고 소인은 길이 뜻을 펴 왔으니, 그 화는 마침내 천리(天理)가 사라지고 사욕(私欲)이 넘쳐나며, 생민은 썩어 문드러지고 오랑캐가 주인으로 되고 말았습니다. 이는 무슨 까닭입니까? 반드시 그렇게 된 사유가 있을 것입니다."(『반계선생연보』 현종 12년 신해, 선생 50세)

『반계수록』은 천하의 대체가 그 근본을 잃어버린 이유가 무엇인가를 찾아내고, 그 근본을 바로세울 수 있는 대안을 제시한 경세대문자(經世大文字)라 할 수 있다. 다음은 유형원이 바라본 당시의 국정운영상황에 대한 시대비판이다.[1]

제2절 국정운영의 근본과 본질에 대한 비판

반계가 생활하였던 17세기 중엽의 조선사회는 임진왜란과 병자호란을 거치면서 전통적인 농경사회가 급격하게 붕괴해가는 시기였다. 농토는 황폐해져 농민들의 궁핍은 극에 달하고, 국정운영을 담당하는 관료들은 집권세력의 권력유지에 급급한 나머지 민생안정과 위민행정에는 관심을 기울이지 않았다. 게다가 토지제도, 조세제도, 병력제도, 관직충원 및 관리제도 등 법과 제도는 극도로 붕괴되어 있었다. 반계는 이러한 시대상황을 "세상의 모든 일이 제대로 되어가는 일이 없다"고 인식하고, 그 이유는 "위정자들이 구차하게 세월만 보내면서, 할 일을 하지 않아 천하의 대체가 그 근본(根本)을 잃었기 때문"으로 분석하고 있다. 집을 짓는 자가 그 터를 바로 닦지 않으면 그 단청을 아무리 아름답게 하여도 곧 무너지는 것과 같은 이치라는 것이다.

반계는 평생을 농민들과 함께 생활하면서 부국안민을 위한 대책을 강구한 실학자였다. 전통적인 농업사회를 기반으로 하는 조선이 다시 부강해지기 위해서는 그 '근본을 바로 잡는 일'이 무엇보다도 시급하다고 보았다. 그 근본이 무엇인가에 대한 견해와 사상이 바로 반계 행정사상의 핵심이라 볼 수 있다. 그렇다면 반계 유형원은 국정운영에 있어서 근본은 무엇이라고 생각하였을까?

---

1. 이 부분은 나중식(2012a)이 발표한 논문의 제2장 시대인식을 수정 · 보완한 것이다.

1. 국정운영의 근본

— 군주의 일심 대 만백성의 삶의 현실 —

반계 유형원은 국정운영담당자들이 제대로 자기 일을 하지 않아 천하의 대체가 그 근본을 잃었다고 주장한다. 그가 주장하는 근본이란 무엇인가? 앞 장에서 살펴본 바와 같이 국가는 기본적으로 백성을 위해 설치되었기 때문에, 국정운영의 근본은 '만백성의 일상적인 삶의 현실'을 개선하는 것이 되어야 한다고 주장한다. 그는 "선왕의 법제는 모두 아래(下)를 본(本)으로 삼아, 먼저 그 본(本)을 가지런히 함으로써 말(末)을 바로잡았다. 그 본(本)을 헤아리지 않고서 말(末)을 가지런히 한 경우는 없었다."라고 주장하면서 아래(下), 즉 백성들의 삶을 먼저 헤아려야 한다고 보았다. 반계는 국정운영의 근본과 본질에 대하여 기존의 성리학적 견해와는 그 시각을 달리했다. 덕본재말(德本財末)을 강조하는 주자학적 관점에서는 덕(德)과 심성(心性)의 수양이 본(本)이며, 현실의 경제와 삶의 문제는 말(末)이라 생각하여 재(財)와 이(利)의 문제는 외면하고 별로 관심을 보이지 않았다. 그러나 반계 유형원은 만백성의 현실을 떠난 원리와 도는 의미가 없다고 보았다. 기존의 성리학에서는 치세의 실현을 위해 가장 대본(大本)이 되는 것은 곧 '군주의 일심'을 바로 잡는 것이라고 보았다.

> "대개 천하의 대본은 폐하의 심(心)이요, 금일의 급선무는 태자를 보위하는 일, 대신을 선임하는 일, … 민력(民力)을 아껴 배양하는 일, 군정(軍政)을 수명하는 일 등 여섯 가지입니다. … 천하의 일들은 천 · 만 가지로 변화하므로 그 단서가 무궁하지만, 어느 것 하나 군주의 심(心)에 근본하지 않음이 없습니다. 이는 자연의 리(理)입니다. 그러므로 군주의 마음(心)이 바르면 천하의 일들이 바른 곳에서 나오지 않음이 없고, '군주의 심'이 바르지 못하면 천하의 일들이 어느 것 하나 바른 곳에서 말미암을 수가 없습니다. … 무릇 위의 여섯 가지의 일도 모

> 두 늦추어서는 안 되지만, 그 근본은 폐하의 일심(一心)에 달려 있습니다. 일심(一心)이 바르면 여섯 가지일이 바르게 되지 않음이 없습니다."(『주자대전』 11 : 24-42. 「무신봉사」)

이상과 같이 성리학에서는 군주의 일심이야말로 천하만사의 대본이자 근본이기 때문에 난세를 치세(治世)로 돌이키는 것은 다만 '군주의 일심(一心)'에 달려있다고 확신한다. 군주의 일심을 강조하는 성리학의 왕정론은 반계 이전까지는 조선의 가장 지배적인 통치이념이었다. 치세의 근본을 군주의 일심에서 구하는 성리학의 경우, 외부의 객관적 준칙과 기준인 법제에 대해서는 관심을 기울이지 않았다. 그러나 반계는 군주의 일심을 본이라고 생각하는 이 본말론(本末論)에 대한 시각과 관점을 비판했다.

반계는 『반계수록』의 첫머리에 전제(田制)를 논하면서 토지는 천하의 대본(大本)이라 밝히고, 토지제도가 바로 잡히면 모든 제도와 행정이 바로 잡힐 수 있음을 역설하고 있다. 국정운영의 근본은 군주의 일심이 아니라 객관적 준칙인 법제이며, 그 중에서도 토지제도라고 주장한 것이다. 농업국가에서 토지의 소유관계와 생산물의 분배, 그리고 조세제도는 국가와 백성들의 삶을 떠받히고 있는 근본이라고 본 것이다. 토지를 떠나서는 백성들의 현실적 삶을 얘기할 수 없기 때문에 이 근본이 바로 서야 한다고 본 것이다. 당시의 모든 시폐(時弊)가 그 근본을 바로잡지 못하여 일어나는 것임을 조목조목 열거하면서 정치행정의 본질을 깊이 이해할 것을 권고하고 있다.

> "토지는 천하의 근본이므로 근본이 바로서면 모든 제도가 온당하게 되며, 근본이 문란하면 온갖 제도가 따라서 마땅함을 잃게 되는 것이니, 실로 정치행정의 본질을 깊이 이해하는 자가 아니면 천리(天理)와 인사(人事)의 이해득실이 여기에 귀결됨을 알지 못하는 것이다."(『반계수록』 1. 전제).

반계가 생각하는 가장 이상적인 토지제도는 3대(三代) 시대의 정전제(井田制)였다. 그는『반계수록』에서 "이러한 정전법(井田法)의 정신에 따라 토지제도가 한번 바로 잡혀지면, 백성들은 영구적이고 확고한 생업을 가지게 되며, 병정을 수색하여 모우는 폐단도 없어지고, 모든 신분의 사람들이 각각 그 직업을 얻게 되므로, 인심이 안정되며 풍속이 돈후해 진다."고 보았다. 또한 토지제도를 바로 잡는 것을 근본이라 할 때, 그 근본을 바로 잡으면 말단의 모든 사회적 폐단이 바로 잡히게 될 것이므로 정치와 교화의 근본을 토지제도에서 추구할 것이라 하면서, 토지제도를 떠나서 인정(仁政)을 행하고자 한다는 것은 허언(虛言)에 지나지 않는다고 지적하고 있다(『반계수록』 4. 전제후록 하).

2. 국정운영의 존재근거

— 지배층의 이익 대 만백성의 이익 —

유형원은 어릴 때부터 "국가란 무엇인가?" 또는 "국가는 누구를 위해 존재하는가?"에 대하여 깊이 사유하고 성찰했다. 그는 국정운영은 '만백성의 이익'을 위해 존재해야 함에도, 그렇지 못한 당시의 현실을 통렬하게 비판하고 있다. 지배계층의 권력욕과 정쟁(政爭)으로 희생된 아버지의 억울한 죽음과 병자호란의 국가적 치욕을 경험했던 그는 평생을 국가와 권력의 존재에 대하여 깊이 사유했다. 앞 장에서 언급한바와 같이 그는 국가와 군주는 "백성을 위해 설치된 기구"이므로, 나라의 법과 제도는 모두 '만백성의 현실적 삶'을 위하여 만들고 집행하여야 한다고 확신했다. 그러나 그 당시의 법제는 모두 '지배층의 이익'을 위해 만들어졌고 그 폐법(弊法)이 고쳐지지 않고 누적적으로 시행되어 오면서, 국가는 '지배층의 이익을 대변하는 기구'로 전락하였다는 것이다. 그는 지배층의 이익을 대변하는 법제도는 천리에 반하는 동시에 국정운영의 존재근거를 상실한다고 보았다. 그에게 있어 국가는 백성들을 '억압하고 수탈하는 지배기구'에 불과했다.

"삼대의 법제는 모두 천리(天理)를 따라 제도를 만들었지만, 후세의 법제는 모두 인욕(人欲)을 따라 제도를 만들었다. 인욕을 따라 만든 제도를 시행하면서 국가의 치세(治世)를 실현하고자 하니, 천하에 어찌 그렇게 될 이치가 있겠는가?"(『반계선생연보』 현종 12년 신해)

법제의 입법취지에서부터 결정 · 운영에 이르기까지 모두가 지배계층의 이익을 대변하고 있는 당시의 법제는 시무론적 구폐책으로는 치유가 불가능하며, 근본적으로 변혁해야 한다고 주장한다. 그는 지배층의 이익을 반영하는 법제가 아니라, 만백성의 현실적 삶에 도움을 주고, 그들의 이익을 대변할 수 있는, 다시 말하면 천리와 실리에 적합한 법제도를 만들어 공정하게 시행해야 한다고 확신했다. 『반계수록』은 토지제도, 관료제도, 과거제도, 교육제도, 국방제도, 임용제도 등 국가체제 전반에 관한 구조적 개혁론을 담고 있지만, 그 가운데서도 가장 폐법(幣法)인 동시에 비리로 가득 찬 것으로 노비법(奴婢法)을 들고 있다.

3. 국정운영개혁의 접근

— 종사적 경장론 대 종본적 변법론 —

반계는 율곡으로부터 많은 영향을 받았다. 그러나 현실인식과 그 해결방안에 있어서는 견해를 달리한다. 율곡은 임진왜란 전, 사림정치가 시작된 초기에 국왕의 두터운 신임을 받으면서 '왕정' 구현을 자신의 과업으로 자임한, 조선 성리학의 최대 경장론자였다. 그는 치세의 근본은 군주의 일심(一心)에 있으며, '제왕의 학'으로서는 수기(修己)보다 앞서는 것이 없다고 주장한다. 그는 젊어서 관직에 진출한 이후 49세로 작고하기까지 자기가 제시하는 경장책을 제대로 시행하기만 하면 반드시 왕정 내지 치세를 이룩할 수 있다고 믿었던 '왕정 옹호론자이자 왕정 실현론자'였다. 율곡의 시대인식 자체는 반계의 시대인식과 별로 다르지 않다. 즉 나라의 국운이 쇠퇴기에 접어들어, 국운의 모습이 무너져

가는 집과 같다고 진단했으며, 그 원인은 만연된 공직부패와 행정실패에 있다고 보고, 문제해결은 오직 경장(更張)밖에 없다고 진단하고 있다. 율곡은 평생 관직에 있으면서 끊임없이 상소를 통해 개별 문제점에 대한 경장을 요구했다. 그러나 그 경장의 방법에 있어서는 서로 견해가 다르다.

율곡은 당시의 '시대적 요청', 즉 시무(時務)를 파악하기 위해서 창업-수성-경장이라는 개념적 틀(conceptual framework)을 사용하여, 당시의 시대적 요청이 바로 경장(更張)이라고 인식했다. 그는 당대를 '경장의 시대'로 보고, 그 경장을 위하여 일생을 바친 관료라 할 수 있다. 경장(更張)이란 나라의 융성기 다음에 오는 자연적인 폐해와 고루한 인습을 개혁하여 제2의 창업을 한다는 의미로 '체제 내에서의 개혁'을 의미한다. 율곡은 당시의 현실을 국운이 쇠퇴하여 마치 무너져가는 집과 같다고 인식하면서도, 절망하고 포기할 때가 아니라 오히려 무너져 가는 집을 다시 일으켜 세울 수 있는 절호의 기회라 생각했다. 조금만 더 늦으면 때를 놓쳐 어쩔 수 없을 것이라고 하면서, 때(時)와 기회도 인간이 만드는 것이라는 적극적 역사관을 제시하고 있다. 그렇다면 율곡의 경장론과 반계가 주장한 변법은 어떻게 다른가? 먼저 율곡이 정의한 경장의 개념부터 살펴본다.

> "소위 경장이라는 것은, (나라가) 극성한 가운데 미약해지고, 법도가 오래되어 폐해가 생기고, 마음이 안일에 젖어 고루한 인습이 되고, 백가지 제도가 해이해 지며, 나날이 어긋나서 나라를 다스릴 수 없을 때, 여기에는 반드시 현명한 군주와 현철한 신하가 있어서 개연히 일어나 근본을 붙들고, 혼탁한 것을 개혁하며, 선왕의 뜻을 잘이어서 일대의 규모를 새롭게 한 뒤에, 그 업적이 선열을 빛내고 후손에게 미치도록 하는 것이다. …… 경장은 훌륭한 의견과 영재가 있지 않으면 할 수 없으므로 어려운 것이다."(「성학집요」『국역전서(V)』: 334)

율곡이 정의하는 경장(更張)이란 기존의 법제에 대한 근본적인 개혁을 의미하는 것이 아니라, 법제집행에서 나타나는 폐해를 점진적으로 개선하는 일종의 구폐책이라 할 수 있다. 경장은 기존의 제도와 체제를 인정하면서 당장 시급하거나 실현가능성이 있는 사안을 중심으로 점진적인 개혁을 이루는 것을 말한다. 따라서 율곡의 개혁안은 이미 들어난 폐단에 대처하는 방법으로 제시한 '종사적(從事的)' 개혁안이라고 한다면, 유형원의 국가개혁론은 모든 사회제도와 국가체제를 근본적으로 재검토하는 '종본적(從本的)' 개혁이라 할 수 있다. 율곡의 경장론에는 현 실태를 근본적으로 개혁하기 위한 객관적 기준이라든가 법제의 정립과 같은 변법의 이론이 없다. 예컨대, 전제개혁과 같은 소유관계의 근본적 변통에 관한 언급은 없다. 기존의 토지제도를 인정하고 그 토지제도의 운영에서 나타나는 부차적인 문제, 즉 공안의 개정 등과 같은 수취제의 개선 등에 초점을 두었다. 이러한 개혁 접근방법은 주자가 행한 경장론과 동일하다.[2]

반계는 자신의 개혁접근방법이 기존 주자학적 경장론과는 다르다는 것을 주장한다. 그는 율곡의 대표적인 개혁론의 하나인 「동호문답」의 '안민지술'과 거기에 부쳐 제시한 '지금 당면해 있는 폐막'들을 모두 인용하고 나서, 그것이 절실한 것이기는 하나 본질적인 것은 아니라고 비판한다.

> "살피건대, '지금 당면해 있는 폐막들'은 여기서 그 개략을 볼 수 있는데, 실로 조목조목 진술하자면 날자가 모자랄 지경이다. 그러나 일에는 본(本)과 말(末)이 있는데, 본(本)을 잘 다스리면 그 말(末)은 스스로 바로잡히게 된다. 전제(田制)가 행해져서 전지(田地)를 기준으로

2. 주자의 경장론도 근본보다는 운영과정에서 나타나는 폐단을 바꾸는데 초점을 두고 있다. 예컨대, 고경(古經)에서 '토지를 경계한다'는 의미는 공전론적 분전(分田)을 본질로 하는 것이었으나, 주자의 구폐책에서는 이미 토지의 사유를 전제로 한 위에 단지 토지가 수세장부(收稅帳簿)에 등록되어 있는지 여부를 조사하는 검전(檢田)의 뜻으로 사용되고 있음을 볼 수 있다(김태영, 1998: 22-23).

출병(出兵)하게 되면 일족절린(一族切隣)의 폐단은 제거하기를 기약치 않아도 스스로 제거될 것이다. 온 나라에 대동법을 균평히 시행하고 해마다 어수(御需)의 수(數)를 정해 둔다면 진상 · 공물의 폐단은 고치려 기약하지 않아도 스스로 고쳐질 것이다. 직임(織紝)을 헤아려 이서(吏胥)의 수를 정하고 각기 상름(常廩)을 받게 한다면 역사(役事)가 균평치 못하거나 이서가 주구(誅求)하는 폐단은 혁파하기를 기약치 않아도 스스로 혁파될 것이다. 민산(民産)이 균평해지고 부역이 일정해지며 과외의 횡침(橫侵)이 없어진다면 생식(生息)을 기약하지 않더라도 스스로 부유해지고 호구도 늘어날 것이다. 그렇게 된 후에야 정교(政敎)를 이룩하고 지치(至治)의 성취를 기약할 수가 있다. 진실로 그같이 시행하지 못한다면, 비록 인정을 행하려 하더라도 다만 헛된 말일 따름이다."(『반계수록』 4 : 23)

이와 같이 반계 유형원의 해석에 의하면, 율곡의 경장론은 근본을 건드리지 않았으며, 근본적 변통에 관한 언급이 없다고 주장한다. 즉 본말(本末) 가운데 말단을 기웃거리는 것에 불과하며, 결코 본(本)을 다스리는 대안은 되지 못한다는 것이다. 그는 무릇 삼대 이후 폐법(弊法)에서 폐법으로 인습적으로 누적되어 온 역사적 현 실태는 결코 목전의 현상적 폐단을 바로잡기 위한 시무론적 시폐책으로는 근본적인 해결이 될 수 없다고 주장한다. 그는 성리학적 관점에서 나온 시무론적 시폐책은 모든 폐법을 운용하고 있는 지배층의 관점에서 내놓은 시무책이기 때문에 현재의 지배체제를 유지하기 위한 개선안에 불과하다고 본다. 그는 '만백성의 삶의 현실'을 본(本)으로 삼아, 기존의 모든 법제도를 근본에서 다시 검토하고 있다. 이러한 관점에서 만백성의 삶의 항구적 터전이 되는 토지제도를 공공의 대본(大本)으로 삼고 이를 공도(公道)에 맞게 균평히 배분함으로써 만백성의 일상의 생활현실을 해결해야 한다고 주장했던 것이다.

제3절 주자학적 통치이념에 대한 비판

유형원은 당시 조선 성리학자들의 학문태도와 통치이념에 대하여 비판한다. 그는 "지금 벼슬아치들은 일단 과거를 하여 등용된 다음에는 습속대로 따라가는 것이 무사할 줄로만 알고 있으며 시골에서 출세하지 못한 선비들은 자신의 수양에 뜻을 두는 자는 혹 있지만 세상을 바로 잡을 방도에 대해서는 조금도 관심을 가지고 있지 않다. 이렇게 된다면 세상사를 바로 잡을 날이 없게 되고 백성들에게 미치는 참화는 극도에 달하게 될 것 "이라고 비판하고 있다. (『반계수록』 26. 서수록후)

반계는 당시의 국정운영의 근본이 무너지고 민막이 극심한 이유는 국정운영 및 행정의 접근방법이 지나치게 도(道)에 경도되어 현실과 실리를 외면하였기 때문이라고 비판한다. 반계의 행정관, 즉 국정운영을 바라보는 시각과 관점은 당시 유학자들이 지배적으로 가지고 있던 주자학적인 시각과는 달리 매우 현실적이었다. 주자학적 관점에서의 정치행정은 먼저 "도(道)를 밝히면 기(器)는 저절로 회복된다."는 가정 하에 인간의 내면적인 도덕성을 밝히는데 초점을 두었다. 이에 근거하여 왕과 지도자들의 수기(修己)와 정덕(正德), 그리고 국민의 교화(敎化)가 정치행정의 초점이었다. 그러나 반계는 "도(道)가 어찌 일찌기 기(器)를 떠나서 홀로 행하여지겠는가." 라고 반문하면서 주자학적 시각, 즉 이(理)의 주관적인 측면에서 정치행정현상을 바라보기보다는 기(器)의 객관주의적 측면을 강조하는 관점에서 정치행정현상을 바라보았다.

반계는 도(道)와 기(器), 도덕(道德)과 정제(政制)를 이원적으로 파악하면서도 맹자의 항산(恒産)과 항심(恒心)의 논의에서 보는바와 같이 도(道)와 기(器)는 결코 분리될 수 없으며 도(道)에 못지않게 기(器)도 중요하다는 것을 강조하고 있다. 오히려 도덕도 중요하지만 그 보다는 정치와 법제가 국정운영에서 우선되어야 한다고 보았다. 항산이 없으면 항심이 없다는 맹자의 사상을 국정운영에 반영하여 법제도중심의 행정을 강조하였다.

성리학이 이기(理氣)의 궁극적인 실재성에 대한 신념에 의하여 형이상학적 진리체계를 지향하고 있는데 반하여, 반계의 학문은 형이상적인 도(道)를 부정하지는 않지만 그보다는 현존하는 현실을 더 중요하게 인식하는 논리체계에 근거하고 있었다. 이러한 점이 그의 실학자적 자세의 이념적 근거가 된다고 볼 수 있다(금장태, 1987: 29).

> "도(道)는 하늘에 근원하고 정치 · 법제는 땅에 근본하는 것이니 … 형이상자(形而上者)는 도(道)이고 형이하자(形而下者)는 기(器)라 이르는데 … 정치 · 법제는 기(器)이다. 맹자는 왕도를 논함에 있어서 도(道)와 기(器)를 떠나서 말하지는 아니하였으나 …… 진한 이후 천수백년 사이에 천지의 도가 거의 그치고 땅의 제도가 무너짐이 더욱 심하였다. 도(道)가 어찌 기(器)를 떠나서 홀로 행하리오."(『반계수록』 서문)

> "천지의 이(理)는 만물에서 나타나니, 사물이 없으면 이(理)가 나타날 곳이 없고, 성인의 도(道)는 만사에서 행해지니, 일이 없으면 도(道)가 행해질 곳이 없다."(『반계수록』 26. 서수록후)

반계는 기(器)의 중요성을 강조하면서도 이와 같은 기(器)의 강조가 도(道)의 중요성을 배제하려는 것이 아니라, 퇴계로 대표되는 주자학자들의 종래의 정치적 사유가 도(道)에 지나치게 경도하여 있다는 결함을 지적함으로써 도(道)와 기(器)의 조응관계 속에서 행정현상을 보려고 했다(금장태, 1987: 29-30).

유형원은 건국초기에 강력한 정치적 이데올로기의 형태로 작용했던 주자학이 지나치게 심성중심의 철학적 사색으로 이행되어, 결국 현실정치를 인도하는 치국의 경학으로부터 점차 소원해지기 시작했다고 평가했다. 그렇다고 주자학적 통치방식을 반대한 것이 아니라, 그 결함을 오히려 유학 원래의 의의로 보완하려고 했다. 그는 이러한 근거로 시(詩), 부(賦) 중심으로 지배 엘리트를 충원하는 과거제도를 들고, 이 제도를 전면폐지하고 덕행과 능력을 고루 갖춘 균형 있는 지식인을 추천에 의하여 임용할 것을 제안했다. 그는 주자학의 치국이론인 경학이 정치적 지배이데올로기가 되지 못하고 단순히 사변적 학문의 형태로 변질되어 현실적 정치과정을 지배할 수 있는 기능으로 작용하지 못하고 있는 것을 비판했다. 따라서 유형원은 지나치게 도중심의 국정운영방식에서 탈피해서 민생안정을 위한 법과 제도에 초점을 둔 공리적인 국정운영방식의 도입으로 국가개혁을 이루고자 했다.

제4절 지방경시 행정풍토에 대한 비판

반계가 살던 시대는 양대 전란을 겪고 난지 얼마 되지 않아 사회가 극도로 불안하고 안정되어 있지 못했다. 지배세력들인 중앙관료들은 자기들의 세력싸움에 매몰되어 백성들의 안위와 복지에는 전혀 신경을 쓰지 않았다. 백성들의 생활안정과 민본, 위민, 애민, 안민, 부국안민이라는 유교적 행정이념은 일선기관의 행정을 통하여 구체적으로 실현된다. 그러나 당시의 행정행태는 오직 지배세력들을 위한 행정에 매몰되어 있어 지방관직을 가볍게 여기는 풍토가 만연되어 있었다. 반계는 "지방관직을 가볍게 여기는 것은 백성과 국가를 가볍게 여기는 것"이라고 신랄하게 비판하면서 지방행정의 중요성을 강조하고 있다.

반계는 "서울은 복심이요 사방은 그 울타리인데, 울타리가 튼튼한 후에야 복심인 나라가 안정된다."는 국가관을 가지고 있었다. 이 울타리(변방) 강조사상은 율곡이 임진왜란 이전에 누누이 강조한 국정운영사상이었다. 반계는 토지제도개혁, 관료제개혁, 인재등용제도개혁, 지방제도개혁 등 도처에서 이 울타리를 강조하고 있다. 균전제로의 토지제도개혁도 농민의 수를 증가시키고 놀고 먹는 사람을 없게 하여 궁극적으로는 병 · 농 일치 징병제를 통하여 울타리(변방)인 국방력을 강화시키고자 한 조치였다. 또 지방관제의 개혁이나 지방인재의 등용, 지역이나 직역간의 인재등용의 차별을 해소하기 위한 조치, 중앙의 재정집중화 현상을 예산제도를 통하여 계획적으로 지방재정을 확대하고자 한 조치 등의 지방행정의 중시도 울타리를 강화하여 나라의 복심을 튼튼하게 하고자 한 생각에서 나온 것이다. 이러한 주장은『반계수록』도처에서 발견된다.

> "백성들의 생활이 안정되고 안 되는 것은 수령에 달려있고 군액(軍額)의 허실은 변장(邊將)에 관계된다. …… 밝은 임금과 현명한 재상이 옳은 정치의 길을 날마다 강론하여도 ……(울타리가 부실하면) 그 혜택은 백성에게 미치지 못하고 지방에서는 교화를 입지 못한다. ………군수와 현령을 가볍게 여기는 것은 곧 백성을 가볍게 여기는 것이며, 백성이 가벼워지면 국가도 가벼워지는 것이다."(『반계수록』 13. 임관지제)

> "오늘날의 인재등용은 지방 관직을 가볍게 다루는 일이 대단히 심하여 문관으로 다소 명망이 있는 사람은 일체 수령에 임명되지 않고 반드시 어떤 물의가 있어서 버림을 받고 난 후에야 수령직으로 내보내므로 수령이 된 자는 스스로 관직생활의 앞길이 멀지 않을 것으로 알고 진심으로 백성을 돌 볼 생각을 하지 않고, 착한 사람은 그저 직분을 지켜서 시일만을 보내고, 악한 사람은 백성을 괴롭혀서 스스로 살찌게 할 뿐이니 백성들이 어찌 곤궁해지지 않겠는가?" (『반계수록』 13. 임관지제)

제5절 변화거부 행정문화에 대한 비판

반계는 지나치게 보수적이고 변화를 거부하는 당시 관료들의 행태를 비판했다. 당시 조정의 행정문화는 "조종지법(祖宗之法)은 의론(議論)할 수 없다"

는 분위기가 일반적이었으며, 새로운 개혁안이 나오면 개혁주의자를 왕안석(王安石)[3]으로 지목하여 탄핵했기 때문에 개혁 및 개법이란 여간 어려운 것이 아니었다. 그는 당시 당연한 원칙이자 일종의 타성이 되었던 '조종지법은 바꿀 수 없다'는 행정문화와 정치의 잘잘못은 군주의 일심(一心)에 달려있다는 성리학자들의 견해에 반기를 든 것이다.

반계는 당시의 정치적 사회적 폐단은 군주의 일심보다는 당시의 모순을 해결하지 못하는 성리학적 통치체제와 이를 떠받히고 있는 폐법(弊法) 또는 비법지제(非法之制)에서 연유한다고 보았다. 즉 조종지법은 시대의 변화와 함께 바뀌어야 하고, 군주의 일심(一心)만을 강조해서는 제도모순에서 오는 시폐를 개혁할 수 없다고 본 것이다. 당시에는 국정운영의 잘잘못은 군주의 일심(一心)에 달렸다고 생각했기 때문에 군주를 비롯하여 관료들의 성의(誠意)·정심(正心)만 강조하고 제도의 모순이나 조종지법(朝宗之法)의 개정에는 관심을 두지 않았다. 국정운영은 인간과 제도의 상호작용에 의하여 이루어진다는 생각보다는 인간을 본(本)으로 하여 인간의 마음만 바르게 서게 하면 말(末)에 해당하는 국정운영활동(법제도의 결정과 집행)은 스스로 잘 될 것이라는 가정에 의하여 국정운영이 이루어졌다. 국정운영의 한 축인 제도에 대해서는 선왕들이 만들어 놓은 법제를 지키기만 하면 된다는 보수적인 문화가 지배했다. 반계는 이러한 관료행태를 비판하면서, 나라의 법제는 곧 국정운영의 규범기준(frame of reference)이기 때문에 공심에 의하여 제정되지 않고 인욕이나 사욕에 의하여 제정된 폐법은 반드시 개정되어야, 나라의 규범 틀이 바로 선다고 주장했다.

---

3. 중국 송(宋: 960~1270) 나라의 문필가이자 정치가로서 신종(神宗)의 시참지정사(時參知政事)가 되어 국정 각 분야에 거쳐 신법(王安石新法)을 만들어 부국강병책을 썼으나 실패하고, 집정 9년 만에 보수파의 반대로 하야하였다. 왕안석은 유학의 실용적 해석과 응용을 강조하였으며, 『시경』『서경』『주례』 등을 독창적으로 해석하였다. 그는 유학의 도덕주의적 전통에서 벗어나 '법치'를 강조했으며, 이를 실천으로 옮겼다. 때문에 왕안석의 사상은 유교 전통에서는 제대로 평가받지 못했고, 특히 성리학에서 구법당(舊法黨)의 사상을 정론(正論)으로 받아들이면서 그는 배척의 대상으로 여겨졌다.

반계는 "법은 시대에 따라 제정되는 것이니, 시대가 바뀌면 법도 같지 않다."(『율곡전서』 만언봉사)라고 한 율곡의 시대인식을 그대로 수용하고 있다. 『반계수록』은 율곡이 주장한 이른바 '시대의 개별성' 논리에 근거하여 전개한 제도개혁론이다. 반계는 제도개혁론의 근거를 『주역』의 음양동정의 변화, 즉 정치적 · 사회적 현상은 시대에 따라서 변이(變易)한다는 상황주의 논리에서 찾고 있다. 그는 "대저 시대의 사의(事誼)에 따르고 인간의 정(情)에 따라서 법을 제정하고 이를 고르게 하여 각자로 하여금 그 분수에 맞도록 하게 하는 것이 법의 선"이라고 설파하면서 국정운영에서 제도의 중요성을 강조하고 있다(『반계수록』 전제). 그는 제도의 모델을 고대(古代)에서 찾고 있지만 그 고법(古法)의 제도가 시대를 초월하여 통용될 수 있는 '제도의 보편성'을 인정하지는 않았다. 반계는 제도의 도입과 변화는 '시대의 변화'와 '인간의 정'에 따라서 달라질 수 있다고 하면서, 시대상황에 맞게 제도를 만들어 시행해야 좋은 행정이 이루어진다고 보았다.

제6장

국정운영목표와 행정이념

제1절 국정운영목표

1. 생활안정

한 나라의 국정운영목표나 행정목표는 집권자의 정책의지에 따라 달라진다. 조선시대의 국정운영목표는 그 시대마다 약간의 차이를 보이고는 있으나 족식(足食) 족병(足兵) 민신(民信)이라는 유교적 통치목표에서 거의 벗어나지 않고 있음을 볼 수 있다. 마찬가지로 조선시대에 살았던 사상가들이 추구하고자 했던 국정운영목표와 행정목표도 유교적 경세론의 범위를 넘지 않았다. 즉 국가가 해야 할 가장 중요한 일은 ① 백성들에게 먹을 것을 충분하게 해주는 일(足食), ② 군비를 충분히 하여 국방을 튼튼히 하는 일(足兵), ③ 백성들로 하여금 정부가 하는 일을 믿게 하는 일(民信)이라고 주장한 공자(孔子)의 국정운영사상에서 한 치도 벋어나지 않고 있다.[1] 예컨대 신왕조를 건설하면서 처음으로 주자학적 통치이념을 도입한 삼봉 정도전은 인정(仁政)이라는 행정방식을 통하여 궁극적으로는 「민생안정」과 「부국강병」을 달성하고자 했으며, 율곡 이이

1. 『논어』의 「안연(顔淵)」 7편, "子貢問政 子日 足食 足兵 民信之矣"에 잘 나타나 있다.

도 왕도정치를 통하여 달성하고자 한 궁극적 목표는 바로 「부국안민」이었다. 그렇다면 반계 유형원이 추구한 국정운영목표는 무엇이었을까?

소년기와 청년기를 지나는 동안 반계 유형원의 눈에 비친 중앙정부의 정치 및 국정운영은 백성들의 배고픔을 해결해 주지도 못했고, 국방을 튼튼히 하여 외세의 침범도 막지 못했으며, 각종 민폐로 인하여 백성들의 믿음도 얻지 못했다. 즉 나라 다스림의 3대 기본이라고 설파했던 공자(孔子)의 족식, 족병, 민신 중 어느 하나도 충족시키지 못했다. 반계는 어릴 때, 역모의 누명을 쓰고 억울하게 희생된 아버지의 죽음을 통하여 정쟁(政爭)과 국가권력의 횡포도 경험했고, 소년시절 오랑캐의 침입을 받고 나라의 임금(인조)이 오랑캐의 임금(청의 태종) 앞에 무릎을 꿇고 신하의 맹세를 하는 치욕도 경험했다. 그리고 전국을 답사 차 유람하면서 관리들의 착취와 부정 · 부패로 인하여 도탄에 빠진 농민들의 실상도 경험했다. 그의 눈에 비친 당시의 사회는 착취와 기아, 권모와 모함, 그리고 부정과 부패가 천하에 만연하여 만백성들의 민막(民瘼)이 극에 달한 시대였다. 『반계수록』에서 그는 국정운영 각 방면의 적폐(積弊)를 통렬하게 지적하면서 그 개혁을 절규하고 있다.

반계가 추구한 최상위의 국정운영목표이자 행정목표는 양민(養民), 즉 「생활안정」 또는 「민생안정」이다(『반계수록』 1. 전제 상). 그는 "민(民)은 나라의 근본이니 그 근본이 튼튼해야 나라가 편안"하고, 정부와 국가는 '만백성의 삶의 현실'을 개선하기 위해 설치된 기구이기 때문에 당연히 국가가 제일 먼저 해야 할 일은 민생을 안정시키는 것이라고 보았다. 여기서 민생안정은 경제안정을 의미한다. 항산(恒産)을 마련하여 민생을 안정시키고 사회질서를 유지하는 것은 통치자나 행정이 해야 할 기본임무라고 본 것이다. 민생안정은 민본, 애민, 인정, 위민의 바람직한 최종 결과이자 목표라고 할 수 있다. 이는 백성은 먹을 것을 하늘로 삼고, 항산이 없으면 항심이 없다는 맹자(孟子)의 국정운영목표를 따른 것이고 오늘날의 국가운영목표와 다를 바 없다.

그는 생활안정을 달성하기 위해서는 무엇보다도 '무너진 근본을 바로 세워야' 한다고 주장하면서 인간의 욕구와 욕망을 정책(관리)의 대상으로 삼을 것을 주장하고 있다.[2] 여기서 반계가 생각하고 있는 근본은 주자학에서 추구하는 통치이념인 인간의 내면적 도덕성이 아니라 국정운영의 규범 틀인 법과 제도가 되어야 한다고 보았다. 그는 올바른 법과 제도가 존재하지 않고 만백성들의 경제적 욕구가 충족되지 않는 한 아무리 도덕(道德)과 교화(敎化)를 강조해도 그 실효성이 없다고 보았다. 국정운영에서 법 · 제도는 '장인(匠人)의 승척(繩尺: 줄자)과 같고 야인(冶人)의 모형 틀과 같다'고 하면서, 올바른 법과 제도가 없이는 나라를 다스릴 수 없다고 확신했다.

유형원은 당시의 국가가 '억압과 수탈의 지배기구'로 전락하면서 민폐와 민막이 극심하게 된 이유는 국정운영의 기본 틀인 법과 제도가 그 입법정신과 근본이치를 반영하지 못하고 있는 폐법(弊法)이기 때문이라고 분석했다. 즉 그는 왕도가 폐색된 이후부터 만사가 기강을 잃고 만백성의 삶을 위한 법제도가 아닌 폐법이 시행되어 오면서 국가는 '억압과 수탈의 지배기구'로 전락하였다고 보았다. 유형원은 지배층의 이익을 위하여 만들어진 폐법이 아무런 수정 없이 누적적으로 집행되면서, 억압과 지배, 불균형과 불공정이 일반화(문화가) 되었다고 비판했다(『반계수록』 26. 서수록후). 따라서 공정하지 못하고 천리에 반하는 제도를 개선하여 국가의 근본을 세우고 민(民)의 생활안정을 달성하는 것이 이상사회를 건설하는 지름길이라고 보았다. 그는 인간의 도덕적 규범에만 의존하는 관념적인 행정만으로는 '이익을 추구하는 백성들의 욕구'를 충족시킬 수 없다고 보고, 제도개선을 통하여 항산(恒産)과 항업(恒業)을 달성하고 나아가

2. 삼봉과 반계는 맹자의 항산과 항업을 중시하면서, 각종 법과 제도의 확립과 개선을 통하여 민의 생활안정을 도모하는 것이 국가의 행정목표가 되어야 한다고 주장하였다는 점에서 매우 비슷한 행정관을 가지고 있다. 삼봉이 제거된 이후 조선의 행정은 인간의 내면적 도덕성에 의거한 도(道)의 추구가 통치의 기본이라고 보는 주자학적 통치사상으로만 흘러 지나치게 수기(修己)와 정덕(正德)만을 강조했다. 그 결과 당쟁이 심화되고 농민들의 생활고는 극에 달했다. 이 시점에서 반계는 지나치게 도(道)에 경도된 국정운영을 비판하고 기(器)의 중요성을 강조하면서 법과 제도중심의 행정을 통하여 근본을 세우고자 했던 것이다.

민의 생활안정을 꾀하는 것이 정부가 해야 할 궁극적인 행정목표라고 주장했던 것이다. 반계는 이 생활안정을 위한 법제도 중 가장 기본이 되는 제도를 토지제도라고 보고 전제개혁(田制改革)에 가장 많은 분량을 할애하고 있다.

사실 동서를 막론하고 민중의 절대다수가 농민이었던 봉건사회의 지배적인 생산은 농업이고, 부(富)의 기본적인 형태는 토지점유였다. 더구나 동양의 고대국가에서는 자영 농민이야말로 납세와 병역, 기타 국가가 요구하는 제반 노동력의 가장 주된 의무자요 제공자였던 만큼, 이들의 성쇠는 곧 국가의 성쇠와 직결되었다. 그러므로 반계 유형원이 토지문제를 국가정책체계의 기본으로 본 것은 역시 당연하다고 본다. 맹자도 일찍이 토지제도가 국가정책체계의 가장 기본임을 다음과 같이 설파했다.

> "인정(仁政)은 반드시 경계(經界)를 정하는 것에서 시작된다. 경계가 바르지 아니하면 정지(井地)가 고르지 않고 곡록(穀祿)이 고르지 아니할 것이니, 이런 까닭에 폭군과 오리(汚吏)들은 반드시 경계를 정하는 것을 소홀히 한다. 경계를 정하는 것이 이미 바르면 토지를 나누고 녹을 제정하는 일은 앉아서도 할 수 있다."(『맹자』「등문공(상)」)

반계는 모든 백성에게 생활이 보장될 만한 땅을 나누어주고 이들로 하여금 항산(恒産)을 가지게 하는 것이 민생과 정치를 안정시키는 지름길이라 보고 토지균분(土地均分)을 내용으로 하는 정전제를 주장했던 것이다.

2. 부국강병(국력신장)

『생활안정』과 함께 반계 유형원이 추구한 국정운영목표는「부국강병」이었다. 그는 백성들의「생활안정」과 외침을 막을 수 있는「부국강병」은 최소한의 나라를 지탱하는 두 축이라고 보았다. 여기서 반계가 추구한 부국강병은 패도정치(覇道政治)의 수단으로서의 부국강병이 아니라 외세의 침범을 능히 감당할 수 있는 '나라의 부(富)와 국방력'을 의미하며 보다 정확히 표현하면 국력신장(國力伸張)이라 할 수 있다. 그는 족식(足食)과 족병(足兵)이 없으면 민신(民信)은 고사하고 궁극적으로는 나라가 붕괴된다고 확신했다. 유형원이 15살 소년기에 겪었던 병자호란의 아픈 추억은 부국강병(국력신장)에 대한 강한 염원과 청(淸)나라를 중국으로 여기지 않는 그의 화이관(華夷觀)[3] 형성에 큰 영향을 미친 것으로 보인다.

그는 늘 병자호란의 치욕과 한(恨)을 가슴에 품고 살면서, 삼전도의 치욕을 설욕하지 못한 것을 매우 한스럽게 여겼다. 부안에서 『반계수록』을 집필하면서도, 달이 밝은 밤이면 감상에 겨워 한음(漢音)으로 노래하며 거문고를 연주하곤 했다. 그 소리가 매우 아름다웠다. 연주 후에는 때때로 집 뒤 산꼭대기에 올라가 북쪽을 바라보며 눈물을 닦으니 사람들은 그 까닭을 알지 못했다. 그는 늘 오랑캐에 대한 복수와 설욕의 계책을 강구했다. 국력이 없음으로 인하여 국란의 치욕을 당했고 그로 인해 만백성이 도탄에 허덕인다고 진단한 반계는 평생동안 복수와 설욕의 계책을 강구했다.[4] 반계는 개인 스스로도 하루에 삼백 리를 가는 준마(駿馬)를 길렀다. 그리고 좋은 활과 조총을 준비하여 집안의 노복과

---

3. 반계의 관념 속에는 중화(中華)를 멸망시키고 조선을 침략한 청(淸)은 오랑캐일 뿐이었다. 그에게는 오직 명(明)만이 중국이고 중화였다. 중화는 고대 성인의 예악 · 문물 곧 도(道)가 실현된 사회 혹은 도(道) 그 자체를 의미한다. 따라서 중원 땅이라고 해서 모두 중화가 되는 것이 아니고, 도(道)가 무너지면 그 땅은 이미 중화의 세계가 아니라는 것이다. 이를 감안하면, 『반계수록』의 집필목적은 소극적 의미에서는 부국강병을 꾀하는 것이지만, 더 적극적인 의미에서는 기대할 수 없는 명(明) 대신에 조선의 중화를 건설하기 위함이라고 볼 수 있다(안재순, 2009: 83-84)

4. 반계의 화이관은 당시 집권세력인 노론의 화이관과 매우 유사하다. 그러나 당시 집권세력은 북벌론(北伐論)이라는 카드를 내밀었지만, 반계는 북벌의 허구성을 미리 간파하고 국력신장에 우선 초점을 맞추었다. 뒷날 북학파 연암 박지원(1737~1805)이 북벌론의 허구를 비판하면서, "유형원 반계거사는 넉넉히 군량을 나를 만하였으나, 저 해곡에서 서성대고 있지 않았는가?(박지원, 허생전)"라고 하면서 (북벌론보다는 국력신장을 우선시하는) 반계의 화이관의 본질을 정확하게 들여다보고 있다.(안재순, 2009: 85)

마을 사람들에게 그 사용기술을 가르치고 연습케 하니, 묘수(妙手)가 된 자들이 거의 이백여 명에 달했다. 또한 전국 각지를 답사하고 여행하면서 그곳의 험한 요새와 물과 뭍의 역참의 거리를 하나하나 대략이라도 기록했다. 이를 바탕으로 나라의 치욕을 설욕하기 위한 방책으로 『중흥위략』을 저술했다.(『반계선생연보』 현종 3년 임인, 41세)[5]

나라가 부강해야 외침으로 인한 치욕을 당하지 않을 뿐 아니라, 조선에 진정한 중화(도의 세계 또는 예속국가)를 건설할 수 있다고 본 반계는, 부국강병을 위한 제도개선과 정책개발에 혼신의 노력을 경주했다. 그 결과 부강한 군사를 훈련할 수 있는 병법서인 『무경사서초(武經四書抄)』와 『기효신서절요(紀效新書節要)』 군사작전에 필요한 지리서인 『여지지(輿地志)』와 『지리군서(地理群書)』 그리고 국토방위전략을 위한 『중흥위략(中興偉略)』등을 저술하였다. 또한 그는 부국강병한 나라를 만들기 위하여 지방행정을 중시하고 변방(울타리)을 강조하는 정책을 제시했다.

반계는 "서울은 복심이요 사방은 그 울타리인데, 울타리가 튼튼한 후에야 복심인 나라가 안정된다"는 국가관을 가지고 있었다. 이 울타리(변방) 강조사상은 율곡이 임진왜란 이전에 누누이 강조한 국정운영사상이었다. 이 부국강병을 위한 지방행정(울타리) 강조사상은 토지제도개혁, 관료제개혁, 인재등용제도개혁, 지방제도개혁 등 도처에 잘 나타나 있다. 균전제로의 토지제도개혁도 농민의 수를 증가시키고 놀고먹는 사람을 없게 하여 궁극적으로는 병농일치(兵農一致) 징병제를 통하여 울타리(변방)인 국방력을 강화시키고자 한 조치였다. 또 지방관제의 개혁이나 지방인재의 등용, 그리고 지방관직의 중시도 울타리를 강화하여 나라의 복심을 튼튼하게 하고자 한 생각에서 나온 것이다. 결국 『반계수록』을 집필하면서 반계가 추구한 국정운영목표는 만백성의 「생활안정」과 「부국강병(국력신장)」으로 요약할 수 있다.

5. 이 책은 41세에 초고를 시작하였으나, 완성하지 못한 상태에서 선생은 돌아가셨다.

3. 대동사회

반계는 국정운영의 목적을 양민(養民)과 교화(敎化)에 두어야 한다고 주장한다. 양민을 위해서는 토지개혁을 통하여 민의 생활안정을 추구했고, 교화를 위해서는 전 국민에게 균등한 교육기회를 부여하는 교육제도개혁을 통하여 만인이 『無不得其所』하는 사회를 만들려고 했다. 그가 말한 『無一物不得其所』 『萬物得其所』 한 사회(『반계수록』 26. 서수록후), 즉 '누구나 자기가 차지할 바를 차지하는 사회'가 되기 위해서는 능력 있는 자의 사회진출에 장애가 되는 신분, 혈연, 지역, 즉 가문과 지벌에 의한 차별이 철폐되어 오직 능력과 덕행에 의하여 존경받는 새로운 성취형의 평등사회가 되어야 한다고 확신했다(정구복, 1970 : 52). 결국 유형원이 국가개혁을 통하여 궁극적으로 이루고자 했던 사회는 요순시대의 평등공동체인 대동사회(大同社會)였다.

그는 공자의 왕도주의적 복고를 모델로 하여 현실을 개혁하고자 한 현실개혁주의자였다. 그는 당시의 사회를 과거 하 · 은 · 주 3대의 봉건주의 시대로 되돌아가는 것은 불가능하지만, 그 때의 좋은 제도를 당시의 시대에 적합하게 조정하여 실시한다면 삼대의 이상사회를 실현할 수 있다고 믿었다. 그는 격양가(擊壤歌)를[6] 부르던 시대를 숭모한 이상주의자였기 때문에, 국왕과 국가의 강력한 부와 힘을 키우기 위한 국정운영보다는 백성들의 여유로운 삶(富民)과 공정하고 공평한 평등사회(均分)를 보다 선호하는 왕도주의자였다.

공맹의 왕도주의(王道主義)는 무력이나 강압과 같은 물리적 강제력으로 다

---

6. 격양가는 중국 요(堯)임금 때 늙은 농부가 태평세월을 즐거워하여 땅을 치면서 불렀다는 노래. 즉 "해가 뜨면 일하고(日出而作), 해가 지면 쉬고(日入而息), 우물 파서 마시고(鑿井而飮), 밭을 갈아 먹으니(耕田而食), 임금의 덕이 내게 무슨 소용이 있으랴(帝力于我何有哉)" 이는 정치의 고마움을 알게 하는 정치보다는 그것을 전혀 느끼기조차 못하게 하는 정치가 진실로 위대한 정치라는 뜻이 담겨 있다. 이 격양가가 울려 퍼지는 사회가 대동사회다. 한마디로 임금이 있는지 없는지 모를 정도로 잘 돌아가는 무위이치(無爲而治)의 세상이 대동사회라 할 수 있다.

스리는 패도정치(霸道政治)와 대비되는 것으로서, 도덕적 교화를 통해서 순리대로 나라를 다스리는 도덕정치를 의미한다. 맹자는 인(仁)을 가장하여 실제로는 무력으로 다스리는 것을 패도라 하고, 덕(德)으로 어진 정치를 실시하는 것을 왕도라 하였는데, 힘으로 사람을 복종시키면 마음으로는 복종하지 않게 되고, 덕(德)으로 사람을 복종시키면 사람들은 진심으로 따르게 되므로, 덕(德)에 의한 왕도 정치를 해야 한다고 하였다. 원래부터 공맹의 왕도주의는 소국주의, 부민주의, 균분주의였다. 유형원은 어릴 때 병자호란의 치욕을 경험하면서 부국강병한 나라를 염원하였지만, 그가 이룩하고자 한 나라는 부국강병한 나라보다는 큰 도(道)가 행해지고 모두가 하나 되는 가장 이상적인 대동사회(大同社會)를 염원했다.

대동사회는 가장 이상적인 사회를 일컫는 말로써 예기(禮記) 예운편(禮運篇)에 나오는 말이다. 즉, 큰 도(道)가 행해지면 전체 사회가 공정해져서 현명한 사람과 능력 있는 사람이 지도자로 뽑히게 되며 신의가 존중되고 친목이 두터워진다. 그러므로 모든 사람들은 자기 부모만을 부모로 생각하지 않고 남의 부모도 내 부모와 똑같이 생각하며, 자기 자식만을 자식으로 생각하지 않고 남의 자식도 내 자식과 똑같이 생각한다. 늙은이는 여생을 편안히 마치게 되고 젊은이는 각각 자기의 적성과 능력에 맞는 일자리에서 활동하게 되며, 어린이들은 곱고 바르게 자라게 되고, 홀아비와 홀어미 그리고 의지할 곳 없고 불구가 된 사람들은 모두 편안히 보호를 받게 된다. 남자는 다 자기 분수에 맞는 일을 하게 되고, 여자들은 다 적당한 곳으로 시집가 살게 된다. 재물과 물건들이 헛되이 버려지는 것을 싫어하고, 재물을 자기 집에다 감춰 두는 일이 없으며, 열심히 노력하는 것이 자기 개인을 위한 것으로만 생각하지 않는다. 그렇기 때문에 권모술수와 같은 것이 필요치 않게 되고 도둑이나 불량배 같은 것이 있을 수 없다. 이리하여 집집마다 문을 열어 두고 닫는 일이 없다. 이러한 사회를 가리켜 대동이라 말한다. 이러한 이야기는 거의 유토피아에 대한 설명이나 다름이 없지만, 반계는 이러한 대동사회가 당시에도 가능하다고 믿었다.

유형원은 요순의 대동사회(大同社會)가 가장 이상적이고 바람직한 국가의 모습이라고 확신했다. 그렇다고 요순시대의 왕도주의를 그대로 답습한 것이 아니라 당시 시대에 맞게 적절하게 수정하고자 했다.[7] 예컨대 그는 공맹이 주장한 신분세습과 신분차별은 확신을 가지고 반대했으며, 신분이 아닌 덕행(德行)과 능력(能力)에 따라 존경받는 새로운 성취형(achievement pattern)의 계층사회를 기획했다. 어쨌든 반계는 인정이나 도덕정치를 실현시키는 것은 불가능한 것이 아니라고 믿었으며, 그는 부민(富民)과 균분(均分)을 통하여 보다 평등하고 공정한 대동사회(大同社會)를 만들 수 있다고 확신했다.

> "때에 따라 치란은 있지만 도(道)는 고금이 없다. 그러나 세속학자들은 고금의 마땅함이 다른 것으로 의심하고, 지금은 옛 도(道)를 다시 시행할 수 없으며, 따라서 인정(仁政)은 다시는 현세에 시도할 수 없다고 말한다. 그동안 혹 세상을 구하고자 뜻을 가진 사람이 나타났지만 모두 자기 마음대로 시의(時宜)를 짐작함으로써 끝내 왕도와 패도를 병용하는 지경을 벗어나지 못했다. 이것으로 후세에 비록 이름 있는 군주와 큰 보좌가 있을지라도 부국강병을 이루는데 그칠 뿐 끝내 주나라의 태평성대를 이룰 수는 없을 것이다."(유재원 「반계선생언행록」『반계잡고』)

---

7. 삼대의 이상사회의 실현과 주례의 질서를 이상적인 모델로 삼았다는 점에서, 일부 학자들은 그의 사상을 복고주의적이고 비합리적이라고 비판한다(Palais, 2008). 그러나 그는 정치적 이상모형을 공맹의 왕정실현에 두고, 당시의 현실 문제를 전혀 해결하지 못하고 있는 무력화된 조선의 통치기제를 보다 합리적인 통치기제로 재구축하고자 했다는 점에서, 그것도 엄격한 비판의식을 기초로 현실을 직시하고 문제점을 실증적으로 제기하는 연장선상에서 옛 법과 제도의 적용가능성을 검증하고 평가하려는 일관된 자세를 유지하고 있다는 점에서 단순하게 복고주의 또는 비합리적 사상이라고 비판할 수 없다. 복고주의는 과거의 법제와 체제를 이상화하고 그 재현을 추구하는 비역사적 관념이기 때문이다. 과거의 법과 제도를 철저한 고증과 분석을 거쳐 현실에 맞게 취사선택하는 것은 복고주의(復古主義)가 아니라 법고주의(法考主義)라 할 수 있다(김준석, 2003: 135).

유형원이 추구한 부국강병은 패도정치의 수단으로서의 부국강병이 아니라 왕도정치의 이상을 구현할 수 있는 국력신장의 개념에 해당된다. 부국강병은 본래 공맹이 주장한 패도정치의 대표적인 정책이다. 패도정치는 "무력을 사용하면서 인(仁)을 실천하는 것처럼 가장하는" 정치이다(『맹자』 공손추상). 도(道)가 무너지기 시작한 춘추시대의 패자들만 해도 인(仁)을 실천하는 것처럼 가장했다. 패자들은 자신들의 직분을 넘어 제후들을 규합해서 '삼왕(三王)의 죄인'이 됐지만, 효제를 권장하고 노인을 공경하며 현명하고 능력 있는 자를 임용할 것 등을 맹세하기도 했다. 그러나 맹자가 살았던 전국시대의 제후들은 인을 실천하는 것처럼 가장조차 하지 않았다. 패도정치를 추구한 대표적인 나라는 전국시대 때 진(秦)나라로서 강력한 법가사상을 바탕으로 부국강병을 이루었고, 후세의 유학자들도 이 패도인 부국강병을 많이 수용했다.

조선 후기 실학이 출현하면서 중농학파는 농업을 중심으로, 중상학파는 상공업을 중심으로 부국강병(국력신장) 정책을 추진하였다. 그러나 조선이 추구한 부국강병은 패도정치의 수단으로서의 부국강병이 아니라, 국가보위를 위한 자위차원에서의 부국강병, 즉 국력신장의 개념에 더 가깝다. 자국의 이익과 번영을 위해서라면 심지어 무력으로 다른 나라를 침범해 주권과 재산을 강탈하고, 무고한 사람들을 수없이 살상하는 그러한 패도의 수단으로서의 부국강병은 아니었기 때문이다.

유형원이 국가위주의 부국강병보다는 민생위주의 국력신장을 추구했다는 것을 증명할 수 있는 대표적인 사례는 대동법이 추구하는 '세출 내 징수(양출제입)'의 예산제도를 '세입 내 지출(양입위출)' 예산제도로 운영할 것을 제안 한 부분이다. '양출제입'은 미리 세출을 결정한 후 그것에 따라 조세를 징수하는 것으로 '국가중심의' 부국강병론에 합당한 예산운영이다. 그러나 반계가 주장한 '양입위출'의 예산운영제도는 미리 일정한 세율의 세금을 정해놓고 그에 따라 수입된 한도 내에서 세출을 결정하자는 조세법정주의임으로 '국가중심의 부국강병'보다는 '민생중심의 재정안정주의'에 알맞은 예산운영제도이다.

"경비는 일체 징수된 세금으로만 쓰고 지금처럼 세금 외의 부세는 근절한다. 만약 세금과 비용을 논의함에 있어 대동을 말하지 않는다면, 수입은 혹시 살피지 못하고 세금으로 일상적인 세출을 충당하고, 일이 있을 때마다 세금 외에 별도로 더 조달하는 것으로 안다. 그렇게 되면 세금 외로 거두는 옛 제도로 복귀하는 것이 된다. 그러므로 지금 세상에서 바라는 세금의 투명성을 충족시키려면, 현재 대동법의 지출을 헤아려 거두어들이는 '양출위입(量出爲入)'의 규정을 수입을 헤아려 지출하는 '양입위출(量入爲出)'로 바꾸어야 한다."(『반계수록』 3: 전제후록 상, 경비).

제2절 행정이념과 행정가치

1. 민본과 위민

반계 유형원이 백성을 얼마나 사랑하고 중히 여겼는가는『반계수록』도처에 절절히 잘 나타나 있다. 반계가 추구한 최고의 행정이념과 가치는 건국초기 삼봉이 도입한 주자학적 통치이념인 '민본과 위민'에서 벗어나지 않는다. 그러나 민본과 위민에 대한 해석과 그 실천방법에는 근본적인 차이가 있다. 그는『서경』의 민유방본(民惟邦本)과『맹자』의 민위귀(民爲貴) 사상을 보다 구체적이고 현실적인 개념으로 발전시켰다. 그는 국가와 정부는 기본적으로 '백성을 위하여 설치된 기구'이기 때문에 국가와 정부는 '만백성의 이익'과 '만백성의 삶의 안정'을 위하여 존재한다고 주장한다. 단순히 백성은 국가의 근본이라는 선언적 의미에서의 민본이 아닌 구체적이고 현실적인 민본의 의미를 강조했다. 그는 조선건국이후 오랫동안 주자학적 통치이념에 입각하여 '군주의 일심과 도덕적 교화를 강조하는 왕도정치'를 지향했음에도 불구하고 이처럼 난세가 지속되는 근본적인 이유가 무엇인지에 대하여 깊이 성찰했다. 반계가 찾아낸 그 이유는 "지배층의 이익을 위해 만들어진 폐법이 아무런 수정 없이 누적적으로 시행해오면서, 나라의 근본이 무너졌기 때문"으로 진단했다.

주자학적 관점에서의 정치행정은 먼저 "도(道)를 밝히면 기(器)는 저절로 회복된다"는 가정 하에 인간의 내면적인 도덕성을 밝히는데 초점을 두었다. 이에 근거하여 왕과 지도자들의 수기(修己)와 정덕(正德), 그리고 국민의 교화(敎化)가 정치행정의 초점이었다. 이러한 전제에 대하여 반계는 매우 비판적이다. 그는 왕이 민에게 하향적(downward)으로 인정과 덕을 베푸는 '정신적 도덕적 행정'으로는 '만백성의 이익'과 '만백성의 삶의 현실'을 개선할 수 없다고 보고, 실리(實理)에 합당한 법 · 제도를 만들고 이를 공정하게 집행하는 '법 · 제도중심의 행정'이야말로 국정운영의 근본이 되어야 하며, 그것이 더 민본 · 위민이라고 확신했다. 기존의 주자학에서는 '군주의 일심'과 '도덕적 수양'을 국정운영의 근본이라 보고, 그 근본을 바로 세우면 백성들의 현실적 삶은 저절로 이루어지는 것으로 해석한데 반하여, 반계는 국정운영의 근본은 '만백성들의 삶의 현실을 개선하는 것'이 근본이며 이를 위해 객관적이고 규범적인 국정운영의 틀인 법제도를 바로 세우는 것이 더 중요하다고 해석했다.

반계는 그 시대의 국정운영현황을 분석하면서 "천하의 대체가 그 근본을 잃었다"고 하면서 그 근본을 바로세우는 것이 나라가 해야 할 가장 중요한 행정가치라고 생각했다. 그가 생각하는 근본은 성리학에서 본(本)으로 주장하는 군왕과 지도자들의 내면적 도덕성을 의미하는 것이 아니라, 백성들의 항심(恒心)을 유지할 수 있게 만드는 제도적 기반을 의미했다. 그는 나라의 근본을 리(理)와 도(道)에 두지 않고, 그 리(理)와 도(道)를 유지하게 만드는 기(器), 즉 현실의 법과 제도를 더 근본적이라 보았던 것이다. 따라서 그는 백성들이 항심을 가지고 편안하게 생활할 수 있는 좋은 제도를 만들고 집행하는 것이 국정운영의 근본이며, 그 근본을 지키는 것이 「민본」을 실현하는 것이라 보았다. 즉 왕도정치를 통하여 백성을 교화시키는 것도 「위민」이지만, 그보다 더 시급하고 중요한 것은 생활안정과 현실적 욕구를 충족시켜주는 것이 더 「근본」이며 「위민」이라 보았던 것이다.

반계의 민본 · 위민사상은 개개 폐정에 대한 대안을 부분적으로 제시하는 시무론(時務論) 차원의 경장안(更張案)이 아니라 사회제도의 합리화와 생산구조의 개선 등 사회구조를 근본적으로 재검토하는 차원의 개혁안을 제시하였다는 점에서 기존의 민본 · 위민사상과는 근본적인 차이가 있다. 즉 퇴계 · 율곡시대는 사림정치의 사회적 이상을 추구하기 위한 '도학적 민본'을 강조하였다면, 반계는 '제도적 민본과 위민'을 강조하였다. 그렇다면 성리학에서의 민본과 반계 유형원이 정의한 민본은 어떤 차이가 있는가?

1) 성리학에서의 민본과 위민

원래 민본이라는 말은 『서경』의 민유방본(民惟邦本)에서 유래했다. 즉 "백성이야말로 나라의 근본이니 근본이 굳어야 나라가 편안하다(民惟邦本 本固邦寧)"라는 말 중에서 민유방본을 줄여서 일컫는 말이다. 이 민본의 이념은 고대로부터 유교의 핵심통치사상으로 이어져왔다.[8] 이 민본사상을 보다 구체적으로 정의한 사람이 바로 맹자이다. 맹자는 "백성이 가장 귀하고, 사직은 그 다음이며, 임금은 가장 가볍다"(『맹자』「진심」 하)라고 하면서, "걸주가 천하를 잃은 것은 그 백성을 잃은 까닭이다. …… 민심을 얻으면 곧 백성을 얻을 수 있고, …… 백성을 얻으면 곧 천하를 얻을 수 있다.(『맹자』「이루」 상)" 라고 하였다. 이러한 민본주의는 왕을 백성의 지배자로 보는 것이 아니라, 하늘(天)을 대신하여, 즉 하늘의 명을 받아

8. 유교의 경세사상, 즉 공 · 맹의 정치행정사상은 민본사상, 천명사상, 정명사상, 왕도사상, 인정사상, 덕치와 예치사상으로 요약할 수 있다. 그 중에서 민본주의가 가장 핵심적인 통치사상이다. 천명사상에서 나온 민본 · 위민사상을 실현하기 위해서 정명(正名)이 필요하고, 정명을 왕에게 적용한 왕도(王道)가 필요하고, 또 인정과 덕치와 예치가 필요하다고 본 것이다.

백성을 통치하는 천명의 대행자로 보는 사상과 관련이 있다. 이를 천명정치사상이라고 하는데 주자의 「대학장구서(大學章句序)」에 잘 나타나 있다.

> "대저 하늘이 사람을 내실 때부터, 이미 인의예지의 본성을 부여해 주지 않음이 없건만, 그러나 타고난 기질이 다 한결같을 수가 없기 때문에, 이로 인하여 모든 사람마다가 자기의 본성이 지니고 있는 바를 능히 깨달아 이를 온전히 하지를 못했던 것이다. 이리하여 일단 총명하고 예지가 있어 능히 그 본성을 다 발휘하는 이가 그들 사이에서 나오기만 하면, 하늘은 반드시 그에게 명하여 억조창생의 군사(君師)가 되게 하였다."(주자 『대학장구서』)

위 글에서 볼 때 왕은 하늘의 명을 받아 백성을 통치하고 교화하여 그들로 하여금 각자가 타고난 인의예지의 본성을 회복하게 하는 역할을 담당한다. 이러한 왕의 역할, 즉 하늘의 명을 수행하기 위한 왕의 올바른 도리를 왕도(王道)라 한다. 즉 왕도는 왕이 자신의 사욕을 떠나 의(義)롭게 백성을 사랑하는 것이라 할 수 있다. 결국 왕도의 가장 핵심적인 내용은 인정(仁政) 내지 애민(愛民)이라 할 수 있다. 그렇다면 하늘은 왕이 자신의 명을 잘 지키고 있는지를 어떻게 평가할 것인가? 즉 왕도를 평가하는 근거를 어디서 찾을 수 있을까? 그것은 "하늘은 백성을 통하여 보시며, 백성을 통하여 들으신다." 그리고 "백성들이 하고자 하는 바는 하늘이 반드시 따른다."라는 『서경』의 말 속에 잘 나타나 있다.[9] 왕도의 평가기준은 곧 민의요 민심이며, 그 민심이 천심이라는 것이다. 천명사상의 요지는 민심을 통하여 하늘의 명을 확인한다는 것이다.

결국 민본주의의 기본체계는 천(天), 왕(王), 민(民)이 삼위일체를 이루어 덕의 세계, 즉 인의예지의 세계를 성취하는 것을 이상으로 하는 천명정치사상을

9. 『서경』「주서」 泰誓 中, 天視自我民視 天聽自我民聽, 泰誓 上, 民之所浴 天必從之

기본으로 하고 있다. 따라서 왕으로 선택된 사람이 부덕하여 민심을 잃게 되면 민본주의의 근본이 흔들리게 된다. 맹자는 여기서 한걸음 더 나아가 왕으로 선택된 사람이 부덕하여 민심을 잃으면, 다른 유덕자가 나타나 그 왕을 왕으로 보지 않고 하나의 간악한 도적으로 보아 방벌(放伐)할 수 있다는 혁명론을 전개했다(『맹자』「양혜왕」 하). 민이 없으면 나라가 없고 민심을 얻어야 보위를 유지한다는 민본사상은 공 · 맹이래 일관되게 유지해온 유교의 통치이념이자 조선의 통치이념이었다. 그러나 이 민본사상은 구체적으로 민본을 위한 대책이나 방책, 즉 절목에 대해서는 언급하지 않은 채, 오직 인정(仁政)을 통하여 민을 배려하는 강령에 머물러 있었다. 따라서 반계 이전에는 구체적인 절목(節目)에 대해서 얘기하는 것은 그리 중요하게 여기지 않았다. 『반계수록』을 탈고하고 난 후, 친구 정동직에게 보낸 서신에서 그는 수록 집필의 이유를 다음과 같이 술회하고 있다.

> "선왕이 나라를 다스린 제도는 전기(傳記)마다 그 큰 강령은 전해지지만, 그 구체적 절목(節目)은 후세에는 고증할 수가 없다. 한 두 가지의 일을 살펴보자면, 경계(經界) · 공부(貢賦) · 학교(學校) · 공거(貢擧) · 군제(軍制)와 같은 일은 후세의 학자들이 논한 큰 강령이 매우 탁월한 듯하지만, 진실로 그 일을 거행할라치면 막연하지 않은 것이 거의 없다. … 삼대의 법제는 모두 천리(天理)를 따라 제도를 만들었지만, 후세의 법제는 모두 인욕(人欲)을 따라 제도를 만들었다. 인욕을 따라 만든 제도를 시행하면서 국가의 치세(治世)를 실현하고자 하니, 천하에 어찌 그렇게 될 이치가 있겠는가?"(『반계선생연보』 현종 12년 신해, 선생 50세)

위 글에서 총론적이고 관념적인 민본이 아닌 현실적이고 구체적인 민본을 중시하는 그의 사상을 엿볼 수 있다. 반계가 죽은 후 100여 년이 흐른 후, 『반계수록』을 출판하기로 결심한 영조(英祖)와 화성을 건설할 때 이 책을 열람한 정조(正祖)도 세세한 절목에 이르기까지 만백성의 현실적 삶을 위해 수고를 아끼지 아니한 그의 현실적이고 구체적인 위민정신에 감탄을 표하고 있다.

2) 반계가 정의한 민본과 위민

반계 유형원의 민본 · 위민행정사상은 도덕적 성숙인 교화(教化)와 물질적 풍요인 양민(養民)의 조화를 강조하는 맹자의 왕도정치(politics of kingship)사상에서 많은 영향을 받은 것은 사실이다. 그러나 왕도정치의 핵심인 민본과 위민의 실현방법에 대해서는 견해를 달리한다. 맹자의 왕도정치는 인정(仁政)이라는 도덕정치를 통해 백성들로 하여금 자발적으로 복종을 확보하는 정치이다.

이 왕도정치는 양민(養民)에서 출발하여 교민(教民)으로 완성된다. 맹자는 선심(善心)과 선법(善法)이 모두 갖추어져야 좋은 정치가 가능하다고 하면서도 (『맹자』「이루」상), 교민이 제도보다 더 근본적이라고 본다. 선정(善政: 예악형정)은 선교(善教)로 민심을 획득하는 것보다 못하다고 주장한다. 이에 대하여 반계는 좋은 제도를 통한 항산이 있어야 좋은 정치와 교민이 가능하다고 보면서 제도의 중요성을 강조한다.

그는 "도는 일찍이 기를 떠나서 홀로 행해지지 않는다"는 확신을 가지고 있었다. 그는 나라의 근본을 이(理)와 도(道)에 두지 않고, 그 이(理)와 도(道)를 유지하게 만드는 기(器), 즉 현실의 법과 제도를 더 근본적이라 보았던 것이다. 항산이 없으면 항심이 있을 수 없다고 본 반계는 백성들이 항심을 가지고 편안하게 생활할 수 있도록 좋은 제도를 만들고 이를 실현시키는 것이 더 「근본」이고 「위민」이라고 본 것이다. 이는 위민의 실천에 대한 관점의 차이이다. 즉 행정의 존재이유는 위민(爲民: for the people)에 있고, 그 위민의 구체적 실현은 나라의 근본을 바로세우는 일이라는 명제는 기존의 왕도정치와 다르지 않지만, 그 근본을 무엇으로 보는가에 대해서는 완전히 의견을 달리한다.

그는 국정운영의 근본을 사회제도의 합리화와 사회구조의 개선에서 찾으려고 하였다. 그동안 지나치게 도덕적 교화를 본(本)으로 생각하고 양민이나 항산을 말(末)로 생각해온 그 당시의 국정운영행태를 비판하면서 반계는 '국정운영에는 무엇이 근본이 되어야 하는가?' 에 대하여 기존의 주자학적 시각과는 그 견해를 달리했다. 그는 주관적이고 도덕적인 접근으로 「민본」을 실천하고자 한 맹자의 접근방법을 완전히 전환시켜 객관적인 법제도를 통하여 「민본」을 실현하고자 했다. 그는 '항산이 없으면 항심이 없고', '교학이란 양민을 기다린 연후에야 비로소 가능하다'는 맹자의 행정적 사유를 실제 국정운영에 반영했든 것이다. 맹자는 항산의 중요성을 강조는 했지만 실제 국정운영의 근본은 항심에 두어 왕도정치를 주장했었다. 반계는 이러한 기존의 국정운영시각을 완전히 변화시킨 것이다. 즉 도와 교화 중심의 수기행정에서 '객관적 규범을 통한 법제도 중심의 행정'이 보다 더 「위민」과 「민본」을 충족시킬 수 있다고 본 것이다. 즉 왕도정치를 통하여 백성을 교화시키는 것도 「위민」이지만, 그보다 더 시급하고 중요한 것은 생활안정과 현실적 욕구를 제도적으로 충족시켜주는 것이 더 「근본」이며 「위민」이라 보았다.

반계는 인간과 자연의 합일을 강조하는 주자학적 세계관에서 벗어나 인간은 '자연을 인식하고 사물을 분별할 수 있는 존재'인 동시에 '이익과 욕망을 추구하는 존재'로 보고, 수기와 도덕만을 강조하는 관념중심의 행정보다는 실리(實理)에 합당한 법제도중심의 행정행위를 통하여 민의 경제와 후생을 충족시키는 것이 보다 현실적이고 진정한 민본 · 위민행정이라는 논리를 폈다. 그러면서도 그 논증의 근거를 성리학의 본말론, 주정론, 체용론에서 찾고 있다. 그는 관료들의 자의적인 행정행위를 방지하면서 동시에 백성들의 경제활동(항산과 항업)을 충족시키기 위해서는 수기와 도덕에만 의존하는 행정만으로는 항산과 항업을 원하는 인간의 욕구와 욕망을 충족시킬 수 없다고 보았다. 그는 인간의 욕망을 가치중립적으로 보고 이를 개인윤리적인 문제로서보다는 통치의 대상으로 다루어야 한다고 본 최초의 실학자였다(박충석, 1982 : 87). 그는 인욕의 내적 다스림도 중요하지만 그 인간의 욕구에 합당하게 대응하는 제도적 규범도 중요하다고 보았으며, 그 모범을 고법(古法) 또는 성인지제(聖人之制)에서 찾고자 했다.

반계는 인간의 욕망은 밖으로부터 규제해야 한다는 객관적 제도주의를 중시했다. 그에게 있어서 좋은 행정이란 인간의 욕구와 이기심을 전적으로 멸하도록 강요하는 것이 아니라, '실리에 합당하고 공정한 법제도'를 통하여 백성들 스스로 자신들의 '활심(活心)'을 이용하여 욕구와 이기심을 다스릴 수 있도록 유인하는 것이라고 보았다. 반계는 백성들은 비록 어리석지만 자기들에게 이롭고 득이 되는 것이 무엇인가를 분별하고 판단하는 인식능력과 이성을 가지고 있다고 보았다. 그는 실리와 시대에 적합하지 않는, 그것도 사심에 의하여 만들어진 법제도로는 민의 신뢰를 받을 수 없다고 생각했다. 나라를 다스리는 데 가장 중요한 것이 민신(民信)이라고 했던 공자의 행정적 사유를 보다 구체화하여, 실리와 시대적 상황에 적합한 법제도를 통하여 민의 신뢰를 얻는 행정이 가장 바람직한 민본이자 위민행정이라고 본 것이다.

주자학적 관점에서의 위민이 지배자의 입장에서 '하향적으로(top-down)' 사랑을 베푸는 또는 백성의 생존과 안정과는 거리가 먼 정신적「위민」이었다면, 반계의 위민은 서민의 입장에서 '상향적으로(bottom-up)' 백성이 절실히 요구하고 원하는 문제를 법과 제도로 해결해주는 현실적 · 공리적「위민」이었다. 그는 철저하게 민의 시각에서 국정운영과 행정을 바라보았다. 이러한 시각과 사상은 평생을 농민과 함께 생활하면서 밑으로부터 국정운영의 문제점을 경험한 결과로 볼 수 있다. 농민의 입장에서 본 중앙의 행정은 백성들의 고뇌와 어려움을 알기는커녕 오히려 착취하고 군림하는 지배자요, 파당과 공리공론만 일삼는 지배계층만의 행정에 불과했던 것이다. 반계에게 있어서 위민과 애민은 관념적인 것이 아니라 그들의 욕망을 채워줄 수 있는 현실적이고 효과적인 것이며, 동시에 지속적이고 영구적인 것이어야 했다. 고공제, 녹봉제, 공거제, 공전제, 병농일치제 등 반계가 제안한 사회개혁정책은 이러한 현실적이고 구체적인 행정이념에 입각한 실용적인 정책들이었기 때문에 실학의 학풍을 연 사람으로 평가되고 있는 것이다.

반계의 민본 · 위민사상은 개개 폐정(弊政)에 대한 점진적 대안을 제시하는 성리학적 구폐책이 아니라, 사회제도의 합리화와 생산구조의 개선 등 사회구조를 근본적으로 재검토하는 개혁안을 제시하였다는 점에서 기존의 민본 · 위민사상과는 차이가 있다. 그는 국정운영에 있어서 가장 중요한 것은 실리(實理)에 합당한 법 · 제도의 공정한 시행이며, 치자(治者)는 이 좋은 제도(기준 틀)가 있음으로써 비로소 양치(良治)가 가능하다고 확신했다(『반계수록』 4. 전제후록하). 즉 행정의 성공여부는 법과 제도의 합리성을 높여 그 공리적 효과를 극대화함에 달려있다고 본 것이다.

반계의 민본은 율곡의 시무 사상과 무실사상으로부터 많은 영향을 받았다. 그러나 율곡이 주로 개개 폐정에 대한 대안을 왕에 대한 진언을 통해(소, 차 등의 상소문) 제시한데 반하여, 반계는 사회제도의 합리화와 사회구조를 재검토하는 개혁안을 학문적인 연구와 체계적인 저술을 통하여 제시하였다는 점에서 차이가 있다. 또한 율곡은 사림정치의 사회적 이상을 추구하기 위한 '도학적 민본과 위민'을 더 강조하였다면, 반계는 '제도적 민본과 위민'을 더 강조하였다. 『반계수록』은 각종 제도의 불합리성을 배제하여 제도의 공리적 효과를 높이려는 데 그 목적을 두고 있다고 볼 수 있다.

2. 실리적합성과 합법성

『반계수록』 전편에 흐르고 있는 반계의 기본사상을 요약하면 조선왕조의 법체계를 전면적으로 부정하고 새로운 입법정신에 의하여 국가제도의 전반에 걸쳐 개혁이 이루어져야 한다는 진보적 개혁사상이다. 반계는 당시의 정치적 사회적 폐단이 군주의 일심보다는 사욕에 의해 만들어진 폐법(弊法) 또는 비법지제(非法之制)에서 연유한다고 보았다. 그는 정치행정의 핵심은 군주의 일심에 달려있는 것이 아니라 법과 제도를 잘 정비하는 것이라고 보고, 좋은 행정이란 시대에 적합하고 실리(實理)에 합당한 법 · 제도를 만들어 그 법과 제도를 공정하게 집행하는 것이어야 한다고 보면서 행정의 실리적합성과 합법성을 강조하고 있다.

반계는 주자학에서 강조하는 천리(天理), 즉 자연의 법칙이나 도덕윤리를 강조하여 현실적인 인간의 욕구인 인욕을 규제하는 행정보다는 천리와 인욕을 동시에 충족시킬 수 있는 실리(實理)에 합당한 법과 제도를 만들어, 이를 국정운영의 규준으로 삼는 것이 보다 좋은 행정이라고 보았다. 유형원은 철저하게 천리에 기초해서 인욕을 충적시키는 것이 사회질서를 유지하는 길이라고 보았다. 그는 "대체로 천하만사는 단지 두 가지뿐이니, 천리와 인욕이 곧 그것"이라고 주장하면서, 국정운영은 천리의 추구와 인욕의 절제라는 양면성을 동시에 추구해야 한다고 보았다(『반계수록』 2. 전제 하). 따라서 그는 '천리에 따른 인욕의 충족'이 현실적으로 가능하려면 실리가(에) 잘 반영된(합당한) 법제도를 국가운영의 기준 틀로 삼아야 한다고 주장한다. 즉 국정운영을 위한 각 제도와 정책에는 이를 작동케 하는 기본원리와 이치, 즉 실리가 있으므로 이를 밝혀내고, 그 이치와 원리에 합당한(어긋나지 않는) 법제도를 만들어 인욕을 충족시키는 것이 현실적 위민이며, 궁극적으로는 이상세계를 건설하는 것으로 보았다. 반계는 국정운영에 있어서 가장 중요한 것은 좋은 법과 제도의 시행이며, 치자(治者)는 이 "좋은 법과 제도가 있음으로써 비로소 양치(良治)가 가능하다"고 주장하면서, 법에 대한 자신의 견해를 다음과 밝히고 있다.

> "법이란 장인의 승척(繩尺: 노끈으로 된 자)과 같고 야인(冶人)의 모형 틀과 같은 것으로서 승척이 올바른 것이 아니고 모형 틀이 올바른 것이 아니면 비록 천하에서 제일가는 양공(良工)이 있다고 하더라도 한 칸의 집과 한 개의 그릇을 만들 수 없듯이 올바른 법과 제도가 없이는 나라를 다스릴 수 없다."(『반계수록』 4. 전제후록 하)

반계는 국정운영은 올바른 법과 제도에 의하여 이루어져야 하는데 실리에 합당하지 않은 법과 제도로는 국가를 다스릴 수 없다고 주장하고 있다. 이처럼 반계에게 있어서의 법이란 성왕(聖王)의 정치를 보조하기 위한 보조수단으로서가 아니라 올바른 정치를 하기 위한 근본적인 틀(basic frame)로 보았다고 할 수 있다. 따라서 반계가 추구한 행정이념은 법에 의한 행정, 즉 합법적인 국정운영이라 할 수 있으며, 이 합법적인 행정을 위해서는 무엇보다도 실리에 합당한 법과 제도를 만드는 것이 우선이라고 보았던 것이다. 조선의 국정운영시스템을 설계한 삼봉 정도전이 추구한 합법성은 덕치의 보조수단으로 주장한 것이라면, 반계의 합법성은 덕치의 보조수단이 아니라 오히려 (합리성과 함께) 덕치의 근본이라고 생각한 것에 차이가 있다.

반계가 지향하는 법제도개혁 접근방법은 매우 합리적이면서도 진보적이고 현실적이다. 예컨대 노비법의 개혁은 반드시 필요하지만 일시에 혁파할 수 없는 인습이 존재함으로 그것에 따르는 것이 또한 정치라고 보고 있고, 반대로 양반의 폐습, 토지제도의 개혁, 과거제도의 혁파 등을 주장함에 있어서는 시속과 인습을 단호히 배제하고 군주의 철저한 개혁을 주문했다. 그는 시속(時俗)을 해석하기를 "시(時)는 군상(君相)이 하는 것이고, 속(俗)이라는 것은 정치에 따라 이루어지는 것"이라고 하고, "옛것에서 변화시키는 것을 어렵게 여기고 임시 간편하고 구차하게 하려는 것은 모두 정치행정을 아는 자가 아니다"라고 하고 있다. 이처럼 법과 제도를 개혁하고 개정하는 것은 본래 어려운 것이 아닌데, 단지 윗사람이 행하지 않을 뿐이라고 하여 모든 개혁은 군(君)의 결단력에 달려 있다고 강조하고 있다. 즉 지도자의 개혁의지와 리더쉽(leadership)에 달려있다는 것이다. 이러한 철저한 진보적 개혁사상은 당시의 법제를 조종지법(祖宗之法), 선왕지법(先王之法)이라 하여 개혁을 아주 꺼리던 수구주의(守舊主義)와는 대조적인 것이며 이는 후에 다산의 개혁사상이 담긴 『경세유표』로 이어진다.

3. 공정성과 공평성

반계는 인간의 욕구와 욕망을 충족시키기 위해서 정부는 무엇을 해야 하는가에 대하여 종합적으로 사유하고 철학한 사회과학자였다. 그동안 농민들이 받은 고통과 불이익은 모두 공정하지 못한 정책과 제도에서 비롯되었다고 보고 사회제도와 구조의 모순에서 오는 폐정과 역기능을 제거하지 않고는 안민과 위민을 달성할 수 없다고 생각했다. 항산(恒産)과 항심(恒心)을 유지할 수 있는 올바른 제도를 만들고 이를 집행하는 것이 위민행정이라고 본 것이다. 그는 각종 제도의 결정과 집행이 공정하지 못하고 공평하지 못하면 정책과 제도가 의도하고 있는 효과를 거둘 수 없을 뿐만 아니라 진정한 위민과 애민이 아니라고 보았다. 따라서 그는 국정운영과 행정에서 지켜야 할 도(道)로서 공정과 공평을 지극히 중요한 가치로 생각했다(송주영, 1979 : 26).

반계가 추구한 행정이념인 공정성과 공평성에 대한 강조는 인구관리정책과 토지제도개혁정책 뿐만 아니라, 노비제도 자체를 폐지하여야 한다고 주장한 신분제도개혁 등『반계수록』도처에서 발견할 수 있다. 특히 그는 민으로부터 자원을 추출하는 조세제도와 조세행정에서의 공정과 공평을 강조하고 있다. 농업이 번창해야 국부를 이룰 수 있다는 주장을 펴면서, 농업은 본(本)이요 기타 업은 말(末)이니 본(本)인 농업을 포기하지 않게 하기 위해서도 말(末)인 타 업에도 응분의 과세를 해야 한다고 주장했다. 농민에게 과세를 하면서 타 업자에게 과세를 하지 아니하는 것은 공평하지 못하다는 것이다(『반계수록』 1. 전제 상). 당시는 대동법의 부분실시로 인하여 상업과 수공업이 번창하고 있었음에도 불구하고 이에 대한 과세는 이루어지지 않았다. 반계는 수익이 있는 곳에는 모두 과세하는 것이 공정하고 공평한 행정이라 보았던 것이다. 이 점은 각종의 세원을 포착하여 모두 과세하여야 된다는 현대재정학의 공평과세의 원칙과 동일한 주장이다.

반계는 조세행정에서 공정과 공평을 잃으면 근본이 무너진다고 보았다. 과

세결정에서 반드시 거쳐야 할 토지의 등급결정에 대해 언급하면서, 기존의 6등급은 너무 거칠고 불공평하게 되므로 9등급(상상, 상중, 상하, … 하하)으로 세분하여 부과의 공평성을 기할 것을 역설하고 있다. 같은 1등지라 할지라고 호남 1등지와 영남 1등지가 상이하고, 이 읍의 6등지와 저 읍의 6등지가 상이함에도 불구하고 획일적으로 6등급으로 거칠게 분류한 것은 양전관리(量田官吏)의 무능과 무식의 소치라고 비판하고 있다.(『반계수록』1. 전제 상).

반계는 공평과세의 원칙에서 한걸음 더 나아가서, 조세는 반드시 그 금액과 과세표준, 그리고 그 세율을 과세주체와 납세의무자 쌍방이 일목요연하게 이해할 수 있게 반포(頒布)하고, 또한 불부합(不符合)이 있는 경우 이의신청(異議申請)의 길을 허용해야 한다고 주장했다. 관(官)이 정한 등급이 불공정할 때에는 백성으로 하여금 고(告)하게 하고 관(官)은 동네사람들과 상담하고 다른 토지와 비교하여 보고 연후에 수령은 반드시 친히 조사하여 정정(訂正)하라고 논하고 있다(『반계수록』 전제고설). 공정한 조세행정을 위하여 관(官)과 민(民)이 서로 협의하는 관계, 즉 〈지도-참여〉의 관 · 민 관계를 상정하고 있다는 점에서, 그리고 행정공개를 통하여 '국민의 알권리'와 '공정하게 대우받을 권리'를 제도화하고 있다는 점에서 주권재민의 위민개념으로까지 발전하고 있음을 볼 수 있다. 비록 그 참여의 개념이 오늘날의 주권적 · 적극적 참여의 개념이 아니라 배려차원에서의 소극적 · 형식적 참여의 색채가 짙지만, 세입행정과정에서 민의 의견을 수렴하고자 했다는 점에서 관인지배시대인 그 당시로는 대단히 진보적인 사상이라 할 수 있다.

4. 절약과 능률성

반계는 도학적 행정사상으로부터 벗어나 사회제도의 합리화와 사회구조의 개선에 중점을 둔 '제도중심의 행정'을 주창했기 때문에 행정이 추구해야 할 최고의 행정이념으로 공정성과 공평성을 설정한 것은 너무나 당연하다. 법 · 제도의 결정과 그 집행이 공정하고 공평하지 못하면 나라의 근본이 무너지기 때문이다. 공정성과 공평성 다음으로 중시한 행정이념은 국정운영을 담당하는 왕과 관료들의 '절약과 능률'이었다. 공정과 공평이 주로 추출정책과 세입행정에서 지켜야 할 행정이념이라면, 절약과 능률은 주로 세출행정과 국정운영 전반에 적용되는 행정이념이다. 위민행정은 민의 부담을 들어주고 안민을 달성해야 하는데, 나라 살림살이의 규모나 정부조직이 방만해서야 어찌 위민행정이라 할 수 있겠는가에 초점을 두고 반계는 과감한 구조조정(restructuring)을 주장하였던 것이다. 유형원은 조선시대의 사상가들 중에서도 가장 강력하게 구조조정과 감축관리(cutback management), 그리고 간소한 정부를 통하여 민의 생활안정과 부담감소를 주장한 학자였다.

> "벼슬이 번거로우면 일이 번거롭고 일이 번거로우면 백성이 흐리고 시끄럽다. …… 현재에는 벼슬제도가 지극히 번거로워서 마땅히 줄여서 간략하게 할 것이니 긴요한 벼슬이 줄어진 연후에야 관기(官紀)가 밝아지고 관기가 밝아진 연후에야 어진 재주가 그 직책을 다 할 수 있어 다스림이 이루어지는 것이다."(『반계수록』 15. 직관지제)

절약과 능률, 그리고 감축관리사상은 그의 관제개혁론에 특히 잘 나타나 있다, 예컨대, 동서반의 구분폐지, 비변사의 폐지 및 관료기구의 계층제적 편제강화, 제조(提調)와 체아직(遞兒職)의 폐지[10], 겸직제의 폐지, 임시관청의 설립

---

10. 조선은 6조의 소속관사 거의 전부가 타관원(他官員) 겸직의 제조제도에 의하여 그 서무가 관할되었다. 제조(提調)란 중앙조직인 각 사(司) 또는 청(廳)의 우두머리가 아니면서 각 관아의 일을 다스리던 겸직 직책을 말한다. 체아직이란 조선에만 있는 아주 특별한 관직으로서 현직을 떠난 문무관(文武官)에게 특별한 경우에 녹봉을 주기 위하여 만든 벼슬을 말한다. 주로 한 개 직(職)에 여러 명을 임명하여 돌아가면서 근무하고 근무한 만큼 녹봉을 받는다. 의빈부 돈녕부는 말할 것도 없고 충훈부, 충의부, 중추부, 오위도총부, 훈련원 등이 여기에 해당된다.

금지와 정부기구의 대폭적인 축소, 양입위출의 예산원칙 등은 '절약과 능률'이라는 그의 감축관리사상이 잘 반영되어 있는 부분이다.

『반계수록』「직관지제」에서 주장하고 있는 구조조정(restructuring)이 모두 이루어진다면 종래 관직의 55%, 그리고 관료수의 40%나 줄어들게 된다.[11] 반계가 살던 당시의 조선은 재정의 문란이 극심하여 연간예산을 편성하여 계획적으로 나라 살림을 꾸려갈 수 있는 상황이 아니었다. 왕실과 정부조직, 그리고 관료들은 존재하는데 이를 움직이는 재정은 그 어디에도 없었다. 그 때 그 때 필요하면 농민에 착취하여 쓰는 정도에 불과했다. 국가개조론에 가까울 정도로 과감하게 구조조정을 주장한 이유는 방만한 국정운영과 착취에서 오는 백성들의 고통을 드는 방법은 오직 정부의 지출과 낭비를 줄이는 것이라 생각했기 때문이다. 반계의 작은 정부론(small government)은 국민의 경제생활에의 개입 정도를 최소화하고, 정부의 기능을 축소하여 '보이지 않는 손(invisible hands)'에 의한 자원의 효율적 배분을 달성해야 한다는 현대 자본주의국가의 작은 정부 옹호론과는 그 의미가 다르다 할지라도, 그가 의도하는 행정가치가 세입의 범위 내에서 능률적이고 효율적인 행정을 지향하고 있다는 점에서는 큰 차이가 없다.

특히 당시 왕실 착취의 근거지가 되어 있던 내수사(內需司)를 폐지하고, 왕실 마음대로 예산을 결정하고 조세와 진상품을 징수한 왕실재정(civil list)을 부중(정부)에서 지원하는 일정한 예산으로 제한하여 투명하게 지출하도록 해야 한다는 왕실재정의 축소안은 당시의 세습군주국가에서 어느 누구도 감히 주장할 수 없는 가장 진보적이고 혁신적인 사상이다. 반계는 행정의 중복요인을 철저히 제거하여 조직을 간소화하고, 명령계통의 질서를 잘 살려 능률적인 관료조직으로 만드는 것이 곧 위민행정이라고 확신했다. 반계 유형원의 절약과 능

11. 반계의 주장에 따라 관직을 간소화 했을 때, 그 폐지되고 통합되어야 할 관사(官司)의 수는 49개로(『반계수록』15. 직관지제 상) 종래 관사 수의 약 55%가 삭감되는 것이 된다. 경관직의 관원수로 보면 9품 이상이 540명이면 족해서 기존 수에 비하여 40%가 줄어들게 된다(『반계수록』16. 직관지제 하).

률행정사상은 1970년대 후반 2차에 걸친 석유위기로 인해 전 세계에 불어 닥친 자원난시대(era of slow-down)에 등장했던 감축관리사상과 최근 불어 닥친 세계 글로벌 금융위기(2009)와 유럽재정위기(2011)로 인하여 대두된 국정운영의 도덕성과 재정건전성을 강조하는 국정운영사상과 한 치도 다르지 않다. 절약과 능률을 강조하는 행정이념은 시대를 초월하여 강조되는 불가역(不可易)의 행정이념이다. 『반계수록』의 관료제개혁론 저변에 깔려있는 반계의 행정사상은 관료조직을 대폭적으로 축소하여 낭비요인을 철저하게 제거해야 한다는 능률주의 행정사상이다.

제3절 공직윤리

1. 공사구별

유형원은 국정운영을 담당하는 관리들이 우선적으로 지켜야 할 윤리는 공(公)과 사(私)를 명확히 구분하고 공(公)을 위해 일하는 공도정신이어야 한다고 주장한다. 그는 "법률을 만드는 사람이 사적인 이해관계에 영향을 받으면 모든 일이 잘못된다."고 주장하면서 "나라의 일을 처리하고 제도를 입안할 때에는 조금이라도 사적인 이익을 개입시켜서는 안 된다."는 것을 강조했다(『반계수록』 19: 16-17).

반계는 공(公)과 사(私)의 구별을 누구보다도 강조하고 공직자들의 공도(公道) 정신이 그들의 가장 중요한 공직윤리라고 강조하면서도, 실제 그것이 지켜지지 않는 이유는 공직자 자신의 도덕적 해이(moral hazard)에도 그 원인이 있지만, 제도 자체가 공 · 사를 구별하지 못하도록 잘못 설계 · 운영된 데에도 그 원인이 있다고 분석했다. 그는 제도개선을 통하여 공사혼용의 행정문화를 바꾸려고 했다. 당시 정부 관서에는 공무에 필요한 물건과 개인적인 물건이 서로 혼용되어 사용되고 있었고, 그 둘의 혼용을 막는 엄격한 방법이 존재하지 않았다.

예컨대 녹봉을 지급하지 않으면서 청렴과 공도정신을 강조한다든가, 기관을 운영할 예산을 지원해 주지 않으면서 사신과 손님을 접대하게 하는 일은 모두 공(公)과 사(私)를 구별할 수 없게 만드는 제도라는 것이다.

유형원은 국정을 운영하는 공적(公的)인 과정에 사익(私益)의 개입을 차단하고, 공(公)과 사(私)의 구별을 제도적으로 명확히 하기 위해 예산제도를 국정운영의 기본 틀(basic framework for governance)로 활용하고자 했다. 국정운영을 위한 모든 비용은 백성들로부터 합법적으로 거두어들인 세금을 재원으로 하여 연간 지출경비를 확정하고, 각 관청에서는 그 재원으로 지출계획을 세워 행정에 필요한 물품을 시장에서 사도록 한 것이다. 즉 조(租) · 용(庸) · 조(調) 3원(三元) 조세체제를 조(租) 일원(一元) 조세체제로 개편하여 조세행정과정에서의 사익의 개입을 차단하고자 했고, 모든 관원들의 녹봉과 국정운영에 필요한 기본경비를 충분히 반영한 '양입위출(量入爲出)'의 세출예산제도를 통하여 '공사혼합의 행정문화'를 개선하고자 했다. 특히 아무리 긴급한 경우라 하더라도 백성들로부터 현물부담을 요구할 수 없도록 했으며, 국정운영에 필요한 모든 물품은 미리 정해진 경비(예산) 범위 내에서 시장에서 구입하도록 했다. 구입비용도 미리 국가에서 시중가격보다 높게 결정해 놓고, 정부가격에 따라 매입함으로써 상인이나 생산자의 이익이 모두 손상되지 않도록 했다.

그는 과거 대동법 시행 초기 정부의 관원들이 공권력을 이용하여 상품구매가격을 협상했기 때문에 상인들의 손해가 심했고, 상품유통과 시장이 위축됐다고 판단했다. 이러한 폐단을 없애기 위하여 정부가 물품을 구입할 경우 미리 시장가격보다 넉넉한 정부구매가격을 예산에 반영해 놓고, 그 가격에 따라 물품을 매입하도록 했다. 그 당시에는 상업이나 시장의 기능이 활성화되어 있지 못한 상황이었기 때문에 정부가 예산지출을 통하여 주도적으로 상업과 물류유통을 활성화해야 정부와 시장 모두가 이익을 볼 수 있다고 생각했다. 이 정부구매가격제도는 오늘날 예산서에 첨부되는 가격목록이나 조달청이 발행하는 물가정보의 근원이기도 하다.

유형원은 부패하고 탐욕스러운 관료들의 뇌물추구 행태를 개선하기 위해서는 공직자 스스로 몸과 마음을 수양하여 도덕성을 함양하는 것도 중요하지만, 이익을 추구하는 인간의 본성을 자극하지 않도록 뇌물수뢰가 이루어질 수 있는 환경과 구조를 개선함으로써 가능하다고 보았다. 그는 제도변화를 통하여 관료의 행태를 바꾸고자 했다. 예컨대, 전 관료들에게 녹봉을 지급하여 '생계형 부패'의 원천을 차단하고자 했으며, 현물을 납부하는 공물과 진상을 미곡이나 전포로 일원화시키고, 정부가 필요로 하는 물품을 시장에서 그것도 관료가 아닌 중간상인을 통하여 구입하게 한다면 중간수탈과 권력개입으로 인한 불공정한 거래행위를 차단할 수 있다고 보았다.

그는 만약 정부조직이 상품이 필요할 때마다 관리들이 직접 구입한다면 구매에서 부정을 막기가 어렵겠지만, 상인의 이익을 보장할 정도의 구매가격을 미리 예산에 책정하고 구매담당자인 공인(貢人)에게 그 자금을 배정하면, "그들은 그 자금을 가지고 가족을 돌보거나, 시장에서 물건을 사거나, 가격이 낮은 곳에 가서 물건을 살 수 있는 구매자를 찾거나, 물건을 미리 예약했다가 필요할 때 구매할 수 있을 것"이라고 주장했다. 이런 방법은 농민들이 상품(현물)을 가지고 올 때마다 서리들이 뇌물을 요구하는 현재의 공납제도보다는 좋을 것이라고 확신했다(『반계수록』 19 : 15). 이러한 그의 주장은 오늘날 자본주의에서 볼 때 이익을 추구하는 인간의 경쟁 심리와 중간매개인(공인)의 이익추구행태를 지나치게 순진하게 가정하고 있다고 볼 수 있으나 그 당시의 공납폐해를 방지하기 위한 개선안으로는 획기적이고 진보적인 주장이었다.

2. 청렴, 근면, 근신

반계 유형원은 수기치인(修己治人)의 학문을 익힌 유학자였지만 수기(修己)에 대해서는 구체적으로 논하지 않았다. 그러나 그는 공직을 담당해야 할 관료의 선발은 반드시 '도덕적 지식과 행동' 그리고 '직무수행능력'을 동시에 평가해야 한다고 주장하면서, 덕행(德行)과 능력(能力)을 고루 갖춘 관리들을 등용하여야 자신이 구상한 국가개혁과 이상사회를 달성할 수 있다고 보았다. 그에게 있어서 인재를 선발하는 중요한 평가기준은 바로 도덕성이었고, 효율성과 능력은 그 다음이었다.

반계는 좋은 행정은 '자신의 권력을 공적으로 잘 쓸 수 있는 관료'를 선발하는 것이 가장 중요하다고 생각하고, '균형 있는 지식을 가진 인재의 양성'과 '덕행과 능력(자질)이 우수한 자를 선발할 수 있는 제도의 개발'에 지대한 관심을 가졌다. 예컨대, 문벌을 중시하는 서경제도(署經制度)는 덕행과 능력이 있는 인재를 등용하는데 하등의 도움이 되지 않는다고 주장하면서 반드시 폐지할 것을 주장했으며, 또한 인간의 덕행과 능력의 평가는 한 번의 시험으로는 그 목적을 달성할 수 없으며, 오래 동안 그를 지켜 본 사람들의 추천과 심층적 면접평가를 통해서만 가능하다고 주장하면서 과거제도의 폐지를 주장했다. 그는 관료의 선발은 종래와 같은 시문(詩文)이나 경전(經典)보다도 덕행과 견식에 기준을 두어야 하며, 광범위하게 인재를 발굴하여야 하고, 문벌이나 신분계층에 구애받지 않아야하며, 철저하게 교육과정을 거친 검증된 자에게 기회를 주어야 한다고 생각했다. '인간의 덕행과 재능의 평가는 면접과 추천에 의하여 이루어져야'한다는 것이 그의 교육제도 및 관직등용제도 개혁의 기본이 된다.

반계는 그의『반계수록』에서 직접적으로 공직자의 윤리를 논하고 있지는 않지만 교육제도와 인재등용제도 개혁론에서 제시하고 있는 관료들의 행동규범을 유추해보면 삼봉이나 율곡이 주장하고 있는 공직윤리관에서 벗어나지 않는다. 그는 조선 건국의 초기 삼봉 정도전(鄭道傳)이 주장하고 태조가 교시한 고과법(考課法)을 그대로 수용하고 있다. 그 고과법에 따르면, 목사 · 감사 · 수령 · 현령 등 관료들의 근무성적은 '공무수행과정에서 관리들의 행동과 태도가 얼마나 선했으며 도덕적이었는가'에 대한 평가기준인 〈선 · 악의 법〉과 '관리들이 수행해야 할 각 행정영역별 업무를 얼마나 잘 달성하였는가'에 대한 평가기준인 〈전 · 최의 법〉으로 평가할 것을 상세하게 명시하고 있다(「경제문감」

하, 『국역삼봉집』 2 : 97-98). 〈선 · 악의 법〉에서는 공직자의 올바른 근무태도인 선(善)의 평가기준은 공(公), 염(廉), 근(勤), 근(謹)이며 악의 평가기준은 탐(貪), 포(暴), 태(怠), 열(劣)로 규정하고 있다. 이 선(善)의 평가기준이 바로 공직자가 지켜야 할 행동규범이자 공직윤리에 해당된다. 즉 공직자는 업무를 수행함에 있어 공정(公正)하고 청렴(淸廉)하며 근면(勤勉)하고 몸가짐을 신중하고 바르게 하여야 하며(謹愼), 재물을 탐하고 백성에게 포악하며 나태하고 수준이 낮은 행동을 해서는 안 된다는 것을 규정화하고 있다.

반계가 인사행정에서 강조하고 있는 관료들의 '도덕적 자질과 품행'은 바로 삼봉과 율곡이 주장했던 도덕성 평가기준인 공(公), 염(廉), 근(勤), 신(愼)을 의미하는 것이라 볼 수 있다. 그는 토지제도와 조세제도 등 각종 제도의 문제점을 지적하고 공정과 공평한 법제의 마련과 집행을 강조하면서 공직자들의 공(公)의 개념을 강조하고 있다. 또한 군포제도, 조세제도 등의 문란의 원인을 공직자들의 탐욕에서 비롯되었다고 보고 관료들의 청렴(淸廉)을 강조하고 있으며, 공직자들의 방탕한 사치와 낭비적인 소비문화를 제도적으로 규제하고자 했다. 그는 탐욕 · 야망 · 부패가 지배하는 당시의 공직문화를 도덕성이 살아있는 윤리적 정부로 변화시키는 것이 바로 인사행정의 목표가 되어야 한다고 주장하고 있다. 공직자들이 업무를 수행함에 있어 ①공정(公正)하고 ②청렴(淸廉)하여야 하며, ③근면(勤勉)하고 ④마음과 몸가짐을 신중하고 바르게 하여야 하며(謹愼), 재물을 탐하고 백성에게 포악하며 나태하고 수준이 낮은 행동을 해서는 안 된다는 규범은 동서고금을 초월한 진리임에 틀림없다. 전통행정시대에서 공직자들이 지켜야 할 태도와 규범, 즉 공(公), 염(廉), 근(勤), 신(愼)은 현대의 행정에서도 지켜져야 할 불가역(不可易)의 원리이다.

3. 의무이행

반계는 『경국대전』에서 규정하고 있는 공직윤리조항인 공(公) · 염(廉) · 근

(勤) · 신(愼) 이외에 '의무이행'을 군주를 포함하여 관료들이 반드시 지켜야 할 중요한 공직윤리 덕목임을 강조하고 있다. 유형원이 염두에 둔 이상적인 국정운영체제는 '군주를 정점으로 하는 집권적이고 하향적인 통치구조'를 '하부통치단위가 자발적으로 협조하는 상향식 관리구조'로 전환하는데 초점을 맞춘 것으로 추론할 수 있다(윤대식, 2006: 16). 그의 국가개혁론의 최종목적은 무력한 기존의 통치기재를 이상적인 왕정체제로 회복시키는 것이었다. 그의 정부개혁은 모두가 군주–관료간의 관계, 관료–민과의 관계를 재정립하여 군주를 정점으로 하는 질서정연한 중앙집권체제를 구축하는 것이었다. 그럴 경우 하부통치단위인 군현의 지방수령은 군주를 대리하여 통치기제의 완결성을 마지막으로 성취하는 임무를 수행해야 한다. 지방수령은 군주를 대리하여 민(民)과 직접 접촉하면서 중앙정부의 정책을 집행하는 일선기관의 장(長)이기 때문이다. 『반계수록』의 관제, 병제, 군현제의 개혁은 모두 집권적 통치구조의 하부단위를 공고히 하여 '상향적 협조적 통치구조'를 만들기 위한 것이라고 볼 수 있다. 이러한 국정운영시스템의 변화는 필연적으로 군주와 관료의 자발적인 '의무이행'이 전제되어야 한다.

공직윤리로서의 의무이행(義務履行)은 앞에서 설명한 근면(勤勉)과 근신(勤愼)의 연장선상에 있는 공직윤리이지만 개인적 윤리라는 면보다는 국정운영에서 공식적으로 부여된 업무윤리라는 점에서 차이가 있다. 이 윤리는 나라의 원기(元氣)인 기강(紀綱)이 무너지면 국가를 유지할 수 없으며, 군주나 관료들의 근무태만과 의무불이행은 국가의 기강을 무너뜨리는 중요한 요인이라고 본 율곡의 견해를 따른 것이다. 율곡은 공직윤리를 기강(紀綱)으로 설명하였다. 기강은 국가의 명맥이자 국가의 원기이며, 국가의 가장 중요한 원동력이므로 행정(위민)은 국가의 기강을 세우는 일부터 먼저 해야 한다고 주장했다.[12] 율곡은

12. 율곡이 공직기강을 강조하는 글은 「성학집요」「옥당진계차」「옥당진시폐소」「진미재오책차」「경연일기」등 『율곡전서』 곳곳에서 볼 수 있다.

「옥당진계차」에서 당시의 기강해이 상태를 ① 관료들의 직무태만(百僚怠官), ② 공익보다 사익를 앞세우는 행위(先私後公) 그리고 ③ 법령과 명령에의 불이행(號令不行) 등 세 가지로 요약하고 있다(「옥당진계차」『국역율곡전서(II)』: 144). 특히 그는 "나라를 유지할 수 있는 것은 기강이 있기 때문이며, 법이 있되 그것이 행해지지 않으면 기강은 반드시 문란해진다. 따라서 수법(守法)을 통하여 기강을 정숙하게 해야 한다"고 주장했다(「진미오책차」『율곡전서』 1: 63). 구체적으로 율곡은 공직의 기강을 세우기 위해서는 먼저 관료들이 개인적인 사익을 버리고 공익을 추구하고(公), 직무를 성실히 수행하며(謹), 법령과 명령을 충실하게 이행하려는(行) 윤리가 확립되어야 한다고 주장했다.

반계 유형원도 율곡과 마찬가지로 자신이 추구하고자 한 국정운영목표의 달성과 삼대의 왕정실현을 위해서는 무엇보다도 군주와 하부단위의 지방 관료들이 '자신의 의무를 성실히 수행하고 실행하는 것'이 가장 중요하다고 생각했다.[13] 그는 "국왕이 깊숙한 궁궐 안의 비단 요 위에 앉아서 '나는 임금이다'라고 하고 있으니 어찌 백성들의 실정을 알리오?"라고 비판하면서, "군주의 태만과 관리들의 의무불이행으로 인하여 나라가 병들고 국왕의 덕은 손상되었으며 온갖 해독이 온 나라에 뻗쳐서 멈추지 않는다"고 판단했다(『반계수록』 3: 전제후록 상 경비). 그는 군주나 관료가 무능하거나 자신의 직무를 태만히 하면 그것은 실질적으로 군주의 권위와 통제력의 약화로 이어진다고 생각했다. 관직과 관리의 수가 지나치게 많으면 직무태만으로 이어지고 기강이 해이해지므로 그 직무에 전력하게 하기 위해서도 관직축소를 해야 한다고 주장했다. 그의 관료제 개혁은 군주와 관료들의 의무이행을 담보하여 효율적인 행정이 이루어지도록 하기 위한 것이었다. 군주와 관료들의 의무이행은 공직자로서 지켜야 할 당

---

13. 이 의무이행 윤리는 '각득기소(各得其所) 각득기분(各得其分)이 천리'라는 그의 사상에서 연유한다. 즉 군주에서부터 맨 아래의 노예계층에 이르기까지 모든 구성원이 각기 제 자리를 차지하여 각기 제 몫을 수행하는 경지에 이르러야만 제대로 된 건전한 사회가 이루어진다는 사상에서 나온 공직윤리로 볼 수 있다.

연한 윤리이며, 옛날 요순이 통치하던 당 · 우(唐 · 虞)시절이나 하 · 상(夏 · 商)시절에는 그 윤리가 잘 지켜졌으나, 후세로 내려오면서 관리의 수가 많아지고 인사제도가 문란해짐에 따라 공직기강이 무너지고 의무이행이 형식화되었다는 것이다. 그가 제안한 의정부 기능의 회복과 육조의 기능강화, 그리고 임기제, 고과제, 천거제 등을 병행한 관료제개혁안은 모두 공직자들의 '의무이행'을 강화하는데 초점을 둔 방안이었다.

제 4 편

정책과 제도

제 7 장

토지제도의 개혁정책

제1절 서론

우리나라는 전통적으로 농업을 주로 하는 국가였다. 고대로부터 농자천하지대본(農者天下之大本)이라 하여 위정자들이 중농(重農)을 선언하고 있었지만, 우리나라의 농민만큼 잔혹한 학대와 천대를 받은 민족은 흔하지 않다. 농민과 함께 생활했던 반계는 실제의 경험을 통하여 이를 뼈저리게 실감했다. 반계는 『반계수록』 도처에서 농민의 억울한 입장과 농업의 애호를 절절하게 호소하고 있다. 반계는 농업만이 영구적인 주산업(主産業)이며, 상공업이나 수공업은 말업(末業)이기 때문에 농업에 해를 끼치지 않을 정도까지만 허용해야 한다고 주장한 철저한 중농주의자였다. 당시 조선의 경제는 기본적으로 가정의 호혜와 국가의 재분배에 의하여 이루어졌으며, 국정운영도 이러한 전근대적인 경제체제를 유지 · 발전시키기 위한 이데올로기였기 때문에 시장의 기능은 별로 중시하지 않았다.

현대국가에 있어서 한 나라의 경제의 흐름은 가족관계나 공동체내 유대관계의 형성 · 유지를 목적으로 하는 호혜(benefit)와 지배기구인 국가에 의한 자원재분배(redistribution), 그리고 시장의 교환(exchange)에 의하여 이루어진다. 현대국가들은 민주주의국가이든 사회주의국가이든 그 이념을 초월하여 가족이나 국가보다 오히려 시장을 중심으로 경제가 이루어진다. 반계는 시장이 아직 활성화되지 않은 상태에서 미리 시장의 순기능을 파악하고 시장기능을 활용하는 국가재정운영시스템을 도입하고자 했다. 그는 기존의 주자학적 경제통합원리인 가족공동체의 호혜와 국가적 재분배체계만으로 운영되는 국가재정을 보다 합리적으로 개선하고자 했다.

반계는 17세기에 생존했든 사람이므로 서구의 중농주의학파보다 약 1세기 전의 사람이었지만, 그 근본사상은 서구의 중농학파와 같이 농업만이 순수하고 진정한 의미의 생산이라고 생각했다.[1] 그는 농업의 쇠퇴를 무엇보다 우려했다. 농업을 버리고 다른 산업으로 전업하는 사람, 과도한 세금과 전쟁으로 농촌을 떠나는 사람들을 보면서 중농을 위한 각종 진흥정책을 제안했다.

반계는 토지제도 개혁이야말로 모든 정책의 근본으로 보았다. 토지는 천하의 근본이므로 이 근본이 바로서야 모든 제도가 온당하게 되고 나라가 바로 잡힌다고 확신했다. 그래서 『반계수록』에는 토지제도개혁론을 가장 많이 강조하고 많은 분량을 할애하고 있다. 『반계수록』 26권 중 앞부분 8권이 전제(田制)이며 속편 2권에도 전제가 포함되어 있다. 전제 속에는 토지제도뿐만 아니라 재정, 상업, 화폐등도 포괄하고 있다. 반계는 국정운영에서 최우선적으로 해결해야 할 정책이 토지의 공평한 배분과 공정한 조세정책이라 보았다. 『반계수록』에는 중농주의 행정사상을 실현하기 위한 다양한 조치들이 토지제도개혁 이외에도 각 분야별로 많이 개진되어 있다. 또한 동시에 고공제(雇工制), 녹봉제, 행전

---

1. 중농주의는 프랑스에서 18C 후반에 발생하여 유럽제국에 널리 퍼진 농업중시의 경제사상이다. 18C 중엽까지 프랑스는 절대군주체제하에서 농민이 전체인구의 90%를 점하는 유럽제일의 농업 국가였으나 중상주의 정책의 추진으로 인하여 농민들의 조세부담이 증가하고 전쟁 등으로 많은 적폐가 쌓이게 되자, 이에 대한 반동으로 농업의 발달을 통해 이러한 적폐를 해결하고 국부를 찾으려 하였다. 중농주의학파는 국부는 금 · 은이 아니라 토지로부터 생산되는 순생산물이며 농업만이 새로운 부(富)를 창출한다고 주장한다. 중농주의의 대표적인 학자 케네(F. Quesnay)는 농민, 상공인 그리고 지주들의 총생산물인 부(富)가 어떻게 순환되고 있는가를 밝힌 〈경제표〉를 작성하여 사회경제의 재생산과정을 설명하려 하였다. 중농주의학파는 일관된 이론체계를 제시했다는 점에서 최초의 경제학파로 인정받고 있다. 중농주의학파의 한계는 농업만이 부를 생산한다고 본 것이다.

책(行錢策: 화폐활성화대책), 대동법 등 화폐의 유통과 시장의 거래기능을 활성화하기 위한 제도개혁도 많이 있다. 반계는 공전제로의 토지제도개혁을 통해 소농경제의 안정과 경제생활의 형평을 지향하였을 뿐 만 아니라, 동시에 토지를 제외한 재화와 용역의 시장거래를 허용하고 촉진하여 나라와 백성의 경제를 풍요롭게 할 수 있는 많은 정책을 제안했다.

유형원이 국가정책의 근본이라고 주장한 토지제도를 비롯하여 『반계수록』에 담겨있는 각종 정책과 제도에는 '천리(天理)'와 '인욕(人慾)'을 동시에 충족시킬 수 있는 현실적 원리가 담겨있다. 유형원은 인간은 기본적으로 천리와 자신의 이익을 동시에 추구하는 존재로 보고, 이러한 인간가정을 전제로 정책과 제도를 고안하고 있다. 구체적으로 그는 "천하만사는 단지 두 가지 뿐이니 천리와 인욕이 곧 그것"이라고 주장하면서(『반계수록』 2. 전제 하), 국정운영과 행정은 바로 천리와 인욕을 동시에 충족시킬 수 있는 정책과 제도를 만들고 이를 공정하게 실현시키는 것이 국정운영의 근본이라 보았다. 『반계수록』에서 제시하고 있는 그의 정책과 제도에는 천(天)으로부터 부여된 절대적 준거와 현실적 준거를 어떻게 결합시킬 것인가에 대한 고민이 담겨있다(윤대식, 2006: 91). 그가 토지제도개혁에 담고자 한 입법정신(실리), 즉 근본정신과 근본원리는 무엇이라고 보았으며, 이러한 근본원리를 어떻게 토지제도에 담으려고 했는가를 정리해보면 다음과 같다.

제2절 소농보호를 위한 토지정책논쟁

조선왕조의 건설과정에서 신흥유학세력에 의하여 주도된 토지제도개혁은 기본적으로 소농민을 보호하여, 소농경제를 이룩하는 것이었다. 소농경제의 대두는 고려 말 그리고 조선초기의 유학자들이 '지주제 발달로 인한 토지불균형과 그로 인한 농민층의 몰락을 막는 것'이 이상사회를 건설하는 첩경이라는 체제개혁의 논리로 검토되고 제시된 것이었다. 고려 말 조준(1346~1405)의 과전법으로의 토지제도개혁 이후, 소농민에 대한 보호정책은 조선왕조에서도 지속적으로 배려되었다. 소농보호정책은 지주의 횡포를 견제하는 한편 소농경영을 보호하는 것이 목적이었다. 고려 말의 토지제도개혁도 토지는 국가가 소유하고 수조권만을 정부부처와 양반 직역자에게 차등적으로 나누어주었기 때문에 실제로 토지를 경작하는 자는 농민이었다.[2] 그러나 과전법에 의한 토지제도개혁은 경자유전(耕者有田)에 의한 균등분배가 아니고, 수조권의 재분급에 불과하였으므로 토지소유의 불균등과 빈부의 차에서 발생하는 모순과 토지세습화의 문제는 여전히 남아 있었다.

이처럼 조선시대 전기의 농업정책은 소농민의 보호 육성을 통한 국가의 집권력 확보 및 체제유지를 위한 정책이었으나 계급적으로 대농과 지주에게 유리한 결과를 낳았다. 더구나 16세기에 접어들면서 과전 · 직전체제가 붕괴되어 토지매매에 가해졌던 제약이 풀리게 되고, 이로 인해서 토지겸병이 성행하게 되었다. 심지어 한 고을의 농지가 5~6명에게 집적되는 상황이 일어나기도 했다.[3] 부농과 빈농의 알력, 지주와 전호의 갈등, 그리고 중소지주와 거대지주 사이의 대립이 점점 증가되어 갔다. 이러한 상황을 극복하기 위하여 다시 토지제도개혁의 필요성이 강하게 대두되었다.

중종 시대의 관료들은 대지주층의 토지소유와 토지겸병 등 사회적 불평등의 모순을 타개하기 위해 소농보호를 위한 균전제로의 토지제도개혁을 공식적으로 검토하였다.[4] 그러나 양반지주층의 반대와 중종 자신의 개혁의지의 부족

---

2. 과전법은 전국의 토지를 국가 수조지로 편성한 후 수조권(收租權)을 정부 각처와 양반 직역자에게 분급한 것으로 귀속 여하에 따라 사전과 공전으로 구분한다. 사전(私田)은 경기도에 한하여 직산자(職散者)의 고하에 따라(18등급) 제1과 150결에서 제18과 10결까지의 땅을 지급하되, 1대에 한하였다. 공전(公田)은 경기도를 제외한 전국의 토지로서 수조권이 국가에 소속되었다.

3. 『중종실록』 권33. 중종 13년 5월 을축. 오영교(2008 : 36)에서 재인용.

4. 『중종실록』 권33, 중종 13년 5월 을축.

으로 무산되었다.[5] 이때 다시 토지소유상한을 50결로 하자는 '한전론(限田論)'의 논의가 시작되었으나, 이 또한 규정대로 시행되지 못했다. 그나마 미봉책이긴 하지만, 이 논의는 경작할 땅이 없는 농민에게 도망가 버려진 땅(逃亡絕戶人田)이나 놀고 있는 땅(未耕田)을 경작케 함으로써 점진적으로 산업을 갖게 하려 했다는 점에서 의미가 있다. 이 과정에서 명종 시대에 이르러서는 임꺽정란을 비롯한 농민항쟁이 집중적으로 발생한다. 이러한 현상은 임란 직전의 조선왕조의 농업체제가 안고 있는 모순구조를 잘 보여주고 있다.

임진왜란 이후 선조는 전란으로 파괴된 농업생산을 재건하고, 집권체제의 정비를 위해 자영농민층을 기반으로 한 소농보호 토지제도개혁을 시도하였다. 당시 경작할 땅이 없는 농민의 수가 전 국민의 10분의 3이나 될 정도의 모순구조를 가지고 있었으나, 소농보호를 위한 토지제도개혁은 결국 지주제를 유지하려는 지배계층의 반대에 밀려 성공을 거두지 못했다. 이 당시 민간사이에 널리 불리어졌던 「고공가(雇工歌)」는 이 시대 소작 농민들의 피해와 애환이 얼마나 심각했으며, 또한 토지제도의 개혁을 얼마나 갈망했는지를 말해준다. 머슴들의 애환을 노래한 이 노래는 고전유학의 입장에서 자영농민 보호를 위한 토지제도개혁이 이루어져야 한다는 의미를 담은 노래였고, 이에 화답한 「고공답주인가(雇工答主人歌)」는 주자학의 입장에서 지주제중심의 농업정책을 은근히 찬양하는 노래였다.[6] 이러한 시대적 상황에서 볼 때, 유형원이 『반계수록』에서 주

5. 『중종실록』 권33, 중종 13년 5월 병인. 중종은 '均田果是美事 而勢難行'이라든가 '均田之事 其勢今不可行'이라 하여 여론의 대세를 이유로 찬성하지 않았다.

6. '고공가(雇工歌)'는 선조가 직접 만들었거나 혹은 무인(武人) 허전(許㙉: 1563-?)의 작품으로 알려져 있다, 순조 때 필사된 것으로 보이는 『잡가(雜歌)』라는 노래책에 실려 있다. 작품 전체는 110행이다. 작자는 고공(雇工), 즉 머슴을 내세워 당시 국록을 먹는 신하들의 부패상을 우의적(寓意的)으로 고발함으로써 이를 개선하려는 충정을 펴고자 하였다. 따라서, 이 작품은 교훈적, 계도적, 경세적 성격이 농후하다. 이 노래에 대하여 오리(梧里) 이원익(李元翼)은 「고공답주인가(雇工答主人歌)」를 지어 화답하였다. 이 '고공가(雇工歌)'와 '답가(答歌)'는 토지정책을 둘러싼 당시의 시대적 관심을 대변해 준다(김용섭, 2002).

장한 정전제로의 전면적인 토지개혁이론이 나올 수 있는 토양이 이미 갖추어 져 있었다고 볼 수 있다.

제3절 토지제도개혁의 기본원리

『반계수록』의 토지제도개혁에 흐르고 있는 기본정신과 기본원리는 무엇인가? 17세기 조선시대의 정치가 또는 유학자들은 그 당시의 당면과제인 토지정책에 대하여 서로 상반된 두 가지의 견해를 가지고 있었다. 첫 번째의 견해는 현재의 신분제와 지주제의 집행에서 나타나는 문제점을 개선하고 유지하려는 차원에서의 주자학적 경장론이었다. 이 개혁론은 토지제도의 개혁보다는 오히려 강상윤리에 의한 사회기강의 정상화에 더 관심을 두고 농민층의 최저재생산을 보증하는 선에서 부세제도(賦稅制度)를 개선하는데 초점을 두는 접근방법이다. 즉 근본적인 개선보다는 현재의 토지제도에서 나타나는 문제점을 보완하는 선에서 사회불안과 민심의 동요를 규제해가는 접근방법이었다.

반면 이 접근방법에 반대하는 학자들은 봉건적인 신분제의 폐지와 함께 지주전호제를 중심으로 시행되어 온 토지제도를 전면적으로 개혁할 것을 주장했다. 특히 이들은 양란이후 전면적인 국가개혁 분위기에 편승하여, 반주자학적 토지정책의 주장과 시행을 강조함으로서 일종의 체제부정적인 개혁시각을 가지고 있었다. 주자(朱子)도 시행하기 어렵다고 여긴 지주제 및 대토지소유제의 전면 개혁을 과감히 추진하여 소농경제를 안정시키고, 그 바탕위에 조선왕조를 전면적으로 개조해야 한다는 견해였다. 이러한 견해는 정전론, 균전론, 한전론, 멸조론 등 다양한 명칭으로 논의되고 전개되었다. 반계 유형원은 후자의 입장에서 토지제도개혁론을 전개하고 있다. 유형원은 왜란과 호란을 겪은 뒤 일부 양심적인 학자들 사이에서 이심전심으로 나타난 자성적 기풍과 자주적인 분위기 속에서, 나라의 토지제도와 체제를 근본적으로 재검토하는 종본적 개혁안을 제시했다. 그의 토지제도개혁론에 깔려있는 기본원리와 원칙은 다음과 같다.

1. 토지의 공적지배원칙

유형원은 중국 하 · 은 · 주 시대의 정전제야말로 천리에 따르고 인도에 순응하는 제도로 보고, 이를 자신의 시대에 적용하기 위해서는 먼저 사유재산을 혁파하고 공적소유의 맥락에서 토지의 소유와 분배를 실시하여야 한다고 주장한다. 즉 그의 토지제도의 기본원리는 사유재산의 폐지였다.

> "토지를 공적으로 소유하면 백성들의 삶이 향상되고 사람들의 마음이 안정되어 교화를 이루고 풍속이 도타워져 모든 일이 원활하게 이루어질 것이다. 그러나 사적으로 소유하면 모든 일이 이와 반대가 될 것이다. 이 제도를 시행한다고 해서 국가가 백성들의 토지를 빼앗는 것은 아니다."(『반계수록』 2: 12)

> "지금 한 사람이 겸병해서 많은 사람들이 토지를 갖지 못한 것과 (공전제도가 실시되어) 모든 사람들이 토지를 균등하게 분배받은 뒤에도 받지 못한 사람이 있는 것 중 어떤 것이 좀 더 걱정할 만한 문제인가? … 공전제도가 시행되면 토지의 소유가 공정하고 균등하게 될 것이며, 사전제도가 유지되면 토지의 소유가 사사롭고 편중될 것이다."(『반계수록』 2: 12)

유형원은 토지의 사유가 인정됨으로 인하여 "인구의 10%가 대부분의 토지를 차지한 반면 80~90%의 인구는 토지를 전혀 갖지 못하는" 현재의 상황을 만들었다고 진단했다. 따라서 그는 사유재산을 폐지하고 공전제도를 도입하는 것이 현재의 문제를 해결하고 만백성의 생활안정을 기할 수 있는 첩경이라 생각했다. 공전제도는 백성의 도덕적 교화를 위한 경제적 기반을 제공할 뿐만 아니라 전체적으로 국가의 생산과 부를 증가시킨다고 믿었다. 그는 토지의 사유화가 폐지되어 국가에서 분급한 토지를 받은 사람은 토지에 대한 애착이 전혀 없는 소작인보다 '생산에 대한 동기'가 훨씬 클 것이라고 확신했다. 그러나 이 공전제에 대해 반대하는 자들은, 사전의 폐지는 결국 부유한 지주들의 토지를 몰수하지 않고는 불가능하기 때문이 지나치게 비현실적이며 실현불가능하다고 주장했다.

이러한 주장에 대하여 반계는 사유재산을 인정하는 한 재산축적을 위한 경쟁을 계속 부추길 것이라는 논리를 펴면서, 모든 백성에게 이로운 제도를 만들려면 기존의 특권을 인정할 수 없다는 매우 급진적인 논리를 구사한다. 또한 그는 사유재산을 인정하면서 보유규모를 제한하는 방식의 토지개혁인 「한전론」에 대해서도, 사유재산을 인정하는 한 탐욕에 휘둘린 인간은 법률을 우회하는 방안을 찾을 것이며, 아무리 처벌을 강화해도 한전제(限田制)를 따르지 않을 것이라고 주장하면서 반대했다. 이와 같이 토지에 '공개념을 도입하여 토지사유를 폐지하는 것'은 그의 토지개혁의 가장 중심원칙이었다.

그러나 사유재산을 광범위하게 인정하는 현대 자본주의의 입장에서는 공전제를 주장하면서 유형원이 가정한 토지사유화금지의 기본원칙은 다음과 같은 이유에서 문제가 있다고 본다. 유형원의 입장은 토지를 공적으로 소유하면 탐욕이 없어지고 노동과 그 밖의 투자가 자극될 것이라고 가정한데 반하여, 현대 경제학자들은 이와는 반대로 토지의 사유는 공유보다 훨씬 더 생산동기를 유발시킨다고 가정한다. 즉 개인이 소유한 땅에 대한 소작과 국가에서 분급한 땅에 대한 자영에 대한 생산 동기는 사유재산에 대한 생산동기보다 더 강하다고 단정할 수 없다고 본다. 유형원은 개인의 부를 극대화하려는 인간의 욕망을 일종의 탐욕과 같은 개념으로 인정하고 있다는 것이 현대 자본주의 논리와 다르다.

2. 농민의 생계보장 및 경자유전의 원칙

유형원이 추구한 토지제도개혁의 기본정신은 그동안 토지 사유화로 인하여 침해당한 농민들의 생활안정을 보장하는 것이었다. 실제로 그 당시에는 '경작할 땅이 없는 농민(無田之民)의 수'가 전 국민의 10분의 3에 이르고, 농업을 하고 있는 자들도 거의 소작농에 불과했다. 농민들의 생활안정을 위해서는 그들에게 고루 경작할 토지를 분배하여 항산(恒産)을 유지하게 하는 것이 가장 먼저 해결해야 할 과제라고 확신했다. 그의 목표는 농민들의 균등한 수입에 초점을 둔 것이 아니라, 농민을 양산하여 골고루 그들의 안정적인 수입에 도움을 주자는 것이었다. 일을 할 수 있는 자에게 농지를 경작할 수 있게 하여야 한다는 경자유전(耕者有田)의 원칙과 토지제도에 의한 균산균부(均産均賦)의 원칙을 제도적으로 담으려 했다.

그가 제안한 토지분급제도는 농민들의 '수입의 균등'을 의미한 것이 아니라, '일할 기회의 균등'을 의미했다. 예컨대 유형원이 제안한 토지분급제도에서는 수입의 균등을 이룰 수 없다는 반대자들의 주장에 대하여, 그는 공전제는 일할 사람에게 경작할 토지를 분급하여 피역과 유망을 줄이자는 것이며, 수입의 균등은 직접적인 문제가 아니라고 항변한다. 수입의 균등문제는 부차적인 문제라는 것이다. 즉 이 문제는 토지를 국유화한 뒤에도 사람들은 서로 다른 유형의 토지를 사적으로 교환하거나 마을 안에서는 토지와 노동을 바꾸는 사적인 협의를 체결할 수 있는 유예기간을 받을 것이기 때문에 이것은 신경 쓸 문제가 아니라고 대답하고 있다(『반계수록』2: 11). 즉 친척과 이웃사이에는 자연히 조정을 할 수 있다는 것이다.[7]

"토지소유를 한정하지 않으면 빈부를 균등하게 할 수 없으며 토지를

---

7. 그는 자신이 할당받은 토지를 부모가 사망한 뒤 그것과 교환하거나 이웃과 바꾸는 것을 허용했다. 그러나 할당받은 토지를 촌락 간에 바꾸는 것은 용인하지 않았다. (『반계수록』1: 35)

기준으로 조세와 국역을 배분하지 않으면 피역(避役)과 유망하는 사람이 더욱 늘어 날 것이다. 공전을 회복하지 않으면 모든 제도가 효과를 보지 못할 것이다."(『반계수록』2 : 15)

그는 토지를 국유화한 뒤에는 공유제도의 환경 안에서 토지의 사적 교환을 용인하려고 했다고 볼 수 있다. 일단 탐욕과 욕망을 만족시키기 위한 기제인 토지사유제도를 혁파하면, 그 이후는 재화와 용역을 교환하는 단순한 수단으로 전환되기 때문에 사적 매매는 정당하다고 생각한 것으로 보인다. 일단 이익동기가 없어지면 사회적 결속은 촌락공동체 안에서 조화로운 관계를 보장할 것으로 보았다(Palais, 2008 : 456). 그는 모든 사람에게 항구적인 생산, 즉 도덕적 변화를 위해서 필요한 물질적인 기반을 보장할 수 있는 제도는 공전제도 밖에 없다고 주장했다.

3. 사대부를 위한 경제적 보장원칙

앞 장에서 살펴본 바와 같이 유형원이 추구한 국정운영목표의 하나는 만백성들의 생활안정 또는 민생안정이었다. 그는 만백성의 생활안정을 위해서는 농민들의 생활안정도 중요하지만 '관원이 되지 못한 사대부들'의 생계유지도 중요하다고 보았다. 그는 도덕과 학식을 유지하지 못한 사대부들이라도, 그들의 능력부족을 드러내기 전까지는 국가가 그들을 봉양할 필요가 있으며, 그것은 토지의 공적소유와 분배제도에 의해서만 가능하다고 보았다. 유형원은 대부(大夫)와 사(士)는 국정운영에 없어서는 안 될 존재로 보고, 이들의 경제적 보장이 제도적으로 유지되는 토지제도가 필요하다고 보았다.

"만약 선비를 봉양하는 규정을 복구하지 않고 소작을 운영하려고 하면 관직을 갖지 못한 대부와 그 자제, 향리의 유사(儒士)부터 관청에서 일하는 이예(吏隷)와 고아 · 과부에 이르기까지 모두 의지할 곳을 잃게 될 것이다. 겸병을 통해 이익을 추구하지 않으려고 해도 이렇게 되면 군자와 야인을 구별하는 뜻이 사라지게 된다. 그래서 직접 노동하는 사람만이 생계를 유지하고 대부와 사는 살아갈 방도가 없게 될 것이니, 천하에 통용되는 이치가 아니다."(『반계수록』 2: 15)

4. 도량형의 표준화 원칙

반계는 복잡하고 불합리한 토지면적 계산법을 보다 합리적이고 알기 쉬운 방법으로 바꾸지 않고는 토지개혁의 의미가 없다고 보았다. 과세의 기준이 되는 토지의 실제면적을 잘 파악할 수 없는 비과학적 계량단위에 의한「결부법」이 관리들의 농간과 중간착취의 원인이므로, 이를 실제면적을 잘 파악할 수 있는「경묘법」으로 시정하여야 한다는 것이다.[8] 여기서 경(頃) · 묘(描)는 표준 길이에 기초한 토지의 단위이지만 결(結) · 부(負)는 비옥도에 따라 면적이 달라지는 토지에서 산출되는 곡물의 분량을 기준으로 한 토지 면적이었다. 반계는 당시의 모든 조세부정과 비리는 모두 이 복잡하고 어려운 계산방법을 이용하여 뇌물을 받고 장부를 조작하여 조세를 누탈시켰다고(이를 隱結이라 한다) 분석하면서 반드시 이는 개선되어야 한다고 주장하고 있다. 반계는 강항(1567～1618)의「간양록」을 인용하면서 섬나라인 왜구도「경묘법」을 이용하여 정확한 토지면적을 산정하고 있는데 항차 예의지국인 조선이 일본만도 못하느냐고 통

8. 유형원의 연구가 실용적이고 경험적이며 합리적이라고 주장하는 이유는 그의 도량형 개선안에서 잘 나타난다. 17세기 조선시대의 곡물의 기본단위는 '섬(15말)'이었지만 반계는 10진법을 이용한 '곡(斛: 10말)'을 사용하자고 제안했다. 그 까닭은 10진법이 사용하기가 쉽다는 것이며, 이 곡(斛)은 고대 중국에서 사용하지 않은 것이며 부정적으로 평가되는 진대부터 사용하였다. 그는 역사적 합법성보다는 합리성을 선택했다(『반계수록』 1: 11). 팔레 교수는 단위를 말할 때는 경묘(頃描)라고 표기하고, 제도를 말할 때는 경무제(頃畝制)라고 표기하고 있다(Palais, 1996: 323). 1경은 100묘이다.

탄하고 있다. 만약「결부법」을 개정하지 못한다면 그 폐(弊)가 만세까지 남으리라 예언하고 있다(『반계수록』 1. 전제 상).[9]

5. 계층과 신분에 따른 차등분배원칙

유형원은 토지는 모든 백성들에게 골고루 나누어 주되, 지급받는 자의 신분과 처지에 따라 토지규모에 차등을 주는 원칙을 고수했다. 특히 계급사회를 인정하고 사류(士類)를 우대하는 원칙을 마련했다. 이들이 봉건사회와는 달리 치자(治者)로서의 직분과 지위를 보장받지 못하는 점을 감안하여 일반 민(民)보다 더 많은 토지를 분급받도록 배려하고, 학문과 도덕을 닦는 일에 전념할 수 있도록 학생(學生)이라는 직역을 부과하여 군역을 지지 않도록 조치한 것이다. 그러나 분급 이후의 사정이 바뀌면 다시 환급되고 재분급되어 그 소유권은 공공의 것이 되도록 하였다.

이러한 토지분급방식의 특징은 사류의 기득권을 어느 정도 인정해 주면서도, 분급 이후의 토지 관리규정에 의하여 이들의 기득권을 제한하여 소농중심의 농업생산력을 강화하도록 배려한 것으로 해석된다.

제4절 공전제의 도입

유형원의『반계수록』「전제」에는 토지제도가 왜 국정운영의 근본이 되어야 하는가를 제일먼저 논하고 있다.

---

9. 이 복잡하고 난해한 결부법은 끝끝내 개정되지 않고 있다가, 일제 강점기에 와서 일본인의 손으로 비로소 개정되었다. 반계는 이 불합리하고 복잡의 극치를 이루는 제도를 채택한 이유는 오직 백성을 애매하고 난삽한 방법으로 착취하고 수세해가기 위한 목적으로 고안된 것이라고 극언하고 있다(송주영, 1979 : 24).

> "경계(토지의 점유관계)가 똑바르면 만사가 다 된다. 만약 전제(토지제도)가 바르지 못하면 민산(民産: 민중의 경제생활)이 떳떳하지 못할 것이요, 부역이 고르지 못할 것이요, 군오가 정비되지 않을 것이요, 송사가 끊이지 않을 것이요, 형벌이 간소하게 되지 못할 것이니 이와 같이 되고도 정치를 행한다는 것은 있을 수 없는 일이다. 그 까닭이 무엇인가? 토지야말로 천하의 대본이기 때문이다."(『반계수록』 1: 전제 상)

반계는 토지는 천하의 근본이며, 그 근본이 무너지면 나라가 망한다고 보았다. 사실 고려도 결국은 전제문란으로 망했다고 볼 수 있고, 또 전제문란을 해결한다고 민심을 수습하여 세운 조선왕조도 결국 고려조 이상의 전제문란으로 멸망했음을 볼 때 반계의 탁월한 통찰력을 볼 수 있다. 따라서 중농주의자 반계가 가장 관심을 두고 개혁해야 할 부분으로 생각한 것이 토지제도의 개혁이었다. 반계 유형원이 염두에 두었던 토지제도는 중국 주나라 시대의 토지제도인 정전제(井田制)였으며, 이 정전법을 가장 이상적인 제도라고 생각했다.

> "고대의 정전제는 지극히 완벽해서, 경계(經界)가 한번 올바르게 되자 만사가 모두 원활해져 백성들은 안정된 항업을 갖게 됐고, 군사들은 수탈을 당하지 않게 되어 귀천(貴賤)과 상하(上下)가 모두 그 직분을 갖게 되었다. 이로써 민심은 안정되고 풍속은 돈후해졌다. 옛날 수백 수천 년 동안 나라를 튼튼히 유지하고 예악이 떨쳐 일어났던 것은 이 같은 근본이 바탕에 있었기 때문이다."(『반계수록』 1: 1)

그러나 이 제도는 산악과 굴곡이 많은 우리나라의 지형에는 그 도입이 불가능함으로 고려 초 시행한 바 있는 균전제(均田制)에 그 결함을 일부 보완하여 실시하자고 주장했다. 공전제도(公田制度)로 표현되는 반계의 균전법이 왕조초기 정도전과 조준이 실시했던 과전법과 다른 점은 경자유전(耕者有田)의 원칙에 의하여 일반농민에게 토지를 지급하여 세금을 납부하고 생계를 유지할 수 있게 한다는 것이다. 과거 과전법은 일반농민에게는 토지지급을 하지 않았기 때문에 많은 농민은 사전(私田)의 소작농이 될 수밖에 없었다. 그러나 반계의 균전법은 농민들에게 일정한 토지를 지급하기 때문에 원칙적으로 소작제도가 없어진다.[10] 또 관료들이 지급받은 토지는 그 노비나 솔정(率丁)이 경작하게 규정하였다는 점이다(강만길, 1922: 38-39). 반계가 주장하고 있는 토지제도, 즉 공전제의 내용을 요약하면 다음과 같다.

첫째, 모든 토지는 농민, 상공인, 선비나 현직관료, 노비들에게 골고루 재분배하되, 원칙적으로 경작능력이 있는 자에게만 준다. 왕족인 종반(宗班)에게는 관료의 봉록과 같이 토지이외에 사세지(賜稅地)까지[11] 지급하여 우대한다. 그러나 토지는 국가가 소유하고 관리하며 세습을 허용하지 아니한다.

둘째, 세율은 관청에 급여하는 면세전과 왕족에게 급여하는 사세전을 제외한 모든 토지에 대하여 1/10을 부과하고, 그 외의 세는 일체 부과하지 않는다. 토지에 부과되는 군역에 있어서는 선비(士)나 현직관료 및 이예(吏隷)에게는 병역의 부담을 면제한다.

셋째, 일반농민의 20세 이상의 남자에게는 그 신분이 양민이든 노비이든 간에 동등하게 1경(100묘: 40마지기)의 토지를 지급하고 선비와 관리에게는 2~12경의 토지를 급여한다. 사(양반)은 관직에 나가지 않아도 입학만 하면(증광생이나 외사생 또는 내사생) 2~4경의 토지를 받을 수 있고, 군역의 의무는 면제된다. 관인이 되면 자품(資品)에 따라 6~12경의 토지를 받으며, 군역이 면제

10. 우리나라는 고래로 토지제도는 사유권을 인정하지 않는 공전제도이다. 현재와 같은 민법상의 토지소유권이 인정된 것은 일정시대에 일본인이 수행한 토지조사를 통하여 외래적으로 확립된 것이다. 반계의 균전법, 즉 경자유전의 법칙에 따라 토지를 분배한 것도 소유를 인정하지 않는 공전제도이다.

11. 사세지(賜稅地)란 조세를 받아쓰도록 임금이 특별히 하사한 토지.

되며 사환(仕宦) 중에는 별도 소정의 녹을 받도록 했다. 노비의 경우도, 면천되어 양인이 되면 표준형인 1경을 분급 받을 수 있고, 노비제도가 유지되는 동안 노비들도 기본적인 토지를 분급 받고 국가를 위하여 군역을 져야 한다는 타협안을 제시했다[12]. 그러나 사노비에게는 양인의 2배에 해당하는 군역의 부담을 요구했다. 관원에게 봉사하는 관노비와 공노비도 토지를 분급 받아 해당 임무에서 물러나는 60세에 국가에 반납하고, 그의 미망인은 구분전을 받는다. 그러한 공노비에게 분급되는 토지의 규모는 명시하지 않았으나, 해당 직무의 보수에 해당되는 정도였다고 본다. 이것은 토지를 경작하는 전체 농민을 자작농으로 육성하려는 의도이다.[13] 소작농을 없이하고 자기의 노력에 의해 열심히 일하는 농촌을 만들어야 한다는 반계의 중농사상이 잘 나타나 있다.

넷째, '직역을 가진 모든 사람'은 농민에게 할당되는 기본적 토지인 1경 이외에 추가적 토지를 받을 수 있으며 그 크기는 직역에 따라 결정됐다. 직역이나 관직을 가진 자는 군역을 면제받았다. 그는 서리와 사령 등 17세기에 녹봉을 받지 못하면서 수수료와 뇌물을 받아 생활할 수밖에 없었던 부류들을 모두 이 부류에 포괄했다.

다섯째, 상공인에게는 농민에게 주는 절반인 0.5경(50畝)을[14] 분급하고 군역도 보포(保布)로 농민의 반액만 부과하여 상 · 공의 사업만으로는 불안전한

---

12. 지배계층이 소유한 토지의 경작은 모두 소작농 또는 노비노동력에 의하여 충당되었다. 유형원은 노비제의 폐지를 주장한 사람이다. 노비제가 폐지되면 노비노동력은 어떻게 충당되어야 할 것인가에 대하여 유형원은 세역법(世役法)을 고쳐 고용노동제(雇工制)로 전환할 것을 주장했다.

13. 반계는 '진정한 국왕'은 세습적 노비제도를 전면 폐지해야 한다고 생각했으나, 당시의 상황이 불가능하므로 단기적으로는 종모법을 실시하여 노비의 수를 줄이고 양민의 수를 증가하여야 한다고 보았다. 즉 종모법에 의한 노비제도를 유지하면서, 최종적으로는 노비제도의 폐지와 함께 토지를 분급하여 그들의 생활안정에 보탬이 되고자 하였다.

14. 무(畝)란 전답의 면적단위이며 이랑이라 한다. 6척 사방을 보(步)라 하고 100보를 1무라 한다. 묘와 무는 같이 사용된다.

생계를 보전하도록 하였다. 어(漁) · 염(鹽)업은 그것만으로 생업이 가능한 경우는 토지분배에서 제외된다.

여섯째, 유형원은 서얼의 지위와 기회증진에도 많은 관심을 가졌다. 그의 규정에 따르면, 서얼이라도 저명한 조상에게서 문음을 받은 사람, 국왕과 일정한 관계에 있는 종친은 학교의 내사에 기숙하는 정규학생과 동일하게 2경의 토지를 받았다. 양반과 사대부의 서얼은 그들과 동일하게 대우를 받을 수 있었다. 관원과 급제자의 서얼 또한 적자와 함께 충순위에 배속될 수 있었다. 그의 토지분배원칙은 "서얼이 사(士)이면 사(士)의 등급에 따라 처리하고, 충의위나 충순위면 역시 그 등급에 따라 처리한다"는 것이었다. 그는 당시 서얼에 대한 차별이 지나치다는 판단에서 일부 규제를 없애려고 하였지만, 서얼과 적자를 완전하게 평등하게 대우하지는 못했다. 이상에서 설명한 유형원의 토지제도개혁의 내용을 도표로 표시하면 다음 〈표 7-1〉과 같다.

표 7-1 • 토지분급유형과 전세 · 군역의 관계

수급자	분급형태	전세	군역
양인농민	토지	○	○
노비	토지	○	○
사의 서얼	토지	○	×(면제)
사대부	토지	×	×(면제)
직역자(이·예등)	토지	○	×(면제)
상·공인	토지	○	○(반액)
왕자와 공신	토지	○	×
	수조권	×[1]	○[2](경작자)

1. 수급자는 지방 수령에게 같은 분량의 전세를 받으므로 조세는 면세되는 것이다.
2. 수조권 수급자가 아닌 그 토지의 경작자가 군역을 진다.

제5절 현대적 해석과 평가

반계의 토지개혁사상을 종합해 보면, 모든 백성이 능력에 따라 농업생산에 참여할 수 있도록 공정하게 토지를 배분하고 그 생산량에 대하여 공평하게 조세를 부담하는 농업국가를 만들자는 것이었다. 지배계급편중의 토지소유와 토지세습을 개혁하여 능력이 있어 관료가 되는 자는 우대하고, 그렇지 못한 자는 일반서민으로서 모두 생산 활동에 종사하도록 하여 놀고먹는 자를 없게 하자는 것이었다. 즉 총체적 농업생산량을 극대화할 수 있는 토지제도로 개혁하자는 것이었다. 그의 토지제도개혁론에는 국가에 대한 백성들의 부담을 법적으로 정하여 하층민들의 생활향상을 기하자는 중농주의자로서의 사상이 담겨있다(정구복, 1970 : 30-31). 이렇게 소농보호 및 백성들의 생활안정을 위하여 고안한 공전제로의 토지제도개혁에 대하여 현대 학자들은 다음과 같이 그 한계를 비판하고 있다.

첫 번째의 비판은 반계의 공전제가 사유재산을 부인하고 계급사회의 신분적 질서를 극복하지 못한 전근대적인 토지제도라는 것이다. 유형원은 완벽한 이상사회를 건설하려면 토지의 사유는 반드시 넘어야 할 장애라 보았다. 그는 국가주도의 계획과 통제에 따라 전국의 토지를 분배해야만 이상적인 사회를 창출할 수 있다고 보았다. 이는 당시 역사적 현실로서 성장하고 있었던 토지사유제를 부인하고 봉건적 토지국유의 원칙으로 되돌아가려고 하였다는 점에서 시대적 추세에 역행할 뿐만 아니라 산업사회로의 발전을 전망하지 못했다는 비판을 받을 수 있다. 그러나 당시는 시장의 발달이 미미하여 시장을 주도적 배분기구(distribution mechanism)로 인정하거나 전망할 수 있는 시대적 상황이 아니었기 때문에, 지배기구인 국가의 개입을 통한 경제질서를 구상할 수밖에 없었으며 또한 사유제의 이점을 잘 인식할 수도 없었다. 이러한 상황에서 전인구의 대부분을 차지하고 있는 소농들의 생활안정에 초점을 둔 소농보호육성책을 강구하다 보니, 상고적(尙古的)인 공전제가 그 시대적 상황에 가장 합당한 해결책이라고 확신한 것으로 보인다.

반계는 공전제(公田制)와 사전제(私田制) 중에서 어느 편이 더 유리한가에 대하여 많은 분석을 했다. 그는 토지사유와 매매를 허용하면 토지겸병으로 토지를 상실하는 농민이 많아져 가족보전이 어렵다고 보았으며, 공전제의 도입으로 국가가 토지를 적절히 분배한다는 것이 현실적으로 어렵기는 하지만 농민간 교환으로 논과 밭의 일정비율을 맞출 수 있고 또 생산물은 서로 교환할 수 있기 때문에 별 문제가 없다고 보았다. 따라서 반계는 "공전(公田)은 공정하고 고르며, 사전(私田)은 사사롭고 편중되므로, 공전이라야 민산(民産)이 항구하고 인심이 안정되고 교화를 이루고 풍속이 후해져서 만사가 그 분수를 얻는 반면, 사전(私田)은 일체 이에 상반된다."라는 결론을 내리고 있다(『반계수록』 전제 하). 공전제론의 한계는 반계의 판단력의 문제라기보다는 시대적 제약을 반영하는 것이라 할 수 있다(이헌창, 1999).

또한 유형원의 토지개혁안이 양민뿐만 아니라 노비에게도 토지를 분배한다는 점에서 신분차별의 폐지사상이 들어 있으나, 토지분배비율이 사(士) · 민(民) 간의 현저한 차등을 가하고 있다는 점에서(농민은 1경, 사나 관료는 2~12경까지 차등지급함) 신분적 차등관을 완전히 타파하지 못하고 있다는 것도 여전히 한계로 남아 있다. 그러나 유형원은 사(士)나 관료는 이들이 직접 토지를 경작하지 않을 것임으로 원칙상 이들에게 토지를 주지 않고 녹봉만 주어야 하지만, 관료는 항상 관직에 있는 것이 아니므로 이들이 현직에 있지 않을 경우에는 녹봉을 받지 못하므로 이때를 예상하여 생활기반으로 주는 것이라고 주장하면서 관직의 고하에 따라 엄격하게 차등을 주지 아니하고 크게 몇 단계로 구분하여 분배해도 좋다고 상당한 융통성을 두고 있다. 그러나 유형원은 노비세습제와 직역세습제를 폐지하고, 사회 각 영역간의 사회 불평등을 개혁하여 덕행과 능력에 따라 사회적 지위를 쟁취할 수 있는 성취형의 평등사회를 구상하였다는 점에서 반계 이후의 실학파 어느 누구보다도 개방적이고 진보적이었다는 점은 높이 평가할 만하다.

두 번째의 비판은 토지제도개혁의 기본원칙으로 삼았던 토지의 공적지배의 원칙, 다시 말하면 토지사유금지의 원칙이 모든 토지와 정책에 동일하게 적용되고 있지 않다는 점이다. 예컨대, 그는 농민들에게 유실수나 닥나무 · 옻나무 · 뽕나무 등을 쓸모없는 구릉지에 심도록 했으며 그런 토지는 사유재산으로 상속할 수 있도록 허용하고 있다. 이러한 조치는 공적소유라는 그의 기본원칙에서 벗어날 뿐 아니라 일정시점이 지나면 많은 토지가 개인사유로 바뀌게 되어 공전제의 원칙과 이전위본(以田爲本)의 국정운영 원칙이 무너지게 된다. 따라서 사유재산금지의 원칙 또는 토지의 공적지배의 원칙이 그가 제안한 정책이나 제도에서 일관되게 적용되지 못하는 모순이 있음은 부인할 수 없다. 이는 장기적인 차원에서의 이상적인 토지제도와 당시 농민들이 당면한 삶의 개선이라는 단기적 차원의 해결방안이 혼재되어 나타나는 현상이라 할 수 있다. 『반계수록』에는 곳곳에서 이러한 장 · 단기적인 차원에서의 정책수단이 중첩되어 있음을 볼 수 있다.

세 번째는 공전제도의 도입이 지나치게 이상적이어서, 현실적으로 실행이 불가능하였다는 점이다. 즉 지주들의 토지를 뺏어(지주에게 강제력을 동원하든 하지 않든) 농민들에게 분급한다는 것도 현실적으로 어렵고, 9개의 정방형으로 토지를 나누는 일도 현실적으로 어렵다는 비판이다. 이에 대해 반계는 고대 정전제의 이념을 그 당시의 현실에 맞게 조정한다면 불가능할 것이 없다고 확신했다. 그는 문자(井) 그대로 접근하는 근본주의적 태도는 부당하고 불필요하다고 주장하면서 현실에 적합한 수정안을 찾는다면 불가능하지 않다고 확신했다.

> "자연의 이치에 따라 오늘날의 실정에 맞게 변화시키면 모든 백성들이 안정되고 모든 제도가 순조롭게 될 것이니, 정형(井形)을 그리지

않아도 정전제의 핵심은 모두 그 안에 있게 될 것이며, 당과 고려에서 겪었던 문제들은 없어질 것이다. 그 제도는 지극히 공정(公正)해 오랫동안 시행할 수 있으며, 지극히 간요(簡要)하지만 빠진 부분이 없다.” (『반계수록』 1 : 2-3)

유형원의 공전제로의 토지제도개혁에 대한 실현가능성에 대한 비판보다는 그가 공전제를 제시하는 과정에서 보여 준 엄밀한 정책설계와 기획[15], 그리고 당시의 국가중심의 재분배 체계를 합리적으로 개선하려고 한 노력을 더 높이 평가하여야 할 것이다(이헌창, 1999 : 82).

네 번째로는 그의 정책과 주장들이 서로 상쇄관계(trade-off)에 있는 주장들이 많다는 비판이다. 예컨대 노비제도를 폐지하고 노비를 고공으로 대체하자고 제안한 주장은 강압적 노동(노비노동)에서 자유로운 노동(임금노동)으로 이행하는 매우 진보적인 주장이다. 그러나 이 고공제도는 노비제도를 폐지하고 모든 백성에게 토지를 분급하는 공전제도에서는 공존하기가 힘든 정책이다. 유형원은 노비제도가 폐지되면 잉여인력이 많아 고공제도가 활성화될 것이라고 주장했는데, 만약 공전제가 실현되어 모든 백성에게 토지가 분급되면 노비도 토지를 분배받기 때문에 잉여인력이 오히려 없게 된다. 이 고공제도는 토지를 소유하지 않은 농민이 30%정도 되던 당시의 시대를 전제로 한 것이다. 즉 고공제도는 토지를 갖지 못한 모든 농민과 유망인(流亡人)들에게 자유노동과 고용노동의 기회를 확대함으로써 그들에게 생계를 보장해 주는 정책이며, 그들이 토지를 모두 가지게 되는 공전제하에서는 자유노동이나 고용노동의 기회는 줄어들게 된다. 이러한 상쇄관계를 유형원은 미처 인식하지 못했다. 이는 단기적

---

15. 예컨대, 조세 재정에 관한 통계가 가능하도록 조세와 재정운영에 화폐와 준화폐(미곡과 면포)만을 통용하도록 했으며, 또한 계산이 불편한 15두 1석의 계량단위를 10두 1곡으로 10진법을 사용하였다. 뿐만 아니라, 자신의 기획안의 실익을 논증하기 위하여 치밀한 통계를 사용한 세출예산안을 편성하고 있다.

인 현실처방안과 장기적인 규범적인 처방안이 혼재되면서 나타나는 현상이라고 할 수 있다.

마지막으로 유형원의 공전제는 그 내용면에서는 사회의 근본적인 변화를 지향했다는 점에서 진보적이고 혁신적인 면을 지니고 있으나, 그 실천면에서는 현실의 보수성과 집행저항 등의 문제를 안고 있다. 유형원은 이러한 집행저항의 문제를 지나치게 고려하여 점진적이고 단계적으로 개선하고 추진하려는 전략을 취하고 있어 그의 이상적인 정책이 생각보다 근본적인 변화를 유도하지 못하고 있다는 비판이다. 즉 지나치게 이상적인 정책들이라 그 실천에는 한계가 있다는 것이다. 유형원은 노비제도의 폐지와 토지국유를 통한 토지분배가 귀족세력과 토지지배집단의 반란이나 저항을 불러 올 수 있다고 판단하여, 사회혼란을 줄일 수 있는 현실적 실천방안을 고안했다. 토지몰수에 강제력을 동원하는데도 주저하여 적극성을 보이지 않았고, 노비제도의 즉각적인 폐지도 정치적으로 불가능하다고 판단하여 종모법을 확대하여 실시할 것을 주장했다.

이러한 접근은 현실적으로 실현가능한 방도를 찾고자 한 그의 실용적 사상의 발로라 할 수 있다. 그의 국가개혁안은 장기적이고 이상적인 정책목표, 단기적이고 당면한 정책목표, 그리고 현실적인 수단으로 연결되는 정책수단 등이 서로 혼합되어 이중적인 접근을 보이는 면이 많다. 그러나 고대의 이상사회를 목표로 하면서, 정확한 현실인식과 현실분석을 바탕으로 그 개선안을 찾아가고 있다는 점이 특징이다.

제8장

중농주의 경제정책

제1절 인구관리정책

반계는 나라를 운영하기 위해서 제일 먼저 해야 할 일은 인구를 명확히 파악하는 일이라고 보았다(『반계수록』 3, 전제후록 상). 그는 강항(姜沆)의 간양록(看羊錄)을[1] 인용하면서 미개한 섬나라인 왜(倭)도 경지면적과 인구수를 명확히 파악하고 있는데, 하물며 예의지국인 조선이 그들보다 못해서 되겠느냐고 경고하고 있다. 인구가 불명확하면 국가의 일이 하나도 균일(均一)하게 되는 일이 없으며, 아무리 선정(善政)을 하려고 해도 되지 않는다는 것이다. 즉 인구의 파악이 불명확하면, 공정한 토지제도도 세울 수 없을 뿐 아니라, 부역이나 군역도 공정하게 이루어지지 못하고 형법으로서만 백성을 강압하니 그것은 본말(本末)이 전도된 행정이라는 것이다.

반계는 인구를 명확히 파악하여, 호적에 세세한 정보까지 담은 호적대장을

---

1. 정유재란 때 일본에 잡혀갔던 강항(姜沆: 1567~1618)이 일본에서 견문한 풍속 · 지리 · 군사 정세 등을 기록한 책. 본래의 제목은 죄인이라는 뜻에서 《건거록(巾車錄)》이라 하였으나, 1656년(효종 7) 책이 간행될 때 제자들이 강항의 애국충절을 기린다는 의미에서 간양으로 고쳤다. 3년 동안 지내면서 보고 듣고 겪은 일본의 지리 · 풍토 · 인문(人文) · 병비(兵備) 등과 도요토미(豊臣秀吉)의 조선 침략에 대한 내용을 상세히 기록하였다. 또한 포로가 되었을 때부터 귀국하였을 때까지의 일기를 〈섭란사적(涉亂事蹟)〉이라 하여 권말에 첨부하였다.

마련하고, 매 3년마다 그 정보를 수정하여 호조(戶曹)와 도(道)와 각 읍면(邑面)이 각각 1통씩 비치하고 행정에 활용할 것을 주장했다. 그는 당시의 농민들이 고향을 떠나 행방을 감추는 가장 큰 이유는 조세의무와 군역의무에 일족절린(一族切隣)이 연계되어 있기 때문이므로 이 일족절린의 제도를 폐지할 것을 주장했다. 이러한 주장은 임진왜란 이전에 율곡이 이미 주장했던 것이지만, 반계는 율곡과는 달리 좀 더 구체적으로 일족절린을 없애는 방법으로 정확한 호적행정(戶籍行政)과 연계시키고 있다.

> "생각건대, 호구대장에 도망한 자와 절호(絕戶)된 자가 그대로 남아 있으면 즉시 대장에서 삭제하고, 그 일족과 절린에 조세와 균역의 연대책임을 지우지 아니하면 국가는 다만 도망한 자만을 잃을 뿐이요 백성을 다 놓치지는 않게 된다. ……… 비록 백성이 조세와 균역을 회피하려는 교활한 자가 있더라도 일족절린(一族切隣)의 폐를 개폐(改廢)하고 생활할 생업만 있다면 그 누가 자진해서 도망하리오."(『반계수록』 4. 전제후록 하)

이렇게 반계는 민생안정과 부국강병이라는 국정운용목표를 달성하기 위해서 또는 중농주의 행정사상을 실현하기 위해서 가장 먼저 정리해야 할 정책분야로 인구관리정책을 들었던 것이다. 위민의 근본이 인구를 명확히 관리하는 일이니 여기서부터 행정은 시작되어야 한다는 것이다. 유형원은 국정운영 또는 행정의 기본이 무엇인가를 그 누구보다도 정확히 파악하고 있었다.

제2절 화폐유통정책

반계 유형원은 곡전(穀錢)이나 포전(布錢) 등 실물로 상품을 거래하는 실물

화폐제도에서 속히 벗어나, 행전(行錢) 즉 오늘날의 경화(硬貨: 동전)를 제조하여 화폐제도를 통일할 것을 역설했다. 화폐를 가장 광의로 해석하여 재화의 교환에 사용되는 매개수단으로서의 어떤 물건이라고 한다면, 화폐의 발생은 교환의 발생과 동일하게 되어 그 기원은 수천 년까지 소급할 수 있다. 유자후(柳子厚: 1895~?)의 『조선화폐연혁』에 의하면, 환웅천왕시대까지 소급할 수 있으며, 주전(鑄錢)도 벌써 기자조선 흥평왕 시대에 '자전(子錢)'과 '모전(母錢)'이란 명칭으로 주전이 유행하였다고 보고 있다(송주영, 1979: 60).

우리나라에서 뚜렷한 주전의 발단은 고려 성종시대부터이다. 그러나 이 주전은 그 이후 꾸준히 사용된 것이 아니라 일진일퇴를 거듭하면서 간헐적으로 사용하는 수준에 불과했으며, 조선 중기까지 꾸준히 사용되어 온 것은 '곡전(穀錢)'과 '포전(布錢)'이었다. 조선시대 초기의 여러 국왕들은 면포와 곡물보다 진보된 교환수단인 동전과 지폐를 유통시키려고 많은 노력을 했으나 제대로 성공하지 못했다. 저화사용을 장려한 태종의 화폐정책(태종1년, 10년)과 동전사용을 장려한 세종의 화폐정책(세종 6년, 20년)은 지폐나 동전사용을 늘리기 위하여 유교적 가치관에 위배되는 강제전략과 처벌전략을 사용하였기 때문에 모두 백성들의 신뢰를 얻지 못했다. 태종의 저화정책은 그것을 위한 경제적 환경이 성숙하지 못했고, 세종의 동전정책은 동전의 가치하락으로 인한 백성들의 불신으로 실패했다(최호진, 1974: 11-36). 그 후 성종(1년, 5년)시대에는 시장거래, 형벌의 속전, 약품구입의 절반, 공노비의 신공, 상인 · 장인 · 시전에 매기는 인두세에서 지폐사용을 의무화하여 지폐 부활을 다시 시도했지만 실패했으며, 중종(17년)시대에 들어와서는 지폐는 거의 사라졌다. 동전인 조선통보(朝鮮通寶)는 15세기 내내 주조됐고 1515년 이후에는 상평통보(常平通寶)가 새로 만들어져 그것을 대체했지만, 유통되는 데는 역시 실패했다.

조선에 있어서 통화에 대한 관심은 1551년(명종 6) 정부가 가뭄을 겪으면서 세입을 확보하고 구휼의 재원을 마련하는 방법으로 동전의 주조를 고려하면서 재개됐다. 임진왜란이 끝난 뒤 이덕형 김신국 등의 건의를 받아들여 1626년 인조(4년)는 동국통보(東國通寶)와 십전통보(十錢通寶)를 주조하라는 명령을 내리고 이듬해까지 6백관의[2] 동전만을 주조하고 중지했다. 1633년 인조(11년)는 다시 상평창을 설치하고 조선통보(朝鮮通寶)를 주조하도록 하였으나 지방까지 보급할 만한 충분한 동전을 주조하지 못하여 동전에 대한 신뢰를 잃기 시작했다.[3] 1637년 병자호란으로 동전의 주조가 전면 중지되었으나 일부 지방에서는 여전히 동전이 유통되었다. 유형원이『반계수록』을 집필하던 당시에는 김육의 동전활성화의 주장(1637～1650)과 효종의 동전수용정책(1651)에 힘입어 동전유통정책이 다시 도입되었으나 그 집행과정에서 재정부족과 혼란을 극복하지 못하고 효종7년(1656)에 또 다시 중단되어 화폐유통정책이 표류하고 있던 상황이었다.

유형원의 눈에 비친 조선의 행전정책은 일관성을 잃은 대표적인 정책이었다. 그는 행전(동전유통)정책이 지속적으로 시행되지 못하고 개선을 기피하는 폐습을 신랄하게 비판하면서(『반계수록』8: 157. 전제후록고설 하), 이 동전정책을 둘러싼 논쟁에 대하여 깊은 관심을 가졌다. 유형원은 행전정책의 장점을 강조하면서, 고려시대 성종이후 주전이 유통되다가 예종 시에 재상 소태보(邵台輔: 1034~1104)가 주전의 유통은 '풍속을 헤치고 부화(浮華)를 조장하는' 폐단이 있어 우리나라에 시행하는 것은 어렵다고 주장한 부분에 대하여 '무식의 소치이자 국정운영의 지식이 모자란 소치'라고 강력히 비판하고 있다. 그는 전화(錢貨)는 다양한 직업을 가진 백성들이 생계유지를 하기 위하여 필요한 재화를 교환하기 위한 매개체라고 주장하면서, 전(錢)은 그 기질이 견고하여 불(火)과 물(水)에 강할 뿐 아니라 습기나 해충의 해를 입지 않고 오랫동안 사용할 수

2. 1관이 1백 냥이므로 6천 냥이 된다. 냥(1,3온스, 0.0368킬로그램)은 원래 무게의 단위였지만 계산의 단위로도 쓰였다.

3. 지방까지 보급할 만큼 충분한 동전이 주조되지 못하였기 때문에 지방으로 동전을 가져가서 정부가 승인한 것보다 높은 환율을 요구해 부당하게 이득을 취하는 사례가 발생하면서, 정부의 행전정책에 대한 신뢰가 추락했다.

있고 간편하다는 장점이 있고, 거기에다 전화(錢貨)는 국용을 튼튼히 하고 민생을 부유하게 한다고 주장했다.

유형원이 화폐의 본질을 논하면서 주장한, "국용을 튼튼히 하고(贍國用), 민생을 부유하게(裕民生)" 한다는 사상은 자본주의 발생 초기의 중상주의사상과 유사하다. 중상주의시대는 오랫동안 유지해온 봉건제도가 무너지고 중앙집권적 민족통일국가가 이루어진 시대로서, 제후간의 대립이 아닌 민족 대 민족의 대외적 대립으로 대체되면서 각 나라는 무엇보다도 부국강병책에 혈안이 되었다. 이 시대에는 과거 농경사회의 자연경제가 아닌 화폐경제가 일반화되면서, 정치가들은 화폐에 현혹되어 금은(金銀)을 유일한 부(富)로 생각하고 부국강병책으로 금은흡수에 수단방법을 가리지 않았다.

반계는 화폐제도의 발전사를 고증하고, 행전(行錢)의 장점을 조선의 조세제도의 혼란과 진상제도의 폐단을 치료할 수 있는 제도로 활용할 것을 제안했다. 즉 종래의 조세는 미포(米布)를 현물로 납부하는데, 조세는 현물로 서울까지 배로 운반하여 국용에 사용하는 조세(漕稅)와 지방관청에 사용하기 위해 지방에 남겨놓는 유세(留稅)로 구분하였다. 오늘날의 조세제도로 설명하면, 전자는 국세에 해당되고 후자는 지방세에 해당된다. 국세에 해당되는 조세(漕稅)의 민폐는 이루 말할 수 없었다. 현물을 측정하는 되(升)나 말(斗)을 탐관오리들이 협잡하고, 수송비를 터무니없이 올려 받고, 서울에 도착하기까지의 습해 · 병충해 · 풍해 등으로 인한 감량 분까지 보태어 징수했다. 한편 진상제도는 지방의 특산물을 생산자가 자발적으로 궁중에 헌상하는 것이 원래 취지인데, 연산(燕山)때부터 이것이 강제납품으로 강제되면서 이후부터 날이 갈수록 극심해졌다. 특산물에 국한되는 것이 아니라 생과실에서 야생동물에 이르기까지 그 수가 수백 가지가 되어 농민은 이 진상으로 인하여 그 민폐가 이만저만이 아니었다. 반계는 이러한 현상을 통탄했다.

반계는 이러한 현물조세의 폐단과 진상의 민폐를 경감할 수 있는 방법을 화폐유통정책에서 찾고자 했다. 현물과 특산품으로 납부하는 조세와 진상을 화폐

(전화)로 대납하고, 정부나 궁중에서는 서울의 상설시장에서 구입하여 사용한다면 중간착취의 민폐가 일소되고 정부와 궁중도 편리하다고 생각했다. 나아가 상업(시장)까지도 활성화시킬 수 있다고 확신했다.

그는 국가의 재정정책을 통하여 정부주도적으로 화폐유통을 활성화하고자 했다. 즉 (1) 모든 세금과 녹봉의 일부분을 동전을 사용하도록 하고, (2) 도성의 시전, 진관, 역참 등의 거래에는 동전을 사용하도록 했으며, (3) 백성들에게 상점개설자금을 정부가 대동세에서 대출해 주어 상업발전을 유도하고자 했으며, (4) 관원들에게 생활자금으로 동전을 대출해주어 필수품을 구매하도록 한 후 일정한 기간 안에 동전으로 다시 갚도록 유도하고자 했으며, (5) 동전과 면포 · 미포 · 은납 과의 교환비율을 확정하여 유통을 활성화 시키도록 하자고 제안했다.

반계는 화폐유통의 활성화를 주장하면서 화폐제도의 역기능과 본질을 파악하는데 많은 시간을 할애했다. 실물화폐와 경화(동전) 중 중 어느 것을 사용하는 것이 국가에 이익이 되는지? 그리고 동전을 주된 화폐제도로 채택할 경우, 동전의 액면가치와 재료가치가 현저하게 차이가 나면 어떠한 현상이 일어나는지에 대하여 과거의 경험과 사례를 통하여 예리하게 분석했다. 그 결과 반계는 화폐제도의 근본적 이치를 다음과 같이 밝히고 있다.

첫째, 실물을 화폐로 사용하는 경우에는 그 실물이 원래의 재료가치로 유통되는 것이 아니라 단지 돈(전)으로만 쓰인다. 따라서 화폐로 유통되는 그 실물은 점점 그 질이 조잡해진다고 파악했다. 예컨대 실물화폐로 사용하였던 우리나라의 녹포(鹿布)는 매년 질이 떨어져 종국에는 아무른 쓸모없는 면포가 되었다고 주장하면서[4] 악화가 양화를 구축한다는 오늘날의 그레샴의 법칙과 상통하는 주장을 하기도 했다. 즉 그는 녹포(실물)가 그 본래의 실물(녹포)로의 기능을 하는 것이 아니라 전(錢)의 역할을 하기 때문에 질이 떨어지고 조잡한 녹포생산을 금지

4. 과거에는 면포의 밀도(날)를 측정하는 단위로 승(升)을 사용했다. 즉 경사(經糸)의 80본을 1승(升)이라 칭했다. 고로 면포가 의복용이 되려면 적어도 5~6승포는 되어야 한다. 승수가 높을수록 정세(精細)하고 값도 비싸다.

하여도 이를 막지 못했다고 주장했다. 그는 녹포는 본래 유용한 물건인데 (전으로 사용하기 때문에) 물건을 조잡하게 만들어 무용지물이 되고, 동(銅)은 원래 무용한 물건인데 전(錢)으로 제조사용하기 때문에 유용한 물건이 되었다고 주장하면서, 녹포는 아무리 인력을 소모하여 만들어도 곧 파손되며, 동전은 한번 만들면 영구히 사용할 수 있으니 경화를 사용하는 화폐제도가 훨씬 유리하다고 판단했다.

둘째, 반계는 동전의 액면 가치와 소재가치(재료비와 주조비를 합한 비용)가 지나치게 차이가 나지 않도록 해야 화폐의 개인적 주조와 화폐훼손의 폐를 막을 수 있다고 주장했다. 그는 액면가가 재료가치보다 훨씬 더 높으면 사전(私錢)이 생기고, 지나치게 과소하면 훼손현상이 생긴다고 명확하게 인식하고 있다(『반계수록』 4 : 85. 전제후록 하). 반계는 중국의 삼국시대(위 · 촉 · 오가 패권을 다투던 시대) 오(吳)의 손권(孫權)이 재정의 궁핍을 덜 목적으로 동전의 소재중량을 약간 높이고 그 액면 가치는 아주 높여 당오백전과 당천전을 발행한 것을 맹렬히 비판하면서, 이러한 행위는 위정자의 모리행위요, 백성을 기만하여 만민의 재산을 수탈하는 것이라고 비판했다. 이러한 점에서 그는 명확하게 금속론자(Metalist)라고 할 수 있겠다.

셋째, 반계는 화폐유통정책을 주장하면서 이미 물가상승과 통화량과의 관계를 파악하여 오늘날의 인플레이션현상을 예견하고 있다. 그는 화폐의 지나친 주조현상은 물가를 높이고, 물가가 높아지면 다시 화폐를 발행(증주)하므로, 물가인상과 화폐증주와는 상호인과관계에 있다고 주장하여 오늘날의 인플레경계사상을 미리 예고하고 있다(『반계수록』 4 : 84. 전제후록 하).

제3절 농산물 물가조절정책

반계가 활동하던 조선시대에도 고구려시대의 진대법이나 고려시대의 의창제와 같이 춘궁기에 관곡을 풀어 진대하고 추수 후에 환납케 하는 구휼복지정책을 실시하고 있었다. 즉 각 도(道)에 의창(義倉)을 두고 관곡을 대곡하고 추수 후에 원곡에다 10분의 1의 이자(耗)를 부쳐 반환을 받았다. 이를「환상제도(還上制度)」라 한다. 원래 이 제도는 농민들을 위한 일종의 복지구휼정책이었다. 반계는 우리나라에서 이 제도는 오히려 농민을 착취하고 아전들과 부농들의 배만 불리는 제도로 전락하였다고 비판하고 있다. 즉 강제로 관곡을 할당대여하고 이자를 더 많이 챙겨 중간착취를 하거나, 환상이 불능한 자에게 대납하여주고 매년 자기가 그 농민으로부터 곡식을 거두어들이기도 하며, 견디다 못해 도망하면 일족절린에게 연대책임을 지게하고, 타지방의 부농은 대여 받은 관곡을 또 다른 지방의 빈농(貧農)에게 전대하여 이식을 챙기는 제도로 잘못 운영되고 있다는 것이다. 반계는 실지로 농촌에 묻혀 농민과 함께 살면서 이러한 폐단을 무수히 경험했기 때문에 이 제도운영의 잘못을 통렬히 비판하고 있다(『반계수록』 3. 전제후록 상)

반계는 의창에 의한 구휼정책보다는 상평창(常平倉)에 의한 물가조절정책을 훨씬 선호하였다.[5] 이 정책은 풍년에 곡물이 흔하고 천하게 되어 곡가(穀價)가 떨어지면 관(官)에서 시가(時價)보다 비싼 값으로 곡물을 사들여 비축하였다가, 흉년에 곡식이 귀해져 곡가가 오르면 시가보다 싼값으로 방출함으로써 곡가를 조절하여 백성들의 생활을 안정시키자는 것이었다. 반계는 환상제도는 진대하는 사람에게만 혜택이 있지만, 상평창제도를 쓰면 풍년이나 흉년이 들어도 농민들을 손상치 않으며 모든 백성에게 골고루 혜택을 주기 때문에 더 좋은 제도라고 평가하고 있다. 즉 안정된 가격으로 농산물의 유통과 거래가 이루어지도록 정부가 시장가격을 조절하기 때문에 곡가의 변동에 따라 생활을 위협받는 일반농민을 보호할 수 있다고 본 것이다. 이러한 상평창제도는 오늘날

---

5. '상평'이란 상시평준(常時平準)의 약어이다. 즉 풍년이 들어 곡가가 떨어지면, 국가는 곡물을 사들여서 곡가를 올리고, 흉년이 들어 곡가가 폭등하면 국가는 상평창의 곡물을 풀어서 곡가를 떨어뜨린다. 또는 수확기에 사들여서 단경기(端境期)에 방출하는 방법 등으로 곡가의 부당한 변동을 방지하려는 목적이었다.

에도 이중곡가제도 또는 추곡수매제도라는 명칭으로 널리 사용하고 있다. 그는 그 당시에 이미 시장의 가격조절기능을 정책의 수단으로 이용하고자 했던 것으로 보아, 가족공동체의 호혜(benefit)와 국가의 재분배(redistribution)에만 의존했던 당시의 자원배분체제만으로는 백성들의 욕구를 충족하기에는 한계가 있음을 간파한 것으로 해석된다.

제4절 독점금지정책

반계는 국정운영이나 행정은 공정하고 공평해야 한다는 확고한 신념을 가지고 있었다. 당시에는 토지뿐만 아니라 산의 목초지나 해변의 염전, 어장 등 당연히 일반백성이 공동으로 이용해야 할 것까지도 왕족을 위시하여 권문사족(權門士族)들이 독점하였으므로 백성은 백성대로 생활이 곤란하고 국고의 세입은 줄어들었다. 이러한 공공재(public good)는 민간이 자유롭게 이용할 수 있도록 하여 생산에 이용하게 하고, 그 산물에 따라 적법한 세금을 거두어야 함에도 불구하고, 왕족이나 관리 또는 토호들이 그들의 권력을 이용하여 독점하고 세금도 내지 않으니 그 폐가 심하다고 분석하고 있다. 반계는 국가자원의 효율적 활용을 통하여 백성들의 생활안정과 국부를 달성하고자 했다. 특히 왕의 자녀는 국가에서 후한 녹을 받고 있으므로 그들이 독점하고 있는 자연자원은 민간에게 돌려주어 생업을 갖게 하고 국가는 그로부터 조세를 징수하여 세입으로 삼아야 한다고 주장한다(『반계수록』 1. 전제 상).

이렇게 반계는 특정세력이 자연자원의 이용을 독점하여 일반백성이나 국가에 해를 끼치는 행위를 규제하고 막는 것이 바로 행정이 해야 할 일이라고 본 것이다. 반계는 누구보다도 행정의 공정성과 공평성을 강조했다.

제5절 상공업정책과 고공정책

반계는 상공업을 최소한의 영역으로 국한하기 위해 그 성장을 억제하고자 했던 전통 성리학자와는 달리, 농업을 헤치지 않는 범위 내에서 상공업을 적극 육성하고자 했다. 반계는 "공(工) · 상(商)이 없어서 안 됨은 사(士) · 농(農)과 다름이 없지만, 이것을 생업으로 삼는 자가 너무 많으면 농업을 해롭게 한다. 따라서 공 · 상이 많으면 그 세를 무겁게 하여 억제하고 적어면 세를 가볍게 하여 물화유통의 길을 열어야 한다"고 인식했다. 그러면서도 그는 당시 조선에서는 "공산품의 제조가 정밀하지 못하고 물화가 유통되지 않고 있으니 마땅히 그 세를 가벼이 해야 할 것이다"라고 제안하고 있다(『반계수록』 1. 전제 상, 잡세). 이러한 주장에서 볼 때, 그는 일반 성리학자들보다 상공업의 기능을 적극적으로 평가하고 상공업인구의 적정비율을 높게 잡고 있음을 볼 수 있다.

먼저 시장의 교역 및 상업기능의 활성화를 주장한 그의 견해를 알아보자. 조선중기에는 이미 한 달에 6번씩 개장하는 5일장이 전국의 주요도시마다 개설되어 있어 그 수가 무려 천 수십 개소에 달했다(송주영, 1979: 33). 시장 간의 거리가 4~50리이어서 하루에 농민들이 보행으로 왕복할 수 있을 정도의 시장망을 형성하고 있었다. 보부상(褓負商)들은 이 시장 망(網)을 돌아다니면서 물건을 공급하고 농민들은 필요한 물건을 매매했다. 그런데 관(官)에서는 시장에 집합하는 농민들로부터 '장세(場稅)'라고 칭하는 세를 징수하고 있었다. 유형원은 이에 대하여 이 '장세'는 폐지하고, 그 대신 '상공세'를 부과할 것을 제안했다. 5일마다 열리는 시장은 촌민들이 모여 서로 필요한 물건을 교역하고는 귀촌하는 장소이므로 전업하는 좌상(坐商)과는 근본적으로 다르므로 시장에 집합하는 농민들로부터 장세를 부과함은 부당하다고 본 것이다. 대신 유형원은 상설점포와 상설야장 등에게는 '상공세(商工稅)'를 부과할 것을 주장했다. 농민들이 여가시간에 제작한 수공품을 시장에 나아가서 거래하는 행위에 대해서는 과세하지 말라는 주장은 당연한 것이지만, 여기서도 반계의 농민에 대한 이해와 교역 장려의 정신을 엿볼 수 있다.

또한 반계는 시장기능을 활성화하기 위하여 '공장(空場)'을 단연히 폐쇄할 것과, 관수용(官需用)의 물건을 매입할 때에는 중앙에서 수용하는 물건은 반드시 중앙시장에서 그리고 지방관아에서는 지방시장에서 구입하고, 충분히 그 가격을 지급할 것을 제안했다. 여기서 '공장(空場)'이란 실제로 개시(開市)가 활발히 이루어지지 못하는 시장을 말한다. 당시 '공장(空場)'에는 교역이 목적이 아닌 무뢰배들이 운집하여 음주 · 도박 · 폭행 등등의 폐단이 심했다. 반계는 시장이 '공장'으로 변질하는 것은 관(官)에서 '장세'를 징수하기 때문에 생겨난 현상이므로 먼저 '장세'를 폐지하고 '공장'을 폐쇄하여 시장기능을 활성화하여야 한다고 주장했던 것이다(『반계수록』 4 : 85, 전제후록 하). 그 활성화 방안으로 국가 및 지방정부에서 구입하는 관수품은 각각 그 지방의 시장에서 구입하되 충분한 대가를 지급할 것을 주장했다. 즉 관(官)이 민(民)과 이(利) 끝을 다투지 않아야 민폐를 방지할 수 있고, 대량 매입하는 중앙에서 충분한 대가를 지불해야 서로 다투어 물건이 서울로 집중되고 유통이 활성화된다고 판단했다(『반계수록』 3 : 65, 전제후록 상).

반계 유형원은 공업에 대해서도 세율인하를 통하여 기술을 향상시키고 장려할 것을 주장했다. 그는 정교한 기술을 가지고 중요한 물건을 만드는 기술자(工匠)가 많아야 나라가 발전한다고 보고, 『경국대전』과 같이 공장(工匠)에 등급을 매겨 중과(重課)하는 것은 바람직한 정책이 아니라고 주장하면서, 기술의 정교함이나 생산규모의 대소를 불문하고 가벼운 조세, 즉 단일율(單一率)의 세를 과하여 공업을 육성할 것을 주장했다. 또한 기술이 정치한 자는 면세(免稅)도 가하다고 주장하면서, 기술의 향상을 특히 강조했다. 당시 숙련공장이나 기술자들은 관가의 필요에 의하여 수시로 관역에 동원되어 그 착취가 극심하였다. 공장들은 자신의 기술이 알려질까 봐 일부러 조품(粗品)을 생산하여 자신의 기술을 감추기도 하고, 그 비법을 자손에 까지 전수하지 않고 죽는 일이 비일비재했다. 반계 유형원은 이러한 기술이 더 이상 발전하지 못하고 사라지는 것을 매우 걱정했다(『반계수록』 1 : 35, 전제 상).

상공업기능에 대한 반계의 진전된 평가는 적극적인 화폐유통정책에서도 잘 나타난다. 반계는 이(利)를 펴고 재물을 통하는 화(貨)를 식(食)과 아울러 생민의 근본으로 보았다. 그는 "전화(錢貨)는 국용을 풍족하게 하고 민생을 넉넉하게 하니 국가가 반드시 행해야 하거늘, 우리나라에서 행하지 못한 것은 어찌 제도의 결함이 아닌가?" 라고 주장하면서 화폐의 유통을 적극 권장하고 있다(『반계수록』 4. 전제후록 하, 전폐). 반계는 화폐의 효용을 높이 평가하고 앞으로 금속화폐의 통용이 확대될 것을 확신하면서 다양한 행전책(行錢策 : 화폐활성화 대책)을 제시하고 있다. 화폐의 유통이 활성화되기 위해서는 먼저 상인이 물화를 흥성하게 한 뒤에야 돈이 통행할 수 있다고 보고 상설포자(常設鋪子)의 설치 등 다양한 상업 진흥책을 강구하고 있다. 또한 정부에서는 동전으로 조세를 받고 그 동전을 다시 녹봉으로 나누어주면 동전이 자연히 유통될 것으로 보았다.

이렇게 반계는 재화의 시장거래에 대하여서는 별다른 제한을 가하지 않았다. 오히려 물품과 노동력의 시장거래를 활성화하고자 했다. 반계는 인도주의에 입각하여 노비제의 폐지를 주장하고 그 대안으로서 경제적 합리주의에 입각한 「인력고용(고공)제도」의 도입을 적극 주창하였다. 당시 16~7세기에는 노비가 전 인구의 30% 정도에 달할 정도였으며, 노비의 노동력은 가사노동과 농업노동 등에서 중요한 역할을 담당했다. 반계는 사람을 재물로 삼는 노비제도는 인륜에 배치된다고 보고, 노비를 대대로 부려먹는 제도를 고공(雇工)의 계약에 의해 임금을 지급하고 노동력을 사는 고공제도로 전환해야 한다고 주장했다. 즉 노동력을 팔고 사는 인력시장의 도입을 주장한 것이다. 반계는 "무릇 이익을 추구하고 손해를 피함은 만고천하의 같은 인정(人情)"이니 인력을 팔고 사는 모두에게 불리하지 않는 고공제가 조선에 정착할 수 있음을 확신했다. 이러한 고공제, 녹봉제, 외국과의 교역활성화 정책 등은 모두가 상업 및 유통의 활성화와 관련이 있다.

이상에서 본 바와 같이 반계의 상업정책은 어디까지나 농업을 저해하지 않는 범위 내에서 상업 진흥의 필요성을 강조하였다는 점에서 한계는 있다. 그러나 시장이란 배분체계의 활용을 중시하고 있다는 점에서 가족공동체의 호혜(benefit)와 국가의 개입(intervention)에 의한 재분배체계만을 인정하고 있는 전통 성리학자들의 경제사상에 비해 진전된 요소가 내포되어 있다. 화폐가 국부민유(國富民裕)를 낳는다고 보고 적극적으로 화폐유통활성화정책(행전책)을 제시한 점, 노비제를 폐지하고 고공제로 전환하여 인력의 시장거래를 활성화할 것을 제안한 점, 도로개선과 수레의 사용을 통한 상업의 활성화를 주장한 점, 시장기능을 활용하여 국가적 배분체계를 합리적으로 개선하는 방안을 강구한 점, 국가재정을 시장에 의존함으로써 시장을 육성하고자 한 점, 그리고 해외교역이 민부를 증진시킨다고 보고 서양에까지 개방적이기를 제안한 점은 당대에서는 매우 선진적인 사상이었다(이헌창, 1999: 91). 이러한 반계의 사상은 기본적으로 인간은 '이익을 추구하는 존재'라는 인간관을 전제로 하고 있다. 반계가 법제도중심의 국정운영을 강조한 이유도 이익을 추구하는 인간의 행동을 수기와 교화로 바로 잡는 데에는 한계가 있으므로 인간행동을 규율하는 객관적인 준거 틀(fair frame of reference)을 만들고 이를 공정하게 집행하는 것이 현실적으로 백성을 위한 위민행정이라고 보았기 때문이다. 그는 천리와 인욕을 동시에 충족시킬 수 있는 합리적인 법과 제도를 만들어 이를 국정운영의 기준틀로 삼고자 했다. 시장기능을 중시한 이유도 이익을 추구하는 인간의 본성을 충족시키기 위한 방안이었다고 볼 수 있다.

제9장

병농일치의 국방정책

제1절 군정의 폐해와 율곡의 영향

15살의 어린 나이에 병자호란의 치욕을 경험한 유형원은 특히 부국강병한 나라에 대한 염원이 강했다. 나라의 국력이 부족하여 오랑캐의 침입을 당했고 나라의 국왕이 오랑캐의 국왕에게 무릎을 꿇고 신하의 맹세를 하는 삼전도의 국치를 당했다는 것이다. 특히 그는 지방과 변두리가 튼튼해야 중앙인 복심이 튼튼하고 나라가 굳건해진다고 믿었다. 이 울타리강화론 또는 변방강화론은 율곡이 죽기 전, 얼마가지 않아 반드시 국가의 화란이 있을 것을 미리 예견하면서 누누이 강조했던 이론이다.

『반계수록』에 나타나는 반계의 시대인식과 그 개혁안은 율곡의 영향을 많이 받고 있다. 특히 당시 사회의 난맥상을 소개하면서 율곡의 「동호문답」「만언봉사」「진해서민폐소(陳海西民弊疏)」의 것을 많이 인용하고 있다.[1] 그 내용을 보면, 일족절린의 폐단, 군속 및 관리의 부정, 궁중의 사치로 인한 진상과 공물의 폐단 등에 관한 것이다. 율곡은 「동호문답」에서 그 당시 사회의 각종 폐단을 일

1. 『반계수록』「전제」 말미의 '국조명심론폐정제조'에 소개되어 있는 당시 시대의 난맥상에는 총 11개 조문이 소개되어 있는데, 율곡의 것이 8개조, 중봉 조헌의 것이 3개조이다. 율곡의 8개조는 「동호문답」에서 6개, 「만언봉사」와 「진해서민폐소」의 것이 각각 1개조이다.

족절린(一族切隣), 진상번중(進上煩重), 공물방납(貢物防納), 역사불균(役事不均), 이서주구(吏胥誅求)로 요약 정리하면서, 이 모든 폐단은 나라의 각종 세금과 이를 관리하는 관리들의 횡포에 기인하는 것으로 진단하고 있다. 반계의 시대적 상황도 율곡의 시대나 다름이 없었다. 그런 점에서 율곡이 제기한 문제는 반계의 시대에도 그대로 유효했다. 반계의 시대에는 '일족절린'의 폐단이 더욱 심했다. 진상과 공물 및 각종 지방세의 폐단과 더불어 당시 백성들을 괴롭히던 또 하나의 큰 폐단은 병역제도, 즉 군정에 관한 것이었다.

당시 군에는 병사(兵使) · 수사(水使) · 첨사(僉使) · 만호(萬戶) · 권관(權管) 등의 직급이 설치되어 있었다. 그러나 그들에게 고정된 봉록이 없었다. 고정급이 없기에 그들은 자신들의 지위를 최대한 이용하여 생활비를 충당하고 나아가 이를 축재의 수단으로 이용하고자 했다. 예컨대, 군 인사를 단행하면서 돈을 받기도 하고, 군역대상자로부터 돈을 받고 군역을 면제해주기도 하고, 병역에 종사하고 있는 자에게 견딜 수 없는 고통을 주어 돈을 내고 면제를 받도록 유도하기도 했다. 백성들의 입장에서 보면, 병역을 수행하자니 고통을 감수해야 하고, 병역을 면하자니 경제적 부담이 컸다. 가난한 백성들은 군역의 고통을 이기지 못해 고향을 버리고 도망을 가는 것이 허다했다. 이를 경우, 그 친척에게 대신 군역을 부과했으며, 그 친척마저 없으면 이웃에게도 부과했다. 이른바 족징(族徵)과 인징(隣徵)의 폐단이다. 율곡은 「동호문답」에서 이것을 '일족절린의 폐(弊)'라고 했다. 반계는 이러한 폐단을 토지제도의 개혁과 연계한 병농일치 징병제를 통하여 근본적으로 해결하고자 했다.

유형원이 따르고자 했던 이상적인 군역제도 모델은 주나라의 '정전제와 연계하여 시행한 민병제도'였다. 그는 주대의 봉건제의 이념을 도입하여 중앙을 중심으로 사방을 번병(藩屛)으로 설정하고 마치 제후가 천자의 변병을 다스리듯, 조선의 경우 감사가 번병을 감당하도록 했다. 번병을 강고하게 하는 것이 곧 국가를 반석에 올려놓는 것이라 하여 주대 봉건제의 '굳건한 번병이 외침을 막고 종실을 보호할 수 있다'라는 논리를 적극적으로 추종하고 있다.

그는 먼저 국방이 왜 그렇게 약화되었는가에 대한 원인을 치밀하게 분석했다. 그동안 군역제도가 국방을 담당하는 제도가 아니라 일종의 독립된 조세제도로 변질된 이유를 상세히 분석하면서, 방위력을 강화하면서 동시에 백성들에게 부담을 줄여줄 수 있는 군역제도를 만들고자 했다. 반계가 구상했던 병제개혁의 기본원칙은 사람과 군사(군역)를 연계시키는 것이 아니라, 토지와 군사(군역)를 연계시키는 것이었다. 이른바 유형원이 가장 중요시하는 국정운영원칙인 토지를 기준으로 삼는 '이전위본(以田爲本)의 원칙'을 국방제도에 적용하고자 했다. 반계의 논리에 의하면, 만약 사람을 기준으로 세금을 정하고 군역이나 기타 부역을 정한다면, 대상자인 그 사람이 죽거나 떠나갔을 때 문제가 생기고 이에 따라 일족절린의 폐가 생겨나기 쉽지만, 땅을 기준으로 한다면 사람이 죽더라도 땅은 여전히 그대로 있으므로 일족절린(一族切隣) 등의 문제가 없다는 이론이다. 반계 유형원은 이 기본원칙에 따라 군사제도와 병무행정의 개혁안을 제시하고 있다. 즉 20세 이상의 장성한 남자에게 1경의 토지를 분급하고, 4경의 토지를 분급 받은 4명을 공동책임단위로 하여 그 중에서 한명이 신역(병역)을 담당하게 하는 것을 원칙으로 하는「병농일치의 징병제」를 기반으로 하는 것이었다.

총 26권으로 구성되어 있는『반계수록』중 21권~26권까지가 국방과 군사제도에 관한 내용을 담고 있다. 이 병제개혁의 내용을 요약하면 다음과 같다.

제2절 국방제도와 정책의 기본원리

국토방위를 위한 병역의무는 예나 지금이나 가장 중요한 국민의 부담이다. 반계의 시대에는 율곡의 시대보다 군정의 폐해, 특히 일족절린의 폐해가 특히 심했다. 조선초기부터 반계가 살던 시대까지는 군포제(軍布制)를 바탕으로 하는 양병제도가 원칙이었다. 즉 군적(軍籍)에 올라 있는 장정은 원래 일정기간 병역에 종사할 의무가 있으며, 이들이 군 복무를 하는 동안에는 군역을 면제받은 2명의 보인(保人)에게서 각각 월 베 1필씩을 받아 경제적으로 충당하였다. 그러나 병란의 위험이 적어지면서 군 복무 대신 고된 일반 노역에 동원되는 사례가 늘어나자 보인에게서 받은 베로 다른 사람을 사서 대신 복역시키는 수포대역(收布代役)이 성행하였다. 또 병역에 동원된 군정에게 베를 받고 임의로 귀향시키는 방군수포(放軍收布)가 만연하면서 군포대역이 지방 관리들의 수탈 수단으로 변모하였다. 이렇게 군제가 무너지면서 농민들의 고통과 폐단이 극심하였다.

반계는 당시의 군포제를 바탕으로 하는 양병제는 병력수가 적으면 국방이 허술해지고, 반대로 많으면 그 경비부담으로 백성이 고통을 받는 제도이기 때문에 개혁해야 한다고 주장했다. 그가 주장한 개혁안은 군포제를 폐지하고 토지제도와 병역의무를 연계시키는 「병농일치 원칙에 입각한 의무병제도」였다. 반계는 중농주의자답게 "병역의무자 모두 토지를 소유하면서 군역을 부담한다"는 원칙을 세워 영농과 국방을 모두 만족시키려 했다. 양인군(良人軍)은 토지 4경당 1인, 천인군(賤人軍)은 2경당 1인으로 군역부담의 차이를 두기는 하였으나 일단 모두 토지소유를 근거로 하여 군역을 부담하게 했던 것이다.

반계의 군역개혁론은 현실적으로는 이미 그 도를 넘어버린 농촌사회의 양역(良役)의 폐단을 바로잡고, 이론적으로는 경제적 뒷받침이 없는, 즉 토지와 유리된 15세기 급보제(給保制)의 결함을 시정하려는 생각에서 구상된 것이었다.[2] 따라서 군포제의 폐지와 농민에게의 토지지급을 원칙으로 하는 「병농일치의 의무병제」로 나타나게 된 것이다. 나라의 "근본이 바로 잡히면 모든 제도가 바로 잡힌다"는 반계의 사상에서 볼 때, 이 군역개혁은 나라의 근본인 토지제도

2. 급보란 조선시대 군역을 담당하던 정군(正軍)에게 생계 보조자인 보인(保人)을 배정하여 준 것을 말한다. 『경국대전』 병전(兵典) 급보조(給保條)에 정리된 것에 의하면, 갑사(甲士)에게는 2보, 기정병(騎正兵) · 취라치(吹螺赤) · 대평소(大平簫) · 수군(水軍)은 각각 1.5보, 보정병(步正兵) · 장용위(壯勇衛) · 파적위(破敵衛) · 대졸(隊卒) · 팽배(彭排) · 조졸(漕卒) · 봉수군(烽燧軍) · 차비군(差備軍)은 각각 1보를 주어 병종마다 급여 보인 수가 달랐다. 보인의 정군에 대한 재정적 보조는 입역 중 월당 포(布) 1필 이하로 하였다.

의 개혁이 이루어진 다음 실시할 수 있는 개혁안이다.

반계의 군역개혁안의 핵심은 (1) 병역 의무자에게 반드시 토지를 지급하여야 하며, (2) 군포제도를 폐지하고, (2) 천인군(賤人軍)을 조직한다는 것이다. 과전제 아래에서의 군역제도는 병역 의무자에게 토지를 지급하지 않았고 급보(給保)의 기준도 경제적인 여건을 감안하지 않았던 데 반하여, 반계가 구상한 군역제도는 토지 1경을 각각 지급받은 4명의 농부를 한 단위로 하여 정병 1인과 보인 3인으로 구성하는 것이었으니, 과전제하의 군사제도와의 차이는 같은 의무병제이지만 병농일치의 정도와 군역부담의 형평성에 큰 차이가 있다(강만길, 1992 : 39-40 : 천관우, 1971 : 319), 구체적으로 반계 유형원이 군역제도를 개혁하면서 지침으로 삼은 논리와 원칙을 정리하면 다음과 같다.

1. 토지면적에 따른 징집원칙

유형원은 토지면적에 따라 일정한 인원이 군역의 의무를 지게 하는 것이 가장 이상적이라 확신했다. 그는 사람을 기준으로 세금과 군역 그리고 기타 부역을 정하는 이인위본(以人爲本)의 원칙보다는 토지를 기준으로 군역과 세금을 매기는 이전위본(以田爲本)의 원칙을 매우 중요시했다. 그가 구상한 군역제도의 기본원칙은 "토지분급에 기초해 양정을 징발해야 한다." 또는 "토지를 계산해 병사를 낸다(計田出兵)"는 말로 표현되는 토지면적에 따른 징집원칙이었다. 현대의 정책유형으로 표현하면, 국가의 모든 추출정책은 이전위본의 원칙을 적용했다.

2. 향촌의 결속력 활용원칙

유형원의 국방제도개혁의 궁극적인 목표는 방위능력의 향상이었다. 백성들의 부담을 줄이면서도 강한 군대를 만들고자 했다. 그는 국방력은 군인의 수에 의하여 결정되는 것이 아니라 '사기와 결속력'에 의하여 결정된다는 것을 알고 이를 제도에 담으려고 했다. 이를 위해 고안한 것이 향촌의 결속력을 그대로 군인조직에 담는 것이었다. 그는 향촌조직의 결속을 강화하고 이를 군사제도와 연계시키려 했다. 이러한 영감은 반계 스스로 밝힌바와 같이 주대의 비(比)·여(閭)·족(族)·당(黨)의 서열로 조직된 지역공동체의 단위에 따라 군사를 징발한 민병제도에서 얻은 것이었다. 유형원은 토지분급제의 전면적인 실시를 주장하면서, 이와 관련하여 생산을 도모할 집단거주지, 즉 여리경(閭里頃)을 설정하려 했다. 여리경은 토지분급을 전제로 20가내의 인보(隣保)와 상호부조의 원칙을 관철시키고자 한 집단취락지를 말한다.

그는 주대의 정전제가 붕괴되면서 향촌조직의 결속도 무너지고. 또한 군역제도도 문란해졌다고 진단했다. 정전제가 폐지된 후세에는 양정(良丁)을 개별적으로 심사해 적절한 사람이 발견되면 군역에 충당했다. 토지와 군역이 분리되면서 군사는 긴밀하게 결속된 향촌조직의 주민이 아니라 아무나 대체할 수 있는 개인의 집합으로 간주되어 버린 것이다. 토지를 중심으로 작성되는 군적(軍籍)이 아니라 개인단위로 군적을 작성하는 관행이 유지되는 한 군역제도의 문란과 부패를 막을 수 없다고 확신했다. 그 까닭은 사회의 모든 구성원, 즉 군졸과 향신부터 조정의 고관에 이르기까지, 그리고 서리와 수령에서 대장에 이르기까지 모두 개인의 이익을 추구하기 때문이라고 보았다. 개인 단위로 등록하는 군적제도는 군적을 담당하는 관리가 "부정을 저지를 수 있는 길을 열어놓고 뇌물을 요구하는 폐단을 다시 만드는 것"이라고 주장했다(『반계수록』21 : 37).

이러한 문제를 해결할 수 있는 유일한 방안은 전제개혁을 실시해 군적등록의 기준을 개인에서 토지로 변경함으로써 개인의 신분이나 상황을 고려할 수 있는 가능성을 차단하는 것이라고 보았다. 유형원은 군역을 개혁하려면 반드시 토지제도를 수정하고, 과거의 향촌의 결속을 군사제도에 연계시켜야 한다고 단언했다. 그러나 토지를 분급하면서 인구를 강제로 분산시켜 이러한 집단거주지를 만들고 거기에 따라 군적을 만들고 군사를 징발하는 군사제도는 당시의 사세로 보아 실현가능성이 적다는 것을 반계 자신도 인정하고는 있지만, 그래도 여리경(閭里頃)과 같은 향촌조직의 결속력을 군역제도와 연계시키려는 이상을 버리지는 않았다.[3] 반계는 이러한 결속이 단단한 지방향정조직을 군사제도와 연계시켜 방위력을 강화할 것을 주장했다.

반계는 국방력은 군인들의 사기와 결속력에 의하여 결정된다는 것을 잘 알고 있었다. 여리경과 같은 마을공동체 단위의 주민들은 서로 보호하고 원조하며, 노동과 여가를 공동으로 수행하고, 또 장례와 경사에 슬픔과 기쁨을 함께 나누기 때문에 어떤 집단보다도 결속력이 강하다. 제(齊) 환공(桓公)이[4] 춘추시대의 패자가 될 수 있었던 것도 이러한 제도 덕분이었다고 주장한다. 유형원은 "같은 지방에서도 동쪽과 서쪽, 남쪽과 북쪽에서 온 사람이 섞이게 되면 서로 돕거나 믿지 못하게 된다"고 하면서 향촌의 결속을 그대로 군제제도와 연계시키는 것이 국방력을 강화하는 가장 중요한 방안임을 강조했다. 이 원칙은 국방재정이 열악한 상황에서의 국가방위력 증가는 새로운 군사조직을 창설하고 군사를 늘리는 방안보다는, 오히려 응집력과 결속력이 강한 군사조직으로 재편하여 사기와 효율성을 증진시키는 것이어야 한다는 그의 국방이론의 배경이 되었다.

3. 정확한 군적유지의 원칙

유형원은 국정운영을 위해 제일 기본적인 것이 인구의 정확한 관리라고 주장했듯이 국방행정에 있어서도 가장 기본적이고 중요한 것 역시 정확한 군적관리라고 보았다. 군적(軍籍)이란 양안(良案)과 함께 모든 양정의 이름, 나이,

---

3. 유형원 자신도 현실을 전제로 그 시행을 강권하지는 않았다. 우선 "토지가 이미 개인의 사유가 되어 민이 흩어져 살게 됨이 사세로써 파악된다." 라고 하였고, 기존의 토지제도를 인정하면서, "만일 여리경이 있다면" 이라는 가정적 표현으로 후퇴하고 있다. (『반계수록』 1 : 23-24)

4. 춘추시대 제나라의 제15대 군주이며 춘추 5패의 한사람이다. 포숙아의 진언으로 규의 신하인 관중(管中)을 재상으로 기용하여 그의 협력으로 제후들과 회맹(會盟)하여 신뢰를 얻었으며, 국내적으로는 군사력을 강화하고 수공업을 육성하여 국가기틀을 튼튼히 했다.

특징, 거주지 등을 자세히 기록한 장부를 말한다. 그 사본은 병조와 각 도의 감영 및 진관에 보내져 병무행정의 기초자료로 활용했다. 군적은 호적(戶籍)을 바탕으로 작성되었는데, 일단 호적이 작성되면 그 가운데에서 군역 부과자를 추려내어 군적에 올렸다. 호적이 3년에 한 번씩 작성된 데 비해 군적은 6년에 한 번씩 개수하도록 되어 있었다.[5]

군적 작성의 책임은 수령에게 있지만, 실무는 향리와 더불어 이정(里正) · 권농관(勸農官) 등이 군적감고(軍籍監考)가 되어 담당하였다. 이 과정에서 향리들이 뇌물을 받고 군적작성을 공정하지 않게 작성하는 폐단이 심했다. 『경국대전』에서는 이러한 자들에 대한 처벌을 매우 엄격하게 규정하고 있지만, 그 폐단은 조선시대 전 기간을 통해 계속되었다. 반계가 살던 그 시대에도 여전히 정확한 군적관리가 이루어지지 않아 군역의 불균형이 극심했다. 유형원은 당시 일족절린의 폐해를 비롯하여 모든 군정폐해의 근본적인 원인은 바로 군적관리의 부실에서 나온다고 보았다. 따라서 그는 정확한 군적관리야말로 병역행정의 본(本)이라고 주장하면서, 아동 · 노인 · 사망자의 불법적인 등록을 근절하고 정확한 군적기록을 유지하면, 정병과 보인을 확실히 구분할 수 있고 또 행정오류에서 오는 민폐를 방지할 수 있다고 보았다.

4. 군역평등의 원칙

유형원의 군역제도의 기본원칙은 모든 정병은 반드시 직접 복무하여야 하고 복무하는 동안은 보인이 낸 세금(후원)을 받는다는 원칙이다. 그는 당시 정

5. 군안(軍案)이라고도 한다. 한국에서 군적이 언제부터 작성되었는지는 확실하지 않으나 고려에서는 호적과 별도로 병부(兵部)에 전문군인의 군적이 작성되어 있었다. 조선시대에는 건국 직후 군적 작성에 착수하여 1393년(태조 2) 동북면과 서북면을 제외한 전국 마보병(馬步兵)과 기선군(騎船軍) 20만 800여 명을 군적에 올렸다. 세종 때에는 호적법의 정비와 아울러 군적의 작성 절차도 철저히 정비하였다.

병에게 군포를 걷고 군역을 면제해주는 방군수포(放軍收布)를 통렬히 비판했다. 군역은 군역으로서의 기능을 하여야 하며 군역이 조세제도로 변질되어서는 안 된다는 것이었다. 그는 당시 보병과 기병이 실제로 복무하지 않고 군포를 내는 관행을 반드시 금지해야 한다고 주장했다.

또한 유형원이 추구한 또 다른 병제개혁의 기본원칙은 군사는 그 기본업무만을 수행해야 한다는 원칙이다. 모든 정병은 반드시 직접 복무하여야 하고 병역의무를 수행하는 사람은 한 가지의 군역만을 수행해야 한다는 원칙이다. 당시에는 대부분의 사람들이 두 가지에서 많게는 네 가지 형태의 군역을 수행하여 국방의 의무가 평등하지 못했다. 예컨대, 군포를 내고도 속오군에 복무하기도 하고, 훈련부대에 근무하면서 자신이 직접 무기와 말을 지참해야 했으며, 지방관아에서 사령으로 오래 동안 근무하기도 했다(『반계수록』 21 : 29-30). 유형원은 정병에게는 지방에 부과되는 모든 잡역에서 면제되어야 하며, 중앙각사에서는 군역과 무관한 사령이나 보초 같은 임무를 맡길 수 없게 했다. 당시에는 노비가 부족해 노비들이 해야 할 일을 맡기기 위해 군사를 징발했다. 각사 노비는 정규적인 식량이나 봉급을 받지 못하여 궁핍했으며, 관원의 학대가 심했다. 유형원은 각사 노비에게 적절한 보상을 제공하면 군사들은 원래 임무로 돌아갈 수 있을 것이라고 주장했다. 반계는 군역에도 명확한 임무와 업무분장이 있어, 서로 공평한 군역이 될 수 있도록 하여야 한다고 주장했다.

5. 정병에 대한 충분한 후원보장의 원칙

조선시대의 군역제도는 번상 정병(正兵)과 보인(保人)으로 구성되는 일종의 민병제도였다. 요즈음과 같이 국방예산으로 군인을 양성하는 것이 아니라, 실제 군역을 담당하는 정병은 보인들이 내는 후원에 의하여 생활하게 된다. 이러한 보인제도에 의하여 운영되는 민병제도의 문제점은 보인의 충분한 후원(재정지원)이 없으면 군대유지가 어려워진다는 것이다. 보인들의 후원이 충분하다면 민병제도의 문제는 없다. 실제로 보인의 후원은 많은 문제를 일으켰다. 예컨대, 정병들은 복무하기 전에 자신에게 제공된 후원을 모두 써버리기도 하였고, 보인의 후원이 없어 복무하는 동안 고리대를 빌리기도 하였으며, 하번이 되어 귀가한 뒤 원금과 그 두 배에 해당되는 이자를 갚지 못해 토지와 소를 팔기도 하는 일이 허다했다. 이처럼 정병-보인에 의한 군역제도에 있어서 번상 정병은 모두 거지에 가까웠다고 진단하고 있다(『반계수록』 21 : 35).

유형원은 보인의 후원이 제도적으로 충분하고 안정되게 이루어지도록 해야 한다고 보았다. 그 당시 보인제도가 가장 잘 운영되는 곳인 어영군의 사례를 본받아, 그 사례를 자신의 군역제도에 적용할 것을 주장했다. 당시 어영군에서는 보인 3명 중 1명은 1년에 쌀 12말을 수도의 창고에 납부하고 다른 2명은 군인의 장비를 대기 위해 군포를 내게 했다. 유형원은 보인이 내는 미곡이나 포의 수집과 배급을 수령이나 관원이 철저하게 감독하는 규정을 만들어 시행하면 충분한 재정지원이 가능하다고 확신했다. 그는 어영군 자체는 혁파하여야 한다고 제안했지만 그 운영방법은 자신의 생각하고 있는 모든 부대에 전파하고자 했다.

6. 보인부담 경감의 원칙

이 원칙은 정병에게 충분한 후원이 있어야 한다는 원칙, 즉 충분한 재정지원의 원칙과 상반되는 것 같지만, 오히려 상호보완적인 원칙이다. 군대조직을 간소화하여 보인의 부담을 경감하면서, 정병에 대한 충분한 지원을 보장하여 군사력을 높이자는 의미이기 때문이다. 반계는 이 원칙에 입각하여 정병의 수를 감축하고 군대의 유형을 정규기병, 보병, 속오군, 수군, 노군으로 한정하였으며, 수도방위부대를 재편하여 비효율적인 재정낭비를 줄이고자 하였다. 반계는 군사조직이든 정부조직이든 일관되게 감축관리를 통한 업무효율화를 지향했다.

제3절 병농일치의 의무병제의 도입

1. 군사조직의 개편

유형원은 군역(軍役)을 토지와 연계하여 실시하는 '병농일치의 의무병제'의 도입을 주장한 것 외에도 군사조직의 간소화 · 효율화 · 합리화를 통하여 방위력을 향상시키고자 했다. 그는 임진왜란 이후 새롭게 창설된 조직들의 문제점을 분석하고, 중앙 · 지방 · 국경의 병력배치를 포함한 군사조직을 좀 더 간단한 조직으로 재편할 것을 주장했다. 그는 불필요한 새로운 제도를 만드는 것 보다는 조선 전기의 기본조직인 오위체제를 재건하는 것이 보다 바람직하다고 보았다. 즉 임진왜란 이후 생겨난 조직인 어영군, 정초군, 신선군, 별포수, 훈련별대 등을 폐지하여[6] 전체적으로 정병을 감축하고, 군사의 유형을 정규기병, 보병, 속오군(노비), 수군, 노군의 5개 유형으로 한정할 것을 주장했다. 군사조직과 조직운영방안에 대한 유형원의 개혁안을 요약하면 다음과 같다.

첫째는 수도방위를 위한 군사조직의 재편이다. 유형원은 궁궐과 수도의 방어를 위한 중앙군사조직을 수도경비와 소수의 금군, 그리고 감문과 순위(巡衛) 같은 특수조직으로 나누었다. 그는 양란을 거치면서 그 때 그 때의 필요에 의하여 세워졌단 중앙군사조직을 대폭 감축하고 그 지휘체계를 병조로 일원화하고자 했다. 즉 인조와 효종 때 생겨난 어영청, 총융청, 수어청을 폐지하고, 그 기능을 내금위와 의순위에 이양하였으며, 왕의 신변보호를 위해 생겨난 겸사복 우림위 등을 모두 폐지할 것을 주장했다. 동시에 군사조직의 명령체계를 모두 병조로 일원화하여 군사조직을 효율화하고자 하였다. 이를 위해 먼저 조선 초기

6. 그러나 효종의 정치와 대외정책에 관여하고 있는 남한산성의 수어청은 유지할 것을 주장하고 있다. 이 부대는 청의 3차 침입에 맞서 국왕이 저항하는 최후의 피난처이거나 모반이 일어날 경우를 대비한 국왕의 지휘본부로서의 성격이 강했다(이해진, 1985: 160-163).

에 운영하던 오위를 복구하여 수도방위를 맡기고,[7] 오위도총부를 폐지하고 병조가 오위를 지휘관할하는 체제로 변화시켰다. 이는 그 당시 군령이나 지휘체제의 혼란을 방지하기 위한 것이었다. 당시 오위(五衛)의 위장(衛將)은 오위에 대한 전반적인 지휘통제권을 가지지 못하고, 출근할 때마다 지휘할 부대와 임무를 받아 근무했다. 그 때문에 위장 사이의 연락과 보고는 며칠씩 걸리기도 했고, 경비임무는 물론 야전훈련에서도 위장이 자주 바뀌었기 때문에 위장과 군사사이의 친밀감이 없었다. 이러한 운영은 무관의 정치적 영향력이 강화되는 것을 방지하기 위한 조치였다. 즉 지휘관을 자주 교대시킴으로써 고려 후기와 같은 장군들이 과도한 권력을 가졌던 현상을 차단하기 위한 것이었다. 그러나 반계 유형원은 이러한 혼란스러운 제도와 조직운영은 국방력을 약화시킨다고 보고, 각 군영별로 지휘관을 두고 그들의 임무와 역할을 고정적으로 할당하여 방위력을 강화시키고자 하였다. 그는 "예기치 못한 사건이 갑자기 발생하면 어떻게 대처하겠는가?"를 반문하면서, 지휘관을 특정한 경호부대에 고정 배치하여 그 부대에 대한 전적인 통제권을 주어야 한다고 주장했다. 〈표 9-1〉은 군사조직의 개편안이다.

둘째는 국경방위조직의 정비이다. 그는 당시 국경을 방어하는 조직이 지나치게 분산되고 파편화되어 있어 소위 전략적 방어거점에 대한 개념이 부족했다고 비판했다. 그는 분산된 작은 읍성이나 산성에 군사를 분산 배치하는 전략으로는 집중된 침략에 맞서 방어하기에는 너무 약하다고 지적하면서, 소수의 전략거점을 중심으로 국경방위를 집중화할 것을 주장했다.[8] 즉 각 지방의 병영

7. 수도를 중심으로 중위, 전위, 좌위, 우위, 후위에 군영을 설치하여 수도를 방위하는 군사체계를 말한다.

8. 정묘호란 당시 방어거점이 되는 도시를 비워두고 근처의 언덕이나 산성에 군사를 분산 배치함으로써 황해도와 평안도의 주요 진관들이 모두 유령도시로 변했고(이긍익, 『연려실기술』 27, 5: 120-121), 병자호란 시에도 침략로에 따라 배치된 병력을 간선도로에서 벗어난 산성으로 이동시킨 것이 여러 실수 중 가장 심각한 전략실수였다(Palais, 2002: 142).

표 9–1 • 군사조직의 개편안

군사조직	업무	폐지	조정내용
어영청, 총융청, 수어청	궁중수호를 위한 금위관청	폐지	내금위, 의순위로 통합
훈련원	무예연마 및 훈련담당	폐지	오위로 합속
오위	수도방위조직	신설 및 권한강화	병조가 관장
오위도총부	군령기관	폐지	병조로 합속
내금위, 금오위, 의순위	호위군사조직	권한강화	병조가 관장

주) 반계수록 병제에서 필자가 작성

은 그 형편을 살펴서 그 지방의 큰 고을에 설치하고, 병사는 가족을 데리고 가서 오랫동안 재직할 수 있도록 하여야 한다고 주장했다.

셋째로는 수도와 지방의 군사배치의 개선이다. 유형원은 군사들이 자신의 거주지에서 복무지까지 멀리 이동하지 않도록 거주지 근처의 부대에 배속시킬 것을 제안하고 있다. 이는 향촌의 결속력을 군사조직에 활용한다는 그의 군제 개혁의 원칙에서 나온 것이기도 하지만, 경비를 줄이고 교대를 쉽게 하며 부대 간의 결속과 지휘관과 군사의 친밀감을 높이려는 전략적 차원에서 나온 것이라고 할 수 있다. 수도에 근무하는 병사는 경기도의 농민으로만 충원하고 지방의 군사들은 자신의 거주지에서 가장 가까운 진관에서 복무하도록 하자는 것이다. 그는 국경은 일차적인 방어선이므로 국경으로 사람들을 이주시켜 영구히 거주하게 하면서 침략에 대비하는 것이, 전쟁이 일어났을 경우 대규모의 중앙군을 내륙에서 파견하는 것보다 훨씬 효과적이라고 확신했다.

넷째는 지방군을 지휘 관리하는 진관제(鎭管制)를 체계적으로 정비하고 그 운영방법을 보다 능률적으로 개선할 것을 주장했다. 국경과 각 지역의 방위를 담당하는 진관(鎭管)을 문관인 수령이 담당하도록 하는 제도는 그 자체로서 약

점이 있었다. 예컨대, 지방수령들은 군사훈련과 방어보다는 세금징수에 더 관심이 있던 문관이었기 때문에 병력을 줄이고 그 대신 군포를 걷기 시작했으며, 농민군사의 정기적인 훈련을 무시했다. 게다가 내륙지방은 거의 침략을 받지 않았기 때문에 읍성의 방위기능은 거의 사라졌다. 또한 16세기 이후 왜구의 침략이 늘어나면서 수영의 방위력을 증가시키는데 관심을 두었으나, 육군과 수군의 명령체계가 긴밀하지 못하여 전시에 통합작전을 펼치는데 많은 문제점이 있었다. 유형원은 분산되고 파편화된 병영의 문제점을 해결하기 위하여 대군이 배치된 대규모의 군사기지를 설치하고, 그 도의 모든 병영을 통솔하는 절도사를 2~6명씩 두자고 제안했다.[9] 그는 도 관찰사, 지방 절도사, 수령으로 이루어지는 3단계의 규칙적이고 계층적인 군사지휘체계를 제안했다. 유형원은 명령과 책임을 명확히 할 수 있는 군사조직체계를 제안하고는 있지만, 근대의 군사제도인 장교와 직업군인으로만 구성되는 전문적인 군대를 상정하지는 못했다. 그는 한 번에 두 달씩 복무하고 1년이 넘는 여유로운 공백을 갖는 정병, 즉 정전제에 의한 민병원칙을 선호했다.

다섯째로는 나라를 방위하는 최전방의 군사조직인 진영에서 일어나는 폐단을 없애기 위하여 육군과 수군의 진장(鎭將)들에게 정규녹봉을 지급할 것을 제안하고 있다. 진장들이 개인 사무를 위하여 군사를 동원한다거나 군포를 받고 복무중인 군사를 풀어주는 폐단은 모두 그들이 녹봉을 받지 못했기 때문이라고 진단하고, 진관의 이예(吏隸)들과 함께 정규녹봉을 지급할 것을 제안하고 있다. 또한 진관의 지휘관은 가족을 대동케 하고 그 복무기간을 길게 하여 안정적 생활을 바탕으로 국가방위의 역할과 책임을 다하도록 할 것을 제안하고 있다.[10]

---

9. 절도사는 모든 진을 총괄한다. 한 도에 2-6진이 있을 경우, 각 진관을 〈절제사〉라 하고, 진사는 군현을 겸하여 관장한다. 그 밖에 관내 군수이상의 관리는 〈첨절제사〉라 하고, 현령은 〈절제도위〉라고 한다. 그러나 진관에 모이면 부장(副將)과 같다. 각각 그 고을에서는 군사를 전담하며 통솔한다.

10. 당시 대부분의 진관은 각 도의 중심인 감영보다는 외곽에 위치하고 있기 때문에 진장(지휘관)들은 가족을 데려가지 않고 자신만 일시적으로 복무했다. 유형원은 진관의 위치를

2. 무기와 방어시설의 강화

국가의 방위력은 우수한 무기와 기술에 좌우된다. 유형원은 임진왜란을 치루면서 무기와 기술의 중요성을 뼈저리게 느낀 유성룡의 의견에 많은 영향을 받았다. 유형원은 양란의 치욕을 당한 원인이 활과 창 등의 무기제조기술의 낙후, 전함 · 전차 · 소총 등의 최신무기의 부족, 그리고 성벽 · 진지 · 역참 등의 방어시설의 미비 등에 있다고 보았다.[11] 유형원은 유성룡의 의견을 인용해 최신 무기에 대한 편견을 버리고[12] 적의 우수한 기술을 신속히 받아들여 우리의 방위력을 향상시켜야 한다고 주장했다.

> "천하는 각 구역으로 나뉘어 재주와 성질이 서로 달라 상통할 수 없다고 생각한다면 어떻게 오(吳)의 군사가 초(楚)의 전차를 모는 방법을 배워 초를 복속시킬 수 있었겠는가? 고대까지 거슬러 올라가지 않더라도 최근 중국에는 조총이 없었지만 절강지역을 침입한 왜구에게서 그것을 배웠다. 척계광은 그것을 훈련해 몇 년 사이에 중국의 기술로 만들어 마침내 왜구를 물리치게 됐다."(『반계수록』 21 : 42-43)

그는 조총의 우월성과 이를 도입 발전시킨 중국의 사례를 인용하면서 이를 적응과 진보의 중요성에 대한 일반적 논의로 발전시켰다. 외국의 진보된 기술을 도입해야 한다는 그의 강력한 주장은 이후 실학파들에 많은 영향을 미쳤다.

재조정하고 지휘관이 가족을 대동케 함으로써 복무기간을 늘리려고 했다.(『반계수록』 21 : 15-17)

11. 재래무기의 열악한 수준에 대한 반계의 지적은 『반계수록』 21 : 28, 군마를 양성하는 제도를 개혁하자는 율곡의 유명한 건의를 인용한 부분은 같은 책 21 : 70-71, 중국의 군마 양성제도에 대한 논의는 24 : 17-21, 34. 축성의 규정을 제안한 내용은 24 : 1-5, 전차에 대해서는 24 : 6-16, 선박건조와 수리는 21 : 51, 역참은 24 : 21-23, 봉수는 21 : 55-56 참조.

12. 임진왜란 동안 대부분의 신하들은 조선의 풍습이 외국과 다르며 조총은 조선에는 적합지 않거나 전투에서 아무 가치가 없다고 주장하면서 조총의 도입에 반대했다.

"이것으로 보건대 인간의 본성은 서로 그렇게 멀지 않으며 풍습이 각기 다를 뿐이다. 꾸준히 노력했는데도 성공하지 못했다는 것은 들어보지 못했다. 양반과 백성 모두가 포수와 살수를 비웃었는데, 그것은 과연 비웃을만했다. 사람의 본성은 편안함을 좋아하고 습속은 변화를 싫어한다. 이런 위기를 당해 아직도 이전의 잘못된 생각으로 창의적인 견해를 비판해 부박한 논의가 일어나니 식견 있는 선비들도 도리어 거기에 휩쓸려 그들의 세력을 도우니 이것이 옳은 일인가?"(『반계수록』 21 : 42-43)

3. 문무의 구별폐지 및 국방교육의 강화

임진왜란과 병자호란을 경험하면서, 유형원은 당시 조선의 국방력이 극도로 약화된 원인은 무능한 신하들이 고대의 상징이었던 문무의 균형을 따르지 않고 지나치게 문학과 문관만을 중시하고 강조한 결과였다고 진단했다. 그는 지방의 관찰사와 절도사는 물론, 지방의 수령과 백성 등에서도 문과 무의 구별을 없애려고 했다. 문과 무를 구별하고, 군사와 백성을 구별하게 되면 문무의 직능이 통합된 고대의 원칙을 회복할 수 없다고 보았다. 문과 무를 지나치게 구별하게 되면, 평시에는 군사들이 백성을 억압할 것이고 전시에는 군사훈련을 받지 않은 유생들은 '나약한 부녀자와 어린이'처럼 될 것이라고 하면서 문과 무의 균형을 강조했다. 조선의 방위력 약화는 문과 무의 지나친 구별과 문을 숭상하는 문화에서 비롯되었다고 본다. 주대(周代)에는 문과 무의 지식을 모두 갖춘 '보편적 지식인'이 군사명령체계의 지휘관이자, 평시에는 각 지역의 행정구역을 책임지는 관료조직이 되었다고 지적했다. 그는 내금위의 무과(장교)시험은 군사기술과 고전학습을 두루 측정할 수 있도록 궁중 사격술, 사서(四書), 무경(武經) 사서(四書), 척계광의 기효신서 등을 부과할 것을 제안하고 있다. 뿐만 아니라, 그가 제안한 교육제도개혁안의 각급 학교의 교육과정에도 군사교육과 활쏘기 등의 군사지식을 포함시키고 있다. 이것은 "평시 집에서는 향촌사람들을 보살피는 관원으로 활동하고, 전시에는 적에 맞서 군사를 지휘하는" 균형 잡힌 지휘관을 교육하고 선발하려는 의도였다. 그는 '문과 무를 고루 겸비한 군인', 또는 '실학에 종사하는 이상적인 학자이자 장교'를 양성하고자 했다.

> "후대에 문(文)은 아름다운 문장을 조탁하는 일이 되었고 무(武)는 무예와 완력을 사용하는 일이 됐다. 이 때문에 인재를 선발하는 방법이 그르게 되었다.(『반계수록』 21 : 23)

> "문학을 배우지 않으면 군사와 백성을 다스릴 수 없고 활쏘기와 말 타기만 연습하면 졸병밖에 될 수 없다. 어떻게 이런 사람을 뽑아 다른 사람을 다스리는 임무를 맡길 수 있겠는가?"(『반계수록』 21 : 7-8)

반계는 문관과 무관의 구분을 폐지할 것을 주장했다. 즉 지방수령이 전시에 군사지휘를 맡는 한나라 시대의 지방행정을 찬성했으며, 임진왜란과 병자호란의 사례를 들면서 방위력의 약화원인이 문과 무의 지나친 구별에서 오는 지방관들의 군사지식의 부족을 들고 있다. 따라서 그는 문무를 겸비한 완벽한 수령을 배출하여 그들로 하여금 각 지역을 책임지고 방어할 수 있도록 했으며, 보상과 처벌을 연계한「지역방위 책임시스템」의 도입을 주장했다.

> "그동안 전란이 일어났을 때 전국의 수령들은 모두 임지에서 도망쳐 도나 읍을 지키는 사람이 없었다. 이 때문에 적군이 침입했다는 소식을 들으면 그들이 공격하기도 전에 전국이 텅 비고 조정에는 명령을 내릴 사람이 없게 됐다. 군사들은 싸울 생각도 하지 않고 뿔뿔이 흩어져 적군의 기병 서넛이 전국을 횡행하면서 마구 노략질해도 막지 못했다. … 그러므로 전쟁이 일어나면 수령들에게 임지의 읍성을 떠나지

말고 굳게 지키도록 확실히 명령하고, 그런 임무를 저버리고 도망가는 사람은 절대 용서치 말아야만 그런 폐단을 근절할 수 있을 것이다." (『반계수록』 21 : 60-61)

유형원은 나라의 총체적 방위능력을 증강시키기 위해서는 유사시 모든 인구를 군사로 전환시킬 수 있는 체제가 가장 이상적이라고 보았다. 이것이 반계가 제안한 병농일치의 의무병제이다. 정병은 일선에서 싸우고, 보인은 민병으로써 읍성을 방어하는 이중적 결합을 통하여 주대의 이상적인 민병제도를 조선에 적용하고자 한 것이었다. 이것은 양정이 번상 정병과 보인으로 나뉜다 하더라도, 유사시에는 보인도 참전할 수 있도록 향촌에서 지속적으로 훈련시킨다는 의미가 내포되어 있다. "정병과 보인은 본래 백성을 군사로 훈련시켜 다시 백성을 지키게 한 것이니, 전시에는 그렇게 서로 전환될 수 있다"고 주장하면서 (『반계수록』 21 : 62), 그는 모든 백성이 참전하는 총력전의 개념으로 방위력 증강을 시도하고 있다. 보인은 현대의 예비군으로서의 의미를 가지고 있다.

4. 국방재정의 절감

유형원이 추구했던 병제개혁의 기본방향은 국방재정을 절감하는 방안으로의 군사조직운영이다. 그는 궁궐과 수도방위에 동원되는 병력이 지나치게 많고, 그 일부는 영속적으로 녹봉을 받는 직업군인이었기 때문에 부대 운영의 비효용성과 국고의 재정유출이 심각하다고 진단했다. 그는 녹봉을 받으면서 장기 복무하는 직업군인이 증가하면 국가에 심각한 재정 부담을 준다는 것을 중국 당나라의 경험과 사례를 통하여 고증하고 있다.[13] 유형원은 양정들이 농사를

13. 금군은 당 태종이 거느린 1백 명의 기병으로 시작되었지만, 7세기 후반 측천무후 치하에서는 1천 명으로 늘어났고, 8세기 이후에는 1만 명으로 늘어났다. 당나라는 이 장기 직업군인인 금군을 통제하지 못하여 결국 그들의 반란으로 폐망하게 된다.

지으면서 동시에 국토방위도 담당하는 병농일치의 의무병제도, 즉 주대의 민병제도를 가장 이상적인 군사제도라고 믿었다. 따라서 유형원은 녹봉을 받는 직업군인을 폐지하고 보인이 번상 정병의 재정을 지원하는 보인을 통한 재정제도로 전환할 것을 제안했다. 그러나 예외적으로 내금위의 병사나 국경을 지키는 진장의 지휘관 등에 대해서는 직업군인으로서의 녹봉지급을 인정하고 있다. 그러나 그 숫자는 철저하게 최소한으로 제한했다. 유형원은 국방재정의 부담을 최소화하면서 동시에 방위능력의 증강을 극대화하는 방향에서 병제개혁을 추진하였기 때문에, 주로 인원감축과 조정, 군사배치와 지휘권조정 등에 초점을 맞추고 있다.

제4절 현대적 해석과 평가

유형원의 군제개혁안의 특징은 고대의 이상과 조선의 현실을 상호 조정한 현실적인 개편안이었다고 평가할 수 있다. 즉 국방재정의 긴축과 강력한 국방의 필요성, 중앙집권적 행정력과 파편화된 군사력과 명령권 사이의 조정과 타협을 추구했다고 본다.

그의 병제개혁안은 주대의 민병제도와 조선 전기의 군사제도를 당시 조선의 현실과 전통적 관행에 맞게끔 조절한 매우 현실적인 방안이었다. 그가 추구한 이상적인 군사제도는 토지를 중심으로 군정이 이루어지는 고대 주나라에서 시행한 바 있는 병농일치의 민병제도였다. 따라서 그는 정전제로의 토지개혁을 바탕으로 하여 병제개혁안을 제안하고 있다. 즉 토지제도개혁과 병제개혁을 서로 연계시키고 있는 것이 특징이다. 그의 모든 병제개혁은 '병농일치의 민병제도'라고 할 수 있는 번상정병 · 보인제도로 개혁하면서 그 운영방법의 개선에 초점을 맞추고 있다. 그의 병제개혁의 몇 가지 특징을 요약하면 다음과 같다.

첫 번째의 특징은 백성들의 민생안정과 생활안정을 고려하여 군사조직과 운영에 전면적으로 '감축관리(cutback management)'를 적용하고 있다는 점이다. 그는 군사조직을 대폭 축소하고 단순화시키면서도 방위력을 증강시킬 수 있는 방안을 끝없이 제시하고 있다. 그는 군정에서 오는 병폐를 없애기 위하여 병농일치의 의무병제도를 전면적으로 적용하여 국방재정의 절감을 시도했고, 수도권집중의 군사배치를 지방 및 국경으로 분산시켜 변방 또는 변두리를 강화하는 일선방어전략을 제도화하고 있다. 소년기에 오랑캐의 침입을 경험했고, 그로 인한 치욕으로 인하여 자신의 집에서도 병마를 훈련시켰던 그는 누구보다도 군사력의 중요성을 잘 알고 있었다. 그는 일선에서 수도에 이르기까지의 군사명령 지휘계통을 포함한 방어전선의 체계화에 초점을 두고 그 개선안을 제시하고 있다. 그 대표적인 것이 군사지휘조직체계인 진관제(鎭管制)를 보다 계층적이고 분권적으로 정리하였다는 점이며, 또한 행정조직과 군사조직을 결합하여 수령을 진장의 지휘를 받도록 하고 그 방어책임을 강화하고 있다는 점이다

둘째의 특징은 유형원은 자신의 군사제도개혁을 '유교적 전통'에서 찾고 있다는 점이다. 그는 유교전통을 버리거나 그것 때문에 국가가 약화되었다고 비판하는 대신, 고전과 역사에서 오히려 지혜를 찾고자 했다. 그는 제도주의자이기는 하지만 유학적 접근방법을 반대하면서까지 새로운 국방제도를 창안하지는 않았다. 그는 외국의 기술을 도입하고 진보적이고 진취적인 운영방안을 마련한 것은 시대적 변화에 따른 적극적 적응이 있어야 조선의 국정운영체제를 유지할 수 있다고 본 현실인식의 결과였다. 그는 국방력의 향상은 기술과 방어시설도 중요하지만 군정을 이끄는 인간자체를 변화시키는 것이 개혁의 열쇠라고 보았다. 그는 균형 잡힌 고대의 이상사회의 전통을 현실에 되살리는 것이 바로 개혁의 목표라고 확신했다.

그는 당시 조선이 지나치게 문만을 숭상한 나머지 군사교육과 훈련을 무시했다고 인정하면서 문무를 겸비한 관원과 병농일치의 민병제도가 사라짐으로써 균형 잡힌 고전사회의 전통을 상실했다고 진단했다. 즉 반계의 병제개혁은

고대역사 속에서 그 대안을 찾고 그 대안을 현실의 상황에 맞도록 수정하는 방향에서 이루어진 것이다. 따라서 유형원의 병제개혁은 군사조직의 개편과 무기도입에 대한 현실적 조언이라기보다는 더 근본적인 인간변화, 사회변화를 목표로 하고 있다. 그는 문(文)이 지배하는 사회에서의 방위력의 무력함을 직접 경험했기 때문에, 문·무를 동시에 겸비한 '균형 잡힌 지식인'을 양성하여 절름발이 지휘관과 관료가 존재하지 않게 하는 것이 국방력향상의 기본 전제라고 보았다. 그는 삼봉이나 율곡과 마찬가지로 상무정신이 살아있는 역동적인 조선사회를 꿈꾸고 있었다. 1636년 12월 청 태종이 인조에게 보낸 교서, 즉 청의 요구(반청정책에 책임이 있는 신하와 장수를 청에 넘겨달라는 요구)를 수락하지 않으면 침략하겠다는 침략위협교서에는 그들이 본 조선의 문제점이 잘 나타나 있다. 청은 조선의 방어 전략과 산성의 위치를 잘 알고 있었다. 유형원은 그들의 분석이 매우 정확하다고 보았다.[14]

> "귀국은 산성을 많이 쌓고 있지만 나는 당당히 대로를 거쳐 서울로 갈 것이다. 산성으로 나를 막을 수 있겠는가? 귀국은 강화도를 믿고 있지만, 내가 팔도를 유린하면 작은 섬 하나로 나라를 유지할 수 있겠는가? 귀국에서 의논하는 사람은 유신들인데, 그들이 붓을 가지고 우리를 물리칠 수 있다고 생각하는가?"(이긍익, 『연려실기술』 27, 5: 120)

셋째로는 유형원은 국방재정에 대해서도 절약과 효율을 강조하는 매우 보수적인 예산운영을 지향하고 있다는 점이다. 그는 국방재정의 합리화를 위해

---

14. 실제로 병자호란의 패인은 (1) 방어전략 거점을 잘못 선정하여 산성에서 방어하는 사이에 대로를 통하여 신속하게 침공하였고, (2) 문관인 이자점이 침략정보를 일찍이 서울로 통보하지 않았으며, (3) 국방전력을 고려하지 못한 유학자들이 지속적으로 친명반청의 대외정책을 강조했으며, (4) 전략미비와 명령의 비통일성 등으로 군사지휘체제가 붕괴하였기 때문이라고 보는 것이 일반적이다. 결국 문(文)과 무(武)의 균형된 지식이 결여된 지도자(지휘관 또는 관료)들에 의해 국정운영이 이루어졌기 때문이다.

군인의 수를 감축하고, 직업군인에 의한 방어체계보다는 보인의 후원에 의하여 정병이 유지되는 민병제를 선호했다. 그는 보편적인 군역과 민병제도의 원칙을 훼손할 수 있는 어떠한 변화도 상정하지 않았다. 그는 경군(京軍)의 전체병력을 2,000명 정도로 제한했을 뿐만 아니라, 임란이후 창설된 부대 중 훈련도감을 제외한 모든 부대를 혁파할 것과, 훈련도감의 조직과 재정운영방식을 유형원이 좋아하는 보인에 의한 민병제도로 운영하고자 했다. 그러면서도 금군과 진장들에 대해서는 봉록을 주는 직업군인을 인정하고 있다는 점에서 논리적 일관성이 부족하다는 비판을 받을 수도 있다. 그러나 방위력향상이라는 최상위의 국방정책목표를 달성하기 위해서는 획일적인 자신의 원칙을 적용하지 아니하고 상황에 따른 변화와 예외를 인정하고 있다는 점에서 그의 국방 정책관을 엿볼 수 있다.

제10장

인재등용과 연계한 교육정책

제1절 세습적 신분 권력의 타파

인조반정 1년 전에 태어나 2살 때 아버지를 당쟁으로 잃고, 소년기에 이괄의 난과 두 차례의 호란을 겪으면서 자란 유형원은 조선의 정치적 지도력에 심각한 문제가 있음을 실감했다. 국정운영과 행정은 덕행과 능력을 고루 갖춘 현능(賢能)한 인재(人材)를 등용하여 활용하여야 하지만, 당시의 교육 및 인재등용제도는 그 기능을 제대로 충족시킬 수 없다고 보았다. 그는 당시의 교육 및 인재등용제도의 문제점을 철저하게 분석한 후 어떻게 하면 덕행과 능력을 고루 갖춘 훌륭한 인재를 양성하고 등용할 수 있을까에 대해 고민했다. 그는 그동안 유교교육을 통해 배운 근본적 원리가 담긴 보다 장기적이고 근본적인 교육 및 인재등용제도를 만들고자 했다.

유형원의 교육 및 인재등용제도 개혁론에 가장 크게 영향을 미친 것은 고전적 제도의 우월성을 강조한 송(宋)나라 시대의 사상가들이다. 특히 고전적 제도와 실용주의 노선을 강조한 왕안석(王安石: 1021~1086),[1] 도덕교육을 강조

1. 북송의 신종시대 부국강병을 위해 제도개혁에 앞장 선 유명한 개혁론자. 그가 부국을 위해 만든 대표적인 법으로는 청묘법(영세농육성), 균수법(중간상인의 폭리방지), 시역법(중간상인 육성), 묘역법(실업자구제) 등이 있고, 강병을 위한 제도로는 보갑법(민병양성), 보마법(군마양성) 등이 있다.

한 정호(程顥: 1032~1085) 등의 영향을 많이 받았다. 그러나 유형원은 고대의 제도를 원형그대로 복구하고자 한 근본주의자도 아니었고, 중국만을 맹목적으로 숭상한 사람도 아니었다. 그는 고대 중국의 훌륭한(합리적) 제도를 한국의 실정에 맞게 조정하고 변형시키는 것을 목표로 했다.

유형원이 본 조선사회의 가장 큰 문제점은 세습적 신분의 권력이 조선사회 전반을 지배하고 있다는 점이었다. 그는 세습적 귀족제도에서 야기되는 문제를 참으로 고통스럽게 인식하고 이를 타파하기 위해 노력했다. 그가 보기에 세습적 귀족인 양반은 혈통을 근거로 유능한 인재의 관직진출을 차단했으며, 상인(商人)이나 공장(工匠) 또는 노비(奴婢)는 말할 것도 없고 서민들에게도 관직의 문호를 개방하지 않았으며, 교육을 담당하는 공립학교는 거의 소멸되었으며, 서원은 양반 당파에 의하여 운영됐다. 그는 이러한 세습적 귀족사회를 타파하기 위하여 중국의 고대사를 깊이 연구했다. 귀족이 사회를 지배했던 남북조시대를 연구하고 얻은 결론은 귀족사회의 문제점을 해결하기 위하여 실시한 과거제도가 오히려 세습적 귀족사회를 촉진시켰다는 사실이다. 즉 과거제도가 귀족을 도태시키지도 못했고 사람들을 도덕적 기준에 맞추어서 교육훈련을 시키는데도 실패했다는 사실이다. 그는 당나라 송나라의 위대한 사상가들이 이 과거제도를 강력하게 비판했음에도 불구하고, 조선왕조는 맹목적으로 이를 받아들였다고 비판한다. 그는 당시 관직의 유일한 자격기준이 능력이나 정직성이 아니라 문지라는 사실을 비판했다. 관직을 향한 치열한 경쟁이 벌어지고 경쟁자의 장점을 인정하기보다는 개인적 · 혈연적 관계와 세습적 귀족신분에 의지해 관직등용과 승진이 이루어지는 문화를 신랄하게 비판했다.

> "우리나라는 문지만 숭상해 풍속이 비루하게 됐다. 족세(族世)의 번성은 자세히 말하지만 의로운 행실을 닦았는지는 묻지 않는다. 만약 세벌(世閥)의 자손이면 용렬하고 무능해도 경상(卿相)에 오를 수 있지만 보잘 것 없는 가문이면 훌륭한 덕망과 뛰어난 학식을 가졌더라도 사류

(士類)에 낄 수 없다. 세도가 융성하지 못하고 인재가 흥기하지 못하며 정치와 형벌이 문란한 것은 모두 이것 때문이다. 이것이 어찌 선왕이 도를 실천해 세상을 바로잡은 뜻이겠는가?"(『반계수록』 10: 5)

그가 제시한 유일한 해법은 이미 그 본래의 의의를 상실하여 능력중심의 인재등용법이 되지 못하고 관직세습을 위한 수단으로 사용되고 있는 과거제도를 폐지하고 학교교육을 통하여 능력 있는 사람을 관리로 등용할 수 있도록 하는 장치를 마련하는 것이었다. 즉 교육제도와 인재등용을 제도적으로 연계시키는 것이었다. 그가 추구한 교육 및 인재등용제도의 개혁전략은 먼저 과거시험위주의 교육이 아닌 전인적인 교육, 즉 전통적인 유교기준에 적합한 도덕적 지식을 습득하고 이를 실천할 수 있는 균형 잡힌 인재를 양성할 수 있는 공립학교제도를 만들고, 이 제도를 통하여 덕행과 능력을 고루 갖춘 현능(賢能)한 인재를 추천에 의하여 관직에 등용시키는 전략이었다. 그의 진정한 목적은 도덕교육을 받아 완벽해진 학자이자 관원인 사대부를 백성 중에서 좀 더 널리 선발해 도덕적으로 불완전한 당시의 세습적 양반을 대체하는 것이었다고 볼 수 있다(Palais, 2008: 244-245). 군제개혁에서 문무의 구별을 폐지하고 문과 무의 지식이 고루 갖추어진 균형 잡힌 관료들이 지휘관이 되어야 한다는 논리와 동일하다.

제2절 3단계 공립학제(公立學制)의 도입

유형원은 조선의 고질적인 세습적 지배신분제도를 혁파하기 위해서는 '균형 잡힌 지도자를 양성하고 배출할 수 있는 교육제도'가 먼저 정착되어야 한다고 보았다. 그는 삼대의 군왕들이 백성을 교화시키는 수단으로 교육을 강조했다는 사실과 사람과 짐승을 구별하는 유일한 수단은 교육이라는 맹자(孟子)의 교육관, 도덕교육을 통해 풍습과 관행을 변화시키고 통치를 영속화시킬 수 있다는 동중서(董仲舒: BC 170? ~ BC 120?)의 경세관을 매우 존중했다. 그는 공교육을 강화하는 공립학제의 제도화를 통하여 고질적인 세습적 신분제도를 개조하고자 했다.

당시 조선의 교육기관으로는 서울의 사학(四學), 지방의 향교 및 서원, 그리고 최고학부인 성균관이 있었으나 대부분의 공립학교제도는 무시되고 폐기된 상황이었다. 오직 과거를 준비하기 위한 사설교육기관인 서당과 개인교사, 그리고 서원만이 성행했다. 원래 서원은 저명한 학자들의 사당을 세워 배향하고 추숭한다는 좋은 취지로 만들어졌지만 점차 특정가문과 결탁된 조상 추모의 공간으로 변질되고 점차 당쟁의 진원지가 되어갔다. 반계 유형원이『반계수록』을 집필하던 시기인 17세기 중반에는 100여개의 서원이 있었으며 가장 폭발적으로 증가하던 시기였다. 그 당시에 이미 서원은 과거시험을 준비하기 위한 장소이자 세습적 당쟁의 진원지가 되어 서원 본래의 이상적인 목표를 상실했다. 그는 서원이 이렇게 된 원인이 바로 과거제도의 폐단 때문이라 확신했다.[2] 따라서 유형원은 과거제도를 폐지하고 3단계의 공립학교를 설립하여, 그 학제와 관리임용제를 연계시켜 추천에 의한 임용제도로 전환할 것을 주장했다. 그는 공립학교제도가 신분을 초월하여 훌륭한 인재를 양성할 수 있기 때문에 교육에 대한 양반의 지배를 멈추게 할 뿐만 아니라, 나아가 세습적 지배계층의 힘을 약화시키는데 기여할 것으로 확신했다.

> "뜻을 가진 선비들이 어쩔 수 없이 한적하고 외딴 곳에 따로 정사(精舍)를 세워 공부하는 곳으로 만든 것이 서원이 일어나게 된 계기이다. 만약 국가에서 교육을 바로잡기 위하여 읍학(邑學)과 향상(鄕庠)을 복구한다면 서원은 필요 없게 될 것이다."(『반계수록』9: 40)

2. 서원(書院)에 대한 유형원의 증오는 1860년대 대원군보다 심하지는 않았지만, 서원에 대한 비판적 글을 많이 남김으로써 1871년(고종8년) 대원군의 과격한 서원철폐에 대한 토대를 제공했다. 대원군은 서원을 40개만 남기고 모두 철폐하고, 만동묘의 대보단을 서울로 옮겼으며, 지방에 사당을 두는 규정을 없앴다(Palais, 2008: 215).

"국가에서 학교를 설치한 근본적인 뜻은 도를 밝히고 현명한 인재를 양성하기 위한 것이다. 선비를 대우하는 의례가 작위(爵位)의 등급에 따르지 않고 도를 중시하는 의리를 따르는 것은 이 때문이다."(『반계수록』 9 : 37)

반계가 제시한 3단계 공립학교 교육제도를 설명하면 다음과 같다.

① 서울에는 사학(四學)－중학(中學)－태학(太學)을 설립한다.[3] 태학은 전국에서 선발된 선비가 공부하는 최고교육기관이고, 중학은 사학(四學)에서 뽑아 올린 선비를 공부시키는 곳이며, 사학은 서울의 동 · 서 · 남 · 북 네 곳에 설치된 학교를 말한다. 사학(四學)에는 정원내의 학생인 액내생(額內生)과 정원 외의 학생인 증광생(增廣生)으로 구성되며, 액내생은 내사(內舍)에 있는 동재와 서재에서 거처하며 증광생은 외사(外舍)에 있는 동재와 서재에서 거처한다. 내외의 두 사는 모두 같은 울타리 안에 있되 작은 담으로 막혀있고 중문을 만들어 둔다. 당시 향교에서는 양반은 동재, 서류(庶類)들은 서재에 거처하도록 엄격히 구분되어 있었다. 그러나 유형원은 이러한 구분을 철폐하고 편의에 따라 자유로이 사용할 것을 제안했다.

② 지방에는 주현에는 읍학(邑學: 서울의 사학에 해당됨)을, 각 도의 감영에는 영학(營學: 서울의 중학에 해당됨) 설립한다. 영학은 주현의 읍학에서 추천하는 선비를 교육시키며, 경기도 역시 경영(京營)의 가까운 곳에 영학을 설치한다. 각 주현에 설치되는 읍학은 서울의 사학과 동일하게 운영한다.

③ 교육기간은 읍학과 사학은 4년 과정이며, 영학과 중학 그리고 태학은 각각 1년 과정으로 운영한다. 공직의 임용은 읍학과정(서울은 사학과정)을 이수한 학생들 중에서 우수한 자를 추천하여 영학(서울에는 중학)에 입학시켜 교

3. 이 제도는 대대례기(戴大禮記)에 실린 고대의 학교제도와 당의 대학 · 사문학(四門學) 제도에 기초한 것이다.

육을 받게 하고, 영학이나 중학과정을 이수한 자 중에서 우수한 자를 추천하여 태학에 입학시켜 교육을 받게 한 후 그 중에서 해마다 35명씩을 추천하여 진사(進士)로 삼고, 이들 진사들을 일정한 기간 진사원(進士院)에 수용하였다가 그 능력과 인격에 따라 중앙 및 지방관으로 기용하고자 했다.

④ 태학(太學)의 장(長)과 차장(次長)은 반드시 도(道)와 덕(德)이 높아 스승이 될 만한 사람을 임명한다. 대사성은 정2품, 사성은 정3품으로 올린다. 중학에는 정3품 당상관의 사교(司敎)와 종3품의 사도(司導)를 둔다. 영학에는 감사와 도사가 그 교육을 전담하되 감사가 장이 되고 도사가 차장이 된다.

⑤ 유생의 정원은 서울의 사학은 각각 100명, 지방의 읍학의 경우에는 대부와 대도호부는 80명, 부는 60명, 군은 40명, 현은 20명으로 한다, 정원 외의 증광생은 이 정원의 2배로 한다.

⑥ 각 학교에서 교육을 담당하는 교관과 그 학교에 소속된 서리(胥吏)와 조례(皁隸)에게는 일정한 녹봉을 그 고을의 경비에서 지급한다.

⑦ 각 학교에는 학교운영비 충당을 위하여 모두 학전(學田)을 지급한다. 주현의 경우, 도호부에는 원세 480섬에 해당하는 땅을, 부에는 370섬, 군에는 260섬, 현에는 150섬의 땅을 지급한다. 수령과 교관은 해마다 연분에 의하여 조세를 거두고 학교운영을 위한 예산을 편성하여 집행한다.

⑧ 서울과 지방의 각 학교에서의 학내자치활동과 서책 등의 비품관리 등을 위하여 장의(掌議)－유사(有司)－직월(直月)로 구성되는 학생회를 둔다.

⑨ 이러한 학교제도가 점점 정착되면, 이를 확대하여 서울에는 각 방(坊)에 방상(坊庠)을 설치하고, 주현의 각 향(지금의 면)에는 향상(鄕庠)을 설치하여 아이들에게 기초교육을 가르친다. 당시에도 향리에 오늘날의 사립학교에 해당하는 서당(書堂)이라는 것이 있어 아이들을 가르치는 곳이 있으나, 이 향상과 방상은 그 지역의 주민들이 주도하고 관(官)이 협조하고 지원하는 관민협동방식으로 설립하고 운영하는 것이 특징이다. 따라서 모든 아이들이 평등하게 교육을 받을 수 있다.

이와 같이 유형원은 읍학(사학)－영학(중학)－태학으로 구성되는 3단계의 학제와 어린이들에 대한 교육기관인 향상과 방상 등을 설립하여 국가가 적극적으로 교육을 지원(양식, 녹봉, 조례, 토지와 인부의 지원 등)하고 책임질 것을 주장했다. 그는 교육제도를 통하여 세습적인 지배신분을 타파하고 덕행과 능력이 존중되고 지배하는 새로운 계층사회를 만들려고 했다. 다음은 그가 제시한 교육제도의 기본적이고 핵심적인 요소들이자 개혁안의 특징들이다.

1. 모든 백성들에 대한 최소한의 교육

유형원은 사회적 계층은 존재한다고 보았다. 그는 사회는 마치 대나무 통과 같이 매듭으로 구분지어 지는데, 그 구분이 세습적 신분에 의한 것이 아니라 교육과 실천을 통한 구분이라고 보았다. 그는 모든 백성들에게 도덕에 관한 기초소양교육을 받도록 개방하고, 소학－중학－대학으로 올라가면서 그 수를 줄여서 인재를 양성하는 엘리트 교육체계를 선호했다. 즉 모든 백성들이 교육을 받도록 한 보편교육이 아니라, 그 지식과 이해의 능력에 따라 교육기회가 주어지도록 하는 피라미드형의 교육제도를 선호했다. 그는 모든 사람들이 태학에 들어갈 만큼 교육을 받아야 한다는 의미가 아니었으며, 교육받은 사람들이 관직의 숫자보다 모자라지 않도록 넉넉하게 공급되는 것이 좋다는 뜻이었다. 즉 그는 유능한 인재를 국가에 충분히 공급하는데 초점을 두었으며, 개인의 교육수요와 필요를 충족시키는 것에 초점을 둔 것은 아니었다.

유형원은 일반백성들에 대한 기초교육을 위하여, 각 향촌에 여숙(閭塾) 또는 당상(黨庠)을 세울 것을 주장했다.[4] 이 기초교육기관은 각 향촌의 사족(士族)이

4. "여숙(閭塾)과 당상(黨庠)을 세운다면 사족만이 아니라 천하의 모든 백성들이 교육을 받게 될 것이다."(『반계수록』 9: 34). 반계는 주현의 각 향에는 향상(鄕庠)을 서울의 각 방에는 방상(坊庠)을 설립하여 기초교육을 담당할 것을 제안하고 있다. 여기서 여숙은 25가를 기본단위로 하는 마을학교를 의미한다.

주도하여 설립하되 공립으로 운영도록 하였다. 그는 이 기초교육과정을 특히 중요시했다는 점에서 대중교육을 약속했다고 주장하기도 한다. 그는 교육을 받은 사람이 많아지면, 의(義)로운 일을 실행하는 사람들이 많아 질 것이며, 간활하고 교활한 관리나 이서(吏胥)들이 생겨나지 않을 것이며, 이를 통해 화목하고 표창할만한 풍속이 이루어질 것이라고 주장했다. 그는 이러한 기초교육과정은 지치(至治)를 이루는 근본 기지가 될 것임을 확신하고 있다(김태영, 2011 : 133).

2. 교육수혜의 지역차별금지

유형원은 지역에 따른 교육기회의 차별을 없애고자 했다. 서울에 살든 지방에 살든 교육과 관직등용의 기회는 균등해야 된다고 생각했다. 동시에 관직에의 등용도 지역대표성이 있어야 한다고 보았다. 따라서 그는 공직임용이든 교육기관에의 입학이든 인구에 비례하여 인원을 할당하고자 했다. 인원 할당이 출세의 기회를 제한한다는 당대의 비판이 있었음에도 불구하고, 그는 인원 할당제를 통하여 지역차별을 완화하려고 생각했다. 당시 조선의 과거제도가 지방보다 수도 거주자에게, 그리고 북부지방이나 국경지방보다 남부의 농업지역에 유리하게 더 많은 인원을 할당하였기 때문에 차별과 불균형이 생겨났다고 진단했다. 그는 지방 유생들에게 좀 더 많은 기회(교육 및 과거시험)를 주는 쪽으로 정원 할당을 바꾸면, 현재 수도에 거주하는 '떠도는 손님'이나 '방랑하는 이주민'들이 고향으로 돌아갈 수 있을 것으로 기대했다.

그는 지역인구에 따른 인원할당도 중요하지만, 교육과 등용기회의 불균등은 부의 분배, 근본적으로는 토지의 분배문제와 분리해서 생각할 수 없다고 보았다. 당시에는 지역 간의 부의 격차가 극심하여 어떤 지역 사람들은 경제적 파탄에 빠지기 직전의 어려움을 겪고 있었다. 이렇게 불평등한 토지소유로 인하여 빈부의 격차가 악화된 상태에서는 학교를 설립하고 교사의 자질을 향상시켜도 교육혜택의 균등은 이루어지지 않는다고 분석했다(『반계수록』 10 : 24–

25). 그래서 그는 전략적 위치나 정치적 고려에 따라 설정된 당시의 단계적인 행정구역을 토지면적을 기준으로 다시 획정하려고 했다. 즉 그가 제안한 제도에 따르면, 4만 경(4백만 묘)은 대부(大府)나 도호부(都護府)를 이루고, 3만 경은 부(府), 2만 경은 군(郡), 1만 경은 현(縣)이 됐으며, 이런 단위와 인구에 따라 학생의 숫자를 다시 재조정하면 교육수혜의 불균등이나 지역차별의 문제는 해소될 것으로 보았다(『반계수록』 9 : 3). 그는 토지제도개혁과 공립교육제도를 통하여 지역인구에 비례하는 대표성이 있는 교육과 인재등용, 즉 교육기회와 인재등용의 불균등을 시정하려고 했으며 동시에 교육받은 지배계층을 향촌으로 돌려보내 도덕적 교화와 정치적 안정을 꾀하고자 하였다.

3. 면접을 통한 재능과 행실의 평가

유형원은 사람의 능력과 재능을 평가하는 방법으로 시험보다는 추천과 면접을 더 중시했다. 그는 각 급 학교의 입학전형이나 공직임용은 시험이 아닌 추천에 의한 면접평가를 통하여 이루어지는 것이 가장 합리적인 인재선발제도라고 보았다. 이 추천과 면접에 의한 행실과 재능의 평가는 그의 교육 및 관직등용제도의 기본이 된다.

그가 제시한 인재추천과 면접의 과정을 보면, 먼저 인재의 추천은 학적부나 호적에 등재된 정확한 실적기록에 의하여 이루어지도록 했다. 즉 추천의 근거는 3년마다 총괄적으로 실시되는 호적 작성과정에서 이루어진 각 백성들의 덕행과 기예평가에 의해 이루어진다. 최저 행정단위인 수령과 교관들은 현능한 사람을 가리기 위하여 현명함은 덕행(德行)으로 능력은 도예(道藝)로 심사하여 그 결과를 호적에 등재했다. 그리고 추천이 있을 경우, 그 적임자의 판단기준은 우선 향약과 학교의 장부에 매일 기록된 덕행과 비행의 기록을 검토한 후 향당에서 사람들의 공적인 의견(公共之論)을 들어 추천을 했다(『반계수록』 10 : 13). 오늘날에 비추어보면, 생활기록부의 자료를 통하여 평가자가 공개적으로 심사를 하는 것과 동일하다.

수도의 중학이나 도의 영학으로 승급시킬 때에도 향촌의 원로들과 향학의 사장(師長)들은 향음주례에 초대되어 추천후보자에 대한 의견을 피력하도록 요청받았다. 여기서 특이한 것은 추천시 후보자의 자격이 공시된 수준에 미치지 못하면 달게 처벌을 받겠다는 서약이 들어있는 추천서를 작성해야 한다. 또한 태학에서 학생을 관직에 추천할 경우에도 그 후보자가 앞으로 횡령, 도덕적 타락, 태만, 음주, 범죄 또는 타인에 대한 상해 등을 저지를 경우 처벌받겠다는 서약서를 제출해야 한다(『반계수록』 10: 14). 유형원은 관직추천이나 학교승급추천이 정실에 흐를 가능성이 있기 때문에 이를 「책임추천제도」를 도입하여 잘못된 추천은 처벌하고 잘한 추천을 포상하도록 하여 처벌과 포상을 연계시켰다.

유형원은 시험이나 과거에 대한 비판적 시각을 가지고 인재의 선발과 등용은 면접과 추천을 중시했지만, 무능한 학생을 가려내는 데는 고강(考講: 구술시험)과 제술(製述: 논술필기시험)이 유용하다고 인정했다. 그는 시험의 유용성을 부인하지는 않았다. 그는 읍학과 영학에서는 필기시험에 의한 평가를 인정했다. 그러나 태학에서는 고강만 허용했다. 그는 읍학-영학이 모두 정원 외의 증광생을 받아들이고, 성적에 따라 일정한 학생 수만 승급시키는 철저한 〈졸업정원제〉를 택하고 있기 때문에 성적의 우월을 가리고 학업발달 상황을 살피는데 고강(考講)과 시험(試驗)이 현실적으로 필요하다는 것을 인정했다.[5] 그러나 마지막 태학을 졸업하고 관직임용에 추천할 경우에는 철저하게 추천과 면접에 의한 평가만을 활용했다. 선발기준은 훌륭한 인품과 행동, 정직과 겸양, 학문적 지식과 바른 정치에 대한 이해였다. 천거절차는 향음주례를 거행한 뒤 관직의 후보자가 대신과

---

5. 유형원이 철저하게 시험에 의한 측정을 비판하면서도, 자신의 학교운영에 시험제도를 도입하였다는 점에서 정책의 일관성이 결여되었다는 비판을 받을 수 있다. 이 비판에 대하여 그는 지방학교에서 1년에 4차례의 제술을 치렀지만, 그것은 학생의 학업발달 상황을 정기적으로 관찰하고 그들의 학업을 격려하기 위한 수단으로 사용됐기 때문에 걱정할 것이 없다고 반론했다. 그것은 당시의 과거시험과는 성격이 다르다는 것이다(『반계수록』 10: 19).

대간, 왕실의 참관인들 앞에서 고강(考講)을 치렀다. 합격자는 진사(進士)가 되었으며, 이조에 이름이 등재되고 진사원(進士院)에 입학했다. 이 제도에서는 당시 과거제도와는 달리 합격자의 명단을 발표하지 않았다(『반계수록』 10: 14-16).

유형원은 제술(필기시험)을 인정하되 당시 과거제도의 시험방법과는 완전히 다른 형태를 요구했다. 즉 시문의 작성을 폐지하고 고전의 의미와 철학, 역사, 그리고 당시의 정책현안 등에 대한 논술로 제한함으로써 지나치게 장식적인 시문이나 쓸모없는 지식에 치중하지 않도록 했다. 개인에게 할당된 질문에 대하여 기숙사의 자기 방이나 집에서 자유롭게 답안을 작성했으며, 작문형식을 강요하지도 않았다.[6] 이 제술시험은 오늘날의 창의성을 강조하는 논술시험과 비슷하며, 그는 이 제술시험을 계속 실시할 것을 주장했다. 모든 종류의 시험을 확고하게 반대했던 그에게 있어서 이 논술시험은 과거제도에서 시행한 시험과는 다른 종류의 평가라고 생각했으며, 인간에 대한 평가는 그의 행동만 관찰할 것이 아니라, 심층적인 잠재재능을 평가할 수 있어야 한다고 보았다는 점에서 그의 탁월한 교육관을 엿볼 수 있다.

4. 균형 잡힌 지식인 양성교육

유형원의 지식에 대한 태도는 편향되지 않고 균형 잡힌 지식을 매우 중요시했다. 그는 임진왜란과 병자호란의 패인이 문과 무의 지식을 고루 갖춘 균형 잡힌 지휘관이 없었기 때문이라고 진단하고 학교의 교육과정에 활쏘기를 정규교육과목으로 채택하고 있다. 그의 교육목표는 엄격하고 정통적인 교육방법을 통하여 균형 잡힌 지식인을 양성하는 것이었다. 유형원의 지식과 교육에 대한 태

---

6. 답안에 새로운 내용이 전혀 없거나 형식을 너무 꾸민 글은 받아들이지 않았다. 학생들은 동중서, 한유, 정이, 주희의 산문형식을 따를 것을 종용받았고, 장황함을 막기 위해 분량을 제한했다. 평가는 답안을 제출한 그날 바로 평가했으며, 평균이하 학생은 훈계를 받았다. 사장(師長)은 답안 평가에서 제외했다(『반계수록』 10: 11).

도를 요약하면 다음과 같다.

첫째로, 그는 엄격하고 정통적인 교육과정을 선호했다. 교육과목은 정통적인 경전으로 인정할 수 있는 교과목만을 인정했다. 즉『소학』으로 시작하여,『대학』『논어』『맹자』『중용』그리고『근사록』《육경》의 순서로 짜여졌다. 교육은 엄격한 규제와 처벌을 바탕으로 마음을 엄격하게 통제하는 학습방법인 경(敬)의 생활을 강조했다. 팔레 교수(2008: 259)는 유형원이 제안한 학교생활방식은 오늘날 가장 엄격한 교육방식을 채택하고 있는 사관학교나 수도원의 학습방법을 떠올린다고 평가한 바 있다.

둘째로, 그는 문(文)과 무(武) 어느 한쪽의 편향된 지식보다는 균형 잡힌 지식과 기술을 중요시하였다. 도덕교육도 중요하지만 현실 정치에 유용하거나 기술적이고 실용적인 지식도 중요하다고 보았다. 그는 당시의 학자들이 무술과 활쏘기는 무관에게만 필요한 지식이라고 간주하면서 무를 경시하는 문화에 대하여 비판했다. 그는 활쏘기는 무관뿐만 아니라 학자에게도 필요하다고 주장하면서, 모든 학교에 1년에 네 번씩 활쏘기 시합의 의례를 거행하고 여가시간에 연습하며 지방수령과 교관들은 휴일에 시합을 치러야 한다고 규정하고 있다. 그는 활 쏘는 장소를 모든 학교마다 둘 것을 요구했다(『반계수록』9: 36).[7]

> "문(文)과 무(武)는 원래 나눌 수 없지만 그래도 둘로 나누었다. 문사(文事)를 맡으면 관건(冠巾)을 착용하고 무사를 맡으면 융복(戎服)을 입을 뿐이다. 후세에 가르침이 올바른 도를 잃었기 때문에 문무가 서로 통하지 않게 됐으니 쇠퇴하는 시기의 말폐다. 요즘에는 유자가 활과 화살을 잡으면 다시는 학교에 들어올 수 없게 하니 말패중의 말폐다."(『반계수록』10: 13).

7. 그러나 새로운 지배계급을 교육하기 위해 마련한 교육과정에서 화포 · 화약 · 조선 같은 군사기술 등은 고려하지 않았다. 이 문제는 국방개혁부문에서 제시하고 있다.

셋째로, 균형 잡힌 지식인 양성을 위하여 정규학교에 율학(律學)과 산학(算學)을 가르칠 것을 주장했다. 율학과 산학은 정규 관원들을 양성하는데 반드시 필요하다고 보았다. 율학은 의례(儀禮)의 정신과 동일하기 때문이기도 하지만, 그보다 더 근본적인 이유는 유생들이 법률을 알아야 후일 지방관원으로 배속되어 이서들에게 법률의 운영권을 맡기지 않을 것이라고 생각했기 때문이다. 그는 당시의 관료부패와 권력남용의 주된 원인은 중앙과 지방의 이서(吏胥)가 권력을 탈취해서 일어나는 현상이라고 보았다. 즉 관찰사와 수령은 자주 교체된데 반하여 이서들은 오랫동안 영구적으로 그 일에 종사했기 때문에 율학·산학 등의 전문기술 분야를 통달하고 있었다. 관찰사와 수령은 법률을 알지 못했고 법을 집행하는 사람은 전문적인 지식을 가진 이서들이었기 때문에 모든 부정과 부패는 이들 이서들에 의하여 저질러졌다. 그는 무예·율학·산학 등 세 과목을 교육과정에 포함시키고 그것을 고전적 규범으로 복원해서 보편성과 균형 있는 학자를 양성하고자 했다.

넷째로는, 그는 무예·율학·산학을 넘어서 정치에 실제로 사용될 수 있고 만백성의 생활안정에 보탬이 되는 기술을 개발하는 데에도 관심이 있었다. 당시는 문을 숭상하는 문화였기 때문에 의학, 천문학, 역학 등의 기술지식에 대해서는 매우 천시했다. 그는 지방의 수령이나 관원들은 백성들의 생활안정에 도움이 되는 기술 분야의 뛰어난 인재들을 찾아 취재(取才)를 치러 관직에 임용할 것을 역설하였으며, 또한 필요한 재능을 가진 관원이나 유생이 있다면 이들을 교사로 겸직하게 하여 지식기술을 전파할 것을 주장했다(『반계수록』 10: 48). 그는 기술관을 양성하는 기술학교에 정원을 배당하면서, 역학은 수도에 70명, 주요 지방도시에는 65명을, 의학·천문학·지리학·율학·산학은 모두 합쳐 110명을 배정했다. 그는 기술지식에 대한 당시의 경시문화를 타파하려고 하였으나, 기술을 도덕지식의 수준으로 끌어 올리거나 그런 지식을 가진 사람들을 도덕규범과 고전지식을 가진 지식인의 수준으로 상승시키지는 못했다(Palais, 2008: 267). 또한 유형원은 의학·천문학·역학 등의 기술을 가지고 내의원(內醫院) · 관상감(觀象監) · 사역원(司譯院) 등에 근무하는 기술관을 체아직이 아니라 정식 관료로 대우해 주기를 제안했다. 그는 그들에게 재능에 따라 품계와 녹봉을 주어야 하며 2년마다 실적을 조사해 승진이나 좌천을 시키자는 의견을 제시했다. 그리고 장악원(掌樂院)에 근무하는 양인 신분의 악생(樂生)과 노비신분의 악공(樂工)에게도 정규녹봉을 지급하고 자격 없는 악공은 구조조정(퇴출)할 것을 제안하기도 했다(『반계수록』 10 : 51−52).

제3절 공립학제와 연계한 추천임용제의 도입

1. 과거제도에 대한 비판

유형원은 세습적 신분 권력이 당시 조선의 교육 · 과거 · 관직을 독점하고 있는 시대상황을 매우 고통스럽게 인식했다. 그는 조선 지배세력의 세습적 측면을 세밀히 검토하면서, 권력이 지속적으로 세습화되는 원인으로 과거제도를 지목했다. 원래 과거제도는 현명하고 능력 있는 인재를 객관적 기준에 의하여 등용함으로써 하층신분이 사회적으로 상승할 수 있는 기회를 주어 궁극적으로는 세습적 귀족제도를 무너뜨리기 위한 제도였으나,[8] 당나라에 들어와 오히려 세습적 귀족제도를 존속시키는 제도로 변화했다.[9] 즉 과거에 응시한 귀족들이 오히려 과거를 지배하는데 성공했기 때문이다. 당(唐)에서처럼, 조선에서도 과

8. 최근에는 과거제도가 606년 수에서 채택된 이후 적어도 거의 500년 동안 지속되었다는 점을 근거로 세습적 귀족제도를 무너뜨리기 위한 제도였다는 서양의 중국사학자들의 이론에 반대하는 견해가 많다(Palais, 2008 : 215).

9. 과거제도의 역사에 대한 반계의 분석에 의하면, 최초의 과거시험은 후한대(132년) 잠시 시행했던 좌웅(左雄 : ?~138)의 과거제도이다. 이때의 시험은 유생들을 위한 고전과 가족법 시험, 그리고 서리를 위한 제술(製述)이었다. 과거시험이 제도적으로 정착한 것은 중국을 재통일한 수나라가 606년 과거제도를 도입하면서이다(『반계수록』 12 : 6, 12−14).

거제도의 채택은 양반을 해체하지 못했다. 승려 · 노비 · 상인 · 공인 그리고 그 밖의 천민을 제외한 모든 양인을 대상으로 객관적이고 공정한 선발기준을 만들 것이라는 의도와는 달리 조선의 양반들은 자신의 자제들을 과거에 미리 대비시킴으로써 과거제도의 평등사상을 피해갔다.

유형원은 중국의 과거제도사와 조선의 과거제도 운영 실태를 연구하면서 왜 과거제도가 변질되어 양반들의 신분세습을 고착시켰으며, 올바른 유교교육을 가르치는데 실패하였는가를 분석했다.[10] 그는 과거제도의 폐단으로 다음 두 가지를 든다. 첫 번째는, 과거제도의 시험내용과 평가방법이 선발과 기교에 치우쳐 진정한 교육을 왜곡시켰다는 것이다. 도덕의 수양이라는 교육목표보다는 언어의 사용기술이라는 교육수단에 지나치게 집착하게 만들었다는 것이다. 과거시험이 교육과 유리되고, 제대로 된 인재를 등용할 수 없는 시험제도로 전락함으로써 양반계층의 전유물이 되었다는 것이다. 이러한 경향은 유교의 도덕원리에 대한 진정한 이해가 아닌 쓸모없는 지식, 시의 형식, 화려한 수사의 남발, 그리고 기계적인 암송 등에 치중하게 되고, 윤리와 경세론(經世論)에 대한 유용한 지식과 글쓰기에 대해서는 등한시했다는 것이다. 요약하면 교육과 시험이 연계되지 못했고, 공교육이 붕괴되어 있는 상황에서 서원과 서당 그리고 개인교사 등을 자유롭게 이용하면서 교육기회를 마음껏 누릴 수 있는 지배계층들이 당연히 과거시험을 독점했다는 것이다.[11]

다음의 이유로는, 과거에 대한 경쟁적 분위기는 탐욕과 야심을 자극하여 과

---

10. 유형원이 과거제도를 비판하는 데 사용한 참고서적은 조선건국의 토대를 놓은 삼봉 정도전이 활용한 고전과 동일하다. 정도전은 한대부터 수 · 당의 과거제도에 이르기까지의 발전과정과 고려시대 광종이 쌍기의 조언을 받아들여 과거제도를 도입하는 과정을 분석했다. 그러나 정도전은 고려 후기의 과거제도를 폐지하려 한 것이 아니라 조정을 통하여 개혁하려한 점이 유형원의 분석목적과 다르다(『반계수록』 10: 8).

11. 조선시대 전체에 걸쳐 문과급제자 14,600명의 가문배경을 조사해 본 결과에 의하면, 36개 가문이 전체합격자 53%를 배출하여 일부가문이 과거합격을 독점했으며, 이는 과거제도가 양반가문의 존속 및 양반신분의 세습화에 기여했음을 증명해준다(Wagner, 1974: 4).

거급제를 열망하는 사람들을 양산했고, 향촌의 유생들과 잠재적인 도덕적 지도자들을 과거가 치러지는 수도로 모여들게 하였으며, 또한 나라에서는 급제자를 지나치게 과잉생산하여 임용제도의 본래의 취지를 상실하게 만들었다는 것이다. 그는 과거제도에 내제한 해악(害惡)이 인간의 비극과 타락을 불러올 정도로 심각하다고 인식했다. 그는 잘못된 제도가 인간의 타락과 비극을 불러왔다는 시각을 견지하면서, 제도의 실패가 인간의 결함이나 결점보다 훨씬 심각하다고 보았다. 그는 과거제도의 실패를 언급하면서 "과거제도가 없었더라면 날마다 매질하면서 부박(浮薄)하게 만들려고 해도 그렇게 되지 않았을 것이다(『반계수록』 10: 29)"라고 하면서 제도실패의 심각성을 강조하고 있다. 유형원은 교육과 인재등용이 유리되지 않고 서로 연계되면서 과거제도의 폐단을 치유할 수 있는 근본적인 제도개혁을 주장했던 것이다. 그것이 바로 교육제도와 인재등용제도가 연계되어 있는, 즉 학제와 연계한 추천임용제도(공거제)이다.

2. 교육제도와 연계한 추천임용제도

유형원은 과거제도를 폐지하고 정규교육과정을 거친 학생들을 추천에 의하여 임용할 것을 제안했다. 학교제도는 앞에서 이미 언급하였기 때문에 생략하고 천거제도의 마지막 부분만을 다시 논의한다. 태학(太學)에서 조정의 관원으로 발탁(추천)된 35명은 진사(進士)의 명칭과 함께 훈련과 평가를 받기 위하여 우선 진사원(進士院)에 배속된다. 이들은 궁궐의 숙위(宿衛)도 맡고 지속적인 심사도 받는다. 부적당한 사람은 퇴학당하고, 이들을 추천한 태학의 책임자와 부책임자도 책임을 진다. 이 진사원에 대한 착안은 반계 스스로 궁궐 숙위의 임무를 맡긴 한(漢)의 제도에서 그 선례를 발견했다고 하고 있지만, 이는 송(宋)의 정호(程顥)가 제안한 생각과 비슷하다.

진사는 궁궐 숙위에 교대로 참석하면서, 강의 · 토론 · 의례에 참석하고 활쏘기 시합에도 나가야 한다. 진사는 1년 동안 근무하며 궁중에 초대되어 고전을 강의하고 정치의 방법 · 시사 · 풍습 등을 배운다. 궁궐의 모든 관원들은 이들을 평가해 첫 정규관직으로 적당한 품계를 결정하는데 참여한다. 대부분은 18품계중 제일 낮은 종9품을 수여받지만, 가장 뛰어난 사람은 6품 이상을 받는다. 반계 유형원은 모든 관직은 반드시 학교제도를 거쳐서 선발하고 진급시키는 통로만을 허용했다. 이렇게 여러 단계의 교육과정을 거친 자들 중에서 추천에 의하여 임용하는 공거제(貢擧制)를 제안하는 이유를 반계는 다음과 같이 말하고 있다.

> "모든 천하의 일이란 여럿이 공동으로 하면 사사롭기가 어려우며, 독단적으로 하면 사사롭기가 쉽다. 실(實)을 추구하면 사사롭기가 어려우며, 거짓으로써 하면 사(私)가 되기 쉽다. 겉으로 들어나게 하면 사사롭기가 어려우며, 몰래 비밀스럽게 하면 사사롭기 쉽다. 오랜 기간을 거치면 사사롭기 어렵고, 잠깐 사이에 하면 사사롭기 쉽다. 공거법은 널리 향당(鄕黨)의 공론(公論)을 채택하고, 평일의 선악지실(善惡之實)을 살펴서 공개적으로 추천한다. …… 과거제는 일체 이와는 반대이다. 이로써 볼 것 같으면 과거제가 사사로움이 끼어들기 쉬운가? 아니면 공거제가 사사로움이 끼어들기 쉬운가?"(『반계수록』 10 : 29–30. 교선지제 하)

위의 글에서 볼 때, 결국 공거제는 토지제도의 개혁에서와 마찬가지로 사욕(私慾)을 배제하고 공공의 천리(天理)를 높이고자 하는 존천리(尊天理) 알인욕(遏人慾)의 성리학 정신을 구현한 것이라 볼 수 있다. 그는 지방관원의 채용이나 궁궐숙위를 거친 사람 중에서 특별하게 천거된 사람을 임명하는 경우를 제외하고는 과거제도를 전면적으로 폐지하고 모든 공직자는 공거제에 의하여 임용할 것을 주장했다. 이처럼 공거제도는 관직에 진출하는 경로를 단순하고 깨끗하게 만들었다(『반계수록』 10 : 18). 유형원이 제시한 공개추천임용제인 공거제의 특징을 몇 가지 들면 다음과 같다.

1) 임용연령의 제한

유형원의 천거제도에서는 뛰어난 사람을 제외하고는 40세까지 누구도 관직에 임명되거나 궁궐 숙위에 배속될 수 없었다. 그는 '40이 불혹'이라고 한 공자(孔子)와 '사람은 40세가 되어야 체력과 나이가 충분하여 능히 관직에 임명될 수 있다'고 한『예기(禮記)』의 주장에 동의했다(『반계수록』 10: 29). 유형원은 이 나이제한 규정이 젊고 유능한 사람에게 기회를 박탈하고 평균수명이 낮은 당시 사회에서 매우 비현실적이라는 반대주장에 대하여 현실성과 유용성을 들어 자기주장을 방어하고 있다.

그의 반대주장을 보면, 인간이 올바른 가치관과 의지를 기르는데 충분한 시간이 걸리며, 제한된 관직의 숫자와 뛰어난 학생의 배출사이의 균형을 이룰 수 있다는 점을 든다. 즉 관직의 수요공급을 원활히 하기 위해 유용하다는 주장이다.[12] 또한 그는 젊은이들이 자아수련보다는 야망과 출세에 이끌리어 습속을 타락시키는 것을 막기 위해서도 연령제한을 두어야 한다는 논리를 전개했다. 그는 후대의 왕조들이 쇠퇴한 원인 중 하나는 젊은 사람들을 너무 많이 등용해서 전반적으로 습속을 타락시켰기 때문이라고 주장하면서, 40세까지는 관직에 나갈 수 있는 기회가 없다는 사실을 알았다면 그들은 분명히 청년시절을 선행의 실천에 바쳤을 것이라고 주장한다(『반계수록』 10: 20-21).

규정만으로 본다면, 40세가 안 된 사람도 예외적으로 임용될 수 있고, 군사를 영솔하는 아문의 7품 이하의 관직은 30세 이상이면 선발하여 임용할 수 있기 때문에 인재등용의 기회를 획일적으로 제한하지는 않을 것이지만, 일반적

12. 이 40세 임용기준은 매년 태학에서 조정에 뽑아 올리는 인원을 35명으로 정하는 데에도 그 기준이 되었다. 40세 전후에 벼슬에 나아가 70세 전후에 퇴직한다고 보면 평균재임기간이 30년이 되지만, 사망 사고 질병 등으로 일찍 퇴임하는 자들이 있기 때문에 이에 해당되는 10년을 감하여 실제 평균재임기간을 20년으로 산정했다. 당시 조선의 관직은 문·무관을 합하여 900명이었다. 따라서 매년 35명 선발하면 20년 동안 700명이 관직에 나아가게 된다. 그 나머지 200명은 특별히 추천된 자, 주현의 향관으로서 승진한 자, 그리고 무과에 뽑혀서 올라와 관원이 되는 자로 채울 수 있다고 계산했다(『반계수록』 10: 22).

인 초임등용 나이를 40세로 정함으로써 근본주의적 상고주의자라는 비판을 면할 수 없다. 공직임용을 준비하는데 40년이나 걸려야 할 까닭이 없기 때문이다(Palais, 2008 : 256−257).

2) 제한적 문호개방

유형원은 관직의 신분세습을 타파하기 위해 모든 백성들에게 덕망과 재능에 따라 상향이동 할 수 있는 기회를 열어주고자 했다. 그렇다면 유형원은 공직등용의 기회를 당시의 사적 교육제도보다 얼마만큼 개방했을까? 학제와 공직임용의 추천제를 연계하여 '기회가 균등한 사회'를 만들려면, 우선 읍학에 입학하는 자들에 대한 입학기회가 다양한 사회계층에 개방되고 그 기회가 균등해야 했다. 유형원은 관직의 양반세습화를 방지하기 위하여 읍학의 입학자격을 사대부 자제에 한정하지 않고 서얼출신과 양민의 자제에까지 입학할 수 있도록 개방했다. 사대부와 양인의 자제들은 15세가 되면 읍학(사학)에 지원할 수 있었다. 지방의 교사, 향촌의 연장자, 가장들도 능력 있는 젊은 학생들을 추천할 수 있고, 입학을 열망할 경우에는 추천을 받지 않더라고 지원할 수 있었다(『반계수록』 10 : 4). 그러나 이런 규정은 양인에게 교육기회를 확대하였다는 점에서 교육문호의 개방은 이루어졌지만, 공직등용의 기회라는 측면에서 보면 당시의 국법이 양인도 문과에 응시할 수 있었기 때문에 크게 변화를 주지 못했다.

그는 학교에 입학할 수 있는 집단을 "학문에 뜻을 둔 대부(大夫)와 사(士), 그리고 양인(良人)의 뛰어난 자제"라고 명확하게 규정하고 있다(『반계수록』 10 : 4). 그는 교육기회의 확대를 통한 교육문호개방을 강조했지만 모든 백성에게 문호를 개방했다거나 평등한 사회를 상정하지는 않았다. 그 이유는 노비 · 상인 · 공인 · 무당 들은 사회하층에 남아 있었고 공직임용이 가능한 학교(읍학)의 입학이 허용되지 않았기 때문이다. 또한 종친과 양반의 자제들은 유형원이 생각한 학교에서도 예외규정을 통하여 많은 특권을 누리도록 하고 있다는 점에서 진정한 평등과 교육기회의 균형이라는 사상과는 거리가 있다. 그는 자신의 제도에 대한 지배집단의 저항을 무마하기 위하여 그들에 대한 유인책을 지나치게 많이 삽입함으로서 자신의 정책목표 달성을 스스로 지연시키거나 무력화시킨다는 비판을 초래했다.

3. 인재추천문화의 정착을 위한 책임추천제도

추천에는 추천한 자의 판단을 믿어야 하지만 정실과 인정에 이끌리어 추천하는 경우가 많다. 따라서 추천 결과 또는 추천 성과에 대하여 어떤 형태로든 책임을 묻지 않는다면 공거제는 그 효과를 기대할 수 없다. 유형원은 정실추천이나 무능한 사람을 추천하는 경우를 대비하기 위하여 철저하게 그 사후책임을 묻는 책임추천제를 도입했다. 훌륭한 사람을 추천한 사람에게는 특별임용, 승진, 명예가 주어졌으며, 반대로 무능하다고 밝혀진 사람을 추천한 관원에게는 파직, 감봉, 고신박탈 등의 처벌을, 그리고 그 처벌 전에 사망한 경우에는 고신(告身)을 추탈하도록 했다(『반계수록』 10 : 21).

그는 책임 있는 인사추천문화를 정착시키기 위하여 추천에 대한 사후책임을 강화하는 접근방법이외에도 추천책임을 해태한 자에 대한 문책도 강화했다. 즉 처벌이 두려워 추천임무를 해태하는 지방관원과 교관들이 있을 경우를 대비하여 이들에게도 퇴출근거를 마련했다. 즉 뛰어난 인재가 있음에도 추천을 하지 않은 경우, 이러한 인재를 숨긴 죄목으로 처벌을 받도록 했다(『반계수록』 10 : 21). 그는 공거제(추천임용제)가 또 다른 신분세습이 되지 않도록 철저하게 처벌과 포상을 연계하여 그 본래의 목적을 달성하도록 유도하고자 했다. 이 공거제는 오늘날 성과계약을 통하여 임용하고, 그 결과에 따라 포상 및 재임용 여부를 결정하는 성과주의 인사제도와 그 맥을 같이 하고 있다.

제4절 현대적 해석과 평가

— 공평한 기회와 세습적 신분사이의 타협 —

유형원은 자신이 제안한 교육 및 인재등용제도의 개혁을 통하여 어떠한 사회를 이루려고 했을까? 그의 목표는 당시의 반 세습적 양반이 지배하는 사회에서 탈피하여 뛰어난 덕행과 재능을 가진 자들이 지배하는 보다 평등한 계층적 사회를 만드는 것이었다. 유형원은 비록 완전히 평등한 사회를 구상하지는 않았지만, 신분이 세습화되고 문지가 지배하는 세상을 도덕과 능력이 지배하는 보다 평등한 성취형 계층사회를 만들고자 했다.

그는 자신이 생각한 이상적 사회를 '무한히 나누어진 피라미드형의 대나무 줄기'로 묘사하고 있다(『반계수록』 9 : 34). 사회는 대나무의 마디와 같이 사회적 등급에 따라 구분되는데, 그 구분이 세습적 신분에 의하여 구분되는 것이 아니라 교육과 실천을 통한 자기수양에 의하여 나누어진다고 보았다. 그는 좀 더 많은 기회의 확대를 통하여 사회의 양극점을 쉽게 이동할 수 있도록 하고자 했다. 그러나 기본적으로는 신분적 특권과 사회적 구분의 합법성을 부정하지는 않았다. 그는 '균형 잡힌 지도자를 양성하고 배출할 수 있는 교육제도'를 통하여, 그리고 이 학제와 연계한 공직추천제를 통하여 '덕행과 재능에 따라 계층화된 새로운 사회'를 만들려고 했다. 그러나 세부적인 시행방안에는 이러한 궁극적인 목표와 상충되는 것이 있어 많은 비판과 한계를 면할 수 없다.

첫 번째의 비판은, 백성들에게 교육과 공직임용의 기회를 확대하여 신분의 세습화를 타파하겠다고 제안한 그의 교육 및 천거제도가 실제로 그 목표를 달성할 수 있는 내용으로 구성되어 있지 않다는 비판이다. 즉 '정책내용의 합리성' 또는 '목표-수단의 일치성'에 문제가 있다는 비판이다. 유형원은 당시 양반이 교육과 관직임용의 기회를 독점하고 있는 상황을 깨뜨리려고 했지만, 인구의 30~40%를 차지하고 있는 천민에게는 기회를 넓히려고 하지 않았다. 또한 자신이 제안한 각급 학교에 정원을 할당하는 조치는 백성들에게 교육의 문호를 개방하고 백성을 진보시키려는 조치라기보다는 '소수의 수준 높은 관리를 양성하려는 의도'가 더 강하다.[13] 그리고 사대부와 양인들에게 학교의 입학기회를 확대한다고 하지만, 선사(選士)가 되지 못한 생원 · 진사 · 유생들이 '오래된 관행'에 따라 사학(四學)에 계속 등록함으로써 양인들의 입학기회를 박탈하고 있는 상황에서 사대부와 양인에게 입학기회를 준다는 것만으로는 관직의 세습상황을 개선하는데 한계가 있다.

이런 비판적 시각에 대하여 유형원은 '학생'이라는 특권적 지위를 만들고, 그 지위를 누리지 못하는 양반계층을 양인으로 격하시키는 신분구조조정을 통하여 해결할 수 있다고 주장한다. 즉 '학생'이라는 특권적 지위는 '유능한 인재와 진정한 학자'에게만 부여하고, 나머지는 모두 양인신분으로 돌려보내는 신분박탈을 생각했으며, 또 교육과정에서 퇴학당하거나 실패한 사람은 다시 양인신분으로 떨어지도록 하는 신분에 대한 구조조정(re-structuring)을 통하여 해결하고자 했다. 그러나 이 문제도 유형원은 스스로 양반신분의 자제들에게 특혜를 인정함으로써 자신의 정책목표를 상쇄시켰다. 그는 신분과 지위의 세습은 법률에 의하여 만들어졌다기보다는 자연적으로 생겨난 문화라는 점을 잘 알고 있었으며, 지배집단의 습속을 바꾸기 위해 강압적이고 강제적인 수단을 동원해서는 성공하기 힘들다는 것을 잘 알고 있었다. 따라서 규범적이고 이념적인 정책목표를 제시하기는 했으나, 그 목표를 달성하기 위하여 선택한 정책수단은 모두 현실적인 상황을 고려한 보수적 접근에 머물러 있다. 이러한 수단으로는 그가 제시한 이상적인 사회건설이 가능할 것인가에 대하여 근본적인 회의를

---

13. 백성들에 대한 계몽과 도덕적 기초교육을 위해서 서울에는 각 방(坊)에 방상(坊庠)을 설치하고, 주현의 각 향(지금의 면)에는 향상(鄕庠)을 만들 것을 제안했다. 그러나 그것은 그의 우선순위에서 마지막이었으며, 그 시행을 나중으로 미루기까지 했다. 그는 농민들을 13~14세 이상 교육시키려고 하지 않았다. 그는 교육을 '백성의 편에서 행동하는 온정적인 정부를 운영할 도덕적 지배계층을 양성하는 수단'으로 생각했다.

갖게 한다.

둘째의 비판도 전자와 동일한 차원에서의 비판으로, 학교의 운영규칙이 교육제도개혁의 원래목표와 상충되는 점이 많다는 것이다. 정책목표를 달성하기 위해서는 정책목표와 수단사이의 상충관계(trade-off)가 없어야 한다. 그런데 '신분기준'에 의하여 유지되는 사회가 아니라, '나이와 덕행 그리고 재능이 존중되는 사회'로의 개편을 목표로 하면서, 이와는 반대로 신분에 따른 특권을 인정하고 있다는 모순이다. 유형원 스스로 지배계층의 반발을 두려워하여 그들에게 특권과 예외를 인정하고 있다. 예컨대 노비를 소유한 가호의 학생을 처벌하는데 관용을 허용하고 있고, 양반에게는 음서(蔭敍)에 의한 관직임용을 허용했고, 승급에 낙방한 양반신분의 학생에게는 양인과 다른 혜택을 베풀었으며,[14] 왕자들 또한 대군(정비소생)과 왕자군(빈의 소생)의 구별에 따라 품계와 음전(蔭田)을 받았고 종학(宗學)을 따로 설립하여 교육의 기회가 주어졌다.[15] 이러한 세습적 신분에 따른 차별을 인정하는 것은 이를 타파하려는 그의 본래목적과 상치된다. 이러한 시행규칙이 제도도입의 목표와 상충된다면 그 제도나 정책은 성공할 수 없다는 비판을 면할 수 없다.

세 번째는, 유형원의 공직임용제도가 혈통이나 신분에 구애받지 않고 도덕과 능력에 따라 인재를 찾았다는 점에서 분명히 평등주의사상이 포함되어 있다. 그러나 그 세부시행수단을 보면 지배집단의 정책저항을 고려하여 매우 완

---

14. 퇴학당한 양인은 기본적으로 받은 1경의 토지를 국가에 반납하고 입대해야 했지만, 양반의 자제들은 그들의 신분을 위해 마련한 특수부대(충의위, 충순위)에 들어가고, 2경의 토지를 보유할 수 있었다. 더 큰 혜택은 학적에서 지워지지 않았으며 할당받은 학생전(學生田)을 국가에 반납할 필요가 없었다(『반계수록』 10 : 5).

15. 반계 자신도 이렇게 종학(宗學)을 만들어 특별대우를 하는 것은 고대 중국의 이상적인 제도와 어긋난다는 것을 알고 있었다. 고대 중국에서는 천자와 제후의 자제부터 고위 관원과 유생에 이르기까지 모두 국학에 들어가 교육을 받았다. 그 시대의 관직등용의 유일한 자격은 능력과 덕망이었다. 종친이라고 해서 우대하거나 혈통 때문에 관직에 나갈 수 없거나 쫓겨나지 않았다. 그 때문에 종친출신과 이성출신이 모두 고위관원에 오를 수 있었다(『반계수록』 10 : 36).

만한 전략을 사용하고 있다. 그는 현재의 세습된 신분을 중시하면서, 점진적으로 신분보다는 덕행과 능력이 중시되는 사회를 만들려고 했다. 그는 신분을 인정하면서 그 신분의 기준을 '세습된 지위'에서 '덕행'으로, 그리고 도덕적으로 계몽된 사회 안에서는 '나이'로 바뀌어야 한다고 믿었다. 그는 사회적 신분과 귀천의 구별은 당연히 있어야 한다고 보고, 그 분류는 덕행을 기준으로 하고, 그렇게 분류된 집단 안에서의 서열은 나이에 따라 매겨져야 한다는 주장이다. 그렇게 되면, "덕행을 숭상하는 기풍이 밝아지고 귀한 사람을 귀하게 대접하는 의리가 저절로 뚜렷해질 것"이라고 주장한다(『반계수록』 10 : 7-8).

이상을 요약하면, 유형원은 고대의 이상사회가 추구한 사상과 가치를 현실의 사회에 구현하려는 열망이 강했다. 고대의 원리로 돌아가려는 희망을 품고 현실을 개선하고자 했다. 그렇다고 현실적인 지배세력들의 권력과 제도들을 무시하지도 않았다. 그는 이상적인 가치를 목표로 제시하면서도 현실의 가치와 권력을 인정하는 이중적 정책태도를 견지했다. 그는 자신이 그리고 있는 이상사회의 사상적 자유를 옹호하는 발언을 많이 했지만, 이를 시행하는 수단의 선택과정에서는 목표달성과는 상반된 상쇄조항을 많이 만들어 그 의미를 상쇄시켰다. 예컨대, 교육기회의 확대, 평등한 대우, 대중교육, 윤리보다 기능적 실용적 지식의 중요성 등을 강조하면서도, 그 시행규정에서는 목표달성을 상쇄시키는 현실유지적인 내용이 많이 포함되어 있다. 또한 자신의 정책가치를 실현하기 위한 세부규정의 작성과정에서 지나치게 고대 국가의 선례를 존중한 나머지 자신의 가치를 실현시키지 못하고 물러서 버린 경우가 많다. 즉 고전적 사상이 수단선택의 자유를 제한했다고 볼 수 있다. 그러한 사례는 무수히 많다. 예를 들면, 문과 무의 구별이 없는 '균형 잡힌 지식인'을 양성해야 한다고 주장하면서 교육과정에 고전과 도덕교육 그리고 군사업무도 포함시켜야 한다고 주장했다. 그러나 이 사상은 구체적인 교육규정을 작성하면서, 고대의 선례와 『의례』의 기록을 존중하여 활쏘기 연습은 무술연마보다는 의례를 행할 때 정중함과 예의를 실천하는 수단으로 인식했다(『반계수록』 10: 12). 군사와 군사지식을 강조함으로써 균형 잡힌 지식인을 배양하고 교육을 자유화한다는 그의 생각은 학교운영, 교육과정, 장서의 범위를 자세하게 규정함으로써 상충되는 결과를 초래했다. 또한 기술관의 정원을 할당함으로써 기술지식은 대중에게 전파되지 못했으며 결국 실용적 지식의 확대라는 정책목표를 달성하지 못하게 되었다.

결국 유형원의 교육 및 임용제도 개혁안은 세습적 신분이 아닌 덕행과 능력이 지배하는 고대의 이상사회를 건설하고자 했으나, 지나치게 현실의 세습적 신분계층과의 타협과 조절을 강조한 나머지 '정책목표달성을 지연시키거나 불가능하게 했다는 비판'을 면할 수 없다. 즉 정책집행에 대한 지배집단의 저항을 무마하기 위하여 지나치게 세부시행규칙에 현실을 인정하는 예외규정을 많이 만들어 정책취지를 상쇄시켰다. 목표-수단의 상충(trade-offs)이 많은 것도 질서유지를 위한 이러한 조절과 조정의 결과로 보아야 할 것이다.

제 11 장

노비제도의 폐지와 인력고용정책

제1절 노비세습제의 개혁

유형원의 『반계수록』에서 가장 빛나는 부분이 노비세습제도의 폐지를 전제로 한 국가개혁구상부분이다. 그는 노비제도에 대하여 깊은 관심을 가지고, 『반계수록』의 전제, 녹제, 병제 및 기타 여러 곳에서 언급하고 있을 뿐 아니라, 속편하 노예조(奴隷條)에서 다시 전반적으로 다루고 있다.

그는 인간은 각각 자기의 분(分)을 타고 났기 때문에 모두가 평등하고 또 존중받아야 한다고 보았다. 비록 가장 하찮은 신분인 노예일지라도 그 역시 자신의 분(分), 즉 천리를 받고서 태어난 존재이기 때문에 모두 평등하다는 것이다. 이와 같이 유형원은 '인간은 모두 평등하며 존중받아야' 한다는 인도주의와 평등사상을 정책과 제도에 반영하고자 한 최초의 인물이다. 다음은 유형원이 주장하는 노비세습제의 문제점과 그 폐지이유이다.

첫째로는, 인간이 인간을 재물로 취급하는 것은 인륜상 비인간적이라는 주장이다. 즉 다 같은 사람으로서 아무런 죄 없이 노비가 된다는 것은 있을 수 없다는 것이다. 그는 "지금 우리나라에서는 노비를 재산으로 여기는데, 사람은 모두 동일한데 어찌 사람이 사람을 재산으로 여길 수 있는가"라고 주장하면서 (『반계수록』 26: 8), 조선왕조에서 제정한 악법과 폐습 중에서 가장 비리로 가득 찬 것 중의 하나가 바로 노비법(奴婢法)이라고 주장한다.

노비제도에 대한 당시 유학의 입장은 10세기 후반에는 그 제도가 귀족에게 필요하다는 것이었고, 15세기 조선에서는 세습된 재산을 보존해야 한다는 것이었다. 그러나 반계는 통치자가 인위적인 신분을 만들어 차별하는 것은 천리에 어긋날 뿐만 아니라 부당하다고 비판하면서 기존의 일반적인 명분과는 완전히 반대되는 주장을 펼쳤다(Palais, 2008 : 339). 인간은 평등하며 모두 존중받아야 한다는 그의 주장은 이후의 실학파들에게 많은 영향을 미쳤다.[1]

둘째로는, 죄에 대한 처벌 또는 전쟁포로에서 생겨난 노비제도가 그 원래의 취지와는 다르게 세습되고 있다는 것이다. 즉 노비세습법은 그 입법정신에 어긋날 뿐 아니라, 천리와 실리에 어긋나는 법이라는 주장이다. 그는 조선시대의 노비제도를 개혁하기 위해 중국의 선례를 분석했다. 그는『주례』를 검토한 뒤 성군의 통치가 이루어진 주대(周代)에는 전쟁포로와 죄인 그리고 그들의 가족을 공노비로 만든 경우는 있으나, 사노비는 합법적으로 보지 않았으며, 양인으로 노비가 된 경우는 전혀 없었다고 밝히고 있다. 고대 중국에서는 범죄자만이 노비가 됐으며 그런 경우라도 후손까지 노비가 되지는 않았다고 주장했다. 범죄를 저지르지 않으면 절대 노비가 되지 않았으며, 당나라의 노비제도에서도 자신은 노비가 되도록 처벌받았어도 그 후손은 영향을 받지 않았다(『반계수록』 26 : 4). 그러나 조선에서는 어떤 사람이 어떤 범죄를 저질러서 노비가 됐는가에 대해서는 전혀 관심이 없으며, 노비를 결정하는 유일한 기준은 오직 그 사람의 가계와 혈통(世系)이어서 노비 중에 덕망과 재능이 있는 사람이 있어도 그런 가치는 전혀 고려의 대상이 되지 못했다(『반계수록』 26 : 4).

셋째로는, 노비제도는 전혀 국가이익에 보탬이 되지 않고 행정력만 낭비하게 만드는 제도라는 주장이다. 그는 "노비 한명에 대한 소송이 10년을 끌어도

1. 그러한 생각은 1801년(순조 1년) 공노비를 폐지한다는 순조의 법령으로 결실을 맺게 된다.

해결되지 않는 경우도 있으며 도망친 한 명의 노비를 잡기 위하여 9족을 침해하고도 끝나지 않으니 그것이 비록 해결되어도 국익에는 전혀 관계없는 일을 위하여 행정력을 낭비하고 있다"고 주장한다(『반계수록』 26 : 4). 또한 노비 중에서 현명하고 재질이 뛰어 난 인재가 있어도 이를 사장시키기 때문에 국가적으로 큰 낭비라고 주장한다.

그는 노비제가 폐지되고 고공제도까지 정착되면 인정과 풍속이 순하여져 노비를 둘러싼 쟁송이 없어지고 추쇄의 행정력을 낭비하지 않아도 되어 그 여력을 다른 정사에 힘쓸 수 있게 되므로, 궁극적으로는 경제(족식)와 국방(족병)의 면에서 국력을 진작시키는 효과가 있을 것으로 확신했다(『반계수록』 26 : 4. 속편하 노예조). 이처럼 노비제의 폐지는 노비계급에만 유리한 것이 아니라 국가와 사용자에게도 아주 우리하다고 평가하고 있다.

넷째로는, 노비제도는 인간을 황폐화시키고 잔인하게 만드는 최고의 악법이라는 주장이다. 그는 노비제도는 소유주나 노비를 모두 비인간적으로 만들고, 선량한 후손들까지 세습으로 인하여 영원히 고통 속에 살도록 하며, 노비가 아니었다면 사회를 위해 봉사했을 유능한 인재를 상실하게 만들며, 무엇보다도 인간을 인간으로 취급하지 않고 사유재산으로 취급하는 비윤리성이 있음을 지적하면서 비판하고 있다. 노비제도는 천리(天理)에 어긋날 뿐 아니라, 인간의 실정에도 반(反)하며 국가적으로도 더할 나위 없이 해독을 끼치는 악법이라는 주장이다. 노비도 "하늘이 낸 백성이며 천리의 분(分)을 타고 난 인간"인데 어찌 인간 이하의 종류로 간주하면서 잔인하게 다룰 수 있는가하고 신랄하게 비판하고 있다.

그는 지배층의 사욕을 위하여 제정된 폐법이 천리에 어긋남에도 불구하고, 고루하게 인습적으로 유지됨으로써 나타나는 각종 폐단을 열거하고 이를 제거하기 위해서는 반드시 노비법(奴婢法)을 혁파해야 한다고 주장했다. 그러나 이 노비제도를 하루아침에 갑자기 개혁하면 수습하기 어려운 바가 크게 있을 것이라는 이유를 들어 점진적으로 혁파할 것을 주장하고 있다(『반계수록』 21, 병제). 그는 지금 당장 노비제도를 폐지하는 것은 지배세력의 저항과 질서유지의 어려움이 있기 때문에 점차 노비의 수를 줄여가면서 종국적으로 폐지할 것을 주장했다. 즉 단기적으로는 종모법을 잘 지켜 노비로 하여금 면천의 길을 열어 주고, 다음으로 면천된 노비들에게 고용노동과 임금노동의 기회를 주어 생활을 할 수 있게 하면서 장기적으로는 노비제도 자체를 폐지하여야 한다고 주장했다. 즉 종모법 전면실시 → 고공제도 도입 → 노비제도폐지라는 단계적 노비제도폐지방안을 제시했다.

제2절 종모법의 실시

유형원은 노비제도를 즉시 폐지하려고 하지는 않았다. 그는 인도주의와 평등사상을 강조하면서 노비제도의 폐지를 강력히 주장은 하였지만 현실적으로 실현 가능성이 희박하다고 보았다. 따라서 그는 단계적으로 노비제도를 철폐하는 것을 전제로 교육제도, 토지제도, 군정제도 등 다른 분야의 제도개혁을 제안하고 있다.

유형원은 단기적으로는 종모법을 철저하게 잘 지켜 노비의 수를 줄이고 양인의 수를 증대시켜나가야 한다고 제안했다. 종모법이란 노비는 모두 어미(母)의 신분에 따라 결정된다는 법이다. 즉 모(母)가 비(婢)이면 그 자녀는 노비요, 노(奴)가 양녀와 결혼하여 자식을 얻으면 그 자녀는 면천하여 양인이 된다는 원칙이다. 이 법은 고려 정종(靖宗) 5년(1039)때부터 시작된 것으로 조선시대에도 형식상으로는 이 제도를 유지하고 있었다. 조선시대 초기인 태조 · 태종 · 세종 · 세조 당시에 어떠한 유형의 노비제도를 운영하는 것이 가장 바람직한 것인가에 대한 정책논쟁이 벌어진 바 있다. 이 논쟁의 핵심은 종부법을 따를 것인가 종모법을 따를 것인가, 또는 종부종모법을 따를 것인가로 요약된다. 고려시대의 종모법만을 따르면 양반의 천첩에서 난 서얼은 모두 천인이 되기 때문에 귀족세력들의 이익을 충족시킬 수 없는 대신 면천의 길을 열어 양민의 감소를 막을 수 있는 장점이 있었다. 종부법을 따르면, 양반씨족으로 인하여 낳은 서얼자식을 양인화할 수 있다는 장점은 있으나, 낯선 사람을 아버지라 속이고 천민신분에서 벗어나려는 시도를 막을 수 없다는 단점이 있다. 즉 유교의 가족윤리를 해치고, 사회적 신분집단의 명확성을 훼손한다는 것이었다. 결국 종모법이 우세하였다.

이와 같은 많은 논쟁을 거친 후 1469년에 반포된『경국대전』에는 기득권의 이해가 반영된 꼬리표가 달린 종모법이 채택된다. 관원의 비 또는 천첩의 소생은 양인으로 간주된다는 예외 규정과 함께 '양천교혼의 소생은 어머니의 신분을 따른다'는 조항이 수록된다. 그러나 이 법은 실제로는 거의 지켜지지 않았다. 실제에 있어서는 부 · 모 한쪽이 노비이면 그 자자손손 모두가 노비신분에서 벗어나지 못하게 하는 종천법(從賤法)을 적용했고, 또 그 자손들을 대대로 사역하는 세역법(世役法)을 적용했다. 이렇게 종천법을 적용하여 천인의 신분에서 빠져나오는 사람이 전혀 없으니 천인의 수는 점점 늘어나고 양인의 수는 점점 줄어들어 인구의 거의 반이 노비였다[2]. 이러한 인구구조의 심각성을 반계는 10명이 모이는 장소(人集十一處)에 가면 양인은 불과 1~2인이요 노비는 8~9인이었다고 표현하고 있다(『반계수록』26. 속편 하).

노비는 지배집단을 위한 노동에 동원되었기 때문에 원래 군역을 지지 않았다. 유형원 이전에 노비문제를 다룬 사람은 율곡(栗谷)과 중봉(重峯)이다. 율곡은 노비를 면천하여 이들을 병력자원으로 활용하자는 국방계획을 제시한바 있고, 조헌도 노비와 국방과의 관계에 초점을 맞추어 노비제도를 논하고 있다. 삼국시대 삼국이 왕성하게 서로 전쟁을 치를 수 있었던 것은 조선시대와 같은 노비법이 없어 모든 백성이 군대에 갈 수 있었기 때문이며, 고려시대 이후에 군사력이 크게 떨치지 못한 원인은 노비제도가 점차 확대되고 승려가 날로 증가하

2. 17세기 중후반 노비의 구성비가 정확하게 얼마가 되는지에 대해서는 그 추정이 많이 엇갈린다. 당시 조익(1579~1655)은 군사부족의 원인이 종천법에서 기인한다고 주장하면서 조금 과장하여 인구의 80~90%가 노비라고 추정하고 있다. 그러나 1609년 울산지역의 호적을 실증적으로 조사한 한영국(1977: 185-186)에 의하면, 양반은 3%, 양인은 57%, 그리고 노비는 40%로 구성되어 있다고 추정하고 있다. 또한 김영모(1981: 123)는 1680년 조선후기의 노비의 구성비는 50%정도였다고 추정하고 있다.

여 군인으로 뽑아 쓸 사람이 줄어든데 그 원인이 있다고 분석하고 있다. 또한 조선시대에는 군역이 괴로워 아들을 가진 양민은 아들을 승려로 만들든지 천비에게 장가들게 하여 양민의 수는 점점 감소하였다고 분석하고 있다. 율곡과 중봉은 노비제도를 국방력의 강화와 관련하여 개혁할 것을 주장한데 반하여, 유형원은 종모법을 철저하게 실시하여 노비의 수를 줄이고 양인의 수를 증가시키려고 하였으나 그 근본적인 목적이 군역의 증가에 있기보다는 인간의 평등과 인도주의의 차원에서 노비제도의 폐해와 그 개혁을 강조하고 있다는 것이 차이점이다.

제3절 고공제도의 도입

유형원은 노비제도가 사회에 미친 비인간적 효과에 주목하면서 노비제도는 반드시 폐지되어야 한다고 주장했다. 그러면서도 갑작스러운 폐지는 (노비노동력을 이용하여 생산을 하고 있는) 지배계층의 생활을 곤란하게 하고 그 반발이 예상됨으로 노비노동을 고용노동이나 임금노동으로 단계적으로 대체하면서 추진해야 한다고 생각했다. 양반을 비롯한 지배계층에게 노비제도 폐지에 대비하고 준비할 시간적 여유를 주기 위해서도 시간적 여유가 필요하다고 보았다.

노비제도에서 고공제도로 전환해가는 첫 단계는 당시의 노비를 세밀하게 등록하고 다음세대까지만 노비신분을 세습시키도록 최종기한을 정하는 것이었다. 그는 현재의 노비는 그대로 두고 우선 그 신분세습법을 폐지하자고 주장했다. 폐지법을 실시하는 연월을 정하여 그 이전에 출생한 노비는 각각 그 주인의 관청에 보고하여 그 문서를 관청에서 보관하게 하며, 그 이후에 출생한 노비는 소유권을 인정하지 않도록 하자는 것이다(『반계수록』 26 : 5). 즉 일몰한시법(日沒限時法)을 두어 노비제도를 폐지하고자 했다.

그는 노비노동을 고용노동 또는 임금노동으로 대체하여 새로운 노동문화를 만들려고 했다. 그는 "지금 중국에서는 고공(일명 머슴이라고 한다)을 성공적으로 부리고 있다"고 주장하면서 고용노동이 노비를 합법적으로 대체하는 수단이라고 주장했다(『반계수록』 26: 5). 고공제도에 반대하는 사람들은 지배계층들이 오랫동안 노비를 부리면서 학습된 지배행태, 즉, 노비에 대한 학대습관과 노비가 한 고된 육체노동을 천시하는 문화로 인하여 고공제도가 쉽게 뿌리를 내리지 못할 것이라고 주장할 수도 있다. 그에 대하여 유형원은 노비제도를 폐지하면 간단하게 지배계층의 태도가 바뀔 것이라고 대응한다. 노비제도를 합법적으로 폐지하면 노비는 감소할 것이며, 그것의 '당연한 결과'로서 국왕이나 노비소유주들은 그들의 노동력을 이용하기 위하여 조금씩 태도를 바꾸어 그들을 인자하고 정의롭게 다루게 된다는 것이다. 또한 세습적 노비제도가 폐지되어 노비가 줄어들면 과거 그들이 해왔던 육체노동에 대한 천시문화도 바뀔 것이라고 확신했다. 그는 고공제도 도입을 반대하는 유학자들과는 달리 인간의 태도와 사회적 관습의 변화는 객관적인 제도변화를 통하여 가능하다고 보았다.

유형원은 다양한 논리를 동원하여 고공제도의 타당성을 논하고 있다. 그중에서 가장 중요한 정책논리는 '이익추구이론'과 '선택의 자유이론'이다. 유형원은 "세상의 모든 인간은 태곳적부터 이익을 추구하고 해로움을 멀리해 왔다"고 주장한다. 즉 인간은 이익을 추구하는 동물이라는 주장이다. 그리고 그는 인간은 그 이익을 위하여 자유롭게 거래를 선택한다고 확신했다. 그는 중국에서는 가난한 하위계층들이 임금노동으로 생계를 유지할 수 있기 때문에 모두 기꺼이 임금노동을 선택한다고 지적했다. 즉 "고공들은 (자신의 이익을 위하여) 자신들이 일할 고용주를 선택하며, 고용주들도 (자신의 이익이 된다고 생각하는) 고공을 선택한다"는 것이다. 비록 그는 노동시장과 그 운영에 관한 근대적 개념은 없었지만, 고공과 고용주는 모두 자신의 이익을 위하여 서로를 자유롭게 선택하기 때문에 고용노동으로 전환하면 조선에서 더 이상 강압과 물리력으로 관리되는 노비노동을 하지 않게 만들 것이라고 확신했다(『반계수록』 26: 6).

유형원이 인간의 행동은 이해관계에 의해 좌우되며, 임금노동은 노비제 사회에 긍정적인 영향을 미친다는 확신을 어디에서 구했는지는 명확하지는 않다. 아마도 중국의 경제상황이나 조선의 상업적 성장에서 영향을 받았을 것으로 짐작된다. 고용노동은 조선이 개창된 이후부터 함경도와 전라도 등에서 존재해 왔다. 특히 함경도와 전라도에서 고공들이 겪고 있던 생활환경은 노비보다도 더 비참했다. 만약 유형원이 우리나라의 고용노동의 실태를 분석해 보았다면, 고용노동의 정착이 쉽게 이루어질 것으로 판단하지는 않았을 것이다. 실제의 고용노동 실태는 반계가 주장한바와 같이 윗사람은 은혜로 아랫사람을 부리고 아랫사람은 충성과 성실로 봉사하는 그러한 노동환경이 아니었다. 전라도의 고공은 일하지 않을 때는 마치 강제수용소처럼 담장 안에 갇혀 있었다. 힘들고 천대받는 육체노동에 동원되는 사람은 노비만은 아니었던 것이다(박성수, 1964: 527-554). 고공제도로의 전환이후의 사회질서유지를 위하여 그는 또 다른 규제와 처벌을 강제하는 국법이 필요하다고 주장했다. 중국의 고공은 일단 어떤 집에 일하기로 동의하면, "그들은 (그 가장의 지시를) 조금도 어기지 않았으며, 이것은 (그들의 행동을 통제하는) 국법이 있었기 때문이라고 주장하면서 조선에서도 그러한 규제법이 필요하다고 보았다. 이렇게 반계 유형원은 '법에 의한 지배(rule by law)'를 선호하는 철저한 제도주의론자(institutionalist)였다. 그는 '법이 변하면 사세가 변하고 나아가 풍속이 따라서 변한다'고 판단했다. 그는 제도가 개인행위를 형성하고 질서지우며 변화시킬 수 있다고 보고, 제도의 역사적 발전과정에 초점을 맞추어 제도개선을 통하여 그가 바라는 이상사회를 건설하려고 했다.

제4절 현대적 해석과 평가

1. 인도주의와 평등사상

유형원은 조선 노비제도의 야만성과 비인간성을 집요하게 비판하고, 노비제도의 폐지를 주장한 조선 최초의 인물이다. 비록 완전한 평등사회를 상정하지는 않았지만 모든 인간은 평등하고 존중되어야 한다는 평등사상과 인도주의를 주장한 인물이다. 후대 학자들은 이러한 그의 이론과 주장들이 17~8세기에 일어난 실학에 크게 영향을 미쳤을 뿐만 아니라, 1730년 종모법의 채택과[3] 1801년 공노비제도의 폐지에 일정한 영향을 주었다고 평가하고 있다. 유형원의 평등사상과 인도주의 사상은 그의 학맥을 계승한 후학들, 즉 이익, 유수원, 안정복, 정약용 등에 많은 영향을 미쳤다. 유형원 이후 모든 학자들이 인간은 평등하며 존중받아야 한다는 주장을 펼친다. 그러나 현세대에서 세습적 노비제도를 끝내야하며 고용노동이 노비노동을 성공적으로 대체할 것이라는 유형원의 주장과 그 이점에 대해서 보다 비관적이었으며, 그들은 당시의 현실적인 상황을 좀 더 고수하려고 했다.[4] 이러한 점에서 그들은 반계의 평등 및 인도주의 사상보다는 더 보수적이었다. 펠레교수는 18세기에 반계의 사상을 계승한 인물들이 반계의 생각을 더욱 급진적이고 진보적인 경지로 제고시켰다고 추정하는 것은 잘못이라고 주장하고 있다(Palais, 2008 : 381).

반계의 노비에 대한 인도주의 및 평등사상은 비록 후학들이 급진적이고 진보적인 수준으로 발전시키지는 못했다하더라도 사회사상의 기본과 방향을 설정해준 공로는 지대하다. 1801년 공노비를 폐지하라는 순조의 교서에는 "신분의 귀천과 자신의 친소에 상관없이 모두 자신의 아이처럼 평등하게 다루어야

---

3. 1730년 종모법이 채택된 뒤에도, 양인의 모가 낳은 자녀는 그 부의 천민신분을 따르도록 여전히 압력을 받았다. 「문헌비고」의 저자 이만운은 "종모법은 없는 것과 같으며, 그 유일한 목적은 사람들을 천민으로 만드는 것이어서 부당한 법률 중에서도 가장 나쁜 법이다."라고 하고 있다(『문헌비고』 162 : 10-11).

4. 이익(1681~1763)은 노비제도의 즉각적인 폐지를 찬성하지만, 실제 그것이 폐지되기는 어렵다고 보고 매매만 금지하자고 제안했다. 유수원은 그의 저서 『우서(迂書)』에서 면천된 뒤 이전의 주인을 공격하거나 그 친족과의 논쟁에 연루되면 다시 노비로 만들고 면천된 노비의 자손을 노비신분으로 되돌려야 한다고 주장했다. 심지어 다산 정약용은 『목민심서』 예전 제5조 변등(辯等)에서 종모법의 실시로 인하여 민속이 더러워졌으며, 이는 국익에 전혀 도움이 되지 않는다고 주장하고 있고, 병전 제2조에서는 노비의 면천을 적극반대까지 하고 있다(송주영, 1979 : 247-254). 모두 유형원의 사상보다는 덜 진보적이었다(Palais, 2008 : 362-370).

한다. 모두 형제처럼 간주해야 한다는 원칙이 어떤 사람을 노비로 규정해 차별하는 행동과 어찌 부합할 수 있는가?”라고 하면서(『일성록』 순조편) 유형원의 인도주의와 평등사상이 반영된다.[5] 조선 후기 실제로 노비제도폐지에 결정적으로 영향을 미친 것은 정치가 부패해 도망간 노비를 추쇄할 의지를 잃어버린 틈을 타 노비들이 대규모로 유망(流亡)하면서 저항했기 때문이다. 유형원의 주장과 이론은 현실노비사회에서는 당연한 윤리이자 그들의 소망이었던 것이다. 이러한 의미에서 유형원의 인도주의와 평등사상은 조선 후기의 사회사상을 유도하는 좌표역할을 하였다는 점에서 높이 평가하지 않을 수 없다.

2. 계층적 질서를 전제로 한 평등사회의 건설

반계의 노비제도개혁의 궁극적인 목표는 노비제도를 폐지하고 노비를 고공제도로 대체하는 것이었으나, 그것은 적어도 수십 년이 걸릴 일이기 때문에 당면한 목표로 우선 세습된 노비를 없애는데 국한했다. 반계는 노비제도를 비판하는 근거로 “모든 인간은 평등하다”는 명제를 사용했다. 그러나 그는 자신이 구상한 미래사회를 서술하면서 평등한 사회질서는 자신의 목표가 아니라는 점을 분명히 밝혔다. 중국의 고용노동을 분석하면서, 대지주와 많은 녹봉을 받는 관원들은 수백 명의 고공을 부리고 양인들은 소수만을 고공할 수 있지만 그들은 사회적신분과 질서를 어지럽히지 않았다고 분석한다.

5. 공노비폐지 교서(1801)로 인하여, 여러 궁궐에 소속된 내노비 36,974명, 중앙관사에 소속된 시노비 29,093명을 포함해서 모두 66,974명의 노비문서가 불태워졌다. 이 법에서는 모든 공노비를 포함하지는 않았지만 각사의 선상 입역노비는 혁파됐으며, 도성 주민을 고용해 그들을 대체하도록 했다. 그러나 공조와 병조, 관찰사와 지방수령에 소속된 관노비, 전국의 역노비, 그리고 사노비들은 왕명의 영향을 받지 않았다. 속량된 내시노비는 양역을 졌으며 일부는 함흥과 영흥의 이궁에 배속되어 신역으로 1냥을 냈으며 궁속가솔(宮屬家率)이라고 불렸다. 가솔은 보인과 동일한 의미였다. 이 법령으로 수만 명의 노비가 자유를 얻었다(전형택, 1989: 241-266).

반계는 노비제도의 폐지가 곧 유교적 신분질서에 입각한 당시의 사회질서를 타파할 것이라고는 가정하지는 않았다. 오히려 유교적 신분질서를 전제로 한 인간이 존중되는 사회, 양반의 우월성을 훼손하지 않으면서 노비도 고공인력으로서 존중받는 사회를 지향했다. 사실 그는 노비제도가 고용제도로 대체되더라도 사회적 계층화는 유지될 수 있다고 주장했다. 그는 당시의 사회신분을 파괴하는 새로운 인간관계의 원리를 도입해서는 당시의 풍습이나 제도를 전혀 바꿀 수 없다는 것을 이미 알았던 것으로 생각된다(박성수, 1964 : 527–554). 그 자신 스스로 이 개혁안은 현재의 서열적 부와 세습적 신분제도의 인습을 타파하고, 반대로 덕망과 지위에 따라 부와 위계질서를 재편하려는 목적에서 고안되었다고 밝히고 있다. 그가 생각한 이상적 미래사회는 결코 완전하게 평등한 사회를 가정한 것은 아니었다(Palais, 2008 : 344–346).

또한 노비제도를 임금노동으로 대체해 발생하는 허점을 이용해서 올바른 유교질서를 무너뜨리는 잘못된 시도가 있을 경우, 법률과 물리력 또는 처벌이라는 수단을 동원할 수 있다고 주장했다. 법률과 강제를 동원해서 사회규범을 따르도록 하려는 유형원의 태도는 행동을 통제하고 인도하는 데는 법률과 제도가 유용하다는 믿음과 학교의 규율을 유지하는 데 처벌을 자유롭게 사용하도록 한 규정과 합치된다. 이것은 유가와 법가의 원칙을 혼합했던 중국 한대의 사례에서 영향을 받은 것으로 생각된다(Palais, 2008 : 349).

3. 이상적 목표와 점진적 접근방법

유형원은 조선시대 노비제도의 야만성을 처음으로 집요하게 비판한 인물이다. 그는 모든 인간은 '같은 종류'이고, 평등하므로 누구나 존중받아야 된다고 보고, 노비제도의 폐지를 진심으로 바랐다. 그러나 그 접근은, 노비소유주의 신경을 건드리거나 자신이 소중하게 여긴 사회질서를 혼란스럽게 하는 방법을 지지하지는 않았다. 그는 먼저 종모법을 채택하고 고용노동을 단계적으로 도입하는 점진적인 접근방법을 선택했다. 아울러 고용주와 고공 사이에 일어날 수 있는 비도덕적인 행동을 포함하여 고용노동으로 인하여 사회적 위계질서의 기본원칙이 파괴되지 않도록, 법률과 물리력과 처벌을 동원하는 보조적 정책집행 수단을 사용하고자 했다. 17세기 조선사회를 가장 날카롭게 비판한 인물인 그도 사회질서 유지를 위하여 강압적인 방법을 기꺼이 사용하려고 하였다. 반계의 목적은 사회질서 자체를 파괴하는 것이 아니라, 고전(古典)과 주대(周代)에서 원용한 좀 더 타당한 원칙에 기초하여 사회질서를 재건하는 것이었기 때문이다.

유형원은 조선사회의 '신분과 서열의 기초'를 무너뜨리지 않고 노비에게 부과된 부담과 불의를 경감하는 이중적 태도를 가졌다. 이러한 이중적인 접근으로 인해 그의 정책안에는 목표와 수단의 상충관계(trade-offs)가 많이 보인다. 따라서 그의 행정개혁의 기본논리와 철학은 반 성리학적이라기보다는 탈 성리학적이며, 기존의 유학본래의 통치기재가 가졌던 장점과 순기능, 즉 합리성을 다시 회복하겠다는 시대적 요구에 충실한 개혁을 추구했다. 그는 성리학 내에서의 내재적 변용(internal variation)을 통하여 국가개혁을 달성하고자 한 인물이다.

4. 공전제와 고공제도의 상호모순성

유형원은 노비제도의 폐지와 토지제도의 개혁을 긴밀하게 연계시키고 있다. 그는 토지를 국유화해서 농민에게 공평하게 분급하려는 자신의 공전제가 채택되면, 고공제도(고용계약에 의해 노동력을 제공하는)는 아무런 제약 없이 바로 시행할 수 있다고 주장했다. 그러면서 그는 공전제의 전면실시 이전단계로 먼저 고공제도의 도입을 주장했다. 그렇다면 노비제도가 폐지되고 그가 추구한 이상적인 공전제도가 완성되었을 경우 그가 가정한 대로 고공제도가 실제로 활성화될 수 있을까? 즉 공전제와 고공제도의 실시 사이에 상호모순은 없는 것인가?

공전제로의 토지제도개혁이 이루어지면 고공제도는 바로 실시할 수 있다고 주장하면서 전개하는 그의 논리에는 다음과 같은 상호모순이 있다. 그도 이 모순을 알지 못했다. 즉 그의 토지제도개혁 내용에 의하면, 모든 건강한 성인 남성은 노비라도 토지를 받게 되어 있다. 만약 노비들이 면천되면 그들도 토지를 받을 자격이 있게 된다. 유형원은 자신의 전제개혁안이 채택되면 농민인구는 늘어나고 잉여인구는 새로운 사회에서 사대부를 위해 일할 수 있을 것이라고 자신했지만(『반계수록』 26 : 6), 모든 사람은 경작권을 보장받아 소농으로 전환되었을 것이기 때문에 논리적으로는 잉여 노동력이 있을 수 없다.

그는 노비제도를 폐지하면 많은 사람들이, 심지어는 평생 동안 고공이 될 것이라고 확신하고 있다. 노동시장의 형성과 고공은 잉여인력이 존재해야 한다. 그는 자신의 토지제도개혁이 성공할 경우에는 그 잉여인력이 존재하지 않을 수도 있음을 알지 못했다. 토지의 사유와 거래를 금지하고 모든 토지를 백성에게 분배한다는 공전제에서는 기본적으로 잉여인력이 나올 여지가 없다. 물론 일시적으로 상인이나 공인 또는 토지를 분배받기 이전의 사람들은 잠시 동안 잉여인력으로 남을 수 있지만, 그가 주장하는 바와 같이 평생 동안 고공으로 남을 잉여인력은 이론상 존재하지 않는다. 사유재산이 인정되고 토지거래가 자유로워야 경작할 토지가 없이 자유롭게 고공에 전념하려는 잉여인력이 생겨난다. 반계는 이러한 모순을 인지하지 못한 것으로 보인다. 실제로 조선 후기 고공제도는 경영형 부농이 빈곤해진 소농의 토지를 매입해 그들이 유망(流亡)을 떠나게 되면서 잉여인력이 생기고 주로 그들이 고공을 이용했다. 그들은 일을 찾아 전국을 떠돌아 다녔으며, 노동시장이 있는 큰 촌락으로 몰려들었다. 유형원은 노비제도의 폐지에 집중한 나머지 자신이 제일 중요하게 제안한 공전제와의 상충관계(trade-offs)를 세밀히 검토하지 못한 것으로 짐작된다. 고공제도는 토지의 매매, 즉 사유재산을 인정하는 체제 안에서 자유롭게 나타날 수 있기 때문이다.

5. 반계 노비제도개혁안의 영향

유형원이 사망한 뒤 그의 생각이 노비제도와 노비정책에 어떤 영향을 미쳤는가? 유형원이 죽기 4년 전인 1669년(현종 10) 그의 영향과는 관계없이 송시열 등의 강력한 설득에 의하여 종모법이 채택되었으나, 반계가 생각했던 바와 같이 노비의 수를 줄이고 양인인구를 늘리는 수단으로는 제 역할을 하지 못했다. 그 이유는 노비 소유주들이 자신들이 소유한 노비의 수가 줄어드는 것을 막기 위해 여러 방법으로 저항했기 때문이다. 조선중기의 노비결혼의 양태에 관한 연구에 의하면, 노비의 결혼 중 60%가 양인과의 결혼이었지만(한영국, 1978: 123), 겨우 10~20%만이 정확하게 종모법에 따라 호적에 등록되었다(박노욱, 1990: 112-113). 또한 당시의 호적연구에 의하면 양인여성과 결혼한 노(奴)의 자식들을 양인(良人)으로 등록되지 않고 반노(班奴)라는 명칭으로 등록되어 있는 사례가 매우 많다.[6] 종모법을 실시하여 양인들의 숫자를 늘리려는 이 시도는 한편으로는 노비소유주의 저항을 초래했고 또 한편으로는 면천을 원하는 노비들의 부도덕적인 행동, 즉 면천을 위한 속임수와 사기가 서로 교차되면서 노비소생의 소유권을 둘러싸고 수많은 소송이 일어났다. 현실적으로는 종모법의 효과가 기대한 것처럼 나타나지 못했다.

종모법을 실시한지 몇 년이 지나지 않은, 즉 반계가 죽은 지 3년 후인 1675년(숙종 1)에는 다시 이 종모법 실시가 철회된다. 이때부터 노비문제는 종모법을 찬성하는 서인과 이를 반대하는 남인 사이의 정치적 · 당파적 쟁점으로 변질된다. 종모법은 1684년(숙종 10)에 복구되었다가 남인이 마지막으로 권력

---

6. 1663년(현종 4) 서울 북부지역의 호적에서 노(奴)와 결혼한 비(婢)를 나타내는 반(班)이라는 용어에 대한 해석을 보면, Edward W. Wagner(1974: 52-53)는 그녀의 주인이 그 남편을 소유한다는 사실을 나타내거나, 또는 호적에 기재된 노비는 이미 그 호주의 소유가 됐다는 사실을 보여준다고 해석했다. 그러나 박노욱(1990: 112-113)은 반노(班奴)란 "같은 범주의 노비", 즉 "다른 노비와 같은 종류의 일을 하거나 같은 집에 사는 노비"를 의미하는 것으로 해석하고 있다.

을 잡은 때인 1689년(숙종 15)에 다시 폐지된다.[7] 이 노비제도에 대한 정책논쟁은 1730년(영조 6년) 영조가 종모법을 다시 채택하기로 결정하기까지 오랜 기간 동안 지속됐다. 그 핵심은 종모법의 윤리적 타당성과 유용성의 문제였으나, 당파간의 의견대립으로 연결되면서 문제해결의 본질과는 다른 정치적 논쟁으로 전개되었다. 영조의 결단에 의하여 종모법이 강력하게 실시됨으로 그 논쟁은 끝이 난다. 영조의 정책결정에 반계 유형원의 의견이 직접 영향을 미쳤는지는 확인할 수 없으나, 이익, 유수원, 홍계희 등 반계의 영향을 받은 그의 후학들의 주장을 통하여 간접적으로 영향을 미쳤을 것으로 생각된다. 영조가 수록을 직접 읽고 발간을 지시한 것은 그 이후의 일이기 때문이다. 영조는 100년간 묻혀있던『반계수록』의 초고(草稿)를 직접 읽어보고 크게 칭찬함과 동시에 이를 인쇄해 널리 세상에 반포하도록 명한 군주이다.[8] 크게 상찬한 이유가 반계의 정책대안이 자신의 생각과 같았기 때문이 아니었을까? 어쨌든 유형원으로부터 많은 영향을 받은 재야학자들이 영조의 종모법 실시결정에 우호적인 분위기를 만든 것은 분명하다.

반계의 노비제도개혁안은 그 후에도 지속적으로 정부정책에 영향을 미친다. 영조의 명에 의하여『반계수록』이 발간되어 반포된(1770)지 30년이 지난 1801년 순조에 의하여 드디어 공노비폐지 교서가 발표된다. 반계가 죽은 지 꼭 127년이 지난 후였다.『반계수록』에서 제시한 각 영역의 제도개혁안은 많은 부분 조선 후기사회를 변화시키는 데 크게 영향을 미쳤다. 그가 주장한 단계적 노비제도 전면폐지안도 그의 제안대로 종모법의 전면실시와 노비제도의 전면폐

---

7. 『속대전』에서는 종모법이 1669년(현종 10)에 채택됐다가 1675(숙종 1)년에 폐기됐으며 1681년(숙종 7)에 다시 도입됐다가 1689년(숙종 15)에 또 철폐되었다고 기록되어 있다(『속대전』: 436, 숙종 10년 10월 을묘). 그러나 1681년(숙종 7)의 재도입은 제안만 되었을 뿐 1684년(숙종 10)까지는 공포되지 않았다(Palais, 2008 : 333).

8. 왕명을 받아『반계수록』의 서문과 함께 세상에 알린 사람이 경상도관찰사 겸 대구도호부사 이미(李瀰)였고, 반포한 때가 1770년 (영조 46)으로 그가 죽은 지 꼭 97년 뒤의 일이다.

지라는 순서로 실현된다. 반계의 사상과 철학은 조선의 후기사회의 변화를 견인하는 데 결정적인 기준이 되었다는 점에서 그의 탁월한 미래기획력을 엿볼 수 있다.

제 5 편

행정이론과 실제

제 12 장

감축관리와 조직행정

제1절 조직행정의 기본원리

유형원은『서경』과『주례』등을 비롯한 고전과 그 주석, 그리고 그 이후의 한~명대에 이르기까지의 중국의 관제사를 개관하고 분석하면서 조직행정에서 꼭 지켜야 할 두 가지의 기본원리를 발견해 냈다. 그 첫째는 국정업무를 수행하는 행정조직(관직)의 수는 가능한 한 최소로 유지해야 한다는 '경제성의 원칙'이고, 두 번째는 행정조직은 서로 중복되는 행정업무가 없도록 사무를 합리적으로 분장하여야 한다는 '합리적 분업의 원칙'이다. 그는 관직과 공무원의 수는 지속해서 팽창하는 속성이 있음을 중국 관제사를 통하여 고증했다. 당나라 초기의 태종은 730명의 신하만으로도 "제국의 유능한 인재를 모두 모아서" 전국을 다스릴 수 있다고 선언했지만 당말 관원이 과도하게 늘어나면서 체제는 혼란에 빠졌으며, 명 태조도 개국 초기에는 관직을 신설하는 것을 범죄로 취급하면서까지 감축시켰지만, 곧 (당나라와) 같은 문제에 직면했다(『반계수록』 15 : 46).

이러한 관직팽창의 현상은 예나 지금이나 다르지 않다. 영국의 행정학자 파킨슨(Cyril N. Parkinson, 1909~1993)은 1955년 행정이나 재정의 조직 운영이 비합리적인 관행(출세를 위하여 부하를 늘리고 부하가 늘어나면 그에 비례하여 파생적인 업무가 늘어나는 현상)에 의하여 좌우되고 있다는 경험적 사실을 분석하여, 파킨슨 법칙(Parkinson's Law)이라는 '공무원 수의 증가에 관한 법칙'을 제시한 바 있다. 반계는 이 보다 300년이나 앞서 이를 실증적으로 증명하고 있다. 현대 우리나라의 경우도 새 정부가 들어설 때마다 작은 정부 또는 조직축소를 주장하면서 정부조직개편을 단행해 왔지만, 한 번도 성공하지 못했다. 정권 말기에는 줄인 관직의 수보다 훨씬 더 많이 팽창해 왔음을 실증연구를 통하여 알려진 사실이다. 유형원은 이 경제성과 합리적 분업의 원칙을 자신의 시대에 적용하여 불필요한 관직을 모두 정리하고자 했다.

『반계수록』의 관료제개혁론 저변에 흐르고 있는 반계의 조직행정사상은 관료조직을 대폭적으로 축소하여 낭비요인을 철저하게 제거해야 한다는 감축관리와 능률사상이다. 그는 당시 행정의 번거로움(비능률)이 난립된 행정기관과 비합리적인 업무분장에 기인한다고 보고, 대폭적인 구조조정을 통하여 행정조직을 간소화하고 명령계통의 질서가 잘 살아있는 능률적인 관료조직을 만들고자 했다. 『반계수록』 직관지제(職官之制) 상(上) 첫머리에 그의 감축관리사상이 다음과 같이 잘 나타나 있다.

> "벼슬이 번거로우면 일이 번거롭고 일이 번거로우면 백성이 흐리고 시끄럽다. …… 현재에는 벼슬제도가 지극히 번거로워서 마땅히 줄여서 간략하게 할 것이니 긴요한 벼슬이 줄어진 연후에야 관기(官紀)가 밝아지고 관기가 밝아진 연후에야 어진 재주가 그 직책을 다 할 수 있어 다스림이 이루어지는 것이다."

절약과 능률을 위하여 행정조직을 간소화하고 맡은 바 임무를 성실하게 수행할 수 있도록 업무를 적절히 배분해야 한다는 반계의 능률행정사상을 제도화한 것이 그의 관제개혁론이다. 반계는 관직은 반드시 그 맡은바 업무를 참작하여 적절하게 분장시켜야 하고, 그 직을 맡은 사람은 그 직분에 책임을 다해야 한다는 것을 강조한다. 즉 겸직을 금지하고 관직기능을 전문화하여야 하며,

기구는 간소화하여야 한다는 주장이다. 경제성과 합리성을 유지하기 위하여 유형원이 일관되게 지키려고 했던 조직행정의 원칙은 다음과 같이 정리할 수 있다.

1. 동·서반의 구분폐지

반계는 문관과 무관의 구분을 철폐할 것을 주장했다. 그동안 문무의 차별문화는 관료간의 알력을 심화시켜 국방을 취약하게 했을 뿐 아니라, 기타 많은 폐단을 가져왔다. 따라서 각 군영의 문관참모인 종사관을 폐지하고, 문관과 무관의 서로 다른 명칭을 통일하고, 통일된 명칭아래 오위를 비롯한 모든 병력을 귀속시킬 것을 주장하고 있다. 그리하여 반계는 "…… 대개 각 품계는 문반과 무반이 그 계자(階資)를 같이 하고 다시 달리하지 못하게 해야 한다. … 도대체 문관과 무관을 나누어 두 가지로 삼는 것은 본디부터 있었던 것이 아니고 후세에 와서 저지른 아주 큰 잘못이니 이는 결코 본받을 일이 못되는 것이다(『반계수록』 19. 직관지제 상)." 라고 주장하고 있다. 여기서도 반계의 문무차별금지 사상과 일원화되고 효율적인 명령계통의 확립을 통하여 능률행정을 달성하고자 하는 그의 행정사상을 엿볼 수 있다.

2. 겸직금지

반계의 분석에 의하면 조선조 관직의 60~70%가 겸임제로 되어 있다. 그 대표적인 사례가 제조제도이다. 이것은 그만큼 조선조 관제가 미분화상태에 있음을 말해 준다. 겸직행정은 책임소재가 명백하지 못하여 책임행정이 이루어지지 못하고, 관직자체가 언제나 들뜨고 흐트러진 상태가 되어 업무의 능률이 오르지 않는다. 반면에 문서나 사무는 번잡해져서 오늘날 분업화된 관료제에서도 항상 지적되는 형식주의, 번문욕례 등의 레드테이프 현상이 지배하게 된다(송복, 1982 : 13-14). 반계는 이러한 겸직행정을 통렬하게 비판하면서 겸직규정의 폐지를 행정조직개편의 기본원칙으로 제시하고 있다.

3. 임시관청설립의 금지

조선조에서는 일이 있을 때마다 도감(都監)이라는 임시관청을 따로 만들어, 도제조, 제조, 도청, 감청, 감조청 등의 직책을 품계에 따라 결정하여 현직관리로 겸직케 한 후 일의 처리를 마치면 폐지했다. 반계는 이러한 임시관직의 설치를 철저하게 반대했다. "관직을 설치하고 직무를 분장시키는 일은 장차 사무에 대응하기 위한 것인데 일이 있을 때마다 관사를 설치한다면 평상시에 관사는 무엇 때문에 나누어 두겠는가?" 라고 주장하면서 기구를 쓸데없이 만들어 행정조직을 복잡하고 번잡스럽게 하지 말 것을 주장하고 있다.[1]

4. 분업과 전문성의 조화

반계는 제도주의자답게 행정조직의 구성은 업무의 분담(분업화)도 중요하지만 분담된 업무를 전문적으로 수행할 수 있게 유도하는 제도적 개선이 더 중요하다고 보았다. 행정의 전문화를 위하여 그는 「임무전일제」와 「임기연장제」의 도입을 주장했다.

임무전일제(任務專一制)는 앞에서 논한 임무의 분직제(分職制)와 표리관계에 있다. 즉 분업이 잘 이루어지면 일의 전문화도 높아지기 때문이다. 반계는 "그 관직을 번잡하게 설치하여 임무가 전일(專一)되지 못하게 하고서는 능히 그 행정이 잘 될 수가 없다"고 주장한다. 관직이 분업화되어 있지 못하여 각

1. 반계의 주장에 따라 관직을 간소화 했을 때, 그 폐지되고 통합되어야 할 관사(官司)의 수는 49개로 종래 관사 수의 약 55%가 삭감되는 것이 된다. 경관직의 관원수로 보면 9품 이상이 540명이면 족해서 기존 수에 비하여 40%가 줄어들게 된다(『반계수록』 직관지제 하).

기 맡은 바 임무가 일관되게 전담되지 못하면 사무자체가 형식주의적이 되고 일의 능률이 오르지 않으며 실적도 오르지 않으므로 결국 행정도 성공할 수 없다는 것이다. 또한 분업(분직)이 잘 되어 있다하더라고 겸직이 만연하면 분업에 의한 전문화는 이루어지지 않는다. 당시에는 한 관원(직)이 자기에게 분담된 업무를 넘어서서 다른 관직의 업무를 담당하는 겸직이나 겸임이 지나치게 많았기 때문에 행정이 전문화되지 못하고 또 책임 있는 행정이 이루어지지 못했다. 반계는 임무전일제 원칙을 제도화하여 행정이 전문화되기를 원했다. 이 원칙은『반계수록』의 관료제개혁론을 이끈 가장 근본적인 원칙이다. 제조직책과 비변사의 폐지, 체아직의 폐지, 겸직금지와 임시관청설립의 금지, 그리고 임기연장제의 도입 등도 모두 이 원칙에서 나온 것으로 볼 수 있다.

임기연장제(任期延長制)는 한자리에 오래 근무하여야 업무를 제대로 파악하고 숙련되어 비로소 치적을 낼 수 있다는 주장이다. 반계는 율곡의 관직임기장기화를 요구하는 상소문을 인용하면서 구체적으로 관직의 임기를 정하고 있다. 반계는 이상적인 임기를 최저 6년을 기준으로 하고 필요하면 그 이상 또는 종신토록 하게하는 것도 가하다고 주장한다. 구체적으로 경관직 당하관 이하일 경우는 6년이 적절한 임기이고, 당상관 이상은 덕(德)과 재(才)에 의하여 임명된 것으로 6년에 구속되지 않고 그 이상이 되어도 좋다고 했다. 그리고 외직일 경우 수령(守令), 진장(鎭將), 찰방(察訪), 교관(敎官) 등은 9년으로 하고 관찰사와 절도사는 6년으로 해야 한다고 했다. 이 기간은『경국대전』에 규정하고 있는 임기와 비교하면 매우 긴 기간이다.[2]

---

2. 『경국대전』에는 경관직 6품 이상의 임기는 900일(2년 반), 7품 이하는 450일(1년 반), 외관직일 경우 관찰사와 도사의 임기는 360일(1년), 절도사는 720일(2년), 수령 등 일선외직은 1800일(5년)로 규정하고 있다.

제2절 궁중 및 중앙행정조직의 구조조정

1. 궁중조직의 축소 및 집행기관의 기능강화

반계는 조선시대의 사상가들 중에서도 가장 강력하게 정부조직의 구조조정(re-structuring)과 감축관리(cutback management)를 주장한 학자이다. 그는 "벼슬이 번거로우면 일이 번거롭고 일이 번거로우면 백성이 흐리고 시끄럽다"고 하면서, "지극히 번거로운 벼슬제도를 간략히 줄여 관기(官紀)를 밝게 하지 않고는 다스림이 제대로 될 수 없다"고 보았다. 그는 이 번거롭고 비능률적인 궁중 및 부중 행정조직을 관리, 감독, 책임, 분업 등의 관료제적 질서가 잘 갖추어진 능률적인 조직편제로 재조정하고자 했다. 그의 관제개혁의 초점은 궁중관련관아를 대폭 축소 조정하는 일과 중앙행정기관의 업무를 합리적으로 재배치하는 일이었다.

반계는 개국 이래 그 누구도 감히 주장할 수 없었던 왕실, 왕족, 그리고 궁중의 생활과 관련된 조직을 전면 축소 재조정할 것을 주장했다. 당시의 궁중의 생활과 유지를 위한 관아들은 통합적으로 관리되지 못하고 필요한 물품과 용도에 따라 횡적으로 난립하고 있었다. 반계는 당시의 궁중관련관아의 난립과 비능률을 지적하면서, 특히 어공(御供)과 관련된 기관은 한 개의 아문에서 전담할 것을 제안하고 있다.

> "일찍이 한나라의 관제를 보건대, 매우 생약(省約)되었으니 그것도 모두 사무를 맡은 관직이고 어공(御供)은 다만 한 개의 관사뿐이다. …… 우리나라는 관직을 설치할 때 시(寺)니 감(監)이니 하는 관직의 수효는 중국보다 3배가 되는데 그 반수 이상이 궁중과 관계된다. 제도를 만드는 것이 대체로 이와 같으니 어찌 그 폐단이 한 둘이겠는가? …… 어공(御供)은 마땅히 한 개의 아문을 설치하여 이를 전적으로 관

장시키고 지금의 여러 관사에 날마다 물품을 진상하는 규정을 폐지해야 한다."(『반계수록』 16. 직관지제 하).

반계의 조정안에 의하면, 당시 존재하는 궁중과 관련된 관아 50개(경국대전에 등록된 47개와 인조 효종 때 생긴 어영청, 총융사, 수어청)중 50%가 넘는 28개를 대폭적으로 폐지하거나 축소 조정할 것을 주장하고 있다. 궁중관련조직의 축소조정안의 내용을 요약하면 다음과 같다.

① 내수사(內需司)를 폐지하고 그 기능을 호조(戶曹)로 이관한다. 내수사는 왕실소유의 막대한 토지와 노예 그리고 사재를 저축하고 관리하는 이조 속아문이다. 반계는 이를 폐지하고 왕실비용과 어수(御需)는 수량을 일정하게 정하여 경상세로 충당할 것을 제안했다.

② 내자시 · 내담시 · 사도시 · 사포서 · 사온서 · 의령고 · 장흥고 · 전생서 · 사재감 등 궁중 및 임금의 생활용품을 공급 · 관리하는 9개의 관청을 모두 폐지하고, 그 기능을 사옹원(司饔院)에서 통합하여 관리하도록 한다.

③ 내의원과 혜민서를 폐지하고 전의감에 분속시킨다.

④ 왕실에 필요한 비단 · 직물 · 포 등의 염색을 위하여 만든 제용감은 폐지하고 그 기능은 상의원(尙衣院)에서 담당한다. 그리고 궁궐의 화재관리와 수리, 관(棺)의 제조 그리고 행사준비를 위하여 장막을 치는 업무 등을 맡고 있는 수성금화사 · 전월사 · 전설사 · 귀후서 등은 모두 폐지하고 그 기능을 모두 업무에 따라 각각 선공감 · 금오위 · 야정서에서 맡게 한다.

⑤ 국왕의 옥쇄와 왕관, 그리고 관인을 관리하는 책임을 지고 있는 상서원(尙瑞院)은 폐지하고 그 기능을 승정원(承政院)에서 맡게 한다. 그리고 왕실의 족보를 편찬하고 왕실비리를 규찰하는 기관인 종부시와 문소전 · 연은전 · 소격서 등 각종 사당의 관리와 관련된 업무는 모두 종정부(宗正府)에서 맡아보게 한다.

⑥ 그리고 부마와 왕실의 인척을 위하여 만든 체아직인 의빈부와 돈녕부는 폐지할 것을 주장했다. 다음 〈표 12-1〉은 궁중관련기관의 조직통폐합의 내용이다.

표 12-1 • 궁중관련관청의 구조조정안

관서명(28)	업 무	폐지	조정안
내수사	왕실소유의 재산관리(이조)	폐지	경상경비로 지출
내자시, 내담시, 사도시, 사포서, 사온서, 의령고, 장흥고, 전생서, 사재감(9)	궁중 및 어수용품(미곡·국수·장·술·감주·기름·과실·소금 등)을 공급 관리하는 관청	폐지	사옹원에 통합 (봉상시·예빈시로도 일부이관)
내의원, 혜민서(2)	의료담당부서	폐지	전의감에 분속
제용감(濟用監)	궁중의 직물·비단·포·염색	폐지	상의원에 분속
수성금화사, 전월사, 전설사, 귀후서(4)	성(城)의 수리 및 화재관리, 궁궐수리, 장막 치는 일	폐지	업무에 따라 분속(선공감, 금오위, 야정서)
상서원	국왕의 옥쇄, 왕관, 관인 관리	폐지	승정원에 통합
종부시, 문소전, 연은전, 소격서(4)	왕실족보편찬 및 왕실비위규찰, 사당관리업무	폐지	종정부에 통합
의빈부, 돈녕부(2)	부마, 왕실인척을 위한 관청	폐지	
종친부	종실제군을 관장하는 관서	축소	종정부로 명칭변경
어영청, 총융청, 수어청(3)	궁중수호를 위한 금위청	폐지	내금위, 의순위에 통합

자료: 『반계수록』에서 필자가 작성

2. 중앙행정조직의 통폐합

반계는 궁중관련관아의 대폭적인 구조조정과 함께, 중앙행정기관도 업무분담을 합리화하고 간소화하여 능률적인 집행기관으로 만들고자 했다. 반계 이전에는 그 누구도 중앙행정조직을 행정의 효율성이라는 관점에서 종합적 · 체계적으로 분석하고, 그 문제점을 합리적으로 해결하려는 시도를 하지 않았다. 그는 일정한 원칙과 기준 없이 그때그때 필요에 따라 설립되어온 6조의 부속기관들을 그 기능이 서로 중복되지 않게 6조의 원래기능에 적합하게 그 소속을 재배치함으로서, 간소하면서도 능률적인 관료조직을 만들고자 하였다.

① 유형원은 1411년(태종 11년) 춘추관에서 분리된 관서인 예문관(藝文館)이 홍문관과 춘추관의 임무와 중복되므로 폐지하여야 하며, 세종이 젊은 학자들을 후원하기 위하여 설치한 독서당(讀書堂)도 시간이 지나면서 거기에 배속된 관원들이 학문에 집중하기보다는 한가로이 시간을 보내면서 당쟁에 관여하거나 파행을 저질렀다고 비판하면서 이를 폐지해야 한다고 주장했다. 또한 그는 경연(經筵)도 폐지를 바랐는데, 그 이유는 왕권을 제한하는 임무를 가진 그 제도가 성적이 뛰어난 급제자를 포함하여 그 밖의 관원들이 겸직하고 있기 때문에 그 기능을 상실했기 때문이라고 밝히고 있다. 이와 같이 그는 겸직은 철저히 금지해야 한다고 주장했다.

② 간언과 탄핵 그리고 문서 처리를 맡은 기관도 중복된 기관은 간소화했다. 3대 언론기관인 홍문관, 사헌부, 사간원 중에서 사간원은 불필요하다는 이유로 혁파할 것을 주장했다. 유형원은 간관은 한나라시대에 언로를 넓히려는 목적에서 처음 임명되었지만 후대에 와서는 간관만이 '비판의 자유'를 허용 받았기 때문에 그들 대부분은 국정의 문제점을 지적하기보다는 자신의 기득권을 유지하는데 그 권한을 사용했다고 분석하고 있다.

유형원은 그 당시의 사간원은 국익에 보탬이 되지 않고 크게 해독을 끼치는 기관으로 평가하고 있다. 그 이유로서 첫째, 대간이 아닌 자는 비록 나라를 걱정하고 사랑하는 마음이 심중에 쌓이고 맺혔더라도 논의 한마디 할 수 없고, 따라서 간쟁에는 전혀 관심을 두지 않는다는 것이다. 둘째로는, 대간제도가 오히려 언론의 자유를 제한하고 파당을 부추긴다는 것이다. 언론을 담당하고 있는 대간을 자기편으로 만들어야 일당독재 또는 장기집권이 가능하기 때문에, 대간자리를 둘러싸고 파당이 심화되었다는 것이다. 그러므로 이러한 역기능을 막기 위해서는 대간에게만 간쟁의 기능을 줄 것이 아니라 일반조신들 모두가 간쟁할 수 있도록 언로를 개방하고 활성화시켜야 한다고 보았다. 그는 당시의 대간은 이미 중립성과 공정성을 잃었다고 주장하고 있다. 그는 언관이 실제로 정치를 혼란스럽게 만든 중국의 사례를 인용하면서, 언관은 '사실에 근거하여 탄핵하고 중상하지 말아야' 한다고 지적했다. 그는 탄핵과 간쟁의 허용범위가 어떠해야 되는지에 대하여 적절한 균형을 찾기 위해 노력했다. 유형원의 이 주장은 나중에 다산의 대간제도 폐지주장에도 많은 영향을 미친 것으로 짐작된다.[3]

③ 군사조직도 제9장 병농일치의 국방정책에서 이미 논한바와 같이 임진왜란과 병자호란을 거치면서 그 때 그 때의 필요에 의하여 세워졌던 중앙군사조직을 대폭 감축하고 그 지휘체계를 병조로 일원화하고자 했다. 즉 인조와 효종 때 생겨난 어영청, 총융청, 수어청을 폐지하고, 그 기능을 내금위와 의순위에 이양할 것을 주장하였고, 왕의 신변보호를 위해 생겨난 겸사복 · 우림위 등을 모두 폐지할 것을 주장했다. 동시에 군사조직의 명령체계를 모두 병조로 일원화하여 군사조직을 효율화하고자 했다. 이를 위해 먼저 조선 초기에 운영하던 오위(五衛)를 복구하여 수도방위를 맡기고,[4] 오위도총부를 폐지하고 병조가 오위를 지휘관할하는 체제로 변화시켰다. 이는 그 당시 군령이나 지휘체제의 혼란을 방지하기 위한 것이었다. 또한 그는 임진왜란 이후 5위를 개편하여 만든 오군영(훈련도감 · 어영청 · 총융청 · 수어청 · 금위영) 중 훈련도감을 제외한 4군영을 혁파하고 고려 후기의 선전관을 설치하자고 제안했다. 선전관(宣傳官)은 국왕의 근신이 수행하거나 내금위가 맡아도 괜찮다고 주장하고 있다(『반계수록』 15 : 19-20).

④ 사법 · 범죄 · 소송과 관련된 중앙행정조직도 형조로 일원화하는 구조조정을 했다. 공직자의 공직비리나 도덕적 타락을 다루는 국왕 직속기관인 의금

---

3. 다산은 이러한 청직(淸職)을 폐지하여 언로를 더 넓게 활성화할 것을 강조했다. 그래야만 문벌만 숭상하는 풍습이 사라질 것이며, 자기와 뜻을 같이 하는 사람은 당으로 하고 반대편의 사람은 공격하는 풍토가 없어질 것이라고 분석하였다. 다산은 문조(文調)의 재주를 위주로 하는 청직은 개인의 명성을 영화롭게 하고, 자손에게 덕을 입히는 자리이긴 하지만, 국가에는 보탬이 되지 못한다고 비판한다. 관직은 국가에 이롭게 하기 위한 것인데 청직은 그렇지 못하다고 주장한다(「경세유표」 춘관예조, 『여유당전서』 5 : 15)

4. 오위란 조선 초기의 수도방위를 위한 군사조직이다. 전위(충좌위), 후위(충무위), 좌위(용양위), 우위(호분위), 중위(의흥위)로 구성되었다. 문관이 조직의 상위계층을 차지하고 있어 임란을 거치면서 그 기능을 발휘하지 못하여 5군영으로 대체되었다.

부는 폐지하고 그 임무를 형조가 관장하도록 했다. 그는 고대 중국에는 그런 특별사법기구를 둔 선례가 없다고 주장하면서 형조가 그 기능을 담당해야 한다고 보았다. 그는 공직자의 범죄사건을 다룬 주나라의 사구(司寇)나 한나라의 정위(廷尉)는 형조와 동일하다고 주장하면서 이 임무는 형조가 맡는 것이 타당하다고 보았다. 그러면서도 양반의 품위를 고려하여 양반을 양인이나 노비와 분리하여 감옥에 가둘 수 있도록 하기 위하여 형조에 장금사(掌禁司)를 만들어 의금부를 대체하자고 제안했다. 또한 그는 수도의 인구를 관리하고 범죄자를 처벌하는 책임을 맡은 중복되고 불필요한 관서를 혁파하자고 제안했다. 그는 오부(五部)와 고려시대 이후 금오위(金吾衛)와 포도청(捕盜廳)이 맡은 범죄자의 체포와 감시업무를 형조의 전옥서(典獄署)로 이관할 것을 제안했다.[5]

⑤ 노비의 소유권과 신분소송문제를 담당하는 독립기관인 장예사(掌隷司)를 형조아래 설치할 것을 제안하고 있다. 그러면서 15세기 중반 세조가 설치한 기관인 장예원(掌隷院)을 존속시키고 있다. 그 이유는 노비인구가 급증하면서 노비소유권을 둘러싼 소송이 늘어났기 때문이라고 볼 수도 있으나, 중복된 기능을 가진 관서는 폐지한다는 그의 원칙에는 상반된다. 그는 독립된 노비관서가 중국에도 선례가 없음을 알면서도, 노비제도가 혁파되고 그 결과 노비소유권을 둘러싼 소송이 사라질 때까지 그 관서는 존속되어야 한다고 보았다. 세조가 만든 관서를 혁파하는데 주저했을 가능성도 있지만, 노비제도 폐지와 노비의 인권에 특별한 관심을 가졌기 때문에 나타난 조직사상이라 짐작된다.[6]

⑥ 국가사업과 관련된 모든 노동은 임금을 받는 고공(雇工)이 해야 한다고 주장하면서, 고공관리와 양전사업은 호조에서 관장하지 아니하고 공조가 관할

---

5. 전옥서(典獄署)는 고려에서 이월된 관서로서 형조 · 한성부 · 사헌부에서 사법처리를 위해 옮겨진 다양한 범죄용의자를 가둬두었다가 형조로 다시 보내는 관서였다. 그것은 형조 · 한성부 · 사헌부에 감옥을 세우면 혁파할 수 있었다(『반계수록』 16: 18-19).

6. 1469년 처음 반포된 『경국대전』에는 장예사(掌隷司)가 있었지만, 노비 장적을 관리했을 뿐 그 소유권과 신분을 둘러싼 소송의 판결은 맡지 않았다(『역주 경국대전』 1985: 20).

하도록 조정했다. 그는 당시 조선의 호조는 업무가 과중한 반면, 공조는 건설을 감독하는 임무 외에는 거의 하는 일이 없다고 지적하면서 국책사업과 관련된 고공업무와 전제개혁과 관련된 양전행정은 공조에서 관장하도록 업무를 분장했다. 그는 공조가 "토지를 관장한 뒤에라야 경계가 획정되고 백성의 거주가 정착되어 민생이 안정될 것"이라고 주장하고 있다(『반계수록』 15 : 5).

⑦ 시장을 감독 · 규제하는 관원과 기관, 즉 상점 · 도량형 · 상품의 형태와 가격을 규제하는 일을 담당하는 기관인 평시서(平市署)는 폐지하고, 그 기능을 6조와 한성부로 이관할 것을 제안했다. 즉 세금부과와 상품가격문제는 호조에서, 도량형의 문제는 공조에서, 법률위반과 계약을 둘러싼 분쟁문제는 형조에서, 그리고 수도의 시장관리 문제는 한성부에서 담당하도록 했다.

⑧ 통화와 창고업분야에서는 지폐를 발행하거나 노비의 신공(身貢)을 관리하는 사섬시(司贍寺)는 폐지하고 그 임무를 호조로 이관했으며(『반계수록』 15 : 16), 상평감(常平監)에 군자창(軍資倉)을 합병시켜 매매한 상품을 보관해 시장의 가격을 안정시키는 업무까지 담당하도록 확대 개편했다.[7]

⑨ 의례의 봉행과 빈객의 접대를 맡은 장악원(掌樂院)은 유지하되, 아악과 속악을 통합하고 970명에 달하는 정원을 100명으로 과감하게 축소할 것을 제안했다. 유형원은 외빈접대와 연회에 들어가는 예산지출을 절약하려 했다. 그는 중복되는 관서를 폐지해 정부의 비용을 줄이려고 했지만, 그 반대로 과학과 기술을 다루는 실용부서는 신설하고 장려하여 필요한 기능을 가진 사람을 널리 등용하고 양성하려 했다. 관상감, 전의감(태의원), 사역원은 관원을 증가했으며, 내약국과 의학은 통합하여 그 기능을 강화하고 40명의 학생을 입학시키

---

7. 당시 수도에는 3개의 창고가 있었다. 군자창(軍資倉)은 군자감(軍資監)에 딸린 창고로서 전국에서 거둬들인 군자곡(軍資穀)을 저장하였으며, 조선 전기에 군자창은 한편으로 빈민을 구제하기 위한 기능도 가지고 있었는데, 흉년 봄에는 곡물을 백성에게 대여해 주고 가을에 수납하였다. 풍저창(豊儲倉: 좌창)은 수도로 유입되는 모든 궁중의 미곡 · 콩 · 팥 · 자리 · 종이, 그리고 화폐 등을 저장하고 관리(管理)하였다. 광흥창(廣興倉: 우창)은 정규 관원들의 녹봉을 지급하기 위해 만든 창고이자 관서이다.

려 했다. 외국어교육을 담당하는 사역원도 확대 개편하여 한학(중국어)에 30명, 여진학(만주어)에 20명, 왜학(일본어)에 15명, 몽학(몽고어)에 5명의 학생을 배치하여 교육하고 토지를 분급했다.

그는 모든 관서를 통폐합하여 감축경영을 실현하려고 구상했지만, 백성들의 실생활과 삶에 필요한 실용기술은 널리 유포하려 했다. 특히 그는 의술을 담당하는 단일 부서를 두고 모든 의원들을 그기에 소속시킨 뒤 국왕과 양인을 모두 치료하게 하는 제도를 선호했다(『반계수록』 15 : 16-18). 그는 의술이 필요한 백성을 외면하고 국왕을 치료하기 위해 최고의 의원을 내의원에 배치하는 것 보다는 의학에 뛰어난 잠재적 재능을 가진 인재를 먼저 양성하는 것이 더 근본이라고 생각하고 의료인력 양성에 더 관심을 가졌다.

⑩ 그 밖에도 불필요하거나 기능이 중복되었거나 임시직인 조직을 모두 구조조정을 할 것을 제안하고 있다. 예컨대 정2품 이상으로 70세가 넘은 사람을 위한 기로소(耆老所)는 국왕이 이미 그런 사람에게 쌀과 고기를 하사하고 있기 때문에 구태여 조직을 둘 필요가 없다고 보았다.

이상의 내용을 요약 정리하면 〈표 12-2〉와 같다.

반계 유형원은 〈표 12-1〉과 같이 궁중관련기관이 대폭 폐지되고, 또 〈표 12-2〉와 같이 겹치고 난립된 중앙행정관청의 업무가 합리적으로 재조정되고 나면 6조와 그 속사(屬司)가 맡은 업무의 분량과 경중이 비교적 고르게 되어 중앙행정기관의 권한과 기능이 골고루 강화된다고 보았다. 즉 "호조는 사무가 너무 복잡하여 눈을 뜰 여가가 없고, 공조는 사무가 너무 한가하여 필요가 없는 관사가 된" 불합리한 업무분장이 해결되어 명실상부하게 6관이 될 수 있다고 보았다. 반계의 주장에 따라 관직이 간소화 되었을 때 그 폐지되고 통합되어야 할 관사(官司)의 수는 49개로 종래 관사 수의 약 55%가 줄어들며(『반계수록』 15. 직관지제 상), 또 이것을 경관직의 관원수로 환산하면 9품 이상이 540명이면 족해서 기존 수에 비하여 40%가 줄어들게 된다(『반계수록』 16. 직관지제 하).

반계의 정부조직개편은 위계구조에 의한 일원적인 명령계통의 확립과 분업

표 12-2 • 중앙행정조직의 구조조정안

관서명	업무	폐지	조정안
어영청 · 총융청 · 수어청	궁중수호를 위한 금위관청	폐지	내금위(內禁衛) · 의순위(義順衛)에 통합
겸사복 · 우림위	왕의 신변보호	폐지	
충훈부 · 충익부 · 중추부	체아직	폐지	
사간원	간쟁과 탄핵기관	폐지	사헌부에 통합
사헌부	감찰과 백관규찰	감찰권 폐지	
예문관 · 경연청 · 독서당	왕의 교육기관	폐지	홍문관 · 춘추관으로
양현고(養賢庫)	인재양성	폐지	성균관으로 합속
훈련원 · 도총부	무예연마, 군령기관	폐지	오위에 합속
오위 · 내금위 · 금오위 · 의순위	군사조직, 호위조직	신설 및 권한강화	병조에 통합
의금부 · 전옥서 · 포도청	사법, 죄수, 경찰,	폐지	형조가 관장 장금사(의금부대체)
장예원(掌隸院)	노비부적과 소송	유지 · 강화	형조가 관장 장예사(신설)
사섬시	지폐발행	폐지	호조로 이관
장악원(掌樂院)	의례의 봉행	축소유지	
관상감 · 전의감 · 사역원	천문 · 의약 · 외국어	기능강화	
전감사 · 수성금화사	선박관리, 성의 수리	폐지	공조가 기능관장
조지서(造紙署)	종이 만드는 관서	폐지	공조 낭관이 관장
평시서(平市署)	시장점포 및 물가조절	폐지 기능분산	호조 · 공조 · 형조 · 한성부가 분산관장
상평감	시장가격안정	기능강화	군자창과 통합
선전관	왕명전달기관	폐지	내금위로
기로소 · 사산감역 · 잡직	경로당, 산림보호, 체아	폐지	

자료: 『반계수록』 직관지제에서 필자가 작성

에 의한 책임소재의 강화, 그리고 전문화에 의한 능률증진과 비용절감 등을 겨냥하고 있는 것이 특징이다. 그의 관료제개혁안은 그동안 비변사를 중심으로 이루어져 왔던 국왕중심의 친제편제를 혁파하고 의정부중심의 계층제적 편제로 되돌아가려는 체제내적 관제개혁의 성격을 띠고 있다. 그러나 그 내용이 근대관료제의 기능을 모두 수용하고 있다는 점에서 그의 탁월한 조직행정사상을 엿볼 수 있다.

3. 비변사의 폐지 및 재상편제 강화

반계가 살던 시대의 최고정책결정기관은 20~30명의 최고위 고급관료들로 구성된 비변사(備邊司)였다. 이 비변사는 국방을 위하여 비상설적으로 별도로 만들어진 합의체 정책결정기관이었으나 언제부터인가 모든 정무기능이 집중되어, 원래 존재하고 있던 의정부의 기능을 실질적으로 대체함으로써, 업무의 분장과 책임소재가 불분명하게 되어 행정의 혼란이 극심하였다. 이러한 조직편제의 혼란과 폐단을 반계는 다음과 같이 표현하고 있다.

> "재신(宰臣) 중에서 군무를 아는 사람으로 당상관을 삼고 무반(武班) 중에서 문자를 아는 사람으로 청(廳)을 삼아 별도로 비변사를 설치하니 …… 조정의 정령(政令)이 결제될 곳이 없게 되어 모두 비변사에서 처결되고, …… 의정부의 찬성과 참찬은 병을 요양하는 별방이 되고, 사인(舍人)과 검상(檢詳)은 기악(妓樂)의 관사가 되었으니 그 어긋나고 틀린 것이 이루 다 헤아릴 수 없다. 그리하여 삼공이 서사(署事)하는 법이 폐지되고 삼공이 정무를 논의할 장소가 없게 되니, …… 사무가 오로지 6조와 그 속사(屬司)로 돌아감으로써 직무를 분장하는 의의가 없고, 책임이 명확하지 못함으로써 집무를 버려두는 일이 습관화되었다. 이 모두 관제의 폐단 탓이다." (『반계수록』 16. 직관지제 하)

이러한 폐단을 개선하기 위하여 반계는 비변사를 폐지하고 과거의 의정부 운영체제로 되돌아가야 한다고 주장했다. 반계는 의정부의 기능과 권한을 회복하여 조직편제의 위치상으로 정점에 자리하게 하고, 정책결정에 있어 국왕과 6조의 중간에 존재하게 하여 백관들의 정책집행을 실제로 감시 · 감독하는 권한을 부여하여야 한다고 주장했다. 즉 업무분장과 그 업무를 명확히 하고, 계층제에 의한 지휘명령계통을 확립하여 보다 능률적인 행정조직으로 개편할 것을 주장하고 있다.

> "비변사는 처음 변방의 왜구로 인하여 설치되었으나 지금은 크고 작은 일이 모두 비변사로 돌아가고 의정부는 이름만 빌린 관청이 되었으니 관계(官界)가 기강을 잃게 되어 그 해(害)가 이루 말 할 수 없다. 마땅히 이를 폐지하고 의정부의 제도를 회복해야 한다."(『반계수록』 16. 직관지제 하)

반계의 이 같은 주장은 ① 비변사는 관제(官制) 외(外)의 특별기구이고, ② 일상 행정업무보다는 비상사태의 사건처리를 위해 만든 기구이며, ③ 그 기능은 국방기능을 담당하는 병조(兵曹)와 비슷함에도 불구하고 마치 공식적인 정무기관으로 변질되면서 관제질서를 붕괴시켰다는 것이다.[8] 또 이 같이 관제질서가 붕괴되어 있는 상태에서는 의정부가 정무를 총괄적으로 관리하기 어렵고, 또 예하기관의 백관들이 상급관청(의정부)에 참알(參謁)하고 품사(稟事)하고 명령을 받아 집행하는 것이 일상화되기도 어렵다. 또한 비변사와 같은 수십 명으로 구성된 다수합의제는 책임소재의 분산으로 인해 책임 있는 정책을 결정

8. 비변사는 송대의 국방기능을 담당한 추밀원(樞密院)을 본 뜬 것이다. 송 신종 연간에는 이 추밀원을 혁파하고 군사업무에 관한 모든 권한을 병부(兵部)에 이관하자는 안이 나왔으나 경쟁을 통한 견제와 균형을 선호한 신종은 이 의견을 수용하지 않았다. 그 뒤 이 관서는 원대를 거쳐 명대까지 지속했다(『반계수록』 17: 39-40). 유형원은 비변사를 폐지하고 그 기능을 병조로 이관하여 권한과 책임을 분명히 하고 의정부의 기능을 되찾아야 한다고 주장했다.

하고 그 집행을 감독할 가능성이 높지 않다. 사실 비변사와 의정부를 동시에 거느린 당시의 국정운영방식은 비상시에 국왕이 직접 이들 기관의 운영을 챙기려는 국왕중심의 친재편제(親裁編制)라 할 수 있다. 그러나 전란의 위험이 사라진 시대에는 의정부중심의 재상편제(宰相編制)가 국왕을 보다 적극적이며 책임 있게 보좌할 수 있는 제도라고 본 것이다.

반계는 실질적인 최고정책결정권한을 가진 의정부 수립을 원했다. 그의 관료제개혁론에서 우리는 막스 베버(Max Weber)가 주장한 현대관료제의 특징인 계층제에 의한 명령체계의 확립, 책임소재가 명확화, 분권과 전문화, 관료들의 기강확립 등의 원칙을 추출해 낼 수 있다(김권집, 1987).

4. 임시직과 겸직의 폐지

1) 제조직의 폐지

반계는 중복기능의 축소를 통한 능률행정과 책임행정을 선호했다. 조선은 6조의 소속관사 거의 전부가 타관원(他官員) 겸직의 제조제도에 의하여 그 서무가 관할되었다. 제조(提調)란 중앙조직인 각 사(司) 또는 청(廳)의 우두머리가 아니면서 각 관아의 일을 다스리던 겸직 직책을 말한다. 의사(醫司), 장악원, 관상감, 사역원 등과 같은 특정한 관서도 타 관원 소속의 제조가 서무를 관할하였다. 유형원은 다른 업무를 담당하면서 서무를 관장하는 제조제도는 책임소재가 명백하지 못하여 책임행정이 이루어지지 못하고 관직자체가 언제나 들뜨고 흐트러진 상태가 되어 업무의 능률이 오르지 않는다고 보았다. 즉 제조제도는 장관(조직의 우두머리)의 권한을 혼란시키고 약화시켜 업무를 태만히 하도록 만들뿐만 아니라, 만약 제조가 전문지식이 부족하면 아무런 이익이 없는 제도라는 것이다.

이 겸직제도는 한대(韓代)에는 물론이고, 엉성한 관료제도를 운영했던 위·진대에도 없었다. 이 제도는 당(唐)에서 시작되어 송(宋)에서 번성했던 제도로 조선에서는 이 제도를 아주 중요시하여 당시 법전에 규정된 관직 중 60~70%가 겸직이었다. 조선시대 선비들의 이력을 보면 평생 동안 수십 개의 관직을 거친 것으로 되어 있으나 그 직책은 모두 겸직이기 때문에 가능한 것이다. 이 제도는 여러 직책을 요란스럽게 나열하고 자랑할 수 있어서 선비들의 허영심과 명예욕을 채우는데 기여한 것으로 볼 수 있다. 유형원은 각 관사의 제조(提調)를 전면 폐지하고 그 장관에게 그 조직의 운영권한과 책임을 일원화시켜 책임행정이 이루어지도록 해야 한다고 주장했다. 반계는 전대 역사의 경험을 상고하면서 이 제조제도는 반드시 폐지하여야 한다고 거듭 강조했다.

> "여러 속아문(屬衙門)에 각기 장관(長官)이 있고 그리고 또 이 관사들은 마땅히 육조(六曹)에 통속되어야 함에도 불구하고, …… 다시 제조를 설치하게 되니 이것은 고의로 불란함을 만들어 기강(紀綱)을 없게 하는 일이다. 지금의 각 관사는 사무가 모두 폐단에 가득 차 있는데 문부(文簿)가 날로 번거롭게 되어 가니 장관이 만연히 사무를 살피지 않는 것은 모두 이 제조 때문이다."(『반계수록』 16. 관직지제 하)

2) 체아직(遞兒職)의 폐지

반계는 체아직(遞兒職)이 맡고 있는 기구는 대폭적으로 폐지하거나 정리할 것을 주장하고 있다. 체아직이란 조선에만 있는 아주 특별한 관직으로서 현직을 떠난 문무관(文武官)에게 특별한 경우에 녹봉을 주기 위하여 만든 벼슬을 말한다. 주로 한 개 직에 여러 명을 임명하여 돌아가면서 근무하고 근무한 만큼 녹봉을 받는다. 의빈부(儀賓府), 돈령부(敦寧府)는 말할 것도 없고 충훈부, 충의부, 중추부(中樞府), 오위도총부, 훈련원 등은 처음부터 체아직을 위해 만들어진 부서이기 때문에 마땅히 폐지하여야 한다고 했고, 종친부 역시 대폭 개혁하여 종정부로 바꾸어야 한다고 했다.

또한 의사(醫司: 내의원 · 전의감 · 혜민서), 관상감, 사역원 등에도 체아라고 불리는 한직이 있는데 이를 정리할 것을 주장했다. 체아직의 임용은 그 사람의 능력을 이용하기 위한 것이 아니라 그 사람에게 봉록(특혜)을 주기 위하여 임용되는 것이기 때문에 무능한 사람이 임명되고, 그로 인해 정규관원들의 위상을 무너뜨리고 조직의 명령체계가 파괴된다. 그는 정부의 모든 관서는 관원에게 부여하는 정규 품계와 고정된 녹봉이 있어야 하며, 관원들의 높은 업무수준을 유지하기 위하여 반년마다 시재를 치러야 한다고 보았다. 반계는 관직의 원칙상 이 같은 겸직제도는 있을 수가 없다고 역설하면서 이는 관직의 체통을 없게 하고, 상하질서를 없게 하며, 대개가 능력 없는 사람으로 채워져 문서만 응대하게 할 뿐이라고 주장하고 있다(『반계수록』 16. 직관지제 하).

3) 임시직(도감)의 폐지

다음으로 유형원은 긴급한 현안을 처리하기 위하여 만든 도감(都監)이라는 임시조직도 없애야 할 관행이라고 주장한다. 이러한 임시조직을 설치하는 관행은 고려 후기 국정이 혼란스러워지면서 생겨난 것인데 유감스럽게도 조선시대까지 이어져 와서, 일상적인 사안에도 임시조직을 설치하고 있다고 비판했다. 그는 관직을 설치하고 직무를 분장시키는 일은 장차 사무에 대응하기 위한 것인데 일이 있을 때마다 임시관사를 설치한다면 설관분직(設官分職)의 의의가 없어진다고 비판하면서 임시관직 설치관행을 혁파할 것을 강력하게 주장했다.

제3절 지방행정 및 군사조직의 구조조정

1. 지방행정구역의 통폐합

조선시대의 지방행정제도는 국가가 민(民)을 장악하고 전국적인 지배력을 행사하기 위한 장치라고 할 수 있다. 전국을 8개도로 나누고 도(道) 이하 군현에 이르기까지 책임관을 파견하여 직접 다스렸으며, 군현 내부의 운영은 수령과 향리, 향청 및 면리임 등에 의하여 이루어졌다. 조선시대 전반에 걸쳐 지방행정의 중심이 되어 온 8도제는 전국을 8개의 도로 나누고, 그 밑에 부(府), 대도호부(大都護府), 목(牧), 도호부, 군(郡), 현(縣) 등으로 구분해 외관(外官), 외직(外職), 외임(外任) 등으로 불리는 관찰사와 수령을 파견하여 그들이 관할구역을 통할하게 하는 통치방식으로 태종 13년에 그 골격을 갖추었었다(최봉수, 1993).[9] 종2품의 품계를 지닌 도의 관찰사는 국왕에 대해 직계권(直啓權)이 있었으며, 군사 행정을 비롯해 도(道) 내의 제반 사항에 대하여 전권을 장악하고, 감사(監司), 도백(道伯), 도신(道臣), 방백(方伯)이라고 불리었다. 그 이하의 읍은 장관의 품계로 보면 상하의 관계에 있었으나, 명령계통으로 연결되어 있는 것이 아니고, 모두 관찰사에게 병렬적으로 예속되어 있었다(강석화, 1992 : 262).

지방행정 단위 중 가장 상위인 도는 대구역주의에 입각하여 구획되어 있어 행정의 능률을 꾀하기 힘들었으며, 도별 민호 수와 전결 수에서도 매우 격차가 컸다. 경상도는 속읍 수가 71개이나 함경도와 황해도는 23개에 불과해 3배 이상 차이가 났고, 민호 수에서도 경상도는 강원도의 4배나 되었고, 전결 수에서도 전라도는 강원도의 무려 9배나 많았다(강석화, 1992 : 263). 뿐만 아니라 읍이하 가운데에는 민호 수와 전결 수 등을 종합한 읍세(邑勢)와 주 · 군 · 현 등 읍등(邑等)이 일치하지 않는 읍이 상당히 많아 전국적으로 일원적인 행정체제를 운영하는데 장애가 되었다. 하위 읍보다 읍세가 열등한 상위 읍도 많았고,

---

9. 군현제가 제도적으로 처음 도입된 것은 통일신라시대의 경덕왕 때로 9주 아래에 117개의 군을 두고 다시 군의 하위 행정구역으로 293개의 현을 두었다. 고려시대에도 명칭은 다소 바뀌었으나(12목→10도→5도 양계) 기본적으로 이를 계승하였다. 다만 군현 간의 상하관계가 대등관계로 바뀌었다. 조선시대에 들어와서는 태조에서 세조에 이르는 시기에 강력한 중앙집권을 위해 실질적인 지방행정조직으로서 군현제를 정비했다(이존희, 1990). 구체적으로 보면, 1413년 태종은 고려의 5도 양계(양광도, 경상도, 전라도, 교주도, 서해도, 동계, 북계)를 8도제로 개편해 5도 구역과 양계 구역의 경계를 부분적으로 조정한 도의 경계를 확정하고(경기도, 황해도, 전라도, 경상도, 강원도, 충청도, 평안도, 함경도), 그 하위의 군현을 관할하도록 하였다.(최창호, 1980). 이러한 8도 체제는 고종 23년 을미개혁으로 23부제로 바뀌고, 이듬해 아관파천 이후에는 다시 13도제로 바뀌었다(김기옥, 2001 : 35)

같은 등급에 속하는 읍 사이에도 그 규모 및 세력에서 현격한 차이를 보이는 경우가 많았다. 당시에는 각종 부세와 역의 수취가 군현단위로 운영되고 있었기 때문에 읍등과 읍세가 불균형적이면 농민 부담의 균형화라는 측면에서 합리적이고 효율적인 군현제의 운영이 절실했다(김무진, 1985).

유형원은 인구에 비하여 지방행정조직이 지나치게 난립되어 있고, 또 각 현에 부과된 조세와 요역이 서로 크게 어긋나고 불평등한 문제를 개선하기 위해 지방행정조직을 대폭적으로 개편할 것을 제안했다.

> "관청을 만들고 수재(守宰)를 두는 것은 다만 백성을 기르기 위함이거늘 지금에는 관청은 많고 백성이 적어 빈 그릇을 안고 있고 아전과 백성의 괴로움은 날마다 더 심하여 지는데 …… 폐해를 고칠 생각은 아니하고 폐해를 고치는 것은 수령들의 가족을 관가에서 없애려 함에 불과한 것이라 하니 …… (만약 그대로 둔다면) 8도 수령을 통 털어서 홀아비를 만들기에 이를 것이니 이것이 무슨 법제인가? 지금 만일 쇠잔한 고을을 통합하여 한 고을을 만들면 이는 세상을 놀래고 풍습을 요란케 하는 거사가 아니면서 백성의 부담을 줄여줄 수가 있는 것이다."
> (『반계수록』 26. 보유)

그는 조선의 지방행정구역의 명칭이 중국의 명칭과 삼국 및 고려시대의 명칭이 혼용되고 있어 지방행정이 혼란스럽다고 비판하면서 이를 정리할 것을 제안했다.[10] 그는 면적이 협소한 조선의 현실에서 크기가 작은 군소 군현이 난

---

10. 당시 조선시대의 지방행정조직은 도→주 · 부 · 군 · 현→면 · 리로 이어지는 중앙집권적 행정조직이었다. 상급행정구역은 관찰사가 있는 도(8)이며, 도 밑에는 하급행정구역으로 부(4), 대도호부(4), 목(30), 도호부(44), 군(82), 현(175)이 있었는데 그 명칭은 다르나 어느 것이나 도가 분할되어 생긴 행정구역의 동일단위였다(『경국대전』 권1 이전 외관직). 군현 밑에 면과 리가 있었으나 국가에서 파견되는 관리가 없어, 일종의 자치단체적인 성격을 띠고 있었다(내무부, 1966 : 112).

립하고 있어 정사의 시행과 부역의 부과에 어려움이 많음을 지적하면서, 쇠잔한 군현은 통폐합할 것을 주장했다. 이를 위해『경국대전』에서 규정한 330여 개의 군현수를 1/3 로 감축하여 행정의 효율성을 높일 것을 제안했다. 통합기준은 산천의 형세와 전야의 면적, 인구의 수, 그리고 군사 · 교통 · 전략적 요인 등이었다. 그는 이러한 요인을 참작하여 대부 · 도호부, 부, 군, 현으로 정하고 그 서열을 단일화했다(『반계수록』 15: 39-40). 즉 그는 지방행정구역의 명칭을 면적에 따라 정했다. 대부(大府)나 도호부(都護府)는 4만 경(670만 에이커로 40리 또는 143제곱 마일, 15.7 km^2), 군(郡)은 3만 경, 현(縣)은 1만경이며 각 단위에 행정도시를 두었다. 군 · 현은 다양한 등급으로 나누는 중국과는 달리, 면적이나 인구를 고려하여 군이나 현을 배정했다. 또한 지방수령의 품계는 면적에 따라 변했으며, 높은 품계를 가진 관원은 좀 더 중요한 군 · 현에 배치됐다.[11] 그러나 상위의 행정단위는 넓은 면적을 관할해야 하기 때문에 하위단위보다 인구에 대한 통제력은 적었다. 면적의 계산에서 산이나 강 · 늪 · 숲처럼 경작할 수 없거나 생산이 나지 않는 토지는 제외했다. 도호부는 여러 하위 행정도시를 관할하고 보호하는 진관(鎭管)으로의 기능을 담당했다.

반계는 하위의 현을 상위의 행정단위에서 관할하는 중국의 피라미드형의 지방행정감독체제와는 달리 도호부만이 하위에 있는 다수의 군과 현을 다스릴 수 있도록 했다. 도호부 소속의 군현은 도호부의 관리를 받게 되고 중앙정부에 대한 의사전달(보고)은 도호부를 통하여 하게 된다. 이는 과거 모든 군현이 관찰사나 중앙의 여러 장관에게 직접 보고했기 때문에 중앙정부와 지방정부의 의사전달체계가 일원화되지 못하여 소통의 혼란을 야기했기 때문이다. 즉 그는 중앙정부→도호부→지방수령(군 · 현)→면(향) · 리로 이어지는 단순화된 중앙집권체제를 확립하고자 했다.

11. 송대의 지방행정은 현의 등급이 많아지고 중앙관원을 지방관원으로 겸임시키는 관행 때문에 더욱 복잡했다. 지방수령 사이의 위계질서는 수령직의 품계보다는 겸직하고 있는 중앙관서의 품계에 따라 결정됐다(『반계수록』 18: 3-6). 반계는 군현을 등급화하지는 않았다.

특히 유형원은 말단 행정구역이자 일선행정기관인 면리제의 정착에 많은 관심을 가졌다. 그는 당시의 공식적인 지방행정조직의 운영과 지배실태는 어떠하며, 중앙정부차원에서 마련한 향촌지배정책이 향촌현장에서 구체적으로 어떻게 시행되고 있는지, 그리고 재지사족(在地士族)의 존재와 향촌 자치조직의 운영 실태는 어떠한지에 대하여 세밀하게 분석했다. 당시 지방사회는 국가의 하부행정단위인 군현과 자치적 성격을 지닌 향촌사회(향당)가 중첩되는 공간이었다. 지방사회는 왕도정치와 행정이 실현되는 현장이며, 봉건제 하에서 실질적인 양민, 교화, 정형, 형벌 등이 이루어지는 공간이기 때문에 지방행정의 성패는 지방수령이 지방자치조직을 어떻게 활용하고 협조를 얻어내는가에 달려있었다. 유형원은 이 문제의 중요성을 누구보다도 잘 알고, 지방자치조직과의 공치(共治)를 이끌어낼 수 있는 조직개편에 집중했다. 당시의 지방자치조직으로는 유향소(향소), 향약, 면, 리, 5가통 등이 혼재했다. 그 당시에는 군현의 세부행정단위인 면리제가 완전히 정착되지 않은 시기였으며, 또한 강력한 토착향토세력이 존재하고 있어 지방통제정책이 강력하게 힘을 발휘하지 못했다.

이러한 상황에서 유형원은 세 가지의 방향에서 지방제도개혁을 제안했다. 첫째는 난립되어 있는 군소군현의 기구와 인력을 통폐합하여 서비스 생산비용을 절감하고, 나아가 주민부담의 균등화를 기하고자 했다. 둘째로는, 면-리-통으로 이어지는 공식적인 집행기관을 정착시켜 행정의 공식성과 효율성을 담보하고자 했으며, 셋째로는 향촌사회의 향약과 향관(향소)을 공식적 협력기관으로 흡수하여 면 · 리제를 통한 하향적이고 일방적인 정책집행에서 오는 역기능을 보완하고자 했다. 즉 관 · 민 협치를 통하여 행정의 효율성과 대민성을 강화고자 했다.

1) 향리제의 실시

조선시대의 말단 행정구역으로 면리(面里)가 등장한 것은 태종에서 세조까지 속현(지방관이 파견되지 않은 군현)이 대규모로 없어지는 등 군현제가 정비되면서 채택된 것이며, 처음으로 법전에 구체화된 것은『경국대전』이었다. 그 규정에 의하면, 서울 밖은 5호(戶)를 1통(統), 5통을 1리(里), 몇 개의 리(里)를 합쳐 1면(面)으로 하고 통에는 통주(統主), 리에는 이정(里正), 면에는 권농관(勸農官)을 둔다고 했다.[12] 조선시대의 면리는 임진왜란을 거치면서 촌락단위의 편제가 일반화되었으며, 18세기에 가서야 수령→면→리로 체계화되고 조세수취와 밀접한 관련을 맺으며 운영된다. 유형원이 생존했던 그 당시에는 면리제가 미 정착되어 있었다.[13]

지방행정을 중시하는 유형원은 최하위 행정단위인 면리를 매우 강조했다. 그는 관과 민이 직접 접촉하는 최말단의 행정단위를 보다 효율적으로 운영하기 위하여 기존의 면리제를 정비하여 향리제를 실시할 것을 제안했다. 구체적으로 그는 당시의 면(面)을 향(鄕)으로 개칭해 10리마다 하나씩 두고 향정(鄕正)이 관리하도록 했으며 서리 4명과 색부(嗇夫) 2명을 두게 했다. 향(鄕)은 그의 토지분급제도와 결부되어 그 면적은 500경이었으며, 경작되지 않은 토지가 포함될 경우 700경이었다. 도시에는 대략 500가호로 구성된 방(坊)으로 나누고 방정(坊正)이 이를 이끌도록 했다. 유형원이 통치의 근간으로 삼은 기본행정단위인 향에는 향정(鄕正)–리정(里正)–통장(統長)이 각 통치단위의 직임자로 임명되었다.[14] 정부는 이들 향(면)의 모든 관원에게 정부의 재정수입(경상세)

---

12. 조선시대 면리제의 기초는 고려시대에 이미 갖추어져 있었는데, 고려 군현의 말단행정구역은 행정촌(지역촌)이었으며, 대개 이 행정촌을 승격시켜 면으로 삼고 자연촌은 리로 삼았다.

13. 조선초기의 면(面)은 그 지방에 따라 명칭이 일정하지 않았으며 황해도 · 평안도에서는 방(坊)이라 하고, 함경도 북부에서는 사(社)라고 불렀다. 대개 1개 군(郡) 또는 현(縣)은 2~30개의 면으로 분할되었으며, 호수가 많은 면은 2,000여 호에 달하였고, 적은 면은 5~60개에 불과하였다. 면의 운영은 자치제로 운영되어 왔으나, 관장사무는 순수한 자치사무 외에 주 · 군의 관치행정도 취급하였다. 면장의 임무는 관의 감독 하에서 조세 및 진상물의 징수 · 독촉법령 · 훈령의 전달 외에도 독립하여 자치행정을 수행하였다(정시채, 1985: 226–227).

14. 유형원은 한대의 인사제도를 본받아 지방수령에게 부하의 임명권을 주기를 원했다. 향정은 수령이 향촌 내 중의를 택하여 관찰사에게 보고하고 첩(帖)을 수여함으로써 임용되도록 했다.

으로 녹봉을 지급하도록 했다. 이들에게 매월 10곡씩의 녹봉과 사후(伺候) 6인을 인적자원으로 지원하게 했다. 이렇게 향리의 직임자를 후하게 대우한 이유는 17세기 그 당시 향정을 천임시하는 풍조가 전개되어 사류들이 필사적으로 그 직을 기피하는 풍토에 대한 대응책이기도 했다. 향(면)의 관원은 '근검하고 강직한 향촌의 양인' 중에서 선발했으며, 색부(嗇夫)는 조정의 명령을 전달하고 징세의 임무를 맡아 백성들이 기한 내에 납세를 하도록 독촉하는 일을 담당했다.[15] 통장, 이정, 방정은 허락 없이 마을을 떠나거나 다른 지역에서 새로 이주해온 사람들을 보고할 의무가 있었으며, 그렇게 하지 않으면 벌금형에 처해졌다(『반계수록』 3: 1-2, 9: 14-15).

이러한 면리제의 개혁을 그가 추구한 토지제도개혁과 연계하여 해석해 보면, 그는 농업생산의 촉진과 충분한 세수확보를 위해 인구이동과 관리에 많은 관심을 기울인 것이 분명하다. 그가 주장한 국정운영의 기본은 철저한 인구관리정책에서 시작된다는 그의 사상이 반영된 것이다. 유형원은 농촌과 도시의 모든 사람들을 가호단위로 묶고 인구의 모든 유입과 유출을 즉시 보고하게 함으로써 개인이 국가의 조세와 요역의무를 벗어날 수 없도록 만들었다. 그는 면리단위에서의 지방행정이 자리를 잡지 않으면 성군이 나라를 다스린다 해도 "백성들을 충족하게 하고 왕명을 완수하며 풍속을 일치시키고 도덕적 교화를 이루는 정부를 세울 수 없다"고 판단했다. 그는 당시 제대로 정착되지 않은 면리제를 자신의 토지제도개혁안인 여리경의 설정과 연계시켜 공식적인 말단 행정단위로 제도화하기를 원했다. 이러한 향촌의 조직구성은 당초 그가 내세운 자발적인 관민협동이라기보다는 통제와 감시의 전초기지가 될 수 있다는 지적에 대하여 그는 상호부조와 감시조직을 만들어 지방을 통제하는 것이 당시 조

15. 오늘날 면의 행정이 권농업무, 부세수취, 관령전달, 호적사무, 향풍교화 등 기초적 행정사무를 담당하게 된 것도 이러한 면리제의 배경과 연결된다.

선의 이완과 무질서 상황보다 낫다고 주장하면서 자기주장을 변호했다.(『반계수록』 3 : 2).[16]

2) 향관제와 향약제의 개편

유형원은 일선행정조직으로서 향리제-오가통제를 설정하여 공식적인 행정업무를 관장한다 하더라도 향촌사회의 진정한 협조와 내적 자율의식을 이끌어내기 위해서는 현존하는 재지세력들과 자치기구의 협조가 없이는 불가능하다고 생각했다. 이를 위해 고안한 것이 유향소를 공식지방기구로 적극적으로 흡수하는 전략과 지방 향약기구를 적극적으로 지원하고 활성화하는 전략이었다.

유향소(향소 또는 향소청)는 고려시대 사심관제도에서 유래한 것으로 조선시대에는 벼슬에서 은퇴한 지방품관을 우두머리로 뽑아 지방의 풍기를 단속하고 향리(鄕吏)의 악폐를 막는 등 민간자치의 지도자적 역할을 해온 자치조직으로서 수령을 보좌하는 일종의 자문기관이었다. 향소에는 좌수(座首)와 별감(別監)이 있어 그 조직을 이끌었다. 유형원은 조선전기부터 지방자치기구로 존재해왔던 이 유향소를 공식적인 행정협조기구로 활성화하고자 했다. 그러나 반계가 살았던 17세기 당시에는 향소가 제대로 운영되지 못했다. 수령이 향소를 천시하고 덕망 있는 사대부는 그 직임을 맡지 않으려고 했다. 유형원은 수령이 그들을 이예(吏隸)와 동일하게 취급하고 구사(驅使)하기 때문에 많은 문제가 있다고 진단했다. 유형원은 이 같은 문제를 해결하기 위해서는 우수하고 덕망 있는 인재를 선발하여 좌수와 별감으로 삼고 그들에게 관품을 부여하고 임기를 보장하며, 임기이후 승천까지 보장하는 유인제도(incentive system)를 도입할

16. 반계의 지방제도개혁론은 안정복 정약용 등 후학들에게 그리고 조선의 지방제도 발전에 많은 영향을 미쳤다. 조선 후기에는 수령을 통한 국가의 직접지배가 강화되면서 면리제는 18세기 숙종조에 와서는 상당한 정도로 정착된다. 반면에 재지사족의 조직기반은 점점 줄어든다. 조선후기에는 향촌사회의 운영을 둘러싼 권력게임, 즉 수령권, 재지사족과 사적 사회조직의 자치권, 그리고 성장하는 일반백성들의 저항권이 서로 부딪치는 현상이 첨예하게 대두된다(오영세, 2008 : 137).

것을 제안했다.[17] 즉 지방의 실정을 잘 아는 사람을 향관으로 임명하고 이들로 하여금 수령의 행정을 보좌하도록 하였다. 그는 기존의 좌수체계는 관명을 삼을 수 없다고 하여 좌수는 종9품의 전정(典正)으로, 그리고 별감은 전검(典檢)으로 정하여 임명하게 했다. 만약 원래 품계가 있는 자는 그대로 따르도록 하되 선사(選士), 영학생(營學生) 및 내사생으로서 번(番)을 면한 자에게는 전정(典正)의 품계를 받을 수 있게 했다.

유형원은 향관 · 향소는 봉건제에서의 공후(公侯: 호족 · 당정)에 비유되는 존재이기 때문에, 군현제 아래에서 수령이 주된 통치권자가 되면 상대적으로 향관 · 향소는 그 통치의 분담 직임이 되어야 한다고 주장한다. 그는 지방사회에서 올바른 교화와 정사가 이루어지려면 어질고 덕망 있는 사대부가 향관으로 임용되어 수령과 함께 공치(共治)할 수 있어야 한다고 확신했다, 향관이야말로 수령과 더불어 대소 관사를 총괄하고 보좌하는 직임이라고 보았다. 그는 향촌의 결속력과 상호부조정신을 행정에 접목시켜 군주와 향정, 그리고 향관이 함께 협치(governance)할 수 있는 지방행정제도로 개편하려고 했다.

향관제의 개혁과 함께 유형원은 향촌사회의 상부상조와 질서유지를 위해 만들어졌던 향약조직의 협조를 얻기 위한 전략으로 향약기구의 개편을 시도했다.[18] 그는 군현단위의 향약기구의 직임으로 도약정(都約正) · 부약정(副約正)

17. 관품의 수여와 승진 등 인사상의 유인책이외에도 재정상으로도 많은 혜택을 부여했다. 조수에게는 4맹삭(孟朔)에 4석(石) 5두(斗)를, 별감의 경우 3석(石)의 상록을 지급했으며, 관청의 사무비는 별도로 지급했다. 또한 인력지원도 향청에 지원되는 이예吏隸) 이외 6인의 사후(伺侯)를 지원했다.

18. 향약은 중국 송나라 때 여씨향약(呂氏鄉約)에서 시작되었으며, 조선에서는 16세기 중종 연간에 들어와서 조광조가 처음 실시했다. 특히 이황 · 이이 등의 성리학자들이 주도로 향촌사회에 각종의 자치규약들이 만들어지고 시행되면서 전국으로 널리 확산되었다. 17세기 후반부터 사족의 영향력이 약화되고 면리제가 정비되는 과정에서 수령권이 강화되어, 지방관이 주도하여 향약이 확산되어 갔다. 자치기구인 향약기구는 점차 집행기관의 하부구조 또는 관변단체로 변화해갔다. 19세기 후반에는 위정척사운동에 활용되기도 하였으며, 일제시대에는 식민통치에 활용되기도 하였다. 이러한 자치기구의 관변기구화 문제는 오늘날 현대행정에서도 중요한 논쟁이 되고 있다.

을 두고 각 향마다 약정(約正)을 두어 경(卿) · 대부(大夫) · 사(士)와 같은 제지세력의 임용을 규정했고, 부약정(副約正)은 향관(향소)으로 겸직할 것을 규정하고 있다. 또한 가능하다면 향약기구의 약정 · 이정업무를 향리제의 향정 · 이정에게 부과시킬 것을 주장하여 전체적으로 국가공권력에 의해 재지세력과 향약기구를 장악하려는 의도를 보여주었다. 이렇게 향약기구를 관주도적인 운영체제로 개편하려고 하였다는 점에서 행정의 자율성이나 민주성보다는 효율성을 보다 더 중시하였다는 지적을 면할 수 없다.

유형원은 국가공권력의 시행기관인 향리제와 향촌사회의 자치기구를 대변하고 있는 향관 · 향약제를 지방통치의 양대 산맥으로 구상했다. 그는 향리제의 실시를 통하여 행정의 효율성과 합법성을 담보하려 했고, 또 한편으로는 향관제와 향약제를 통치의 보조수단으로 활용하면서 행정의 대민성과 신뢰성을 확보하고자 했다.

이러한 지방행정조직의 개편과 함께 그는 중앙정부에서 향리(이서)의 노동조건을 책임져 녹봉 · 품계 · 관직을 주어 그들을 정규관제로 포용하려고 했으며, 향청을 지방행정단위에 결합시켜 수령이 관할하도록 했다(『반계수록』 15 : 15). 군제개편에서도 그는 지방 향촌조직의 결속력을 군사배치에 활용하고자 했듯이, 지방행정조직에서도 지방의 향촌조직의 단결력이나 민심을 지방행정에 통합시키려고 했다는 점이 특징이다.

2. 지방군사조직 및 역참 · 조운행정의 개편

유형원이 추구한 지방군사조직 개편의 목적은 작고 쓸모없는 진관(鎭管)을 없애고 그 병력을 큰 진관에 집중 배치하여 군사전략거점을 만드는 것이었다. 당시 전국의 진관은 30개의 병영과 62개의 수영으로 모두 92개로 구성되어 있었다. 병영은 12명의 첨사(첨절제사)와 18명의 만호가 지휘했고, 수영은 14명의 첨사와 48명의 만호가 다스렸다. 유형원은 이 92개의 진관을 1/3로 줄이고 부대를 전략거점으로 재배치할 것을 주장했다.

또한 그는 지방수령과 진관의 지휘관(첨사와 만호)사이의 협조문제와 지휘권한에 관한 갈등문제를 해결하지 않고서는 울타리(변방)를 강화할 수 없다고 보았다. 당시 진관의 수장의 품계는 종3품과 정4품을 가지고 있어 문관인 수령과 동일했다. 그는 같은 품계의 문무 지휘관 사이의 알력과 지휘권한 논쟁을 불식시키고 명령체계를 바로잡기 위하여 병사와 수사의 품계를 내릴 것을 주장했다. 유형원은 병사와 수사의 품계를 낮추어도, 자질과 능력 있는 유능한 장수가 진관을 지휘하면 문관이 품계를 내세워 동료 무관을 무시하거나 제압하지 않을 것이라고 예상했다. 그는 지휘관의 품계나 임기문제보다는 병사 · 수사의 군사능력과 수준을 높이는 문제를 더 중시했다. 이 문제는 병제개혁에서 이미 보았다. 그는 지방군사조직의 국방력을 강화하기 위해서는 그 지역을 잘 아는 인물을 병사 · 수사 · 찰방 · 교관 · 수령으로 장기적으로 임명하여야 한다고 주장했다. 그는 한대(漢代)와 마찬가지로 지방수령은 자신의 부하와 진장 · 역관을 임명할 수 있어야 하며, 이들에게 긴 임기를 보장해서 관원과 백성의 관계를 친숙하게 만들어야 한다고 생각했다(『반계수록』 15 : 40−41, 13; 14−15).

군사조직의 개편과 함께 반계는 역참조직을 개편하여 그 교통기능을 효율화하고자 했으며, 수운과 해운을 통한 물류의 흐름을 원활히 하고자 하였다. 역참이란 중앙과 지방 사이의 명령전달, 관리의 사행(使行) 그리고 운수(運輸)를 뒷받침하기 위해 설치된 교통 · 통신기관을 말한다. 반계가 생존했던 17세기 중반 역참의 찰방은[19] 41명으로 고려시대의 22명보다 두 배가 많았다.[20] 그는

---

19. 각 도의 역참을 관리하던 종6품의 외관직. 찰방은 역리를 포함한 역민의 관리, 역마보급, 사신접대 등을 총괄하는 역참행정의 최고책임자이다. 유사시에 북방지역에서는 합배(함경평안도 연안에 설치한 군사적 성격의 역촌)를 순행하면서 부방의 임무도 수행했으며, 행정면에서는 대간이나 정랑직에 있는 명망 있는 문신을 차출하여 지방 주현에 파견하여, 수령의 탐학과 민간의 질병까지도 상세히 고찰하게 함으로써 민생안정에도 크게 기여했다.

20. 역은 말로 달려 하루에 갈 수 있는 거리(약 100 리)마다 세워 참호를 두었다. 역참에는 간단한 숙박시설, 말, 식량 등이 준비되어 있어 관리는 말을 갈아탈 수 있었고 숙박도 할

역참조직의 규모와 비용을 줄이려고 했다. 유형원은 수령에게 문서전달의 책임을 맡김으로써 역참의 숫자를 축소 조정할 수 있다고 보았다. 역참업무를 담당하는 기관은 병조의 속사인 승여사(乘輿司)였다.

다음으로 유형원은 조운제도(漕運制度)의 운영에서 일어나는 병폐를 개선하고자 했다. 조운제도란 현물로 거두어들인 각 지방의 조세를 선박으로 왕도까지 운반하는 수송제도를 말한다. 내륙의 수로를 이용하여 세곡을 운반하기 위하여 강변에 수운창(水運倉)을, 해변에는 해운창(海運倉)을 설치하여 세곡을 모우고 중앙의 경창으로 수송했다. 고려시대에는 12개의 수운창과 10개의 해운창이 있어 세곡운반이 매우 원활했다. 조선이 개창될 당시에는 수운창이 5개 해운창이 4개만 남았다. 임진왜란 기간에는 해운창에 세곡을 납부하지 않고 개별적으로 선박을 징발해 직접수도로 운송하기도 했다. 반계의 시대에는 해운창은 2곳만 남아 있었다. 조운창에는 정규관원은 없었으나, 관찰사는 조창을 감독하는 차사원(差使員), 징세를 감독하는 감수관(監收官), 그리고 운반을 감독하는 영운관(領運官)을 두어 관리했다. 그러나 이들 관원들과 감독관청인 호조의 이서들은 수시로 조졸과 수부에게 뇌물을 요구했다. 선박의 하역을 막기도 하고, 방해하기도 하여 조졸과 수부는 한번 운송할 때마다 10섬 이상의 뇌물을 바쳐야 했다. 그들은 세금을 면제받는 것 외에는 어떠한 수당도 받지 않았기 때문에 빚만 늘어났고, 일부는 빚을 갚을 길 없어 도망치기도 했다. 조운의 역(役)이 고되어 도망하는 자가 많아지자 해안가 거주민 중 수로에 익숙한 자를 강제로 징발하기도 했다.

유형원은 이러한 폐단을 없애기 위하여 제도적으로 완비되었던 고려전기의 조운제도를 복구하려고 했다. 먼저 당시 2곳 밖에 없던 해운창을 5개 더 신설하고 수운창도 5곳을 새로 만들 것을 제안했다(『반계수록』 3 : 9). 그리고 조창마

수 있었다. 『경국대전』에 나타난 조선시대 역참제도의 개괄적인 모습은 41역도(驛道) 516역(驛)이다.

다 판관(정8품)을 두어 조운행정을 감독하게 하여 이서들의 부정을 차단하고자 했다. 조졸과 수부는 조창 근처의 주민 중에서 선발하고 토지 1경과 보인 2명을 지급하고, 운송도중 대기하는 시간을 포함해서 매일 쌀 5말을 지급했다. 조졸의 숫자는 해안선에 36명, 수운선에는 18명으로 제한했다. 선박의 건조, 수리, 교체와 관련된 모든 비용은 국고로 부담하게 했으며, 조졸과 수부에게서 뇌물을 걷는 관원은 횡령으로 처벌하도록 했다. 그리고 세곡수송 관리를 철저하게 이루어지도록 했다. 세곡납부기한과 선박의 출발시점을 엄격하게 정했으며, 해안가의 진장들은 정박한 조운선을 인도하고 운송을 도운 운행일지를 철저하게 기록하도록 했다. 수도에 도착한 미곡은 모두 호조와 승지가 계산해 기록했으며, 판관이 조운선에 탑승했을 경우는 함께 참여하도록 했다. 화물이 모자라면 조졸과 수부가 손실을 보충해야 했지만, 선장은 그들의 두 배를 물도록 했다. 유형원은 지방의 세곡이 안전하고 완벽하게 경창에 도착할 수 있도록 조운행정을 개편했다.

3. 지방행정의 전문화

유형원은 이이(李珥)와 마찬가지로 국정운영에서 '울타리가 튼튼해야 복심이 의지할 바가 있다'는 사상이 투철했다. 즉 지방과 변방, 그리고 울타리가 튼튼해야 부국안민이 이루어진다는 사상이다. 그는 조선에서 중앙관직을 선호하고 지방관직을 경시하는 문화를 신랄하게 비판했다. 당시에는 지방관직에 임명되면 자기의 명성에 큰 손상을 받는 것으로 생각했다. 지방행정의 책임자가 자기 관직에 대한 책임감과 관심이 없으니, 책임행정과 위민행정이 이루어질 수 없었다. 그들은 도덕을 지키지 않았으며 관할 백성을 무시했다. 더욱 나쁜 부류는 과도한 행정 권력을 남용하여 백성들을 침탈하면서 자신의 사욕을 채웠다. 심지어 각 도에 파견된 지방행정의 최고책임자인 종2품의 관찰사마저도 그 직에 임명되면 좌천이라고 생각해서, 각 현을 돌아다니면서 기생을 거느리고 술을 마시면서 보냈다. 율곡은 이러한 지방천시문화를 개선하기 위하여 중앙관직에 임용되기 위해서는 반드시 지방관직을 거쳐야 한다는 순환보직제(循環補職制)를 제안한 바 있다. 유형원은 이러한 율곡의 견해에 동의하면서, 지방수령을 무시하는 것은 곧 백성을 무시하는 것이며, 백성을 무시하는 태도는 국가의 존속을 위협할 수 있다고 주장하면서 지방행정의 중요성을 강조하고 있다.[21]

그는 관찰사와 병사 · 수사가 가족과 함께 부임하고 감영이 소속된 지역의 수령을 겸임하도록 하며, 그들에게도 국가에서 녹봉을 지급하여 보인의 세금으로 그들의 녹봉과 진관의 비용을 충당하는 당시의 불합리적인 제도를 바꿀 것을 제안했다. 지방행정의 기능을 강화하고 전문화하기 위한 제안들을 요약하면 다음과 같다.

1) 지방장관의 장기임용을 통한 신뢰와 전문성강화

조선에서는 지방의 장관으로 관찰사(감사)를 오랫동안 두었지만, 지방행정은 제대로 발전하지 못했다. 관찰사는 도내의 군사 및 행정을 지휘 통제하는 지방행정의 최고책임자이다. 관찰사는 도내를 순찰하면서 관리들을 규찰하고, 모든 수령을 지휘 · 감독 · 평가하는 직책이다. 그는 지방행정이 발전하지 못한 이유는 지방관직을 천시하고 경시하는 문화와 함께 지방장관의 임기가 지나치게 짧아 지방행정의 발전과 정착에 기여하지 못했기 때문이라고 분석했다. 16세기 율곡도 관찰사의 임명관행과 임기문제를 비판하면서 그 임기를 장기화할 것을 권고한 바 있다. 율곡은 1년의 임기로는 그 지방의 실정을 제대로 파악할

---

21. 이 변방중시사상은 율곡의 '서울은 곧 복심이요 사방은 곧 울타리이니 울타리가 완고한 뒤에야 복심이 있는바가 있어 편안한 것인데 지금 사방은 쇠잔하여 헤어지지 않음이 없고'라는 논리를 계승하고 있다. 그 밖에 번거롭고 비대한 통치기구를 혁파하여 행정을 효율화해야 한다는 '용관혁파론(冗官革罷論)', 대민지배의 일선을 담당하는 지방관을 중시해야 된다는 '외임중시론(外任重視論)', 책임행정의 구현을 위해 관직의 재임기간을 충분히 해야 한다는 '관직구임론(官職久任論)'을 주장했는데, 그 이념을 계승한 것으로 볼 수 있다(이영교, 2008 : 49).

수 없어 위기상황에 대처할 수 없다고 주장하면서 관찰사의 임기를 장기화하여 잦은 인사이동에서 오는 행정의 역기능(불안정성)을 혁파해야 한다고 주장했다. 유형원은 이러한 율곡의 견해에 찬성하면서, 관찰사 · 도사의 임기는 6년 이상으로 장기화하고, 길게는 12년까지 가족과 함께 감영에 주재시키고 유수를 겸직케 하여 그 지위를 높이고『경국대전』에 규정된 부하의 숫자를 유지하면서 지방에서 운영되는 조운의 통제권을 확대할 것을 제안했다(『반계수록』 13: 5-6). 그래야 백성들은 안정과 신뢰를 느끼고 관찰사는 도적이나 외적을 용감하게 방어할 수 있다고 보았다.

지방장관 이외에도 수령 · 진장 · 교관 · 찰방 등의 지방관직의 임기를 9년으로 하고 가족을 동반하도록 하여 지방행정을 전문화할 것을 주장했다. 또한 수령을 거치지 않은 자는 당상관(정3품)직에 승천하지 못하도록 규정하였다. 율곡도 지방관직의 구임화(久任化)를 통하여 지방행정을 전문화할 것을 주장했지만, 반계는 그 보다 더 긴 6~9년으로 임기를 장기화할 것을 주장했다.

2) 이서(吏胥)에 대한 지위와 임무개선

유형원은 지방행정조직에 근무하는 이서(吏胥)들의 지위와 근무조건을 개선하여 부패를 방지하고 지방행정의 전문성을 강화하려고 했다. 그는 감영 · 관아 · 학교 · 진관 · 역참에 고용된 서리 · 조예 · 소사를 두 배로 늘리면서 그들을 두 번(番)으로 나누어 한 달에 보름씩 교대하게 하고, 온전한 녹봉을 지급할 것을 제안했다. 그들에게 보름치의 녹봉과 50묘의 토지를 분배하고, 매일 근무하는 이서에게는 토지는 분배하지 않고 온전한 녹봉만을 받게 했다. 그는 육방에 소속된 향리를 중앙의 육조와 같은 범주로 나누고, 그들의 명칭 · 등용방법 · 처우기준 등을 중앙의 이서직과 동일하게 유지했다. 그는 이서들에게 녹봉을 지급하기 때문에 재정지출(예산)을 고려하여 총원제(T.O제)를 도입했다[22].

22. 예컨대, 감영(監營)에는 서리 15명, 조예 70명, 소사 14명을 배치했으며, 군(郡)에는

이서들에게 녹봉을 지급해야 그들의 부패를 근절할 수 있다는 제안은 율곡으로부터 많은 영향을 받았다. 율곡은 수령이나 감사 등 외관(外官)을 특별히 중시했다. 민생의 행불행이 바로 그들 목민관에게 달려있고 그들을 감독할 책임이 감사에게 있기 때문이다. 그럼에도 불구하고 외관들에게는 원칙적으로 보수가 없었다. 감사(관찰사), 병사(병마절도사), 수사(수구절도사)의 경우, 가족을 동반치 아니할 경우에 한하여 녹을 지급하였고, 수령, 첨사, 만호는 가족을 동반하지 않는 경우 극히 일부에만 녹이 있고, 도사(都事), 양계(평안도와 영안도)의 우후(虞侯), 평사(評事)에게만 보수를 지급하였다(『경국대전(II)』 호전 祿科).[23] 외방(外方)의 이서(吏胥)나 복례(僕隷)에 대해서는 아무런 보수가 없었다. 그러므로 그들은 지방관청의 늠전(廩田)이나 관둔전(官屯田)의 수입 중에서 또는 백성들에게서 수탈하는 길밖에 없었다.[24] 이렇게 관의 공적 수입을 사적으로 이용하게 되니 공과 사의 구별이 모호해지고, 기강이 해이해져 속료 또는 백성들에 대한 착취가 더욱 심하게 되었다.

율곡은 수령이나 이서 등에게 보수가 없는 것이 백성을 착취하게 되는 중요한 원인이라고 보고 그들에게도 보수를 지급할 것을 건의했다. 그는 옛날에는 그들에게 일정한 보수가 있었는데 오늘날에는 없으니, 그들이 도적질을 할 수밖에 없다고 분석했다. 율곡은 반계 유형원보다 100년 전의 인물이지만 그의 주장은 반계 당시에도 변하지 않았다. 유형원은 율곡의 제도개선안에 많은 영향을 받아 녹봉지급을 통한 부패의 근절방안을 세밀하게 제시했다. 반계는 중

각각 14명, 58명, 8명을 배치했으며, 첨사진에는 5명, 19명, 2명을, 역에는 3명, 14명, 2명을 각각 배치했다.

23. 도사(都事)는 관찰사의 주요한 보좌역으로서 지방관의 감찰을 담당한다. 우후(虞侯)는 병마와 수군절도사 밑에 있는 부직(副職)이며, 평사(評事)는 병마절도사 밑에서 군기에 참여하는 정6품의 문관직이다(정시채, 986 ; 213−256),

24. 늠전(廩田)이란 지방관청의 경비조달을 위해 지급한 토지로서 공수전(公須田), 아록전(衙祿田), 학위전(學位田), 역위전(驛位田) 따위를 통용하여 이르는 용어이다.

앙관직의 백관을 위시하여 지방의 이서(吏胥)나 복례(僕隷)에 이르기까지 전부 생활에 상응할만한 상록(常祿: 고정된 급료)을 줄 것을 주장했다. 이 상록도 의당 국가에서 징수하는 경상세입인 상세(常稅)로서 지변할 것을 주장했다. 반계는 나라의 관료에게 녹봉을 지급하지 않고 일을 하라고 하는 것은, 횡령, 토색, 강탈, 등등의 수단으로 생활하라고 공인(公認)한 것과 같다고 보았다. 지방의 이서들에게 정규 녹봉을 지급하면서 그들의 부패를 근절하려는 유형원의 계획은 채택되지 않았다. 조선 후기로 들어오면서 이서들은 지방사정에 밝은 지식과 법률 및 회계지식을 이용해 수령과 공모하거나 또는 독단적으로 농민을 약탈했다. 이서들의 권력남용과 수탈은 19세기 중반 농민반란을 선동하는데 주요한 역할을 했다.

4. 향약 · 향관의 적응적 흡수 및 협력행정

유형원은 위민행정이란 민의 자발적인 협조와 참여가 전제되어야 한다고 확신했다. 그는 국가 목적 하에 편제된 향리제 · 오가통제 등 국가의 공식적인 조직편제를 통한 하향적인 행정보다는 향촌민의 내적 자율성을 이끌어 낼 수 있는 향약기구의 활용이 무엇보다도 중요하다고 생각했다. 그는 향약을 활성화하고 향관을 공식조직으로 행정과정에 흡수(cooptation)하여 행정협력의 파트너로 삼음으로써 행정의 효율성과 대민성을 강화하려고 했다. 그는 지방의 어질고 덕망 높은 사대부들의 협력을 얻어내지 못하면 올바른 교화와 정사는 이루어질 수 없다고 확신했다. 그는 지방행정의 성공여부는 관 · 민간의 협력여부에 달려있다는 것을 누구보다도 잘 알고 있었다.

그러나 당시의 지방행정은 지방의 풍기를 단속하고 향리의 악폐를 막기 위해 자발적으로 생겨난 자치조직인 유향소의 기능을 활용하지 못했다. 유향소는 고려시대의 사심관(事審官)에서 유래된 것으로서 벼슬에서 은퇴한 유향품관(留鄕品官)이나 한량관(閑良官)들이 자의적으로 만든 자치조직을 말한다. 유향소는 벼슬에서 은퇴한 이들 지방 품관을 우두머리로 뽑아 지방의 풍기를 단속하고 향리의 악폐를 막는 등 민간자치의 지도자적인 역할을 맡았는데 태종 초에 와서 지방수령과 대립하여 중앙집권에 저해하는 성향을 띠게 되어 폐지되었다. 이후 세종 조에 다시 설치되었다가 세조 때 이시애 난에 이들 일부가 가담함에 따라 다시 폐지되었다. 이때 폐지된 이유는 유향소가 수령의 편에 가담하여 백성을 침학(侵虐)함이 심했다는 것이었다. 그러나 이미 뿌리를 내린 유향소는 쉽게 없어지지 않고 1488년(성종 19)에 다시 부활되었으나 이 유향소는 단지 군 · 현의 수령을 보좌하는 자문기관의 기능에 머물러 있었다. 반계는 비록 정치를 펴는 근원은 군주에서 비롯되는 것이지만, 정치를 실현하는 요체는 지방행정에 달려있다고 보고, 군주와 향토자치조직인 향정(鄕政)이 서로 협력하는 행정을 강화해야 진정한 위민이 이루어진다고 주장했다.

유형원은 치민(治民)이 성공하기 위해서는 어질고 덕망이 있는 사대부가 좌수로 임용되어 수령과 공치하지 않으면 올바른 교화와 정사가 이루어질 수 없다고 보았다. 그는 공치의 상대방인 향관의 인물을 매우 중시했다. 이를 위해 그는 유향소의 좌수(座首)에게 종9품의 전정(典正)을 그리고 별감(別監)에게는 전검(典檢)의 직위를 부여하여, 조선의 공식적인 관료기구와 품계체계에 편제시키고자 하였다. 좌수의 자격은 7품관 이하의 공직경력을 소유한 자, 선사(選士), 영학생(營學生), 내사생(內舍生)으로 번(番)을 면한 자로 하되, 그 향촌에 적절한 인물이 없으면 인근 향촌의 인물까지 가능하도록 했다. 향관의 임기는 6년으로 하고, 임기를 마치면 승천(陞遷)하도록 했다. 좌수의 경우 수령이 그의 임기만료를 감사에게 보고하면 감사가 제1차 고강(考講)을 하고 그리고 이조에서 제2차 고강을 실시했다. 그런 후 그 재능을 가늠해서 정7품 이하 종8품 이상의 내 · 외관으로 승진시키도록 했다. 유형원은 이 모든 향직자들에게 봉록을 지급하고, 승급의 기회도 부여하면서 정규행정조직으로 편입할 것을 주장했다.

유형원은 이러한 유인제도(incentive system)를 통해 향촌사회의 자치조직을 활성화하고 또 그들의 자발적 협조를 유도하고자 하였다. 그는 지방자치조직인 향당(향약 · 향소등의 향촌조직)과의 관계를 당시의 정치체제에서 크게 벗어나지 않는 범위 내에서 국가가 향당에 독자성을 부여하고 그것의 자율성을 인정해 주는 대신에, 또 다른 한편으로는 (국가는) 수령의 주도권아래 향당을 포섭함으로써 국가의 공적인 임무를 수행하도록 구상했다. 즉 관 · 민 협동을 통하여 공치(共治)와 협치(協治)를 달성하고자 했다. 유형원의 행정제도개혁의 저변에 깔려있는 중요한 사상은 백성들의 의견을 무시한 행정은 위민이 아니라는 사상이다. 그는 향촌조직의 참여와 협조를 얻어 행하는 행정이 바로 국정운영의 신뢰와 공생산성(coproductivity)을 높이는 바람직한 행정이라는 확신을 가지고 있었던 것으로 보인다.

제4절 현대적 해석과 평가

1. 감축관리를 통한 행정의 효율화

유형원은 중앙관제의 중복된 업무를 통폐합하고, 그 기능을 합리적으로 재조정하여 전통적 육조(六曹)의 골격 안에서 정부의 업무가 효율적으로 이루어지도록 대폭적으로 구조를 조정할 것을 제안했다. 또한 지방행정조직도 번거로운 군소 군현을 대폭 통폐합하여 지방행정기관 간 인구나 경제력의 격차를 줄이고 나아가 농민부담의 형평과 절약을 꾀하고자 했다. 직제의 축소는 필연적으로 인원감축을 동반한다. 그가 추구한 관료조직개편의 궁극적인 목적은 관료조직을 간소화하고 인원을 감축하여, 거기서 절약되는 재정을 녹봉을 받지 못해 수수료(속료)나 뇌물에 의존하는 이서들에게 녹봉을 지급하여 관료부패를 방지하기 위한 것이었다. 즉 공직부패를 줄이고 국가재정을 효율적으로 쓰기 위한 일환이었다.

현대 행정학에서 감축관리는 1970년대 후반 석유파동으로 인하여 전 세계에 불어 닥친 저성장(자원난) 시대(era of slow-down)에 유행했던 국정운영 전략이다. 감축관리는 역기능적이거나 중복 · 과다하거나 불필요한 기능, 기구, 인력, 정책 그리고 사업 등을 의식적으로 정비하는 결정과 집행을 의미한다(허범, 1982 : 282). 감축관리(cutback management)는 특정정책과 조직의 완만한 폐지 · 수정 또는 소멸 · 축소로 나타나며, 궁극적으로는 재정지출(예산)의 삭감으로 표현된다(Bothun and Comer, 1979 : 540-568). 그러나 정책과 제도를 종결하는 감축관리는 그 시행과정에서 수많은 저항에 부딪치게 된다. 정책과 조직은 일단 만들어지면 지속적으로 생존하려는 속성이 있고, 또 법규에 근거하고 있기 때문에 정책과 제도의 폐지는 우선 기득권자의 반대와 저항을 불러오고, 그 저항은 정치적으로 연합세력을 구축하게 된다. 따라서 삭감관리는 쉽게 성공하지 못한다(DeLeon, 19789 : 286-293).

유형원은 당시 조선은 재정수입의 증가가 지속적으로 이루어지지 못하는 농업 국가이기 때문에 보수적인 재정운영이 불가피하다고 주장하면서, 전면적인 삭감관리를 통하여 행정의 효율성을 확보하려고 했다. 그는 감축관리에서의 장애요인인 지적 저항감, 행정조직의 영구성, 반대자들의 정치적 연합, 법적 장애 등을 정확히 알고 있었다. 그는 기존의 사회질서를 파괴하지 않는 범위 내에서 집행저항을 최소화할 수 있는 세부적인 예외규정을 많이 만들었다. 이렇게 정책저항을 최소화하기 위해 만든 예외규정들은 목표-수단 간의 상쇄관계(trade-offs)를 강화시켜 오히려 정책효과를 감소시킬 수 있다는 비판을 받을 수 있다. 그러나 유형원은 이러한 비판까지도 염두에 두고 장단기적인 집행전략과 집행의 우선순위를 치밀하게 제시하고 있다. 이렇게 정책집행과정에서의 저항요인을 고려하면서 다양한 세부집행전략을 구사하고 있다는 점에서 그는 탁월한 행정학자이자 정책학자였다고 볼 수 있다.

그렇다면 그가 제안한 감축관리안(구조조정)으로 줄어드는 중앙 관원들의 수는 얼마나 될까? 그는 중앙의 관리를 40% 삭감하여 540명으로 제한했다. 그리고 그 밑에 녹사 45명, 서리 480명, 양인과 노비로 구성된 조예 2,955명, 그리고 1,000

명의 소사를 배치했다. 여기에는 종친 · 의빈 · 공신 · 봉군에게 지급된 2~300명의 이예(吏隸)는 포함되지 않았다.『반계수록』을 최초로 연구한 천관우(1952)는 유형원의 제안이 중앙관서에 소속된 관원의 1/3, 정규관원의 60%, 그리고 육조와 기타 관서에서 565명의 고위 관원을 줄였다고 추산했다(Palais, 2008 : 69).

유형원의 관제개혁은 행정절차와 비용의 합리화를 겨냥한 것이었다. 그는 불필요하게 설립되었거나 기존 관직의 업무와 중복되는 업무를 담당하는 독립적인 관서는 폐지하였고, 존속된 관서도 대부분 6조 중 하나에 배속시켜 관리와 감독을 받게 했다. 호조에 4개 예조에 16개 등 모두 39개의 관서가 이 원칙에 따라 조정되었다. 아울러 13개의 관서는 간쟁 · 종친 · 성균관 같은 특별한 업무를 맡기 위해 유지되었다. 그는 관제를 대폭 축소하고 의정부와 육조의 기능을 강화함으로써 특별하게 통제력과 권력을 행사하는 관서를 개혁했지만, 전체적인 구조를 급진적으로 바꾸지는 않았다(『반계수록』 15 : 24).

그의 구조조정의 목적은 국왕-의정부-6조체제로 내려오는 중앙집권적인 관료조직의 지휘체제를 보다 건강하게 유지하기 위한 것이었다. 그동안 그 때 그 때의 필요에 따라 번거롭게 난립된 조직체제로 인하여 행정의 비능률과 기강문제가 심각했기 때문에 이를 개선하여 의정부와 6조의 업무통제가 제 기능을 발휘할 수 있게 하는 것이었다.

2. 녹봉지급과 관료부패의 방지

정부조직과 관료의 수를 감축하는 궁극적인 목적은 방만한 행정에서 오는 재정낭비를 줄이는 것이었다. 조직의 증가는 봉록을 주지 않은 이서들의 증가를 초래했고, 그들은 행정 권력을 이용하여 마음껏 백성들을 수탈했다. 이서들이 정규관원의 권력과 권한을 침탈하는 문제는 왕조 개창 이래 줄곧 개혁의 대상이었다. 그는 조식과 허적이 언급한 이서들의 권력남용과 횡포 사례를 소개하면서, 이서들의 권력침탈행태는 중앙 정부에서 그들에게 녹봉을 지급하지 않았기 때문에 그들은 유일한 생계수단으로 부정을 선택한다고 분석했다. 따라서 그들의 정직과 청렴을 보장하기 위하여 정부에서 녹봉을 지급하는 방향으로 이서직을 전체적으로 개편해야 한다고 생각했다. 그는 이서(吏胥)에게 녹봉을 지급하는 행정체제로 개편하기 위해서는 먼저 재정지출의 근거가 되는 관청과 공직자의 수를 정확히 예측하고 제한할 필요가 있었다. 그는 주대의 이상적인 제도를 원용하면서, 이서들을 그 임무에 따라 재분류했다. 주나라 시대의 이서의 유형은 창고를 관리하는 부(府), 문서를 맡는 사(史), 일의 진행을 맡는 서(胥), 심부름을 맡은 도(徒)였다. 주대의 이서의 명칭과 임무는 일정한 법규의 수정 없이는 도입하기 어려웠기 때문에 유형원은 그것을 녹사 · 서리 · 조예 · 소사 · 종인이라는 자신의 용어와 정의로 대체했다. 다섯 번째 부류인 종인(從人)은 승여를 탈 수 있는 자격을 가진 사람들을 위해 말을 끄는 일을 하는 사람이다(『반계수록』 15 : 30. 18 : 23-26).

당시 중앙관서소속의 이서들은 보상이 주어지지 않는 요역의 일부로 백성들로부터 징발했다. 일에 대한 정당한 보상이 지급되지 않았기 때문에 그들은 생계를 위하여 수수료나 뇌물을 챙기지 않을 수 없었다. 뿐만 아니라 임무에 대한 자긍심이나 책임감이 없으니, 조직의 행정효율성이 올라갈리 없었다. 유형원은 정부효율성을 보장하기 위해서도 이서들을 정규관원으로 전환시켜 매일 일정시간 정규업무를 할당해야 한다고 판단했다. 그래야 그동안 공무보다 사무(私務)에 치중하던 이서들의 부당한 행태를 바로 잡을 수 있고, 행정이 효율화된다고 확신했다.[25]

그는 소속과 임무가 명확하지 않은 이서들에게 분명한 소속과 임무를 부여하도록 했다. 근무시간과 교대시간을 엄격히 하여 업무에 충실하게 하는 대신 그들에게 모두 녹봉을 지급하고 정기적으로 시재(試才)를 치러 승진 또는 퇴출

25. 당시에는 관서에 배속되지 않고 임무를 갖지 못해 정규적으로 출근하지 않는 관원과 이서가 매우 많았다. 대체로 관원들은 출근하지 않고 집에 있었으며 이서들도 마찬가지였다(『반계수록』 15 : 30).

하도록 했다. 이서 중에서 가장 높은 녹사(祿仕)는 의정부와 육조에서 정규관원을 도와 공문서를 담당했다. 녹사는 이서 중에서 가장 뛰어난 인재들로 선발되며, 어떤 경우에는 관원의 통제를 받지 않고 좀 더 전문적인 업무를 수행하도록 했다. 녹사의 선발규정은 매우 엄격하다. 우선 이조에서 6년 동안 서리로 근무한 뒤 〈육경〉과『가례(家禮)』를 시험했다. 시험을 통과한 사람은 녹봉과 토지를 추가로 지급받았다.

서리(胥吏)는 1품부터 당상관까지 1명씩 배속되어 시중을 들었으며, 나머지는 관청에 근무하면서 사무를 보았다. 서리 중 가장 뛰어난 부류는 녹사로 승진했다. 서리의 선발은 최저 9년의 근무경력과 이조에서 치르는 시재의 성적을 합해서 이루어졌다. 시험과목은『효경』과『사서』, 그리고『경국대전』· 해서(楷書) · 행산(行算)으로 했다. 녹사시험에 응시할 경우 서리의 상관은 후보자가 흠이 없거나 범죄를 저지르지 않았다는 사실을 서면으로 보증했다. 조선시대 실제 행정은 이들 서리에 의해서 이루어졌다. 따라서 서리의 자격요건으로서 유형원은 행정에 필요한 법률지식, 회계 및 계산능력, 문서작성능력 그리고 도덕적 자질을 고루 갖춘 실무지식이 필요하다고 보았다. 그는 서리가 행정에서 차지하는 비중을 높이 평가하여 녹봉지급을 비롯한 업무 및 승진환경을 개선하고 그들의 지위를 향상시켜 그 임무를 전문화하려고 하였다.[26]

조예는 양인에서 충원되어 관청의 다양한 업무를 보조하는 일을 맡는다. 정부의 모든 관서와 관원에게 조예를 두었으며, 각 사의 관원에게 배속된 조예의 수는 7품 관직 1명에서부터 1품 관직에게는 7명으로 제한했다. 유형원은 양인으로 조예를 충원하는 중국의 제도를 높이 평가하였으나, 조선에서는 대부분 공노비로 충원되었기 때문에 각 사에서는 양인과 노비신분의 조예를 관리하는

---

26. 이서가 정규관원으로 승진하는 문호에 대해서는 각 시대마다 다르다.『경국대전』에는 이서가 종 6품에 도달하는데 걸리는 기간을 8년으로 규정하고 있고, 녹사는 지방수령이나 갑사 같은 무반 체아직으로 임명될 수 있지만, 정규관원으로 전환되어 정6품 이상으로 승진할 수는 없도록 규정하고 있다. 그러나 현실은 규정대로 이루어지지 않아 승진은 매우 어려웠다.

장부를 따로 비치하도록 했다. 조예에게도 녹봉이나 특별한 직함과 임무를 부여하여 행정을 효율화하여야 한다고 주장했다.

소사(小吏)는 각 관서에 분포되어 심부름 등 행정업무를 보조하는 소년으로써 낮은 부류의 이서를 말한다. 그들의 신분은 지역에 따라 달랐으며 함경도에서는 관원과 천첩 사이에서 태어난 서얼이 그 일을 독점했다. 유형원은 고대에는 소년을 고용하지 않았다고 주장하면서, 신분에 상관없이 16세 이후부터 그 일을 할 수 있도록 했다. 20세가 되면 가장 뛰어난 소사는 서리의 공석을 채웠으며, 그 다음은 조예가 되거나 귀가해 농사를 지었다. 소사의 임명과 관리는 각사의 장관이 하고, 그 명단은 이조로 보냈으며, 녹봉을 지급하기 위해 다시 호조로 보내도록 규정했다.

마지막으로 이서 중 가장 낮은 부류는 종인(從人)이다. 종인은 모든 당상관에게 2명씩, 당하관에게는 1명씩 배속됐다. 법률에서는 과도한 비용을 줄이기 위해서 관청의 종인과 사노비까지 모두 포함해서 정1품 관원에게 12명, 7품 이하는 3명으로 총수를 제한했다.

조선시대의 행정은 이서(吏胥)들에 의하여 이루어졌다고 해도 과언이 아니다. 이서들은 직접 백성과 접촉하면서 정책을 집행하고 행정을 수행하는 일선관료(street-level bureaucrat)였기 때문에 백성들에게 가장 큰 영향을 미치는 집단이었다. 유형원은 이들에게 녹봉을 줌으로써 조선의 관료제도에 고착된 부패의 고리를 제거하고자 했다. 그러나 이들 행정전문가들을 관원으로 승진시켜 그들의 지위를 높이려고 하지는 않았다. 그는 정규관원과 이서를 근본적으로 구분하고, 관원으로의 승진을 제한했다. 그는 이서에게만 해당되는 취재시험을 개선하고 그들 자체의 승진체계를 만들려고 했다. 이점에 있어서는 고려시대나 조선시대 초기의 제도보다는 후퇴한 것으로 보인다. 귀족제도가 우세했던 고려시대에도 이서는 정규관원으로 좀 더 자유롭게 승진할 수 있었고, 16세기 초반까지도 녹사는 대신의 자제 및 급제자와 동등한 지위로 간주했으며, 6품까지 오른 뒤에는 과거를 치르거나 정규관직으로 옮길 수 있었다. 그는 이성적인 판단보다는 지나치게 주대의 선례를 중시했다. 그는 고전의 원칙과 제도, 그리고 여러 세기에 걸친 중국 주석학자들의 지혜에서 영감을 받았다고 고백했지만, 당시의 산적한 조선의 현안을 분석하는 작업은 그런 자료로만은 충분하지 못했다.

3. 표준운영절차(SOP)의 확립과 행정의 전문화

반계는 정부조직개편을 통하여 행정기강을 확립하고 방만한 재정지출을 막아 행정을 효율화하고자 했다. 먼저 유형원은 관청에서 이루어지는 행정절차와 공직자의 업무행태를 예리하게 분석한 후, 느슨하고 시간을 낭비하며 산만하게 업무를 처리하는 조선의 행정행태를 비판했다. 당시 중앙관서의 관원들은 정규근무시간에 출근하지 않고 집에 머물러 있었으며, 지방관원들은 공무처리시간에 오락을 즐기거나 사적인 일을 보며, 특히 관찰사나 절도사들은 장기간 지방을 순시하면서 직접 행정현장을 확인하고 관리해야 함에도 단기간에 형식적으로 행하거나 아예 확인행정을 생략하는 관행이 일반적이었다. 그는 매일의 행정업무는 의례에 가까운 공식적인 절차, 즉 조례(朝禮)로 시작하여야 하는 것이 원칙이라고 주장하면서, 그 의례와 행정업무절차가 확립되지 않아 업무처리가 지연된다고 보았다. 의례와 그 절차는 관서에 봉사분위기를 진지하게 조성하기 때문에 매우 중요하다고 확신했으며, 그러기 위해서는 분명한 업무처리절차와 복무규정을 제도화하여 행정기강을 교정해야 한다고 주장했다. 그는 중봉 조헌의 상소를 인용하면서, 업무처리의 지연행태를 심각하게 지적했다.

> "공사를 어떤 관서에 맡기면 거기서는 그 일을 모두 처리하지 못해 열흘에서 한 달까지 걸리기도 합니다. 백성들의 송사는 서리에게 뇌물을 주지 않으면 판결이 내려지지 않습니다. 신은 이런 폐단을 없애지 않으면 결국 나랏일이 다스려지지 않게 될까 걱정됩니다."(『반계수록』 25: 27-28).

이렇게 행정업무처리가 지연되는 원인을 유형원은 다음 몇 가지로 요약하면서 그 대안을 제시하고 있다. 첫째는, 복무규칙이 없거나 느슨하며, 또 있다 해도 이를 지키려는 행정문화가 확립되어 있지 않았다는 점이다. 이러한 행태를 근절하기 위하여 유형원은 모든 관원들에게 출근을 하도록 출근규정(出勤規程)을 만들었으며,[27] 형식적인 회의나 점검을 방지하기 위하여 최소한 지켜야 할 일정과 시간 그리고 예산지원을 규정화했다. 즉 오늘날의 업무지침 또는 업무매뉴얼과 같은 표준운영절차규정(SOP)을 만들고 이를 지킬 것을 주장했다. 느슨한 관료들의 행동을 바로잡기 위해 만든 업무규정안은 명(明)의 관료제도를 상찬한 중봉 조헌의 상소에서 큰 영향을 받은 것으로 보인다(『반계수록』 25 : 26−28).

둘째로는, 과거시험을 거친 관원과 지방수령들이 지나치게 법률지식과 행정지식이 부족하여 대부분의 행정업무를 책임 없는 이서(吏胥)에게 위임하고, 이서들은 그 행정권한을 이용하여 자의적으로 행정을 집행하는 관행이 일반화되어 있었다는 점이다. 유형원은 행정의 비전문성을 비판하면서 행정을 전문화할 것을 주장했다. 이를 위해 학교교육과정에 도덕적 지식과 행정기술에 관한 지식을 다 같이 포함시켰으며, 관리의 임용은 과거시험을 폐지하고 추천(推薦)에 의한 임용제도로 전환할 것을 제안했다. 또한 그는 주요 지방관원들의 임기를 장기(長期)로 하고 가족과 함께 동반하도록 하여 업무에 전념할 수 있도록 하여야 행정이 전문화되고 나아가 이서들의 권한침탈행위를 막을 수 있다고 보았다.

반계의 행정조직개편은 복무규칙의 미비와 행정기강을 교정하기 위한 목적 외에도 방만한 재정지출문화를 타파하고자 했다. 그는 정부 관리들의 지나친 손님 접대문화, 사치스러운 연회와 음주문화, 그리고 이를 위해 백성들이나

---

27. 매일 출근확인을 위하여 관원이 출근했음을 알리는 표지를 관서 문에 붙이도록 했으며, 일과가 끝나면 하위관원이나 이서들은 상관의 퇴청신호가 떨어진 뒤에야 퇴근할 수 있게 했다.

노비들에게 부담을 지우는 문화를 신랄하게 비판했다. 그는 조정의 사치스러운 연회와 음주의 탐닉을 비판한 조광조와 조헌의 상소문을 인용하면서 과도한 재정지출문화를 개혁할 것을 제안했다. 이를 위해 공식적인 연회의 횟수나 공식적인 자리에서 제공하는 술잔의 횟수 등을 제한하여 연회 및 음주문화를 개선하고자 했다. 그의 행정조직개편은 이러한 행정문화의 개선까지 염두에 둔 감축관리의 일환으로 전개된 것이라 할 수 있다.

4. 협치와 공치에 의한 민관협력행정

유형원의 지방제도개혁론에서 가장 빛나는 부분은 자연촌으로 존재하면서 일선행정업무를 부분적으로 담당했던 면 · 리 조직과 재지세력(在地勢力)을 중심으로 존재하던 지방자치조직(향약과 향소조직)을 활성화하여 국정운영의 동반자이자 협력기관으로 활용하고자 한 국정운영전략이다. 당시의 지방사회는 국가의 하부행정단위인 군현과 자치적 성격을 지닌 향촌사회(면, 향소, 향약)가 중복적으로 공존하는 공간이었다. 유형원은 정치를 펴는 것은 군주로부터 비롯되지만, 정치를 실현하는 요체는 백성과 직접 접촉하여 행정실무를 담당하는 향정(鄕正, 즉 면임)에 달려있다고 보았다. 그는 군주와 향정이 공치(共治)하는 지방제도의 개편을 추구했다. 한걸음 더 나아가 향촌사회의 자치조직인 향당(향약 · 향소 등의 향촌조직)을 행정협조기관으로 만들어 군주와 향정, 그리고 향당이 협치(協治)하는 지방제도의 개편을 추구했다. 그는 일선 지방행정조직의 개편을 통하여 행정기관과 백성간의 상호작용과 공동협력을 높이려고 했다. 구체적으로 보면 향(鄕)-리(里)라는 일선 행정조직을 제도화하여 중앙정부의 향촌통제를 강화하면서, 또 한편으로는 지방의 재지세력인 향소와 향약기구를 행정협조기관으로 흡수하여 국정운영의 신뢰와 생산성을 확보하고자 했다. 전자를 향리제 개혁이라 하고, 후자를 향약제와 향관제 개혁이라 한다.

유형원은 당시 향촌의 자치조직이자 행정의 협력조직인 면리제가 제도화되지 못하여 제 기능을 발휘하지 못하고 있고, 또 직접 백성들과 상대하는 일을 맡은 면임(面任)들은 모두 못나고 용렬한 자들이어서 이들에게 지방행정의 실무를 맡겨 두고서는 치세(治世)를 실현할 수 없다고 비판하면서 면리제의 제도적 정비를 주장했다. 또 한편으로는 봉건제하에서 (국가의 행정적 개입 없이) 자주적으로 교화, 양민, 정령, 형벌 등을 자치적으로 꾸려가는 지방자치조직인 향촌사회(향소와 향약기구)를 행정의 협조기관으로 개편할 것을 주장했다. 유형원은 치민과 치세는 지방행정기관과 백성이 상호작용하면서 공동 노력을 통하여 생산해 내는 것이라고 확신했다. 그는 조선시대의 그 누구보다도 지방행정의 중요성을 강조하였으며, 그는 향리제 · 향약제 · 향관제의 개혁을 통하여 관(官)과 민(民)이 협력하고 협조하는 지방행정을 추구했다.

반계는 자신이 구상한 국가개혁안, 즉 토지제도의 근본적인 개혁, 소농경영을 중심으로 하는 국방, 재정, 학교, 공거제도의 도입 등은 모두가 이 향촌사회의 적극적인 도움이 없이는 불가능하다는 것을 잘 알고 있었다. 그는 어떻게 하면 향촌조직의 자율적 의식과 자발적 협조를 얻어낼 수 있는 지방행정조직을 만들 것인가에 대하여 숙고했다. 그는『춘추공양전』을 해석한 중국 후한말의 사상가 하휴(何休: 129~182)의 설(說)을 인용하면서[28], 지방수령이 민(民)을 다스리는 데에는 반드시 분임자(分任者)의 협력이 필요하며, 향촌의 덕망 있는 자들을 분임자로 선발하여 그들과 함께 공치(共治)하는 것이 인심(人心)을 바로잡는 근본이며 교화(教化)와 정령(政令)이 바로 이루어질 수 있다고 주장했

28. 『춘추공양전』의 주석을 단 한(漢)의 하휴(何休)는 80가호 단위의 리(里)에서는 학교를 세워 덕망 있는 연장자에게 그 경영을 맡겼다고 언급하고 있다. 그들은 부로(父老)라는 존칭을 부여받고, 중앙의 장관처럼 대접받으면서, 지방의 교육을 책임졌다. 고대에서는 공식적이거나 합법적인 제도 안에서 이루어진 교육만 존중한 것은 아니었다. 유형원은 좋은 정부가 되기 위해서는 관원과 유능한 학자들이 서로 협력함으로서 가능하다고 보았다. 그러나 그 당시의 향촌의 지도자(향소, 향약, 면임)들은 향촌사회를 이끌어 나갈 유능한 인물도 아니었고, 존경도 받지 못해 형식적인 외형만 유지하고 있었다. 유형원은 고대의 부로(父老)와 같은 향관(향약제도)을 부활시켜 지방의 훼손된 도덕교육을 회복시키고 지방행정의 분임자(협력자)로서 소임을 담당하기를 기대했다.

다. 이러한 공치사상에서 나온 것이 그의 지방행정제도 개혁론이다. 관과 민의 상호작용과 협력을 통하여 조직의 생산성을 높이는 문제는 오늘날의 현대 행정학에서도 가장 중요한 문제이다. 향촌사회의 자치조직을 지원하고 활성화하면서 협력을 강화하려는 그의 생각은 탁월한 국정관리전략이다. 이러한 관리전략은 오늘날에는 일반화되어 있다. 예컨대, 기업에서 종업원의 자치조직인 노동조합을 적극 지원하고 정책결정에 참여시키면서 협력을 유도하는 전략과 대학교수들의 자치조직인 교수협의회를 대학운영의의 파트너로 활용하기 위해 적응적 흡수를 하는 전략은 모두 이 경우에 해당된다.

유형원이 관과 민의 협력을 기반으로 하는 제도적 장치를 마련하여 행정의 능률성과 합법성, 그리고 민주성과 형평성을 함께 제고하고자 한 그의 행정사상은 고대의 사례에서 지혜를 얻었다기보다는 그의 오랫동안의 농촌경험에서 얻은 지혜인 동시에 그의 탁월한 민주 및 위민의식의 발로라 할 수 있다. 비록 군주제 하에서의 행정이지만 백성들의 이익과 유리된 행정, 민의 자발적인 협조를 얻지 못하는 일방적인 행정은 민의 신뢰를 상실하게 되고 교화와 정사가 이루어질 수 없다고 본 그의 행정사상은 오늘날 현대 민주주의의 행정이념과 한 치도 다르지 않다. 그는 관과 민이 함께 공동 생산하는 행정서비스를 추구했다.

원래 공동생산(coproduction)이란 소비적 생산자와 정규적 생산자가 공동으로 같은 상품 또는 같은 서비스를 생산하는 것으로 정의하고 있으나(Parks, 1981: 1001-1011), 행정에서는 시민과 행정기관의 상호작용과 공동협력에 의한 서비스 질의 향상을 의미한다(Rich, 1981: 59-76). 결국 공동생산이란 행정서비스의 질과 양에 영향을 미치는 시민과 행정기관과의 상호작용 및 공동노력이라고 볼 수 있으며, 오늘날의 행정은 행정기관과 시민과의 상호작용 및 참여를 통하여 행정서비스의 향상과 행정목표를 달성하는 협동행위라고 할 수 있다. 유형원은 이미 그 당시에 민관협력의 중요성을 알고 있었다. 그는 향리제의 확대 실시를 통하여 행정의 효율성과 능률성을 달성하고자 했고, 또 향약제와 향관제의 개혁을 통하여 행정의 대응성과 형평성을 확보하려고 했다. 공치와 협치를 염두에 둔 지방행정체제의 개편은 오늘날 현대행정에서 강조하는 행정서비스의 공생산모형(coproductivity model)과 그 맥이 통한다(나중식, 1995 : 154−157).

그러나 그가 주장하고 있는 공치(共治) 또는 협치(協治)는 행정기관이 자치조직을 흡수하여 시민을 통제하고 조정하려는 관주도적인 공치와 협치를 전제로 하고 있기 때문에 오늘날 상호 독립적이고 대응한 관계에서의 협치와 공치와는 차이가 있다. 그는 향촌사회 자치기구의 완전한 자율성을 용인하는 것이 아니라 공적 통치권내로 포섭하는 전략을 사용하였다. 즉 그는 향촌사회의 자치기구를 집권체제의 정비 또는 향리제의 확립을 위한 외연(外延)으로 활용하려는 입장이 보다 강하였다.

제 13 장

덕행과 능력중심의 인사행정

제1절 서론

반계 유형원의 인사행정개혁론은 조선중기와 오늘날 사이의 현실적인 시차로 인하여 직접적인 교훈을 얻기에는 미흡할지 모르나, 공직을 담당하는 인재(관료)의 채용, 훈련, 평가, 활용으로 이어지는 인사행정 4대 변수에 대한 그의 인사행정사상은 오늘날의 행정을 이해하고 발전시켜 나가는데 중요한 지표로 활용할 수 있을 것으로 생각된다. 유형원이 그 당시에 고민했던 인사행정의 문제는 그 근본이치와 철학에 있어서는 오늘날의 인사행정의 문제와 별로 다르지 않다고 생각되기 때문이다.

반계는 이기합일지묘의 철학에 근거하여 기(氣)인 법제도의 회복을 통해 궁극적으로는 인간의 내면적 도덕성, 즉 도(道)를 밝히려고 했다. 그는 법제도가 바로서지 않으면 아무리 도를 중시하고 강조하여도 도가 서지 않는다고 보고, 도(道)와 기(氣)의 상호작용을 강조했다. 즉 국정운영은 '사람과 제도의 상호작용'에 의하여 이루어지기 때문에 기존의 도중심의 국정운영방식, 즉 수기(修己)와 정덕(正德)을 본으로 삼는 질서유지만으로는 잘못된 법과 제도에 의하여 파괴되는 사회질서를 막을 수 없다고 생각했다. 그는 국정운영의 기준 틀인 법과 제도를 천리와 실리에 맞게 회복시키고 잘 정비하는 것이 진정한 위민행정이며 그것이 궁극적으로는 도(道)를 회복하는 길이라고 본 것이다. 그렇다고 그는 기존의 왕도정치 또는 도덕적 윤리적 국정운영을 부정한 것이 아니라, 지나치게 수기와 도덕에만 치중하는 주관적인 국정운영에서 나타나는 결함을 보완하려는 차원에서 제도중심의 객관적 국정운영을 제안하고 강조했다. 즉 법제도를 만들고 운용하는 것은 기본적으로 인간이기 때문에 '인간의 내면적 도덕성의 회복'이 국정운영의 궁극적인 성공요인이라는 유교의 근본적인 전제를 부정하지는 않았다.

그가 추구한 인사행정제도의 개혁은 교육제도개혁과 깊은 관련이 있다. 그는 공직자를 선발하는 일은 국정운영의 근본이자 임금이 해야 할 가장 중대한 임무라고 주장하면서, 인재의 선발에 앞서 능력 있는 인재를 양성할 수 있는 교육제도개선에 더 큰 관심을 가졌다. 그는 당시 행정을 담당하고 있는 정규 관원과 이서(吏胥)들의 무능과 부정을 신랄하게 비판했다. 예컨대, 그는 문관의 인사행정을 담당하고 있는 이조(吏曹)의 관원들은 각 관원의 개인 인사기록과 재직기간 등의 사항을 전혀 모르며, 무관의 인사행정 담당부서인 병조(兵曹)에서는 군역의 어려움과 복무기간을 판단할 수 있는 자료조차도 갖추고 있지 않다고 지적하면서(『반계수록』 25 : 3-5), 천리와 실리에 합당한 인사제도개혁안을 제시하고 있다. 그의 교육 및 인사행정사상은『반계수록』의 교선(敎選), 임관(任官), 직관(職官), 병제(兵制)에 고스란히 담겨있다.

그는 인사제도의 문제를 당시 사회가 안고 있는 사회구조의 모순으로 파악하고, 인사제도의 개혁을 통하여 다른 사회문제를 개혁하고자 했다. 다시 말해, 유형원의 관제 및 인사개혁론은 인사제도의 개혁을 통해 사회제도라는 상부구조의 개혁까지도 시도하였다는 점에서 그 토대와 상부구조 사이의 변증법적 사고와 통합에 대한 인식을 기반으로 하고 있다. 그는 사회는 서로 영향을 주고받는 다양한 여러 제도들로 구성되어 있다고 보고, 국정운영 및 행정을 실제로 담당하는 관료들을 대상으로 하는 인사행정시스템의 개선을 통하여 사회전체 시스템을 변화시키고자 했다. 국가 전반적인 제도개혁을 다루고 있는『반계수록』에는 특히 관료제도 및 인사제도의 개혁을 토지제도개혁론 다음으로 중요하게 다루고 있다.

유형원은 인사제도의 개혁안을 제시하기 위하여 중국의 인사제도의 변천을 철저하게 연구하고 고증했다. 그는 고대 중국의 우월한 규범과 모범을 연구하고, 그런 제도가 쇠퇴하면서 중국과 조선에 어떠한 역기능과 폐단이 나타났는가를 역사적으로 고증하면서, 그런 교훈을 자신의 시대에 적용하려고 시도했다. 그는 "법이 변경되면 형편이 변하고 형편이 변하면 습속도 변하는 것(『반계수록』 26. 속편 하)"이라고 주장하면서, 제도는 인간의 행동과 문화를 지속적으로 구속한다고 보고 좋은 제도를 통하여 국가개혁을 달성하려고 했다. 그가 제시한 인사제도의 개혁안은 그러한 제도론적 접근방법(institutional approach)을 거쳐 나온 지적 산물이라 할 수 있다.

제2절 조선중기 인사행정의 실태

당시 유형원이 살았던 시대의 인사행정의 실태를 이해하기 위하여 먼저 공직자선발의 기준과 방법은 어떠하였으며, 임용된 현직관료들의 인사고과와 활용(승진 · 전보 · 파면 · 해임 등)은 어떻게 이루어졌으며, 그리고 중앙인사기관의 인사권의 집중 또는 분산에 따른 인사행정권한의 실태는 어떠하였는가를 살펴볼 필요가 있다.

1. 인재선발제도의 역기능

조선 시대에는 신분 계층에 따라 관계(官界)와 관직(官職)에 나가는 길이 달랐다. 고관의 자제에게는 관계나 관직을 획득하고 승진하는데 특전이 주어졌기 때문에 가문의 우월에 따른 차별이 심했다. 당시 공직에 임용되기 위해서는 반드시 과거시험을 거쳐야 했다. 그러나 과거시험의 응시에 엄격한 신분제한이 있었을 뿐 아니라 출신에 따라 승진에도 한계가 있었다. 당시의 과거시험이 우수한 관료를 선발할 수 있는 제도적 장치가 될 수 있는지에 대하여 많은 학자들이 깊은 의문을 가지고 개혁의 방향을 제시하기도 했다. 당시의 과거시험은 문벌과 지역차별이 심해 진정한 능력본위의 인재선발이 되지 못했다.

원래 과거제도는 현명하고 능력 있는 인재를 객관적 기준에 의하여 등용함으로써 하층신분이 사회적으로 상승할 수 있는 기회를 주어 궁극적으로는 세습적 귀족제도를 무너뜨리고자 한 것이었으나, 실제로는 그 원래의 의도가 변질되어 오히려 양반들의 신분세습을 고착시켰으며 올바른 유교교육을 가르치는데 실패했다. 과거시험의 내용과 평가방법이 지나치게 선발과 기교에 치우쳐 도덕의 수양이라는 교육목표보다는 '언어의 사용기술'이라는 교육수단에 지나치게 집착하게 만들었다. 과거시험이 교육과 유리되고, 지나치게 잦은 부정기시험으로 인하여 인재등용의 수단이 아닌 지배계층을 위한 권과위무(勸科慰撫)적인 방편으로 전락해 버렸다.[1] 뿐만 아니라 부정과 대리시험 등 과거시험의 폐단이 극심하였다. 이러한 경향으로 인해 공직후보자들은 유교의 도덕원리에 대한 진정한 이해보다는 쓸모없는 지식, 시의 형식, 화려한 수사의 남발, 그리고 기계적인 암송 등에 치중하게 되고, 윤리와 경세론에 대한 유용한 지식과 글쓰기에 대해서는 등한시했다. 요약하면 교육과 과거시험이 연계되지 못했고, 공교육이 붕괴되어 있는 상황에서 서원과 서당 그리고 개인교사 등을 자유롭게 이용하면서 교육기회를 마음껏 누릴 수 있는 지배계층들이 당연히 과거시

1. 과거제도가 흐트러지기 시작한 것은 양란으로 인하여 무과시험의 합격자를 많이 선발하면서부터이다. 양란 이후에는 무과 중심의 만과현상(萬科現象)은 줄었으나 다시 문과시험의 합격자를 양산하면서, 이 만과현상은 모든 과거시험에 일반화되어 버렸다. 원래 과거는 3년마다 정기적으로 실시하는 것이 원칙이었다. 이러한 제도는 송나라에서 비롯하였고, 조선에서는 자(子), 묘(卯), 오(午), 유(酉)년을 식년(式年)으로 정해서 3년마다 실시하여 왔으며, 또한 부정기적으로 경과(慶科; 증시, 별시, 정시, 춘당대시)와 알성과(謁聖科) 등의 시험을 실시하여 왔다(김운태, 1981: 165-188). 그러나 조선왕조 중기이후에는 부정기시험이 지나치게 많아 합격자를 남발하였고, 그에 따라 인사행정이 문란해지고 (자리경쟁으로 인해) 당파간의 경쟁이 격화되었다(나중식, 2012: 299).

험을 독점했다. 이러한 문제점에 대하여 이이, 조헌, 유성룡 등 많은 학자들이 개혁방향을 제시하기도 하였으나 전혀 개선되지 못했다.

반계는 당시의 공직 임용고시인 과거시험은 그 본래의 근본 존재이치에 반한다고 주장하면서 그 폐단을 신랄하게 비판했다. 특히 정해진 짧은 시간 내에 시문(詩文)을 짓는 당시의 과거시험으로는 깊은 학식과 높은 덕망을 가진 자를 가려낸다는 것은 불가능하다고 보았다.

> "이른바 정시(庭試) · 알성시(謁聖試) 등은 유사(有司)에게 명하여 짧은 시간 내에 시험을 치게 하며, 그 시험이라는 것이 문장 짝 맞추는 데 불과하고, 별안간에 합격의 취사(取捨)를 결정하므로, 속된 말로 정시 · 알성시는 맹인도 바라볼 만하다고 한다. 이런 까닭에 유취(乳臭) · 소아(小兒)들 또한 다투어 시험을 치루며, 취해진 인재들이 모두 경솔하고 천박하며 요행만을 일삼는 무리들이니 더욱 가소롭다."(『반계수록』 10 : 27, 교선지제 하)

이렇게 반계가 시문(詩文)을 중시하는 과거제를 비판한 이유는 "무릇 글이라는 것은 마음에서 우러나오는 것이어서 그 글을 보면 그 사람의 학술(學術)이 정밀한지의 여부를 알 수 있는 것이기는 하지만, 그러나 글 자체에만 뜻을 두고 마음을 쓰게 되면 실(實)을 잃어버리게 된다" 고 보았기 때문이다. 적어도 공직임용제도라면 공직을 담당할 수 있는 충분한 덕행(德行)과 능력(能力)을 갖춘 자를 선발하여야 그 제도의 의미가 있다는 것이다. 그는 매사에 형식과 기교보다는 내용과 실행을 중시했다. 다음은 실천과 실효를 강조하는 그의 실행사상이 잘 담긴 말이다.

> "천하의 일이란 행(行)이 부족함을 항상 걱정하여야 하며 말(言)이 부족한 것은 걱정하지 않아도 된다. 또 실(實)이 부족함을 항상 걱정해

야지 문(文)이 부족한 것은 걱정하지 않아도 된다. 후세에 실덕(實德)을 잃어버린 것은 부문(浮文)에 뜻을 두게 했기 때문이다."(『반계수록』 10 : 28. 교선지제 하)

이처럼 시문(詩文) 위주의 과거시험은 '행(行) · 실(實) · 덕(德)'에 대한 평가가 근본적으로 배제되어 있기 때문에, 도기불상리(道器不相離)와 기외무리(氣外無理)의 철학을 가지고 현실 세계에 강한 관심을 표명했던 반계의 눈에는 비합리적인 제도로 보일 수밖에 없었다. 그의 눈에 비친 과거제도는 국정운영을 담당할 덕행(德行)과 능력(能力) 있는 자를 선발하는 임용제도로서의 원리와 이치에 반(反)하는 제도였던 것이다.

2. 인사고과의 형식성

인재를 등용(임용)하고 활용(승진 · 전보 · 전직 · 파면)하는데 어떠한 평가기준을 사용하는가는 행정업무를 담당하는 관료의 질을 좌우하기 때문에 인사행정에서 가장 중요한 사항이다. 관료들의 업무능력과 치적을 평가하는 고적제(考績制)는 원래 『주례』에서 연유한 것으로 조선시대에는 태종 원년(1401)부터 실시하였다. 각 중앙관서의 경우에는 당상관 또는 제조가, 지방에는 관찰사가 매년 6월과 12월에 정기적으로 소속관원들의 근무성적을 평가하여 문관은 이조에 무관은 병조에 보고하여 인사에 반영하도록 하였다(박동서, 1961 : 36-37). 그 목적은 업무처리능력을 평가하여 이를 인사에 반영함으로서 사후통제하기 위한 것이었다.

조선시대의 인사고과(人事考課)는 조선의 개창당시 삼봉 정도전이 만들고 태조 이성계가 발표한 고과법(考課法)에 근거하여 이루어졌다. 이에 따르면, 목사 · 감사 · 수령 · 현령 등 관료들의 근무성적은 그들의 행동규범과 업적에 의하여 평가하여야 한다고 규정하고 있다. 여기서 행동규범평가란 공무수행과정에서 관리들의 행동과 태도가 얼마나 선했으며 도덕적이었는가에 대한 평가를 말하며, 업적평가는 관리들이 수행해야 할 각 행정영역별 업무를 얼마나 잘 달성하였는가에 대한 실적평가를 말한다. 정도전이 쓴 『경제문감』에는 관리들의 행동규범에 대한 평가는 〈선 · 악의 법〉으로, 그리고 행정업무능력은 〈전 · 최의 법〉으로 평가할 것을 상세하게 명시하고 있다(「경제문감」 하, 『국역삼봉집』 2 : 97-98).

구체적으로 살펴보면, 〈선 · 악의 법〉에서는 공직자의 올바른 근무태도를 선(善)이라 평가하고 올바르지 않은 근무태도를 악(惡)이라 평가하면서 각각 4가지의 기준에 의하여 평가하도록 되어 있다. 즉 선(善)의 평가기준은 공(公), 염(廉), 근(勤), 근(謹)이며 악의 평가기준은 탐(貪), 포(暴), 태(怠), 열(劣)로 평가한다. 공직자는 업무를 수행함에 있어 공정(公正)하고 청렴(淸廉)하며 근면(勤勉)하고 몸가짐을 신중하고 바르게 하여야 하며(謹愼), 재물을 탐하고 백성에게 포악하며 나태하고 수준이 낮은 행동을 해서는 안 된다는 것을 규정화하고 있다.

이에 대하여 〈전 · 최의 법〉에는 업무수행능력이 우수한 최(最)의 평가기준과 업무능력이 불량한 전(殿)의 평가기준을 각각 4가지로 나누어 제시하고 있다. 즉 최(最)는 농토와 토지를 넓히고(田野闢), 호구를 증대시키며(戶口增), 부역을 균등하게 시키고(賦役均), 학교를 일으키며(學校興), 사송을 간결하게(詞訟簡) 행한 경우에 해당되고, 전(殿)은 전야를 황폐하게 만들고, 호구가 줄어들며, 부역이 번다하고, 학교가 피폐해지고, 사송(詞訟)이 밀려 원성이 많을 경우에 해당된다. 삼봉이 제시하고 있는 이 업적평가기준은 교화와 정덕, 그리고 산재(散財)를 강조한 주자학적 통치이념에 기반을 두고 있으면서 객관적으로 측정 가능한 기준을 제시하고 있다는 것이 특징이다. 이렇게 삼봉은 관료들의 업무태도와 실적을 종합적으로 평가하여 선과 최로 나누어서 기록 · 보관하고, 그 결과를 인사행정에 활용했다. 예컨대, "아무 수령은 어떠어떠한 일에는 선이고, 어떠어떠한 일에는 최이다."라고 기록했으며, 그 평가의 정도에 따라 상, 중, 하로 등급을 매겼다. 높은 평가를 받은 관료는 승진을, 그리고 선과 최가 하나도 없는 관료는 퇴출시켰다. 또한 점수의 분포(가중치)는 선을 더 높게 하고 최를 낮게 하였는데,[2] 이는 선(善)은 덕(德)이요 최(最)는 재(才)이니 덕을 우선으로 하고 재를 뒤에 둔 유교의 사상과 통치이념에 따른 것으로 볼 수 있다. 이 고과법에 규정된 인사평가의 기준은 조선시대 계속하여 적용된 조종지법이었다. 매년 인사고과의 성적을 인사기록에 남기고, 정기인사 또는 전직 시에 재직기간의 종합적 평가를 통하여 인사가 이루어졌다.

그러나 당시 관료에 대한 인사고과는 매우 제한적이었다. 즉 공직에 근무하는 모든 관료를 대상으로 하는 것이 아니라, 일부 하위 직급에 한정되는 것이었다. 대신은 고사하고 3품 이상의 경관들도 고적대상이 아니었고, 또 외관(外官)인 관찰사와 절도사도 고적하는 법이 없어서 탐학하기를 제 마음대로 하고 황음하기를 법도 없이 하여도 감히 묻는 자가 없었다.[3] 하급관원에 대한 인사고과도 세월이 흐르고 관료제도가 비대해지면서 잘 지켜지지 않았으며, 점점 인사평가가 형식화되고 관행화되고 기계화되기 시작했다. 덕행과 능력을 기준으로 해야 하는 인사가 재임기간이나 문지를 중시하는 인사로 전락하면서, 기존의 규정은 사문화되어 버렸다. 비록 짧은 임기이지만『경국대전』에서 규정한 임기조차도 지켜지지 않고 인사이동은 하루가 멀다 하고 빈번하게 이루어졌다. 특

---

2. 구체적으로 공, 명(근신), 염, 근을 각각 5분, 5분, 4분, 4분으로 평점을 매겼다. 공평하고 밝으면(근신) 능히 청렴하고 부지런할 수 있으므로 염과 근을 공과 명보다 한 등급 감하였다. 또한 업무수행능력평가에는 전야를 넓히는 것, 호구를 늘리는 것, 학교를 일으키는 것, 예속을 이룬 것은 모두 3분 5리를, 옥송을 고르게 하고, 도적이 없는 것에는 각각 2분을, 부역을 균등히 하고, 부세행정을 절도 있게 행한 것에는 각각 1분을 주었다(나중식, 2012: 77).

3. 반계 유형원은 인사고과의 범위를 확대해야 한다고 주장하지는 않았다. 이에 대해 후일 다산 정약용은 삼공(三公)으로부터 아전(衙前)에 이르기까지 모든 관료가 고적(평가)의 대상이 되어야 한다고 주장했다. 다산은 상급관직의 고적은 삼정승과 찬성은 자신의 공적을 임금께 보고하면 이를 중추부에 내려서 고적토록 하고, 정부의 낭관은 삼공이 직접 고적한다. 중추부의 영사와 판사, 육조의 대부 한성부판윤, 각사의 상대부, 6조의 판서와 참판, 참의는 스스로 자신의 공적을 보고하면 의정부에서 고적한다. 또한 아전도 그 공적을 반드시 고적하여야 하고, 수령에 대한 고적의 실효를 거두기 위하여 암행어사를 적절히 활용하여 그 공죄허실(功罪虛實)을 살피도록 하고 있다(나중식, 2012: 304).

히 모든 관료들이 지방관직을 천시하고 중앙관직을 선호하게 되면서 관직경쟁이 극도로 심화되었다. 인사이동이 빈번하게 이루어지다 보니 신중하고 체계적인 인사고과와 평가가 이루어질 리 없었다.

3. 인사권의 분산에서 오는 기강의 문란

조선시대 관료들의 인사관리를 총괄적으로 담당하는 중앙인사기관은 문관의 경우는 이조(吏曹)이고, 무관의 경우는 병조(兵曹)였다. 15세기 이조와 병조의 판서는 공직후보자를 추천할 책임이 있는 반면, 대간(臺諫)은 자격이 미달되는 후보자를 거부할 임무를 가지고 있었다. 그럼에도 불구하고 인사권이 지나치게 중앙인사기관의 장(長)에게 집중되어 있고, 또 그들의 인사권의 행사가 정실로 이루어지고 있다고 생각하여, 이조와 병조의 낭관(郎官)에게 중요관직에 대한 천거권을 위임하고 있었다. 즉 이조전랑은 의정부의 사인(舍人: 정4품), 승정원의 승지(정3품), 그리고 사헌부, 사간원, 홍문관 삼사의 낭관에 대한 인사권을 가지고 있었다. 품계상으로 하급관리인 이조전랑이 청요직의 인사권을 쥐고 있었기 때문에 삼공육경이 조금이라도 흠이 있으면 삼사 관원으로 하여금 탄핵케 할 수 있어 그들의 전횡을 방지할 수 있었다.

이러한 인사권의 권력분산제도는 인사권이 고위관료에게로 집중되지 않고 상하로 분산되어 있어 권력의 집중을 막고 권신의 독주를 제어하는데 많은 기여를 했다. 이조전랑, 대간, 삼공육경은 서로 삼각관계를 이루어 권력을 균점하면서 상호견제하고 있었기 때문에 고위관료들의 부패를 막을 수 있었고, 또 정권을 농단하는 권간(權奸)의 출현을 막을 수 있었다.[4]

---

4. 대간은 풍문탄핵을 무기로 삼공육경을 비롯한 고위관리들을 견제했고, 이조전랑은 대간에 대한 인사권을 통하여 그들을 견제했으며, 또 삼공육경은 상관으로서 부하인 이조전랑을 제어할 수 있었다. 이 삼각뿔형태의 권력균형을 유지한 것이 조선왕조 500년을 지탱하게 한 비결이었다고 할 수 있다(나중식, 2010: 198-200).

이 낭관은 연산군과 중종 이후 자주 삼사(사헌부, 사간원, 홍문관)와 연합하여 대신들을 탄핵하면서 그들의 지나친 권력을 견제했다. 기묘사화이후에도 낭관은 대신들의 강력한 권한에 맞서 개혁을 주도했다. 그들은 이조의 대신들과 함께 관직후보자를 추천할 수 있는 권한을 부여받았으며, 국왕이 그들의 선택을 자주 받아들이면서 인사행정의 조력자로서 중요한 역할을 담당했다. 그러나 이러한 인사권의 수직적 분산은 고위관리들의 권력집중과 부패방지에 초점을 두고 있었기 때문에 그들의 권력전횡을 방지할 수 있는 장점은 있었지만 일반 중하급관리들의 업적을 치밀하고 신중하게 평가하고 적재적소에 배치하고 활용하는 일반적인 인사행정에는 크게 기여하지 못했다.

인사행정의 책임을 져야 할 중앙인사기관의 장(長)인 대신들의 인사권이 축소되고 인사행정업무 수행과 관련된 실질적인 지휘권과 행정책임이 하위 관원인 낭관으로 옮겨감으로 인해, 중앙인사기관의 명령체계와 위계질서가 무너지고 대신들의 행정감독이 소홀해 졌으며 결국은 관료들의 인사고과업무와 인사행정의 실무가 산관(散官)과[5] 이서(吏胥)에게 넘어가 버렸다. 이것은 행정업무의 일부를 하위직으로 위임하여 그 책임을 지게 하는 위임전결행정과 같은 바람직한 분권현상이 아니라, 책임 있고 경쟁력 있는 정규관료가 담당해야 할 인사행정업무가 비전문적이고 훈련되지 못한 산관(散官)과 이서(吏胥)로 그 관할권이 이전되는 현상을 초래했던 것이다. 이로 인해 인재의 등용(임용)과 활용(승진 · 전직 · 전보 · 파면 · 휴직 등)에 관한 인사행정 전반에 관한 실무가 허술하게 되고, 또 형식화 · 관행화 되었던 것이다.

당시 중앙인사기관인 이조와 병조의 인사행정은 거의 형식적이고 기계적으로 이루어졌다. 덕행과 능력을 갖춘 인사를 신중하게 평가하고 적재적소에 배

---

5. 산관이란 품계는 있으나 실직(직책)이 없는 벼슬. 언젠가 실직에 임명될 수 있는 가능성을 가진 예비관리를 말한다. 산관은 잦은 인사발령으로 인하여 대기발령중인 관원이 많거나 조직축소 또는 무능한 관리들의 감축인사 등에 의하여 생겨난다. 산관이 많으면 국정운영과 인사행정에 부담이 된다.

치하는 인사행정문화는 사라지고, 정해진 긴 심사과정을 뛰어넘어 임명 바로 당일에 국왕에게 형식적으로 추천하는 것이 관행이 되었다. 중앙집권적 관료제도가 발전함에 따라 관찰과 면접에 의한 심층적인 인사평가보다는 일하기 쉽고 형식적이고 기계적인 선발방식을 선호하는 인사행정이 일상화되어 버렸다. 이는 인사행정을 담당하는 관리들의 자질이 떨어지고 도덕과 사회원리를 충분히 이해하지 못한 탓도 있지만, 인사권이 상하로 분산되어 위계질서와 지휘감독체계가 이완되어 있었기 때문에 나타나는 역기능현상으로 볼 수 있다. 유형원은 당시 인사행정의 문제점을 조헌(趙憲)의『동환봉사(東還奉事)』의 글을 빌어 다음과 같이 묘사하고 있다.

> "거의 모든 인사가 졸속으로 처리되어 이쪽에서 선발해 저쪽을 보충하고 아침에 임명했다가 저녁에 바꿉니다. 중앙과 지방의 관원 모두 어떤 직무를 맡았는지 모르며, 임무를 시작한지 얼마 되지 않아 장부를 조작하고 훔치는 이서(吏胥)의 농간에 빠집니다. 임무를 교대할 때 집기를 운반하는 인마가 천리 밖까지 분주하게 움직여 가뜩이나 가난한 백성들의 재물을 바닥냅니다(『반계수록』 13: 8-9).

율곡 이이는 이렇게 인사가 졸속으로 처리되어 산만해지고 인사행정이 형식화·관행화되어 버린 원인으로 중앙인사기관인 이조의 권위와 명령체계가 붕괴되었기 때문이라고 평가한다. 그는 현직 관료들의 업적과 덕행(성실과 태만여부)을 철저하게 확인·평가하여 승진과 퇴출을 추천하는 임무를 가진 중앙인사기관의 장(長)인 대신들이 그 본연의 임무를 방기(放棄)했다고 비판했다. 유형원도 기본적으로 율곡의 견해에 동의하면서, 관료조직 내 구성원의 위계질서와 품계에 따른 서열질서가 무너지면 상관에 대한 존경도 무너지며, 결국 그 조직이 담당하는 행정업무는 산만하게 될 수밖에 없다고 보았다.

제3절 인사행정의 기본원리

반계 유형원은 고대 중국의 인사제도에 대한 철저한 고증과 역사적인 평가를 바탕으로 인사행정의 원리와 준칙을 발견하려고 노력했다. 그는 고대 중국의 우월한 인사행정의 규범과 모범이 역사적으로 어떻게 변천해 왔으며, 또 각 나라의 인사제도와 인사행정에 대한 그 당시 학자들의 평견을 고증하고 분석한 후 그런 교훈을 자신의 시대에 적용하려고 했다. 그가 참고로 한 자료는 주(周)나라에서 명(明)나라에 이르기까지의 수많은 인사사례와 학자들의 평견 그리고 조선의 이이 · 조헌 · 유성룡 등 선배 학자들의 인사행정에 관한 조언들이다.

그는 시대를 초월하여 가장 바람직한 인사행정의 원리를 발견하고 이를 조선의 인사제도에 담으려고 노력했다. 훌륭한 인재를 등용하여 행정에 활용하고, 업무수행결과를 평가하며, 그 결과를 승진 · 전직 · 전보 등 인사이동에 반영하는 것은 과거나 오늘(당시)이나 다르지 않다고 본 것이다. 이는 국정운영을 위한 예악형정의 모든 제도와 활동에는 이를 제어하고 구속하는 근본적 이치가 있으니, 그 근본적인 이치를 찾아내고 그 이치(실리)에 적합한 제도를 만드는 것이 민본 · 위민행정이라고 보는 그의 사상에 근거한 것이다. 여기서 제시하고 있는 바람직한 인사행정의 기준은 모두가 중국과 조선의 인사제도의 변천사에서 발견한, 그리고 반계 스스로의 경험과 이성에 의하여 판단한 인사원칙들이다. 반계가 중국의 인사제도의 고증과 연구를 통하여 얻은 교훈, 특히 다시는 그 전철을 밟지 않아야 할 최악의 사례에서 얻은 교훈들을 모두 자신의 인사제도개혁에 반영했다.

1. 면접과 추천에 의한 임용원칙

유형원은 시험을 통하여 인재를 등용하는 과거제도를 매우 경멸했다. 그는 과거시험에 의한 인재등용을 매우 비판하고 혐오했으며, 이를 증명하기 위하여 『반계수록』 임관지제(任官之制)에서 과거제도의 변질과정과 중국의 인사행정을 심도 있게 고증하고 연구했다. 그 결과 얻은 결론은, 관리의 등용과 활용을 위해 이루어지는 평가는 시험이라는 비인격적 평가보다는 면접이나 추천에 의하여 이루어지는 인격적 평가여야 한다는 확신이었다.

그는 인간의 덕행과 능력의 평가는 한 번의 시험으로는 그 목적을 달성할 수 없으며, 오랫동안 그를 지켜 본 사람들의 추천과 면접평가를 통하여 심층적으로 이루어져야 관료제도의 완전성을 유지할 수 있다고 보았다. 그러나 중국의 관료제도가 오래 시행되면서 재직기간, 연공서열, 세습된 신분(문지), 개인적 관계, 정실 등에 의한 인사가 일상화되고 관행화되면서 그런 완전성은 훼손되었다고 판단했다. 그는 인사행정은 비인격적인 평가에서 인격적인 평가로, 중앙집권적이고 획일적인 인사행정에서 지방백성들이 지방관청에 근무할 수 있는 기회를 확대할 수 있는 분권적 인사행정으로, 탐욕 · 야망 · 부패에서 덕행 · 학문 · 정직이 살아있는 윤리인사행정으로 돌아와야만 성공할 수 있다고 보았다. 또한 그는 자신이 제안한 학교 학생들의 입학과 학년진급, 그리고 관원들의 등용과 활용에 사용하는 평가기준은 시험성적이나 외적인 조건(문지나 재임기간 등)이 아니라 인성과 내적 잠재력을 평가할 수 있는 면접을 통한 평가라고 보았다. '인간의 덕행과 재능의 평가는 면접과 추천에 의하여 이루어져야' 한다는 것이 그의 교육제도 및 관직등용제도 개혁의 기본이 된다.

그렇다고 유형원은 시험제도를 완전히 부정하지는 않았다. 그는 공교육기관에서 학생들의 학업능력을 평가할 때 제술(필기시험)을 인정하되 당시 과거제도의 시험방법과는 완전히 다른 형태를 요구했다. 즉 시문의 작성을 폐지하고 고전의 의미와 철학, 역사, 그리고 당시의 정책현안 등에 대한 논술로 제한함으로써 지나치게 장식적인 시문이나 쓸모없는 지식에 치중하지 않도록 했다. 그의 교육개혁정책 내용에 의하면, 개인에게 할당된 질문에 대하여 기숙사의 자기 방이나 집에서 자유롭게 답안을 작성하도록 했으며, 작문형식을 강요하지도 않았다.[6] 이 제술시험은 오늘날의 창의성을 강조하는 논술시험과 비슷하며, 그는 이 제술시험을 계속 실시할 것을 주장했다. 모든 종류의 시험을 확고하게 반대했던 그에게 있어서 이 논술시험은 과거제도에서 시행한 시험과는 다른 종류의 평가라고 생각했으며, 인간에 대한 평가는 그의 행동만 관찰할 것이 아니라, 심층적인 잠재재능을 평가할 수 있어야 한다고 보았다는 점에서 그의 탁월한 교육관과 평가철학을 엿볼 수 있다.

2. 문지에 따른 임명금지 원칙

관료의 채용은 어디까지나 그 현명함과 재질을 기준으로 하여야 하며, 문벌을 기준으로 하지 말아야 할 것을 주장하면서, 서경법(署經法)을 반드시 폐지할 것을 강조하고 있다.

> "관리의 임명은 오직 현명한 사람으로써만 할 것이요 직책의 위계는 오직 그 사람의 능력으로써만 결정해야 할 것이며 지금의 문벌을 따지는 폐단을 개혁하고 아울러 서경법도 폐지해야 한다."(『반계수록』 13. 임관지제)

서경(署經)은 5품 이하의 관리를 임용할 때 대간(臺諫)의 서명을 받는 것을 말한다.[7] 서경권은 국왕의 인사권을 직접적으로 제약하고 견제할 수 있는 대간

---

6. 논술답안에 새로운 내용이 전혀 없거나 형식을 너무 꾸민 글은 받아들이지 않았다. 학생들은 동중서, 한유, 정이, 주희의 산문형식을 따를 것을 종용받았고, 장황함을 막기 위해 분량을 제한했다. 평가는 답안을 제출한 그날 바로 평가했으며, 평균이하 학생은 훈계를 받았다. 사장(師長)은 답안 평가에서 제외했다(『반계수록』 10: 11).

7. 조선왕조 초기의 대간들은 서경의 범위를 고려시대와 같이 정1품에서 종9품까지의 모든 관리들에게 적용할 수 있도록 요구했고, 태종과 세종이 한때 대간의 요구를 받아들여 그 범위를 1품까지 허용했다. 그러나 곧 왕과 충돌하게 되었다. 서경권을 모든 관리에게 적용할 경우 국왕의 인사권을 유명무실하게 만들 위험이 있게 되자, 세종은 서경의 범위를 5품

의 권한이다. 국왕이 어떤 관리를 임용하고자 해도 대간이 임명장에 부서하지 않으면 그 관리는 관직에 취임할 수 없었다.[8] 서경은 오늘날의 인사적부심사 또는 인사청문회의 역할을 하였으며, 국왕의 인사권에 실질적인 거부권을 행사할 수 있었다. 서경은 공직에 신규로 임용되는 자로 하여금 자신과 부변과 모변의 4조(四祖: 부, 조, 증조, 외조)의 이력을 기록한 서경단자를 제출하도록 하고, 사헌부와 사간원은 이를 심사하여 공무의 집행여부를 결정하는 것이니, 그 심사의 대상이 되는 것은 그 조상의 관직일 뿐이지 공직을 담당할 그 본인의 능력과 사람됨을 평가하는 것이 아니었다.

원래 서경제도의 근본취지는 국왕이나 정조(政曹)에 의해 일단 결정된 사항을 대간으로 하여금 다시 심사하게 함으로써 부당한 인사나 업무처리를 막고 국가의 질서를 바로잡으려는 데 있었다. 그러나 이 서경제도는 그 본래의 취지와는 달리 현재(賢才)를 임용하는데 사용되지 않고 지나치게 정치적으로 사용되었을 뿐 아니라, 문지와 문벌을 숭상하고 세습적 귀족이 관직을 독점하게 하는 제도로 이용되었다. 유형원은 이 서경제도를 폐지하여 당시 문벌을 숭상하는 폐단을 개혁하고자 하였다.

반계는 좋은 행정은 '자신의 권력을 공적으로 잘 쓸 수 있는 관료'를 선발하는 것이 가장 중요하다고 생각하고, '균형 있는 지식을 가진 인재의 생산'과 '덕행과 능력(자질)이 우수한 자를 선발할 수 있는 제도의 개발'에 지대한 관심을 가진 행정학자였다. 반계는 이 서경제도는 덕행과 능력이 있는 인재를 등용하는데 하등의 도움이 되지 않는다고 주장하면서 반드시 폐지할 것을 주장했다.

이하로 제한했다. 성종 대에 완성된『경국대전』에는 서경의 범위가 5품 이하로 한정되어 있다(나중식, 2010: 196-197).

8. 중앙인사부서인 이조(吏曹)는 대간에게 서경을 세 번 요청할 수 있었다. 그래도 통과되지 않을 경우, 고신(告身: 관직임명장)을 발급할 수 없었다.

3. 덕행과 능력에 의한 임용원칙

반계는 나라의 인재등용과 활용은 문벌과 신분을 따지지 않고 철저하게 덕행과 능력을 기준으로 이루어져야 함을 강조했다. 그는 중국의 역대 인사제도를 분석한 후 이를 바탕으로 인사에 영향을 미치는 요인을 정리했다. 즉 인사에는 정실과 개인적 인간관계가 많은 영향을 미치며, 당파와 파당 등 정치적 요인이 관직경쟁을 촉발시키며, 인사담당자가 관직후보자의 자질을 잘 모를수록 품계나 가문 또는 문지가 인사평가에 크게 영향을 미친다고 분석하고 있다. 또한 한(韓)나라 이후 관료제도가 비대화되면서 비인격적이고 관행적인 인사절차가 많아지고, 그에 비례하여 덕행과 능력을 위주로 하는 가치평가보다는 재직기간이나 문지 등 형식적인 기준을 중심으로 평가하는 경향이 두드러졌다고 분석하고 있다. 그는 공직후보자를 평가하는 인사행정 패러다임이 점점 가치평가가 배제되는 방향으로 변화하고 있다고 주장하면서, 공직을 담당해야 할 관료는 반드시 '도덕적 지식과 행동' 그리고 '직무수행능력'을 동시에 평가해야 한다고 주장했다. 그에게 있어서 인재를 선발하는 주요한 기준은 도덕(道德)과 능력(能力)을 고루 갖춘 균형잡힌 지식인이었다.

그는 관료의 선발은 종래와 같은 시문(詩文)이나 경전(經典)보다도 덕행과 견식에 기준을 두어야 하며, 광범위하게 인재를 발굴하여야 하고, 문벌이나 신분계층에 구애받지 않아야하며, 철저하게 교육과정을 거쳐 검증된 자에게 기회를 주어야 한다고 생각했다. 관직에 나가는 사람은 특히 도덕적 자질과 품행이 중요하다고 생각했기 때문에 그의 인사행정관은 교육제도개혁사상과 깊은 관련이 있다. 따라서 그는 '과거제도에 의한 공직임용제'를 전면 폐지하고, '교육제도와 연계한 책임추천제'로 전면적으로 개혁할 것을 주장했다. 그는 탐욕, 야망, 정실, 부패에서 덕행, 학문, 정직으로 돌아가는 것이 인사행정의 목표가 되어야 한다고 주장하고 있다.

4. 정기적인 인사평가의 원칙

유형원이 중국의 인사제도를 연구하여 얻은 결론중 하나는 행정을 담당하고 있는 모든 관료들은 정기적으로 자신의 업적을 평가받아야 한다는 원칙이다. 그는『주례』에서 서술한대로, 모든 관원의 실적을 3년마다 평가하고, 9년마다 전면적인 인사고과를 실시하여 포상과 처벌을 실시한 주대(周代)의 제도가 가장 완벽에 가깝다고 판단했다. 그는 정기적인 인사고과를 통하여 우수한 관료에 대해서는 품계와 녹봉을 올려주어 포상하고, 무능한 사람은 파직시키는 것이 인사행정의 기본원칙이라고 보았다. 모든 관료는 매년 인사고과(人事考課)를 실시하며, 경직의 당하관의 경우 임기 6년이 만료되어 관직을 옮겨야 할 경우 6년간에 여섯 번 실시한 고과조사의 결과를 보고 인재와 직책이 합당한가를 살핀 후에 결정하도록 했다. 그는 인사고과의 평가기준으로 덕행(德行)을 가장 중요한 기준으로 삼았으며, 그 다음으로 능력, 책임감, 공정성, 준법태도, 판단력으로 보았다(Palais(2), 2008 : 93).

5. 잦은 인사이동의 금지와 구임(久任)의 원칙

유형원은 17세기 조선의 인사행정에서 고쳐야 할 가장 중요한 문제 중 하나는 '짧은 임기'와 '잦은 인사이동'으로 인해 나타나는 행정의 비능률성과 무책임성, 그리고 관료들의 행정업무능력의 부족 문제라고 판단했다. 그는 관료들의 임기를 길게(久任) 하여 장기 근속시키고, 잦은 인사이동(전직 · 전보 · 휴직 · 파면)을 금지하는 인사규칙을 만들면 빠르고 잦은 이직현상에서 필연적으로 나타나는 행정의 무책임성과 공직부패를 막을 수 있을 것이라고 확신했다.

그의 역사적 분석에 의하면, 관료의 임기는 관료제도가 정착되고 공직경쟁이 심화되면서 점점 줄어들었다. 즉 고대에는 지방관원의 임기가 9년이었으나, 위 · 진 시대에는 6년으로, 그리고 수 · 당 시대에는 3~4년으로 줄어들었다. 실제 근무기간을 보면, 당나라의 관원들은 길어야 1~2년, 짧게는 3~5개월 정도만 한 직책에 머물러 있었다. 조선의 경우도『경국대전』을 보면 모든 관직에 임기가 정해져 있었다. 경관직(京官職)의 경우 6품 이상은 900일(2년 반), 7품 이하는 450일(1년 3개월), 그리고 무녹관(無祿官)은 360일(1년)로 규정되어 있었고, 지방직인 외관(外官)의 경우는 감사 1년, 지방수령 3년으로 규정되어 있었다. 그러나 이 임기제는 조선 중기로 넘어오면서 점차 문란해져 거의 지켜지지 않았다. 그 이유는 관료제도가 심화되고 인사행정이 관행화되면서 공직자들이 모두 관직경쟁에 치중했기 때문이다. 젊은 관원들은 직무를 성실하게 수행하는 데 관심을 기울이기보다는 자주 관직을 옮겨 남보다 빠르게 높은 자리에 올라가기 위하여 연줄이나 영향력을 동원했으며, 심지어 중앙의 요직에 임명된 자도 그 직에 불만이 있으면 흔히 칭병(稱病)을 핑계로 사임을 요청했으며, 또한 비행(非行)으로 탄핵당한 관원들은 그 혐의를 피하기 위하여 전보(轉補)를 신청했다. 이러한 요청을 정부가 들어주면서 관직은 혼란스러울 정도로 인사이동이 심했으며 인사행정의 질서는 무너져 버렸다.[9] 잦은 전직은 안정보다는 혼란만을 가져왔다. 반계는 이러한 상황에서의 유일한 해결책은 '관직을 수행하는 도덕적 기초'를 다시 확립하는 것이라고 확신했다(『반계수록』 13 : 3).

유형원은 임기와 업무수행능력, 그리고 공직부패와는 불가분의 관계가 있다고 보았다. 공직의 임기가 짧으면 담당업무를 익힐 시간이 부족하고, 전문지식이 부족하면 자연히 업무처리권한은 장기간 근무하고 있는 이서(하위관리)

---

9. 유형원은 칭병에 의한 전직(轉職)을 요청하는 경우, 발병이후 3개월 동안은 치료할 수 있는 기회를 주어 질병 때문에 전직하는 사례를 제한하고자 했다. 질병을 근거로 결근이 허용된 관원들에 대해서는 10일마다 그 경과를 기록유지하고 3개월 안에 회복되지 않으면 파직했으며, 관직을 옮기기 위하여 칭병한 사실이 발견되면 조사받고 탄핵을 받도록 했다. 또한 피혐에 의한 전직요청의 경우에는, 삼사에서 그 자리가 부적합하다고 판단(처치)할 경우를 제외하고는 탄핵을 피하기 위하여 전직을 신청하는 것을 허용하지 않았다. 예컨대 삼사가 비행을 탄핵한 경우에도 사헌부가 공식적으로 그의 심문을 요구하는 경우가 아니면 전직할 수 없게 함으로써 잦은 인사이동과 전직에서 오는 인사행정의 혼란을 막으려고 했다 (Palais(2), 2008 : 114-116).

들에게 넘어가고 녹봉을 받지 못하는 그들은 그 행정 권력을 이용하여 마음껏 백성을 괴롭히고 수탈할 수 있다고 보았다. 그는 국정운영을 담당하는 관료들은 적어도 행정절차와 규정에 대한 전문적 지식과 도덕적 자질을 갖추어야 하는데, 임기가 짧고 전직(轉職)이 잦다보니 그러한 '관직수행에 필요한 도덕적 기초'를 갖출 시간이 없다고 보았다. 근본적인 도덕원칙(덕행과 전문능력)을 배우지 못했으니 관원들은 정직(正直)과 염치(廉恥)를 모르고, 나아가 가난한 백성을 구휼할 임무를 저버렸다고 비판했다. 그는 지방수령의 위엄이 떨어지고, 이서(吏胥)들이 행정업무를 장악하여 부패가 만연하게 된 근본적 원인은 짧은 관직임기와 잦은 인사이동에서 나타나는 역기능이라고 확신했다. 따라서 반계는 관직 임기의 장기화(久任)를 통하여 행정업무능력을 향상시키는 것은 인사행정의 불가역(不可易)의 원칙이라고 주장하면서, 중앙관직의 당하관 이하는 6년으로 그리고 외직인 수령 · 진장 · 교관 · 찰방 등은 9년, 관찰사 · 절도사 · 도사 · 우후 등은 6년으로 하는 등 지방관직은 그 직책에 따라 임기를 6~9년으로 늘리자고 제안했다. 그는 가능한 한 한 직책에 충분히 근무하여 실적을 낼 수 있을 정도의 임기를 보장해야 한다고 보았다. 『반계수록』 임관지제에서 제일먼저 다루고 있는 분야가 바로 이 관리의 임기(仕滿) 문제이다.

유형원은 관료의 활용과정에서 관례화된 '잦은 인사이동'과 그로 인해 야기된 '과도한 관직경쟁문화'는 공직기강을 무너뜨리고 천하의 인심을 부박(浮薄)하게 만들었다고 비판하면서, 기강과 법이 무너진 현실을 매우 안타깝게 생각했다. 그는 잦은 인사이동과 인사파동이 지속적으로 일어나는 근본적 이유를 분석하고, 인사절차법을 개정 또는 제정하여 민심을 지속적으로 안정시키고자 했다. 그는 잦은 인사이동과 과도한 관직경쟁을 방지하고 산관(散官)이 발생하지 않도록 하기 위하여 전직(轉職) 시기와 체임 · 체직에 대한 자세한 원칙을 만들었다(『반계수록』 13. 임관지제). 그 내용을 요약하면 다음과 같다.

첫째, 인사이동은 철저하게 산관(散官)이 발생하지 않도록 운영한다. 즉 중앙관직과 지방관직을 막론하고 임기(仕滿)가 만료되어 인사이동을 할 경우, 반드시 그에게 합당한 자리에 결원이 생기거나 전임(轉任)하는 자리가 있기를 기다려서 임명한다. 임기가 만료된 지 비록 오래되어도 반드시 합당한 자리에 결원이 생기거나 전임하는 관리가 있기를 기다려서 그 뒷자리에 임명한다.

둘째, 긴요한 관직에 결원이 생겨 아직 임기가 차지 않은 관리가운에서 뽑아서 써야 할 필요가 있는 경우, 특별히 임금께 특정인(某人)의 재질과 현명함을 자세히 밝혀 추천하고 그 승인을 얻어 임명한다. 이 경우 임기가 찬 관리가운데는 피추천인에 비견할 만한 적임자가 없음을 밝혀야 한다.

셋째, 인사이동을 하였으나 미처 부임하지 못하고 체임(遞任)된 경우, 그 체임이 자신의 과실이 아닌 경우(공적인 사고나 상피법에 저촉되어 체임된 경우)는 전임직(前任職)에 그대로 머물게 한다. 비록 이미 그 후임자가 부임한 경우에도 마찬가지로 한다. 이는 산관(散官)을 방지하기 위한 것이다.

넷째, 질병이 있어 업무를 수행할 수 없을 경우에는 그 병이 3개월 이상 계속될 때 체직(遞職)한다. 병이 난지 10일이 지난 후에 사직서를 제출하고, 3개월이 지나도 낫지 아니하면 면직한다. 그 기간 동안은 인사발령을 내지 않는다. 이는 칭병을 이유로 인사이동을 원하는 것을 방지하고자 함이다.

다섯째, 의정부와 육조의 낭관(郎官)은 모두 의정부와 해당 각조의 당상관이 자신의 인사기준에 따라 선발하여 이조(吏曹)에 추천하고 임명한다. 추천의 책임은 장관이 진다.

여섯째, 정3품의 직에 오르기 위해서는 반드시 지방 수령으로 나아가서 치적을 내야 한다. 단 재질과 덕이 남보다 우월하고 격식에 메일 필요가 없는 자인 경우는 의정부, 이조, 사헌부가 회의를 거쳐 임용할 수 있다.

일곱째, 관직의 직임(職任)을 수여받기 위해서는 나이가 40이 되어야 한다. 단 재질이 뛰어나서 나이에 구애될 필요가 없는 자는 예외로 한다. 군사를 영솔하는 아문(衙門)의 7품 이하 관직은 30세 이상이면 선발하여 임명할 수 있다.

6. 인건비지급의 원칙

반계는 도덕(道德)과 교화(敎化)를 강조했던 조선사회가 왜 그렇게 중간착취가 심하고, 공직부패가 일반화되었는가에 대하여 구조적인 관점에서 깊이 사유했다. 항산이 없으면 항심이 없다. 그럼에도 불구하고 대부분의 관료들은 원칙적으로 보수(報酬)가 없었다. 감사(관찰사), 병사(병마절도사), 수사(수구절도사)의 경우, 가족을 동반치 아니할 경우에 한하여 녹(祿)을 지급하였고, 수령, 첨사, 만호는 가족을 동반하지 않는 경우 극히 일부에만 녹이 있고, 도사(都事), 양계(평안도와 영안도)의 우후(虞侯), 평사(評事)에게만 보수를 지급하였다(『경국대전(II)』 호전 祿科).[10] 외방(外方)의 이서(吏胥)나 복례(僕隷)에 대해서는 아무런 보수가 없었다. 그러므로 그들은 지방관청의 늠전(廩田)이나 관둔전(官屯田)의 수입 중에서 또는 백성들에게서 수탈하는 길밖에 없었다.[11] 이렇게 관(官)의 공적 수입을 사적으로 이용하게 되니 공(公)과 사(私)의 구별이 모호해지고, 기강이 해이해져 속료 또는 백성들에 대한 착취가 더욱 심하게 되었다. 백성들은 식(食)을 하늘로 삼는다고 했는데 봉록이 없으니 중간착취가 일어나기 마련이다.

유형원은 고대에서부터 진 · 한대 이후 관료제도의 시대에 이르기까지 중국과 조선의 녹봉정책을 심도 있게 연구했다. 그는 고려시대에는 “모든 관원은 녹봉을 받는다는 원칙”에 입각하여 품계별로 최고 400섬에서 최하 10섬까지 차등적으로 녹봉이 지급되었으며, 향리는 물론 지방관원들도 녹봉의 전액을 받았다고 높이 평가했다(『반계수록』 20 : 14). 그러나 조선시대의 녹봉정책은 고려

---

10. 도사(都事)는 관찰사의 주요한 보좌역으로서 지방관의 감찰을 담당한다. 우후(虞侯)는 병마와 수군절도사 밑에 있는 부직(副職)이며, 평사(評事)는 병마절도사 밑에서 군기에 참여하는 정6품의 문관직이다(정시채, 1986 : 213−256),

11. 늠전(廩田)이란 조선시대 지방의 행정관서나 기타 공무수행기관의 경비조달을 위하여 지급되어 있던 토지를 총칭한다. 즉 공수전(公須田), 아록전(衙祿田), 학위전(學位田), 역위전(驛位田) 따위를 통용하여 이르는 용어이다.

시대와는 달리 품계별 차별이 많았으며 지방관원이나 서리나 향리들에게는 녹봉지급이 없었다. 유형원은 국가에 봉사하는 모든 사람들은 품계나 신분에 관계없이 녹봉을 받아야 한다고 주장했다. 즉 "경대부에서 서인에 이르기까지 관직에 있는 사람은 각각 그 직분에 따라 녹봉을 받는다. 품계가 높은 사람(貴子)은 제사를 봉행하고 친척을 도와주는데 충분한 분량을 받고, 품계가 낮은 관원(賤子)은 부모를 봉양하고 처자를 양육하는데 충분한 분량을 받는다는 원칙"을 제시했다(『반계수록』 3 : 26).

유형원은 국가를 위해 노동력을 제공하는 모든 사람에게 지급할 구체적인 봉급규정을 『반계수록』 19권에서 상세하게 규정하고 있으며, 이 규정을 바탕으로 중앙과 지방의 세출예산안을 편성하고 있다. 반계 유형원은 중앙관직의 백관을 위시하여 지방의 이서(吏胥)나 복례(僕隸)에 이르기까지 모든 공직자들에게 생활에 상응할만한 상록(常祿:고정된 급료)을 경상세입인 상세(常稅)로서 지급할 것을 주장했다. 반계는 나라의 관료에게 녹봉을 지급하지 않고 일을 하라고 하는 것은, 횡령, 토색, 강탈, 등등의 수단으로 생활하라고 공인(公認)한 것과 같다고 보았다. 그는 옛날에는 그들에게 일정한 보수가 있었는데 오늘날에는 없으니, 그들이 도적질을 할 수 밖에 없다고 보았다. 그 시대에 일어났던 관리의 모든 부정한 방법은 공무(公務)를 핑계대고 사리(私利)를 추구하는 것이었다.

제4절 천거제의 유형과 방법

천거제(薦擧制)는 본래 『논어』 자로편의 존현능사(尊賢能使)라는 유교적 정치행정이념을 토대로 발전된 것으로 '현인을 천거하는 일'은 지방수령의 기본적인 임무라는 주장에서 나온 말이다. 중국에서는 천거제가 활성화되어 공직임용의 수단으로 많이 활용되었으나, 우리나라에서는 이러한 천거제도가 제대로 시행되지 않았다. 중종 10년(1515)에 조광조가 등용되면서 현량과(賢良科)라는 추천제도를 도입하여 많은 인재를 천거를 통하여 뽑았으나, 조광조의 몰락과 더불어 이러한 개혁적 천거제도는 거의 활용되지 않았다.

유형원은 과거의 시험점수로 사람을 평가하기보다는 심층적인 면접평가나 책임 있는 자의 추천에 의하여 평가하는 것이 보다 공직에 적합한 인재를 선발할 수 있다고 생각했다. 그는 도덕과 능력을 고루 갖춘 인재의 등용은 평소에 그 능력과 재능을 인정하는 이웃들의 다양한 천거에 의하여 이루어지는 것이, 한 번의 시험에 의하여 이루어지는 것보다 훨씬 합리적이고 적절하다고 판단했다. 그는 다양한 추천임용제(薦擧制)의 도입을 주장했다. 동시에 추천제도의 역기능인 정실(情實)이나 형식적인 추천 등을 방지하기 위하여 모든 추천에 사후책임을 부여하는 「책임추천제」를 제도화하고자 했다. 그는 당시의 인사제도가 덕행과 능력을 고루 갖춘 인재의 등용과 활용이라는 제 기능을 다하지 못하는 상황에서, 자신이 발견한 인사행정의 근본원리가 가장 잘 반영된 객관적이고 합리적인 인사제도를 고안하고자 했다. 유형원이 제안한 인재등용방법은 다음 네 가지로 요약할 수 있다.

1. 교육제도와 연계한 추천임용제도

이 제도는 과거제도의 폐지와 교육제도의 개혁을 전제로 새롭게 제시한 인재등용법이다. 유형원은 과거제도의 폐단을 상세히 분석한 후, 그 폐단을 극복하고 현명한 인재를 광범위하게 등용할 수 있는 대안으로 『학력과 연계한 천거제도』의 도입을 강력하게 주장했다. 그는 현명하고 능력 있는 인재를 객관적 기준에 의하여 광범위하게 등용시킬 수 있고, 또 하층신분이 사회적으로 상승할 수 있는 기회를 주어 궁극적으로는 세습적 귀족제도를 무너뜨릴 수 있는 방법은 과거제도에 의한 임용이 아니라 정규교육과정을 거친 학생들을 대상으로 광범위하게 선발하는 추천제도(천거제)라고 생각했다. 교육제도와 연계시킨 추천제도는 과거제도라는 시험만으로는 미처 측정하지 못했던 지식과 능력을 정규교육과정을 통하여 보완할 수 있고, 또 수년 동안의 교육과정을 통해 그 능력과 인품(덕행)이 검정된 자를 선발할 수 있기 때문에 과거제도보다는 훨씬 더 선발오류의 위험성을 줄일 수 있다고 보았다.

반계 유형원은 당시의 공직임용제도인 과거제도가 그 원래의 목적과는 달리 사대부들의 공직세습을 위한 수단으로 이용되고 있고, 또 덕행과 능력을 골고루 갖춘 인재를 선발하는데 한계가 있기 때문에 과거제를 전면 폐지하고 '추천에 의한 임용제도', 즉 공거제로 전환할 것을 주장했다. 그는 과거제도가 "모든 경서를 모두 들어서 한번 시험을 보아서 어찌 그 사람의 재질을 살필 수 있겠는가" 라고 반문하면서 책임 있는 추천을 통한 임용이 바람직하다고 보았다. 또한 추천도 권력과 정실의 개입 등의 폐단이 있을 수 있으므로 이를 방지하기 위하여 처벌과 보상을 연계시킨 강력한「책임추천제」를 도입할 것을 주장했다. 즉 잘못 추천한 자에게는 파직과 처벌을 강력히 하고, 현명한 인재를 추천할 경우에는 포상을 하여 추천이 책임 있게 이루어지도록 하자는 것이다.

추천에 의한 인재등용은 그렇게 쉽게 이루어지지 않는다. 인간은 기본적으로 이익을 추구하는 존재이기 때문에 아무리 추천에 대한 사후책임을 강화하여도 그 추천이 정실과 오류를 배제하기기 쉽지 않다. 이러한 본질을 잘 알고 있었던 반계 유형원은 덕행과 능력을 고루 갖춘 우수한 인재를 추천에 의하여 지속적으로 공급받기 위해서는 균형 있는 지식인을 양성하는 국가교육기관의 설립이 우선 필요하다고 보았다. 치밀하게 설계된 정규교육과정을 이수하는 과정에서 충분히 검증된 인재들을 추천으로 등용하는 것이 천거제의 본질을 가장 잘 충족시킨다고 판단했다. 그는 교육제도와 연계된 추천제도를 도입할 것을 주장하고, 교육제도와 인재등용제도를 연계시켰다.

당시의 교육기관으로는 서울의 사학(四學), 지방의 향교 및 서원, 그리고 최고학부인 서울의 성균관이 있었으나 이들은 서로 계통적으로 연결되어 있지는 않았다. 즉 사학을 졸업하거나 또는 향교나 서원을 졸업해야 성균관에 입학할 수 있는 것이 아니어서, 학제가 서로 연결되어 있지 않았다. 이에 대해 반계는 철저하게 졸업정원제로 운영되는 3단계의 교육제도(소학–중학–대학)를 만들어, 학제와 관리임용제를 연계시켜 일원화할 것을 주장했다. 즉 각 부(府)와 군현(郡縣)에 4년 교육과정의 읍학(邑學)을, 각 도에는 1년 교육과정의 영학(營學)을, 그리고 중앙에는 최고교육기관인 1년 교육과정의 태학(太學)을 두자는 것이다. 또한 서울에는 지방의 읍학에 해당하는 사학(四學), 영학에 해당하는 중학(中學)을 두되 모두 국립교육기관으로 운영하자는 것이다(『반계수록』 10. 교선지제 하). 그의 주장은 읍학(사학)과정을 이수한 학생들 중에서 우수한 자를 추천하여 영학(중학)에 입학시켜 교육을 받게 하고, 영학과정을 이수한 자 중에서 우수한 자를 추천하여 태학에 입학시켜 교육을 받게 한 후,[12] 그 중에서 해마다 35명씩을 추천하여 진사(進士)로 삼고, 이들 진사들을 일정한 기간 진사원(進士院)에[13] 수용하였다가 1년 뒤 그 능력과 인격에 따라 중앙 및 지방관으로 기용하자는 것이었다(강만길, 1981 : 42). 무엇보다 관직의 세습화를 방지하기 위하여 읍학의 입학자격을 사대부 자제에만 한정하지 않고 서얼출신과 양민의 자제도 입학할 수 있게 하였다는 것이 특징이다.

---

12. 3년마다 서울과 지방에서 태학에 뽑아 올리는 선사는 150명으로 정하고 태학에서 해마다 조정에 뽑아 올리는 사람은 35명으로 한다.

13. 진사원은 의정부와 이조에서 관장한다. 진사들은 일정한 정원도 없으며 특별히 관장하는 직책(업무분장)도 없다. 다만 번(番)을 나누어 입직(궁궐숙위)하게 하며 4시로 강(講)을 하며 또 활쏘기도 한다. 임금이 조회를 받을 때마다 전(殿) 위에서 시위하게 하며, 또 윤번으로 경연에 들어가며, 혹 임금이 한가할 때 교대로 면대하게 하고 제사 때에는 집사(執事)로 임명한다. 그들은 1년 동안 궁중에 초대되어 고전을 강의하고 정치의 방법 · 시사 · 풍습을 배운다. 또한 그들은 지속적인 심사를 받아야 하며 부적당한 사람은 퇴학조치 당한다. 궁궐의 모든 관원들은 그들을 평가하는데 참여하며, 대부분은 종9품을 받으나 우수한 자는 6품 이상도 받는다(『반계수록』 전제후록, 교육).

이상에서 설명한 바와 같이 반계는 과거시험에 의한 공직등용제도를 폐지하고 읍학(사학)–영학(중학)–태학으로 이어지는 단계적 교육과정을 이수한 자들 중에서 개인의 자질과 능력이 우수한 인재를 추천에 의하여 공직에 선발하고자 하였다. 그가 구상한 3단계 학제시스템은 그 수학연한은 다르지만, 오늘날의 초등–중등–대학의 학제시스템과 동일하다. 이러한 인사제도와 교육제도의 개혁을 통하여 반계가 궁극적으로 달성하려고 한 것은 세습적 양반사족제도인 문벌제도를 혁파하고 각 개인의 노력으로 수련한 결과에 따라 귀(貴)·천(賤)의 사회적 지위가 재구성되는 성취형의 평등사회를 만들려는 것이었다. 이를 위해 한걸음 더 나아가 그는 우수한 인재의 선발과 관련된 학제이외에도, 일반 백성의 자제들에 대한 기초교육을 위하여 각 지방의 향(鄕)에도 공립학교인 향상(鄕庠)을, 그리고 중앙의 각 방(坊)에는 방상(坊庠)을 설치할 것을 주장했다. 그는 이 기초교육과정을 특히 중요시했다. 교육을 받은 사람이 많아지면, 의(義)로운 일을 실행하는 사람들이 많아 질 것이고, 양반들의 공직독점도 줄어들 것이며, 간활하고 교활한 관리나 이서(吏胥)들이 생겨나지 않을 것이며, 이를 통해 화목하고 표창할만한 풍속이 이루어질 것이라는 주장이다. 그는 이러한 3단계 교육과정과 기초교육과정은 지치(至治)를 이루는 근본 기지가 될 것임을 확신하고 있다(김태영, 2011: 133).

2. 중앙인사기관에 의한 정기적 인사평가 및 추천제도

유형원은 기본적으로 문·무관에 대한 인사업무를 담당하고 있는 중앙인사기관인 이조와 병조가 인사추천과 인재활용을 책임지고 담당해야 한다고 확신했다. 그는 인사행정제도의 개혁안을 마련하면서 중국의 인사행정 및 인사제도사를 치밀하게 연구했다. 그 결과 그는 이조(吏曹)라는 특정한 중앙인사행정기관이 기계적으로 또는 관행적으로 인사행정을 담당하면서 현능한 인재를 선발하지 못했고, 또한 관직으로 임용된 이후에도 현직 관원들을 철저하게 심사·

평가하지 않은 결과 인사행정의 효율성과 성실성이 떨어졌다고 판단했다.[14] 인사행정에는 신규임용, 교육훈련, 인사평가, 승진과 전보(인사이동) 등에 관한 업무를 모두 포함한다. 유형원은 신규임용에서는 과거제도를 폐지하고 교육제도와 연계한 추천제도의 도입을 제안했지만, 이 제도는 장기적인 시간을 필요로 하기 때문에 단기적으로는 중앙인사행정기관의 인사행정책임을 강화하는 방향에서 그 당시의 인사문제를 개선하고자 했다. 인사행정은 유능한 인재를 발굴 · 임용하고 그들을 지속적으로 관찰 · 평가하여 적재적소에 활용(승진 · 전보 · 징계)할 수 있어야 한다. 그러나 조선 중기의 경우, 임용이후의 공직업무 수행과정에 대한 실적평가와 관찰은 실제 인사행정업무를 담당하는 이서(吏胥)들이 인사서류를 형식적으로 관리하는 수준에 머물러 있었다.

한(漢)나라가 멸망한 이후 귀족제도가 발전하고 신분과 문벌이 중시되면서 인재의 공정한 선발과 평가는 무너졌다. 589년 수(隋)나라에서 도입된 과거제도는 문지와 신분이 아닌 개인의 지식을 공평하고 객관적으로 평가할 것으로 기대됐기 때문에 호평을 받았다. 그러나 이 제도는 '문헌을 기계적으로 암송하고 문학적 기술에 의존해 시문을 짓는 능력'을 강조한 결과 고대와 같은 도덕적 지배층을 양성하는데 성공하지 못했다. 과거제도는 사회와 관료제도의 규모가 커진 당(唐)나라에 들어와서는 그 역기능이 더욱 심각했다. 과거시험을 보기위해 서울로 몰려드는 수도인구 집중화 현상, 신분과 문지에 의한 불공정한 인사, 짧은 임기와 잦은 인사이동에서 오는 인사파동, 지방관직의 기피현상 등 많은

14. 이조(吏曹)는 조선시대 정이품아문(正二品衙門)인 육조의 하나로서, 관리의 임명, 공훈, 봉작, 그리고 관원들의 성적고사(인사고과) 등 인사행정에 관한 직무를 맡아 보았다. 이조에는 문선사(文選司), 고훈사(考勳司), 고공사(考功司)의 분장이 있었다. 문선사는 종친, 문관, 잡직, 증직 등의 제수와 고신(告身), 녹패(祿牌), 문과, 생원, 진사, 사패(賜牌), 차정(差定), 취재, 개명과 장오(贓汚), 패상인(敗常人)의 녹안(錄案)에 관한 사무를 보았다. 고훈사는 종재(宗宰), 공신의 봉작과 시호, 향관(享官), 노직(老職), 내 · 외명부의 봉작첩, 향리급첩에 관한 사무를 맡았다. 고공사는 문관의 공과, 근태, 휴가와 모든 관사 아전의 근무일수, 향리자손의 변리(辨理) 등에 관한 사무를 담당하였다.

폐단이 나타났다.

이러한 문제점은 조선에서도 동일하게 나타났으며 유형원은 이를 개선하기 위해 과거제도를 폐지하고 천거제도를 전면 도입할 것과 중앙인사기관의 장(長)인 이조판서의 인사권을 제한한 낭관(이조 정랑)의 인사권을 폐지할 것을 주장했다. 그는 낭관에 집중된 인사권은 인사행정의 명령체계를 혼란시켰을 뿐만 아니라, 그 결과 1575년(선조 8)에 일어났던 이조 정랑을 둘러싸고 벌어진 당파간의 갈등은 당시 조선사회를 당쟁으로 병들게 하는 계기가 되었다고 분석하고 있다. 유형원은 율곡의 주장과 같이 중앙인사행정기관의 명령체계를 복구하는 것이 보다 효율적인 인사행정이 가능하다고 보았다.

유형원은 인사행정의 책임이 이조판서에서 낭간과 대간에게 이관되어 있는 현실을 비판하면서 언론기관을 현재의 삼사에서 사헌부만 남기고, 문지에 대한 편애를 자주 보인 사간원의 서경권을 박탈해야 한다고 주장했다. 그는 당시의 상하로 분산된 인사권을 의정부와 이조 · 병조 · 사간원이 면접해 실시하는 비변사 이전의 제도로 돌아가서, 부처 간의 횡적 견제장치를 강화하고자 했다. 그는 인사행정도 의정부와 6조를 중심으로 이루어지는 일관성 있는 집행체제를 선호했다. 그의 개혁안에 의하면 문무관의 공직임용과 승진 · 전보 등 인사의 추천은 각 기능별 중앙인사행정기관이라 할 수 있는 의정부 · 이조 · 병조 · 사간원에 의하여 매년 정기적으로 이루어지도록 했다.

특히 의정부와 육조의 낭간에 대한 인사권을 의정부와 해당 각조의 당상관이 책임지고 행사하도록 하면서, 동시에 중앙인사기관인 이조가 이를 견제할 수 있도록 인사권을 분산시켰다. 즉 해당부서의 장관은 여러 당상관과 의논하여 적당한 인물을 구하면 그 재질과 덕을 기록한 (한 사람이나 두 사람의 후보자를 천거하는) 추천장을 이조로 보내고, 이조는 이를 검토(注擬)하고 후일 삼고(三考)에 대비하여 보관한다. 동시에 중앙인사기관인 이조도 장관과 낭관은 그에 대한 추천장을 각각 따로 만들어 보관해 둔다. 이때 추천된 사람이 혹 합당하지 않으면 이조가 이를 규탄해서 왕께 보고한다. 낭간에 대한 추천 및 인사에 대한 책임은 추천한 해당 장관이 진다. 추천장은 비록 여러 당상관과 의논하여 만들었다 하더라도 연서(連署)하지 않으며, 오직 장관 홀로 보증하고 책임지도록 했다. 그는 철저하게 추천책임제를 선호했다.

3. 상급관원에 의한 부정기적 추천제도

이 방법은 중앙인사행정기관에서 정기적으로 인재를 추천하는 것이 아니라, 현직 상급관원이 추천하여 일정한 교육기간을 거쳐 임용하는 제도이다. 이 제도는 송나라 정호(程顥)가 제안한 추천제도와 동일하다. 유형원은 1～3품의 현직관원과 사간원 · 홍문관 · 성균관에 재직하고 있는 4품 관원에게[15] 5～9품의 관원을 추천하게 하거나, 어진 유학자들과 지방 주현의 관리에게 덕망이 있고 사표(師表)가 될 만한 인재를 추천하게 하는 방법을 제안했다.[16] 추천 시기는 9년에 한번을 기본으로 하고, 인재가 부족한 경우는 수시로 천거할 수 있도록 했다. 추천 시에는 반드시 그 사람의 도덕, 학식, 재행 등을 추천서에 기재하도록 하고 그 잘못기재 여부에 책임을 지게 했다.

추천된 사람 중에 도(道)가 있는 선비는 조정에서 후한 예(禮)로서 맞이하고 그 나머지는 주현에 명하여 서울에 보내게 하고, 성균관의 조용한 곳인 연영원(延英院)에 모아 놓고 교육을 시키게 했다. 유형원은 이 교육장소를 송나라의 정호(程顥)가 제안한 이름과 제도를 따라 연영원이라 했다.[17] 이들은 즉시 관직

15. 진실로 현명하고 덕이 있는 사람이면 이 품등(品等)에 있지 않은 관리라도 특별히 명령하여 선비를 천거할 수 있게 했다.

16. 이러한 제안은 상당한 시간이 흐른 뒤인 1870년(고종 7년) 대원군이 대신들에게 관원의 후보자를 천거하라는 지시에 영향을 준 것으로 짐작된다(Palais(2), 2009 : 121).

17. 연영원은 송 신종 때 정호(程顥: 1031～1085))가 지배계층의 등용과 훈련을 위해 만들자고 했던 특별교육기관의 명칭이다. 유형원은 '상급관원에 의한 부정기적인 추천제도의 도입'을 주장하고 있는 「임관지제」에서는 연영원(延英院)이라는 교육기관을 설치할 것을 주장하였으나, 나중에 '교육제도와 연계한 추천제도'의 도입을 주장하는 「공거사목(貢擧事目)」

에 임명하지 않고 가르침에 응한다는 뜻의 응교(應教)로 임명하여 1년간 합숙을 한다. 그들에게는 녹봉을 지급하되, 전에 관직에 있었던 사람은 그 품계를 참작하여 녹봉을 지급한다. 교육은 여러 선비들이 교대로 정학(正學)을 강론하고, 뛰어난 사람은 경연에 참석하게 하고, 나머지는 윤대(輪對)의 예(禮)로서 등대(登對)하게 한다. 1년의 교육과정을 거쳐 현명하고 걸준한 사람은 높은 직임에, 학업이 크게 밝고 도의가 존경할 만한 사람은 태학의 교사로, 그 다음의 사람들은 서울과 지방 주현의 학교 교사로 보내게 하였다. 교육기간동안 당시 중앙인사기관의 역할을 담당하고 있었던 의정부, 이조, 사간원에서는 그들에게 어떠한 시험도 치를 수 없게 하였다. 유형원은 한 번의 시험으로 인재를 선발하는 것은 옳은 인재를 얻는데 유익하지 못하며 동시에 고대의 제도와 상반된다고 판단했기 때문이다.

유형원이 이 방법을 통하여 훌륭한 인재를 널리 등용하고자 한 이유는 당시 교관(教官)의 직임이 세상에서 천하게 여겨진지 오래되어 진정한 인재양성교육이 사라졌음을 개혁하고자 했기 때문이다. 그는 과거제도로 인하여 피폐해진 공교육을 살리고자 했다. 그는 과거제도가 만연되면서 스승과 제자가 모두 학문이나 의로움을 행하기보다는 기교와 기법에 매여 경서와 학술을 강론하는 문화가 사라졌다고 보았다. 그로 인하여 교수는 쓸모없는 용관(冗官)이 되었고, 훈도는 천한 직임(職任)이 되어 반드시 용렬하고 빈천한 사람이라야만 그 직임을 맡아 교생(教生)들을 침탈하면서 기한(飢寒)을 면하고 있다고 맹렬히 비판했다(강만길, 1981 : 108). 그는 과거제도로 인하여 피폐화된 교육을 살리는 길이 당시 조선사회가 당면하고 있는 인사행정의 현실적 문제를 해결할 수 있다

에서는 진사원(進士院)이라고 이름을 고쳐 그 설립을 주장하고 있다. 다 같은 내용의 특별 교육기관이지만 전자는 교육제도개혁이전 단계에서 사용한 명칭이고, 후자는 교육제도개혁을 염두에 두고 '학제와 연계한 추천제도'에서 자신이 지은 명칭이다. 반계는 정호의 연영원이 '향촌의 천거'와 '3단계 공립학교를 복원하고 그 학제를 마친 자들 중에서 추천을 통해 관직에 등용하는 자신의 인사제도'를 서로 연결지울 수 있는 기구라고 생각했다.

고 보았다. 그는 광범위한 인재양성과 발굴을 통하여 교육을 담당할 우수한 인재를 양성 · 선발하고자 하였다. 우수한 교육자가 있어야 자신이 주장한 '학제와 연계한 천거제도'가 제 기능을 수행할 수 있기 때문이다.

유형원이 관리의 등용을 교육제도와 연계시켜야 한다고 주장한 근본적인 이유는 정규교육과정을 거쳐 유교기준에 적합한 도덕적 지식을 습득하고 전인적인 교육을 받은 자들을 등용하는 것이 일회의 과거시험을 통하여 등용하는 것보다는 훨씬 더 균형 잡힌 인재를 등용할 수 있다고 보았기 때문이다. 따라서 추천에 의한 인재등용제도가 성공하기 위해서는 무엇보다도 교육기능이 살아있어야 한다. 이를 위해 훌륭한 교관의 양성이 무엇보다 중요하다고 생각하고, 연영원의 응교(應教)를 통하여 훌륭한 교관을 양성하고자 한 것이라고 볼 수 있다.

4. 후임자추천제도

이 추천제도는 당(唐)의 노육이 제안한 것을 유형원이 받아들인 제도이다. 이 제도는 5품 이상의 상참관(常參官)이 다른 관직으로 전보될 경우, 3일 이내에 자신을 대신할 수 있는 부하를 추천하는 제도이다. 송대에는 7품 이하의 지방 수령 같은 하위관원까지 확대 적용하여 적합한 사람의 명단을 복수로 추천하게 했다.

유형원은 정규적인 중앙인사기관인 이조와 병조에서 인격을 고려하지 않고 기계적으로 선발하는 인사방법보다는, 자신이 담당했던 직무를 가장 잘 수행할 수 있는 인물을 자신의 책임 하에 천거하게 하는 이 후임자추천제도가 인재의 적재적소배치에 더 유리하다고 보았다. 그는 자신의 관직을 재능 있는 후임을 찾아 그 직을 양보하는 이타적 마음을 고무한다는 점에서도 이 제도를 높이 평가하고 있다(『반계수록』 13: 11). 그러나 유형원은 이 제도를 높이 상찬하고 지지하면서도 적극적으로 추천제도로 채택하지는 않았다. 그는 당상관에게 대간 · 사관 · 지방수령 · 교관만을 천거하도록 제한함으로써 점 더 조심스럽게 접근하고 있다.

제5절 책임추천을 위한 사후평가인센티브제도

유형원은 중국의 역사와 이이 · 유성룡 · 조헌 등 선배 학자들의 조언을 통하여 도덕의 교육과 실천이 관리등용의 기준이 되어야 할 뿐만 아니라, 등용된 이후의 관리의 행동과 업무수행과정에서도 항상 그 덕행이 시험되고 관찰(평가)되어야 한다는 것을 배웠다. 과거시험으로는 개인의 덕행(德行)과 능력(能力)을 평가하는데 한계가 있기 때문에 인재의 선발(임용)과 활용(승진 · 전보 등)을 위한 평가는 모두 관찰과 천거로 전환해야 한다고 주장했다. 그는 중앙집권적 관료제도가 심화되면서 나타난 비인격적이고 기계적인 인사행정의 결함을 보충하기 위하여 도덕과 능력을 고루 갖춘 우수한 인재를 폭넓게 발굴하고 또 그들을 추천으로 등용해왔던 향촌공동체의 정신(즉 주대의 봉건제도의 기초)을 인사행정에 접목하고자 했다. 그는 순수한 봉건제도로 돌아갈 수 있다고 믿지는 않았지만, 고전적 규범과 원칙을 도입하면 중앙집권적 관료제도가 시행되면서 발생한 문제들을 풀 수 있다고 확신했다. 그는 모든 인재선발에 추천제를 확대하고, 추천과정과 추천내용에 어떤 결함이 발견되면 천거한 자와 피천거자를 모두 가혹하게 처벌함으로써 그 제도의 실효성을 담보하고자 했다. 천거에 대한 포상과 처벌을 강화하여 천거제도가 본래의 의도를 벗어나지 않도록 하고자 한 것은 송나라의 사례와 경험을 받아들인 것이다. 구체적인 포상과 처벌의 방법은 다음과 같다.

1. 포상규정

자신이 추천한 사람이 오랫동안 관직을 잘 수행하여 뛰어난 실적을 나타내면 그를 천거한 자는 특별한 영예와 보상(특별임용, 승진, 명예, 포상, 시호)을 받도록 했다. 이 천거제는 현명한 사람을 광범위하게 발굴하는데 그 목적이 있으므로, 진실로 그 재질과 덕이 추천할 만한 사람이면 비록 그 자신의 자제를 추천하여도 사사로운 정(情)으로 추천하였다고 인정하지 않는다. 포상의 결정은 반드시 임기를 길게 하여 그 공(功)과 죄(罪)가 현저하게 들어난 후에 실시한다. 비록 추천한 사람이 이미 죽었어도 관직을 빼앗아야 할 사람은 빼앗고, 반대로 관직을 올려주어야 할 사람은 올려주며, 시호(諡號)가 있는 사람은 그 추천결과의 선악에 따라 시호도 고치도록 했다.

2. 징벌규정

잘못된 추천에 대해서는 견책과 처벌제도를 도입했다. 추천에 지나치게 사후책임을 부여했다고 할 정도로 가혹하게 책임을 지웠다. 예컨대, 피추천자가 범죄를 저지르면 추천자를 파직하고, 비록 참작할만한 사유가 있다 하더라도 추천자는 1년간 녹봉의 절반을 삭감 당했다. 피추천자가 횡령이나 부정을 저지를 경우에는 추가적인 처벌을 받았다. 또한 추천한 사람 중에서 2명 이상 법률을 위반하면 책임을 중하게 물어 추천자는 고신(告身)을 박탈당하고 양인의 신분으로 떨어지게 했다. 또한 사사로운 관계에 이끌리어 어떤 사람의 요구에 따라 뇌물을 받고 정실로 천거하거나, 자격이 부족한 후보자를 고의로 추천한 사람은 임금을 속인 사기죄(詐欺罪)로 처벌하도록 했다. 뇌물을 받고 추천한 사람, 청탁을 받고 추천한 사람, 그 사람됨이 착하지 않은 줄 알면서 고의로 추천한 사람들은 모두 임금을 속인 죄로 논죄한다. 처벌의 한계는 관직에서 제적하여 평민으로 만드는 데까지 이른다.

책임을 지는 유효기간을 보면, 천거한 관원이 불법을 저지를 경우 천거자가 사망했더라도 처벌을 피하지 못하고 관직과 모든 영예의 직함을 삭탈당하며, 그의 아들은 관직에 임명될 수 있는 음서(蔭敍)를 잃었다. 한편 유형원은 지나치게 강력한 책임조항으로 인하여 추천이나 천거를 회피할 가능성이 있다는 점에 대해서도 대비했다. 이러한 경우를 대비하여 그는 보완조항을 마련했다.

응당 사람을 추천해야 할 자리에 있으면서 추천하지 않는 사람 또는 유능하고 자격 있는 사람을 알면서도 그 사후책임을 두려워하여 추천하지 않으면 즉시 파직토록 규정하여 현직 관원들이 천거임무를 회피하지 못하도록 하고 있다(『반계수록』 13 : 10).

제6절 지방관 임기의 장기화

반계는 지방행정의 중요성, 특히 지방관의 임무와 그 선발을 특별히 강조하고 있다. 반계가 살았던 그 당시에는 지방을 가볍게 여기는 풍토가 특히 심했다. 그는 지방의 관직이 강등과 좌천의 자리로 전락했을 뿐 아니라, 심지어 벼슬을 구하는 자에게 주어지는 자리가 되었다고 한탄하면서 지방행정을 전문화할 것을 주장하고 있다. 반계는 "지방관직을 가볍게 여기는 것은 백성과 국가를 가볍게 여기는 것"이라고 하면서 지방관직과 지방행정의 중요성을 특히 강조하고 있다.

『반계수록』 임관지제(任官之制)에서 제일 먼저 다루고 있는 분야가 바로 관리의 임기문제이다. 반계는 빈번한 인사교체로 인하여 일어나는 행정의 역기능을 상세하게 분석하고 있다. 그는 너무 잦은 인사이동은 관리의 능력을 시험해 볼 기회를 없애므로 누가 진짜 백성을 위하는 자인지를 알 수 없고, 능력과 자질이 없는 자들이 자리를 차지하고 앉아 백성을 수탈하는 일이 벌어진다고 하면서, 관직의 임기를 최대한 보장하여 그 치적을 보고 부적절한 자를 도태시킨다면 정교(政敎)가 흥하고 풍속(風俗)이 순화될 것이라고 주장했다. 그는 감사의 임기 1년, 수령의 임기 3년으로는 임지의 실정을 파악하기도 전에 인사이동이 되니 서리(胥吏)들의 농간을 막을 수 없고 소신 있는 행정을 펼 수 없다고 분석하면서, 지방관직의 임기를 장기화할 것을 주장하고 있다. 구체적으로 관찰사, 절도사, 도사, 우후, 해운판관, 수운판관 등은 임기를 6년으로 하고, 수령(守令), 진장(鎭將), 교관(敎官), 찰방(察訪) 등의 지방관직은 9년으로 하여 가족을 동반케 함으로써 지방행정을 전문화할 것을 주장하고 있다.

반계의 이러한 관필구임(官必久任: 임기장기화) 정책은 율곡의 인사행정사상, 특히 구임감사(久任監司)의 정책에서 많은 시사를 받았다. 그는 율곡의 『육조계(六條啓)』 중 '임현능(任賢能)' 조에서의 '관필구임(官必久任)' 부분과 '고번병(固藩屛)' 조의 '감사구임' 부분, 『사간원걸변통폐법차(司諫院乞變通弊法箚)』에서의 '감사구임' 부분, 『진시사소(陳時事疏)』의 '구임감사' 부분 등을 원문 그대로 인용하면서 자신의 임기장기화 정책의 타당성 논거로 활용하고 있다(『반계수록』 13: 4-6, 임관지제). 그러나 율곡은 관리의 임기를 3~6년 정도로 장기화 할 것을 주장하였으나, 반계는 그 보다도 훨씬 길게 하고, 지방관으로 나아가서 치적의 효과가 있는 자가 아니면 정3품직에 오를 수 없도록 해야 한다고 주장하고 있다. 정책결정에 영향을 미치는 정3품 이상의 고위직일수록 일선행정의 경험이 필요하다는 것이다. 그래야 진정한 민본 · 위민행정이 이루어질 수 있다고 본 것이다.

반계는 왜 지방관직의 임기를 길게 하여 행정을 전문화하여야 하는가에 대하여 스스로에게 질문을 하고 답하는 형식으로 자기의 임기장기화 주장이 타당함을 논증하고 있다. 즉 자신이 주장한 "6~9년의 임기가 지나치게 장기이기 때문에 현명한 인재가 아랫자리에서 침체될 수 있지는 않겠는가?" 또는 "관찰사 절도사 등의 지방권력이 비대화되어 오히려 그 권력을 남용하는 폐단이 있지 않겠는가?" 등의 질문을 던지고 있다. 반계는 이러한 문제는 임기의 문제가 아니라 인력평가와 활용 그리고 관리의 문제라고 보고, 고적(인사고과평정)에 따른 포상, 발탁, 특별승진 그리고 중앙정부의 철저한 감독 등의 통제 · 유인방법을 통하여 충분히 해결할 수 있다고 주장하면서, 6~9년으로 임기를 길게 하는 제도는 시의에 적절할 뿐 아니라 반드시 실시해야 한다고 강조하고 있다. 그는 지방관이 자기의 직무를 옳게 알고 그 일에 전문가가 되지 않고서는 올바른 정교(政敎)나 행정은 이루어질 수 없다고 주장한 조선시대 제도주의 행정학자였다.

조선은 건국이후부터 강력한 중앙집권적 관료체제를 확립해 왔다. 지방관의 임기를 짧게 하고, 상피법(相避法) 등을 도입하여 지방관에 의한 분권과 세력화를 억제하였으며, 지방관이 임지에 부임할 때 가족을 동반하지 못하게 하는 등의 조치를 취해왔다. 반계는 이러한 조치와 제도들이 지방행정을 침체하게 하는 원인으로 보았다. 그는 지방관의 임기도 6~9년으로 늘리고, 그들의 가족도 동반하게 하여 안정된 상태에서 전문적으로 위민행정을 펼 수 있도록 해야 한다고 주장했던 것이다.

제7절 현대적 해석과 평가

지금까지 유형원이 남긴『반계수록』임관지제의 내용분석을 통하여 그의 인사행정사상과 철학을 정리해 보았다. 유형원은 '국정운영의 성패여부는 그 무엇보다 인사행정에 달려있다'고 확신했다. 그는 과거 중국과 조선의 인재등용과 활용의 역사 속에서 바람직한 인사행정의 방향을 발견하고자 했다. 그는 주대에서 명나라에 이르기까지의 인사제도의 성패요인을 제도론적 접근을 통하여 심도 있게 정리하고 그 실패요인으로부터 많은 아이디어를 얻었으며, 고려 이후의 조선의 인사제도의 변천과 선배 학자들의 인사행정사상에서도 많은 아이디어를 얻었다. 특히 그는 '인사가 만사'라고 주장하면서 인재의 등용과 활용은 오직 임용후보자의 능력과 실적에 의하여 이루어져야 함을 역설하였던 율곡 이이,[18] 명나라의 인사제도와 조선의 인사제도의 장단점을 비교하면서 체계

18. 반계 유형원의 인사행정사상은 율곡 이이로부터 많은 영향을 받았다. 예컨대, 임기를 길게 하여 행정을 전문화하여야 한다는 구임(久任) 사상, 인재의 등용은 오직 실적과 능력

적이고 윤리적인 인사행정을 강조한 중봉 조헌, 그리고 신분귀천을 초월하여 널리 인재를 등용하는 것이 나라의 기틀을 세우는 것이라고 주장했던 서애 유성룡의 조언을 많이 참고하였다.

그가 제안한 인사제도개혁안을 요약하면, 과거제도의 폐지와 천거제도의 도입, 공직임기의 장기화(官必久任), 녹봉제의 도입, 지방행정의 전문화, 인사행정조직의 위계질서의 강화, 전직과 전보 등 인사이동규칙의 강화 등으로 요약할 수 있다. 이러한 역사적 경험과 고증을 통하여 제안한 그의 인사제도개혁안이 350여 년이 지난 현대에도 중요한 의의를 갖는 것은 그의 인사행정사상과 철학이 역사성을 갖고 있기 때문이다. 여기서 역사성이 있다는 의미는 그의 개혁사상과 내용이 과거라는 시한 속에만 한정되어 의미를 갖는 것이 아니라, 오늘에 생생하게 되살아 그 의미를 되새기고 전승되어지는 생명력을 가지고 있다는 말이다.

반계의 인사행정사상과 철학이 역사성을 가지게 되는 이유는 그가 고안한 인사제도에는 "실리(實理)의 입장에서 실사(實事)에 대처한다"는 그의 기본철학이 깔려있기 때문이다. 그는 국정운영을 위한 모든 활동에는 그 활동과 작용을 강력히 규제하는 근본 이치가 있다고 보고, 그 근본 이치를 실리라고 파악했다. 그는 '천지의 사이에 가득 찬 것 치고 기(氣) 아닌 것이 없지만' 기(氣)로 구성된 세상의 모든 활동에는 그 기(氣)의 작용을 원천적으로 규제하는 살아있는 속성을 가진 리(理)가 있다고 보았다. 그 리(理)를 실리(實理)라고 정의했다. 반계의 국가개혁론에 나오는 각종 제도는 모두 그 존재가치인 이 실리(實理)에 어긋나지 않아야 함을 강조한다. 그가 제안한 인사제도개혁안에는 실리, 즉 그

에 의하여야 한다는 실적주의 인사행정사상, 과거제도의 폐단을 비판하고 천거제의 도입을 통하여 보다 광범위하게 인재를 발굴하여야 한다는 인재중시사상, 서얼에게도 벼슬길을 열어주어야 한다는 사로허통사상 등은 모두 율곡이 주장하였던 것들이다. 반계 유형원은 이이의 주장을 역사적 고증과 함께 그 당시의 사정을 참작하여 좀 더 절목에 이르기까지 확대하고 구체화시켰다고 볼 수 있다.

인사제도의 근본적 이치와 원칙을 발견하고 그 이치와 원칙에 적합한 제도를 만들려고 노력했다는 점에서 오늘날의 인사행정에도 그 의미를 부여할 수 있다고 볼 수 있다. 왜냐하면, 오늘날의 인사제도나 인사행정에도 그 활동을 원천적으로 규제하는 근본적인 리(理)가 존재할 것이기 때문이다. 또한 그 이치는 옛날이나 오늘이나 서로 다르지 않다고 보기 때문이다. 다음은 오늘날에도 의미가 있고 중요하다고 생각되는 그의 인사행정사상이다.

1. 논술 · 추천 · 심층면접 등의 가치평가를 중시하는 인사행정관

유형원은 인사행정에 대한 중국의 문헌을 검토한 결과, 관직의 등용과 활용을 위한 인재평가는 '서류에 의한 형식적 평가'보다는 '면접에 의한 심층평가'를 도입해야 관료제도의 완전성을 유지할 수 있다고 보았다. 유형원은 그 당시 이미 관료제도의 병폐와 역기능을 간파하고 있었다. 사회진화의 필연적 산물로 태어난 관료제는 지나치게 객관성, 전문성, 그리고 몰인간성을 강조하기 때문에 행정관료제에서 근무하는 관료들의 임용 및 승진에 대한 평가가 지나치게 외적 요건에 치우쳐 그들의 인간성(人間性)과 덕행(德行)을 평가하지 못하고 있음을 강하게 비판한 것이다.

유형원은 그 당시에 이미 대규모 정부 관료제에서 나타나는 인사행정의 병폐와 역기능을 예리하게 파악하고 그 개선안을 제시하고 있다. 그는 중앙집권적 관료제도가 심화되고 관료들의 등용과 활용이 공식적이고 객관적 기준에 의하여 평가되어야 한다는 것이 강조되면서, 모든 공직의 인사기준이 시험성적, 재직기간, 연공서열, 나이, 세습된 신분, 개인적 관계와 정실 등 외형적 지표에 따라 이루어지는 것이 일상적인 관행으로 대체되어 버렸다고 진단했다. 특히 중국의 경우, 제국이 성장하고 발전하면서 관료의 숫자가 늘어나고 관직을 꿈꾸는 인재들이 수도와 주요도시로 모여들었으며, 과거제도에 의한 임용은 비인격적 절차로 인하여 인재등용의 기능을 상실했고, 현직관료에 대한 인사행정은 형식화되어 버렸다고 판단했다. 유형원은 대규모관료제에서 이루어지는 이러한 형식적이고 관행적이고 비현실적인 인사행정은 인재의 등용과 활용이 가지고 있는 본연의 이치에 어긋난다고 판단하고, 관료제도의 완전성을 유지할 수 있도록 인재의 등용과 활용에 인간적 평가와 가치평가를 접목시키고자 했다.

이러한 분석과 판단은 오늘날의 인사행정의 문제점과 거의 차이가 없다. 그는 인재의 등용과 활용은 덕행(德行)과 자질(資質) 그리고 능력(能力)에 의하여 평가되어야 하고, 이러한 자질을 평가하는 방법은 서류나 시험에 의한 평가가 아니라 인간의 내적 잠재력과 과거의 행적을 들여다 볼 수 있는 추천과 논술 그리고 심층면접에 의하여 평가할 것을 강조했다. 이러한 반계의 인사행정관은 관료제도의 폐해와 역기능을 보완하는 인사인 동시에 다양한 재능의 발굴보다는 편향되고 한정된 지식평가만을 요구하는 오늘날의 인사행정에도 적용되어야 할 불가역의 인사원칙이다.

실제로 반계가 제시한 인재평가방법은 현재에도 다양한 영역에서 활용되고 있다. 예컨대 대학입시에서 시험에 의한 선발제도의 병폐를 개선하기 위하여 논술시험을 강화하고 있고, 또한「입학사정관제」라는 이름으로 다양한 재능을 가진 학생들을 심층관찰과 추천에 의하여 선발하고 있다. 이러한 평가는 유형원이 제시한 가치평가의 전형적인 사례이다. 최근에는 고시제도에 대한 비판과 함께 추천임용제에 대한 관심이 증가하고 있다. 현재 우리나라의 경우, 상위공무원의 충원수단인 5급 고시제도는 단 한 번의 시험만으로 합격여부를 결정하는 비합리적인 제도일 뿐 아니라, 수기(修己)와 덕행(德行)보다는 지식(知識)과 치인(治人)만을 요구하고 있어 도덕적 수양보다는 머리만을 강조한다. 따라서 합격자들은 항상 기수(期數)로 묶여지면서 관료집단의 자기세력화를 위한 제도적 기반으로 작용해 왔다. 고시출신자들은 그들만의 끈끈한 동료의식으로 인하여 상위관직을 독점하면서 한국의 관료사회를 폐쇄적이고 방어적인 관료조직으로 만들었다. 이러한 폐쇄적이고 방어적인 관료조직은 공무원들로 하여금 우물 안 개구리로 만들었을 뿐만 아니라, 창의와 창조적 사고방식을 질식시켜 복지부동 · 무사안일 등으로 대변되는 소극적인 행정문화를 만들었다. 최근 급변하는 환경변화에 적극적으로 대응하고 공직에 새로운 기운을 불어넣어야 한다는 주장이 제기되면서, 고시제도를 개편하여 추천임용제를 확대하고자 하는 주장이 제기되고 있다. 이는 반계 유형원이 350년 전에 주장했던 논리와 동일하며, 그의 인재평가방법은 오늘날에 다시 각광을 받고 있다.

2. 덕행과 능력을 겸비한 인재를 강조하는 윤리적 정부관

유형원은 철저하게 유교의 교리가 살아있는 고대의 이상사회를 꿈꾸었으며, 이를 위해 도덕적 자질과 덕행 그리고 전문적 능력이 골고루 갖추어진 선비들이 백성을 위하여 봉사하는 윤리적 정부(ethical government)를 만들고자 했다. 그는 공직을 담당해야 할 관료는 반드시 '도덕적 지식과 행동', 그리고 '직무수행능력'을 동시에 갖추어야 한다고 주장했다. 그러나 그에게 있어서 인재를 선발하는 주요한 기준은 도덕성이었고, 효율성과 능력은 그 다음이었다. 관직에 나가는 사람이 도덕적 자질과 품행이 갖추어져 있지 않다면, 교화(教化)가 불가능하여 이상사회의 건설이 불가능하다고 보았다.

그는『반계수록』에서 모든 제도와 체제를 근본적으로 개혁하는 변법(變法)을 통하여 국정운영을 개혁하고자 하였으나, 궁극적으로는 국정운영은 법과 제도의 문제라기보다는 사람의 문제라고 보았다. 삼대의 법제는 천리(天理)에 따라 제도를 만들었지만 후세의 법제는 이를 운영하는 공직자들의 인욕(人慾)에 따라 폐법(弊法)을 만들고 집행하였다고 하면서 무엇보다 공직자들의 윤리와 도덕적 자질을 중요시하였다. 학제와 연계한 추천임용제를 강조한 것도 균형 잡힌 지식과 도덕적 자질을 갖춘 공직자를 등용하기 위한 조치였다. 이러한 윤리적 정부관은 오늘날 물질만능주의가 심화되면서 더욱 중요한 과제로 등장하고 있다.

공직자인 관료들의 주된 임무는 옳고 바른 정책을 결정하고 집행하는 일이다. 옳고 바른 정책의 결정과 집행은 항상 윤리적 선택을 전제로 하기 때문에 결정주체는 반드시 도덕적 윤리적 자질을 갖추어야 한다. 도덕성과 윤리성이 없는 관료들은 윤리적 선택(ethical choice)을 할 수 없다. 도덕적 윤리적 자질이 부족한 관료들은 법제도의 허점을 이용하여 자신의 이익을 극대화하고 공직을 부패시킨다. 자신의 이익을 위해 정보를 이용하고 국민을 위해 최선을 다하지 않는 도덕적 해이(moral hazard)로 인하여 결국은 정책실패 또는 정부실패로 이어진다.

최근 2008년도 하반기부터 시작된 글로벌 금융 · 실물위기로 인하여 세계 모든 국가가 경기침체와 대량실업위기를 겪고 있는 것도 바로 공직자들의 도덕적 해이로 인한 결과이다. 세계 대공황에 버금가는 이 위기를 극복하는 과정에서 세계의 석학들이 제시한 미래의 국정운영방식은 바로 윤리적 정부였으며, 국가운영의 도덕성을 강조하는 유교민주주의(Confucian Democracy)였다. 자본주의의 위기가 분명해진 시점에서 유형원의 윤리적 정부관은 오늘날 서구에서 수입해가는 행정아이디어와 가치가 되었다. 유교적 윤리의 힘을 강조하는 윤리적 정부관이 오늘날의 민주주의 그리고 시민의 위상과 역할에 결합될 경우 우리의 미래를 새롭게 열어 갈 수 있는 원동력이 될 것이다.

3. 지방행정의 중시와 분권인사제도

유형원은 국가는 '백성을 위해 설치한 기구'이고, 나라의 법과 제도는 모두 '만백성의 현실적 삶'을 위하여 만들고 집행하여야 한다고 확신했다. 그리고 만백성은 각자 타고 난 분(分)이 있어 모두가 평등하다고 주장하면서 노비제도의 폐지를 주장했다. 아울러 지방과 변방이 튼튼해야 나라가 편안하다고 하면서 변방과 지방을 매우 중시했다. 그는 지방의 사정을 잘 알고 그 지방에 거주하고 있는 사람들 중에서 지방관청의 하급관료로 임명할 수 있도록 인사권을 지방행정기관의 장에게 위임하여야 한다고 주장하였다.[19] 뿐만 아니라 임기장기화를 통하여 지방행정을 전문화하고자 하였고, 향토세력들의 행정참여를 확대하고 향약 및 향정과의 협치를 통하여 행정의 공생산성(co-productivity)을 높이고자 하였다.

지방행정을 중시하고 지방분권적 인사행정을 실시하고자 한 그의 사상은 비록 지방수령을 중앙에서 임명하는 중앙집권적 인사행정의 범위 내에서 제한적으로 주장하였다 하더라도 오늘날의 지방자치의 기본사상과 그 맥을 같이 하고 있다. 또한 지방의 재지세력이나 향토세력들을 행정의 동반자로 흡수(co-optation)하여 공치(共治)하여야 한다는 사상은 오늘날의 민관협력사상과 맥을 같이 하고 있다는 점에서 그의 인사행정사상의 현대성과 역사성을 볼 수 있다.

---

19. 조선의 신하들은 지방수령이 서리와 부하를 직접 임명하는 분권적 인사제도에 대하여 이 제도는 정실, 친분, 지방권력자 등을 추천할 가능성이 크고, 또 자신의 자치적인 권력을 강화하는 수단으로 사용할 수 있기 때문에 지방정부의 성실성을 보장할 수 없다는 비판적 시각에서 매우 신중했지만, 유형원은 모든 관원의 실적을 철저히 조사함으로써 통제할 수 있다고 생각하여, 지방백성들이 지방관청에서 근무하도록 하는 방안에 찬성했다(Palais(2), 2008 : 106).

제14장

'양입위출' 예산제도와 재무행정

제1절 서론

『반계수록』에서 유형원이 제안한 수많은 제도개혁 중에서도 토지제도개혁과 연계하여 가장 관심을 기울인 분야는 권력을 소유한 국가나 지배관료들이 공권력을 이용하여 백성들로부터 재산과 노동을 착취하고 수탈해가는 관습과 행태를 구조적 · 제도적으로 차단하여 백성들이 안정된 생활을 하도록 겨냥한 재무행정분야였다. 그는 국가는 백성을 위해 존재하는 것이기 때문에 되도록이면 그들의 부담을 경감시켜 주어야 할 책임이 있다고 보았다. 그는 백성들의 질고(疾苦)와 민막(民瘼)은 모두가 국가의 재정운영과정에서 일어나는 폐단과 부조리에서 나온다고 보고 재무행정에 대한 대폭적인 개혁방안을 제시했다.

반계의 재정운영사상은『반계수록』의 토지제도개혁론과 관료제개혁론에 잘 나타나 있다. 그는 세입부문에서는 공정하고 공평한 토지분배와 조세행정을 통하여 민생의 안정을 기하고, 세출부문에서는 절약과 능률 등 효율적인 재정지출을 통하여 국력을 신장하고자 하였다. 그는 예측 가능한 재원(세입예산)의 범위 내에서 지출을 효율화하는 건전하고 보수적인 재정운영을 통하여 공맹의 왕도주의가 염원하고 있는 부민(富民)과 균분(均分)을 달성하고자 했다.

조선왕조의 조세제도는 당(唐)나라의 조(租), 용(庸), 조(調)를 근간으로 하는 것이었다. 간단히 말하면, 토지에 부과하는 세곡(租), 사람을 대상으로 하는 부역(庸), 그리고 가족을 대상으로 하는 공물(調)로 구성되어 있었다. 이러한 제도는 점차 지배층의 이익을 위한 복잡한 조세체계로 분화되면서 관료의 부패와 중간착취의 온상이 되었다. 반계는 일체의 현물공납을 폐지하고 경세(輕稅)로 통일할 것을 주장했다. 또한 중간착취를 근절하고 백성의 부담을 들어주기 위하여 복잡한 과세단위인 결부법(結負法)을 경묘법으로 바꾸고, 잡다한 형태의 잡역을 폐지하고, 세곡은 정곡(精穀)이 아닌 피곡(皮穀)으로 내도록 하고, 모든 조(租)에 해당하는 부담도 수확량의 20분의 1로 하도록 했다. 또 그는 궁중이나 관청에서 소요되는 물품은 세목으로 일정한 비목(예산)을 책정하여 공인(貢人)을 통하여 상인에게 사들이게 함으로써 세입징수과정에서의 부패와 폐단을 막고자 했다.

반계가 살던 당시의 조선은 재정의 문란이 극심하여 연간예산을 편성하여 계획적으로 나라 살림을 꾸려갈 수 있는 상황이 아니었다. 왕실과 정부조직, 그리고 관료들은 존재하는데 이를 움직이는 재정은 그 어디에도 없었다. 그때 그때 필요하면 농민에 착취하여 쓰는 정도에 불과했다. 이러한 상황에서 그는 국가의 수입 및 지출과 관련된 국가재정운영 시스템을 전반적으로 재설계(re-design)하고 재구축(re-structuring)하여 백성들의 부담을 들고 공정하고 공평한 재정운영제도를 만들고자 했다. 그는 중국고대에서 명나라에 이르기까지의 재정운영제도와 선배 학자들의 재정사상 중에서 정책아이디어를 얻고 또 자신의 경험과 이성을 바탕으로 자신의 재정운영제도를 제안하고 있다.[1]

1. 제14장은 나중식(2013)이 발표한 "반계 유형원의 재무행정사상"을 수정 · 보완한 것이다.

제2절 재무행정의 기본원리

1. 능력기준에 의한 공평과세의 원칙

유형원은 조세행정에서 공평(公平)과 형평(衡平)을 잃으면 그 근본이 무너진다고 확신했다. 인간은 누구나 이익을 추구하는 것이 그 본성인데 자신이 내는 세금이 그 능력에 비추어봐서 다른 사람보다 더 많이 낸다면 공평하지 않을 뿐만 아니라 국가를 신뢰하지 않는다는 것이다. 국가가 해야 할 일중 가장 중요한 것이 백성들에게 믿음과 신뢰를 주는 일이라고 한다면, 그 민신의 뿌리는 바로 조세행정의 공평성이라고 본 것이다.

이 공평과세의 원리는 이미 율곡에 의하여 특히 강조된 원칙이다. 율곡은 당시 백성들이 부담하는 공물이나 국역이 공정한 분배기준에 의하여 이루어지지 않아 지역 간의 부담이 공평하지 못하다고 지적하면서 그 시정을 촉구한 바 있다. 이는 사람이 어느 지역에 살든 동등한 사람은 동등하게 대우하는 것(equals should be treated equally)이 합당한 평등이라는 오늘날의 수평적 형평성(horizontal equity)과 같은 개념이다. 당시의 공물이나 국역은 각 고을의 토지와 백성의 수에 의하지 아니하고 군읍의 등급에 의하여 이루어졌기 때문에 그 차별이 매우 심했다. 율곡은 "모든 역에 응하는 사람들을 오랜 당번으로 세워 놓기도 하고, 혹은 2번으로 나누어 세우기도 하고, 혹은 3번으로부터 6~7번으로 나누어 세움으로써 어떤 자는 그 침포(侵暴)를 견디다 못해 도망쳐 버리기도 하고, 어떤 자는 그런대로 생업이 안정되어 자신을 보전하고 있으니, 다 같은 백성인데 어찌 피차의 차별을 두어 그들로 하여금 괴로움과 즐거움을 다르게 하는가?"(「동호문답」『국역전서(IV)』: 109-10)라고 하면서 그러한 역을 균등하게 하고 공정하게 할 것을 주장하고 있다.

유형원은 인간은 누구나 공평하게 대우받아야 불만이 최소화 된다는 율곡의 주장에 동조하면서, 행정에서 공정과 공평을 잃으면 그 근본이 무너진다고 보았다. 특히 그는 민으로부터 자원을 추출하는 조세제도와 조세행정에서의 공정과 공평을 강조하고 있다. 농업이 번창해야 국부를 이룰 수 있다는 주장을 펴면서, 농업은 본(本)이요 기타 업은 말(末)이니 본(本)인 농업을 포기하지 않게 하기 위해서도 말(末)인 타 업에도 응분의 과세를 해야 한다고 주장했다. 농민에게 과세를 하면서 타 업자에게 과세를 하지 아니하는 것은 수평적으로 공평하지 못하다는 것이다(『반계수록』 1, 전제 상).

당시는 대동법의 부분실시로 인하여 상업과 수공업이 번창하고 있었음에도 불구하고 이에 대한 과세는 이루어지지 않았다. 반계는 수익이 있는 곳에는 모두 과세하는 것이 공정하고 공평한 조세행정이라 보았던 것이다. 또한 과세결정에서 반드시 거쳐야 할 토지의 등급결정(과세표준)에 대해 언급하면서, 기존의 6등급은 너무 거칠고 불공평하게 되므로 9등급(상상, 상중, 상하........하하까지)으로 세분하여 부과의 공평성을 기할 것을 역설하고 있다. 같은 1등지라 할지라고 호남 1등지와 영남 1등지가 상이하고, 이 읍의 6등지와 저 읍의 6등지가 상이함에도 불구하고 획일적으로 6등급으로 거칠게 분류한 것은 양전관리(量田官吏)의 무능과 무식의 소치라고 비판하고 있다.(『반계수록』 1, 전제 상). 이렇게 수입이 있는 곳에는 동일하게 과세하여야 하고, 그 능력에 따라 차등적으로 과세하여야 한다는 주장은 현대재정학이 주장하는 '공평(公平)의 원칙' 및 '능력(能力)의 원칙'과 동일한 주장이다.

반계는 공평과세의 원리에서 한걸음 더 나아가서, 조세는 반드시 그 금액과 과세표준, 그리고 그 세율을 과세주체와 납세의무자 쌍방이 일목요연하게 이해할 수 있게 반포(頒布)하고, 또한 불부합(不符合)이 있는 경우 이의신청(異議申請)의 길을 허용해야 한다고 주장했다. 관(官)이 정한 등급이 불공정할 때에는 백성으로 하여금 고(告)하게 하고 관은 동네사람들과 상담하고 다른 토지와 비교하여 보고 연후에 수령은 반드시 친히 조사하여 정정(訂正)하라고 논하고 있다(『반계수록』 6 : 119, 전제고설 하).

공정한 조세행정을 위하여 관(官)과 민(民)이 서로 협의하는 관계, 즉 〈지도-참여〉의 관 · 민 관계를 상정하고 있다는 점에서, 그리고 행정공개를 통하여 '국민의 알권리'와 '공정하게 대우받을 권리'를 제도화하고 있다는 점에서 주권재민의 위민개념으로까지 발전하고 있음을 볼 수 있다. 비록 그 참여의 개념이 오늘날의 주권적 · 적극적 참여의 개념이 아니라 배려차원에서의 소극적 · 형식적 참여의 색채가 짙지만, 세입행정과정에서 민의 의견을 수렴하고자 했다는 점에서 관인지배시대인 그 당시로는 대단히 진보적인 사상이라 할 수 있다.

2. '수입 내 지출'의 원칙

유형원이 가장 중시한 재정운영원리는 세출은 반드시 세입의 범위 내에서 이루어져야 한다는 '양입위출(量入爲出)', 즉 '수입 내 지출'의 원칙이다. 이 구절은 『반계수록』도처에서 발견된다. 이 원칙은 오늘날의 '양입제출(量入制出)' 원칙과 동일한 말로써 '수입을 헤아려서 그 수입한도 내에서 지출을 억제하라'는 뜻이다. 오늘날의 현대국가에서는 국가의 수입원을 국민경제에 두고 있기 때문에 그 탄력성이 크고, 또 국가는 공공재 등 필요한 곳에는 반드시 지출하여야 하기 때문에 '양출제입(量出制入)' 원칙에 따라 운영된다. 쉽게 말하면 국가의 필요한 지출을 먼저 결정한 후에 그만한 수입의 방법을 정하여 수납하게 한다는 것이다. 오늘날의 예산이론의 입장에서 보면 '양입위출'은 절약과 잉여를 중시하는 사경제에 적용되는 원칙이며 '양출제입'은 잉여보다는 수지균형을 중시하는 국가재정에 적용되는 원칙이다.

유형원은 자신이 기획하고 있는 이상국가가 제대로 작동하기 위해서는 인민에 대한 토지배분, 인민의 조세부담, 그리고 국가의 예산편성이 적절하게 상관관계를 맺어야 하는데, 바로 삼자가 적절한 관계를 맺도록 하는 것이 '양입위출'의 재정운영원리라고 본 것이다(『반계수록』 3 : 35, 전제후록 상, 경비). '양입위출'의 개념은 조선을 설계한 삼봉에서부터 율곡에 이르기까지 일관되게 나타나는 예산운영의 원리이다(나중식, 2012: 80, 169). 그러나 유형원 이전의 '양입위출'은, 조선왕조 재정운영의 많은 부분이 재정지출처와 조세수취 내역을 1:1로 대응시켜 고정해 놓고 운영하였기 때문에 각 지출을 고정된 수입의 범위 내에서 절약하여 운영하여야 한다는 절용이상의 의미를 지니지 못하였다(김선경, 2004: 193). 이에 반해 유형원이 주장하고 있는 '양입위출'은 국가 전체의 조세수입과 국가 전체의 재정지출이 어느 정도 균형이 맞도록 적절하게 배분하되 지출이 수입을 초과하지 않도록 예산을 편성하여 계획적으로 재정을 운영해야 한다는 의미이고, 나아가서는 인민의 부담능력을 고려하여 재정지출규모를 산정함으로서 재정건전성을 확보하여야 한다는 현대적 의미의 예산원칙이다.

유형원이 '양입위출' 원칙에 따라 국정운영을 하여야 한다고 주장한 이유는 궁중의 사치, 관료의 가렴주구, 조세부담자인 농민의 궁핍 등이 극에 달해 있어 수입원의 탄력성이 매우 빈약했기 때문이었다. 또한 농업국가가 가지는 특성과 유교적 재정보수주의에 기인한 것으로 볼 수 있다. 이 양입위출의 원칙에 따른 재정운영은 오늘날 세입원의 탄력성이 약한 지방정부에서, 또는 최근 글로벌경제위기 이후 다시 나타난 저성장 및 쇠퇴의 시대(the era of slow-down)의 국가재정운영에서도 재정건전성을 강조하면서 그 의의를 인정받고 있는 예산운영 원칙이다.

3. 경세일원화(방납과 잡부금지)의 원칙

경세일원화의 원리는 양입위출 예산원리와 함께 유형원이 가장 강조한 예산원칙이다. 이 원칙은 국가의 일체의 경비는 경상세입인 조세로써 지변하고, 이 법정조세이외에는 그 명목여하를 막론하고 일체의 잡부를 과하지 말아야 한다는 원칙이다(『반계수록』 1: 31, 전제 상). 무릇 국가의 형태를 갖추어 백성을 다스리는 조직체라면 먼저 경비(예산)을 세우고 그 세출예산으로써 국가운영의 경비를 지변해야 하는 것은 당연한 철칙이다. 그러나 그 당시의 우리나라는 체계적인 재정운영제도(예산제도)가 정비되지 않아 이 당연하고 자명한 철칙이 실시되지 못하고 있었다. 그 당시 농민들은 공납(貢納)이니 진상(進上)이니 하는 명칭으로, 또 각종 명칭의 요역(徭役)과 인축(人畜)의 징발로 갖은 고초를 겪고 있었다. 국가가 부과하는 각종 조세와 부역 등으로 인한 백성들의 고초와 민막이 얼마나 극심하였는지를 유형원은 그의 저서『반계수록』권3 전제 후록 상에서 상세하게 묘사하면서 이를 통탄하고 있다.

원래 '공물'이니 '진상'이니 하는 것은 '위에서는 의(義)로서 받고 아래에서는 예(禮)로써 바치는' 것이 본지이므로, 상하가 예의로서 주고받으면 진상을 강요하거나 불량품이 있다고 해서 점퇴(點退)하는 일 등의 폐단은 없을 것이다. 그러나 당시에는 해산물에서 약재에 이르기까지 우리나라에서 생산되는 물산의 거의 전부를 공물 또는 진상의 목록으로 정하고,[2] 이를 지방관서에 할당하면 지방수령들은 민간으로부터 이러한 물건을 징수하는데 이 과정에서 이서(吏胥)들의 협잡이 이루어지고, 상급지방관청에서 중앙관청으로 송부할 때 다시 협잡이 이루어지며, 중앙관청에서 궁중으로 납입할 때 또 다시 협잡이 이루어져서 각 단계마다 관리들의 수뢰가 만연되어 그 폐가 극심하였다. 이서와 관리들은 진상물을 검수하면서 물건으로 사취하고 불량품이라고 위협하여 수뢰하고, 또 위에서 점퇴하면 재징수하면서 협잡하고, 그 외에 공공연히 사무처리 할 때마다 '인정미(人情米)'까지 받고 있어[3] 농민은 진상때문에 삼중사중의 착취를 당

2. 당시의 공물 또는 진상목록을 보면, 해산물로는 생선 · 건어물 · 염간물 · 합자염 · 해초해태, 육산물로는 포면 · 오곡을 비롯하여 장 · 고초장 · 수피 · 지필묵 · 생과 · 건과 · 숙과 · 천어해 · 인삼 · 녹용을 비롯하여 각종의 약재 등 우리나라에서 생산되는 산물의 거의 전부였다.『세종실록 지리지』궐공조(厥貢條)에 기록된 공물 품목의 수는 경기도 191개, 충청도 229개, 경상도 283개, 전라도 258개, 황해도 272개, 강원도 228개, 평안도 138개, 함길도 131개로 나타나고 있다. 조선 초 여러 차례 공부상정도감을 설치하여 과도한 공안을 개선하기 위하여 노력하여 성종 때에는 개선된 공납제가 정착되다가 훈구파의 집권과 사화를 거치면서 연산조에 이르러 공물의 품목수량이 대폭 증가되었다.

3. 인정미(人情米)란 세곡검사를 위해 파견된 세무 각 사(司)의 담당 관리에게 위로비조로 세곡 1섬에 쌀 2되씩 부가 징수당하는 잡세를 말한다.

했다. 유형원은 공물과 진상과정에서 나타나는 탐관오리의 협잡부패상을 다음과 같이 상세하게 기술하고 있다.

> "오리(汚吏)들이 곤봉을 휘두르며 마을에 들어와서 마구 두들기며 진상물을 독촉하고 남녀농민은 겁을 먹고 도로변에 나와서 엄한에 떨고 혹서에 허덕이며 호소할 곳 없이 울고 탄식하는 실태를 만약 왕이 목도한다면, 설혹 그 진상물이 왕의 구미에 적합한 것들이라 하더라도 척연(惕然)한 생각이 들어 차마 목구멍에 넘어가지 아니할 것인데, 항차 그 물건이 대부분이 썩고 비린 냄새가 나서 보통사람도 싫어할 것들이요, 구미에 맞지도 않고 영양가도 없는 물건으로 인하여 만민을 못살게 구는 것임을 안다면 더욱 그럴 것이다. 그럼에도 불구하고 진상(進上)을 폐지하지 못하는 것은 알기 어려워서 그런 것이 아니라 구중궁궐의 양탄자(毛氈)위에 편히 앉아 자기만을 알므로 그런 것이다. 이 어찌 사람의 왕(王)된 자로서 그 폐단을 헤아릴 줄 알면서 면전에서 아부하는 신하만을 애군하는 충신으로 생각하고 기꺼이 용납하고, 나라가 병들고 도덕이 땅에 떨어졌다고 말하는 자만 있으면 불경죄로 지목할 수 있단 말인가? 이러한 해독이 국내에 만연하여 진상의 폐단이 그치지 않는 소치이다."(『반계수록』 3 : 63, 전제후록 상).

진상을 개선해야 한다는 주장은 반계 이전에도 이이, 유성룡, 이준경, 조헌, 김육, 조광조, 한백겸 등이 수차에 걸쳐서 상소하였음에도 불구하고 조선말까지 폐지하지 못했다. 반계는 진상의 폐(弊)를 '백성의 살을 깎고 피를 빠는(浚削民膏)' 제도라고 단정했다(『반계수록』 3 : 69, 전제후록). 유형원은 조선의 존망이 실제로 공물제도의 폐지여부에 달렸다고 주장하면서 이를 개혁하지 않으면 국가는 토붕와해될 것이라고 예언한 한백겸의 상소문을 인용하면서, 경세(상세)이외의 모든 공물과 진상을 폐지할 것을 주장했다. 즉 반계는 상세(常稅)

를 더 인상하여 징수하더라도 상세만 징수하고 기타는 어떤 명칭을 사용하더라도 일체 부과하지 말 것이며, 왕의 어선(御膳)은 그 소관부서인 사옹원(司饔院)으로 하여금 전담하게 하고 상세수입(예산지출)으로써 시장에서 구입하라고 주장했다(『반계수록』 3: 60, 전제후록 상). 이 원칙은 '모든 수입은 국고에 편입되고 모든 경비는 국고금에서 지출하여야 한다'는 현대 재무행정의 예산통일(non-affection)의 원칙과 그 맥을 같이하고 있는 이론이다.

유형원의 이 재무행정원칙은 당시 일부지역에서 도입하고 있고 또 전국적 도입에 대한 찬반양론이 엇갈리고 있었던 대동법의 운영방법과 동일하다. 반계 자신도 공물의 폐해를 논하면서, 대동법 같으면 세미수량이 정해져 있고 백성도 그 수량을 숙지하고 있으므로, 한 번 균등히 납부하면 그 뿐이요 하등의 폐가 없다고 주장하고 있다. 만약 세입이 부족하여 각 관청에서 소정수량의 몇 배를 부과하더라도 민(民)의 피해는 지금의 공물제도에 비하면 10분의 9는 경감될 것이라고 하면서 대동법을 찬성하고 있다.

공평과세의 원칙, 양입위출의 원칙 그리고 경세일원화의 원칙은 다양한 역사적 고증과 경험을 통하여 유형원이 발견하고 역설한 국가재정운영의 3대 근본원칙이다.

4. 안정된 세수확보의 원칙

반계가 생존했던 당시의 국가 예산운영상황을 보면 궁중(宮中)과 부중(府中)의 구별이 없어 과세권이 일원화되지 못하고 분산되어 있었다. 따라서 이들 모두가 농민에게 이중 삼중으로 조세와 기타 잡부를 과했고, 봉급이 없이 생활하는 관료들은 제각각의 재간대로 토색으로 먹고 살 정도로 예산행정은 제도화되어 있지 않았다. 각 관청의 연간(한 회계연도) 살림살이에 관한 치밀한 계획은 존재하지 않았으며, 그때그때 필요할 때마다 하급관청에 명령하여 백성들에게 부담을 지우는 형식으로 운영해 왔다.

유형원은 안정된 재정 없이는 국정운영이 불가능하다고 보고 국가재정운영 또는 예산제도에는 반드시 '안정된 세수확보를 위한 제도적 장치'가 포함되어야 한다고 보았다. 그것이 예산제도가 제대로 작동할 수 있게 하는 근본이치라고 본 것이다. 이를 만족시킬 수 있는 방안이 공전제로의 토지제도개혁과 경세일원화에 의한 조세제도개혁이라고 확신했다.

반계가 생존했던 그 당시에는 체계적인 예산제도가 존재하지 않아 각 관청의 운영경비 및 수용비의 마련은 각양각색이었으며, 모두가 불합리한 백성의 주구(誅求)에서 충당했다. 예를 들면, 미포(米布)를 취급하는 관청(즉 조세를 주관하는 관청)은 이른바 '가봉(加俸)'이라고 부르는 초과징수분으로 충당하였고, 공물을 취급하는 관청은 공물방납자로부터[4] 뜯어 쓰고, 형(刑)을 취급하는 관청은 사령을 시켜 회뢰(賄賂: 뇌물)를 받아쓰고, 군대를 취급하는 관청은 서원(書員)을 시켜 그 군인들을 착취(搾取)하여 쓰고, 각 직무처의 온돌에 필요한 연료는 요소요소 배치한 번졸(番卒)을 시켜 시골에서 나무 팔러오는 나무꾼한테서 빼앗아서 쓰게 하였다. 이같이 백성을 수탈하여 관수(官需)로 쓰는 폐습이 오랫동안 타성으로 굳어져 이러한 행위가 적법하고 당연한 것으로 착각하였던 것이다. 안정된 세수가 없기 때문에 일어나는 이러한 극도의 재정문란 또는 무정부적인 재정상태를 극복하고 관료기강을 세우기 위하여 율곡(이이) 중봉(조헌) 등 여러 선배학자들도 관리들에게 상록(常祿)을 지급하고 각 청에 '공해전'을 활용할 것을 역설한 바 있다.[5]

---

4. 방납자란 공물 진상을 못한 자를 위하여 대납하는 자를 말한다. 대납한 후 방납자들은 진상물가의 몇 배를 그 의무자로부터 추징한다. 율곡은 이 방납제를 그 당시의 6대 시폐 중 하나로 지목하고 그 폐지를 역설한 바 있다. 율곡이 지목한 5대 시폐는 '일족절린(一族切隣)'의 폐, '진상번중(進上煩重)'의 폐, '공물방납(貢物防納)'의 폐, '역사불균(役事不均)'의 폐, '이서주구(吏胥誅求)'의 폐이다.

5. 공해전은 고려시대부터 조선전기에 관청 및 왕실의 공적비용에 충당하기 위해 지급된 토지이다. 유형원은 왕실에 분급한 토지를 사세전(賜稅田)으로, 그리고 관청에 분급한 토지를 면세전(免稅田)이라 불렀다.

공해전은 원래 조선의 창업당시부터 각 청의 일년(一年) 수용비(需用費)를 충당할 목적으로 지급되었으나, 세월이 흐름에 따라 점점 문란해져 관청의 예산재원으로 기능을 하지 못했다. 임진왜란 후 국가질서의 문란과 더불어 지방관원들이 평민을 동원하여 토지를 개간시키고 둔전(면세전)을 확장하였으므로 개간에 동원된 평민의 피역(避役)과 둔전 면세지(免稅地)의 증대는 국가재정을 위태롭게 하였다. 유형원의 생존 당시인 1667년(현종 8) 이를 정리하여 엄격히 시행하게 하였으나 관원들의 횡포 등 그 폐단이 계속되었다. 반계는 이러한 공해전과 관둔전의 수입을 재원으로 한 (개개 관청의) 개별적 재정운영이 아니라, 국가 전체적인 차원에서 안정되고 충분한 세수확보가 가능한 통일된 예산제도를 확립하고자 했다. 따라서 그는 공해전을 통한 개별적인 재정운영제도를 폐지할 것을 주장했다. 그러나 자신이 주장하고 있는 공전제로의 토지제도의 개혁과 경세일원화 원리에 입각한 조세제도개혁이 이루어지기 이전까지는 당분간 이 면세전제도(공해전 확대)를 활용하면서[6] 안정된 세수확보를 유지하고자 했다.

그는 예산제도를 통하여 계획적이고 안정된 국정운영이 이루어지기를 희망했다. 국가의 일체의 경비는 경상세입인 조세로써 지변하도록 조세제도를 개편하고 나면 매년 정확한 세입예측이 가능하다고 보았다. 그러나 그 이전에 경자유전의 원칙에 의하여 경작능력이 있는 모든 국민에게 토지를 골고루 분배하여 생계를 유지하게 하고 나아가 담세능력을 높여야 한다고 보았다. 그는 자신이 주장하는 토지제도의 개혁이 이루어지고 나면, '안정적인 세입범위 내에서의 지출'이라는 보수적인 예산운용을 통하여 안정된 도덕사회를 건설할 수 있다고 확신했다. 유형원은 국정운영목표의 달성은 최종적으로 예산을 통하여 이루어진다는 것을 잘 알고 있었으며, 실제로 그는 자신의 제도개혁을 최종적으로 예산에 반영함으로써 『반계수록』을 마무리 짓고 있다.

---

6. 유형원이 사용하고 있는 면세전의 개념은 관청의 운영경비를 보조하기 위하여 국가가 지급한 토지(관둔전 공해전 학위전 등등)를 모두 포함한 개념이다. 늠전과 같은 개념으로 사용하고 있다.

5. 예산통일의 원칙

유형원은 도덕과 교화를 강조하면서 유교적 이상사회를 꿈꾸었던 조선사회가 왜 그렇게 중간착취가 심하고 공직부패가 일반화되었는가에 대하여 구조적인 관점에서 깊이 사유했다. 유형원은 중간착취와 공직부패가 만연된 이유는 공과 사의 구별이 없이 국가재정이 운영된 결과로 진단하고, 국정운영을 위하여 공적으로 지출되는 경비는 모두 예산에 반영되어야 한다고 보았다. 즉, 모든 수입과 지출은 예산에 반영되어 공적으로 집행되어야 공과 사의 구별이 분명해져 공직부패를 방지할 수 있다는 것이다. 이 원리는 모든 수입은 국고에 편입되고 모든 지출은 국고금에서 지출되어야 하며, 특정수입으로 특정지출에 연계시키는 것을 금지하는 현대 예산원칙에 해당된다. 그는 국가전체적인 관점에서 재정을 효율적으로 운영할 수 있는 오늘날의 근대적인 예산제도를 만들고자 했다. 예컨대, 그는 공해전이나 사세전을 지급하여 개별 관청의 차원에서 수입과 지출을 연계시키는 분산된 예산운영제도를 폐지하고, 국가 전체적인 차원에서 세입과 세출이 연계된 '양입위출의 예산제도'를 추구한 이유도 이 예산통일의 원리를 염두에 둔 것이었다고 볼 수 있다.

뿐만 아니라, 그는 중앙관직의 백관을 위시하여 지방의 이서(吏胥)나 복례(僕隷)에 이르기까지 모두 생활에 상응할만한 상록(常祿: 고정된 급료)을 경상세입인 상세(常稅)로서 지변할 수 있도록 예산편성에 반영하도록 했다. 반계는 국정운영을 담당하는 관료들에게 녹봉을 지급하지 않고 일을 하라고 하는 것은, 횡령, 토색, 강탈, 등등의 수단으로 생활하라고 공인(公認)한 것과 같다고 하면서, 그 시대에 일어났던 모든 부정한 방법이 공무(公務)를 핑계대고 사리(私利)를 추구했기 때문이라고 보고 있다. 따라서 그는 관료들의 인건비는 물론이고 접대비 행사비에 이르기까지 세세한 항목에 이르기까지 세밀하게 지침을 작성하고 이를 세출예산에 반영하여 집행할 것을 강조했다(『반계수록』 19).

6. 재정권 남용금지의 원칙

정부가 필요로 하는 물건의 구매와 관련된 예산지출은, "정부는 기본적으로 백성과 이(利)를 다투지 않아야 한다."는 원칙을 고수했다. 그는 정부가 예산을 통하여 시장에서 물품을 구매할 때 상인에게 지불하는 가격은 협상가격이 아닌 예산가격을 지불해야 한다는 원칙, 즉 '시장가격보다 높은 예산가격을 책정하고 이를 지불해야 한다는 예산집행원칙'을 지킬 것을 주장했다. 이것은 1594년(선조 27) 유성룡이 주장한 대동법을 실시하는 과정에서 나타난 정부구매행태, 즉 '관원들이 권력을 이용하여 시장기격보다 낮은 가격을 지불하는 구매행태' 를 고치기 위하여 1608년 한백겸이 제안한 방안을 수용한 것이었다. 유형원은 대동법과 행전유통정책이 성공적으로 정착하기 위해서는 먼저 상인들이 반대하지 않아야한다고 보고, '관(官)은 민(民)과 서로 이익을 다투지 않아야 한다는 예산원칙'을 고안했다. 즉 상인들이 정부에 물건을 판매해 이익을 얻을 수 있도록 보장하고, 수도로 상품이 지속적으로 유입될 수 있도록 유인동기를 부여해야 한다고 생각했다(『반계수록』 3 : 65, 전제후록 상). 그는 상인이 이익을 남길 수 있어야 상업과 유통이 활성화되고, 나아가 정부는 지속적으로 시장을 통하여 공물구매가 가능하다고 생각했다. 이 점에서 그는 시장을 국가재정운영의 파트너로 이용하고자 했다.

반계는 국가의 재정운영은 백성들의 이익에 보탬이 되도록 도덕적으로 운영하여야 한다는 예산원칙을 고수했다. 그는 국가도 소비자이니 자유경쟁을 통하여 상품가격을 낮추어 구매할 수 있으며, 이러한 가격경쟁에서 이기지 못하는 비효율적인 상인은 당연히 도태되어야 한다는 자유경쟁시장이론을 발전시키지는 않았다. 그는 자유로운 가격경쟁보다는 국가의 도덕성을 보다 강조했다. 그는 1594년 유성룡의 제안에 의하여 실시한 대동법의 집행과정에서 나타난 불평등한 거래관행인 '권력을 이용한 가격 착취현상' 을 공식적인 예산제도를 통하여 규제하고, 이 가격규제를 통하여 시장의 건전한 유통기능을 활성화시키고자 하였다. 그는 국가는 '백성을 위하여 설치된 기관'이므로 농민이든 상인이든 '국가는 백성들과 이(利)를 두고 다투지 않아야' 하며, 국가가 권력을 이용하여 그들에게 불이익을 강요해서는 안 된다고 보았다.

그는 농민뿐만 아니라 상공인에 대한 국가의 과도한 이익추구활동(권력행사)도 반대했다. 그의 생각에 대하여 대동법을 반대하는 관리들은 정부 관원들이 상인과 생산자의 이익을 보호하고 보장하기 위해서 자신들의 이익을 제한해야 한다는 것은 매우 자연스럽고 소박한 것이지만 현실의 인간심리를 반영하지 못하고 있다고 반대했다. 대동법을 반대하는 사람들은 관원과 서리들이 상인에게 제값을 지불하지 않거나 낮은 가격으로 물건을 팔도록 강요할 것으로 생각했고, 또 이러한 생각은 1594년의 현실적인 경험과 근거를 지니고 있었다. 그러나 그는 국가의 도덕성이 배제된 재정운영은 위민행정이 아니라고 확신했다. 그는 항상 도덕적 기준(ethical basis)을 바탕으로 정책안을 분석하고 재정운용방안을 마련했다.

그는 대동법을 실시하면 공물을 시장에서 구입하는 과정에서 권력을 이용한 불공정한 가격 착취현상이 심화될 것이라는 것을 예상하고, '시장가격보다 높게 물품가격을 예산으로 미리 책정'하고, 정부가 공물주인을 통하여 물품을 구매할 때 그 가격으로 지불하도록 강제화함으로써 상인의 이익을 보장하고 시장을 활성화시킬 수 있다고 확신했다. 그는 예산제도를 통하여 정부와 민간간의 공정거래문화를 정착시키고자 했으며, 또 이렇게 예산지출과정에서 도덕성을 강화하는 것이 바로 윤리적 정부(ethical government)를 만드는 길이라 생각했다.[7]

---

7. 정부와 민간간의 건전한 공정거래문화를 정착시켜야 한다는 그의 주장은 오늘날의 대기업과 중소기업 간의 건전한 공정거래문화를 정착시키려고 하는 경제민주화법안의 논리와 그 맥을 같이 한다. 최근 우리나라는 대기업의 '납품단가 후려치기'에 대해 징벌적 손해배상제도를 강화하는 내용의 하도급법 개정안을 통과시킨 바 있다(2013. 4.30).

제3절 세입예산제도의 개혁

1. 공납의 폐해와 대동법

조선시대의 조세제도는 중국 당나라의 세제인 조 · 용 · 조(租 · 庸 · 調)를 골간으로 시기와 지역에 따라 다양한 변형을 보이는데, 조(調)에 해당하는 공납(貢納)은 토지세인 조(租)와 역역동원(力役動員)인 용(庸)과 함께 수취체제의 중요한 구성요인이었다. 공납이란 각 지방의 특산물을 현물로 바치는 부세제도이다. 기원은 확실치 않지만 공납제(貢納制)는 일찍부터 적용이 되어 국가의 녹봉이나 관부운영비, 각종 제사 비용, 외교비용, 전쟁 및 군사유지비용 등에 소요되는 각종 현물을 수취하였다. 조선 중기 공납의 폐해는 극에 달했다.

공물과 진상은 관(官)에서 마련하는 것(官備)과 민호가 갖추어 내는 것(民備)으로 구성되는데 실제로는 그 모두가 민호(民戶)가 부담했다. 공물 · 진상은 그 자체의 부담뿐 아니라 운반 · 수송에 소요되는 노동력도 요역의 형태로 제공해야 했다. 공물의 부과도 지역의 산물을 배정하는 것이 원칙이었지만 실제로는 그렇지 않은 경우가 많았다. 한번 공물로 정해져서 공안(貢案)에 오르면 이를 바꾸기란 쉬운 일이 아니었고 부과된 공물을 구하기 어려울 경우 상납물품을 구입하여 납부할 수밖에 없었다. 이러한 구조적 모순이 공물의 대리납부, 즉 방납(防納)을 가져왔다. 상인이나 하급관리, 권세가 등은 방납구조에 기생하여 폭리를 취하였고 그 반대편에는 소농민(小農民)의 몰락으로 이어졌다.

유형원은 그 이전의 어떤 인물보다도 자신의 시대에 시작된 변화를 통찰력 있게 분석한 학자였다. 그는 전통적인 성리학을 철저하게 공부한 학자의 관점에서 17세기 중반 조선경제의 변화, 즉 상업의 확대에 따른 시장경제의 움직임을 예리하게 간파하고. 그러한 변화를 국가재정운영제도(공납제도와 지출제도)에 담으려 했다. 그러나 그의 재정운영제도개혁안은 그의 독창적인 제안이라기보다는 국가재정을 합리화하고 개혁하기 위해 노력한 선배학자들의 아이디어와 중국의 성공한 세입세출행정사례, 그리고 이미 부분적으로 실시하고 있는 '대동법'에서 영감을 얻은 것이었다. 당시 대동법이 부분적으로라도 실시되기까지는 이이 · 조헌 · 유성룡 · 한백겸 · 이원익 · 권분 · 김육 · 허적 같은 주요 정치가들의 오랜 노력이 있었고, 또 환경적 요인으로서 임진왜란과 같은 국가위기도 그 실시에 촉매 역할을 했다.

대동법은 현물공납을 전세(田稅)로 전환하고 기존의 공물을 백성들이 낸 세금(미포, 면포, 화폐)으로 시장에서 구입하는 제도를 말한다. 대동법은 잡다한 공물을 면포와 미곡으로 단순화시킴으로써 조세행정을 합리화했고, 법률에 규정된 공물 이상의 부당한 조세부과를 금지했으며, 공물을 사는데 드는 가격을 미리 확정함으로써 정부의 지출을 줄였으며, 세입이 모자랄 때 재원을 보충하기 위하여 특별한 방안을 마련하고 대동세에서 나온 자금을 사용해 강제적인 요역을 임금노동으로 전환시켰다. 대동법의 실시는 시장거래를 활성화시켜 교역과 상업을 촉진시키는 계기가 되었다.

반계가 살던 시기는 이 대동법이 경기도 충청도를 비롯한 일부지역에 실시하고 있었고 또 전라도지역에 그 실시여부를 놓고 찬반양론이 벌어지고 있던 시기였다. 국가재정을 근본적으로 개편하려는 반계의 재정개혁은 15세기 중반 이후부터 대두된 공납제도의 개혁과 관련된 이러한 시대적 요청과 변화에 편승하여 제안된 것이라고 볼 수 있다. 그렇다면 반계의 재정제도개혁에 영향을 미친 선행연구는 어떤 것이 있었고, 또 당시 추진하고 있었던 대동법의 내용이 반계의 재정제도개혁에 어떠한 영향을 미쳤는가를 『반계수록』의 인용내용을 통하여 분석해 보자.

2. 공납제와 대동법에 대한 유형원의 평가

1) 공납개혁에 대한 선행연구

유형원은 공납제도의 개혁안을 마련하면서 선배 학자들의 견해를 많이 인용하고 참고했다. 특히 조광조, 이이, 조헌의 주장과 견해를 많이 소개하면서 자신의 생각을 표출하고 있다. 그는 조광조가 방납을 금지하고 엄격하게 처벌해야 한다고 중종에게 간언한 내용을 인용하면서 방납제도의 개혁이 진행된 역사를 먼저 서술했다(『반계수록』 3 : 29). 1518년 조광조는 전국적으로 공납이 균등하게 부과되지 않을 뿐 아니라, 공물의 실제가격보다 3~10배까지 납세자에게 미곡과 면포를 요구하는 방납(防納)이 성행하고 있어, 수확의 30분의 1을 내는 낮은 전세와 비교할 때 공납은 지나치게 그 부담이 크다고 주장했다. 그러면서 조광조는 중종에게 공납을 줄일 수 있다면 조선왕조가 원래 구축했던 법률과 정신을 복구하고 백성들의 도덕을 올바르게 변화시키고 백성들의 마음을 안정시켜 전체적인 재건을 시작할 수 있을 것이라고 건의했다. 그러나 조광조는 개혁의 방안을 직접적으로 제시하지는 못했다. 조광조는 방납의 폐해를 처음으로 제기한 사람이었다.

1569년 이이(李珥)는 황해도 해주목사로 있으면서 그 지방의 대동제역(大同除役)의 관행에서 아이디어를 얻어 방납하는 폐단을 개선하는 방안으로 대공수미법을 제안했다.[8] 공납제 개선안은 율곡의 경장론 가운데 경제 분야에서 가장 큰 비중을 차지한다. 이이는 해주(海州)의 사례에 착안하여, 먼저 각 지역의 실정에 맞게 공안(貢案 : 공물의 품목과 수량을 기록한 예산표)을 개정하여

---

8. 황해도의 해주(海州)와 송화(松禾) 등지에서는 명종(明宗) 때부터 자체적으로 대동제역(大同除役)이라 하여 토지 1결당 1두(斗)의 쌀을 거두어 서울에 납부할 각종 공물을 마련함으로써 방납의 횡포를 주민들 스스로 방어하고 있었다. 율곡은 그 효과를 인정하고 1569년(선조 2) 「동호문답(東湖問答)」에서 전국의 모든 공납을 쌀로 수납하게 하는 대공수미법을 시행할 것을 건의하였다(동호문답, 『율곡전서』 15). 그러나 방납 등으로 이득을 취하고 있던 권세가와 방납업자들의 방해로 실현되지 못하였다.

공물 부과를 공평하게 한 다음, 해주 식으로 공물 대신 쌀을 거두는 수미법(收米法)을 전국적으로 확대 시행하면, 방납(防納)으로 백성들이 고통 받는 것을 막을 수 있다고 제안했다.[9] 방납이란 공물을 대신 바치고 그 대가를 곱절로 불려 받는 일을 가리키는데, 상인이나 하급관리들은 방납으로 중간에서 이득을 얻었으며 국가에서는 공물 징수의 편의로 인해 이를 장려하기도 했다. 율곡 이이(李珥)의 대공수미법은 조헌 · 유성룡 · 이원익 · 김육 등의 공납제 개선안에 영향을 미쳐 대동법의 전국적 시행으로 이어지고, 유형원의 재정개혁에 많은 영향을 미쳤다.

유형원은 '공납을 전세로 대체해야 한다'는 이이의 공납제도의 개혁에 찬성하면서 중국의 합리적인 조세제도를 본받아야 한다고 주장한 중봉 조헌(1544~1592)의 제안에서도 큰 영향을 받았다. 조헌은 1577년 중국 사신으로 다녀온 뒤, 중국의 조세제도와 조선의 공납제도를 비교하면서 애절한 문구로 진상(進上)의 폐지를 간하였다. 즉 "중국에서는 국민들이 내는 세금(경세)으로써 천자의 어선(御膳)을 시장에서 구입하여 올리는데 우리나라에서는 조석의 끼니도 못 가리는 극빈 농민에게 경세이외에 진상(進上)을 강요하므로 농민은 굶어가고 매일 거두어들인 신선한 진상품은 썩어가고 있으니 하루빨리 진상을 폐하여 농민의 궁상(窮狀)을 구해야 한다"고 호소하고 있다(『반계수록』 4: 90-92. 전제후록 하).

그는 명나라에서는 황실의 음식을 담당하는 상선감(尙膳監)에서 화폐(은)로 시장에서 구입하고 있고 또 조세와 요역까지도 화폐로 대체되었다고 하면서, 그

---

9. 당시 지방 차원에서는 방납의 폐해에 대응하여 공물가격을 미곡의 형태로 수취하여 그 미곡으로 공물을 마련하여 납부하는 관행이 확산되었는데 이를 사대동(私大同)이라 한다. 대동법도 따지고 보면 이러한 사대동의 관행을 국가적 차원에서 공인한 것이었다. 대동법의 선구적 형태는 임란중인 1594년(선조27) 군량조달을 목적으로 유성룡에 의하여 일시적으로 채택된 '대공수미법'이었다. 광해군 즉위 직후 1608년 이원익(李元翼) 등의 건의로 경기지역에 처음 실시한 대동법은 충청 · 전라 · 경상도 등으로 확대되어 1708년(숙종34) 전국적인 시행을 보게 되었다. 남부지역과는 달리 함경 · 강원 · 황해도에는 상정법(詳定法), 평안도에는 수미법(收米法)이 채택되었는데 본질적으로 대동법과 다르지 않다.

것은 16세기 이후 지배적인 양상이 되었다고 보고했다. 또한 이 제도가 채택되면서 백성들은 더 이상 수많은 공물을 현물로 납부하지 않게 되어 수송비를 절감했고, 시세에 따라 시장에서 은으로 공물을 살 수 있었기 때문에 황제는 바라는 음식을 언제나 신선하게 먹을 수 있었다고 주장하면서, 조선의 진상과 공물에 부과된 혹독한 부담과 비교했다. 조헌은 "고대의 성군들은 자신의 필요를 충족시키기 위해 백성들을 희생시키지 않았다"고 주장하면서『서경』에 기록된 주대의 합리적인 공납요구에 따를 것을 건의했다. 특히 경기도에 과도하게 부과하고 있는 생선의 부과액을 줄이고, 성종 후반 경기도 관찰사였던 손순효가 명나라 사신접대를 위해 올렸던 두 배의 진상을 폐지하여 어선(御膳)을 간략히 하고 관리에게 일정한 녹봉(祿俸)을 주도록 개혁할 것을 선조에게 건의했다.

반계는 자신의 조세제도개혁안을 구상하면서 조광조, 이이, 조헌의 견해와 주장을 많이 인용하고 있으나, 더 실질적으로 영향을 미친 사람은 1651년(효종 2) 충청도에 대동법실시를 주도하고 1958년 전라도까지 확대적용을 위해 평생을 노력한 김육(1580~1658)의 경제사상이었다. 김육은 평생을 공부(貢賦)의 불균형·부역의 불공평을 없애기 위하여 대동법의 전국적인 시행을 위해 노력했으며, 대동법 외에도 상평통보의 주조, 마차 및 수차의 제조와 보급, 새로운 역법(曆法)인 시헌력(時憲曆)의 사용 등 혁신적인 제도개혁을 주장한 실사구시의 선구자로서 그의 사상은 유형원의 경제사상에 많은 영향을 미쳤다. 그러나 유형원은 김육의 아이디어를 뛰어 넘어 경세일원화를 통한 공납제도의 개혁(대동법)만으로는 백성들의 경제적 삶과 농민들의 질고를 해결할 수 없다고 보고, 진정한 민부(民富)와 균분(均分)을 달성하기 위해서는 농민들에게 토지가 골고루 돌아갈 수 있도록 토지제도를 개혁하고, '양입위출'의 세출예산제도를 확립하여 재정건전성을 확보하여야 한다고 주장했다.

그의『반계수록』에는 김육의「대동절목」을 중요한 참고자료로 활용하고 있다. 다음 〈표 14-1〉은 조광조, 이이, 조헌이 각각 주장했던 공납제도 개혁안을 비교한 것이다.

표 14-1 • 공납제도 개선에 대한 선행연구

	조광조	이이	조헌
공납제도	– 공납제도 인정 – 방납으로 인한 조세불평등 비판	– 공납제도 인정 – 제도운영실패 비판 – 방납의 폐해 비판	– 공납제도 인정 – 방납의 폐해 비판
개혁방향	공납축소	(1) 부담경감 (2) 부담의 형평성 (3) 방납철폐 (4) 미곡으로 납부	(1) 부담경감 (2) 합리적인 공납요구 (3) 방납철폐 (4) 미곡으로 납부
구체적 개혁안		– 녹봉지급 – 대공수미법 (1569, 1574)	– 녹봉지급 – 대공수미법 (1577)
아이디어		– 황해도 해주의 대동제역에서 착상	– 명나라 은납제 – 율곡의 정책안 지지
평가	– 방납의 폐단 최초 문제제기	– 대동법채택의 기반제공	– 대동법채택의 기반제공

2) 대동법 시행과정의 문제점분석

세입 및 세출행정과 관련된 유형원의 재정제도개혁에 토대를 제공한 것은 당시 부분적으로 도입한 대동법(大同法)이었다. 대동법은 각 지방의 공물을 미곡(쌀)으로 통일하여 바치게 한 제도를 말한다. 본래 특산물을 바치던 공납은 그것을 바치는 시기와 지방에 따른 물품이 맞지 않아 여러 가지의 폐단(특히 진상번중과 방납의 폐단)이 있었고, 또한 그것을 미끼로 한 관리들의 농간으로 백성의 부담이 컸는데, 그 폐단을 시정하기 위하여 시행한 것이 대동법이다. 대동법은 가호 단위로 부과하던 공물 · 진상 · 잡역 부담의 상당 부분을 토지세로 편입시킨 것으로써 방납의 폐단으로 인한 국가재정의 궁핍과 농민의 몰락에 직면하여 채택하지 않을 수 없었던 재정 및 수취제도 개혁이었다.

그러나 대동법의 시행에는 많은 저항과 논쟁을 거쳐야 했다. 대동법의 도입 결정과 집행과정에서 수없이 많은 찬반양론이 있었고, 그로 인해 대동법의 전면시행도 1세기가 소요되었다. 그 이유는 지세화(地稅化)된 대동을 부담해야 하는 지주층과 방납구조에 기생하면서 막대한 이득을 취하던 방납인들의 반대가 격렬했기 때문이었다. 당시의 기득권세력들은 대동법을 찬성하는 백성들의 여론을 왜곡하기도 하고, 대동법시행과정에서 나타나는 조세부담의 불공평문제를 부각하여 대동법의 전면실시를 반대했다. 대동법이 토지를 세원으로 하여 과세하는 제도라면 그 실시 이전에 양전조사(量田調査: 인구 · 토지 · 생산량에 대한 정기적인 세원조사)를 통하여 공정하고 일정한 세율을 먼저 확정해야 하였으나 그렇지를 못했다.

유형원은 국가재정운영에 대한 자신의 개혁안을 제시하면서 먼저 대동법 도입의 역사적과정과 대동법시행과정의 문제점을 자세하게 분석하고 있다. 분석방법은 선행연구를 인용하는 형식으로 자신의 견해를 표출했다. 그는 1608년(선조 41, 광해군 즉위) 이원익의 대동법도입에 대한 건의와 이를 받아들여 경기도에 시범적으로 실시한 사례, 그리고 경기도에 대동법을 도입한 이후 1651년(효종 2) 충청도에 그 제도를 확대하는데 보여 준 김육의 역할과 그의 『대동절목』을 중요한 참고자료로 활용했다(『반계수록』 3: 33).

『반계수록』을 집필할 당시에는 이미 대동법이 경기도 충청도 전라도 황해도까지 확대 실시되고 있었지만, 『반계수록』에는 1658년 전라도 해안지대에 실시한 대동법까지만 설명이 되어 있고 1660년대 전라도 고지대에 대한 확대실시(1662)와 대동법의 철회(1667~68)를 둘러싼 논쟁은 보이지 않는다. 아마도 그는 1660년대의 논쟁과는 별개로 자신의 개혁안을 마련한 것으로 보인다. 유형원의 예산제도개혁안은 김육의 경제사상과 대동법시행과정에서 나타난 정책집행실패에 대한 그의 날카로운 분석이 그 토대를 이루고 있다.

조선의 공납제도의 병폐를 비판하면서 그것을 전세(田稅)로 대체하자는 제안은 임진왜란 이전부터 꾸준히 제기되어왔다. 1569년(선조 2)과 1574년(선조 7)에는 율곡이, 1577년(선조 10)에는 중봉 조헌이, 그리고 1590년(선조 23)에는 정철이 발의했지만 정책으로 채택되지 못했다. 즉 그러한 주장은 선조를 움직이

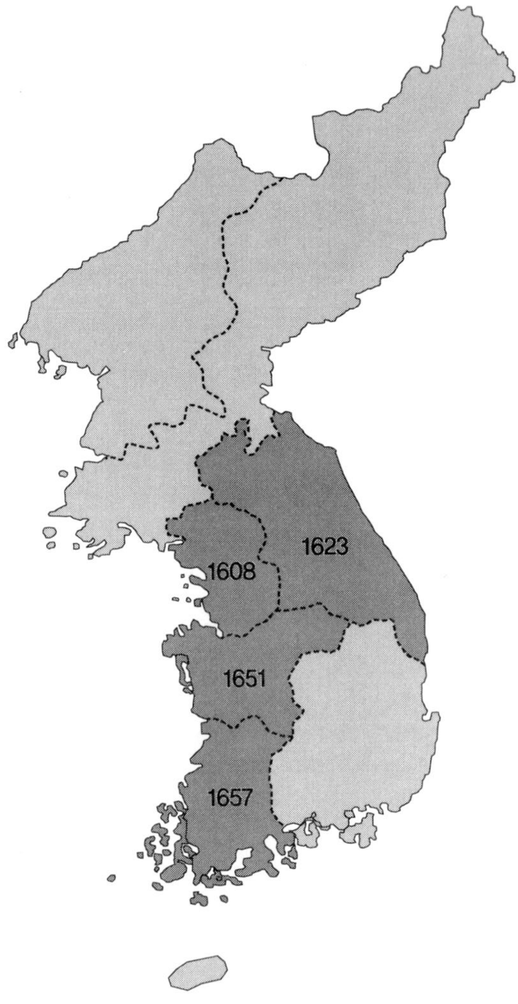

그림 14-1 • 당시의 대동법시행 현황도 광해즉위(1608) 경기도, 인조 2년(1623) 강원도, 효종 2년(1651) 충청도, 효종 8년(1657) 전라도

지는 못했다. 그러나 임진왜란으로 인하여 전 국토가 파괴되고 피폐해지면서 상황은 급변했다. 드디어 선조는 1594년(선조 27) 공납을 평년의 20~30% 정도로 줄이고, 군역과 요역은 물론 현물공납 대신 미곡(米穀)을 내도록 허락했다. 영의정 유성룡이 이미 고인이 된 율곡 이이의 핵심적인 생각을 받아들여 대동법의 실시를 주청했기 때문이다. 그러나 이 수미법은 재정수요에 대한 치밀한 예측

없이 지나치게 세율을 경감한[10] 나머지 사신접대비와 군사비는 물론이고 중앙과 지방의 행정비용을 충족시키기에도 모자랐다. 또한 부패하고 불법적인 방납에서 이익을 보는 부류들은 이 제도도입을 반대했고, 지방수령들은 여전히 운반비와 개인적인 선물, 그리고 각종 유형의 전세를 징수하여 대동수미법의 도입을 무색하게 만들었다. 결국 1599년 선조는 유성룡의 개혁을 거부했다.

유형원은 공납제도를 개혁하기 위해 실시했던 유성룡의 수미법(1594), 경기도에 시범적으로 시행했던 이원익의 대동법(1608), 그리고 충청도에 확대 적용했던 김육의 대동법(1651)의 시행과정에서 나타난 문제점을 분석하여 자신의 재정운영의 원리로 삼았다. 그는 조세제도가 성공적으로 정착하기 위한 전제조건은 무엇보다 '공정하고 공평한 세율'의 확립인데 대동법은 그 시행과정에서 이를 달성하지 못했다고 분석하고 있다. 이원익의 주장에 의해 최초로 경기도에 도입할 당시 조정의 많은 대신들과 백성들이 찬성했던 대동법이 제대로 정착되지 못하고 왜 비판과 불만의 대상이 되었는가에 대해 유형원은 암암리에 다음과 같이 분석하고 있다.

(1) 집행설계의 부족과 조세부담의 불공평성

유형원은 1594년에 도입한 유성룡의 공납제 개혁(대공수미법)이[11] 실패하고 1599년에 철회된 이유는 제도 자체의 문제점 때문이 아니라 치밀한 시행세칙을 마련하지 못하여 집행과정에서 많은 폐단이 발생했기 때문이라고 분석한

---

10. 1594년 풍년이 들자 공납을 대체하는 전세를 1결당 평균 7~8말에서 일률적으로 2말로 내렸다. 이것은 년 간 7만 섬의 세입을 상실한 것에 해당되어 국정운영수행에 필요한 안정된 세수확보에 문제가 생겨, 결국 선조는 이 개혁안을 거부했다.

11. 유성룡의 건의로 실시된 대공수미법은 각 군현에서 상납하던 모든 물품을 쌀로 환가(換價)하여 그 수량을 도별로 합산해서 도내 전토지에 고르게 부과 · 징수(대체로 1결에 쌀 2말)하게 하고, 이를 호조에서 수납하여 공물과 진상 · 방물(方物)의 구입경비로 쓰는 한편, 시급하였던 군량으로도 보충하게 한 것이었다. 이 법의 편익을 체험한 한백겸(韓百謙) · 이원익(李元翼) 등이 그 내용을 한층 보완하여, 광해군 즉위 초에 '선혜(宣惠)의 법'이라는 이름으로 우선 경기도에 시험적으로 실시한 것이 1608년 최초의 대동법이다.

한백겸의 평가에 동의했다. 즉 조세제도 개혁의 목적이자 조세행정의 근본적 이치인 '조세부담의 공평성'을 확보하지 못했고, 대동법 도입으로 불이익을 당한다고 생각하는 지주 및 방납인들의 저항을 제압하지 못했으며, 현물공납을 일부 인정하는 예외규정을 두어 정책의 일관성을 지키지 못하여 농민들의 조세부담을 오히려 증가시켰기 때문이라고 보았다.

당시 유형원은 1594년의 대공수미법이나 1608년도의 대동법이 모두 형식적인 세율로는 백성에게 조세부담을 경감시키고 방납의 폐해를 없애는 것으로 보이지만, 각 지방의 특수성을 고려하지 못한 시행세칙의 미비로 인하여 실질적으로 백성들이 체감하는 조세부담은 별로 나아진 것이 없었다고 분석하면서 공평하고 신뢰할 수 있는 조세제도의 개혁을 주장했다.

1608년 경기도에 실시한 대동법의 경우, 공납을 대체해 부과한 1결당 2말의 전세(田稅)는 그 세율만으로 보면 방납의 폐해를 근절하고 농민의 부담을 경감시키는 좋은 제도였지만, 대동세의 운반에 필요한 운송비부담을 고려하면 경기도 내의 지방에 따라 그 조세부담의 경중이 지나치게 달랐다. 즉 대동미를 수도까지 수로로 운반해야 하는 해안지방의 농민보다 내륙과 산간지방의 납세자들은 공납자체보다 3배나 많은 운송비를 물어야 했다. 또한 정부가 필요로 하는 물품(과거의 공물과 진상)을 정부가 시장에서 구매하면서 시중가격보다 낮은 협상가격을 지불하여 시전상인(市廛商人)들의 불만을 샀다. 뿐만 아니라, 시전(市廛)에 물건이 부족하게 되자 농민에게 공납을 다시 현물로 부과했다. 따라서 농민들은 이를 이중과세로 받아들이고 대동법을 신뢰하지 않았다.

결국 대동법시행으로 인하여 불법적 이익(방납을 통한)을 얻을 수 없어 불만이 많았던 지방관원들과 향리들은 이러한 정부정책의 비일관성과 대동법 시행과정에 대한 백성(농민과 상인)들의 불만을 핑계로 대동법의 집행을 거부했다. 현재의 행정학적 이론으로 설명하면, 정책집행과정에서 정책집행자(policy implementor)와 정책대상집단(policy target group) 모두가 정책에 불응(noncompliance)하여 집행실패가 일어난 것이다. 한백겸도 정부가 법률을 신중히 검토하지 못했으며, 정부가 세입을 올리는데 지나치게 신경을 쓴 결과 '공정하고 일정한 세율'을 확립하지 못했기 때문이라고 판단했다.

(2) 목표와 다른 상쇄(trade-off)규정의 존재

유형원은 아무리 좋은 조세제도라 하더라도 '공정하고 공평한 과세기반'을 지속적으로 마련하지 못하면 퇴보하고 부패해지며 백성들의 지지를 얻지 못한다고 확신했다. 대동법의 시행과 확산과정에서 대동법이 가지고 있는 원래의 취지를 달성하지 못하고 퇴보하고 부패해진 이유는 '조세의 공정과 공평의 원칙'을 철저하게 지키지 못하였을 뿐만 아니라, 현물을 전세(田稅)로 대체한다는 정책목표와는 상반된 예외규정을 많이 삽입하여 원래의 정책목표가 달성되지 못하도록 상쇄(trade-off)시켰기 때문이다. 예컨대 정부는 관원들에게 일반적인 소비 품목은 현물로 징수하도록 예외규정을 허락했고, 관찰사에게는 특별한 손님에게 사용할 진귀한 물품을 관할구역 안에서 거둘 수 있도록 허락했다. 이러한 목표달성을 상쇄하는 예외규정이 많아지면 결국 공정하고 공평한 조세부담을 헤치게 되고 백성들은 이중과세라는 불만을 가지게 된다.

실제로 대동법은 18세기 후반 상납미(上納米)의 수요가 증대되면서 지방관들은 선혜청의 양해 아래 부족한 지방경비를 농민에게 부담시켰고, 또 이를 기회로 갖가지 탐학을 자행했다. 유형원이 조세행정의 근본적인 원리이자 이치라고 주장했던 공평과세와 경세일원화의 원칙이 무너지면서 대동법은 공납제시절의 농민의 부담에다가 대동세를 더하게 하는 이중과세(二重課稅)의 결과를 초래했으며, 그 결과 조선후기 농민반란으로 이어지는 주요한 원인이 되었다.

(3) 통일적이고 공평한 세율적용의 실패

대동법이 전국적으로 확산되어 확립되는데 거의 1세기 이상을 걸린 이유는 각 도(지방)마다 세율이 달랐을 뿐만 아니라, 같은 도(지방)내에서도 해안지대와 고지대에 각각 부과되는 미곡과 면포의 시중가격(실제가치)이 동일하지 않아 농민들 사이에 불만이 많았기 때문이다. 즉 각 지방마다 세율이 달랐을 뿐만 아니라 정부가 합리적이고 수용 가능한 면포와 미곡사이의 환산비율(공식)을 만들지 못하여 '공정하고 공평한 조세행정'을 실현시키지 못했다.

대동법은 특별하게 정부가 곡식을 내도록 허락한 지역을 제외하고는 해안지역에서는 미곡으로 고지대에서는 면포로 부과했다. 과세대상(세원)은 수조안(收租案)에 등록된 전결(田結) 가운데서 호역(戶役)을 면제하는 각종의 급복전(給復田)을 제외한 모든 전결(토지)에 대동세가 부과됐다.[12] 그 세율은 1608년 경기도에서는 1결당 쌀 16말, 1651년 충청도에서는 1결당 쌀 10말, 1658년 전라도 해안과 1662년 전라도 고지대에서는 1결당 쌀 13말로 각각 달랐다. 또한 미포를 내지 못하는 경우는 면포 2필을 대체하여 납부하도록 했다. 따라서 각 지역에 따라서 시장의 곡가가 다르기 때문에 지역 내의 주민들 간, 또는 지역 간의 조세부담이 공평하지 못했다. 즉 미포와 면포의 교환비율(환률)이 각 지방의 시장가격을 정확히 반영하지 못해 조세부담의 공평성에 대해 많은 시비를 불러왔고, 또 각 도에 따라 세율을 달리 했다는 측면에서 대동법의 시행은 공정성과 통일성을 담보하지 못했다.[13]

예컨대, 충청도에서 세율은 1결당 2필이었고 대동미는 10말이었다. 즉 시장에서의 교환비율은 1필당 5말이었다(1:5). 이 환산비율은 무엇을 납부하는가에 상관없이 정확히 지켜졌다. 따라서 대동포를 납부하는 지역의 농민들이 대

---

12. 면부출세(免賦出稅)의 전결이나 면부면세(免賦免稅)의 전결, 예를 들면 궁방전(宮房田) · 영둔전(營屯田) · 아문둔전(衙門屯田) · 관둔전(官屯田) · 학전(學田) 등에는 대동세가 부과되지 않았고, 다만 아록전(衙祿田)과 공수전(公須田)에서만은 지방관아의 경비가 대동미에서 지급됨에 따라 대동세가 부과되었다.

13. 유형원이 생존했던 당시의 대동법은 각 지역에 따라 부과액과 징수액, 그리고 징수방법에 적지 않은 차이가 있었다. 6도의 대동세액(大同稅額)이 12말로 통일된 것은 반계가 죽은 후 현종~영조에 걸쳐 이루어졌다. 유형원은 아무리 좋은 조세제도라 하더라도 조세부담의 공평성을 확보하지 못하면 실패한다는 것을 누누이 강조했다.

동포를 생산하지 않고 그것을 시장에서 살 경우, 시장의 면포가격이 정부에서 규정한 1필당 5말의 환산비율보다 높으면 1결당 10말로 책정된 대동세보다 더 많은 부담을 지게 됐으며, 시장에서 1필의 베를 5말 이하로 살수 있다면 농민들은 그 부담이 줄었다. 시장의 가격변동에 따라 농민의 부담정도가 상이했다. 이렇게 미곡과 면포의 환산비율이 정확히 시장가격을 반영하지 못했기 때문에 항상 공물부담의 공정성의 문제가 제기되어 농민들의 불만을 샀다.

실제로 1664년 전라도 유생 배기(裵紀) 등은 대동법이 저지대보다 고지대에 더 무거운 세금이 부과되고 있다고 주장하면서 전라도 고지대에서 대동법을 철회하여야 한다고 주청했다. 1603년 임진왜란 이후 처음 실시한 양전사업에서 고지대의 토지가 해안이나 저지대의 토지보다 비옥도를 높게 매겼기 때문에 자연히 세금도 해안지대보다 훨씬 높았다. 게다가 대동법의 세율적용이 지리적 특성에 따라 차등 적용하였기 때문에 고지대 농민들의 부담이 훨씬 컸다. 실제로 전라도 고지대에서 대동포를 납부하는 사람들은 면포의 질이 나쁘다는 이유로 납부를 거부당하기도 하고, 육운 비용을 부담했으며, 그로 인해 실제의 세율은 1결당 13말을 내는 저지대의 농민과 비교해 25～26말 정도로 늘었다. 이를 해결하기 위해 수령들은 고지대에 한하여 유동세율을 적용하였으나, 수령들은 1～2결을 소유한 소지주든 7～8결을 소유한 대주주이든 모두 같은 세금을 부과하여 농민들의 불만을 극대화시켰다. 결국 시행과정에서의 과세부담의 불공평성 시비로 인하여 전라도 고지대의 대동법의 시행이 철회되기도 하였다.

(4) 토지조사 미실시로 인한 세원의 불공평성

유형원은 "국가가 백성들에게서 세금을 징수하는데 일정한 제도를 두지 않고 한정 없이 거두려고 한다면, 그것은 미혹되고 무식한 행위이거나 불의하게 나라를 저버리는 행위"라고 하면서, 조세부담의 경감과 공평성을 강조했다(『반계수록』 3: 34-35. 전제후록 상). 그는 새로운 제도인 대동법이 효과를 나타내기 위해서는 반드시 양전사업을 실시하여 조세부담의 공평성을 먼저 확보해야 한다고 확신했다. 양전사업을 실시하지 않은 채 기존의 토지대장을 세원으로 하여 대동세를 부과하는 것은 여전히 기존 지주들에게 은결(隱結)의 이익을 누리게 하는 것이 되어 제도개혁의 효과가 없다고 보았다.

유형원은 당시 대동법을 반대하는 세력들의 진짜이유는 양전사업의 실시로 그들의 숨은 세원이 밝혀져 과도한 조세를 부담할 것을 염려해서라고 생각했다. 『반계수록』에서 유형원은 그들이 양전사업을 반대하는 이유를 구체적으로 설명하지는 않았으나, 전국적인 양전사업의 비용이 크다는 이유도 있지만 실제로는 정확한 토지조사를 통하여 공정한 토지대장이 만들어지면 그동안 토지대장에 등록되지 않아서 세원이 누락되어 은결(隱結)로 이익을 취했던 누락세원이 모두 노출되어 지주들의 세금이 크게 증가할 것이었기 때문이라고 추론할 수 있다. 실제 유형원은 관찰사와 수령사이의 현실적인 결탁이 대동법을 시행하는데 장애가 되었다고 믿었다.[14]

유형원의 재정제도개혁은 당시 일부지역에 도입하고 있고 또 확대적용하기 위해 논쟁중인 대동법 수준을 넘어 훨씬 체계적이고 진보적인 것이었다. 단순히 공물을 사는 비용을 대체하는 수준을 넘어서 국방비의 일부와 예비비를 포함한 정부의 모든 세입을 포괄할 수 있는 정도까지 대동법을 확대하려고 했기 때문에, 무엇보다도 조세행정의 공정과 공평성이 중요했다. 따라서 대동법이 성공하기 위해서는 반드시 전국의 모든 경작지를 정확히 조사하여 지주와 소작인에게 '공정하고 공평한 세율'이라는 믿음을 심어주어야 한다고 확신했다.

---

14. 유형원은 『반계수록』에서 대동법 실시와 관련된 공개논의에 참여한 경험을 사례로 들고 있다. 그 자리에서 관찰사와 수령이 자기들이 근무하고 있는 지역에서 대동법을 막기 위해 행한 노력과 역할에 대하여 '서로 감사하다'라고 하는 말을 듣고는, "국가와 백성의 이익을 위하여 봉사해야 하는 공적인 자리에서 제도의 필요성여부에 대하여 논의해야 마땅하거늘, 어찌 저 대화가 저러는가?" 하고 그 대화를 기이하게 여겼다고 기술하고 있다. 개혁이 실시되면 수령들은 필요한 물품을 얻는 방법이 없어지기 때문에 그들은 왕법아래 운영되는 정부에서 그 자신의 사적이익과 욕망을 만족시킬 수 있는 방도를 찾는다고 보았다(『반계수록』 3: 35-36, 전제후록 상).

유형원은 단순히 대동법의 실시만을 주장한 것이 아니라, 한걸음 더 나아가 토지소유권과 소작제도를 폐지하고 모든 농가에 기본적 토지를 재분배하자는 전면적인 토지제도개혁을 주장했다. 그러나 당시의 대동법은 각 도(道)마다 세율이 달랐으며, 현물공납을 대체하여 납부하는 면포와 미곡사이의 환산비율을 확립할 수 있는 공식을 만들지 못하여 '공정하고 공평한 조세행정'을 실현시키지 못했다. 무엇보다도 가장 중요한 실패요인은 징세의 기반을 토지로 전환했음에도 불구하고 토지소유자들인 지주들의 공정한 조세부담을 담보하기 위한 양전조사(量田調査: 조세탈루가 없도록 경작지를 꾸준히 조사하여 공정한 세율을 메기는 것)를 실시하지 않았다는 점이다.

조세제도의 개혁은 기득권자들의 저항과 반발을 수반하기 마련이다. 관리들과 서리들의 착취를 줄이고 백성들의 부담을 줄이려고 추진한 대동법이 그 실시과정에서 뇌물의 원천을 보호하려는 보수적 관리들과 자신들의 토지에 부가세를 매기려고 한다고 생각한 지주들의 거센 저항과 반발에 부딪쳤다. 대동법의 추진과정에서 '보호와 이익의 예산정치'를 구사한 기득권자들의 조세저항(영향력)을 극복하지 못한 것이 대동법이 다시 퇴보하고 부패해진 이유라고 할 수 있다. 유형원은『반계수록』에서 이미 철저한 양전조사를 실시하여 숨은 세원을 발굴하고 이에 대하여 공정하고 공평한 세금을 부과하지 않는 한 대동법의 성공을 담보할 수 없다고 예견했었다. 그는 어떤 제도나 정책이든 그곳에는 반드시 그 근본적인 이치와 원리가 있다고 보았으며, 그 근본적인 이치와 원리가 반영되지 않은 정책과 제도는 실패한다고 확신했다.

3. 경세일원화에 의한 조세제도개혁

유형원의 조세제도개혁안은 조광조 · 이이 · 조헌 · 정철 · 유성룡 등 선배학자들의 정책제안과 당시 확대 실시하고 있었던 대동법, 그리고 명나라에서 사용한 은납제 등에서 영감을 얻었다. 그는 선배학자들의 선행연구에서 제안한 몇 가지의 주요한 요소에 자신의 주장을 결합하여 조세 및 예산운영시스템 전체를 재설계(개혁)하고자 했다. (1) 먼저 공납과 진상제도를 전면 폐지하고 그동안 백성들이 부담했던 현물조세를 토지에 기반을 둔 전세(田稅)로 대체하고, (2) 운반 등에 관련된 요역을 추가적 전세로 대체해서 고공(雇工)을 고용하여 임금을 지급하며, (3) 자의적이고 과도한 징수를 막기 위해 미곡과 면포의 적정가격과 동전과의 환율을 국가에서 직접 통제하며, (4) 나아가서는 화폐제도를 활성화하여 공납을 포함한 모든 조세를 일정부분 화폐로 납부하고, 관원들의 인건비인 녹봉도 일정부분 동전으로 지급할 것을 제안했다.

그는 기존의 조(租) · 용(庸) · 조(調)를 중심으로 하는 3원(三元) 조세체계에서 조(租) 일원(一元) 조세체계로 전환하고, 현물중심의 조세체계를 현물 및 전화(錢貨) 이원체계로 세입세출제도의 구조와 운영방안을 전면적으로 개선하고자 하였다. 당시 일부 시행하고 있었던 대동법에서는 공납과 진상제도를 그대로 두고 수납의 방법만을 미곡과 전포로 대체하는 것이었으나,[15] 유형원은 한걸음 더 나아가 공납과 진상제도를 전면 폐지하고 오직 경상세로만 국정운영을 하도록 했으며, 그 세원의 범위 내에서 세출예산을 편성하고 운영하도록 하는 종합적이고 체계적인 국가재정운용에 대한 개선책, 즉 세입세출예산제도에 의한 재정운영방안을 제안했다.

1) 진상제도의 폐지

조선의 공납제도에서 가장 두드러진 특징의 하나는 국왕만을 위한 진상(進上)이 강제적으로 부과되어 국왕에게 부속된 관서에서 그것을 운영했다는 점이다. 원래 진상(進上)은 조선 시대 국왕에게 지방의 토산물(土産物)을 예물로 바치는 제도이다. 지방의 토산물을 바치는 것에 공물(貢物)이라는 것도 있었으

15. 그 당시에는 대동법이 시행되는 지역에서도, 특별한 경우에는 현물공납과 진상이 유지되었다.

나, 공물이 세납(稅納)의 일종인데 대하여, 진상은 국왕에게 외관(外官)들이 예물(禮物)을 바친다는 의미를 가지고 있다. 즉 국왕의 어선(御膳)을 비롯하여 궁중의 제향(祭享) · 빈객(賓客) · 사여(賜與) 등에 소용되는 물품을 각 도(道) 단위로 관찰사와 병사 · 수사가 한 달에 한 번씩(경기는 매일) 바쳤다. 진상을 조달하고 운영하는 기관은 국왕소속의 내자시(內資寺) · 내섬시(內贍寺) · 사도시(司導寺) · 사재감(司宰監) · 사포서(司圃署) · 의영고(義盈庫) 등에서 관장했다.

진상의 제도는 중국에도 없는 우리나라 특유한 것인데, 형식상으로는 각 도가 진상의 단위가 되었으나 사실은 이 진상도 역시 각 주현(州縣)에서 분담하였기 때문에 자연히 일반 백성들에게 폐를 끼치게 되었다. 이런 점으로 보면 진상도 공물과 다름없는 세납(稅納)의 성격을 띠고 있었으며, 더욱이 진상물은 썩기 쉬운 식료품이 대부분이었으므로 까다로운 경우가 많았다. 따라서 진상에 관계하는 관리들의 협잡에 의한 민폐(民弊)가 컸다. 대동법(大同法)에 의하여 공물을 미곡(米穀)으로 대신 바치게 된 뒤에도 진상은 여전히 현물로 받아들였다.

유형원은 주대의 천자들은 진상을 요구하지 않았다고 주장하면서, 각 도에서 매달 올리는 진상을 전면 폐지하고, 국왕의 지출은 정규관서에서 조세수입으로 관리해야 한다고 제안했다.[16] 의복을 포함한 국왕과 왕비의 모든 지출, 궁궐의 유지비용, 환관과 궁녀의 녹봉 등은 모두 정규세입에서 예산으로 지출하도록 했다. 그는 내수사(內需司)는 폐지하고 사옹원(司饔院)이나 상의원(尙衣院)에서 그 역할을 담당할 것을 제안하고 있다.

그러나 유형원은 도덕적인 이유에서 새해 첫날에만은 국왕에게 진상을 바치도록 하자고 제안했다. 그때도 진상은 공인(貢人)을 통해 정규적인 세입(예산)으로 시장에서 구입하도록 했다. 즉 관찰사들은 각 도에 비축된 세원으로 공인을

16. 유형원이 조세제도개혁을 주장한지 120년이 훨씬 뒤인 갑오개혁(1894)에 와서야 이 제도가 채택된다.

활용하여 시장에서 구매하거나 또는 공장(工匠)을 고용해 필요한 물건을 만들게 했다. 어떤 경우라도 국왕의 필요를 맞추기 위해 공물이나 세금을 다시 부과할 수 없으며, 각 도의 병사(兵使)와 수사(水使)는 진상의 의무에서 면제했다. 이 개선안은 과도한 진상을 줄여 진상제도 원래의 목적과 취지로 되돌아가야 한다고 주장했던 조광조 · 이이 등 선배학자들의 주장과는 근본적으로 다르다. 유교국가의 예(禮)는 살리되 봉건국가에서 탈피에 근대국가의 면모를 갖추고자 했던 그의 사상을 엿볼 수 있다.

2) 공납제도의 폐지

진상을 폐지할 것을 주장한 유형원은 공물도 역사적 고증을 거쳐 폐지하고 정상적인 조세제도에 포함시킬 것을 주장했다. 원래 공납이란 각 지방의 특산물을 현물로 바치는 부세 제도이다. 백성들이 바친 이 각종 현물조세(공납)는 국가 관원들의 녹봉이나 관청의 운영경비, 각종 제사 비용, 외교비용, 전쟁 · 군비 등에 사용했다. 공납은 일반조세와 그 용도가 동일했다. 유형원은 고대 중국에서도 봉건 제후들이 특산물을 공물로 바친 사례가 있지만, 다만 공납제도는 국왕과 제후사이의 도덕적 예의와 관련된 제도라고 판단했다. 따라서 공물의 품질이 낮다고 해서 점퇴당하거나 공물을 강요하지도 않았다. 그러나 조선의 관료제도에서는 일반백성들은 한꺼번에 공물을 바쳐야 하고 서리의 거부권(점퇴)에 시달렸다. 거부된 공물을 대체해야 할 때마다 농민들은 관련된 행정조직의 뇌물과 부정에 시달렸다(『반계수록』 3 : 19, 전제후록 상).

성군이 다스리던 봉건시대에는 우공(禹貢)의 제도에 따라 농민이든 상인이든 자신이 올린 수입의 10% 만 과세했으며 모든 불법적인 세금은 금지됐다. 즉 농민은 오직 전세만 부담했다. 그러나 당시 조선에서는 전국에서 수많은 특산물을 추가적인 세금으로 납부하게 하여 농민의 부담을 가중시켰다. 유형원은 중앙 각사에서 소비되는 모든 물건을 공물의 목록으로 작성하고, 불필요한 지출을 제외한 뒤 할당량(연간 지출할 공물목록과 예산총액)을 결정하고, 공인(貢人)으로 하여금 이 지출목록을 시장에서 예산으로 물건을 구입하도록 했다.[17] 정부는 공물을 전문적으로 구매하여 정부에 납품하는 공인에게 각 관청의 필요한 물건을 시장가격보다 높은 가격으로 살 수 있는 여유로운 자금을 세입에서 지급하도록 했으며, 이런 정부의 예산제도(예산편성에 의한 계획적인 예산지출제도)는 경기변동이나 세입환경의 변화와 관계없이 지속적으로 유지하도록 했다. 또한 유형원은 그런 구매자금은 화폐와 미곡으로 절반씩 비축하도록 했다.

3) 금납제의 도입

유형원은 현물조세의 폐단, 즉 공납 · 진상의 민폐를 경감할 수 있는 방법을 화폐유통정책에서 찾고자 했다. 현물과 특산품으로 납부하는 공납과 진상을 미포 · 전포 또는 화폐(동전)로 대납하고, 정부나 궁중에서 필요한 물품은 서울의 상설시장에서 화폐로 구입하여 사용한다면 중간착취의 민폐가 일소되고 정부와 궁중도 편리하다고 생각했다. 화폐의 유통은 나아가 상업(시장)까지도 활성화시킬 수 있다고 확신했다. 유형원의 화폐유통정책은 대동법의 실시와 동전유통 활성화를 위해 보수적 반대를 두려워하지 않고 죽을 때까지 노력한 김육의 경제이론에서 많은 영향을 받았다. 유형원이 『반계수록』을 집필하던 당시에는 김육의 동전활성화의 주장(1637～1650)과 효종의 동전수용정책(1651)에 힘입어 동전유통정책이 다시 도입되었으나 그 집행과정에서 재정부족과 혼란을 극복하지 못하고 효종7년(1656)에 또 다시 중단되어 화폐유통정책이 표류하고 있던 상황이었다. 인조와 효종, 그리고 김육을 포함한 많은 신하들은 화폐유통정책을 찬성했지만, 집행과정에서 관리들이 비논리적이고 강압적인 수단을 이

---

17. 의례와 종묘에서 사용되는 물건은 따로 예산(할당량과 예산액)을 편성했다. 여기서 공인은 정부에서 녹봉을 받는 관인이라기보다는 반개인적인 상인으로 활동하는 구매전문가에 해당된다.

용해 그 사용을 강요한 결과 백성들이 동전사용을 불신하게 되어 결국 그 정책은 원활히 추진되지 못했다.

이러한 상황에서 유형원은 공납과 진상을 폐지하고, 그 부담을 전세(田稅)로 대체하면서, 그 납부수단을 미곡과 전포, 그리고 동전을 사용할 것을 다시 강력하게 주장했다. 이 주장은 이미 김육에 의하여 주장되고 도입되다가 실패한 정책이었다. 그러나 유형원은 화폐에 의하여 물건이 거래되고 국가재정이 운영되어야 "국용을 튼튼히 하고(贍國用), 민생을 부유하게(裕民生)" 한다고 주장하면서 재정운영체제를 근본적으로 개선할 것을 주장했다. 그는 화폐경제가 정착하려면 우선 정부의 세금과 녹봉을 동전으로 거두고 지급하여야 한다고 생각했다. 그는 이전의 실패요인을 치밀하게 분석한 후 그 결과에 근거하여 보다 온건하며 실현가능성이 있는 대안을 제시했다. 즉 세금의 3분의 1과 국왕의 지출에서부터 서리 · 노비 · 군인들의 녹봉에 이르는 정부지출의 3분의 1을 동전을 활용하도록 제안하고 있다. 또한 그는 동전의 보급상황을 고려하여 동전이 제대로 유통되지 않는 산간 지역에서는 동전의 납부비율을 10~20%로 줄이도록 했다. 그는 인조와 효종시대에 추진했던 화폐유통정책의 집행실패사례에서 많은 아이디어를 얻었다. 좋은 정책은 만드는 것도 중요하지만 집행과정에서 신뢰를 얻도록 그 집행환경을 국가가 조성해야 한다는 점이었다. 동전이 부족하고 또 유통이 되지 않는 상황에서 세금을 동전으로 거둔다거나 녹봉을 동전으로 지급하는 일은 그 자체가 불가능하다고 판단했다. 그는 동전의 충분한 공급을 위하여 외국에서 구리를 수입하여 동전을 더 많이 주조하여야 한다고 주장하면서, 그동안 교환수단으로 사용했던 추포(麤布: 동전으로 사용하기 위하여 만든 면포로서 품질이 떨어지고 쓸모가 없는 면포)를 정부에서 강력하게 폐기하고, 추포가 사라지고 동전으로 대체된 뒤에야 정부는 면포를 시장에서 다시 거래하도록 해야 한다고 제안했다(『반계수록』 4: 5-6).

유형원은 대동법의 시행과정에서 미포와 면포사이의 교환비율이 불공평하다는 이유로 많은 백성들이 불만을 토로한 사례를 잘 알고 있었다. 과거 대동법

시행과정에서는 미포와 면포의 교환비율을 정하여 대동세를 납부하도록 하였지만, 그는 한걸음 더 나아가 동전의 가치를 면포 · 미포 · 은의 교환비율을 확정하고 이에 따라 납세와 교환이 이루어지도록 했다. 그는 공납과 진상을 폐지하고 조세부담을 경상세로 일원화하면서 조세제도를 화폐유통정책과 연계시키고자 했다. 그는 경장의 차원에서 공납과 진상의 폐단만을 없애고자 한 것이 아니라, 세입-세출 등 국가재정운용과 관련된 국가재정정책의 근본적인 재설계(re-design)를 통하여 "국용을 튼튼히 하고(贍國用), 민생을 부유하게(裕民生)" 하는 제도개혁을 단행하고자 했다.

유형원은 동전으로 조세를 납부하도록 유도하고, 상업 및 유통정책을 활성화하기 위하여 각 화폐간의 합리적인 환산비율을 확정했다. 그는 고대이후 세금과 녹봉의 기본규정을 검토한 뒤 전 200문은 은 1냥, 전 20문은 쌀 1말이나 면포 5척에 상당한다고 생각했다. 그는 과거 중국의 경우, 쌀 한말의 가격이 동전 수백 문으로 교환비율을 정했기 때문에 동전 2~3만 전을 쌓아 놓은 부자도 부유하다고 간주되지 않았다고 주장하면서, 중국의 물가상승은 동전주조를 규제하지 못한 정부정책과 각종 화폐간의 환산비율이 적정하지 못하였기 때문이라고 주장했다. 그는 엄격한 화폐정책과 안정적 통화를 옹호했으며, 느슨한 화폐정책으로 인한 통화팽창을 반대했다. 그는 한나라시대와 전국시대의 교환비율이 가장 적절하다고 판단하여 백미 · 면포 · 동전 · 은패 등의 기준 품목에 대한 교환비율을 〈표 14-2〉와 같이 하자고 제안했다(『반계수록』 4 : 1-4).[18]

---

18. 유형원이 정한 이 환산비율은 고정된 환율로 제시한 것인지, 아니면 변동환율로 제시한 것인지는 분명하지 않다. 은 1냥 당 동전 400문의 환율로 해야 한다는 의견이 제시되자, 그는 "동전의 가치가 떨어지면 그런 상황에 맞추는 것도 합당하다. 그때는 상황을 잘 파악하여 규칙을 정해야 한다. 이렇게 한번 정해진 뒤에는 영구히 고치지 말아야 한다."고 대답했다. 그는 환율이 최종적으로 결정되기 전까지만 동전과 은의 환율을 유동적으로 설정했으며, 그 뒤에는 영속적으로 유지하고자 했다(『반계수록』 4 : 5). 또한 그는 물가는 단기간에 크게 변동할 수 있으며, 흉년이 들면 쌀 1말은 동전 60문까지 오를 수 있다고 인정했다. 즉 동전과 은의 환율은 고정됐지만, 미곡과 면포, 그리고 그 밖의 일용품의 교환비율은 유동적이었다(『반계수록』 4 : 5).

표 14-2 • 유형원이 제안한 동전의 교환비율

품목	면포	동전	은납	미포
면포 1필	–	120문	0.6냥	6말
동전 20문	5척	–	0.1냥	1말
은납 1냥	1필, 20척	200문	–	10말
백미 1말	5척	20문	0.1냥	–

자료: (『반계수록』 4: 1–4).

4. 조세의 종류와 세입추계

유형원은 경세일원화의 원리에 의하여 기존의 난립된 조세체계를 전면적으로 개편하고 그에 따라 세출예산편성을 위한 세입추계를 했다. 그가 구상한 경상조세는 전세와 공 · 상 · 어 · 염세로 매우 단순했다(『반계수록』 1 : 3, 58). 그 이유는 조세란 백성의 생산 활동이 있는 곳에 매기는 것이 원칙이며 백성들의 민부와 담세력을 바탕으로 조세를 부과하여야 한다고 보았기 때문이다. 그는 조세수탈의 원천이었던 기존의 조세항목인 진상, 공물, 환곡, 잡역 등을 전면적으로 폐지하고, 그 대신 환곡이 담당했던 진휼기능은 상평창제와 사창제 그리고 국가의 공공사업의 실시로 대체할 것을 주장했다. 그리고 조세부과는 최대한 공평하고 공정하게 이루어져야 한다고 보았다.

1) 전세

전세는 토지에 대하여 부과하는 세금이다. 그 중에서 전세를 내는 토지는 농토와 집터이다. 농토에 대해서는 토지의 생산량에 따라 과세하고, 집터에 대해서는 그 면적에 따라 과세한다.

유형원은 자신이 주장한 공전제로의 토지제도개혁이 이루어지는 것을 전제로 과세행정을 기술하고 있다. 전세의 과세는 토지대장(田籍)에 기초하여 이루어지는데, 토지대장은 토지의 측량, 구획 짓기, 토지배분, 등급 산정, 장부 등재의 과정을 거처 작성된다. 특히 토지면적은 100묘를 1경으로 구획하고, 4경을 전(佃)자형으로 편성하여 20세 이상 농민에게 1경씩의 토지를 나누어주고, 그 4경에서 한 사람의 정군(正軍)을 내고 나머지는 그를 뒷받침하는 보인으로의 책임을 진다. 토지를 분배받은 사람은 모두가 전세를 내야 하지만, 국가로부터 특별한 대가없이 그 임무를 수행하는 각 면의 면주인(面主人)과 여러 능의 수호군 그리고 목자(牧子)는 전세를 면세해주도록 했다.

전세의 과세는 그 토지의 면적, 등급(전품), 그해의 생산수준 등을 적용하여 산정했다. 세율은 생산량의 1/20로 책정하였지만 중간비용을 고려하면 실제로는 1/10이 적정수준이라고 보았다. 유형원은 이러한 기본 원칙을 염두에 두고 구체적으로 년간 세입추계를 했다. 예컨대, 1경의 토지에 대한 세액산정의 경우, 그 전품이 8등급이고 그해 생산정도가 하년일 경우의 수확량은 피곡으로는 62곡, 쌀로는 36곡(360말) 정도가 될 것이고, 그 생산량의 1/20에 해당하는 쌀 18말(斗)이 전세가 된다고 보았다(『반계수록』 1 : 44. 전제상 分田定稅節目).

토지대장에는 농사짓는 토지 외에도 여리경, 성읍경, 참정경(站店頃) 등과 같이 일종의 집터가 등재되어 있다. 이 가운데서 여리경만 전세를 받는다. 즉 1경에 면포 3필(쌀 18말에 해당)이 부과되는데, 그 세액은 1경내에 사는 20가구가 나누어 부담한다. 성읍경과 참점경은 전세가 면제된다, 참정경은 참정(주막)에 대한 장려책으로 세를 부과하지 않아도 되지만 성읍에 있는 집들은 성읍 주변의 주민이 부담하는 정도의 역정부담은 져야 한다고 주장하면서, 2묘 반의 집터마다 1년에 1일간 역정을 내는 부담을 지도록 주장했다. 그는 부담의 형평성과 공정성을 무엇보다도 강조했다.

2) 공 · 상 · 어 · 염세(잡세)

전세와 함께 경상세에 해당하는 것은 일종의 잡세라고 부르는 공 · 상 · 어 · 염세이다(『반계수록』 1 : 58, 잡세). 중농주의자였던 유형원은 농민에 해를 끼치지 않는 범위 안에서 상 · 공 · 어 · 염업을 촉진시키고자 하였다. 즉 각종의 공장(工匠), 좌고(坐賈), 공랑(市廛), 선척(船隻), 철야(鐵冶), 어전(漁箭), 염분(鹽盆)의 숫자를 모두 장부에 등록하고 경상적인 조세를 부과하도록 하였다. 그는 이 잡세를 부과하는 것은 생산과 이익이 있는 곳에는 다 같이 과세해야 공평하다는 공평과세의 원칙을 반영하기 위한 조치이기도 하지만, 동시에 상공어염분야의 발전을 위한 정책적 조치이기도 하다. 그는 상 · 공 · 어 · 염세를 상세체계에 포함시킨 것은 그 분야에 종사하는 사람들에 대한 권력자들의 자의적인 수탈을 방지하고[19] 그 산업에 종사하는 사람들을 보호하기 위한 것이었다. 유형원은 특히 이들 권력자들이 어장 염장 철장 등의 이름으로 광범위한 지역을 점유하고 일종의 지세를 받아내는 것을 철저히 엄금하도록 했다.

이 잡세의 부과방법은 ① 종사자 개인에게 부과하는 방법, ② 생산수단에 매기는 방법, ③ 영업을 하는 집(호)에 부과하는 방법으로 이루어졌다. 예컨대 공상세는 전업 상공인에게 매년 1인당 1필의 면포를 부과하였고, 규모가 큰 상공어염분야는 그 생산수단의 규모와 숫자 그리고 생산량에 따라 차등부과하였다. 공랑(시전)은 매 칸마다 1년에 쌀 4말에 해당하는 전 80문으로, 대선(大船)은 매년 면포 6필, 1등 어전은 매년 면포 18필, 큰 염분은 매년 포 4필에 해당되는 돈을 과세했다.

유형원은 백성들이 전업으로 생산 활동을 하는 곳에는 그 수익에 정당한 조세를 부과한다는 원칙을 확립했으나, 실제 예산편성을 위한 세수예측에는 잡세는 제외했다. 이 부분은 국가의 재원확보에서 차지하는 비중이 적으며, 또한 정확한 장부가 만들어지지 않아 그 예측이 불가능했기 때문이다. 그는 전세만으로 세수예측을 하고 그 재원으로 중앙과 지방의 예산을 편성하고자 했다.

---

19. 자의적인 수탈은 주로 권력자들에 의해서 이루어졌다. 특히 궁방(궁실과 궁가의 통칭), 아문(관청)들이 선박 어문 염분 등을 경쟁적으로 자기 소속으로 만들어 놓고 그에 대한 조세 수취권을 행사하는 경우이다(김선경 2004: 24).

3) 세입추계

유형원은 국가의 재정수입은 전세와 공상어염세(잡세)로 구성되며, 조세수입 이외에 경외에서 발생한 공속(公贖: 죄를 면하기 위하여 정부에 바치는 돈)과 작지(作紙): 종이 등 관영수공업의 운영에서 벌어들이는 이익) 등의 수입도 원칙적으로는 재정수입으로 반영하여야 한다고 보았다(『반계수록』 3: 46). 그러나 실제로 예산을 편성하면서는 오직 전세만으로 세수추계를 하고 있다. 그 이유는 상공어염세의 수취를 위한 대장이 마련되어있지 않고 또 그 수익도 미미하기 때문이라고 설명하고 있다.(『반계수록』 2: 8).

유형원이 이용한 전세의 추계방식은 먼저 생산이 되고 있는 경작지의 총면적을 산출하고, 거기에 세율을 곱하여 추계했다. 조선의 전 국토는 남북 2,400리이고 동서 1,000리이니 이를 대략 네모나게 맞추면 길이는 200리가 되고, 너비는 800리가 되어 국토면적은 160만 평방미터가 되고, 이를 경으로 보면 1,440만 경이 된다. 그 가운데 1/5이 농경지라고 보면 약 288만 경이 농경지가 된다(김선경, 2004: 30). 이 288만 경의 농지 중에는 호조가 직접 조세를 거두는 토지와 특정한 기관이나 사람(왕자나 공신 등)에 분배하여 특별하게 세수를 관리하는 토지(사세전과 면세전)가 포함되어 있다.[20] 그래서 288만경의 토지에서 35만 경 정도의 사세 · 면세전을 제외하면 253만경이 남는다. 여기에 최소한의 세율(전품 8등과 년품 하에 해당하는 세액인 1곡 8두)을 적용하면 약 455만 곡의 세수가 걷히게 된다고 계산했다. 이 455만 곡의 세수는 호조가 직접 거두어들이는 세수추계이며, 이 재원은 국가와 지방의 인건비 및 기본경비예산에 충당한다. 그 중에서 중앙정부의 예산으로 사용되는 조세(漕稅: 중앙재정분 조

---

20. 토지를 직접 배분하여 그 수익으로 운영하도록 한 것에는 사세전과 면세전이 있다. 사세전은 왕자와 공신에게 배정하여 주는 것이고, 면세전은 지방의 군사기관인 영진과 훈련도감에 배정한 군자전(軍資田), 학교에 배정한 학교전, 그 밖에 역마전(驛馬田), 진도전(津渡田) 등이 있다. 이 토지는 해당사람 또는 기관의 사업비에 충당하기 위하여 배정한 토지이며, 그 세수는 오늘날의 특별회계형식으로 운영된다.

세)는 70만 곡을, 그리고 지방재정에 충당하는 조세인 유세(留稅)는 385만 곡을 잡고 있다(『반계수록』 2 : 8. 전제하. 打量出軍出稅式). 그는 중앙과 지방의 지출비율을 2 : 8 정도로 할당하고 있다.

한편 유형원이 세수추계에서 제외한 사세전과 면세전도 백성의 입장에서 보면 전세를 내는 것과 같다. 따라서 총 세입예산은 35만경에 대한 최소한의 조세수입에 해당되는 63만곡을 합하여[21] 약 518만 곡이 된다. 그는 각 관청에 면세전을 직접 분급하여 그 세수로 그 기관의 특별사업비에 충당하도록 한 63만 곡도 재원배분의 방식만 다를 뿐이지 예산지출(세출예산)과 다르지 않다고 보고 있다.

유형원은 경상세만을 대상으로 세수를 추계하고 그 추계액을 중앙과 지방정부의 예산한도액으로 활용하고자 했다. 그는 안정적이고 계획적인 예산제도를 통하여 국정운영과 행정이 이루어지는 것이 백성들로부터 신뢰와 믿음을 얻는 위민행정이라고 확신했다. 그러나 유형원이 편성한 예산안을 보면, 세입-세출의 연계 및 양입위출의 예산원리를 적용하여 예산을 편성하였지만, 그 결과는 균형예산이 아니라 지나치게 세입이 세출보다 훨씬 많은 흑자예산을 편성하고 있다. 즉 전세의 총 세입이 455만곡이나 되는데도 불구하고, 세출예산액은 고작 약 188만 곡에 불과하다(표 14-6 참조). 이 결과로만 보면, 자신이 가장 중요하다고 생각하고 있는 예산원칙인 세입-세출의 연계 및 양입위출의 예산원리가 치밀하게 적용되지 않은 것으로 볼 수도 있다. 그러나 세입추계가 높게 나타난 이유는 자신이 구상한 공전제로의 토지개혁이 이루어지는 것을 가정하여 계산하였기 때문에 당시의 실제 세입보다는 훨씬 많은 과대계산이 이루어졌고, 반면에 세출예산은 관직의 55%와 공직자수의 40이상을 감축

---

21. 사세지는 상년을 기준으로 하기 때문에 8등전 상년 1경의 전세가 3곡이므로 약 105만 곡이 되지만, 실제 수취는 그해 연품에 따라 받으므로 하년일 경우를 가상한 최소추계로 계산하면 약 63만곡 정도가 된다.

한 자신의 정부조직 및 인사축소를 전제로 하여 편성하였기 때문에 당시의 세출예산보다는 훨씬 줄어든 세출예산으로 편성하였기 때문이다. 결국 그가 편성한 세입예산안은 당시의 현실 조세제도를 전제로 편성한 현실세입예산안이 아니라 자신이 구상하고 있는 이상국가의 세입예산안이었고, 세출예산안은 자신의 정부 구조조정(안)은 반영하였으나 자신의 재정지출계획은 반영되지 않은 축소된 현실 세출예산안이었다.

유형원은 이러한 문제에 대하여 직접 언급은 하고 있지는 않지만, 암암리에 그는 자신의 개혁안이 제대로 이루어진다면 풍부한 세수를 바탕으로 민의 부담을 경감시키기나 또는 보다 많은 사업비지출을 통하여 국부를 달성할 수 있다고 생각한 것으로 보인다. 세입예산은 어디까지나 추계치에 불과하다. 그는 무계획적인 예산운용이나 세입을 모두 지출하는 균형예산의 편성에서 오는 위험(risk)을 줄이고, 총세입 범위 내에서의 지출하는 양입위출의 보수적인 예산제도를 통하여 그가 추구한 국정운영목표인 생활안정과 민부(국력신장)를 달성하고자 했다.

제4절 세출예산제도의 개혁

1. 재정계획의 실태와 유형원의 구상

유형원이 생존했던 시대에도 국가의 수입과 지출에 관한 소박한 재정계획은 있었다. 즉『경국대전』에 명문화하고 있는 공안(貢案)과 횡간(橫看), 전세(田稅)의 근거자료로 삼기위해 만든 일종의 토지대장인 양안(量案), 그리고 대동법이 시행되면서 대동세의 수입목록을 적은 명부인 대동사목(大同事目)이 그것이다.

공안은 일종의 세입예산으로써 각 궁(宮)과 각 사(司)에 바치는 공물을 미리 정하여 기재한 책자를 말하며, 횡간이란 연간 지출을 예정하여 횡(橫)으로 열거한 책자로 세출예산의 성격을 띤다. 양안(量案)은 국가의 모든 토지를 그 비옥도에 따라 6등분으로 평가하여 기록하고 또 이를 20년마다 재평가하여 기록 유지한 토지대장으로서 호조(戶曹), 도(道), 각 지방 현(縣)에 소장하면서 조세 근거자료로 활용하였다.[22] 대동사목(大同事目)은 광해군 시대 대동법이 실시되면서 대동미에 대한 수입목록을 기재한 장부를 말한다.

이러한 나라의 재정운영과 관련된 규정 중에서 공안, 양안, 수조안, 대동사목 등은 국가의 재정수입과 관련한 재정계획이고,[23] 횡간은 정부의 인건비와 기본 행정경비에 대한 지출목록을 담은 것이다. 이와 같이 반계 생존 당시의 재정계획은 수입에 관해서는 공안, 양안, 수조안, 대동사목 등과 같이 비교적 많은 규정을 두고 있으면서도 지출에 관해서는 특별한 규정을 두지 않고, 봉급(인건비) 지출에 관해서만 상세한 규정을 두고 있었다.

이렇게 수입계획보다 지출계획이 단순했던 이유는 당시의 국가기능이 보호적이고 소비적인 기능만을 수행하는 단순한 농업 국가였고, 재정지출도 왕실비, 행정비, 녹료비 등 주로 왕실과 정권유지를 위한 소비적인 지출이 전부였기 때문이라 할 수 있다.[24] 유형원은 이렇게 파편화되고 분산되어 있는 예산제도

---

22. 이 양안(量案)은 농민층의 토지 소유 상황, 농가 소득 정도, 계층 분화의 정도 등을 파악할 수 있는 자료로서 논밭의 소재지, 자호(字號), 위치, 등급, 형상, 면적, 사표(四標), 소유주 등이 기록되어 있다. 결부법으로 기록된 면적이 과세대상이었다. 법제적으로 20년마다 한 번씩 전국적인 규모로 양전(量田)을 실시한다고 되어있으나, 양전은 막대한 비용과 인력이 필요한 사업이어서, 실제로는 수십 년 내지 100여 년이 지난 뒤에야 실시되는 것이 보통이었다. 전국적인 규모로 실시된 적은 별로 없었으며, 각 지역의 필요에 따라 개별적으로 실시하여 양안을 작성하였다.

23. 반계 사후(死後)인 영조 25년에는 또 다른 재정계획인 탁지정례(度支定例)를 만든다. 이 규정은 당시 세속일반이 사치에 흘러 국가재정이 곤경에 빠지자 각 전(殿), 궁묘(宮廟), 사(社), 부(部), 원(院), 시(寺), 감(監) 등에 있어서의 대소용도(大小用度)를 절감시키기 위하여 호조판서 박문수(朴文秀)에 명하여 만든 탁지(度支), 즉 국가회계에 관한 규정이다.

24. 반계가 작성한 예산안에 의하면, 중앙경비 중에서 인건비가 차지하는 비율은 57.1%, 지방비 중에서는 66.6%, 그리고 경외를 합산한 국가 총경비중에서 인건비가 차지하는 비율은 43.1%에 이르고 있다(김운태, 1970: 168).

를 종합하여 국가 전체적인 차원의 '세입의 범위 내에서' 세출예산을 편성하여 보다 계획적이고 능률적(경제적)으로 국가재정을 운용하고자 하였다. 법과 제도는 국정운영의 기본규범이라고 주장한 반계는 국가재정운영에도 그 준거 기준이 있어야 하는데 '양입위출(量入爲出)의 예산제도'가 바로 그 국정운영의 준거 틀(frame of reference)이 되어야 한다고 확신했다.

그는 분산되어 있는 세입(전세, 대동미, 삼수미, 부가세, 수산세, 관세, 기타 등)을 경상세로 일원화하여 연간 세수를 정확히 추계하고 그 총액범위 내에서 중앙과 지방의 지출수요에 충당하고자 했다.[25] 그 이전에 정확한 세입예측을 위하여 모든 공물과 진상을 폐지하고 세입은 오직 경세로만 부과하도록 했으며, 정확하고 공정한 세원에 의하여 공평한 조세부담이 되도록 조세제도를 개혁하고자 하였다.[26] 법(규정)에 의해 정해진 일정한 세율 이외에는 어떠한 부담도 지울 수 없게 조세법률주의를 제도화하여 세수예측을 정확히 하도록 했다. 그러나 세출예산은 오늘날과 같이 단일 국가예산을 편성하여 국정운영의 기준으로 삼고자 하지는 않았으며, 인건비 및 행정경비예산, 사업예산, 방위예산, 지방예산, 재해(흉년)예산 등으로 분리하여 예산을 편성했다. 반계는 자신이 직접 중앙 및 지방정부의 예산안을 편성했을 정도로 예산제도와 재무행정의 개

---

25. 반계가 생존했던 시기의 조세제도는 토지를 세원으로 하여 과세하는 전세, 대동미, 삼수미, 별수미 등이 있었고, 수산세로는 염세(鹽稅), 어세(漁稅), 곽세(藿稅) 등이, 그리고 관세로서는 책문후시세(柵門後市稅)가 있었다. 그 외 기타세로는 철세(鐵稅), 삼세(蔘稅), 공장세(工匠稅), 선세(船稅), 행상세(行商稅), 무세(巫稅) 등이 있었다. 그 중에서 토지세가 조세수입의 거의 대부분이었다(김운태, 1970: 165). 당시에는 통계기술이 발달하지 않아서인지 세목에 따른 정확한 세입통계는 남아 있지 않다.

26. 당시에는(인조 12년) 지방에 따라 차이를 두기는 했으나, 흉풍(凶豊)에 관계없이 토지등급에 따라 일정액을 부과하는 영정법(永定法)을 실시했다. 조선시대 초기에는 풍년과 흉년의 과세량을 달리하는 시년법(視年法)을, 세종 20년에는 토지를 비옥도에 따라 6등분하고, 년분(年分)을 9등분하여 과세했다. 등외년을 받은 토지(1분)는 면세하고, 상상년(上上年)을 받은 토지(10분)는 결당 20두를 과세했다(김운태, 1970: 162-163). 반계는 조세부담이 공정하고 공평하기 위해서는 무엇보다 철저한 양전조사(量田調査)를 통하여 모든 세원이 양성화되어 조세부담자간에 불만이 없어야 한다고 확신했다.

혁에 관심을 보였으며, 국가개혁의 최종단계는 바로 예산제도의 개혁이라고 확신했다(『반계수록』 19, 녹제).

그의 재정개혁은 대동법에서 영감을 얻었지만, 군역을 제외한 거의 모든 지출에 이르기까지 그 범위를 확대하여(국방비와 예비비까지 포함하는) 합리적인 예산과 재정제도를 마련하고자 했다. 그는 철저한 조세법률주의를 채택하여 세법에 의하지 아니하고는 어떠한 조세부담도 추가로 지울 수 없게 했으며, 총세입의 범위 내에서 국가 및 지방정부의 세출에 충당하도록 했다. 그는 고대 중국의 정치와 명 후기의 우월한 재정제도의 분석을 통하여 자신의 합리적인 재정계획을 제안했다. 과거의 좋은 재정제도를 현실에 맞게 수정하여 적용하였다는 의미에서 일부 학자들은 유형원의 합리적인 재정제도가 서구적 진보나 근대성과는 거리가 무관하다고 주장하기도 한다(Palais, 2008 : 354). 그들은 유형원이 원시적인 경제제도에서 발전적인 경제제도로 진보한다는 논리를 주장하지 못했으며 서구의 근대사상이 그에게 영향을 미치지도 않았다고 주장한다. 그러나 유형원은 세상은 항상 변화하지만 도(道)는 고금(古今)을 통하는 천리요 실리라는 관점에서 그 천리와 실리가 반영된 정책과 제도를 고안하는 것이 바람직한 이상사회를 실현할 수 있는 근본이치라고 보았다.

그에게 있어서 이상사회는 과거로 되돌아가는 것이 아니라 미래로 가는 길이었다. 따라서 그는 제도와 정책의 실패에 대한 역사적 경험과 분석 그리고 이성적 사유를 통하여 국정운영의 기본원리와 이치를 발견하고 이를 정책과 제도에 되살리는 것을 일평생 추구했다. 이러한 점에서 그는 '고금(古今)을 관통하는 도(道)를 추구한 원리주의 사상가'라고 평가할 수 있다.[27] 그는 국정운영의 기본원리와 이치를 끊임없이 발견하고 추구하는 일련의 과정이 곧 행정이요 정치라

27. 『반계수록』이 성리학적 국정운영과는 많은 부분에서 관점을 달리하면서 국가의 개혁을 다루고 있음에도 불구하고, 반계 사후 이 책의 발간에 이르기까지 약 100여 년간 재야학자뿐만 아니라 현직관료들에 이르기까지 당쟁을 초월하여 광범위하게 읽혔다는 점에서도 증명된다.(안정복, 『순암잡록』「여사빈서」 참조)

고 확신했다. 바람직한 정치와 행정은 성실한 이치가 반영되지 못하고 있는 잘못된 정책과 제도를 끊임없이 수정하고 교정하는 과정이라고 본 것이다.

반계의 이러한 진취적이고 근대적인 재무행정사상은 반계가 죽은 지 200여 년이 지난 1895년, 일본의 일정한 영향아래 추진된 갑오개혁에 의하여 『회계법』이 제정되고 이 법에 의하여 1896년의 근대적인 정부예산이 편성되면서 그 빛을 보게 된다. 총칙, 예산, 수입, 지출, 결산, 출납관리, 부칙 등 모두 41개조로 구성된 『회계법』에는 반계가 주장했던 조세법률주의의 원칙, 조세일원화의 원칙, 세입-세출연계의 원칙, 왕실경비의 국고지출원칙, 금납제의 원칙 등이 모두 규정화된다. 근대적인 예산제도가 서구와 일본의 영향에 의하여 도입된 제도라기보다는 우리 선조들의 재무행정사상 속에 싹트고 배양된 우리의 아이디어에 서구의 제도가 합쳐진 것으로 이해되어야 할 것이다. 유형원은 국가의 재정운영은 세입과 세출의 연계 속에서 계획적이고 합리적으로 운영되어야 한다는 근대적 예산제도의 싹을 틔운 우리나라 최초의 재무행정학자이다.

2. 재원배분의 방식: 일반회계와 특별회계

유형원이 구상하고 기획한 재원배분(예산운영)의 방식은 크게 두 가지로 나눌 수 있다. 하나는 중앙예산기관인 호조(戶曹)가 조세를 수취하여 그것을 재원으로 직접 세출예산안을 편성하는 직접편성방식이고, 다른 하나는 사세전과 면세전이라는 토지를 특정개인이나 기관에 배분하여 그 토지에서 받아 들이는 세금으로 자율적으로 특정목적에 쓰도록 하는 예산운영방식이다.

전자는 국가고유의 기능수행을 위한 경비로서 오늘날의 일반회계예산과 같은 개념이며, 후자는 특정한 세입으로 특정한 세출에 충당함으로써 일반회계와 구분하여 계리하는 예산인 특별회계예산의 개념과 그 맥을 같이 한다. 원래 유형원이 기획한 예산제도는 주로 조세를 직접 배정하는 방식, 즉 호조가 거두어 들이는 경상세수입을 재원으로 하여 그 재정한도 내에서 기본적인 국가 활동을 위해 지출계획안을 마련하는 것이었다. 그는 국가의 일체의 경비는 경상세입인 조세로 충당하도록 예산제도를 전면 개편하는 것을 최종 목표로 설정하였으나, 조선후기의 사회적 상황을 고려하여 토지를 직접 배정해 주는 예산지출방식을 단기적으로 수용하였던 것이다.[28] 그러나 이러한 면세전(공해전이나 관둔전)을 통한 재정운용방식은 공전제로의 토지개혁이 이루어지고 완전한 경세일원화 원칙이 확립되면 별도로 면세전을 둘 필요가 없다고 보았다.

그는 완벽하게 조세수입에 의해 예산이 편성-집행되고, 또 회계처리가 이루어지는 오늘날의 근대적 예산제도를 (비록 대의기간에 의한 예산심의과정은 생각하지 못했지만) 설계했다고 볼 수 있다. 유형원이 제시한 사세전과 면세전의 토지는 총 35만 경이며, 그 전세수입은 약 63만 곡이 된다. 이 재원은 특정세출에 연계되어 사용된다. 다음 (표 14-3)은 사세 · 면세전의 예산현황이다.

유형원은 토지를 일부관청에 직접 배분하여 그 수익으로 특정한 지출에 충당하는 기관들의 세부예산편성에 대해서는 구체적으로 논의하고 있지는 않지만, 토지를 배분받은 기관들은 인건비나 기본운영비는 국가의 일반예산에 이미 포함되어 있기 때문에 이를 제외한 그 기관의 특별사업비에 충당하는 것으로 정의하고 있다. 예컨대 학교에 배정한 토지인 학교전(學校田)에서 나오는 조세수입은 (그 기본경비는 일반회계예산으로 충당되므로 제외하고) 학생들의 부식비, 제사 접대비, 도서 및 지필묵 구입비 등 각종 경비에 충당한다. 군사기관에 배정된 토지인 군자전(軍資田)의 조세수입은 군사 포상비, 군기, 군수, 식비 등의 제반 경비에 충당한다. 또한 역마전(驛馬田)의 조세수입은 역마를 유지하기 위한 경비로 그리고 진도전(津渡田)의 조세수입은 나룻배의 수리 및 개조비용으로 사용된다.

---

28. 유형원은 토지로 재정을 직접 배분하는 방식을 단기적으로 채택한 것은 ①호조가 모든 예산을 직접 관장하여 편성하고 배정해주는 번거로움을 들고, ②오랫동안 공해전을 배분받아 '식세자(食稅者)'로 생활해 온 왕실과 공신들의 반발을 염려한 것으로 볼 수 있다(김선경, 2004: 210).

표 14-3 • 사세전과 면세전에 의한 예산배분현황

<table>
<tr><th colspan="2">명목</th><th>분급대상</th><th>예산(곡)</th><th colspan="2">명목</th><th>분급대상</th><th>예산(곡)</th></tr>
<tr><td colspan="2" rowspan="8">사세전</td><td>왕자 대군</td><td>500</td><td rowspan="13">면세전</td><td rowspan="3">군자전</td><td>병영</td><td>60</td></tr>
<tr><td>왕자 군</td><td>420</td><td>첨사진(육군)</td><td>40</td></tr>
<tr><td>공주</td><td>340</td><td>만호진(육군)</td><td>30</td></tr>
<tr><td>옹주</td><td>260</td><td rowspan="5">학전</td><td>부·주학</td><td>480</td></tr>
<tr><td>세자 중자</td><td>250</td><td>도호부학</td><td>370</td></tr>
<tr><td>세자 서자</td><td>200</td><td>군학</td><td>260</td></tr>
<tr><td>군주</td><td>150</td><td>현학</td><td>150</td></tr>
<tr><td>현주</td><td>100</td><td>향상</td><td>20</td></tr>
<tr><td rowspan="5">면세전</td><td rowspan="5">군자전</td><td>훈련도감</td><td>2,300</td><td rowspan="3">역마전</td><td>대마</td><td>60</td></tr>
<tr><td>수영</td><td>700</td><td>중마</td><td>40</td></tr>
<tr><td>첨사진(수군)</td><td>360</td><td>소마</td><td>30</td></tr>
<tr><td>만호진(수군)</td><td>240</td><td>제전</td><td>숭의전</td><td>80</td></tr>
<tr><td>감영</td><td>300</td><td>진도전</td><td>진선</td><td>–</td></tr>
</table>

자료: 『반계수록』 1: 8–11, 54–55.

3. 세출예산항목의 개선

1) 인건비(녹봉)의 지급

반계는 '항산이 없으면 항심이 없고, 식(食)이 충족되지 않으면 도덕도 이룰 수 없다'고 확신했다. 그는 인간은 생존에 필요한 경제적 욕구가 충족되어야 공(公)이 보인다고 보았다. 도덕(道德)과 교화(敎化)를 그렇게 강조한 조선사회가 중간착취와 공직부패로 얼룩진 것은 공직자들에 대한 보수제도가 확립되지 않았기 때문이라고 보았다. 그는 국정운영을 담당하는 관료들에게 녹봉을 지급하지 않고 일을 하라고 하는 것은, 횡령, 토색, 강탈, 등등의 수단으로 생활하라고 공인(公認)한 것과 같다고 보았다. 그는 녹봉을 받지 못하던 모든 서리와 관리

들에게도 국가에서 녹봉을 지급하여야 하며, 직무와 직급에 따른 인건비를 모두 예산에 반영하여야 한다고 주장했다. 반계는 조선시대 학자들 중에서 예산제도(budget system)를 국정운영의 기본 틀(basic framework)로 사용할 것을 주장한 대표적인 인물이다. 그는 국정운영을 계획적이고 체계적으로 운영하기 위해서는 연간 세입과 세출이 연계된 종합적인 계획안에 따라야 하며 세입 · 세출예산제도가 확립되어야 관원들의 부정부패와 예산낭비를 방지하고 민부와 균분을 달성할 수 있는 건전한 재정운영이 기능하다고 믿었다.

유형원은 정치란 봉건국가이든 관료국가이든 '통치 받는 사람은 통치하는 사람을 봉양하고, 통치하는 사람은 그들에게서 봉양을 받는 것'은 천하의 공통된 이치라고 생각했다. 그러나 통치하는 사람은 권력을 이용하여 농민을 착취하지 못하도록 농민수입의 10% 이상을 과세해서는 안 되며, 또한 안정적인 국가재정을 보장하기 위하여 세율을 10% 이하로 지나치게 많이 내려서도 안 된다고 보았다.[29] 또한 낮은 품계의 관리는 적어도 자신이 토지를 경작하는데서 나오는 수입과 동일한 분량의 녹봉을 받아야 하며, 많은 녹봉을 받는 신하는 친척을 어질게 대한 뒤에야 염치의 도리를 알고 실천해서 예속(禮俗)을 이룰 수 있다고 보았다(『반계수록』 19 : 2).

유형원은 고대에서부터 진 · 한대 이후 관료제도의 시대에 이르기까지 중국

29. 실제로 이러한 세율은 반계 사후에도 지켜졌다. 한우근(1961 : 33-35)의 연구에 의하면, 조선시대 전세(田稅)는 1441년 세종 당시에 만든 비옥도와 기후조건에 따라 1결당 4~20말까지 차등적으로 징수하였지만, 그 후 토지평가등급이 계속 낮아져 숙종이 즉위한 1674년에는 거의 모든 토지가 하하전(下下田)으로 매겨져 1결당 4말이 징수되었다. 1708년 이후 북부의 양도를 제외한 6도에서는 대동법이 공납을 대신했고, 1717년(숙종 43)에는 모든 토지의 세율은 1결당 24말로 정해졌다. 그 중 12말은 대동세, 4말은 전결, 2말은 삼수미(전시목적세), 2말은 잡세, 3말은 지방 수령의 꿩 · 닭의 비용, 1말은 연료비용이었다. 한우근은 1737년 당시에는 상등전 1결에서 생산되는 탈곡미는 300~375말, 그리고 하등전 1결에서 생산되는 탈곡미는 350말로 추계했다. 따라서 대동세와 혼합된 전세의 세율은 350말 중 24말로 생산량의 7% 정도로 낮은 수준이었다. 이러한 합리적인 세율에도 불구하고 18세기 중앙정부는 주기적으로 세입이 부족하여 만성적인 재정부족을 겪게 되고, 이를 만회하려는 과정에서 각종 잡세의 증세와 관원과 서리들의 부정이 만연되어 결국 1862년 임술민란으로 이어진다.

과 조선의 녹봉정책을 심도 있게 연구했다. 그는 고려시대에는 "모든 관원은 녹봉을 받는다는 원칙"에 입각하여 품계별로 최고 400섬에서 최하 10섬까지 차등적으로 녹봉이 지급되었으며, 향리는 물론 지방관원들도 녹봉의 전액을 받았다고 높이 평가했다(『반계수록』 20: 14). 그러나 조선시대의 녹봉정책은 고려시대와는 달리 품계별 차별이 많았으며 지방관원이나 서리나 향리들에게는 녹봉지급이 없었다. 조선 전기에는 녹봉을 곡식 · 비단 · 면포 · 저화(지폐)로 지급됐기 때문에 상당히 복잡했다. 정1품의 관원은 곡식 98섬, 비단 6필, 면포 15필, 저화 10장을 받았으며, 정 9품은 곡식 12섬, 면포 2필, 저화(지폐) 1장을 받았지만 비단은 받지 못했다. 품계별 녹봉의 비율은 다른 왕조와 비슷했지만, 임진왜란 기간에는 재정적 어려움으로 인하여 녹봉이 많이 줄었다. 유형원은 그 당시 1품 관원의 매년 곡식 녹봉은 60섬을 조금 넘었고 비단 · 면포 · 저화는 받지 못했으며, 9품 관원은 겨우 12섬을 받았다고 평가했다.

임진왜란 이후에는 하급관원들은 진봉(進奉: 각 도에서 중앙관원에게 보내는 식량)과 분아(分兒: 소속관서에서 쓰고 남은 식량을 나누어 받는 것)를 나누어 받았으며, 지방관원들은 확정된 녹봉정책이 없어 그들의 수입은 변동이 심했다. 따라서 그들은 불법적이고 추가적인 징세를 통하여 또는 백성들로부터 착취 등을 통하여 수입을 보충했다. 각 도의 진장들은 군사에게 군역을 면해주는 대가로 군포를 걷어 수입을 올렸다. 중앙관서의 서리들은 녹봉을 전혀 받지 못하거나 6말 정도의 곡식을 받았다. 서리들 중에서 비행으로 처벌을 받았거나 창고나 관아에 근무하는 경우에는 녹봉을 받지 못했다. 지방의 수령 아래에서 근무하는 서리와 조예, 그리고 중앙과 지방의 노비들도 식량이나 녹봉을 전혀 받지 못했다. 따라서 이들은 생계를 유지하기 위해 물건을 훔치거나 횡령할 수밖에 없었다(『반계수록』 20: 16-18. 3: 25). 유형원은 이러한 구조적 모순을 근본적으로 해결할 수 있는 재정운영제도를 만들고자 했다.

유형원은 국가에 봉사하는 모든 사람들은 품계나 신분에 관계없이 녹봉을 받아야 한다고 주장했다. 즉 "경대부에서 서인에 이르기까지 관직에 있는 사람은 각각 그 직분에 따라 녹봉을 받는다. 품계가 높은 사람(貴子)은 제사를 봉행하고 친척을 도와주는데 충분한 분량을 받고, 품계가 낮은 관원(賤子)은 부모를 봉양하고 처자를 양육하는데 충분한 분량을 받는다는 원칙"을 제시했다(『반계수록』 3 : 26).

이러한 원칙에 따라 반계는 봉급표를 만들었다. 정1품은 1년에 600곡(6천말 또는 당시 400섬), 종9품은 60곡(6백말 또는 당시의 40섬)으로 10대 1의 비율로 정했다. 최고 관원인 영의정은 최하의 관원으로 1년에 144말을 받는 지방 소사의 41.7배이다. 녹봉의 지급은 3분의 1은 전(錢), 3분의 1은 백미, 6분의 1은 속미(粟米: 탈곡한 기장), 6분의 1은 황두(黃豆)로 나누어 지급했다(『반계수록』 19 : 1). 뿐만 아니라 동전유통을 활성화하기 위해 녹봉의 3분의 1을 동전으로 지급하고자 했다(『반계수록』 3 : 29).

유형원은 한걸음 더 나아가 서리 · 조예 · 관공장(官工匠) 그리고 노비까지를 포함해서 국가에 봉사하는 모든 사람에게 녹봉을 주도록 했다. 그는 국가를 위해 노동력을 제공하는 조예 · 나장 등이 5,000명 이상이 되는데 그들에게 정당한 녹봉을 주지 않는다는 것은 '국가가 스스로 그들의 부패를 조장하는 것'이라고 생각했다. 그는 서리와 조예에게 녹봉을 지급하는 명문화된 법규를 만들었다. 중앙관서의 상급서리 관직인 녹사(綠事)는 백미와 기장 그리고 매달 40말(연간 480말)의 녹봉을 받았으며, 서리 · 조예는 각각 매달 35말과 25말을, 공노비인 사노(司奴)와 여복(女僕)도 각각 같은 임금을 받았다. 공노비의 자녀 중에서 선발하는 소사(小吏)도 매달 15말로 정했다.[30] 지방 향리의 녹봉은 서리 20말, 조예와 사노는 12말로 정하여 중앙보다는 적게 책정했다(『반계수록』 19 : 4-5, 22).

유형원은 여성의 노동문제와 대우문제에 대해서도 깊이 사유했다. 그는 여

30. 유형원은 청직(廳直)이라고 불리는 중앙의 소사(小吏)는 이서와 공노비의 자제였다고 지적했다. 경기도에서는 이를 통인(通印)이라 했다. 남부지방에서는 공생(貢生)이러고 불렸으며 관원과 이서의 자제 중에서 충원됐다. 북부지방에서는 공노비의 자제 중에서 선발됐으며 연직(硯直)이라 불렸다(Palais, 2008 : 624).

성에게 국역을 감당시키는 것은 적절치 않지만 이미 그렇게 하고 있으므로 그들의 녹봉은 남성과 동일해야 한다고 언급했다. 반계의 이 주장은 비록 공노비의 대우에 한정되어 있지만, 그 당시에 이미 "동일노동에 대한 동일보상의 원칙(equal pay for equal work)"을 제안했다는 점에서 그리고 체력적인 열세에 있는 여성에 대한 추가적인 보상을 주장하였다는 점에서 매우 근대적인 인권존중사상을 엿볼 수 있다. 뿐만 아니라, 능력과 관계없이 세습되는 노비제도를 폐지하고 공평한 녹봉과 함께 일정한 토지(50묘)를 지급하고자 했다는 점에서 유형원은 시대를 앞서가는 탁월한 사상가였다.[31]

2) 관서의 일용경비

유형원은 중앙과 지방관서의 운영에 필요한 모든 기본경비는 반드시 예산에 반영하여야 하고, 그 예산에 근거하여 필요한 물품을 구입하거나 지출하도록 했다. 그는 정부가 시장에서 물품을 구입할 때에는 상인들의 이익을 침해하지 못하도록 시장가격보다 높은 예산가격으로 공인(貢人)을 통하여 구입하도록 했다. 이는 상업을 보호하고 물류유통을 활성화하며 관료들의 가격후려치기를 방지하기 위한 것이었다. 따라서 호조는 예산편성에 앞서 미리 시장가격을 조사하여 그보다 높은 예산가격 또는 물품구매단가를 결정하여 예산을 편성해야 한다. 현대 재무행정이론의 관점에서 보면 호조는 국가의 세입세출예산업무를 총괄하는 부처 · 통합형의 중앙예산기관에 해당된다.[32] 당시에는 대동법이 부분 실시되면서 대동법이 실시되는 지방에는 요역과 공납이 면포와 미포로 대체되어 더 이상 현물공납이 없어졌지만, 긴급한 경우에는 여전히 상품(현물

---

31. 그러나 유형원은 여성을 자신이 주창하고 제안한 새로운 학교제도에 받아들이거나 정규관직에 나갈 수 있도록 하지는 않았다(『반계수록』 19: 30).

32. 호조는 국가의 예산편성업무를 담당하면서 동시에 세입행정업무를 담당하는 중앙부처라는 뜻이다. 오늘날의 기획재정부에 해당된다. 중앙예산기관의 유형론에 대해서는 나중식(2007: 100-105)을 참조할 것.

공납)과 요역을 추가적으로 요구하고 있어 민폐가 여전했다. 유형원은 어떠한 경우라도 백성들에게 현물을 부담시켜서는 안 되며, 지출(재정수요)이 더 필요하다면 경상세를 올려 해결하여야 하며, 모든 비용은 공적 예산에 포함해서 지출하여야 한다고 주장했다.

당시 정부관서에서는 공무에 필요한 물건과 개인적인 물건이 혼용되어 사용되고 있었다. 유형원은 예산제도개혁을 통하여 공 · 사의 구별이 명확하게 이루어지는 행정문화를 만들고자 했다. 그는 관아에서 공무(公務)와 사무(私務)의 지출이 뒤섞이는 폐단을 없애기 위하여 사적인 물건은 개인의 녹봉으로 사도록 했다. 이를 위해 그는 관청에 소요되는 일용품(기름 · 꿀 · 꿩 · 닭 등)의 총량과 구입가격이 호조에 의하여 결정되면, 그 구매자금은 관원 · 수령 · 진장, 그리고 그들에게 소속된 여러 서리와 향관들의 녹봉에 가산해서 배정했다. 개인이 사적으로 이용하는 물건은 자신의 녹봉으로 구매하여야 하고, 관서에서 공적으로 필요한 물건은 공인(貢人)이 관서예산을 배정받아 전문적으로 구매하게 했다. 유형원은 조선의 행정에서 공(公)과 사(私)가 구별되지 않고 혼용되어 뒤섞여 있는 폐단을 시정하지 않고는 윤리적 정부(ethical government)가 이루어질 수 없다고 보았다. 고대의 이상사회는 공(公)과 사(私)의 구별이 분명한 도덕사회(moral society)라고 확신했다. 일용품의 구매과정에서는 상인들이 손해를 보지 않도록 넉넉한 가격으로 구매하여야 하며, 만약 이예(吏隷)들이 낮은 가격에 공급하도록 상인을 협박하거나 강요해서 상인에게 해를 입히면 엄격하게 처벌하도록 규정했다(『반계수록』 19: 14-15). 그는 예산제도를 통하여 관료들의 행태까지도 규제하고자 했다.

각 관서에서 필요한 물품의 구입비용은 미리 국가에서 시중가격보다 높게 결정해 놓고, 정부가격에 따라 상품을 매입함으로써 정부와 상인(생산자 및 판매자)의 이익이 모두 손상되지 않도록 했다. 과거 대동법 시행 초기 정부의 관원들이 공권력을 이용하여 상품구매가격을 협상했기 때문에 상인들의 손해가 심했고 상품유통과 시장이 위축됐다. 이러한 폐단을 없애기 위하여 미리 예산에 정부구매가격을 책정해 놓고 그에 따라 물품가격을 지불하도록 했다. 그는 "상인들이 이윤을 얻도록 한 뒤에야 공 · 사의 이익이 충족될 수 있다"고 보았으며, 정부가 지나치게 백성과 경쟁하여 그들의 이익을 침해해서는 안 된다고 생각했다.

3) 사신접대비와 해외출장비

유형원은 중국에 사신을 보내는데 드는 해외출장비와 외국 사신들을 접대하는데 드는 사신접대비를 예산편성을 통해 국가가 공적 비용으로 지불하도록 했다. 당시 정부는 중국 사행(使行)에 드는 경비를 지급하지 않는 대신, 사행경로에 있는 관찰사 · 병마 · 수령 등에게 경비를 요구할 수 있도록 했다. 사행의 주요 경로와 상당히 멀리 떨어져 있는 지역도 비용과 요역을 제공해야 했다. 그 경비는 모두 백성들을 착취하여 얻어내는 불법적인 요역과 세금이었다.

유형원은 사신들에게 필요한 물품과 접대비를 백성들에게서 현물로 거둘 수 있게 한 풍습이 도덕적 해이(moral hazard)와 왕조의 실패를 가져온 핵심적인 원인 중 하나라고 간주했다. 그 이유는 사신접대비용을 백성들로부터 거두는 것은 당시 부패와 착취로 인하여 백성들의 민막이 극심했던 공납제도와 거의 동일했기 때문이다. 중앙정부는 사행경비조달을 위한 도 이하의 행정행위에 대해 통제력을 발휘하지 못했고, 사신들의 요구도 엄격하게 통제하지도 못했다. 고통을 당하는 것은 오직 백성들뿐이었다.[33]

유형원은 조선 사신이 백성으로부터 불법적으로 거두어들이는 여행경비와

---

33. 유형원은 지평현(砥平縣)에서 칙사를 대접하는데 쓴 비용을 사례로 예시하고 있다. 이를 보면, 소 1마리(수령이 부패했을 경우 2마리), 노루 3~4마리, 닭 수백 마리, 꿩 60~70마리, 돼지 · 계란 · 기름 · 꿀 · 어물 · 소금 · 간장 · 과일 · 쌀 · 국수 · 그릇 · 돗자리(초석) · 쓰레기통 · 빗자루 · 자기 · 가마솥 · 조롱박 · 침구 · 화문석 등 수많은 물건을 수레에 실어 우마로 수 백리를 운반해야 했다. 사신이 수도에 10일 넘게 머물면 지방에서 올라온 사람과 우마는 다시 돌아가 비슷한 물품을 준비해서 수도로 올라올 준비를 해야 했다.(『반계수록』 3 : 41-42).

공물을 금지하고, 그들이 지방에서 자의적으로 거둔 물건을 중국에서 매매하여 이익을 취하는 것을 막아야 한다고 주장했다. 그는 여행경비를 현실화했다. 즉 중국관원들에게 줄 선물비를 포함하여 충분한 여행경비를 예산안에 반영하여 공적으로 지급함으로써 백성들에 대한 여행경비 착취를 제도적으로 막으려 했다(『반계수록』 3: 36-38). 사신을 접대하는데 필요한 물품은 모두 시장에서 구입하면 현물을 그때마다 부과할 필요가 없으며, 노동력은 고공(雇工)을 통하여 해결하도록 했다. 또한 유형원은 사신접대 예산을 절약하기 위하여 사신들이 임시로 머물 관사건축을 폐지하고, 관사가 이미 있는 군현에 머물게 하고 그곳에 재정적 책임(예산배정)을 부과하면 무계획적인 예산집행을 절감할 수 있다고 보았다.

당시 조선에는 외국사신을 접대하고 사행(使行)을 주관하는 독립된 관서나 제도가 없었다. 수령 · 향리 그리고 일반백성들이 사신을 접대하기 위해 생업을 미뤄야 했을 뿐 아니라 대신들도 이러한 업무에 시간을 할애해야 했다. 반계는 이러한 상황은 "전쟁이 일어나지 않고도 국가를 망하게 할 수 있는 상황"이라고 비판하면서 각 지방에 영속적으로 이용할 관사를 세우는 것과 함께 전문적으로 사신업무를 담당하기 위해, 비록 겸직이라도 중앙의 관직을 임명할 것을 주장했다(『반계수록』 3: 42-43).

4) 연회비, 행사비 및 의례비의 축소

유형원은 무계획적이고 낭비적으로 이루어지는 연회를 줄이고, 연회비용과 예식절차에 대한 간소한 규정을 마련하였다. 그는 역사적 사례분석을 통하여 연회란 국왕이 신하들의 노고를 치하하기 위하여 여는 것이라고 그 의미를 정의하고, 국왕을 기리기 위해 중앙관서에서 계속 연회를 여는 것은 신하의 위치와는 맞지 않는 주제넘은 행위일 뿐 아니라 국고낭비라고 비판했다. 그는 관원들에게 봄과 가을에만 연회에 참석하도록 하고 모든 비용은 국가에서 지불하도록 함으로써 예산을 절약하려고 했다(『반계수록』 25 : 13-15).

또한 유형원은 수령 · 교관 · 찰방 등 지방 관리들이 부임하고 이임할 때 치르는 의식이 지나치게 호화롭고 그 비용이 과다하다고 비판했다. 당시 지방 관리들의 이 · 취임행사는 그 의식행사에 동원되는 인력과 말, 그리고 음식과 연회가 너무나 호화롭고 번잡하여 지방행정의 주요한 폐단 중의 하나였다. 일부 농민들은 짐꾼으로 징발되어 오랫동안 한양에 머물러야 했으며, 또 지방 주민들은 그 비용을 충당하기 위하여 몇 필의 면포를 바쳐야 했다. 뿐만 아니라 수령들의 임기가 짧고 지나치게 자주 교체되어 그 민폐가 이루 말할 수 없었다. 예컨대 1천 가호가 사는 홍덕현에서는 수령이 9년 동안 10번 교체됐으며, 백성들에게 부과된 연회비와 수송비용은 무려 700동(3만 5천 필, 또는 1년에 가호당 3.88필)에 이르렀다.

유형원은 잦은 인사이동과 이 · 취임에 따르는 과도한 행사비가 지방재정을 궁핍하게 만들고 백성들의 부담을 가중시키는 원인이라고 조헌의 발언을 인용하여 지적했다. 그들은 임지에 도착하자마자 다른 곳으로 이임하기 전까지 관아에 모아둔 재원을 모두 썼으며, 관직이 교체될 때마다 백성들은 연회비용과 수송비용을 부담해야 했다.

유형원은 이러한 행사비와 의례비를 줄일 것을 제안하면서 다음과 같은 규정을 만들었다. 즉 관찰사 · 도사 · 병사 · 수사 · 우후는 수도로 갈 경우 3~4명의 서리와 노비만 대동하고, 수도에서 지방으로 파견되는 관원의 송별연은 생략하고 임지에서 환영연만 치른다. 단 지방의 관직을 이임할 때는 송별연을 거행한다. 중앙에서 임지에 부임하는데 드는 비용은 국가가 지불하지만, 가족을 데리고 가는 데 드는 비용은 자신의 녹봉에서 부담한다. 임지를 떠날 때는 그 지역관서에서 소요되는 비용을 지원하지만, 향리들은 다음 현의 경계까지만 그를 호위하도록 한다는 것이었다. 또한 유형원은 현령이나 현감 등과 같은 낮은 품계의 수령에게는 15말, 부윤이나 도호부사 같은 중요한 지방관원에게는 최고 30말까지 품계에 따라 1백리마다 여행경비를 지원하도록 했다. 그는 합법적인 조세부담 이외에는 어떠한 부담도 백성에게 지워서는 안 된다는 원칙을 철저하게 고수했다. 그는 역참의 비용(예산지출)을 줄이려는 취지에서 각 현에 소속된 관원과 그 가족에게 말을 제공하는데도 반대했다. 관원과 그 가족이 역참의 예산을 사용하면 궁극적으로는 농민에게 부담이 돌아간다는 이유에서이다. 그는 관서에서 공적인 지출과 사적인 지출이 혼돈되는 폐단을 없애기 위하여 공적인 지출은 모두 예산에 반영하고자 노력했다(『반계수록』 3 : 43-46).

5) 구매행정의 개혁

공물과 진상제도를 폐지하고 국정운영에 필요한 모든 경비는 경상 세입만으로 지출할 것을 주장한 반계는 각 관청에 필요한 물건은 전문적인 구매상인인 공인(貢人) 또는 무비주인(貿備主人)을 활용할 것을 주장했다.[34] 중앙정부에서 사용되는 모든 물품의 구매는 가장 사소한 소비품목까지도 모두 수도에서 구매하도록 했으며, 구매수단은 화폐와 미곡을 사용하도록 했다. 또 물품대금은 시중가격보다 후한 예산가격(정부구매가격)으로 지불하도록 함으로써 시장을 활성화시키고 화폐의 유통과 흐름을 정부가 유도하도록 했다. 그는 '정부는 기본적으로 백성과 이(利)를 다투지 않는다'는 철학을 예산제도에 반영했다. 특히 국

---

34. 유형원이 말하는 공인(貢人)은 대동법 실시 이후, 대동을 담당하는 선혜청에 소속되어 중앙관청에서 필요로 하는 물품을 사서 납부하던 어용상인과 같은 개념이다. 대동법실시 초기 이들이 받는 역가(役價): 임금)는 전라도의 경우 20섬, 충청도의 경우는 15섬이었다. 공인 가운데는 예산을 배정받아 공물을 매입 납품하는 상인적 공인과, 공물을 제조 납부하는 수공업자적 공인이 있다. 이들 가운데는 제도적으로 보장된 역가(役價) 자체의 이윤에만 만족하지 않고 유통과 제작 과정에 적극 참여하여 성장해나갔다. 또한 공인권(貢人權)의 매매가 늘어나면서 공인권에 마치 소유권과는 별개의 경영권인 분주인권(分主人權)이 성립되기도 하였으며, 이러한 권리가 집중되면서 상인층의 상업자본으로서 기능을 하기도 하였다. 결국 공인은 중세체제에 기생하면서도 중세체제를 해체시켜 나가는 역할을 하였다.

정운영에 필요로 하는 물품을 구입할 경우, 협상가격을 인정하지 않고 시중가격보다 후하게 지급하게 함으로써 상업과 시장기능을 활성화하고자 했다. 오늘날의 예산지출이라면 경쟁 입찰을 통하여 가장 낮은 가격으로 구매하는 것이 예산을 절감하고 예산지출가치를 극대화하는 것으로 당연히 해야 할 일이지만, 당시에는 시장(市場)이 발전하지 못한 상태였기 때문에 오히려 정부가 예산지출(공물구매)을 통하여 시장과 물화유통을 활성화시킬 필요가 있다고 생각했다.

그는 정부는 상인들이 정부에 물건을 판매해 이익을 얻을 수 있도록 보장하고, 수도로 상품이 지속적으로 유입할 수 있도록 유인동기를 부여해야 한다고 생각했다(『반계수록』 3 : 65, 전제후록상). 그는 인간은 '이익을 추구하는 존재'이기 때문에 상인(商人)이든 장인(匠人)이든 이익을 남길 수 있어야 상공업과 수공업이 활성화되어 시장이 활성화된다고 보았다. 그는 기본적으로 시장이 활성화되어야 정부재정운영의 시장의존이 가능하다고 보았다. 이를 위해 지방관청의 관찰사들도 필요한 물품을 지방의 예산으로 감영(지방시장)에서 구입하게 했으며, 어떠한 경우에도 각 현에서 공물을 현물로 요구할 수는 없게 했다.

유형원은 당시 대동법의 시행과정에서 나타나는 문제점을 철저하게 분석해 본 결과, 비록 일부 지방이지만 긴급한 경우임을 빙자하여 수령들이 대동법 원래의 목적에서 벗어나 공물을 추가로 배정해 사실상 백성들에게 추가적인 부담을 지우고 있었으며, 공물수송과정에서 뇌물을 받거나 파손될 가능성이 있다고 경고했다. 대동법이 성공하기 위해서는 대동법 원래의 원칙이 집행과정에서 변형되거나 왜곡되어서는 정책효과를 상쇄시킨다고 생각했다. 반계는 공납제도에 수반된 폐단을 모두 없애기 위해서는 '영구적이고 의무적인 조세규정'을 만들 필요가 있다고 확신했다. 유형원은 아무리 긴급한 경우라 하더라도 필요한 물품을 얻기 위하여 각 현의 백성들에게 다시는 현물공납을 요구하거나 할당하여서는 안 되며, 예산으로 공인(貢人)을 고용해 물건을 사거나 생산자에게 직접 구매해야 한다고 규정했다.(『반계수록』 3 : 18).

6) 왕실재정의 제한과 축소

유형원은 국왕의 자의적인 재정권행사가 선정(善政)을 위협하는 행위로 본 전통적인 유학자였다. 그는 국왕에 대한 충성과 국왕의 정통성을 의심하지는 않았지만, 유교적 경세학자로서 국왕의 전제와 독재를 막을 수 있는 다양한 방안을 고안했다. 그 첫 번째의 방안은 국왕의 재정권을 규제하는 방법이었고, 둘째는 경연 등을 통하여 유교적 가치를 존중하도록 교육하는 방법이었으며, 마지막으로는 관료체제를 통하여 국왕의 국정운영권한을 제한하는 방안이었다. 그 중에서 유형원은 왕실이 사용할 수 있는 재정규모를 제한하고 예산제도의 범위 내에서 운영하도록 국왕의 재정권을 축소하고자 했다.

① 첫 번째는 왕자들에게 지급하는 과도한 재정지원을 제한하고자 했다. 재정보수주의자인 유형원은 특히 국왕과 그의 인척에게 국고가 지나치게 많이 지출되는 것을 우려했다. 그는 왕자들에게 과도하게 지급되는 재원을 제한해 비용을 줄이려고 했다. 당시 규정에 의하면 국왕의 후손들은 4대까지 종친의 신분과 특권을 유지했다. 유형원은 고전과 유교도덕에 관한 지식을 시험해 왕자들의 봉책(封册)을 고침으로써 국고의 지출을 줄이려고 했다. 모든 왕자들은 20세가 되면 봉책을 받았는데, 만약 30세가 되기까지 『소학』과 주희가 주석한 『사서』중 하나에 통달하지 못하면, 그는 종친의 칭호는 받았지만 정규녹봉의 절반만 받게 했다. 재위중인 국왕의 왕자는 16세에 봉책을 받지만, 이들도 20세까지 고전시험에 합격하지 못하면 녹봉의 절반을 삭감하도록 했다. 이런 제안은 왕자를 봉양하는 비용을 줄이려는 목적과 모든 왕자에게 유교 경전의 지식을 주입하려는 두 가지의 목적이 있었다.

또한 유형원은 왕자들에 대한 거대한 국고지출을 억제하기 위하여, 모후의 지위에 따라 왕자들에게 등급을 할당하자고 제안했다. 즉 정비기 낳은 세자와 그 밖의 대군, 그리고 빈의 왕자군을 구별했다. 세자는 정1품, 그의 맏아들은 종2품을 받았지만, 대군들은 종1품 받고 그들의 아들들은 종2품을 받았으며, 그렇게 국왕이 붕어한 이후 4대까지 내려갔다. 4대가 지난 뒤에 태어난 사람들은 관직에 나아갈 수 있었다(『반계수록』 15 : 26−27).

② 다음으로 유형원은 공신(功臣)에 대한 국고지출을 제한하려고 했다. 공신이란 국가 ·왕실을 위하여 공을 세운 사람에게 준 칭호를 말하며, 공신들은 그 신분에 상관없이 수조권과 노비, 그리고 중요한 관직을 받았다. 유형원은 공신(功臣)의 대우를 제한하려고 했다. 즉 공신 지위의 화려한 노출을 줄이기 위하여 공신이라는 칭호를 넣은 명함을 사용하지 못하게 하였고, 충훈부에 소속된 조예만을 부릴 수 있도록 제한했다. 그는 표면적으로는 국고의 지출을 줄이는 수단으로 공신을 후원하는 국고지출과 비용을 제한하려고 했으나, 실제로는 국왕이 자신의 총신에게 부와 명예와 권력을 전해 줄 수 없도록 통제하려는 의도이기도 했다.

③ 유형원은 국가에서 후원하는 장례와 그 장례를 위하여 동원된 요역을 최소화하고자 했다. 그는 장례비용과 봉분을 쌓는 노동을 양인에게 부과하는 관행부터 없애야 한다고 주장했다. 그는 보상 없는 노동력을 징발하는 전통적 관행 대신 필요한 노동력을 고용하도록 했다. 고공비용은 모두 국고에서 지불하도록 했다. 그의 주요 목적은 장례비용에 들어가는 자금과 요역을 요구할 수 있는 국왕의 권력을 제한하는 것이었다.

④ 유형원은 불필요한 연회를 줄이고, 연회비용과 예식절차에 대한 간소한 규정을 마련하였다. 당시 조선에서는 불필요한 연회가 많았다. 특히 의정부 · 육조판서 · 충훈부 · 종친부 · 의빈부가 개최한 연회가 많았다. 그는 고대에는 신하들이 국왕을 칭송하거나 그의 후대(厚待)에 감사하기 위하여 연회를 개최한 사례는 없었다고 하면서, 국왕을 기리기 위해 중앙관서에서 계속 연회를 여는 것은 신하의 위치와는 맞지 않는 주제넘은 행위일 뿐 아니라 국고낭비라고 비판했다. 그는 연회의 목적은 신하가 힘과 능력을 다해 국가의 일을 수행했기 때문에 국왕이 음식을 차려 그 노고를 치하하는 것이라고 정의하고, 연회의 횟수를 제한했다(『반계수록』 25 : 13−15). 그는 관원들에게 봄과 가을에만 연회

에 참석하도록 하고 모든 비용은 국가에서 지불하도록 함으로써 예산을 절약하려고 했다. 심지어 예산절감을 위하여 술잔의 크기를 규격화하고, 품계에 따라 접시와 술잔의 숫자까지도 제한했다.

⑤ 마지막으로 반계는 개국 이래 그 누구도 감히 주장할 수 없었던 왕실, 왕족, 그리고 궁중의 생활과 관련된 조직을 전면 축소 또는 재조정하여 예산절감을 할 것을 주장했다. 그는 당시 존재하는 궁중과 관련된 관아 50개(경국대전에 등록된 47개와 인조 효종 때 생긴 어영청, 총융사, 수어청)중 50%가 넘는 28개를 대폭적으로 폐지하거나 축소 조정하여 궁중예산을 절감하고자 하였다(나중식, 2012b : 224-225). 특히 그의 재무행정개혁안에서 가장 진보적이고 혁신적인 주장은 당시 왕실 착취의 근거지가 되어 있던 내수사(內需司)를 폐지하여 그 기능을 호조(戶曹)로 이관하고, 왕실비용과 어수(御需)는 수량을 일정하게 정하여 경상세로 충당할 것을 제안한 부분이다. 그 당시에는 궁중(宮中)과 부중(府中)의 구별이 없었다. 궁중과 정부의 수입은 모두 백성을 상대로 하는 토지세가 유일한 세입원이었다. 내수사(內需司)는 왕실 직속기관으로 전국에 많은 토지와 노비를 소유하고, 백성의 고혈을 짜내고 있었고, 진상(進上)이라는 명목 하에 각 지방의 토산물을 무제한 착취했다. 그는 내수사를 폐지하고 국왕도 10명분의 녹봉으로 생활비를 충당하며, 기타 왕실 인원에게도 이에 상응한 녹봉을 지급하여 그 지출을 제한하는 것이 타당하다고 주장하였다(정성철, 1989 : 143).

입헌군주국가가 아닌 순수한 세습군주국가에서 왕실의 예산을 백성이 내는 세금의 직접지원형식으로 제한하여 투명하게 지출하도록 해야 한다는 주장은 당시로서는 매우 진보적인 주장이라고 할 수 있다. 영국의 재정민주주의의 발전과정에서도 의회가 국왕의 과도한 세출재량권을 축소 내지 통제하기 위하여 왕실비(civil list)를 제한하는 조치를 밟았다(나중식, 1992 : 53-54). 영국의 왕실비 제한조치는 명예혁명(1688) 이후인 17세기 말 William 3세(1689-1702) 때 시작되었으나, 반계는 그보다 더 빠른 시기에 국왕의 세출재량권을 축소하고, 왕의 수입은 국가의 수입이고 왕의 지출은 국가예산을 통하여(영국과 같이 의회의 승인을 얻어야 하는 것은 아니었지만) 지출하여야 한다는 원칙을 확립하고자 했다.

4. 국가의 연간세출예산안

유형원은 자신이 제안한 각종 제도개혁이 모두 이루어지는 것을 전제로 세입세출예산을 편성했으며, 그 세입세출예산을 국가재정운영의 기준으로 삼고자 했다. 그는 정부조직을 통폐합하고 관원을 축소 조정한 자신의 관제개혁안에 따라 조정된 국가세출예산을 편성했다. 그가 작성한 연간예산에는 정규 문관뿐만 아니라 무관 · 서리 · 공노비를 포함하여 국가가 고용한 모든 인원의 녹봉과 국가관서의 운영비, 운송비, 외국사신의 접대비용, 의례비, 그리고 중국에 대한 조공 등이 포함되어 있다. 다음 〈표 14-4〉는 그가 편성하여 제시한 중앙의 국가세출예산안이다.

유형원은 중앙의 예산지출항목을 기능별로 크게 왕실운영비, 인건비, 관청의 기본경비, 외교비, 기타 잡비로 분류했다. 왕실운영비는 그가 가장 강조한 예산제도 개혁의 한 부분이다. 그는 조선의 조세 및 재정문란의 가장 큰 원인은 임금을 비롯한 왕실의 과도한 재정권의 남용 때문이라고 분석하고, 공물과 진상제도를 전면 폐지하고 왕실의 운영도 모두 국가예산의 구속을 받도록 하는 혁신적인 개혁을 제안했다. 즉 어수(御需)를 비롯한 왕실비용을 정확하게 수치로 예측하여 예산을 배정하며, 배정된 예산의 범위 내에서 사옹원과 상의원이 전담하여 집행하도록 했다(『반계수록』 3 : 20. 전세후록 상, 경비). 그는 왕실과 행정부가 모두 동일하게 예산제도에 구속되게 함으로써 국왕의 재정권을 제한하고, 왕의 수입은 국가의 수입이고 왕의 지출은 국가예산을 통하여 지출하여야 한다는 (근대적인) 예산원칙을 확립하고자 했다.

인건비는 공무에 종사하는 모든 사람은 직책에 상당한 녹봉을 지급해야 한다는 원칙에 따라 만든 보수규정을 적용했으며, 각 관청의 기본경비는 관청유

표 14-4 • 중앙(수도)의 세출예산안

예산항목	내역	배정액(단위: 곡,섬)	
왕실운영비	대전 · 대비전 · 세자궁의 어수 및 선왕 · 후궁의 녹봉	10,000곡	6,667섬
관청의 기본경비	각사의 관청운영비	1,000	6,700
	각사의 물품경비	100,000	66,667 ❶
	소계	101,000	
인건비	백관의 녹봉	81,040 ❷	54,027
	종친 · 의빈 · 공신 · 인사교체로 녹봉의 절반을 받는 관원 · 진사 · 위사 · 학생	40,000 ❸	26,667
	녹사 45명 · 서리 475명 · 노비를 포함한 조예 3,005명 · 소사 985명	129,980	86,653
	종친 · 의빈 · 공신이 부리는 하인과 별차비 및 공장(工匠)의 녹봉	22,000	14,667
	서울군사(경군)의 녹봉(2,000명)	50,000	33,333
	소계	323,020	
조공과 사신접대비	세폐 방물비용	10,000	6,667
	중국사신 국내체류비용	4,000	2,667
	소계	14,000	9,333
기타잡비		10,000	
총합계		478,000	318,667 ❹

자료: 『반계수록』 19: 31–34

❶ 이 계산의 근거는 충청도의 공납을 대동법으로 대체하기 위하여 김육과 좌랑이 평가한 자료를 인용하였다. 그들의 계산은 92,000섬 또는 138,000곡 이었으나 이 수치가 국왕을 위한 9,000곡의 음식과 의복이 포함된 숫자이기 때문에 이를 공제하고, 거기에다 구매수량을 더욱 삭감 계상하여 10만곡(즉 66,667섬으로) 계상했다.

❷ 이는 자신의 관제개혁에 의하여 줄어든 1~9품의 문무관원 565명에게 지급되는 녹봉의 합계이다.

❸ 이 부분도 체아직을 포함하여 불필요한 관서의 관원을 축소함으로써 인건비의 2/3를 감축했다. 원래 비용은 8만 섬 이상이었으나 26,667섬으로 줄어들었다. 그는 불필요한 관직을 축소하면 당시 재정에서 가능한 수준보다 4~5배 정도 녹봉을 올릴 수 있다고 주장했다.

❹ 유형원의 합계는 쌀로 계산하여 31만 8,667섬으로 계산하고 있으나, 그 스스로 화폐·면포·황두의 지출비용도 포함되어 있다고 언급하고 있기 때문에 계산은 다소 부정확하다.

지비와 관청의 사업에 필요한 물품 및 노동력구입비를 반영하였다. 이 기본경비는 호조가 매년 음력 1월에 각 관청에 예산을 배정하고, 각 관청은 이를 책임지고 집행하도록 했다.

유형원이 자신의 모델 예산안을 편성하면서 참고한 기초자료는 그 당시 일부지방이지만 진상과 공납을 전세(田稅)로 대체납부하고 있었던 대동법자료였다. 세입예산은 자신의 공전제로의 토지제도개혁안과 대동법에서 착안한 조세제도개혁안이 이루어질 경우를 가상하여 추계했다. 그리고 세출예산안은 자신의 관제개혁과 군제개혁, 그리고 교육제도개혁이 이루어질 경우를 가상하여 세밀하게 예산을 편성했다. 그가 추계한 전세의 총액(호조가 직접 거두어들이는 조세)은 455만 곡이었고, 조세를 거두어들이지 않고 사세전이나 면세전을 지급하여 그 수입으로 각 기관의 사업비에 충당하도록 한 간접세입예산은 63만곡이었다(김선경, 2004:30). 그는 이 예산한도액의 범위 내에서 '양입위출'의 원칙에 따라 세출예산안을 편성했다.

그는 자신이 구상한 제도개혁이 모두 이루어진다면 지출은 감소하고 세수는 증대되어 정부재정을 전면적으로 합리화할 수 있을 것으로 확신했다. 실제로 유형원이 추계한 세입예산액은 직접조세수입 455만곡과 사세전과 면세전 등의 지급된 토지에서 나오는 수입인 특별회계수입 63만곡을 합치면 518만곡에 이른다. 그 반면에 자신이 편성한 세출예산액은 중앙과 지방을 모두 합쳐 불과 188만곡에 불과하다(표 14-6). 이렇게 차이가 많이 나는 이유는 세수예측은 공전제로의 토지제도개혁이 이루어지는 것을 전제로 한 것이고, 세출예산안은 조직통폐합과 구조조정 등의 감축관리가 이루어지는 것을 전제로 하여 편성하였기 때문이다. 단순히 그 결과로만 보면, 세입이 지나치게 많아 세입-세출의 연계 및 '양입위출'의 예산원리가 치밀하게 적용되지 않은 것으로 볼 수도 있지만, 암암리에 그는 이를 통해 자신의 공전제로의 토지제도개혁이 제대로 이루어진다면 풍부한 세수를 바탕으로 민의 부담을 경감시킬 수도 있고 또 보다 많은 사업비지출을 통하여 민부를 달성할 수 있어 이상사회를 구현할 수 있음을 실증해 보인 것으로 보인다. 그는 이 예산편성을 통하여 자신의 국가제도 개혁의 정당성을 입증하려고 했다.

5. 지방관청의 세출예산안

유형원의 재정제도개혁 중 가장 큰 특징은 지방재정을 전면적으로 중앙예산기관인 호조가 통할하도록 한 부분이다. 유형원은 지방에 산재한 행정, 교육, 군사, 운수, 교통 등의 각 기관의 배치를 전면적으로 재조정한 자신의 지방행정제도개혁안을 전제로 지방정부의 인건비와 행정경비에 대한 예산을 편성했다. 전체 세수 중 80%이상을 지방재정으로 배정하고 있어 백성들의 삶과 직접관련이 있는 지방행정을 매우 중시하고 있다. 유형원이 편성한 지방 예산의 특징을 요약하면 다음과 같다.

첫째로, 지방의 예산은 기본경비예산과 사업비예산으로 나누어 편성했다. 기본경비예산은 등급별로 표준화된 기관예산을 먼저 산출하고 이 표준예산에 각 기관의 수를 곱하여 간편하게 편성했다. 그는 면적이 협소한 조선의 현실에서 크기가 작은 군소 군현이 난립하고 있어 정사의 시행과 부역(賦役)의 부과에 어려움이 많음을 지적하면서,『경국대전』상의 330여 개의 군현수를 1/3 로 감축하여 행정의 효율성을 높일 것을 제안했다. 그는 자신의 지방행정개혁안에 따라 지방조직을 도호부 · 부 · 군 · 현으로 구분하고 각 기관의 등급별로 예산을 편성할 것을 제안했다(『반계수록』 15 : 39−40). 예컨대, 군의 표준예산을 작성할 경우 군에 소속된 모든 기관의 비용과 군에 소속된 모든 직임의 녹봉이 망라되도록 했다(『반계수록』19. 녹제 : 12−20). 군의 기본경비는 전국의 군 등급에 속하는 모든 지방행정기관에 동일하게 적용했다(표 14−5).

각 지방관청의 사업비 예산은 기본경비예산과는 별도로 편성했다. 사업비 예산은 주로 군사적 비용, 각종 손님의 접대비용, 외교사신비용, 제사비용, 인부 및 말 관리(刷馬) 비용 등으로 구성되어 있다(표 14−6).

표 14-5 • 지방의 기본경비 세출예산안

예산항목(기관별)		기관수(개)	1단위 표준예산(곡)	예산액(곡, 섬)	
행정기관	감영	8	5,286	42,288	18,192
	대부, 도호부	33	6,571	216,843	144,562
	부	22	5,716	125,752	83,835
	군	60	4,844	290,640	193,760
	현	30	4,024	120,720	80,480
	향정	7,000(명)	10	70,000	46,667
	소계			866,243	577,495
군사기관	병영	8	4,758	30,864	20,576
	수영	6	4,344	26,064	17,376
	첨사진	20	1,111	22,220	14,813
	만호진	45	888	39,960	26,640
	소계			119,108	79,405
교통운수	찰방도	20	713	14,260	9,506
	참하찰방도	20	622	12,440	8,293
	창	12	94	1,128	752
	소계			27,828	18,552
총계				1,020,300	680,200

자료: 『반계수록』 19: 31-34

① 이 수치는 군관·향소장관·기패관·군기감관·전례관·교관·학내외사생 등을 위한 지출이 포함되어 있다. 영학은 포함하지 않았다.
② 유형원은 서리·조예와 조졸은 식량을 받았고 항상 근무하지는 않았기 때문에 녹봉을 파악할 수 없었다고 언급하고 있다.
③ 유형원의 총계는 102만 3백곡 또는 68만 2백 섬이다. 그리고 이 예산은 개혁이 완수된 뒤 바뀔 수 있는 임시적 예산안이라고 언급했다.

둘째로, 각 지방의 예산은 각 기관의 책임 하에 집행하도록 하였다는 점이다. 지방관청은 배정된 예산으로 필요한 물건이나 노동력을 조달하는데, 구매과정에서 공인(공물주인)을 활용한다면 구매과정에서 일어나는 공권력을 이용

표 14–6 • 지방의 사업비예산안

예산항목		내 역	총 액(단위: 곡, 섬)	
지방 고을	군인급식비	62만 명의 군인에게 하루 5되 지급, 1년에 2차례 조사비	62,000	41,333
	사객접대비 및 감사·병사순시비	연간 2회 순시비 포함	23,000	15,333
	수송비	수송에 드는 인력과 말의 비용	25,000	16,667
	제사 및 의식비	사직과 석전 등 각종제사에 드는 제물과 폐백	10,000	6,667
	무기 및 깃발수리비	각종 군기 기치조성비용	50,000	33,333
	사객접대비	각 역의 손님접대비	6,000	4,000
	사신접대비	중국가는 우리사신 접대비 및 인부고용비용	25,000	16,667
군사	전함 및 조선수리비	전선 조운의 개조비용	10,000	6,667
	국경추가인원인건비	인력과 말의 비용포함	20,000	16,667
	서북국경수비예비비	서북 국경 추가 경비	40,000	26,667
감영	진상물비용	각종 감영의 진상물비용	5,000	3,333
기타	각종잡비		100,000	66,667
합계			380,000	250,667 ❶
중앙과 지방예산 총합계 (표4 + 표5 + 표6)			1,878,300	1,252,200

자료: 『반계수록』 19: 31–34

❶ 유형원은 합계 38만 곡을 25만 3,333섬으로 계산했다. 이는 환산에서 오는 오차이다.

한 수탈을 줄일 수 있다고 보았다.

마지막으로, 지방예산의 지출은 예산배정과 회계보고를 통하여 중앙정부의 관리 감독 하에 놓이도록 했다. 그는 중앙과 지방의 모든 관서는 정기적으로 회계보고를 하도록 하여 중앙통제를 강화했다. 중앙은 6조가 관할 각사의 지난 3개월 동안의 재정상황을 왕에게 보고하고, 지방은 수령이 지난 3개월 동안의 재정상황을 감사에게 보고하면 감사는 호조에게 보고하고 호조는 다시 왕에게 보고하도록 하였다(『반계수록』 3 : 46). 이렇게 결산 및 회계보고를 통하여 중앙 및 지방의 재정지출로 쓰고 남은 세입은 전쟁이나 흉년을 대비한 몫으로 비축했다. 유형원은 자신이 찾아낸 예산제도의 기본원리를 철저하게 예산제도에 반영하려고 했다. 유형원의 국가개혁론에는 '예산제도를 통하여 국정을 합리적으로 운영해야 한다는 사상'이 깔려있다. 그는 경세일원화와 '양입위출'의 예산제도의 확립을 통하여 관리들의 자의적이고 불법적인 조세수탈 방지와 민생안정을 달성하고자 했으며, 또 국가재정의 효율적인 집행을 통하여 부국강병한 나라를 만들고자 했다. 반계가 추구한 국가개혁론의 핵심은 바로 '투명하고 공정한 국가재정운영시스템'을 만드는 것이었다.

제5절 현대적 해석과 평가

1. 재정건전성을 강조한 진보적 보수주의

유형원의 사회개혁 및 정책사상은 그 당시의 상황에서 본다면 매우 혁신적이고 진보적이다. 그는 세습적 신분에 의한 계층사회를 비판하고 덕행과 능력에 의하여 사회계층이 재구성되는 성취형의 평등사회를 지향했으며, 노비제도 폐지와 고공제도의 도입을 통하여 보다 평등한 관계에서 노동력이 거래되는 인도주의적 평등사회를 지향했다. 또한 불필요하고 중복적인 기능을 가진 기존의 정부조직을 50%이상 대폭 축소하고, 왕실운영비를 정규 예산의 범위 내에서 쓰도록 하여 국왕의 절대적인 재정권을 제한하고자 했다. 뿐만 아니라, 공납과 진상제도를 전면 폐지하고 금납제를 도입하여 시장친화적인 경제정책을 실시하고자 하였으며, 토지제도와 교육제도를 전면 개혁하여 국정운영의 기본 틀(basic frame of governance)을 혁신적으로 바꾸고자 하였다. 그러나 국가재정운영의 기조는 어디까지나 '세입의 범위 내에서' 국가를 안정적으로 경영하고자하는 유교적 재정보수주의를 고수했다. 즉 국가재정운용의 성향은 매우 안정적이고 보수적이었다. 그의 보수적인 재정운영성향은 다음에서 자세히 엿볼 수 있다.

먼저 그의 보수적인 재정운영성향은 예산편성방법에서 나타난다. 그는 기본적으로 개혁주의자이면서도 공맹의 왕도주의와 절약과 능률을 강조하는 현실이상주의자였다. 따라서 예산운영도 세입의 범위 내에서 예산을 편성하고 그 예산에 입각하여 재정운영을 하고자 하였다는 점에서 매우 보수적이다. 당시 조선 중기의 가장 중요한 개혁과제는 공납과 진상의 폐단을 방지하기 위한 대동법(大同法)의 도입이었다. 반계의 시대에는 경기도(1608)의 도입을 거처 충청도(1651) 전라도(1658, 1662)에 이르기까지 대동법이 도입되었다. 그러나 집행과정에서의 혼란과 불공평성의 문제로 인해 제도의 존폐에 대한 찬반이 무성했던 시대였다. 대동법은 국가가 필요로 하는 재원(공물)의 분량을 먼저 평가 · 산정하고, 그런 자금을 만들기 위하여 미곡(米穀)이나 면포(綿布)로 토지에 부과된 세율을 계산했다. 따라서 대동법은 지출을 미리 예상해서 세입을 책정하는 소위 '양출제입(量出制入)'의 예산제도였다.

유형원은 대동법이 백성에 대한 '자의적이고 규제받지 않은 추가적인 과세'를 충분히 없앨 수 있는지는 명확하지 않다고 결론지었다. 그는 '양출제입'의 예산운영이 조세증가를 유발하여 백성들에게 보다 많은 부담을 지울 가능성이 있다고 보고 진정한 경제적 안정을 가져오기 위해서는 국가 스스로 현재의 지출수준을 줄여야 한다고 보았다. 그는 대동법에 의한 세입행정을 강력하게 찬성하면서도 예산운영은 정규적인 세입(경상세수입)의 범위 안에서 정규적인 경비의 지출이 이루어져야 한다고 확신했다. 국가에서 필요한 지출액을 먼저 정하고 그에 따라 조세부담액을 결정한다면 매년 백성들의 조세부담은 증가될 것이고 정해진 세율은 그 신뢰를 잃을 것이라고 생각했다.[35] 그는 고전적인 예

35. 이러한 반계의 주장은 실제로 대동법의 시행과정에서 현실로 나타난다. 대동세는 봄

산운영방식인 '양입위출' 예산제도를 국가전체의 세수액과 연계시켜 사용하면 당시 가장 심각한 사회문제였던 '자의적으로 잡다하게 세금을 제한 없이 부과하는 조세관행'을 종식시킬 수 있다고 판단했다(『반계수록』 3: 16-17). 반계의 재정개혁은 '부국강병'과 국민의 '생활안정'을 위하여 '어떻게 하면 백성의 부담을 줄이고 능률적인 재정운영을 할 것인가'에 초점이 맞추어져 있었다.

이러한 보수적 재정성향을 가지고 있었음에도 불구하고 제도의 개선과 개혁은 매우 급진적이고 그 변화의 규모와 폭이 크다. 예컨대, 순수한 세습군주국가에서 왕실의 살림살이규모를 정부가 정하는 예산으로 제한하고자 한 그의 정책은, 비록 영국과 같은 국왕에 대한 의회의 재정권제한과는 그 강도가 다르다 할지라도, 부중(府中)이 궁중(宮中)의 재정권을 견제하고 제한하고자 하였다는 점에서 그리고 행정부가 국가예산편성을 주도하게 하였다는 점에서 오늘날의 예산제도의 단초를 읽을 수 있는 매우 진보적인 사상이라 할 수 있다. 또한 면포와 미곡을 교환수단으로 삼는 현물시장경제에서 벗어나 세입세출과정에 동전사용을 활성화하여 화폐경제의 정착을 유도하였다는 것은 자본주의와 시장경제를 미리 내다 본 매우 진보적이고 근대적인 재정사상이다.

그는 인정과세(認定課稅)를 부정하고 조세법률주의에 의한 정율세주의를 채

에 징수하여 중앙정부에 올려 보내는 상납미(대체로 쌀 6말)와, 가을에 징수하여 지방정부의 예산으로 사용하는 유치미(대체로 6말)로 징수하는 것이 원칙이었다. 17세기 말엽부터는 해마다 선혜청에서 수조반강(收租頒降 : 상납미의 소요 예상량을 산정한 다음에 각 군현에서 상납할 수량과 영 · 읍에 유치할 수량을 책정하여 주는 것)하는 제도가 생겨, 그 수량들이 전적으로 선혜청에 의하여 조정되어 갔다. 그것은 대동법의 실시가 전국으로 확대되어 가면서 각 도와 군현들 간의 유치미의 다과를 조절하고 대동세를 전국적 차원에서 보다 효율적으로 관리 · 운영하려는 데서 비롯된 것이었지만, 정치가 혼란해지고 기강이 해이해지면서 중앙에서의 수요가 날로 증대되자, 상납미의 수량만을 거듭 증가시켜 가는 방편으로 전락되고 말았다. 그리하여 유치미의 대부분을 서울로 납부하게 된 수령들은 선혜청의 양해 아래 부족한 경비를 점차 농민에게 부담시켰고, 또 이를 기회로 갖가지 탐학을 자행하기도 하였다. 따라서 대동법은 공납제 시절의 농민 부담에다가 대동세를 더하게 한 결과를 초래하였다고 비판될 정도로, 그 시행의 의미를 잃게 되었다. 반계는 이러한 상항을 미리 예측하고 철저하게 경세일본주의와 '양입위출'의 예산제도를 주장했던 것으로 볼 수 있다.

택했으며, 국가 조세수입을 전세에 일률적으로 집중시키면서 재산과 수익에 비례하는 공평한 조세체계를 확립하고자 했다. 이러한 점은 오늘날의 근대적인 조세행정과 다름이 없다. 뿐만 아니라, 중앙예산기관에 해당하는 호조가 '양입위출'의 입장에서 세입과 세출을 연계시켜 예산을 편성하고 그 예산에 의하여 국정운영을 계획적으로 수행하도록 했으며, 조세의 징수나 예산의 지출은 면포나 미포와 함께 동전을 사용케 유도하여 조세의 금납화(金納化)와 화폐재정으로의 전환을 시도했다. 이러한 점에서 그의 사상의 진보성과 현대성을 엿볼 수 있다.

그러나 그가 화폐유통정책에서 보여주는 진보사상은 어디까지나 농업발전을 저해하지 않는 범위 내에서 적용되는 한계성이 있다. 그의 근본적인 화폐관은 상품의 유통을 원활하게 하기 위한 고전적인 사회경제모델에 기초한 것이었다. 즉 동전사용을 활성화하기 위하여 구리를 수입해서라도 동전을 주조하여야 한다는 적극적인 주장을 했음에도 불구하고 그는 근본적으로 농업경제를 벗어나 생산을 자극하고 시장 활동을 촉진하거나, 대규모의 상업적 계획을 위해 자본을 축적하는 수단으로 동전을 사용해야 한다고는 생각하지 않았다. 그는 대규모의 자본을 형성해 상업이나 산업의 확대를 추구했다기보다는 농업의 기본적 인구가 상업을 추구해 농업인구가 줄어들지 않는 범위 내에서 상업의 활성화와 화폐유통활성화를 추구했다. 즉 산업생산은 물론 상업경제도 농업경제를 해치지 않는 범위 내에서 유지되어야 하며, 어디까지나 농업경제에 종속되어야 한다고 생각했기 때문이다.(『반계수록』 4 : 6-7).[36]

---

36. 전통적인 관점에서 볼 때 화폐는 주로 상품의 교환을 돕는 교환수단이며 독립적으로 부(富)를 생산하는 어떤 것은 아니라는 점에서, 유형원의 화폐유통정책은 부(富)를 창출하는 주요한 방법으로 산업생산을 확대시키려고 한 것은 아니라고 볼 수 있다(Palais, 2008 : 451-452). 이러한 해석에 대하여 원유한(1981 : 157, 161) 등 일부학자들은 유형원은 화폐를 부를 창출하는 수단으로서, 그리고 국가와 백성을 번영시키는 수단으로서 토지와 농업생산보다 화폐를 더 필요한 것으로 간주했다고 주장한다. 그러나 『반계수록』에서는 분명히 상업은 농업을 해치지 않는 범위 내에서 육성되어야 하고 화폐는 "국용을 튼튼히 하고(贍國用), 민생을 부유하게(裕民生)" 하는 수단이며, 사용하기에 편리한 교환수단이라고 주장하면서 주로 교환수단과 활용의 편리함에 초점을 맞추고 있다.

그의 진보적 재정보수주의는 최근 글로벌재정위기를 계기로 세계경제가 쇠퇴기(the era of slow-down)에 접어들면서 더욱 각광을 받고 있다. 우리나라도 2007년 재정건전성의 유지를 위해「예산회계법」을「국가재정법」으로 개정한 바 있고, 2012년 유럽재정위기를 계기로 많은 나라들이 재정건전성확보를 위하여 '양입위출'의 예산편성과 보수적 재정운영을 국정운영의 기본목표로 설정하고 있다. 성장(발전)과 부국(富國)보다는 부민(富民)과 균분(均分)을 보다 중시하면서 백성의 입장에서 감축과 절약을 강조했던 반계의 진보적 재정보수주의 사상은 350여년이 지난 오늘날에도 중요한 국정운영목표로 각광을 받고 있음을 볼 때, 반계가 추구한 이상사회는 과거지향형이 아닌 미래지향형임을 증명하고 있다. 이렇게 그의 재무행정사상이 역사성과 근대성을 갖는 이유는 모든 제도와 정책에는 그 정책과 제도가 존재하는 근본적인 이치가 존재하며, 그 근본적인 이치와 원리를 떠난 정책과 제도는 실패한다는 그의 실리행정사상이 반영되어 있기 때문이다. 반계는 "때에 따라 치란(治亂)은 있지만 도(道)는 고금이 없다"고 주장했다. 세상이 복잡해지고 국가가 해야 할 일이 아무리 많아져도 국정운영의 원리와 이치는 다르지 않다는 그의 주장은 고금을 관통하는 진리임에 틀림없다.

2. 근대적 예산제도의 맹아(萌芽)

유형원은 평생을 농민의 입장에서 국정운영현상의 문제점을 바라보고 그 대안을 제시한 유교적 경세론자였다. 그 중에서도 공물과 진상, 그리고 군역의 과도한 부담으로 농민들이 겪고 있는 질고와 민막을 가장 염려하고 우려했다. 그는 고금을 통하여 변화할 수 없는 국가재정운영의 원리와 원칙(천리와 실리)을 발견하고 이를 재정제도에 담고자 노력했다. 그의 재무행정사상은 비록 왕조국가시대의 국가재정운영을 위한 것이지만 농민의 입장에서 무엇이 바람직한 재정운영제도이어야 하는가에 대한 이치와 도(道)를 밝힌 것이기에, '때에 따라 치란은 있지만 도(道)는 고금이 없다'는 그의 주장과 같이 그의 재무행정사상에는 현대의 조세원칙이나 예산원칙의 원형이 그대로 녹아있다.

시대가 변하여 군주국가에서 민주국가로 통치제도가 변하고 사회가 복잡해지기는 했지만 반계가 주장했던 그 원리와 원칙들은 350년이 훨씬 지난 오늘날의 재무행정에도 지켜야 할 규범과 원칙으로 고스란히 남아 있다. 유형원의 재무행정사상은 유교국가의 예(禮)는 살리되 봉건국가에서 탈피해 근대국가의 면모를 갖추고자 했다는 점에서 그의 사상의 역사성(歷史性)과 근대성(近代性)을 발견할 수 있다. 그의 재무행정사상이 근대적 성격을 지니고 있다는 이유는 다음의 각 항에서 발견된다.

첫째는 공납과 진상제도를 전면 폐지하고 오직 경상세로만 국정운영을 하도록 했으며, 또한 조세납부의 수단을 미포와 전포에서 점차 화폐로 전환해나가고자 했다는 점이다. 특히 왕실 착취의 근거지가 되어 있던 내수사(內需司)를 폐지하여 그 기능을 호조로 이관하고, 왕실비용과 어수(御需)는 수량을 일정하게 정하여 경상세로 충당할 것을 제안한 부분이다. 구체적으로 그는 국왕도 10명분의 녹봉으로 생활비를 충당하며, 기타 왕실 인원에게도 그 업무에 상응한 녹봉을 지급하여 그 지출을 제한하고, 왕실의 운영비는 정규 세출예산으로 운영하자고 주장했다(정성철, 1989: 143). 입헌군주국가가 아닌 순수한 세습군주국가에서 왕실의 예산을 백성이 내는 세금의 직접지원형식으로 제한하여 투명하게 지출하도록 해야 한다는 주장은 당시로서는 매우 진보적인 주장일 뿐 아니라, 영국의 근대적 예산제도의 성립과정에서 이루어진 왕실비(civil list) 제한조치와 크게 다르지 않다.[37]

---

37. 근대적 의미의 예산제도(modern budget system)는 영국의 의회주의(Parliamentarism)의 발달과정과 그 맥을 같이 한다. 즉 근대적 예산제도는 절대적인 권한을 가진 국왕의 조세권과 재정권을 의회가 견제하고 통제하기 위한 오랜 투쟁과정에서 정착된 것이다. 국왕의 절대적인 재정권에 대한 통제는 한꺼번에 이루어진 것이 아니라 오랜 시행착오를 거치면서 단계적으로 정착되어 오늘의 예산제도가 탄생했다. 국왕의 재정권에 대한 통제단계를 보면, ① '의회승인 없이 국민으로부터 세금을 징수하는 것은 위법'이라는 과세동의권

둘째로는 공정하고 공평한 조세제도와 조세행정이 이루어지도록 제도화하고 있다는 점이다. 그는 공정하고 공평한 조세행정이 국가재정운영의 성패를 좌우한다고 보고 반드시 양전조사(정확한 세원파악을 위한 인구 · 토지 및 생산성조사)를 실시하여 '소득이 있는 곳에는 반드시 그에 상응한 조세가 부과된다는 공평성에 대한 믿음'을 심어야 한다고 주장했으며, 또 농민들이 자기가 부담하는 토지세가 얼마이고 이웃과 비교하여 공정한지를 스스로 알고 지킬 수 있게끔 세율을 '공개'하고 만약 이의가 있다면 '이의신청'을 받아 시정해주는 조세행정이 이루어져야 한다고 주장했다. 그는 백성의 입장에서 백성이 신뢰할 수 있는 합리적인 재정운영제도를 입안하려고 하였다. 다시 말하면, 자의적이고 추가적인 조세부담의 가능성을 최소화하기 위하여 세입의 범위 내에서 예산을 편성하는 '양입위출'의 예산편성제도를 주장하였고, 또 양전조사(量田調査)를 실시하여 그동안 누락된 세금(은결)을 양성화하고 공정하고 공평한 조세장부를 만들어 백성들의 부담을 경감시킬 것을 주장하였다. 그 당시에 이미 유형원은 공개세정(公開稅政)과 권리구제행정(權利救濟行政)을 제도화하고자 했다.

셋째로는 세입과 세출을 연계한 예산제도를 국정운영의 기준 틀로 삼고자 했다는 점이다. 반계 이전에도 공안(貢案)과 횡간(橫看)이라는 국가의 수입지출계획이 있었으나, 공안은 중앙의 각 행정기관이 지방의 여러 행정기관에 부과하고 수납할 연간 공부(貢賦)의 품목과 수량을 기록한 장부로서 공정하고 정

의 확립단계(1215~1689), ② 왕실비의 제한과 민정비 지출에 대한 세출통제단계(1689~1702), ③ 행정부만이 예산안을 편성할 수 있다는 행정부제출예산제도의 단계(1706), 마지막으로 ④ 결산 및 회계검사를 통한 사후통제단계(1861, 1866)의 순으로 확립되었다(나중식, 1992: 51-57). 유형원이 『반계수록』을 집필하던 17세기 중후반에는 영국에서도 그가 사유하고 궁구했던 문제와 동일하게 '국왕의 과도한 조세권'을 어떻게 통제할 것이며, '왕실의 과도한 재정지출'을 어떻게 축소하고 통제할 것인가가 가장 중요한 이슈였다. 유형원이 주장한 예산제도는 비록 영국과 같이 절대군주제가 타도되고 의회정치가 시작되면서 이루어진 근대적 예산제도의 모습은 갖추지 않았으나, ①②③단계의 근대적 원형이 그대로 담겨있다.

확한 세원을 바탕으로 한 세법에 의한 것이 아닌 인정과세에 머물러 있었다. 뿐만 아니라 횡간이라는 지출계획도 국가 전체적인 차원에서의 세입-세출이 연계된 계획적인 예산안이 아니라 각 기관별로 예상되는 지출품목을 단순히 나열한 것에 불과했다. 그러나 반계는 철저하게 공납제도를 폐지하고 경세일원화에 의한 조세법률주의를 채택하여 조세행정의 합법성과 신뢰성, 그리고 예측가능성을 높여 정확한 세수추계를 가능하게 했고, 또 이를 바탕으로 국가의 총 세입의 범위 내에서 세출예산을 편성하여 이를 국정운영의 기준 틀로 삼고자 했다. 예산편성권은 호조가 가지며 예산항목은 인건비(녹봉), 운영비, 여행비, 행사비, 의전비, 시설비, 예비비, 국방비 등 기능별 또는 지출대상별로 분류하여 오늘날의 품목별 예산편성과 동일하게 편성하고 있다. 그는 세입-세출을 연계한 예산제도를 통하여 국정운영과 행정을 계획적으로 운영하려고 했다. 그 당시에 이미 반계는 오늘날의 근대적 예산편성제도의 골격을 제도화하고 있다는 점에서 그의 재무행정사상의 근대성을 발견할 수 있다.

유형원이 제안한 예산제도개혁안은 공납제의 폐해를 극복하고, 또 면세전(免稅田)의 증가로 인한 세입의 감축과 영세 소작농의 증대로 인한 호역의 위축을 극복하기 위하여 고안한 수취제도이자 재정제도였다. 그의 개혁안은 대동법이란 용어는 사용하지 않았으나 대동법과 김육의 경제사상에서 많은 영감을 받았다. 그러나 유형원의 재정개혁안은 공납제도의 개혁뿐만 아니라 세입세출을 포함한 국가재정운영전반에 걸친 예산제도의 개혁이라는 점에서 대동법보다 훨씬 더 그 범위가 넓고 근본적이다. 비록 그 예산제도가 의회정치를 전제로 한 것은 아니지만, 국왕의 절대적인 재정권을 제한하고, 왕실과 정부의 조세권을 조세법률주의로 일원화하여 모든 국정운영은 세입세출예산제도를 통하여 계획적이고 능률적으로 운영하고자 하였다는 점에서 근대적 예산제도의 싹을 발견할 수 있다.

미국의 대표적인 한국학자인 팔레(Palais: 1934~2006) 교수는 유형원의 국정운영사상이 근대를 지향하고 있다는 견해에 반대한다.[38] 그는 유형원의 국정운영사상이 조선시대를 통틀어 가장 개혁적인 사상을 담고는 있으나, 서구적 개념의 진보나 근대성과는 거리가 멀다고 주장한다. 그의 주장에 의하면, 유형원은 고대 중국의 정치와 명 후기의 우월한 재정제도에서 합리적인 예산계획과 효율적인 비용감축을 원용했을 뿐이라는 것이다. 즉 유형원은 세계는 항상 변화한다는 데에는 동의하고 있지만, "현재는 고대의 경지에 결코 도달하지 못했으며 또 도달할 수 없다"고 확신했다고 주장하면서 유형원은 원시적인 경제제도에서 좀 더 발전된 경제제도로 진보한다는 이론을 발전시키지 못했다고 주장한다(Palais, 2008 : 354). 즉 유형원의 재정운영사상은 유교적 이상사회로 되돌아가자는 과거 회귀적인 주장이었지 근대의 비전을 보여주지 못했다고 주장하면서, 반계 당시에는 서구의 진보와 근대사상이 그에게 도달하지 못하여 아무런 영향을 미치지 못했다고 주장한다.

그러나 팔레 교수는 순전히 서구중심의 근대화 개념을 전제로 진보와 근대를 정의하고 있기 때문에 비서구문명의 발전개념은 배제되어 있다. 17세기 당시 유형원은 서구의 사상이나 이론을 접하지 못한 것은 사실이다. 서구의 영향을 받지 않았다고 해서 그가 제안한 합리적이고 발전된 제도와 사상에 진보성과 근대성이 없다고 단정할 수는 없다. 그는 성리학적 국정운영을 비판적으로 성찰하고 역사적 경험과 이성적 사유를 바탕으로 '고금(古今)을 초월한 근본이치와 원리가 반영된 바람직한 제도'를 만들고 제안했다. 그가 제안한 예산제도와 재무행정은 비록 서구의 예산이론에서 영향을 받은 것이 아니지만, 중국 고대의 역사적 경험과 자신의 이성적 사유를 통해 찾아낸 국가재정운영의 근본

---

38. 외국학자들이 보는 조선사회는 "세습적 양반관료와 왕권이 팽팽한 견제와 균형을 이룬 사회"였으며, 따라서 어느 한 세력이 주도권을 잡아 급진적인 개혁을 펼칠 수 없는 구조였기 때문에 500년 이상을 유지할 수 있었다고 본다. 또한 유형원을 비조로 하는 실학도 유교적 이상사회로 돌아가자는 과거 회귀적 주장이기 때문에 근대성과는 거리가 멀다고 본다. 국내학자들에 비하여 조선의 정체성을 더욱 강조한다. 그 대표적인 학자가 팔레 교수이다.

적인 원리와 이치가 담겨져 있다. 고대의 이상사회, 즉 대동사회(大同社會)의 건설을 국정운영목표로 제시하였다고 해서 그의 사상이 과거 회귀적이라 단정할 수 없다.

국정운영목표는 어디에서 아이디어를 얻든 미래 달성하고자 하는 이상적인 가치설정이다. 지난 2008년 세계대공황에 버금가는 글로벌 금융위기와 2012년 유럽재정위기를 맞이하여 이를 극복하는 과정에서 세계의 석학들에 의해 지목된 새로운 국정운영방식은 다름 아닌 국가의 도덕성을 강조하는 유교민주주의(Confucian Democracy)였다. 이에 편승하여 중국공산당은 문화혁명 이후 천대받던 유교를 다시금 국가 통치이념으로 선언하면서 민족주의를 강화하고 있다. 그렇다고 해서 윤리적 정부(ethical government) 또는 유교민주주의를 통치이념으로 하고 있는 나라를 과거 회귀적이고 근대성이 없다고 하지는 않는다.

유형원의 진보적이고 발전적인 국가개혁사상이 근대성과 거리가 멀다고 주장하는 것은 서구화만이 근대화라고 주장하는 과거 서구중심의 근대성이론에 바탕을 둔 주장이다. 최근에 등장하고 있는 다중근대성(multiple modernities) 이론에 따르면, 서구중심의 근대성론은 특정 시공(時空)에 영원한 특권을 부여하는 아주 편협(偏狹)된 이론이라고 본다. '근대화=서구화'라는 서구중심의 근대성이론에 의하면 비서구 근대는 운명적으로 영원히 불완전한 근대일 수밖에 없으며, 서구의 영향과는 무관하게 발전되고 진보한 문명은 근대문명이 아닌 것으로 되어 버린다. 동양의 문명권 속에서도 그 속의 나름의 내재적 요인과 변인(내재적 발전)에 의하여 진보와 발전이 이루어져 왔다는 것을 간과하게 된다.[39]

---

39. 근대성연구의 가장 대표적인 학자인 막스 베버(Max Weber)는 근대성의 구성요인으로 ①합리적 자본주의, ②합리적 법과 행정체제(관료주의), 그리고 ③사회 각 영역의 합리화(rationalization)와 분화(differentiation)를 든다. 그는 이 세 요인이 완전한 수준에서 일체가 되어 나타난 곳이 '서구, 오직 서구'뿐이라고 주장한다. 따라서 그는 근대화=서구화라고 주장한다. 그러나 최근 이러한 서구중심의 근대성이론은 많은 학자들에 의해 비판을 받고 있다. 예컨대 1776년 국부론을 쓴 저자 아담 스미스(Adam Smith)도 중국과 인도가 유럽에 비견되는 사회분화와 분업의 수준을 유지하고 있었다고 인정했으며, 최근 일련의 경제

유형원의 재정운영사상은 비록 서구의 이론과 영향을 받지는 않았지만, 그의 재무행정사상에는 근대적 예산제도의 원형이 그대로 담겨 있다. 그는 절대주의적 국왕의 국고권을 철저하게 비판하고 이를 견제하고 통제할 수 있는 조직개편과 예산제도를 제안했고, 예산집행을 통하여 농업생산력의 발전과 농촌 수공업의 성장, 그리고 도로 · 교통 · 화폐 · 상업 및 해외무역의 인프라 발전을 주장했다. 유형원의 경제사상과 재무행정사상은 근대성의 원형적 요소뿐만 아니라 전통사회의 구조와 제도를 전면적으로 재설계(redesign)하면서 고전적 근대성이론의 주요 구성개념인 시장기능의 분화, 합리적인 업무분장(노동 분업), 합리적이고 효율적인 재정운영제도 그리고 법과 제도에 의한 합리적 관료주의 등의 요소를 상당부분 흡수하고 있다. 이러한 점에서 반계의 사상이 근대(近代)와 진보(進步)와는 거리가 멀다는 팔레의 주장은 지나치게 서구중심의 근대화이론에 의한 편향된 해석이다. 근대는 서구의 외재적 자극(外在的刺戟)에 의한 근대도 있지만 내재적 자각(內在的自覺)과 성찰(省察)에 의한 진보와 발전(근대)도 존재하기 때문이다. 따라서 서구중심의 근대성이론에 입각하여 반계의 국정운영사상에 진보와 근대성이 없다고 주장하는 것은 지나치게 편향된 해석이다.[40]

사학자들은 이러한 아담 스미스적 유형의 분업적 시장발전(Smithian dynamics of market development)은 유럽이 아니라 17~8세기 중국이 먼저였다는 연구결과를 내어 놓고 있다. 또한 오늘날 지구사(地球史) 분야의 태두인 윌리엄 맥닐(William McNeill)도 사회적 분화와 분업이 시스템적으로 발생하는 시장사회 또는 상업사회가 최초로 출현한 곳은 송대(宋代) 중국이라고 주장하고 있다. 다시 말하면 '근대화=서구화' 만을 강조하는 서구중심의 근대성이론은 근대성의 역사를 지나치게 좁게 해석하여 그 설명력이 부족하다는 주장이다. 즉 역사적 · 지리적으로 국지적일 뿐 아니라, 내용적으로도 근대성의 전체 면모를 포괄하지 못한다. 이러한 비판과 문제점을 해결하기 위하여 나타난 이론이 서구중심의 근대성과 비서구중심의 근대성을 모두 포괄할 수 있는 대안적 근대성이론의 등장이다(김상준, 2012: 43-55).

40. 자본주의와 역사적 자본주의는 구분되어야 하는 것과 마찬가지로 근대적인 것(the modern)과 역사적인 근대(historical modern)는 구분되어야 한다. 역사적인 근대 이전에도 근대의 원형적 요소는 풍부하게 존재했으며, 역사적 자본주의 이전에도 자본주의의 원형적 특징은 광범위하게 발견되어 왔다. 여기서 원형근대성이라 부르는 것은 그리스, 로마, 중근동, 인도, 중국의 고대사 및 중세사에서 넓게 발견되는 근대성의 원형적 요소 및 특징들을 말한다(김상준, 2012: 44).

3. 인간의 본성에 충실한 원리주의 재무행정사상

유형원은 인간은 기본적으로 천리를 추구하기도 하지만 '이익(인욕)'을 추구하는 본성'도 가졌다고 보고, 천리와 인욕을 동시에 충족시킬 수 있는 재정운영제도를 만들고 이를 실천하고자 했다(『반계수록』 3. 전제후록 상, 경비: 26. 속편 하, 노예). 그는 수기와 교화를 본(本)으로 보고 이를 국정운영의 가장 중요한 과제로 삼았던 당시의 주자학자들과는 달리 현실의 경제와 삶의 문제가 인간에게는 더 절실한 문제라고 보고, 주자학의 본말론에 대한 해석을 바꾸어 '항산이 있어야 항심이 있다'는 맹자의 사상을 제도적으로 실천하고자 했다. 이를 위해 반계는 천리와 인욕을 동시에 충족시킬 수 있는 근본원리를 찾아내고 이를 제도에 담는 일을 자신의 평생의 일로 생각했다. 그 결과가 바로 『반계수록』이라 할 수 있다. 수록에서 제시한 다양한 제도개혁안 중에서 이 목적을 종합적으로 그리고 최종적으로 달성할 수 있는 분야가 민으로부터 세금을 거두어들이고 이를 지출하는 재무행정분야라고 생각했다.

그의 재무행정사상에는 천리와 인욕을 동시에 충족시킬 수 있는 규범적이고 현실적인 재정운영원리를 찾아내고 이를 조세제도와 예산제도에 담으려고 하는 규범적 원리주의와 현실적 공리주의가 공존하고 있다. 이는 그의 이기합일 또는 도기일체의 학문관에서 나온 사상이라 할 수 있다. 당시 주자학의 경제윤리의 핵심은 물욕 내지 사욕의 억제였다. 주자학에서는 형이상인 도(道)의 리(理)로부터 인성(人性)이, 형이하인 기(器)의 기(氣)로부터 인형(人形)이 생성되는데, 경제적 동기인 물욕은 천리로부터 부여받은 인성을 타락시키므로, 격물치지(格物致知)의 방법을 통하여 물욕이 그 인성을 가리지 못하게 밝히고, 또 그 인성을 온전히 하기 위해 수기(修己)를 통하여 사욕을 없애야 한다고 보았다. 따라서 성리학에서는 인욕이 천리와 인성을 제약하는 요인으로 보기 때문에 '경제적 동기'는 중요하게 생각하지 않았다.

반계도 기본적으로는 성리학자들과 마찬가지로 사익추구를 억제하는 경제윤리관에서 벗어나지는 않았으나, 인간의 이익추구도 국정운영의 중요한 변인으로 생각했다. 그는 주자학에서 주장하는 기존의 '리의 우위성'을 강조하는 이기론과 '도심의 우위성'을 강조하는 심성론을 각각 다른 각도에서 보다 종합적이고 발전적으로 해석했다. 즉 그는 이(理)와 기(器)는 서로 떨어질 수 없는(理氣不相離) 성질의 것이므로, 국정운영의 행위인 기(氣)와 그 기를 강력히 규제하는 법칙으로서의 리(理)는 서로 융합되어 있다(理氣合一之妙)고 해석한다. 또한 심성론에서도 인간의 마음은 하나라고 전제하고, 이(理)에 해당되는 도심(道心)이든 기(氣)에 해당되는 인심(人心)이든 이는 모두 하나의 마음에서 나오는 것이므로 도심과 인심, 사단(四端)과 칠정(七情)을 기계적으로 나누어 파악하는 것은 잘못된 것이라고 주장하면서 '인심과 칠정에 관련되는 인간의 욕망'에 대한 부정적 관념을 전환시켰다. 즉 인심에서 나오는 인간의 욕망도 도심과 같이 인간의 마음에서 나오는 인간의 본성이므로 멸하고 억제해야 할 대상이 아니라 오히려 관리의 대상으로 본다. 따라서 국가는 그 이익추구의 본성에(을) 순응하는(만족시키는) 제도와 정책으로 인간의 마음을 다스려야 한다고 보았던 것이다. 이러한 관점에서 그는 도덕을 강화하여 인욕을 멸하는 행정도 중요하지만, 그 인욕을 잘 다스려 만인의 삶과 욕구를 충족시키는 통치도 동시에 중요하다고 보았다. 그러면서도 그는 민의 시각에서 후자가 더 우선적으로 해결해야 할 행정 과제라고 보았다.

그는 도덕과 교화에 편향된 기존의 성리학적 행정만으로는 백성들의 현실적 삶과 경제적 욕구를 충족시킬 수 없다고 보았다. 그는 성리학적 국정운영의 틀을 완전히 전환시켜 기(器: 법과 제도)를 본(本: 국정운영의 틀)으로 하여 인간의 경제적 욕구를 충족시키는 국정운영패러다임을 제안했다. 그러나 공직자에 대해서는, 그리고 공적 영역에서는 인욕에 얽매인 사익의 추구를 철저히 부정했다. 그는 제도를 만드는 공인(公人)의 자세는 사의(私意)를 배제하고 천리(天理)에 입각하되, 제도의 내용은 이익을 추구하는 천하의 인정(人情)에 배치되지 않아야 한다고 생각했다.

'이익을 추구하는 인간의 본성'을 중요하게 다룬 그의 정책 및 제도의 사례는, ①소농을 보호하고 백성들의 경제적 삶의 수준을 향상시키기 위하여 제안한 공전제로의 토지개혁정책, ②인륜에 어긋나는 노비제도를 철폐하고 고공(雇工)을 용역하는 제도로 전환하고자 한 노비제도 폐지와 노동인력활용정책, ③사대부라도 항산(恒産)을 가지지 못하면 항심(恒心)을 가질 수 없다고 주장하면서 국가를 위해 봉사하는 관리들과 이예(吏隸)들에게 모두 그 일에 합당한 녹봉을 지급하도록 해야 한다고 주장한 인건비지급정책, ④국가에 대한 세금의 납부와 관리들에 대한 녹봉지급을 화폐로 하여 시장과 상업을 활성화하고자 한 행전유통정책, ⑤공인(貢人) 또는 무비주인(貿備主人)이 예산으로 국가에서 필요한 물품을 구입할 경우 '정부가 정한 후한 가격(정부구매가격)'으로 구매하도록 한 정부구매정책 등에서 발견된다.

유형원은 '천리(天理)에 기초해서 인욕을 충족시키는 것'을 바람직한 질서라고 인식했다.[41] 그는 인간을 다루고 관리하기 위해서는 인간의 본성을 정확히 알고 그 본성에 대응하는 제도와 정책을 만들어야 실효성(實效性)이 높다고 인식하고, 그것을 제도개혁의 전제로 삼거나 지렛대로 활용하고자 했다. 그렇다고 물질적 유인을 중시하는 제도와 정책만을 강조하지는 않았다. 제도를 만들고 운용하는 것도 결국 인간의 마음가짐과 능력이므로, 인간의 마음의 눈을 밝히는 수기(修己)도 법과 제도만큼 중요하다고 생각했다. 그는 바른 마음을 가진 공직자를 양성하기 위하여 읍학(사학)-영학(중학)-태학이라는 3단계 국가교육기관을 설립할 것을 제안했으며, 이 교육기관을 거치면서 균형 있는 지식을 습득하고 마음의 눈을 밝힌 능력 있는 자들 중에서 추천으로 공직자를 선

---

41. 당시의 성리학적 세계관에서는 '인간본성의 도덕적 절대성'을 천리(天理)로 규정했다. 인간을 도덕본성의 잠재적 완성자로 규정하고 도덕적 완성자인 국왕에 의한 통치를 역사의 필연성으로 정당화한 것은 맹자(孟子)이다. 반계는 여기서 관점을 전환시켜 '도덕적 완성자인 왕자(王者)에 의한 통치로 이루어지는 질서'보다는 '천리에 기초해서 인욕을 충족시키는 질서'를 보다 더 민본 · 위민적이며 현실의 문제해결에 기여하는 바람직한 질서로 규정한 것이다.

발하고자 했다. 이러한 학제와 연계된 추천임용제(공거제)는 인간의 이익추구 본성을 충족시키고자 한 것이 아니라 인간의 도덕함양을 위한 조치였다. 여기서도 그의 균형적인 국정운영 및 행정사상과 도기일체의 국정운영사상을 엿볼 수 있다.

4. 시장기능을 중시하는 효율적 재무행정사상

유형원의 재무행정사상은 시장기능의 활성화를 통하여 기존의 주자학적 경제운영에서 오는 결함을 보완하고자 하였다는 것이 특징이다. 유학의 경제사상 또는 재무행정사상은 기본적으로 가부장제 가족의 호혜원리(principle of benefit)를 기반으로 하고 있다.[42] 유학에서는 국가를 가부장제 가족질서가 외연적으로 확장된 거대한 공동체(community)로 설정하고 가정의 호혜이념을 국가재정운영의 이념적 토대로 삼고자 하였다. 보다 엄밀히 말하면, 국가의 경제는 우선적으로 국가가 중심이 되어 자원을 재분배하고, 그것만으로 경제생활을 규율할 수 없는 부분은 가족 또는 향촌사회내의 호혜기능을 장려하여 보완하고자 하였다.[43] 그러나 반계는 유학의 재정운영에서 한걸음 더 나아가 시장(市場)을 국가재정운영의 파트너로 삼고 시장친화적인 국가재정운영의 원리를 조세제도와 예산제도에 담으려고 했다. 폴라니(K. Polanyi), 노드(D. North) 등 현대경제학자들의 경제통합이론에 의하면, 한 나라의 현실적 경제운영은 가정의 호혜(benefit), 국가의 재분배(redistribution), 그리고 시장의 교환

42. 예컨대 주자는 천하의 백성이 겸애(兼愛)하지 말고 친소이정(親疎異情)과 귀천이등(貴賤異等)에 따른 차등애를 하되 사(私)에 얽매여서는 안 된다고 하면서, 모든 백성을 형제처럼 대하는 것이 이일(理一)이고 차등애를 행하는 것은 분수(分殊)라고 보았다. 그래서 신분적 위계질서는 명분을 가졌고, 토지의 재분배론은 신분 간 차등을 두었다.

43. 상평창이나 의창제도는 국가의 재분배기능을 제도화한 것이며, 사창이나 향약 등은 지역공동체의 호혜기능을 활용한 제도에 해당된다. 반계는 이러한 호혜와 국가의 재분배기능을 시장기능을 통해 합리적으로 개선하고 국가의 진휼기능(賑恤機能)을 보완하고자 했다.

(exchange)체계가 상호작용하면서 이루어진다(이헌창, 1999: 62). 반계는 당시 미약한 존재이기는 하지만 빠르게 성장하고 있었던 시장의 중요성을 예리하게 간파하고 시장기능을 적극적으로 국가재정운영에 활용함으로써 기존의 가정의 호혜와 국가적 재분배에만 의존하여 운영해오면서 나타난 비합리성과 문제점을 보완하려고 하였다. 이러한 시장친화적 국정운영사상이 바로 조선 후기 실학을 견인한 핵심적인 사상이자, 그의 행정사상의 근대성과 선진성을 대변하는 것이기도 하다.

유형원은 이러한 호혜원리에 입각한 국가의 재정운영을 강조하는 전근대적인 경제사상으로부터 시장을 중심으로 거래가 이루어지는 근대적 경제사상으로 전환시키는 계기를 만들었다. 전통적인 성리학자들은 시장을 최소한의 영역에 국한하고자 하였던 반면, 반계는 농업과 풍속을 해치지 않는 범위 내에서 시장기능을 활성화하고 상업을 적극 육성하기를 바랐다. 전통 성리학자가 정덕(正德)을 이용후생(利用厚生)의 우위에 두고 그 선행과제로 설정한 반면, 반계는 양자를 대등한 위치에 두고 병행하여 실행하고자 하였다. 실학파들 중에서 박제가를 비롯한 북학파가 이용후생(利用厚生)을 정덕(正德)의 선행과제로 보았다면, 반계는 전통 성리학자와 북학파의 중간단계에 위치한다고 볼 수 있다.

유형원의 재무행정사상을 보면, 성리학의 영역을 벗어나지 않으면서도 이익을 추구하는 인간의 본성을 간파하고 그에 대응하여 국가재정운영을 합리적이고 효율적으로 운영하고자 했다. 그는 그동안 경시되어왔던 경세론을 수기론과 대등한 관계로 설정하고 시장친화적인 경제사상을 진전시킴으로써 기존의 성리학적 국정운영사유를 근대사회에 적합한 형태로 점차 변모시켰다. 그는 성리학의 틀 속에서 근대사상과의 경계점으로 점차 접근하는 재정운영정책을 제시했다.

그러나 그가 제시한 시장친화적인 재무행정사상은 시장을 지배적 배분기구로 하는 근대 산업사회를 지향한 것은 아니었으며, 어디까지나 국가의 재분배기능을 보완하는 수준에서의 시장기능을 활성화하고자 한 것이었다. 구체적으로 시장기능을 활성화하고 그 기능을 재무행정에 반영하고자 한 구체적 사례를 들면 다음과 같다.

첫째로, 그는 상공업을 진흥시켜 시장에서의 물품거래를 활성화하고 이를 정부의 재정운영과 연계시키고자 했다. 반계는 농업을 해치지 않는 범위 내에서 상공업을 적극 육성하고자 하였다. 그는 "상 · 공이 없어서 안 됨은 사 · 농과 다름이 없지만, 공 · 상이 많으면 그 세를 무겁게 하여 억제하고 적으면 그 세를 가볍게 하여 물화유통의 길을 열어야" 한다고 인식했다. 그러면서 당시 조선에서는 "공산품의 제조가 정밀하지 못하고 물화가 유통하지 못하니 마땅히 그 세를 가볍게 해야" 한다고 제안했다(『반계수록』 1. 전제 상, 잡세). 뿐만 아니라 정부가 필요한 물품을 공인(무비주인)을 통하여 구매할 경우에도 상인들이 손해를 보지 않게끔 시장가격보다 후한 정부구매가격으로 구매하게 했다. 그는 예산집행을 통하여 정부가 주도적으로 상업을 육성하고자 했다. 또한 그는 성읍(城邑)에 시전(市廛)이 존립하고 발전하기 위한 전제조건 중의 하나로 도로의 개선과 수레의 통행을 들었다. 그는 물화유통과 시장활성화를 위하여 정부가 예산을 통하여 도로와 교량의 정비, 그리고 수레(교통)를 개선할 것을 주장했다. 그는 일반 성리학자들보다 상공업의 기능을 적극적으로 평가하고 상공업인구의 적정비율을 한층 높게 잡았을 뿐 아니라, 본업인 농업을 보충할 수 있을 정도로 상업진흥의 필요성을 강조했다.[44]

둘째로 그는 시장의 물품거래를 활성화하기 위하여 적극적으로 화폐유통정책을 제안했다. 이 행전정책은 그의 상업진흥정책과 상호의존관계에 있다. 반계는 화폐의 효용을 높이 평가하고 금속화폐의 통용을 확신하여 적극적으로

---

44. 원유한(1983: 270-271)은 반계의 상업관이 농업을 저해하지 않는 범위 내에서 이루어져야 한다고 주장했기 때문에 그 한계가 있다고 주장한다. 그러나 당시 농업생산력의 수준이 낮은 전통시대에 총인구를 부양하기 위하여 인구의 압도적 다수가 농업에 종사할 수밖에 없으므로, 상공인이 많으면 농업에 해롭다는 반계의 생각이 경제논리에 어긋난다고 보기 어렵다. 반계의 상업진흥론의 한계는 시대적 제약을 반영하는 것이라 볼 수 있다(이헌창, 1999: 85).

화폐유통정책을 제시했다. 그는 이(利)를 펴고 재물을 통하는 화(貨)야말로 식(食)과 함께 생민의 근본이라고 하면서, 전화(錢貨)가 국용을 풍족하게 하고 민생을 넉넉하게 하기 때문에 국가가 반드시 해야 할 일이라고 확신했다. 그는 돈으로써 모든 물건을 저울질하고 그것을 유통하는 자는 상인이므로, 먼저 상인이 물화를 흥성하게 한 뒤에야 돈이 통행할 수 있다고 보고, 상설포자(상점)의 설치 등을 국가가 주도적으로 지원할 것을 제안했다. 그는 동전으로 조세를 받고 녹봉을 지급하면 자연히 화폐가 유통될 것이라고 보았다(『반계수록』 4. 전제후록 하 전폐. 8. 전제후록교설 하, 전화).

셋째로, 그는 인도주의(人道主義)에 입각하여 노비제도를 폐지하고 고공제(雇工制)를 도입하여 노비노동력을 임금노동력으로 대체하고자 했다. 그는 토지에 대해서는 소유와 거래를 제한했지만, 그 외의 재화의 시장거래에 대해서는 별다른 제한을 가하지 않았다. 그는 고공제의 도입을 통하여 노동력과 용역이 시장에서 자유롭게 거래되도록 하였다. 당시에는 노비의 노동력이 가사노동과 농업노동 등에서 중요한 역할을 담당했다. 그는 사람을 재물로 삼는 노비제도는 인륜에 배치된다고 보고 노비를 대대로 부려먹는 노비제도를 폐지하고 그 대신 고공(雇工)의 계약에 의해 임금을 지급하고 노동력을 사는 고공제도로 전환해야 한다고 주장했다. 즉 노동력을 팔고 사는 인력시장의 도입을 주장했던 것이다.

넷째로, 그는 세입세출예산운영을 통하여 관(官)의 횡포로 인하여 불공정하게 이루어지고 있던 당시의 '시장의 거래질서'를 바로잡아, 상인의 이익을 보장하고 상업과 시장을 활성화시키고자 했다. 그는 기본적으로 관(官)을 권력기관으로 보았으며, 특히 조세수취 및 예산집행과정에서 이루어지는 관리들의 권력남용을 제도적으로 막기를 원했다. 그는 임업 · 축산업 · 수산업 등에 대한 관(官)의 수탈이 산업의 발달을 저해하고 있다고 보았다(서정상, 1998 : 91-94). 관청이나 권세가가 기예(技藝)가 있는 공장(工匠)을 잡아다 부려먹고 제값을 주지 않기 때문에 기예를 숨기고 기술이 낙후되었으며, 또 관(官)이 농민들이 생산한 과실 등의 물자를 침탈하기 때문에 생산이 위축되고 기예(技藝)가 자라지 않는다고 진단했다. 그는 이러한 불공정한 시장의 거래질서를 바로잡지 않고서는 상업의 진흥이나 시장친화적인 경제운영은 불가능하다고 보았다.

그는 관청과 권세가의 수탈과 억매(抑買)가 생산위축과 기술낙후를 초래한다고 보고 먼저 '시장가격에 의한 거래질서'를 확립하여 권력횡포와 불공정거래를 막아야 한다고 주장했다. 그는 이러한 거래질서의 확립을 위하여 공인(貢人) 또는 무비주인(貿備主人)이 예산으로 국가에서 필요한 물품을 구입할 경우 '정부가 정한 후한 가격(정부구매가격)'으로 구매하도록 했다. 특히 서울과 달리 지방에서의 관원과 민간의 교역은 반드시 관(官)의 권력행사로 인한 폐단을 수반하므로 물가를 정해 교역하도록 해야 한다고 주장했다(『반계수록』 19. 녹제 外方官祿磨錬). 그는 물화유통과 시장의 발전은 무엇보다도 정부가 먼저 시가(時價)에 준해 물자를 조달하고, 용역의 경우에는 충분하게 그 대가를 지불해야 한다고 보았다(『반계수록』 1. 전제 상, 잡세). 이를 제도화하기 위하여 예산편성시 정부구매가격을 예산단가로 활용했다.

마지막으로 반계는 류구 · 남양(琉球 · 南洋)과의[45] 국제교류를 통해 민부(民富)를 증진하자는 토정(土亭)의 견해를 지지하면서, 서양인은 시장(市場)을 관사(館舍)로 삼아 각국의 내방객을 접대한다고 지적하면서 외국인에 대한 개방적인 자세를 가질 것과 국제간의 물적 교류을 확대할 것을 촉구했다(김동주, 1999).[46]

이상에서 보는바와 같이 반계는 국가의 재정운영에 시장이란 배분체계를

45. 여기서 류구는 일본 난세이 제도(南西諸島) 가운데 오키나와 현(沖縄縣)에 속하는 섬의 무리. 일본 남부 규슈(九州)에서 서남쪽으로 650km 떨어진 지점부터 대만 북단까지 펼쳐져 있으며, 생업은 농업이고, 고구마 · 쌀 따위가 난다. 그리고 남양은 남양군도(南洋群島), 즉 미크로네시아의 여러 섬을 말한다.

46. 반계의 해외무역 및 교역에 관한 견해는 순암 안정복의 『동사례(東史例)』의 「교역설」에 수록되어 있으며, 김동주가 발굴하여 요약 소개하고 있다(이헌창, 1999: 90).

적극적으로 활용할 것을 주장했다. 그는 가정의 호혜와 국가의 재분배만으로는 백성들의 경제적 삶을 충족시키는데 한계가 있다고 보고, 적극적으로 정부가 시장기능을 활성화하고 그 시장의 기능을 활용하여 국가적 재분배체계를 합리적으로 개선하고자 하였다. 『반계수록』이 집필되던 1650~60년대에는 시장이 여전히 미약한 존재이기는 하지만 빠르게 성장하고 있었다. 서울에서 농촌 · 포구에 이르기까지 빠르게 시장망(市長網)이 확산되어 가고 있었고, 대동법의 시행지역이 확대되면서 국가재정의 시장의존도가 점점 높아지고 있었다. 반계는 이러한 변화를 국가재정운용에 적절히 반영하고자 했다.

그러나 이러한 그의 시장 활성화 정책에도 불구하고 토지만은 사유재산(私有財産)를 인정하지 않고 전통적인 재분배체제를 강화하는 공전제(公田制)를 도입하고자 했다. 그는 당대의 유학자들도 대부분 비현실적이라고 보았던 공전제를 철저하게 채택할 것을 고수했다 이러한 주장은 앞에서 설명한 그의 시장친화적인 정책성향과는 상반된다. 공전제로의 토지제도개혁은 토지거래시장의 성장과 발전, 그리고 토지의 효율적 이용을 저해할 소지가 큰 정책이라는 점에서 그의 경제사상의 한계가 있다고 볼 수 있다. 그러나 반계가 살았던 시대는 시장이 제한적인 기능만 담당했고, 또 시장이 지배적인 배분기구로 발전할 것이라는 전망을 할 수도 없는 상황이었다.

이러한 상황에서 반계는 불확실한 사유재산제의 이점보다는 안정적인 생계능력과 담세능력을 가진 소농의 보호와 육성이 현실적으로 더 중요한 것으로 생각하여 국가적 재분배를 기축으로 하는 경제 질서를 구상했다. 그 결과가 상고적인 공전제로의 토지제도개혁이다. 그는 공전제를 통해 소농경제의 안정과 경제생활의 형평을 확보하는 한편, 토지를 제외한 재화와 용역의 시장거래를 허용하고 촉진하여 궁극적으로 국부민유(國富民裕)를 달성하고자 하였다. 그는 경제생활의 안정과 형평이라는 가치를 중심에 두면서 효율과 발전이라는 가치로 보완하고자 하였다. 공전제론의 한계는 반계의 판단력의 문제라기보다는 시대적 제약을 반영하는 것이라 볼 수 있다.

제 15장

반계 행정사상의 기본논리와 철학

제1절 서론

지금까지 우리는 『반계수록』에 담겨있는 반계의 국가개혁 및 행정사상을 해석학적 접근방법에 의하여 제1장의 분석모형의 각 변수별로 해석하고 정리해 보았다. 즉 그가 추구한 국정운영목표와 행정목표는 무엇이었으며, 구체적으로 그 목표를 달성하기 위하여 어떠한 정책을 제안하였고, 또 그 목표와 정책을 실현시키기 위하여 사람(인사행정)과 돈(재무행정)과 조직(조직행정)을 어떻게 관리하고 운용하고자 하였는가를 살펴보았다.

결론적으로 말해, 반계의 국가개혁론을 떠받치고 있는 국정운영 및 행정사상은 그 당시의 지배적인 통치사상인 주자학적 국정운영사상과는 다른 탈(脫) 성리학적이며 진보적인 국정운영사상을 담고 있다. 그러나 그의 행정사상은 성리학의 범위 내에서의 내재적 비판과 변용(internal variation)을 추구한 것이었기 때문에 반(反) 성리학적이지는 않다. 그가 개혁하고자 한 대상은 주자학적 세계관에 매몰되어 경직되었던 통치기제와 이념일 뿐, 주자와 주자학에 대한 직접적인 비판은 아니었기 때문이다.

주자학에서 추구하는 국정운영전략은 군왕에서부터 일선 관리에 이르기까지 수기(修己)와 정덕(正德)을 강조하고, 또 전 국민에 대한 도덕교육을 통하여 정치적 · 사회적 질서를 확립하려고 하는 것이었다. 반계의 행정사상은 이러한 '군주의 일심'과 인간의 '내면적 도덕성'을 본(本)으로 하는 주자학적 국정운영 방식에 대한 회의와 의문에서부터 출발했다. 그는 조선사회가 수기(修己)와 정덕(正德)을 그렇게 강조했음에도 불구하고 천리가 사라지고 사욕이 넘쳐나며 민막과 질고는 극에 달하면서 세상이 악으로 들끓고 있는 데에는 반드시 그렇게 된 사유가 있을 것이라고 생각했다. 오랜 연구와 사유 끝에 내린 반계의 진단과 결론은 국정운영 패러다임의 전면 전환이었다. 그는 그동안 국정운영과 행정의 규범 기준(reference)으로 작용해야 할 법과 제도가 지배자의 인욕에 의해 만들어지고 시행되는 폐습이 지속되면서 인간의 도덕성과 문화를 황폐화시켰다고 보고, 이 폐법과 폐습을 바꾸지 않는 한 아무리 도덕과 정덕을 강조해도 실효가 없다고 보았다. 반계는 '도는 기를 떠나 홀로 행해지지 않는다'고 보고, 도기일체의 관점에서 수기와 도덕을 본(本)으로 하는 성리학적 국정운영방식에서 탈피하여 법과 제도를 본(本)으로 하는 국정운영방식으로 전환할 것을 주장했다.

반계는 인간은 기본적으로 항산이 있어야 항심이 있고, 생존의 기본인 안정 욕구와 경제적 욕구가 충족되어야 수기와 교화가 가능하다고 보았다. 시대의 요구를 파악하고 일의 실효성을 중시한 율곡의 '시무사상'과 '무실사상'으로부터 많은 영향을 받은 반계는 '인간의 도덕성'이나 '이(理)의 보편성'보다는 '제도의 실리성'이나 '기(器)의 개별성'을 보다 중시하는 현실주의자였다. 다시 말하면, 그는 '인간의 내면적 도덕성'을 강조하는 주자학적 국정운영전략보다는 '법과 제도'라는 규범적 준거 틀(basic reference of governance)'을 실리에 맞게 잘 만들고 시행하는 것이 보다 더 현실의 사회문제해결에 적합한 국정운영전략이라고 보았다. 따라서 그는 명분과 의리 그리고 도덕적 교화를 중시하는 '주관적 규범주의'로는 백성들의 경제적 삶의 문제를 해결할 수 없다고 비판하면서, 입법정신에 반하고 왜곡된 법과 제도를 실리(實理: 근본이치와 입법정신)에 맞게 개혁하여 현실의 문제를 개선하는 것이 보다 더 위민이고 애민이라고 확신했다. 그는 '주관적 규범주의'보다는 '법 · 제도중심의 객관적 규범주의'를 더 강조하고 있다.

반계는 수신(修身)과 교화(敎化)에 초점을 둔 주관주의적이고 윤리적인 행정보다는 변법과 제도개혁을 통하여 기존제도의 모순과 관념중심의 행정에서 나타나는 시폐를 극복하고자 하였다. 즉 국정운영에 있어서 가장 중요한 것은 '좋은 법과 제도'이며, 통치자는 좋은 법과 제도가 있음으로써 비로소 좋은 통치가 가능하다고 보았다. 그렇다고 해서 반계는 이(理)와 도(道)의 중요성을 부인하고 배제하려고 한 것은 아니었으며, 종래의 행정적 사유가 지나치게 도(道)에 경도되어 있었다는 결함을 지적함으로써 도(道)와 기(器)를 서로 대응하고 보완하는 관계에서 보려고 했다(박충석, 1982a: 450-451). 그는 주자학의 한계였던 주관주의적 성격, 즉 지나치게 '도학적인 통치사유'에 의존하는 정치행정을 내부로부터 비판하고 타파해간 최초의 사상가였다고 할 수 있다.

반계는 조선왕조 건국초기부터 행정이 달성해야 할 최고의 가치로 천명해 온 위민(爲民) 또는 인정(仁政)을 백성들의 입장에서 현실에 맞게 재해석하고 그 사상을 구체적으로 제도개혁에 담으려고 노력했다. 반계의 행정사상은 기본적으로 '위민(爲民)이란 무엇이며 인정(仁政)이란 무엇을 위한 것인가?'에 대한 끝없는 의문과 사유에서 시작되었다. 그는 위민(爲民)과 인정(仁政)을 철저하게 백성의 입장에서 또 현실적 공리적 관점에서 해석하였으며 그 결과를 제도개혁에 담으려고 노력한 학자였다. 이러한 반계의 행정사상은 성호(星湖)와 다산(茶山)으로 이어져 근세의 실학사상의 문을 열었을 뿐 아니라, 그의 사상은 후일 민족주의와 민주주의 의식을 싹트게 한 사상적 기반이 되었다. 그의 국가개혁사상의 기본논리와 철학을 세분하여 정리해 보면 다음과 같다.[1]

---

1. 이 장은 필자가 발표한 동 제목의 연구논문(2012a)의 일부내용을 수정 · 보완하여 다시 정리한 것이다.

제2절 「의정(義政)」을 강조하는 공리주의

반계는 지배자의 입장이 아닌 민(民)의 입장에서 「위민」을 해석하고 이를 각종 제도에 반영하고자 했다. 주자학적 관점에서의 위민이 지배자의 입장에서 '위에서부터 하향적으로(downward)' 사랑을 베푸는 또는 백성의 생존과 안정과는 거리가 먼 정신적 「위민」이었다면, 반계의 위민은 '밑으로부터 위로(upward)' 백성이 절실히 요구하고 원하는 민생문제를 법과 제도로 해결해주는 현실적·공리적 「위민」이었다. 그는 평생을 농민과 함께 생활하면서 철저하게 민(民)의 시각에서 국정운영과 행정을 바라보았다. 농민의 입장에서 본 중앙의 행정은 백성들의 고뇌와 어려움을 알기는커녕 오히려 착취하고 군림하는 권력행정(力政)인 동시에, 파당과 공리공론만 일삼는 지배계층만의 행정에 불과했던 것이다.

반계에게 있어서 위민과 애민은 관념적인 것이 아니라 '이익을 추구하는 백성들의 본성'을 채워줄 수 있는 제도적인 것이어야 한다고 믿었다. 그는 지배자가 하향적으로 사랑을 베푸는 「인정(仁政)」보다는 천하에 이익을 가져다주는 「의정(義政)」의 관점에서 토지·국방·인사·관직·예산·노예·화폐제도 등을 운영해야 실리(實理)에 적합하고 나아가 민심을 얻을 수 있다고 확신했다. 반계는 서민의 입장을 대변하여 탈성리학적 관점에서 봉건계급사회를 타파하고 국가를 개혁하고자 했다는 점에서 겸애(兼愛)·평등·평화(非攻)를 비롯하여 근검절약과 귀의중행(貴義重行)을 강조하면서 「인정」보다는 「의정」이 보다 바람직한 국정운영이라고 주장했던 춘추전국시대의 묵자(B.C. 479?~B.C. 381?)의 사상과 그 맥을 같이 한다.

묵자는 묵가의 창시자로서, 동주의 춘추시대 말엽부터 전국시대에 이르는 시기에 유가의 창시자인 공자(孔子)와 함께 제자(諸子) 중에서도 가장 두드러진 사상가였다. 그는 어지러운 세상을 두려워하지 않고 자신을 희생하며 열심히 사랑·평등·평화의 개념을 바탕으로 낮고 천한 신분의 사람들의 입장을 대변한 중국 역사상 가장 독특한 사상가요 활동가였다. 그의 경세사상의 핵심은 바로 '만사에 의(義)보다 더 귀중한 것이 없다'는 의정사상이다. 그는 사람으로서 이 세상을 살아가는데 있어서 모든 일의 법도와 기준이 있어야하며, 나라의 경영도 마찬가지로 그 법도와 기준이 있어야 한다고 보면서, 그 법도와 기준은 바로 '하늘의 뜻'을 따르는 것으로 보았다. 묵자는 "의(義)는 곧 이(利)의 뜻이다(義, 利也)"라고 정의하면서, 천하에 이익을 가져오고, 천하의 해를 제거하는 것이 학문과 경세활동의 목적이라고 주장한다.

묵자는 사랑(愛)도 이(利)를 뜻한다고 할 정도로 이(利)를 중시했다. 이는 옛 춘추전국시대의 각박했던 백성들의 생활을 바로 반영하는 것이라 생각된다. 약육강식의 물고 물리는 끊임없는 전쟁 와중에 박해와 고난 그리고 가난에 시달리면서 하루하루를 연명하는 서민들로는 아무런 이익도 따르지 않는 정신적 애민이란 거의 무용지물이었을 것이다. 굶고 헐벗는 자에게는 커다란 정신적 사랑보다는 한 줌의 쌀이 더 절실한 것이었다. 이러한 사정으로 인하여 묵자의 인(仁)과 의(義)는 이처럼 실리(實利)와 깊이 결부되어 있다. 그의 주된 사상인 겸애 · 평화 평등사상은 모두가 의를 중시하는, 다시 말하면 모두를 서로 이롭게 해야 한다는 의정사상에서 연유한 것이다(김학주, 2002).

묵자는 국정운영에서 의(義)의 가치를 가장 중요시했다.[2] 따라서 '천하에 의가 있으면 다스려지고, 의가 없으면 어지러워진다'고 하면서,[3] 천하에 이익을

---

2. 묵자가 강조하는 의(義)는 공자와 맹자가 사용하는 의(義)와는 반대되는 개념이다. 맹자는 인간에게 중요한 두 가지의 가치가 있는데, 그 하나는 생(生)이고 다른 하나는 의(義)라고 주장한다. 생(生)은 살기위해 필요한 물질과 경제가치 등의 생존욕구를 말하며, 의(義)란 도덕 · 윤리 · 올바름 등의 도덕욕구를 의미했다. 유교에서는 생을 버리고 의를 취해야 한다고 주장한다. 공자는 이를 살신성인(殺身成仁)이라 했고, 맹자는 사생취의(捨生取義)라 했다. 이처럼 유학은 도덕 가치로서의 의(義)를 중시했다. 그러나 묵자는 물질과 경제적 이익을 중시하면서 천하에 이익을 가져다주는 국정운영, 즉 유교의 생(生)에 해당하는 「의정」을 보다 중시했다.

3. 天下有義則治, 無義則亂. (『묵자』「天志」下).

가져다주는 「의정(義政)」이야말로 하늘의 뜻을 따르는 것이라고 보았다. 온 천하에 이익을 가져다주는 「의정」은 특히 서민들의 이익에 부합되고, 사람들의 신분이나 친소에 따라 차별을 두면서 권력으로 다스리는 「역정(力政)」은 지배자들에게는 편리할지는 모르나 특히 서민들에게는 불리한 동시에 천리에 어긋나는 정치방법이라는 것이다. 묵자는 이 천하에 이익을 가져다주는 「의정」이라는 국정운영이념을 바탕으로 하여 겸애 · 평화 · 평등 · 상동(尙同) · 절용(節用) · 상현(尙賢) 등의 이론을 전개하고 있다.

반계 선생은 어릴 때 제자백가를 섭렵했다. 이때에 이미 노자와 장자 그리고 묵자도 동시에 섭렵했을 것으로 생각된다. 임란과 호란이후 농민들의 어려운 실상을 경험하면서 농민들의 이익에 널리 도움이 되는 정치행정방법은 무엇인가를 사유했을 것으로 생각된다. 반계는 철저하게 농민들의 입장을 대변했다. 즉 지배자의 입장에서의 국정운영방법인 왕도나 군왕의 일심(一心) 그리고 관료들의 내면적 도덕성도 중요하지만, 이것이 실현되기 위해서는 농민들과 서민들의 민생안정을 위한 법과 제도가 사회의 올바른 규범과 기준으로 먼저 확립되어 있어야 한다고 보았다.

유형원은 기존의 도덕중심의 국정운영방법을 기(器)인 제도중심의 국정운영방법으로 전환할 것을 주장했다. 유형원은 의(義)와 이(利)를 가장 중요한 국정운영가치로 중시했으며, 농민의 입장에 서서 불합리한 사회제도를 전면적 · 구조적으로 개혁하려고 노력했다. 그는 인간은 기본적으로 '천리'와 '인욕'을 동시에 추구하는 존재로 보고, 이러한 인간가정을 전제로 정책과 제도를 고안하고 있다. 구체적으로 그는 "천하만사는 단지 두 가지 뿐이니 천리와 인욕이 곧 그것"이라고 주장하면서(『반계수록』 2. 전제 하), 국정운영과 행정은 바로 천리와 인욕을 동시에 충족시킬 수 있는 정책과 제도를 만들고, 이를 국정운영의 기준 틀로 삼아 공정하게 실현시키는 것이라고 보았다. 그는 유가와 도가의 운명론을 반대하고 태어나면서부터 정해지던 세습적 신분계급을 타파하고 인간의 능력과 노력에 따라 사회적 지위가 정해지는 성취형 사회(Achievement pattern society)를 가장 이상적인 사회로 상정하고 이를 달성할 수 있는 법과 제도를 제안하고 있다.

반계는 토지제도, 노예제도, 관직제도, 예산제도, 국방제도 모두가 천리에 합당하고 백성들에 이익에 부합되는 제도로 변화시키는 것에 주력했다. 이러한 점에서 볼 때, 반계의 행정사상은 성리학을 부정하지는 않으면서, 묵자의 겸애 행정사상을 받아들여 성리학적 국정운영사상의 문제점을 보완하려고 하였다는 점이 특징이다. 즉 주자학적 통치이념인「인정(仁政)」에서 나타나는 문제점을 '너와 나 구별 없이 모든 사람을 사랑하고 이롭게 해야 한다'는「겸애(兼愛)」와「의정(義政)」으로 보완하면서 이상사회를 실현하려고 하였다고 볼 수 있다. 국정운영은 인간의 이익추구의 본성을 인정하고 백성과 인민의 이(利)에 합치되도록 각종 법과 제도를 만들어 공정하게 집행하는 것이어야 한다고 보았다는 점에서 그의 행정사상은 실리주의(實利主義), 현실주의 또는 공리주의(功利主義) 행정사상을 담고 있다.[4]

제3절 존재이치를 강조하는 원리 및 실리주의

반계는 평생을 이상사회의 청사진을 설계하고, 또 이를 실현시킬 수 있는 수단과 방법에 대하여 연구했다. 그는 국정운영목표를 달성하기 위한 수단인 각

4. 양계초(1921)는 묵자의 사상을 실리주의(實利主義)란 말을 써서 해석하였고, 풍우란(1934)도 공리주의(功利主義)란 말을 써서 묵자의 사상을 해설한 바 있다(김학주, 2002: 194). 반계도 국정운영은 "이익을 따르고 손해를 피하는"인간의 본성을 충족시키는 제도를 잘 만들어 국정운영의 기준으로 삼아야 한다고 주장하면서, 각종 법제도는 이를 작동케 하는 기본원리와 이치(그는 이를 實理라 했다)가 있으므로 이를 밝혀내고, 그 원리와 이치에 합당한 법제도를 만들어 집행하는 것이 국정운영의 근본이라고 보았다. 반계의 실리행정사상은 궁극적으로는 국가와 백성 그리고 인민의 이익에 합치되는 법제도를 확립하는 것을 중시했다는 점에서 묵자와 마찬가지로 실리주의 또는 공리주의 행정사상을 담고 있다고 볼 수 있다.

종 법제도와 행정활동에는 그 기(器)의 존재를 정당화시키는 근본원리와 이치가 존재하는데, 그 원리와 이치에 어긋나는 법제도로는 아무리 그 법제도의 집행을 강제해도 백성들의 신뢰를 얻을 수 없다고 보았다. 그는 국정운영과 행정의 성공요인은 바로 백성들이 믿고 따를 수 있는 객관적인 규범기준인 법과 제도를 만드는 것이라고 보았다. 그는 모든 국정운영 및 행정에는 그 활동을 구속하는 존재원리인 실리가 존재한다고 보고, '실리(實理)에 의하여 실사(實事)에 대처한다'는 문제해결원칙을 철저하게 고수했다. 이 원칙은 '도는 기를 떠나 존재할 수 없다'는 구절과 함께, 유형원의 행정사상을 대표하는 구절이다.

반계 이전의 국정운영 및 행정사상은 단순한 사회개혁의 구호에 그치거나 목전 현실에 대한 고식적인 관찰연구에 그치거나 유교적 정론과 밀착된 추상적 시책에 그친데 반해, 반계는 자신의 농촌생활의 구체적 경험을 토대로 하여 그 불합리한 근원을 색출하고 구폐의 대책을 반드시 조선과 중국의 문헌적 역사적 논거위에 두되 정밀한 실증적 태도를 견지했다. 그의 제도개혁론인 『반계수록』은 자신의 경험과 고경연구를 통하여 국정운영의 기준 틀인 법과 제도의 존재원리를 밝혀내고 이를 제도의 내용에 담으려고 한, 그의 실리행정사상을 밝힌 연구서이기도 하다. 오늘날의 행정이론에 의하면 원리주의 행정학이라 할 수 있다.

원리주의 행정이란 행정에는 어떠한 나라에서나 적용될 수 있는 보편타당한 과학적 원리가 존재한다고 보는 이론이다. 현대행정학의 발달과정에서 이 원리를 강조했던 1920~30년대를 가리켜 원리의 시대(the days of principle)라고 하며, Follett(1924), Willoughby(1927), Gulick과 Urwick(1937) 등이 대표적인 학자들이다(백완기, 1989: 24). 이들이 주장한 주요한 원리들은 전문화의 원리, 명령통일의 원리, 통솔의 원리, 조직편성의 원리 등이다. 유형원은 이보다 거의 300년 이전에 현대행정학자들이 주장한 행정원리들을 각 행정영역별로 발견하고 이를 자신의 개혁안에 담고 있다. 그가 발견하고 담고자 했던 행정원리들은 오늘의 행정현실에서도 상당부분 변하지 않는 불가역(不可易)의 원리로 인정받고 있음을 볼 때, 그의 실리행정사상의 탁월함과 역사성을 엿볼 수 있다. 그의 원리주의 행정학 또는 실리행정사상을 보다 잘 이해하기 위해서는 먼저 그의 행정존재론과 행정인식론, 특히 이기론과 인심도심에 대한 그의 철학사상을 먼저 이해해야 한다.

성리학에서는 자연 · 인간 · 사회의 존재와 운동을 이(理)와 기(氣)의 개념으로 설명한다. 기(氣)가 모이고 흩어지는 것에 의해 우주만물이 생성 · 소멸하며, 그런 점에서 기(氣)는 만물을 구성하는 요소이다. 한편 이(理)는 만물생성의 근원이 되는 정신적 실재로서 기(氣)의 존재근거이며, 동시에 만물에 내재하는 원리로서의 기(氣)의 운동법칙이 되기도 한다. 성리학에서 이(理)와 기(氣)의 관계는 일반적으로 서로 떨어질 수 없는(理氣不相離) 관계이면서도 결코 섞일 수 없는(理氣不相雜) 관계로 설명한다. 이것은 이(理)와 기(氣)의 함의가 차별적이면서도 상호의존적인 것에서 비롯된다. 그러면서도 주희는 이러한 관계를 인정하면서도 이(理)는 만물이 생성하기 전에 엄연히 존재한다고 말한다. 이러한 주희의 주장은 비록 그가 이(理)와 기(氣)의 시간적 선후관계를 부정하고는 있지만 '이(理)의 우위성' 또는 '이(理)의 선재성'을 암묵적으로 인정하는 것으로 받아들여졌다(안상호 역, 1997 : 239-244). 주자학에서는 '천리(天理)'라는 개념을 통해 한편에서는 이(理)가 자연법칙을 가리키며 또 한편에서는 정치적 질서 및 윤리도덕을 가리키는 것이라고 하였다.

주자학은 기본적으로 천리(天理) 또는 존리(尊理)의 입장을 고수한다. 주자학에서는 음양에 대한 도, 형이하에 대한 형이상의 우위성을 본말(本末)과 주객(主客)의 관계로 설명한다(몽배원 · 홍원식 외, 2008 : 285-288). 즉 도(道)와 형이상은 초월적 존재이면서 본(本)과 주(主)가 되어 음양과 형이하에 논리적으로 우선한다고 보는 것이다. 이는 리본체적입장과 존리를 강조하는 입장이다. 그러나 반계는 이에 대하여 부정적인 입장을 취한다. 즉 이(理)가 기(氣)보다 가치론적으로 우선한다는 것은 이(理)와 기(氣)를 서로 섞이지 않는 부잡(不

雜)의 관계에 지나치게 치우쳐 바라봄으로써 이물(二物)로 이해될 여지가 있기 때문에 이는 온전한 이기관계를 혼란스럽게 할 뿐이라고 생각했다. 즉 반계는 전통적인 주자학이 주장하는 이(理)가 기(氣)보다 가치적으로 우선한다는 〈이(理)의 우위성〉을 부정하고 〈일대일의 동위적 관계〉를 설정한다. 다시 말하면 정자(程子)와 주희(朱熹)가 주장한 리본체적 관점이나 〈이(理)의 우위성〉을 부정하고 공자 원래의 이(理)와 기(氣)의 관계로 복원시키고자 했다.

> "대개 이(理)와 기(氣) 둘은 본래 서로 떨어질 수 없으며 또한 서로 섞이지 않는다. …… 어떤 사람이 '리가 있으면 곧 기가 있다'고 하는데 아마도 선후로 나눠서는 안 될 것 같다'고 물었다. 주자가 '요컨대 역시 먼저 이(理)가 있는 것이다. 다만 오늘 이 리(理)가 있으면 내일 이 기(氣)가 있다고 해서는 안 될 뿐이니 또한 선후가 있어야 한다.'고 말했다. 이제 생각해 보니 이는 근본을 추국하고 본원을 궁구하는 뜻이다. 그러나 성인의 말은 이와 같지 않으니 단지 일음일영지위도(一陰一陽之謂道)와 형이상(形而上), 형이하(形而下)를 말했을 뿐이다."
> (『반계잡고』 여정문옹동직론이기서 · 별지)

친구 정동직에게 보낸 편지에서 반계는 주자의 이선기후(理先氣後)를 다시 문제 삼아, 〈이(理)의 가치가 기(氣)의 가치보다 우월하고 선행한다.〉는 주장은 공자의 뜻과도 맞지 않으며 도(道)는 음과 양의 움직임과 떨어져 존재할 수 없으며, 동시에 형이상은 도(道)이며 형이하의 기(器)는 기(氣)이기 때문에 서로 섞일 수 없고 떨어질 수 없다는 것이 성인의 본래의 의도임을 강조하고 있다.

이러한 주장은 『반계수록』에서 "도(道)는 기(器)를 떠나서 홀로 행해질 수 없다"는 주장으로 나타난다. 그의 국정운영 및 행정사상은 이 도기일체(道器一體)의 학문관에서 출발한다. 여기서 도(道)는 곧 인간, 인간의 도덕성, 또는 법제도의 근본이치와 입법정신 등을 의미하고, 기(器)는 법과 제도, 행정행위와 정치활동 등의 구체적인 행위를 의미한다. 따라서 그는 국정운영과 행정은 인간과 제도의 상호작용에 의하여 이루어져야 하는데, 그동안의 법과 제도는 지배자의 사익을 위하여 만들어지고 운영되어 만백성에게 이익을 가져다주는 법제도가 아니었기 때문에 진정한 민부와 민산에 기여하는 객관적인 기준 틀이 될 수 없다고 주장한다. 그는 국정운영의 기본 틀인 법과 제도는 그 근본이치인 입법정신에서 벗어나지 않도록 관리하여야 한다고 보았다. 그는 법제도가 존재해야 하는 근본원리와 이치인 입법정신이 그대로 법제도의 내용과 집행과정에 담겨있도록 하는 것이 민을 위한 국정운영이고 행정이라는 논리이다.

성리학이 이기(理氣)의 궁극적인 실재성에 대한 신념에 의하여 형이상학적 진리체계를 지향하고 있는데 반하여, 반계의 학문은 형이상적인 도(道)를 부정하지는 않지만 그보다는 현존하는 현실을 더 중요하게 인식하는 논리체계에 근거하고 있다. 이러한 점이 그의 실학자적 자세의 이념적 근거가 된다고 볼 수 있다(금장태, 1987 : 29).

> "도(道)는 하늘에 근원하고 정치 · 법제는 땅에 근본하는 것이니 … 형이상자(形而上者)는 도(道)이고 형이하자(形而下者)는 기(器)라 이르는데 … 정치 · 법제는 기(器)이다. 맹자는 왕도를 논함에 있어서 도(道)와 기(器)를 떠나서 말하지는 아니하였으나 …… 진한 이후 천수백년 사이에 천지의 도가 거의 그치고 땅의 제도가 무너짐이 더욱 심하였다. 도(道)가 어찌 기(器)를 떠나서 홀로 행하리오."(『반계수록』 서문)

이와 같이 반계는 주자학의 존리적 입장을 비판하면서 이(理)와 기(氣)가 합일된 이기합일지묘(理氣合一之妙) 또는 도기일체의 관점을 강조한다. 이 관점은 이(理)와 기(氣)는 서로 분리될 수 없다는 불리(不離)의 입장에서 이(理)와 기(氣)가 미묘하게 합일됨을 의미하며 거기에는 운동 및 변화하는 기와 그 기의 법칙으로서의 이가 융합되어 있음을 의미한다. 반계는 철저하게 이와 기를 사물의 현상 속에서 파악하고자 했다. 이점에서 주자의 형이상학적 체계와 구분된다. 원래 실리(實理)라는 용어는 '천하에 이(理)보다 실(實)한 것은 없다'라는 정자(程子)의 말에서 나왔다. 그러나 주자학에서 보는 이(理: 천리)는 형이상학적 체계 속에서 〈이(理)의 우위성〉을 인정하는 이일(理一)의 관점이라면, 반계의 이(理: 실리)는 사물 속에 존재하면서 그 사물의 법칙을 이루는 이(理)로 국한하고 있다는 점이 다르다(추제협, 2011: 172).

반계는 이(理)는 기(氣)와 함께 사물의 원리로 엄연히 존재한다고 보며 이 사물의 원리인 이(理)가 바로 실리(實理) 또는 물(物)의 이(理)라고도 하였다. 다시 말하면 실리는 사물에 내재하여 조화하지 않을 수 없는 것, 또는 저절로 그렇게 되게 하는 원리로 기(氣)와 함께 사물의 요소로 이해한다. 그는 기(氣)는 물(物)이 이루는 바탕 즉 재료라면 이(理)는 그러한 물(物)이 이루어지는 원리나 법칙인 사물지리(事物之理)를 말한다고 하였다.

반계의 국정운영 및 실리행정사상은 바로 이 도기일체(道器一體)의 학문관 또는 이기합일지묘의 철학에서 나온 것이다. 반계의 실리는 사물 속에 내재된 법칙과 원리로서 철저하게 행정현상 속에 존재하는 것이다. 즉 법과 제도 속에는 그 활동을 구속하는 존재원리인 리(도)가 들어 있어 그 리(도)와 기는 떨어질 수 없이 한 몸을 이루고 있다는 것이다. 『반계수록』에 담겨있는 반계의 국가개혁론은 토지, 교육, 인사. 재무, 국방, 지방행정 등 각 행정영역의 존재원리인 실리를 중시하고, 그 실리의 입장에서 개선방안을 마련한다는 기본철학이 깔려있다. 즉 각 제도와 정책에는 이를 작동케 하는 기본원리와 이치가 있으므로 이를 밝혀내고, 그 이치와 원리에 합당한 법제도를 만들어 집행하는 것이 국정운영의 근본인 동시에 궁극적으로는 도덕(이상)의 세계를 이룰 수 있다고 보았다.

1. 진보적 개혁변법주의

반계는 당시의 사회문제 해결을 위해서는 지나치게 도덕과 교화에 치중하는 관념적인 국정운영방식보다는 법 · 제도(器)의 개혁과 시행에 초점을 두는 방식으로 전환해야 한다고 주장하면서 유교정치체제 내에서의 주자학의 문제점과 한계를 사상내부로부터 비판해 갔다. 그는 그동안 말(末)로 취급하여 관심을 기울이지 않았던, 그리고 민의 입장에서는 누구도 제기하지 않았던 법제도를 국정운영의 객관적인 준거 틀(frame of reference)로 삼을 것을 주장하면서 기존의 법제도에 대한 전면적인 재검토를 통하여 개혁론을 전개하고 있다.

그의 개혁론은 철저한 역사적 현실인식에 근거하여, 변화를 거부하는 당시의 행정문화와 당면한 사회문제해결에 무력했던 주자학적 통치방식의 비판에서 출발한다. 그는 법과 제도는 시대에 따라서 제정되는 것이니 시대가 바뀌면 법도 같지 않다고 보고, 상황이 바뀌면 변통(變通)하는 것이 고금의 통의(通誼)이라고 주장한다. 그러면서도 그 법과 제도는 그 법과 제도를 원천적으로 구속하는 근본원리와 이치가 함축되어 있어야 한다고 주장한다. 즉 입법정신과 실리에 어긋나는 폐법은 모두 개혁의 대상이 되어야 한다고 주장한다. 법과 제도는 시대의 변화에 따라 개선되어야 한다는 점에서는 율곡의 개혁변법주의를 계승하고 있다.

당시 조정의 행정문화는 "조종지법(祖宗之法)은 의론(議論)할 수 없다"는 분위기가 일반적이었으며, 새로운 개혁안이 나오면 개혁주의자를 왕안석(王安石)으로 지목하여 탄핵했기 때문에 개혁 · 개법이란 여간 어려운 것이 아니었다. 그는 당시 당연한 원칙이자 일종의 타성이 되었던 '조종지법은 바꿀 수 없다'는 사상과 정치의 잘잘못은 군주의 일심(一心)에 달려있다는 성리학적 견해에 반기를 들었다. 즉 조종지법은 시대의 변화와 함께 바뀌어야 하며, 군주의 일심(一心)만을 강조해서는 제도모순에서 오는 시폐를 개혁할 수 없다고 본 것이다. 반계는 인간의 욕구와 욕망을 법과 제도로 충족시키거나 규제함으로써 궁극적으로는 인간의 도덕을 확보할 수 있다고 보았다. 그는 지나치게 도덕을 강조하는 주자학의 왕도와 덕치만으로는 이익을 추구하는 백성들의 현실적인 욕구를 충족시킬 수 없다고 보았다. 이렇게 조종지법에 대한 개법을 단순히 선언적 의미에 머물지 않고 철저한 역사적 분석과 고증을 통하여 구체적이고 전면적인 개혁안을 제시하였다는 점에서 매우 진보적이라고 볼 수 있다.

반계의 국정운영 및 행정사상이 '진보적인가 복고적인가'에 대한 논의는 학자들에 따라 매우 상반된다. 진보(進步)와 근대(近代)를 어떻게 규정하느냐에 따라 많은 차이가 있다. 진보의 개념을 현실변화에 대응하는 인간의 성향이라는 관점에서 정의하면 진보주의자란 변화에 민감하고 현실변화에 긍정적인 성향을 가진 사람을 말한다. 이러한 개념에서 본다면, 반계는 분명히 조선시대에서 가장 진보적인 사상가라는 점에서는 이론(異論)이 없다. 그는 변화를 거부하는 당시의 행정문화를 신랄하게 비판했고, 기존의 성리학적 국정운영방식을 근본적으로 변화시키고자 했다. 예컨대, 토지제도개혁, 인사제도개혁, 노비제도개혁, 그리고 궁중의 재정운영제도 개혁 등은 나라의 근본을 완전히 바꾸는 차원의 개혁안이었다.

조선시대의 경세사상에 대하여 깊이 연구한 미국의 한국학자 팔레(Palais, 2008)교수는 서구중심의 근대적 진보이론의 관점에서 반계의 국정운영 및 행정사상은 근대와 진보와는 거리가 멀다고 주장 한다. 즉 반계는 조선시대를 통틀어 가장 개혁적인 사상을 가지고는 있으나, 국정운영목표를 유가적 이상사회인 주례(周禮)의 질서로 되돌아가자는 복고적인 목표를 설정하고 이를 달성하고자 했으며, 그 목표를 달성하기 위한 구체적인 이론과 수단의 모색을 이성(理性)에서 구한 것이 아니라 고경(古經)을 무비판적으로 수용했다고 주장한다. 또한 반계가 살았던 17세기 그 당시에는 서구의 진보와 근대사상이 그에게 도달하지 못했기 때문에 그의 국가개혁사상에는 진보성이나 근대성을 찾을 수 없다는 주장이다. 그렇다면 과연 반계는 과거의 질서를 무비판적으로 받아들인 복고주의자인가? 그렇지는 않다. 그가 이룩하고자 했던 '주례의 질서'는 자신의 역사적 성찰과 이성적 판단에 의해 가장 바람직스러운 국가이상이라고 내세운 목표에 불과했다. 주례의 질서 중에서 그의 판단에 따라 실리에 맞지 않는 것은 배제하면서, 현실에 맞게 조정했다.

복고주의와 법고주의는 구별해야 한다. 복고주의(復古主義)는 과거의 법제와 체제를 이상화하고 그 재현을 추구하는 비역사적 관념이지만, 법고주의(法考主義)는 역사적 성찰을 통하여 현실에 적합한 개선안을 찾아내어 적용하려는 역사적 개념이다. 따라서 유형원이 모델로 채택한 '삼대의 법'과 '주례의 질서'는 그의 개혁론에 내재한 법고주의적(法考主義的) 경향을 반영하는 것이지 단순히 복고주의를 의미하지는 않는다(김준석, 2003: 135). 반계는 엄격한 비판의식을 기초로 현실을 직시하고 문제점을 실증적으로 제기하는 연장선상에서 옛 법과 제도의 적용가능성을 검증하고 평가하여 현실에 맞게 적용하려는 일관된 자세를 보여주고 있기 때문이다.

반계의 국정운영사상이 근대와 진보와는 거리가 멀다는 팔레교수의 주장에 대하여 일부 국내학자들은 반계의 국가개혁론은 복고도 진보도 아닌 단순히 '시대적 요구에 충실하게 반응한 개혁사상'이었으며, 당시 동아시아의 보편적인 역사단계로서 근대로 나아가는 내재적 이행과정에 충실했다고 주장하기도 한다(윤대식, 2006: 89-111). 즉 반계의 의도는 자신이 준거로 삼았던 고대 중국의 정치적 규준과 이상도 아니며, 동시에 기존의 관념으로는 더 이상 수용할 수 없는 진보적이고 근대적인 정치적 규준과 이상도 아니었다는 것이다. 그것은 기존의 통치체제가 가졌던 장점과 순기능, 즉 합리성을 다시 회복하겠다는 시대적 요구에 충실한 반응이었을 뿐이라는 주장이다.

팔레 교수가 원용한 서구중심의 근대성이론으로는 반계의 국가개혁 및 행정사상을 제대로 설명할 수 없다. '근대화=서구화'라는 서구중심의 근대성이론에 의하면 당연히 반계의 국가개혁사상에는 진보성이나 근대성을 찾을 수 없기 때문이다. 최근에 등장하고 있는 대안적 근대성이론은 서구의 영향만을 강조하는 서구중심의 근대성을 부정하고 서구중심의 근대성과 비서구중심의 근대성을 모두 포괄하여, 세계의 각 문명권 속에서 내재적 자극과 변인(internal variation)에 의하여 이루어진 합리적인 제도와 지식의 발전을 근대성으로 규정하고 있다(김상준, 2012: 43-55).

이러한 중층근대성(multiple modernities) 이론에 의하면 반계의 국정운영사상에는 내재적 자극과 성찰에 의하여 당시의 국정운영방식을 보다 합리적으로 변화시키려는 진보와 근대의 원형적 요소가 그대로 함축되어 있다.[5] 예컨대 반계가 주장한 노비제도의 폐지와 평등사상, 재정효율성을 강조하는 예산제도와 재무행정사상, 감축관리에 의한 조직개편사상 등에는 근대성의 원형적 요소뿐만 아니라 고전적 근대성이론의 주요 구성개념인 분업적 시장발전과 상업의 분화, 합리적 법과 행정체제 그리고 합리적 관료주의적 요소를 상당부분 흡수하고 있음을 볼 수 있다. 반계의 국정운영 및 행정사상을 '현실에 충실한 개혁사상'으로 보든, 중층근대이론의 관점에서 '근대적 원형이 함축된 진보사상'으로 보든[6] 결국 그의 국정운영 및 행정사상은 진보와 개혁, 그리고 변법을 떠나 논할 수 없다.

---

5. 반계를 비조로 하는 조선후기의 실학은 반주자학적 · 반봉건적 특성이 두드러지며, 한편으로는 미약하나마 근대적 지향성도 발견된다. 정말 근대성이 있는가에 대한 논쟁은 그동안 학계에서의 주된 화두였다. 이에 대하여 홍원식(1998: 19-21)은 굳이 '근대'라는 말에 옭아 매여 실학사상을 바라볼 필요도, 실학사상을 개항 이후 근대사상과 굳이 연결시킬 필요도 없다고 본다. 즉 실학사상을 과도기적 단계로 설정하여 주자학에 갖다 붙일 것인지, 개화사상에 갖다 붙일 것인지, 또는 봉건철학으로 볼 것인지, 근대철학으로 볼 것인지 하는 논의방식 자체를 거부한다는 것이다. 이에 따라 홍원식은 실학사상을 하나의 독립적 단계로 설정하자고 제안한다.

6. 서구중심의 근대성이론의 관점에서 보면, 유형원의 개혁론은 사실상 근대성을 지향했다기보다는 왕권의 회복과 유가적 이상에 충실하려는 의도로 파악할 수 있다. 따라서 유형원의 개혁론 또는 실학이 갖는 진보성에 대해서 근대성으로 규정하는 작업은 지나친 논리적 비약으로 비쳐질 수도 있다. 그러나 중층근대성 이론의 관점에서 보면, 그의 개혁사상은 동양 문화권에서의 근대적 이행과정에 충실한 진보적 개혁사상이자 근대적 원형이 함축된 사상으로 정의할 수 있다.

2. 제도론적 합리주의

『반계수록』은 "법은 시대에 따라 제정되는 것이니, 시대가 바뀌면 법도 같지 않다."(『율곡전서』 만언봉사)라고 주장한 이른바 율곡의 '시대의 개별성' 논리에 근거하여 전개한 제도개혁론이다. 반계는 제도개혁론의 근거를 『주역』의 음양 동정의 변화, 즉 정치적 · 사회적 현상은 시대에 따라서 변이(變易)한다는 상황주의 논리에서 찾고 있다. 즉 시대가 바뀌면 법도 제도도 변한다는 논리에 근거하고 있다. 반계는 제도의 모델을 고대(古代)에서 찾고 있지만 그 고법(古法)의 제도가 시대를 초월하여 통용될 수 있는 '제도의 보편성'을 인정하는 것은 아니었다. 반계는 제도의 도입과 변화는 '시대의 변화'와 '인간의 정'에 따라서 달라질 수 있다고 하면서, 시대상황에 맞게 제도를 만들어 시행해야 좋은 행정이 이루어진다고 보았다. 주자학적 사상의 특징이 도학적 합리주의, 엄격주의 또는 도덕주의(moralism)를 바탕으로 하는 보편주의적 지향이 강한데 반하여 반계는 제도론적 합리주의, 현실주의(realism), 입법 상황주의를 지향하고 있음을 볼 수 있다.

그렇다면 반계는 어떠한 제도가 시대의 변화와 인정(人情)을 반영하는 좋은 제도라고 보았을까? 그는 각 제도나 정책 속에 내재된 기본원리와 이치, 즉 실리(實理)를 반영하지 못하고 사심(私心)에 의해 만들어진 법과 제도로서는 국가를 다스릴 수 없다고 주장하면서, 제도의 합리성을 특히 강조하고 있다. 즉, 행정의 성공여부는 법과 제도의 실리적합성을 높여 그 집행의 공리적 효과를 극대화함에 달려있다는 것이다. 반계의 행정사상 속에는 '실리의 입장에서 실사에 대처한다'는 기본논리가 깔려있다. 반계의 국정운영 및 행정사상은 바로 이 실리사상에서 나온 것이다. 반계의 실리는 행정현상과 행정행위(器) 속에 내재된 법칙과 원리로서 철저하게 현상 속에 존재하는 것이다. 즉 각 제도와 정책에는 이를 작동케 하는 기본원리와 이치가 있으므로 이를 밝혀내고, 그 이치와 원리에 합당한 법제도를 만들어 공정하게 집행하는 것이 국정운영의 근본인 동시에 궁극적으로는 도덕(이상)의 세계를 이룰 수 있다는 논리이다.

반계는 수신(修身)과 교화(敎化)만을 강조하는 주관주의적이고 윤리적인 정치행정보다는 제도의 변화를 통하여 기존제도의 모순에서 나타나는 인간의 행태를 변화시키고자 했다. 즉 정치행정에 있어서 가장 중요한 것은 제도이며, 통치자는 좋은 제도가 있음으로써 비로소 좋은 통치가 가능하다고 보았던 것이다. 그렇다고 반계는 이(理)의 중요성을 부인하고 배제하려고 한 것이 아니라 종래의 정치적 사유가 지나치게 교화에 초점을 둔 관념적인 도(道)에 경도되어 있었다는 결함을 지적함으로써 도(道)와 기(器)를 서로 대응하고 보완하는 관계에서 보려고 했다(박충석, 1982a : 450-451). 그는 주자학의 한계였던 주관주의적 성격, 즉 지나치게 도학적인 통치사유에 의존하는 정치행정을 내부로부터 비판하고 타파해간 최초 사상가의 한사람이었다고 할 수 있다.

반계의 행정사상은 현대의 신제도주의적 연구경향과 그 맥이 닿아 있다. 그는 "법이 변하면 사세가 변하고 나아가 풍속이 따라서 변한다"고 판단했다(『반계수록』 속편하 노예). 그는 제도가 개인행위를 형성하고, 질서지우며, 변화시킬 수 있다고 보고, 제도의 역사적 발전과정에 초점을 맞추어 정치행정현상을 연구하고 있다는 점에서 제도주의론자(institutionalist)라 할 수 있다. 비록 그가 논한 각종 제도가 국가기관의 공식적 · 법적 측면만을 기술하고 있지만, 그 제도의 결점과 문제점분석은 공식적 · 법적 제도만을 분석한 것이 아니라, 제도를 "장기간에 걸친 인간행동의 정형화된 패턴"이라는 관점에서 분석하고 있다는 점에서 오늘날의 역사적 제도주의(historical institutionalism) 접근방법과 유사하다고 볼 수 있다.[7] 이러한 의미에서 반계는 국정운영에서 국가의 법과 제도문제를 체

7. 최근 정치, 경제, 사회현상을 설명하는데 제도를 중심개념을 설정하는 학문분파를 일컬어 포괄적으로 신제도주의라 칭한다. 과거 60~70년대는 집단을, 1980년대는 국가를 중심개념으로 연구하였었다. 여기서 신제도주의는 크게 역사적 제도주의, 합리선택적 제도주의, 그리고 사회학적 제도주의로 나눌 수 있다(정용덕 외, 1999 : 9-36). 반계의 제도주의 접근방법은 현대의 역사적 제도주의와 흡사하다. 그 이유는 제도가 개인행위를 형성하고, 질서지우며, 변화시킬 수 있다고 주장하면서 제도를 연구의 중심개념으로 상정하고 있다는 점,

계적으로 연구한 사회과학자인 동시에 현실적으로 국민에 도움이 되고 쓰일 수 있는 실용과 후생에 제도개혁의 초점을 맞추었다는 의미에서 실학연구의 장을 연 선구자라 할 것이다.

3. '법에 의한 지배'를 강조하는 법치주의

반계는 통치자의 일심(一心)에 의한 하향적인 배려행정보다는 객관적인 규범틀인 법과 제도를 통하여 만백성에 이익을 가져다주는 법치행정이 보다 현실적이고 이상적인 행정이라 보았다. 그러나 법과 제도를 만드는 사람이 법과 제도의 존재원리인 입법정신에 어긋나게 만든다면 오히려 그 법과 제도는 백성들에 폭력이 되고 폐법(弊法)이 된다고 보았다. 따라서 그는 법과 제도의 입법정신과 존재원리인 실리(實理)를 무엇보다 중시했다. 반계가 추구했던 이상적인 국가는 현명한 군주가 천리(天理)와 인정(人情)을 동시에 충족시킬 수 있는 시대적 상황에 적합한 법에 의하여 통치되는 국가였다. 다시 말하면, 그는 '군왕의 일심'과 '입법정신(실리)'이 충실히 반영된 '법에 의한 지배(rule by law)'를 통하여 사회질서를 유지하고 국정운영이 이루어지는 왕도정치를 지향했다. 국정운영은 군왕의 일심도 중요하지만 이에 못지않게 국정운영의 객관적 기준 틀(basic reference of governance)인 법과 제도도 동시에 중요하다는 것이다. 즉 덕치와 법치를 동시에 강조하되 그 법은 반드시 실리를 벗어나지 않아야 한다는 것이다. 이는 공동선과 전문성 그리고 덕을 갖춘 완벽한 지도자에 의해 통치되는, 즉 철인 왕이 다스리는 국가가 가장 이상적인 국가라고 주장한 플라톤(Platon : BC 427~347)의 통치사상과 그 맥락이 동일하다(플라톤, 박종현 역, 2005). 그리스를 이상국가로 만들고자 고안했던 플라톤의 통치관과 조선을 전면적으로 개혁하고자 했던 반계의 통치철학의 공통점은 법과 제도를 국정운

제도의 역사적 발전과정에 초점을 맞추어야 한다고 주장한다는 점, 자율적 행위자로서 강제력을 지닌 국가를 상정하고 있다는 점이다.

영 및 질서유지의 수단으로 활용하고자 했다는 점이다. 플라톤은 합리적 법치를 통하여 방종한 직접민주정의 폐단을 제어하려고 했고, 반계는 실리적(實理的) 법치를 통하여 절대군주정의 폐법과 폐습을 개혁하려고 했다. 이들은 모두가 법과 제도를 국정운영의 기본 규범(basic frame)으로 삼고자 했다.

플라톤이 50대에 쓴『국가』에서는 직접민주정체를 반대하고 철인 왕에 의해 지배하는 철인국가를 최선의 국가로 선호했지만 말년에 쓴『법률』에서는 법을 우선시하는 민주정체, 즉 군주 1인에 의한 자의적 인치(人治)가 아닌 '지성의 배분'으로 확립된 '최선의 법률'이 지배하는 국가를 차선의 이상적인 국가라고 보았다(박종현, 2009). 이들의 공통점은 정체를 떠나 법과 제도가 국정운영의 근본적 객관적 기준이 되어야 한다는 담론이다. 플라톤이 강조한 법치는 통치자를 포함한 모든 구성원들을 구속하는 '법의 지배(rule of law)'를 주장한 데 반하여, 반계는 현명하고 개혁적인 군주에 의하여 만들어진 '법에 의한 지배(rule by law)'를 주장했다. 이는 서로가 처한 정치적 환경의 차이에서 오는 견해이지만, 전자는 민주정치와 사법부의 독립 등 삼권분립의 철학과 그 맥을 같이하고, 후자는 전제정치와 친화적이다. 그러나 이들은 모두 '국가는 누가 무엇으로 다스려야 하는가?', '국정운영은 무엇이 본(本)이 되어야 하는가?'를 화두로 평생을 연구하였다는 점과 국정운영의 객관적 규범기준으로 법치를 주장했다는 점에서 서로 공통점이 있다.

반계가 강조한 법과 제도중심의 국정운영은 국왕의 전제권력을 공고히 하기 위하여 폭력과 처벌, 강압과 술수를 정당화한 '법에 의한 지배'를 강조했던 한비자(韓非子 : BC 270년경~BC 233) 등 중국의 법가사상과는 그 법의 존재가치와 법의 정신에서 많은 차이가 있다. 반계는 황제의 절대권력유지를 위한 통제와 강제의 수단으로서의 법치를 주장한 것이 아니라, 민에 대한 설득과 소통을 확보할 수 있고 만백성에 이익을 가져다 줄 수 있는 신뢰의 법치를 주장하였다는 점에서 오히려 플라톤의 국정운영철학과 가깝다. 반계의 법치주의는 과도한 권력을 가진 군왕을 견제하기 위한 것인 동시에 만백성의 신뢰와 믿음 그리고 삶의 문제를 해결해 줄 수 있는 실리적합성을 강조한 것이기 때문에 절대적인 권력유지의 수단으로 법(法)과 술(術)을 강조한 한비자의 법치주의와는 상당한 거리가 있다. 이런 의미에서 반계를 '조선의 플라톤'이라 해도 손색이 없다.

제4절 자연과 인간을 분리한 인간중심주의

반계 유형원은 기(器)의 회복을 통하여 도(道)를 밝히려고 했다. 그의 행정사상은 인간은 기본적으로 법과 제도에 의하여 타율적으로 통제될 수 있다는 인간가정을 전제로 한다. 즉 인간은 욕망을 추구하는 존재이기 때문에 법과 제도에 의하여 그 인욕을 통제하고 관리하는 것이 궁극적으로는 천리와 도덕이 충만한 사회로 나가는 지름길이라 본 것이다. 행정행위나 행정활동을 수행하고 또 그 과정에 참여하는 인간은 기본적으로 욕구와 욕망을 가진 주체이기 때문에 통치 및 관리의 대상이 되어야 한다고 보았다. 반계는 그동안 주자학의 도(道) 중심의 정치행정이 백성들의 경제과 삶에 도움을 주지 못하였음에도 불구하고 그 원인의 규명과 개선에는 소홀했다고 보았다. 반계는 항산(恒產)이 없으면 항심(恒心)이 없고, 교민(敎民)은 양민(養民)을 하고 난 후에야 가능하다는 맹자의 논의에서 그 이유를 찾았다. 반계는 수기(修己)와 정덕(正德)도 중요하지만 그보다는 치인(治人)과 후생(厚生)이 더 시급하다고 보았다. 반계는 도심으로 인욕을 통제하는(尊天理 滅人慾) 도덕중심의 관념적 행정만으로는 백성들의 현실적·경제적 욕구를 충족시키기에는 한계가 있다고 비판하고, 실리(實理)가 잘 반영된 공정한 법제를 통하여 인간의 욕구와 욕망을 작위적으로 제어하는 행정을 추구했다.

주자학에서는 인간과 자연을 하나의 체계 속에 합일시킴으로써 우주만물을 하나의 틀로 보았다(진래, 이종란외 역, 2002: 34-46. 홍원식, 1998: 18-19). 사물은 우주만물의 '스스로 그러한 모습'인 자연을 따르면 천하는 다스려진다는 사상이다. 이 합일적 세계 속에서 인간은 우주만물과 함께 존재하면서도 인간의 도덕을 우주만물에까지 확장시킨다. 주자가 지향하는 도덕적 형이상학적 체계의 완성은 바로 이러한 확장 속에 존재하면서 한편으로는 인간 존재에 대한 강력한 도덕적 강제를 가능하게 만드는 결과를 낳았다. 그러나 천리와 도덕을 강조하는 관념적 행정만으로는 백성들의 생활안정과 경제적 욕구를 충족시킬 수 없고, 또 지배관료들의 횡포와 권력남용을 방지할 수 없음을 농민들과 함께 생활하면서 체험한 반계는 인간과 자연의 합일을 분리시켜 자연을 인식대상으로 삼기 시작했다. 뿐만 아니라 인간도 도덕만이 아닌 '이익과 욕망을 추구하는 주체'로서 존재할 수 있다고 인식하게 되었다(추재협, 2011 : 161). "이익을 따르고 손해를 피하는 것은 만고천하의 같은 인정(人情)"이라고 본 반계는 이익을 추구하는 인간의 행동을 수기(修己)로 바로잡는 데에는 한계가 있으므로 인간행동을 규율하는 장인의 먹줄 자 내지는 야인의 모형 틀과 같은 규준, 즉 제도를 잘 만들어 국정운영의 기준으로 삼아야 한다고 보았다(『반계수록』 3. 전제후록 상).[8] 그는 인간은 기본적으로 분별과 인식에 의하여 움직이는 주체라고 보고, 인간의 도덕적 규범에 의존하는 관념적인 행정보다는 객관적인 제도적 규범으로 인간의 분별심과 인식심을 움직이는(자극하는) 행정을 지향했다. 그는 인간의 욕망을 가치중립적으로 보고 객관적인 제도를 통하여 외적으로 관리하고자 했다.

그는 "권력가들이 방자하여 도의가 떨어지고 뇌물이 횡횡하여도 법이 이에 미치지 못하기 때문에 인심은 들뜨고 풍속은 각박해졌다"고 설파하고 있다(『반계수록』 전제). 즉 수기와 도심으로도 인욕을 제어하지도 못했고, 또 이를

---

8. 반계는 천리와 인욕을 준별하고 그것을 인심도심에 결부시킨 점에서는 성리학의 인성론을 벗어나지는 않았으나, 도심(道心)은 인심(人心)이 있음으로써 발현되고 사단(四端)은 칠정(七情) 가운데서 발현된다고 봄으로써, 도심과 인심, 그리고 사단과 칠정을 기계적으로 나누어 파악하는 것을 지양했다. 그럼으로써 인심과 칠정에 관련되는 인간의 욕망에 대한 부정적인 관념을 전통 성리학자에 비해 완화할 수 있는 계기를 만들었다(김준석, 1992 : 104-107). 그는 도덕적 교화에 경도된 일반 성리학자와는 달리 물질적 유인을 중시하는 경세론을 제시했다.

보완해야 할 법과 제도조차도 인간행동(인욕)을 규제하지 못했다는 것이다. 그는 지배관료들의 인욕이나 부패를 방지하기 위해서는 수기와 도덕에만 의존할 것이 아니라 공심(公心)에 의하여 만들어진 법제도를 통하여 그들의 분별심을 자극하고 이를 통해 인간의 욕망을 다스려야 한다고 보았던 것이다.

유형원이 특히 강조하고 있는 실리(實理)는 바로 인간의 분별과 인식의 기준 또는 정부의 행정활동에 대한 순응기준으로서 작용한다. 즉 토지, 국방, 인사, 교육, 지방행정, 재정 등 국정운영 각 부문의 법과 제도에는 이를 작동케 하는 원리와 이치가 있으므로 그 기본원리와 이치를 밝혀내고, 그 이치와 원리에 합당한 법제도를 만들어 집행하는 것이 인간의 인식심(認識心)을 자극하여 신뢰(民信)와 순응(順應)을 확보하고, 궁극적으로는 도덕(이상)의 세계를 이룰 수 있다고 보았다. 『반계수록』 전편을 통하여 유형원이 일관되게 가슴속에 품고 있었던 행정이념인 위민(爲民)은 위정자가 하향적(top-down)으로 덕을 베푸는 도덕적 · 심리적 위민이 아니라, '실리'에 합당한 법제도를 통하여 백성들의 이익에 부합하는 인간중심의 후생적 · 제도적 위민이어야 한다고 확신했다. 그는 법 · 제도중심의 실리 · 위민행정을 통하여 도덕 및 이상세계를 완성할 수 있다고 보았다.

제5절 본말론, 주정론, 체용론에 근거한 근본중심주의

반계의 국가개혁론에 흐르고 있는 기본논리와 철학은 '본(本)이 잘되면 모든 것이 저절로 잘 된다'는 성리학의 본말론(本末論)과 체용론(體用論)에 대한 새로운 인식에서 출발한다.[9] 반계는 '모든 일에는 본말(本末)이 있어서 본(本)

---

9. 본말론은 성리학적 경세사상의 제1원리이다. 성리학의 수기치인의 사상을 체계적으로 전개한 『대학』 제1장에는 "물건에는 본(本)과 말(末)이 있고 일에는 끝과 시작이 있으니 먼

이 바로서면 말(末)은 스스로 바르게 된다'는 성리학의 본말론에 근거하여 자신의 국가개혁론을 전개하고 있지만(『반계수록』 4. 전제후록 하), 본(本)과 말(末)의 해석에는 성리학적 견해와는 달리한다. 그는 수기와 도덕을 본(本)으로 보고 치인과 경세를 말(末)이라 생각하여 경시했던 주자학의 본말관과는 달리, 오히려 법제도인 기(器)를 국정운영의 근본으로 삼고 그 근본을 바로잡음으로써 도덕을 회복하고자 하였다.

『반계수록』의 서문을 쓴 오광운(吳光運)의 평가에 의하면 『반계수록』은 수기를 위한 도(道)와 치인을 위한 기(器)는 서로 떨어질 수 없는 불상리(不相離)한 관계라는 자신의 철학을 드러내어 구체화한 것이라고 평가했다. 그는 "법이란 장인(匠人)의 먹줄 자와 같고 야장(冶匠)의 모형 틀과 같아서 먹줄 자와 모형 틀이 올바르지 못하면 천하의 양공(良工)이 있더라도 한 칸의 집이나 한 개의 그릇도 만들 수 없다"고 주장하면서 기(器)에 해당되는 제도와 법을 국정운영의 모범으로 삼고자 했다. 그러면서도 "법은 스스로 실현될 수 없고 반드시 인군(人君)이 먼저 현신(賢臣)을 얻어 좌우의 도움으로 삼고 여러 자리에 배열한 후에야 행할 수 있다"고 하면서 수기(修己)의 도(道)를 동시에 강조하고 있다. 그는 법과 제도인 기(器)를 국정운영의 모형 틀(모범)로 삼으면서도 동시에 도(道)를 중시했다. 이처럼 수기의 도(道)와 경세의 기(器)를 대등하고도 상호보완적인 관계로 설정함으로써 그동안 말(末)로 경시받던 경세론을 수기론의 속박에서 탈피시켜 독립된 학문적 인식체계로 성장할 수 있는 계기를 마련했다. 그는 평생을 경세서의 완성을 위해 노력했다. 조선시대에 이기론과 심성

저하고 뒤에 할 것을 알면 도(道)에 가까울 것이다"고 하였다. 『대학』의 3강령 8조목은 일의 선후 내지 본말을 명백히 하고 있다. 본(本)은 근본적이고 일차적인 체(體)에, 말(末)은 파생적이고 이차적인 용(用)에 대응한다. 8조목에 나타난 일의 선후관계를 차례로 적어보면, 격물-치지-성의-정심-수신-제가-치국-평천하이다. 군자가 천하를 다스리는 국정운영의 첫 출발은 격물치지라는 학문의 방법을 통하여 지식을 궁구하는 일부터 시작하여, 성의-정심-수신이라는 수기(수양)를 그 본으로 하고, 마지막으로 제가-치국-평천하해야 한다고 보았다.

론의 체계화를 위해 장기간 노력한 학자는 많지만, 경세론을 종합적으로 체계화하기 위해 평생을 바친 학자는 반계 외에는 찾기가 쉽지 않다. 경세론 연구의 기틀을 마련한 그의 '도기불상리관(道器不相離觀)'이 구체적으로 나타난 대표적인 정책이 바로 그의 토지제도개혁론과 공거제론이다.

반계는 『반계수록』 첫 머리에 전제(田制)를 논하면서, 당시의 조세 및 토지제도의 문란이 극에 달하고 민막이 극심했던 원인은 "천하의 대체가 그 근본을 잃었기 때문"이라고 분석하면서 농업국가인 조선의 국정운영과 행정은 그 기본인 토지제도가 바르게 서야 한다고 역설하고 있다. 그는 국정운영의 근본을 토지제도에서 찾고 있으면서, 그 토지법제의 기본원리를 공전제, 즉 정전법의 원칙에서 찾고 있다. 토지는 천하의 대본이니 대본이 옳게 서면 백가지 일이 따라서 잘 되게 되고 대본이 뒤틀리면 백가지 일이 하나도 되는 일이 없다고 주장한다. 정전법의 원칙에 입각하여 토지제도가 바르게 실시되면 천리(天理)를 얻게 되는 것이고 그와 반대로 천리를 잃게 되면 인사에 해가 온다고 보았다. 반계는 정책결정과 집행 등 모든 의사결정과정에서 기본과 근본을 찾아내고 그 근본을 개선하는 방법으로 정책의 타당성과 합리성을 논증하고 있다.

반계는 토지제도의 기본이 무엇인가를 논증하면서 역대 토지제도에는 이지위본(以地爲本)과 이인위본(以人爲本) 두 가지의 접근방법이 있다고 주장한다. 〈이지위본〉은 토지를 일정한 단위로 구획하고 거기에 인정(人丁)을 정착시키는, 즉 땅을 기본으로 하여 사람을 분배하는 접근방법이고, 〈이인위본〉은 사람을 기본으로 하여 땅을 나누어주는 접근방법을 말한다. 토지는 일정불변하고 사람은 유동하는 것이니 땅을 기본으로 하는 〈이지위본〉의 토지정책을 펴는 것이 나라의 대체와 근본을 바르게 하는 것이라는 주장이다. 그는 당나라와 고려가 〈이인위본〉의 정책을 구사하였기 때문에 공정하지 못한 폐단이 생겨 토지제도가 문란해졌다고 분석하고 있다. 반계는 이러한 실리를 중시하는 본말론을 다시 성리학의 주정론과 체용론을 이용하여 그 타당성을 논증하고 있다.

> "정전법(井田法)은 이지위본(以地爲本)하여 인정(人丁)을 균평하게 하는 것이니 이는 유정제동(由靜制動), 즉 정(토지)에 유하여 동(인정)을 제어하는 뜻이다. 성인은 천리를 체득한 까닭에 제도를 마련함이 이와 같다. 후세에는 이인위본(以人爲本)함으로써 인정을 고르게 할 수 없게 되었다."(『반계수록』 1. 전제)

반계가 주장한 유정제동(由靜制動)의 이론은 성리학의 주정론에서 나온 것이다. 변화하는 동(動)보다는 고요하고 변하지 않는 정(靜)을 강조하는 주정론은 주돈이(周敦頤: 1017~1073)의 태극도설에서 나온 것이며 주자(朱子)가 동정상좌(動靜相資)의 설명에서 정(靜)은 체(體), 동(動)은 용(用)으로 생각하여, 동은 정에 자(資)하는 바 있지만, 정은 동에 자하는 바 없다고 한 이론이다(이우성, 1988: 20). 반계는 국정운영 전반에 관한 논리뿐만 아니라 구체적인 개별 정책에 있어서까지 성리학의 이론과 논리를 동원하여 실리와 근본을 강조하고 있다.

본(本)이 잘되면 모든 것이 저절로 잘된다는 그의 행정사상은 국정운영의 모든 영역에서 나타난다. 예컨대, 국정운영의 본은 관념과 도덕보다는 법과 제도가 되어야 하고, 조선의 현실에서 농업을 중시하는 행정이 본이어야 하고, 중농을 위해서는 인구관리, 농산물 물가조절, 공공재이용의 독점금지 등이 근본이 되어야 하며, 그리고 지배세력을 위한 중앙일변도의 행정보다는 지방행정이 근본이 되어야 한다는 주장이 그것이다. 뿐만 아니라 국정운영의 각 영역의 법과 제도에는 이를 작동케 하는 근본원리와 이치가 있으므로 그 이치와 원리에 합당한 법제도를 만들어 집행하는 것이 위민이며 궁극적으로는 도덕(이상)의 세계를 이룰 수 있다고 보았다. 반계의 행정사상은 끊임없이 근본과 기본을 찾아가는 행정, 즉 행정행위나 법제도의 근본적인 실리를 찾아 실사에 대처하는 방법을 지향했다.

참고문헌

1. 고문서 및 자료

[1] 경서류

논어(論語), 맹자(孟子), 대학(大學), 중용(中庸), 서경(書經), 주역(周易), 중용장귀(中庸章句), 예기(禮記)

[2] 문집류

유형원(1956). 『국역반계수록』. 농업은행조사부.
유형원(1958). 『반계수록』 부록보유(고전간행회편). 서울: 동국문화사.
유형원(한장경 옮김, 1962~1968). 『국역반계수록』 (전4권). 대전: 충남대학교출판부.
유형원(조선인민 민주주의공화국 사회과학원고전연구소 옮김, 1960. 1963). 『국역주해반계수록』 (전4권).
유형원(1974). 『증보 반계수록』 전6권(한국학기본총서 10)』. 서울: 경인문화사.
유형원(1982). 『반계수록』. 서울: 명문당.
유형원(1990). 『반계잡고』. 서울: 여강출판사.
유형원(북한사회과학원 고전연구소역, 1991). 『반계수록』 (전 4권). 서울: 여강출판사
이이(1971). 『율곡전서』. 서울: 성균관대학교 대동문화연구원.
이이(심상섭 옮김, 1987). 『국역율곡전서』 1. 서울: 한국정신문화원.
이이(이종술 외 옮김, 1996). 『국역율곡전서』. 서울: 한국정신문화연구원.
이익(최석기 옮김, 1999). 『성호사설』. 서울: 한길사.
정긍식(2009). 『역주경국대전주해』. 서울: 한국법제연구원.
정도전(1977). 『국역삼봉집』 (1). (2), 서울: 민족문화추진회.

정약용(이익성 옮김, 1997. 2002).『경세유표 I, II, III』. 서울: 한길사.
정약용(1970).『여유당전서』. 서울: 경인문화사(영인본)
윤선거(1712).『노서유고』. 서울: 도서출판 학선재(영인본)
김정희(1934). 완당집. 서울: 만향재(영인본)
김학주(1977).『신역 묵자』. 서울: 명문당

2. 단행본 및 논문

[1] 국내문헌

강만길(1985).『한국근대사』. 서울: 창작과 비평사
강만길(1992). "유형원의 개혁사상", 강만길 외 (역).『한국의 실학사상』. 서울: 삼성출판사.
강석화(1992). "정약용의 지방제개혁안 연구",『국사관논총』. 34: 261-287.
강신택(2002).『행정학의 논리』. 서울: 박영사.
권순철. 2000. "실학을 다시 생각한다."『전통과 현대』11. 서울: 전통과 현대사.
금장태. 1987.『한국실학사상연구』. 서울: 집문당.
김광웅(1983).『사회과학방법론』. 서울: 박영사
김권집(1987). "유형원의 행정개혁론 연구",『중앙행정논집』. 창간호
김기옥(2001). "조선 지방행정구역과 지방관료제도에 관한 고찰",『중앙행정논집』15(1): 15-39.
김낙진. 1993. "유형원의 성리사상."『동양철학』4, 한국동양철학회.
김동주(1999). "반계유집의 복원에 대하여".『반계 유형원의 생애와 사상』서울: 한국정신문화연구원
김무진(1985). "반계 유형현의 군현제론",『한국사연구』45.
김상준(2003). "조선후기 사회와 '유교적 근대성'문제",『대동문화연구』42. 성균관대학교 대동문화연구원
김상준(2012).『맹자의 땀 성왕의 피』. 서울: 아카넷.
김선경(2000). "반계 유형원의 이상국가 기획론",『한국사학보』9.

김선경(2004). "유형원의 이상국가 기획론-재정부문을 중심으로-"『한국사연구』 125.
김성현(2008). "다산의 정부조직개편안 연구: 경세유표를 중심으로",『한국공공관리학보』22(1).
김영모(1981). "조선 후기 신분구조와 그 변동",『동방학지』26.
김용섭(1985). "조선후기 토지개혁론과 유자",『연세논총』21.
김용섭(2000).『한국중세농업사연구』. 서울: 서울: 지식산업사.
김용섭(2002). "선조시 '고공가'의 농정사적 의의".『학술원논문집』. 서울: 학술원
김용옥(1989).『노자철학 이것이다』. 서울: 통나무.
김운태(1970).『조선왕조행정사』(근세편). 서울: 박영사.
김운태(1980).『한국정치론』. 서울: 박영사.
김운태 외 공저(1982).『한국정치행정의 체계』. 서울: 박영사.
김준석(1992). "유형원의 변법관과 실리론",『동방학지』75.
김준석(2003). "유형원의 변법관과 실리론", 연세대국학연구원 편,『연세실학강좌 III』. 서울: 혜안.
김준석(2003b).『조선후기 정치사상사 연구 -국가재조론의 대두와 전개-』서울: 지식산업사.
김채윤(1973). "유형원의 계급관념에 대한 사회학적 고찰",『공삼 민병태박사 화갑 기념논총』
김태영(1998).『실학의 국가개혁론』. 서울: 서울대학교 출판부.
김태영(2011).『유형원』, 서울: 민속원
김학주(2002).『묵자 - 그 생애 · 사상과 묵가 -』. 서울: 명문당.
김항규(2010).『행정철학』. 서울: 대영문화사.
김홍경(1996).『조선초기 관학파의 유학사상』. 서울: 한길사.
김홍우(1983). "현상학과 사회과학", 김광웅(편)『사회과학방법론』. 서울: 박영사.
나중식(1992, 2006, 2011).『재무행정론』. 서울: 형설출판사.
나중식(2010).『한국의 공직윤리』. 서울: 서울경제경영
나중식(2012a). "반계 행정사상의 기본논리와 철학".『사회과학연구』28(2). 경성대학교사회과학연구소

나중식(2012b).『한국행정사상사』. 서울: 서울경제경영

나중식(2013). "반계 유형원의 재무행정사상".『사회과학연구』29(2). 경성대학교 사회과학연구소

내무부(1966).『한국지방행정사』. 서울: 내무부

류인희(1983). "실학의 철학적 방법론(1)."『동방학지』35. 연세대국학연구원.

몽배원(홍원식 외역). 2008.『성리학의 개념들』. 서울: 예문서원.

민병학(2005).『한국정치사상사』. 서울; 도서출판 대경

박노욱(1990). "조선시대 고문서상의 용어검토-토지노비문제를 중심으로,"『동방학지』68.

박동서(1961).『한국 관료제도의 역사적 전개』. 서울: 한국연구도서관

박동서(1972).『한국행정론』. 서울: 법문사.

박병련(2006). "행정사",『한국행정오십년』. 서울: 한국행정학회.

박성수(1964). "고공연구"『사학연구』18.

박이문(1980).『노장사상』. 서울: 문학과 지성사.

박종현(2009).『플라톤의 법률』서울: 서광사

박충석(1982a, 1988).『한국정치사상사』. 서울: 박영사.

박충석(1982b). "근세실학파의 정치사상",『한국정치행정의 체계』. 서울: 박영사.

백성철(1998). "반계 유형원의 상업관과 상업정책론",『한국문화』22.

백승균 외(1996).『해석학과 현대철학』. 서울: 철학과 현실사

백완기(1980). "한국행정의 전통", 김운태 외.『한국정치론』. 서울: 박영사.

백완기(1987). "한국행정이론의 성립가능성",『한국정치학회보』21.

백완기(1989).『행정학』. 서울: 박영사.

백완기(2005).『한국행정학 50년: 문헌검토를 중심으로』. 서울: 나남출판사.

서정상(1998). "반계 유형원의 국가인식에 관한 고찰".『태동고전연구』15.

성낙훈 역(1972).『한국의 사상대전집』12. 서울: 동화출판공사.

손흥철(2009). "다산학의 재조명을 위한 시론",『다산학』15호.

송복(1982). "유형원 관제개혁론의 현대적 조명",『한국정치학회보』16.

송복(2007).『위대한 만남, 서애 유성룡』. 서울: 지식마당.

송주영(1979).『한국실학사상대요』. 서울: 박영사.

송주영(1979b). "반계 유형원의 사회개혁사상",『역사학보』. 45.

신병주(1996). "화담 서경덕의 학풍과 현실관",『한국학보』. 22.

신봉승(2010).『문묘 18현』. 서울: 청아출판사

신용하(1981). "실학파의 토지개혁사상",『월간조선』11.

신용하(1997).『조선후기 실학파의 사회사상연구』. 서울: 지식산업사

신일철(1991).『현대철학사상의 새 흐름』. 서울: 집문당

안병영(1982). "행정이론의 토착화",『월간조선』7월호.

안병영(2005). "한국행정학의 성찰과 전망",『한국행정학회 춘계학술대회발표 논문집』

안병영(2006). "시대별국가과제와 행정학의 대응분석",『한국행정학오십년』. 서울: 한국행정학회

안재순(1997). "반계 유형원의 실학사상",『계간사상』32.

안재순(2009).『조선후기 실학의 비조 유형원』서울: 성균관대학교출판부.

양계초(1921).『묵자학안』. 상해: 상무인서관

오영교(1994). "반계수록의 국가구상론",『실학파의 정치사회개혁론』서울: 혜안

원유한(1966). "이조 숙종시대의 주전동기".『동국사학』9.

원유한(1972). "조선 후기의 금속화폐 유통정책-17세기 전반의 동전유통 시도기를 중심으로",『동방학지』13.

원유한(1975).『조선 후기 화폐사연구』. 서울: 한국연구원

원유한(1981). "실학자의 화폐경제론",『동방학지』26.

유원동(1988).『한국실학개론』. 서울: 정음출판사.

유정동(1980). "한국실학의 실리성에 관한 고찰: 퇴계 · 율곡 · 반계 · 다산을 중심으로",『성균관대인문과학』9.

윤대식(2006). "유형원의 개혁론: 진보인가? 복고인가?"『동서연구』18(2).

윤사순 · 유정동 역(1988).『한국의 유학사상』. 서울: 삼성출판사

이광인(1961). "경주인 연구",『인문과학』7.

이기백(1973, 1990).『한국사신론』. 서울: 일조각

이도형(2004).『행정철학』. 서울: 대영문화사

이선민(1988). "이이의 경장론",『한국사론』18.

이성무(1994).『한국의 과거제도』. 서울: 필문당.

이수건. (1979).『영남사림파의 형성』, 영남대학교 민족문화연구소.

이영훈(1996). “다산의 정전제 개혁론과 왕토주의”,『민족문화』19.

이영훈(2000). “다산 경세론의 경학적 기초”,『다산학』창간호. 다산학술문화재단.

이영훈(2003). “다산의 인간관계 범주구분과 사회인식”,『다산학』4. 다산학술문화재단.

이우성(1982). “실학연구서설”,『한국의 역사상』. 서울; 창작과 비평사.

이우성(1983). “실학연구서설”,『실학연구입문』. 서울: 일조각.

이우성(1988). “초기 실학과 성리학과의 관계”,『동방학지』58.

이존희(1985). “반계 유형원의 관직논고－외관직을 중심으로”, 변태섭박사화갑기념 사학논총

이종범(2006). “서론”,『한국행정오십년』. 서울: 한국행정학회.

이종수(2009).『행정학사전』. 서울: 대명출판사.

이종영(1962). “조선조 화폐제의 변천”,『인문과학』7.

이태진(1985).『조선후기의 정치와 군영제변천』. 서울: 한국연구원.

이헌창(1999). “반계 유형원의 경제사상에 관한 연구”,『조선시대사학보』10.

임의영(1993).『스키너의 행동주의적 인간관』. 서울: 문학과 지성사.

임의영(2006).『행정철학』. 서울: 대영문화사.

전형택(1989).『조선후기 노비신분 연구』. 서울: 일조각.

정구복(1970). “반계 유형원의 사회개혁사상”,『역사학보』45.

정성철(1989).『실학파의 정치사상과 사회정치적 견해』. 서울: 한마당.

정시채(1985).『한국행정제도사』. 서울: 법문사.

정용덕 외(1999).『신제도주의연구』. 서울: 대영문화사.

정호훈(2004).『한국후기정치사상사연구－17세기 북인계 남인을 중심으로－』. 서울: 혜안

천관우(1952) “반계 유형원 연구－실학발생에서 본 이조사회의 일 단면(상)”『역사학보』2.

천관우(1953) “반계 유형원 연구－실학발생에서 본 이조사회의 일 단면(하)”『역사학보』3.

천관우(1979). “반계 유형원연구”,『근대조선사연구』. 서울; 일조각.

최봉수(1993). “조선시대 지방행정구역의 정비에 관한 연구”,『정책과학연구』5: 3－41.

최봉수(1995). “한국 중세의 행정구역 조정과 중앙집권화에 관한 연구”, 『한국행정사학지』 4: 63-87.

최윤오(2001). “반계 유형원의 정전법과 공전제”. 『역사와 현실』 42.

최윤오(2004). “조선후기 토지개혁론과 토지공개념”. 『역사비평』 32.

최윤오(2013). “반계 유형원의 실학과 반계수록의 독법”. 『지역과 역사』 32.

최창집(1999). “반계 유형원의 행정철학”, 『한국행정학보』 33(1).

최창호(1980). 『지방행정구역론』. 서울: 법문사.

최호진(1974). 『한국화폐소사』. 서울: 서문당.

추제협(2011). “반계 유형원의 이기심성설과 그 실학적 단초”, 『한국사상사학』 37.

풍우란(1934). 『중국철학사』. 상해: 상무인서관.

플라톤(박종현역, 2005). 『플라톤의 국가 · 정체』 서울: 서광사

한국철학사연구회(2008). 『한국실학사상사』. 서울: 심산.

한국행정학회(2006). 『한국행정학오십년』

한명기(1992). “유몽인의 경세론 연구”, 『한국학보』 67.

한영국(1960). “호서에 실시된 대동법(상)”, 『역사학보』 13.

한영국(1961). “호남에 실시된 대동법 1”, 『역사학보』 15.

한영국(1961). “호서에 실시된 대동법 (하)”. 『역사학보』 14.

한영국(1963). “호남에 실시된 대동법 2”. 『역사학보』 20.

한영국(1977). “조선중엽의 노비결혼 양태(상)-1969년의 울산호적에 나타난 사례를 중심으로” 『역사학보』 75.

한영국(1978). “조선중엽의 노비결혼 양태(하)-1969년의 울산호적에 나타난 사례를 중심으로” 『역사학보』 76.

한영우 외(2007). 『다시 실학이란 무엇인가』. 서울: 푸른 역사.

한우근(1958). “이조 실학의 개념.” 『진단학보』 19. 진단학회.

한우근(1961). 『이조 후기의 사회와 사상』. 서울: 을유문화사

한우근(1966). “한국 실학사상의 구조와 발전”, 『사상계』 3.

한형조(2008). “실학, 혹은 흔들리는 이학의 정체.”『조선유학의 거장들』. 서울: 문학동네.

허범(1982). “기본정책의 관점에서 본 한국행정의 감축관리,” 김운태 외, 『한국정치행정의 체계』. 서울: 박영사

허흥식(1981).『고려과거제도사연구』. 서울: 일조각.

현상윤(1949. 1952).『조선유학사』. 서울: 민중서관.

홍승기(1983).『고려 귀족사회와 노비』. 서울: 일조각.

홍원식(1998). "실학사상을 어떻게 자리매김할 것인가?" 홍원식 외,『실학사상과 근대성』. 서울: 예문서원.

[2] 외국문헌

Appleby, Paul.(1952). *Morality and Administration in Democratic Government,* Baton Rouge, La.

Bernstein, Marver.(1972). "Ethics in Government: the Problems in Perspectives," *National Civic Review* 61, July.

Bleicher, Josef.(1975).『현대해석학』권순홍 (역). 서울: 한마당

Bothun, Douglas and John C. Comer(1979). "The Politics of Termination: Concepts and Process", *Policy Studies Journal,* vol.7. pp: 540-568.

Bowman, J. S.(1991). "Introduction." in J. S. Bowman(eds.) *Ethical Frontiers in Public Management.* San Francisco: Jossey-Bass.

Burrell, Gibson and Gareth Morgan.(1982). *Sociological Paradigms and Organizational Analysis,* London Exeter, New Hampshire: Heinemann: 윤재풍 (역). (1990). 사회과학과 조직이론, 박영사.

Chaihark Hahm.(2000). *Confusion Constitutionalism,* Harvard Law School, J.S.D. dissertation 2000.

Dahl. R.(1947). "The Science of Public Administration: Three Problems". *Public Administration Review,* 7(1): 1-11.

DeLeon, Peter (1978). "A Theory of Policy Termination", in Judith V. May and Aaron B. Wildavsky (ed.), *The Policy Cycle* (Beverly Hills: Sage) pp. 286-293.

Dilthey. Wilhelm. 손승남 (역). (2008).『해석학의 탄생』서울: 지만지고전천줄

Dilthey. Wilhelm. 이한우 (역). (2002).『체험표현이해』, 서울: 책세상

Dimock, M. E.(1965). *A Philosophy of Administration,* N. Y.: Harper and Row.

Follett, M. P.(1924), *Dynamic Administration: Collected Paper,* N. Y.; Harper and Row.

Frederickson, H. G.*(1980). New Public Administration,* Alabama : The Alabama University Press.

Gulick, L. & Urwick L. eds. (1937). *Papers on the Science of Administration,* N. Y. : Institute of Public Administration.

Habermas, J.(1986). 박성수 (역). 『사회과학의 논리』 서울: 문예출판사.

Hargrove, Erwin C.(1975). *The Missing Link,* Washington D. C. : Urban Institute.

Harmon, M.(1981). *Action Theory for Public Administration.* N. Y. and London : Longman, Inc.

Husserl, E.(1981). *Shorter Works,* ed. P. Mccormick, Notre Dame Press.

Morgan, Clifford T. and Richard A. King(1966), *Introduction to Psychology,* N. Y : McGraw-Hill, 1966.

Myrdal, G.(1972). "How Scientific are the Social Sciences?," *Journal of Social Issues,* 28(4).

Newell. A. Shaw, J. C. and Simon, H. A.(1958). Elements of Theory of Human Problem Solving. *Psychological Review,* 65(3); 156−166.

Ostorm, Vincent.(1973). *The Intellectual Crisis in American Public Administration,* University, Ala.

Palais, James B.(1975). *Politics and Policy in Traditional Korea,* Cambridge : Harvard University Press.

Palais, James B.(1996). *"Confucian Statcraft and Korean Institutions".* 김범 (역). (2008). 『유교적 경세론과 조선의 제도들(1.2)』, 서울: 산처럼

Palmer, Richard S. (1995). 이한우 (역). 『해석학이란 무엇인가』 서울: 문예출판사

Parks R. B. et. al.(1981) "Consumers as Coproducers of Public Services : Some Economic and Institutional Considerations," *Policy Studies Review,* Vol. 9 (Summer 1981), pp : 1001−1011.

Rich R. C.(1981). "Interaction of Voluntary and Governmental Sectors : Toward and Understanding of the Corporation of Municipal Services,"

Administration and Society, Vol. 13. No. 1(May 1981), pp, 59–76.

Schutz, Alfred.(1973). *Collected Papers I.* ed. by M. Natanson. The Hague: Martinus Nijhoff.

Simon, H. A.(1947). "A Comment on The Science of Public Administration." *Public Administration Review,* 7(3): 200–203.

Simon, H. A.(1976). *Administrative Behavior: A Study of Decision-Making Processes in Administrative Behavior,* New York: The Free Press.

Smith, Thomas B.(1973). "The Policy Implementation Process", *Policy Sciences,* 4(June),

Thayer, Frederick C.(1973). *An End to Hierarchy! An End Competition! Organizing the Politics and Economics of Survival,* New York.

Thompson, Victor A.(1961). *Modern Organization,* N. Y.: Knopf,

Wagner, Edward W.(1974). "Social Stratification in Seventeenth-Century Korea: Some Observations from a 1663 Seoul Census Register", *Occasional Papers on Korea.* No. 1.

Wagner, Edward W.(1974). "The Ladder of Success in Yi Dynasty Korea", *Occasional Papers on Korea.* No. 1.

Waldo, Dwight.(1980). *The Enterprise of Public Administration.* Novato, California: Chandler and Sharp Publishers, Inc.,

Whitaker, G. P.(1980). "Coproduction: Citizen Participation in Service Delivery", *Public Administration Review,* Vol. 40. No. 3(1980), pp. 240–248.

Willoughby, F. W.(1927). *Principles of Public Administration* John Hopkins Press.

Wilson, W.(1887). "The Study of Administration", *Political Science Quarterly,* 2: 197–220.

찾아보기

한글

ㄴ

ㄷ

ㅇ

ㅈ

영문

A

B

C

D

E

F

G

H

I

J

K

L

M

N

P

R

S

T

V

W

저자 소개

나중식(羅重植)

jsnah@ks.ac.kr

▶ 경북 칠곡군 생으로, 서울대 행정대학원을 졸업하고, 영남대학교에서 행정학박사 학위를 받았다. 미국 노스캐롤라이나 주립대학(North Carolina State University) 국비파견교수, 프랑스 국립행정대학원(ENA) 연구교수, 한국지방행정학회 고문, 부산국제광고제 이사, 그리고 경성대학교 총장(2005~2009)을 역임하였다.

▶ 현재는 경성대학교 행정학과 교수로 재직하고 있다.

▶ 주요 저서로는 『재무행정론(1992)』『민주주의 조세행정론(1995, 공저)』『행정학(1997)』『신행정학원론(2000,공저)』『예산정치론(2002』『한국의 공직윤리(2011)』『한국행정사상사(2012)』 등이 있고, 주요논문으로는 「지방정부의 예산결정실태와 경향성분석(한국행정학보)」「주민참여예산제도의 운영모형에 대한 비교연구(지방정부연구)」「당파성이 기초의회 예산심의에 미치는 영향분석(한국정책학회보)」「반계 유형원의 재무행정사상(사회과학연구)」 등 예산 및 재무행정에 대한 다수의 논문이 있다.

▶ 최근에는 한국행정의 뿌리를 찾기 위한 한국행정사상사 연구에 몰두하고 있다.

반계 유형원의 행정사상

2013년 12월 13일 | 1판 1쇄 인쇄
2013년 12월 16일 | 1판 1쇄 발행

지은이 | 나중식
발행인 | 김은중
발행처 | 서울경제경영출판사
편집디자인 | (주)우일미디어디지텍

주 소 | 120-808 서울특별시 서대문구 대현동 67-5 대현빌딩 6층
전 화 | 02)313-2682
팩 스 | 02)313-8860
등 록 | 1998년 1월 22일 제5-63호

ISBN 978-89-97937-15-8 93350 정가 28,000원

※ 잘못된 책은 바꾸어 드립니다.

이 연구는 2013년도 경성대학교 연구비지원에 의하여 연구되었음.